사회협약정치의 역동성

서유럽 정책협의와 갈등조정 시스템

국립중앙도서관 출판시도서목록(CIP)

사회협약정치의 역동성: 서유럽 정책협의와 갈등조정 시스템
/ 지은이: 선학태. -- 파주 : 한울, 2006
p. ; cm. -- (한울아카데미 ; 859)

참고문헌과 색인 수록
ISBN 89-460-3544-7 93340

340.92-KDC4
320.92-DDC21   CIP2006001234

사회협약정치의 역동성
The Dynamics of Social Pact Politics

서유럽 정책협의와 갈등조정 시스템
Policy Concertation & Conflict Coordination
in Western Europe

선학태 지음

한울
아카데미

서문

시장은 잔인하다. 그렇다고 시장이 박물관에 들어가야 할 대상은 아니지만 누구도 시장경제의 횡포와 변덕으로부터 자유롭지 못하다. 시장경제는 '적자생존의 논리'이고 '만인의 만인에 대한 경쟁'이다. 따라서 시장경제와 민주주의는 본질적으로 갈등과 긴장관계에 놓여 있다. 시장경제의 일차적 관심은 성장의 효율성 가치에 있고 민주주의의 관심은 성장의 과실을 공정하게 분배하는 데에 맞추고 있기 때문이다. 따라서 시장경제와 민주주의가 '마차의 두 수레바퀴'처럼 굴러가기 위해서는 '시장경제를 통한 경제효율성'과 '민주적 참여를 통한 사회형평성' 간의 조화를 요구한다. 이런 관점에서 20세기 이후 서유럽 정치경제의 핵심적 과제는 어떻게 하면 자본주의 시장경제와 민주주의를 조화시키느냐 하는 데에 모아졌다. 역사적 맥락에서 이는 자본주의 시장경제의 두 주체인 체제 도전 세력으로서의 노동계급과 체제 수호세력으로서의 자본가계급 사이의 갈등조정 문제이기도 했다. 돌이켜보건대 서유럽 민주주의의 발전은 예외 없이 자본주의적 산업화로 성장한 노동자 세력을 정치의 제도권 내로 편입하여 사회적·정치적 갈등과 긴장을 조정·해소하는 과정이었다.

갈등조정을 통한 사회통합을 이룩할 수 있는 정치모델이 있다. 서유럽 국가들이 발전시켜 온 사회협약정치(social pact politics)가 바로 그것이다. 사회협약정치는 이해관계자(stakeholder)들 간의 정책협의와 사회적 파트너십에 의해 사회협약을 이끌어냄으로써 공공정책의 결정 및 집행이 이루어지는 사회경제적 거버넌스 시스템이다. 그러므로 사회협약정치는 다원주의 정치의 대안으로 떠오르고 있다. 원주의적 정책결정 시스템은 사회의 이해관계자들이 로비와 시위, 그리고 선거 참여를 통해 정책결정 과정에 영향을 미치지만 궁극적으로는 정부가 공공정책을 결정·집행한다. 그 결과 계급·계층 갈등 해결에 한계를 드러낸다. 대조적으로 사회협약정치에서는 이익 및 시민 결사체, 정당, 의회, 정부관료 사이의 수평적·개방적 정책네트워크의 제도화를 통해 이해관계자들의 유기적 협력을 가능케 하는 정치교환 시스템이 작동한다. 따라서 사회협약정치의 정책네트워크는 정당과 의회의 비생산적·소모적인 정쟁을 불러일으키는 사회경제적 이슈에 관한 합의를 이끌어냄으로써 선거정치 · 정당정치 · 의회정치의 작동을 지원하고 보조하며 이익갈등 조정과 사회통합에 기여할 수 있다. 무엇보다도 정보기술의 발전과 민주화의 진전으로 더 이상 배타적인 관료 전문성이 유효하지 않다는 점을 고려할 때 이해관계자들의 정보교환을 통한 민 · 관 파트너십과 상생의 정책네트워크는 정부관료의 정책독점과 공익 왜곡을 견제할 수 있다. 이와 같은 장점을 갖는 사회협약정치는 경제적 효율성과 사회적 형평성을 동시에 추구함으로써 실질적으로 국가경쟁력을 제고시키는 '민주적 시장경제'를 지향하며 따라서 그것은 본질적으로 과도한 '경쟁의 원리'의 실천에 따른 정치적 · 사회경제적 양극화를 잉태하는 '시장민주주의'의 한계와 결함을 처방한다.

서유럽에서 사회협약정치는 합의제 정치(consensual politics)와 구조적 유질동상(isomorphism)을 갖는다. 합의제 정치는 정치시장 영역에서 다수파 정당과 소수파 정당 구분 없이 의사결정에의 참여를 통해 사회적 균열에 따르는 정치적 갈등을 조정, 해결하여 사회통합을 실현해 가는 시스템이며 사회협약정치는 경제시장 영역에서 노동 · 자본 · 국가 사이의 정치적 교환을 통해 계급 · 계층 갈등을 제도화하는 경제위기관리 시스템이다. 대부분의 서유럽 국가들은 이 두 시스템을 성공적으로 작동시켜 사회적 균열과 갈등을 조정하고 사회통합을 달성하는 상생정치를 연출했다. 따라서 서유럽 정치는 이론적 · 경험적 차원에서 줄곧 저자의 학술적 호기심과 관심을 자극했다. 실제로 저자는 연구년으로 지냈던 2005년에 『민주주의와 상생정치: 서유럽 다수제 모델 vs 합의제 모델』을 출간한 바 있다. 이 책의 서문에서 저자는 한국 민주주의가 '상생공득(相生共得)의 정치'로 업그레이드되고 불신과 대결의 정치문화를 협상과 타협, 관용과 포용, 화합과 통합의 정치문화로 바꿔내어 사회적 균열과 정치적 갈등을 해결하기 위해서는 정치제도적 패러다임의 '코페르니쿠스적 대전환'이 절실히 요구되고 있음을 주장했다. 말하자면 정치적 양극화를 고착시키는 다수제 정치 모델을 합의제 정치 모델로 전환하여 한국 정치시장을 유연화시키자는 것이다. 그 책의 출판을 계기로 작년 10월에 청와대의 초대를 받아 대통령과 무려 세 시간 가까이 대화할 수 있는 '유익한 기회'를 가졌다. 한국 정치를 바라보는 문제의식과 처방의 패러다임을 공유한 측면이 있었기 때문이다. 한국 정치혁신을 구상했던 대통령의 제도적 어젠다가 공론화되지 못하는 작금의 정치 환경을 개인적으로 매우 아쉽게 생각한다. 이 책은 작년에 출판되었던 책의 연장선상에서 쓰인 속편의 성격을 띠고 있다. 서유럽에서 사회협약정치는 합의제 정치와 이론적으로나 경험적으로 친화성을 갖고 있다는 점에서 그렇다.

글로벌 시장화는 거역할 수 없는 도도한 세계문명사의 물결이다. 그러나 이 거센 파고는 사회경제적 시민권의 신장이라는 장밋빛 미래를 담보하기보다는 사회양극화로 인한 분열과 갈등으로 점철되는 낙망(dysphoria)의 서곡을 알리는 '시한폭탄'이 되고 있다. 한국 사회도 그 예외가 아니다. IMF 관리체제 이후 브레이크 없는 상시 신자유주의적 구조조정과 시장개방화의 충격과 도전은 우리 사회에 '눈물의 계곡'을 만들어냈다. 시장의 낙오자·열패자들이 경험하는 절대적·상대적 박탈감은 그들을 정치 갈등의 장으로 유도하여 한국 민주주의가 중대한 시련과 도전을 받고 있을 뿐만 아니라 국가경쟁력도 떨어지고 있는 형국이다. 특히 향후 한·미 FTA 체결은 기존의 신자유주의적 경제체제를 보다 공고히하여 사회양극화를 악화시킬 개연성이 높아지고 있다. 이런 상황에서 글로벌화와 유럽시장 통합에 따른 사회적 충격을 흡수·관리하는 시스템으로 작동하는 서유럽 사회협약정치는 신자유주의적 구조개혁이 야기하는 우리 사회의 계급·계층 갈등 해결을 제도화하는 데 시사하는 바가 크다. 이런 인식은 서유럽 사회협약정치의 경험적 사례들을 분석할 필요성을 제기했다. 특히 서유럽 사회협약정치의 성공 사례를 벤치마킹하여 IMF 관리체제 이후 사회양극화가 구조화되고 있는 시점에서 한국 사회협약정치의 정상적 작동 조건, 즉 한국 사회의 계급·계층 갈등의 조정과 사회통합 증진을 위한 거버넌스적 개혁패키지를 탐색하고자 이 책을 집필하게 되었다.

서유럽 국가들의 사회협약정치는 시간적·공간적 차원에서 그 성격과 유형을 달리하면서 역동적 변화를 연출해 왔다. 이런 점에서 이 책은 사회협약정치의 이론적 맥락을 추적하여 분석 모델을 구안했고 서유럽을 앵글로-색슨유럽, 게르만유럽, 라틴유럽, 스칸디나비아유럽으로 분류하여 분석 모델을 기초로 각 국가의 사회협약정치의 성격과 유형의 역동적 전환 과정에 나타난 성공과 한계 그리고 실패의 경험적 사례를 분석했다. 다음 사회협약정치는 시민사회, 정치사회,

국가, 경제사회 사이의 관계를 매개한다는 관점에서 앞선 분석 결과를 토대로 서유럽 사회협약정치의 정치경제적 함의를 끌어냈으며 서유럽 각 국가의 거시 사회경제적 실적을 비교, 평가했다. 서유럽 사회협약정치의 성공적 사례들은 한국 사회협약정치를 정상적으로 작동시킬 수 있는 요건을 천착하는 데 유용한 단서를 제공한다. 따라서 이 책은 서유럽 사회협약정치의 성공(혹은 한계, 실패) 사례들과의 비교시각에서 글로벌 시장화와 신자유주의적 구조개혁에 따른 사회 양극화의 극복과 국가경쟁력 제고에 기여하는 한국형 '사회협약정치', 즉 사회통합적 구조개혁의 틀을 상정했고 이의 정상적 작동 조건을 위해 시민사회, 정치사회, 국가 및 경제사회에서의 개혁패키지를 탐색했다.

우리 사회에서 노동과 자본, 정규직과 비정규직, 빈곤층과 부유층, 대기업과 중소기업, 수도권과 지방은 '하나'로 포개지는 데 걸림돌이 많은 갈등 세력이다. 그러므로 이들 세력을 상생·협력의 틀로 통합시키는 예술가적 마인드가 요구되고 있다. 그 해법은 우리의 고전인 아리랑에 숨어 있다. "나를 버리고 가시는 님은 십 리도 못 가서 발병이 난다"고 절규하지 않았던가. 이 책의 문제의식이 일반 학생들은 물론이고 기업인, 근로자, 시민단체, 정치인 및 정부관료 등 이해관계자들 간의 파트너십을 통한 갈등조정 시스템을 디자인하는 데 '한 장의 벽돌'이 되었으면 하는 것이 저자의 소망이다. 비록 미흡한 글줄이지만 사슴 한 마리를 잡기 위해 토끼에게 곁눈질하는 유혹을 멀리했다. 이 책을 마무리하면서 세월의 무게를 느낀다. 그래서 중국 당(唐)나라 이백(李白)은 한 잔 술에 취하여 "黃河之水天上來 奔流到海不復回 高堂明境非白髮 朝如菁絲暮成雪"이라 읊조렸으리라. 그럼에도 태양의 경이로움을 연출하는 '해 뜨는 지평선'을 바라보련다. 끝으로 이 책의 출간을 위해 협조해 주신 도서출판 한울의 김종수 대표와 관계자 여러분께 깊이 감사드린다. 아울러 교정, 참고문헌 및 색인정리 작업을 섬세하고 정교하게 거들어준 전남대 윤리교육과 이민호 조교, 정화영·박연희 대학원생, 그리고 학부생들에게도 따뜻한 고마움을 표하고 싶다.

2006년 6월 전남대 연구실에서

불초 선학태

차례

제3부   **앵글로-색슨유럽**

제1부 | 문제인식

제1장 노동 – 자본 – 국가 관계의 위상과 서유럽 정치경제

제 1 장
노동-자본-국가 관계의 위상과 서유럽 정치경제

1. 노사정의 역동적 상호작용과 민주주의

자본주의 시장경제를 작동시키는 세 중심축은 노동, 자본, 그리고 국가이다. 이 노사정 관계가 전략적으로 어떻게 구조화되느냐 하는 문제는 자본주의 시장경제 그 자체의 발전 혹은 퇴영은 물론이고 민주주의의 질적 수준을 가늠하는 바로미터이다.

자본주의 시장경제하에서 자본가들은 여러 채널을 통해 국가정책 결정 및 집행을 유리하게 이끌어낼 수 있다. 그들은 국가경영자들과 사적 유대(혼맥, 학연 등)를 형성하고 이데올로기적 기구(대학, 연구소, 언론 등)를 소유하거나 그에 대한 재정적 지원을 통해 친자본적·친시장적 세계관을 창출·확산함으로써 국가의 정책결정 과정에 영향력을 행사할 수 있다. 좀더 본질적 측면에서 자본가들은 생산과 투자를 결정하는 특권을 통해 국가의 재정, 정권 유지 및 재창출, 노동을 포함한 모든 시민들의 경제적 생활(고용, 소득, 복지, 소비 등)에 영향을 미치는 구조적 힘(structural power)을 보유한다(Przeworski and Wallerstein, 1988: 23~24). 만일 국가가 반기업적·반시장적 정책을 선택하는 경우 자본가들은 자본스트라이크 (투자 축소 및 철회, 자본 이탈 등)를 감행할 수 있으며 이런 상황은 성장 및 고용 감소, 실업, 인플레이션 등 사회경제적 위기를 초래하여 정치인들의 권력 재창출을 어렵게 한다. 이런 논점은 국가와 전체 사회는 자본가들이 선택한 자원배분 방식에 구조적으로 제약되고 있음을 시사한다. 결국 자본의 구조적 힘은 국가경영자들로 하여금 정부의 안정적 재정 확보나 시민들의 정치적 지지를 극대화하기 위해 자본의 사업신뢰(business confidence)를 조성해 주는 방향에서 권력을 행사토록 한다.[1] 그 까닭에 자본과 노동 간의 시장적 경쟁은 노동자들에게 불리한 게임으로 만들 개연성이 있다.[2]

한편, 자본주의 시장경제하에서 자본과 국가에 대한 노동대중의 영향력도 만만치 않다. 노동대중은 정치지향적인 집단적 정체성을 갖고(Valenzuela, 1989: 447), 다른 사회적 분절집단과는 달리 파업 혹은 전투적 행동으로 국가경제를 파국으로 몰고 감으로써 한 나라의 중·장기적 거시경제에 심대한 타격을 가할 수 있다. 뿐만 아니라 노동대중은 언제나 자본축적 활동과 연계됨으로써 심각한 사회적 분열(disruption)을 초래하여 국가정책의 정상적 실행을 불가능케 하는 잠재력을 갖는다. 더욱이 노동운동은 정치세력화를 통해 노사정 관계의 제도적 지형을 재편할 수 있고 정권 퇴진운동의 형태로 국가를 압박할 수 있다. 나아가 노동대중은 글로벌화가 가속화되어 가는 상황에 대응하여 노동계급의 국제적 연대인 '아래로부터의 글로벌화(globalization-from-below)'를 구축함으로써[3] 자본과 국가들에 의해 추진된 '위로부터의 글로벌화(globalization-from-above)'에 도전과 저항을 할 수 있다(Falk, 2000: 50~55; Stevis and Boswell, 2000: 154~161).[4] 이처럼 노동대중의

---

1) 이것은 국가의 자본에 대한 도구적·구조적 자율성(instrumental and structural autonomy)의 한계를 시사한다. 국가자율성은 국가와 대내외 자본세력 간의 관계를 추상화하는 '관계적(relational)' 개념이다. 헤밀턴(N. Hamilton)은 국가자율성을 도구적 자율성과 구조적 자율성으로 구분했다(1982: 4~39). 그에 따르면 도구적 자율성은 대내외 자본세력의 압력 및 간섭으로부터 자유로울 수 있는 국가의 힘을 지칭하고 구조적 자율성은 대내외 자본세력의 반대에도 불구하고 그들의 이익에 반하는 정책을 결정, 집행할 수 있는 힘을 지칭한다. 이에 관한 상세한 논의는 선학태(2003: 35~41)를 참고할 것.
2) 노동시장에서 형식적·법적으로는 고용주와 평등한 관계에 있을지 모르지만 생산수단을 소유하고 있지 않는 노동자들은 구조적으로 약자이다.
3) 글로벌화는 노동위기를 초래하고 있다. 즉 노동분화와 노동시장 유연화로 인한 이익집약 및 표출의 위기, 자본의 이데올로기적 공세로 인한 노동자들의 노조에 대한 일체감 결여 등이다(Munck, 1999: 18). 이에 대한 대응으로 노동대중은 국제적 연대를 추구하려 한다.

행동양식은 자본축적 활동을 수행하는 자본가와는 물론이고, 자본축적 활동을 지원하고 사회적 갈등을 조정하는 사회통합의 종국적 수호자인 국가와도 특수 관계에 있다(Therborn, 1992: 28).

이와 같은 맥락에 비추어 보건대 노동운동이 노동자들의 이익을 집약·표출하고 노동자들을 동원하는 과정은 자본과 국가와의 갈등과 대립을 불러일으키며 따라서 노동-자본-국가의 3자 관계는 본질적으로 정치적 현상이다(Pontusson, 1992a). 말하자면 노동-자본-국가의 관계는 이익갈등이 상존하는 권력 현상이다. 민주주의는 사회에 존재하는 그러한 이익갈등을 전제로 한다. 이익갈등의 조정과 해결을 통한 사회통합을 실현하고자 하는 데서 민주주의는 출발한다. 갈등이 없는 사회에서는 민주주의가 필요 없을 것이다. 이런 관점에서 민주주의는 갈등 해결을 위한 정교한 규칙과 규범, 즉 정치적·사회적·경제적 영역에서의 갈등 해결의 제도화이다(Rustow, 1970: 362). 민주주의가 공고화되기 위해서는 그것이 정치적 영역에서 사회경제적 영역으로 확대·심화되어야 한다(Rueschemeyer, Stephens, and Stephens, 1992: 300). 그런데 계급 간의 이익갈등은 단순히 경제적·사회적 차원에 그치지 않고 정치적 차원, 국가 영역으로까지 연장됨으로써 민주주의를 위협한다(Rothstein, 1987: 303). 따라서 계급갈등은 조정과 관리를 위한 제도화를 요구한다. 이런 맥락에서 노동-자본-국가의 역동적 상호작용은 민주주의의 외연적 확장과 내포적 심화 과정의 중심축으로 떠오른다.

노동의 역사는 국가와 자본을 상대로 해서 '더 많은 민주주의(more democracy)'와 '삶의 질 고양'을 위한 투쟁으로 점철되어 왔다. 사실 서유럽 국가들에서의 민주주의의 발전은 예외 없이 자본주의적 산업화로 새로이 성장한 노동자 세력을 정치의 제도권 내로 편입하여 노사정 관계를 재편성함으로써 사회적·정치적 갈등과 긴장, 특히 계급·계층 갈등을 해소하는 과정이었다. 이런 점에서 테르본 (G. Therborn)은 민주주의를 자본주의적 시장경제의 모순의 산물로 보고 민주화의 심화과정을 노동계급의 행동과 압력에 따르는 이익갈등의 조정과 제도화로 규정

---

4) '아래로부터의 글로벌화'는 평등, 복지, 분배정의 등을 추구한 데 반해, '위로부터의 글로벌화'는 탈규제, 자유화, 복지축소 등을 통한 지속적인 성장과 국제경쟁력을 강조한다.

했다(Therborn, 1977). 유사한 맥락에서 일부 정치경제 이론가들은 노동세력을 민주주의의 추동자로 상정하고 있다(Huber, Rueschemeyer, and Stephens, 1997). 그들에 따르면 국가와 자본을 상대로 전개된 노동운동은 민주주의와 관련하여 두 가지 점에서 중요하다. 하나는 노동운동이 민주주의를 정치적 영역에서 사회경제적 영역으로 전환, 즉 절차적 민주주의(procedural democracy)를 실체적 민주주의 (substantive democracy)로 발전시키는 데 영향을 미칠 수 있다. 다른 하나는 경제적 · 사회적 · 정치적 갈등을 해결하는 제도적 메커니즘을 요구하는 민주적 공고화 (democratic consolidation) 과정에서 중요한 역할을 수행한다는 것이다.

이러한 관점은 노동-자본-국가의 역동적 상호작용이 어떻게 제도화되느냐 하는 문제가 민주주의 공고화의 과정의 성패를 규정하는 주요 변수가 될 수 있음을 시사한다. 그것은 국가권력의 성격을 규정하고 기존 정당체제 및 사회세력 간의 역학관계를 재편하며 자본축적 양식과 경제자원의 권위적 배분(authoritative allocation)에 영향을 미침으로써 종국적으로 체제의 성격을 규정한다.

2. 민주주의와 시장경제 간의 구조적 긴장과 공존가능성: 서유럽 사회적 합의제의 등장

민주주의와 자본주의 시장경제는 경쟁의 원리에 기초하여 역사적으로 동반 발달해 왔다. 자본주의 시장경제에서 이윤을 극대화하려는 생산자들은 소비자들이 선호하는 제품과 서비스를 공급하려 한다. 이와 마찬가지로 민주주의에서 정치권력을 장악하려는 정치인(혹은 정당)들은 유권자들이 원하는 정책을 제공하려 한다. 이 경우 자본주의 시장경제와 민주주의는 각각 생산자와 소비자 간, 정치인과 유권자 간의 자유경쟁에 의해 경제적 자원과 정치권력의 배분이 이루어질 때 가장 효율적이고 최적 사태에 이르게 되는 것으로 상정한다(Streeck and Schmitter, 1985: 4~6). 이런 관점에서 본 자본주의 시장경제와 민주주의는 서로 강화하는 관계에 있다. 그러나 보다 본질적 측면에서 관찰하면 자본주의 시장경제와 민주주의 사이에는 구조적으로 긴장과 갈등이 존재한다. 왜냐하면 민주주

의는 1인 1표의 수적 평등에 기초한 '인민의 지배'를 추구한 반면에, 자본주의
시장경제는 소유한 부의 다과에 상이한 영향력을 전제하는 '자본의 지배'에 따른
불평등한 사회를 수반하기 때문이다. 따라서 우리는 민주주의와 자본주의 시장
경제는 공존이 가능한가 하는 근본적인 의문을 제기하지 않을 수 없다(Wolf, 1988:
20~23; 임혁백, 2000: 106~112). 첫째, 시장경제는 개인 및 기업 간의 경쟁, 이익
간의 갈등을 발생시킴으로써 타협과 협력을 통한 공동이익의 실현과 공동체의
연대(사회통합) 형성을 어렵게 한다. 따라서 시장경제가 내장하고 있는 '자율조정
메커니즘'의 작동으로 개인 및 집단들 간의 상충하는 욕구와 이익을 조정할 수
있다는 명제는 설득력이 약하다. 오히려 시장경제는 공동체의 해체를 초래할
수 있는 자기파괴성(self-destructiveness)을 내재하고 있어 민주주의를 위협한다.

둘째, 시장경제는 시민들이 국가를 움직여서 시도하는 '정치적 자원배분'보다
는 생산자원 소유주에 의한 '시장적 자원배분'을 선호한다. 경쟁적 시장은 '보이지
않는 손'에 의해 경제자원을 가장 효율적으로 배분해 주는 경제기구이기 때문이
다. 그러나 이는 허구이다. 시장경쟁은 공공재의 공급 결여, 외부효과(externalities),
규모수익체증(increasing returns to scale) 등을 발생시키는 불완전성으로 인해 효율적
으로 자원을 배분하는 데 실패할 가능성을 안고 있다. 이러한 시장의 불완전
가능성은 시민의 삶의 질을 개선시키는 데 한계를 가질 뿐만 아니라 경제적
불평등을 잉태하여 민주주의의 질적 심화를 방해한다.

셋째, 시장은 분배적 정의를 보장하지 않는다. 그것은 경쟁력이 없는 개인과
집단에게 냉혹할 정도로 잔인하다. 경쟁에서 패배한 낙오자들에게 사회적 안전
망을 제공하는 데 인색하다. 시장의 원리는 경제를 자본의 관점에서 보려 한다.
물질적·경제적 안전을 확보하지 못한 시민에게 정치적 투표권은 큰 의미가 없
을 것이다. 결과적으로 시장경제가 만들어내는 사회적 불평등은 모든 시민에게
평등한 권리를 보장하는 민주주의를 형해화시킬 수 있다.

넷째, 자본주의 시장경제와 동일한 자유경쟁 원리에 기초하는 자유민주주의가
권력배분 및 구성 방식으로 채택하고 있는 '시장적' 권력배분은 근본적으로 51%
의 시민이 49%의 운명을 좌지우지할 수 있는 결정방식이다. 특히 다수파와 소수
파가 고정되어 있을 때 심각한 사회 갈등이 분출될 수 있다. 권력으로부터 영원히

소외되는 소수파는 정치적 좌절감과 박탈감을 갖기 때문이다. 이러한 사태는 평등한 사회를 추구하는 민주주의를 위협한다.

마지막으로 시장경제의 사적 소유제도는 권력자원(자금, 조직, 정보, 홍보 등) 동원의 불평등을 초래하여 민주주의의 원칙을 침해한다. 정치적 경쟁에서 승리하기 위한 권력자원 동원 측면에서 자본가들은 절대적 우위에 있다. 예컨대 그들은 재력의 힘을 동원하여 직접 의회에 진출하거나 선거정치에 영향력을 행사할 수 있으며 정치인과 정부관료들로 하여금 자신의 사적인 정치적·경제적 이익에 봉사하도록 로비 또는 압력을 가할 수 있다. 따라서 아무리 공정하고 민주적인 정치적 경쟁규칙이 적용된다고 하더라도 자유경쟁 메커니즘은 계급적으로 자본가들에게 유리하게 작용하고 정치적 불평등을 심화시킴으로써 '인민의 지배'에 기초하는 민주주의를 침해한다.

이와 같은 맥락은 자본주의 시장경제와 민주주의는 공존하기 쉽지 않다는 것을 웅변한다. 이런 관점에서 마르크스주의는 '양립할 수 없는 계급갈등론'을 제시한다. 즉 자본주의적 생산관계는 노동자의 이해인 임금과 자본가의 이해인 이윤이 양립할 수 없는 객관적 갈등관계를 초래함으로써 민주주의와 양립하기가 불가능하다는 것이다. 그렇다면 자본주의 시장경제와 민주주의 간에는 숙명적으로 공존과 양립이 불가능한 것인가? 이런 근본적인 의문을 제기하는 가운데 20세기 이후 서유럽 정치경제의 핵심적 과제는 어떻게 하면 민주주의와 자본주의 시장경제를 조화시키느냐 하는 문제였다. 이는 자본주의 시장경제의 두 주체인 체제 도전세력으로서의 노동계급과 체제 수호세력으로서의 자본가계급 사이에 계급타협이 어떤 조건에서 가능할 수 있느냐 하는 문제이다. 여기서 계급타협이란 노동계급과 자본계급이 대립적인 이해관계 속에서 발생하는 계급 갈등 대신에 국가의 직·간접적인 조정을 통해 특정한 협약을 체결하여[5] 지속적으로 상호

---

5) 협약이란 이해관계자들의 사활적 이익을 상호 보장하는 규칙과 규범이다(O'Donnell and Schmitter, 1986: 36). 협약에는 사회협약에서부터 정치협약에 이르기까지 다양하다. 전자는 임금, 노동시장 이슈, 인플레이션, 복지 프로그램 등을 포함하며 후자는 헌법개혁과 같은 정치적 이슈를 다룬다. 이러한 협약의 장점은 미래에 대한 불확실성을 줄이고 예측 가능한 국가경영을 수행하는 데 있다.

이익을 보장하고 극대화할 수 있는 '이익교환을 통한 협력'을 지칭한다.

그런데 19세기 후반에 접어들어 자본주의 시장경제의 발전과 함께 민주주의의 발전으로 보편적 투표제도가 확산되면서 노동세력은 사회주의 정당을 통해 정치의 장에 진출하게 되었다. 이 시기 서유럽에서 정치적 균열구조는 과거의 왕권과 귀족의 세력을 대변하는 보수주의와 신흥세력인 부르주아의 이익을 대변하는 자유주의 간의 경쟁구조에서 자본의 이익을 수호하려는 세력과 노동의 이익을 옹호하려는 세력 간의 경쟁구조로 변하기 시작했다. 예컨대 영국의 경우 보수당과 자유당 간의 경쟁구도가 보수당과 노동당 간의 경쟁구도로 변모했다. 노동계급이 강력한 정치세력으로 등장하면서 노동과 자본의 갈등은 첨예화되었다.

이러한 배경에서 근대 사회적 합의제(social consensualism)가 생성되었는데 이는 두 축으로부터 출발했다. 우선 기독교민주주의적 전통에 연원하고 있다. 노동과 자본의 갈등이 심화되고 자본주의의 모순이 노출되자 1891년 교황은 기독교적인 처방을 담은 칙령을 발표한 것이다. 칙령은 자본주의의 모순은 극복되어야 하지만 사적 소유권의 폐지나 계급투쟁 등을 주장하는 사회주의는 거부했으며 "노동 없는 자본 없고 자본 없는 노동 없다"라는 명제 아래 사랑으로 계급 간의 화해와 협력을 촉구했다. 또한 칙령은 국가가 노동 관련 입법을 통해 소득의 공평한 분배를 수행해야 한다고 주장했다. 이를 계기로 서유럽에서는 기독교민주주의 정당과 노조운동이 활성화되었다. 계급 간의 화해와 협력이라는 교황의 칙령은 20세기 중반부터 나타나는 서유럽 사회적 합의제의 시발점이 된 것이다(Schmitter, 1989: 67). 둘째, 사회주의 세력 내부에서 노동계급의 혁명을 주창하는 마르크스-레닌주의와는 달리 실용주의(수정주의)적인 점진적 개혁파들인 사회민주주의자들은 사회주의의 실현이 민주적 절차를 통해 가능하며 노동과 자본의 협력 가능성을 이론적으로 주장하면서 시장실패(market failure)를 극복하기 위한 국가의 경제개입의 필요성을 제기했다. 이러한 사민주의적 계급협력론도 사회적 합의제의 등장에 지적 인프라로 작용했다. 이상과 같이 기독교민주주의와 사회민주주의는 서유럽에서 19세기 말과 20세기 전반기에 각각 우파정당과 좌파정당이라는 정치세력으로 공존하면서 자본주의가 내포하고 있는 노동과 자본의 모순과 갈등을 해결하는 틀로서 사회적 합의제를 제시했다.

자본과 노동 간의 협의 및 협력 관계의 제도화 개념은 서유럽 사회적 합의제의 전통에서 발견된다. 서유럽 국가들의 사회적 합의제의 사고는 자본가들이 노동 대중의 자본주의에 대한 동의의 대가로 노동자들을 위한 민주주의를 보장해 주는 계급타협으로 나타났다. 이 같은 계급타협의 이론적·실제적 기초를 제공한 것은 1930년대 대공황에 따른 '시장실패'라는 인식이 확산되는 가운데 등장한 케인즈주의였다(Sun, 2001: 136~138).[6] 케인즈주의는 노동자의 이익이 반드시 자본가의 이익의 손실 위에 실현되는 것이 아니라 자본가의 이익 증진 위에 실현될 수 있다는 이론적 근거를 제공했다. 수요의 부족이 공황의 원인이라는 것이 케인즈주의의 진단이었다. 이에 따라 '시장실패'를 극복하기 위한 케인즈주의적 처방은 국가에 의한 유효수요 창출이었다. 즉 국가가 완전고용과 복지제도의 확충이라는 이중적인 프로그램을 집행하는 것이었다. 이를 통해 사회 전반의 소득을 증가시키고 특히 저소득층으로 소득을 재분배하며 구매력이 증가하여 투자와 생산이 자극되고 실업이 감소하는 선순환이 이루어진다는 것이다. 이런 케인즈주의적 수요관리정책은 실로 경제적 사고에 일대 혁명을 불러일으켰다. 정통적 경제 사고에서는 성장과 분배는 상충관계에 있으며 노동자나 실업자의 분배 요구는 국가발전을 저해하는 특수이익의 표현으로 간주되었다. 그러나 케인즈주의의 사고 틀에서는 투자와 생산의 추동력을 제공하는 것은 소비이고 따라서 노동자나 가난한 사람들의 분배 요구는 보편적 이익을 가져올 것으로 간주되었다. 결국 케인즈주의적 처방은 계급타협의 제도화 가능성을 열어놓았으며 노동과 자본이 정부와 협상을 전개하는 사회적 합의제의 핵심으로 부상했다.

케인즈주의적 계급타협에 기초한 사회적 합의제는 갈등이 격화되었던 1930년대 중반에서부터 1940년대 중반 사이에 서유럽 소국들에서 등장했다. 노르웨이의 기본협약(Basic Agreement, 1935), 스위스의 평화협약(Peace Agreement, 1937), 스웨

---

6) 케인즈주의적 타협체제는 테일러주의와 기계화를 결합한 포드주의와 함께 이루어졌다. 노동자들이 포드주의적 생산방식을 수용하는 대가로 자본가들은 생산성에 상응하는 임금을 인상시켜 줌으로써 계급타협을 유도해 냈다. 자본에 대해 임금은 이중적 성격을 띠었다. 한편으로는 생산의 비용으로 작용하고 다른 한편으로 생산품을 소비할 수 있는 구매력의 원천으로 작용했다.

덴의 살트세바덴 협약(Saltsjöbaden Agreement, 1938) 등이 그 전형이다. 이들 협약들
은 자본계급과 노동계급 간의 계급 갈등의 폐단을 극복하려는 목적에서 국가조정
으로 이루어진 사회적 합의였다. 또한 일부 국가에서는 전시동원체제의 경험이
계급타협에 기여했다. 영국의 경우 전쟁 이전에 자유주의의 전통이 확립되어
있었지만 전시경험과 전후의 경제적 위기 때문에 생산과 분배를 전적으로 시장에
맡기는 것이 어려워져 케인즈주의적 정책을 채택했다. 케인즈주의적 계급타협으
로 서유럽 국가들의 정당들의 이념적 지향성 간극도 상당한 정도로 좁혀졌다.
다시 말하면 좌파정당들의 사회주의 이념과 우파정당들의 보수이데올로기는 모
두 케인즈주의의 핵심 요소들을 중심으로 완화되는 경향을 보이게 되었다.

제2차 세계대전 이후 서유럽에서는 케인즈주의적 복지국가로의 사회적 합의
가 형성되었으며 국가의 개입을 통해 시장의 비효율성과 비윤리성을 시정하자는
공감대가 확산되었다. 이에 따라 케인즈주의적 복지국가에 힘입어 1950년대 이
후 1970년대 초반까지의 서유럽 국가들은 공통적으로 지속적인 경제성장, 저인
플레이션, 실질적인 완전고용, 사회복지의 확충, 산업평화의 확산 등으로 경제적
번영과 사회정치적 안정을 누렸다. 이를 통해 케인즈주의적 복지국가는 자본주
의 시장경제와 민주주의 간의 구조적 긴장과 갈등을 완화함으로써 노동계급의
자본주의에 대한 저항과 도전을 사전에 방지할 수 있었다. 복지의 제공이 노동자
들의 시장의존도를 줄이고 시장경제의 횡포와 변덕으로부터 노동자들을 보호하
고 계급 갈등을 감소시킨 것이다. 이런 계급타협은 노동친화적 정당이 집권하거
나 노동이 노동시장을 통제할 수 있는 조직적 힘과 국가를 통제할 수 있는 영향력
을 획득할 때 촉진되었다. 이런 맥락이 시사하는 바는 노동-자본-국가의 관계가
사회적 합의제로 제도화되면 노동자와 자본가는 미래에 대한 불확실성이 제거되
어 계급 갈등보다는 계급타협을 선호하게 된다는 점이다. 특히 친노동자 정치세
력이 국가를 장악하거나 국가의 정책결정에 상당한 영향력을 행사하고 있을 때
노동자들은 타협전략을 추구함으로써 사회적 합의제에 협조한다는 점이다. 역으
로 노동-자본-국가의 관계가 사회적 합의제로 제도화되지 못하면 노동자는 전투
적 전략으로, 자본가는 투자 철수를 시도함으로써 계급 갈등을 유발할 것이다.

그러나 1970년대에는 서유럽 산업민주 국가들이 전후 향유했던 정치적 안정,

경제적 황금기, 사회적 평화의 급격한 종말을 경험했다. 1970년대 전반 무렵 특히 세계경제의 위기에 따라 분출하는 심각한 계급 갈등을 경험했다. 당시 오일 쇼크로 인한 스태그플레이션의 세계적 확산이 케인즈주의의 아킬레스건을 때리고 케인즈주의적 계급타협에 입각한 사회적 합의제로 상징되는 서유럽 정치경제 질서를 뒤흔들어 놓았을 때 서유럽의 보수정당들은 1980년대에 접어들어 대체로 케인즈주의를 포기하고 신자유주의로 경도되어 갔다. 결국 이런 상황에서 자본은 이제 타협적 · 협의적 전략을 철회하고 노동배제적 전략을 구사하는 조짐이 발생했다.

3. 글로벌 시장화와 사회적 합의제

글로벌 시장화는 자본, 기술, 노동이 국가의 경계를 자유롭게 넘나들면서 무역경쟁의 심화, 생산의 다국적화, 그리고 금융시장의 통합 등 초국가적 수준에서 기능적으로 통합되어 가는 과정이다. 글로벌 시장화 시대에 자본은 인터넷 기술을 활용하여 전 세계 국가의 자본시장에 자유롭게 투자하고 회수되며 환투기를 통해 개별국가의 환율 방어능력을 교란시켜 경제위기를 촉발시킨다. 동시에 글로벌 시장화는 범지구적 차원의 무한경쟁을 심화시켜 이에 대응하려는 각 국가들에게 민영화, 탈규제화, 복지축소, 노동시장의 유연화 등 끊임없는 경제적 구조개혁을 요구한다. 경제위기와 경제적 구조개혁은 이로부터 파생되는 이득과 비용을 계급적 · 계층적으로 차등 배분시키는 상황을 초래한다. 이러한 사태는 사회집단 간의 갈등을 증폭시켜 가고 있다.

오늘날 지구상의 어떤 국가도 글로벌 시장의 이러한 압력과 도전으로부터 자유로울 수 없다. 글로벌 시장화의 물결은 서유럽의 케인즈주의적 계급타협 체제를 위협했다. 사실 케인즈주의적 계급타협 체제는 사회적 합의제라는 노사정 협상제도를 작동시키는 토대였다. 그러나 글로벌 시장화가 국가의 탈상품화(decommodification) 정책을 통해 시민들의 시장의존도를 감소시키려는 서유럽 케인즈주의적 계급타협의 유효성을 흔드는 조짐을 보였다. 이런 조짐은 극소전자와 정보기술의 발전으로 포드주의(소품종 대량 생산방식)에서 시장수요의 변화에 능동적으로 대응하려는 포스트포드주의(다품종·고품질·소량 생산방식)로의 변화에 따라 가속화되었다. 포스트포드주의 생산패러다임은 케인즈주의적 사회복지 국가를 슘페터주의적 근로복지국가(Schumpeterian workfare state)로 전환시켰다 (Jessop, 1994: 29). 슘페터주의적 근로복지국가는 총수요 관리를 통한 완전고용보 다는 생산유연화와 공급측면의 개입을 통한 개방경제의 구조적 경쟁력의 강화에 치중한다. 이런 경향은 포드주의와 케인즈주의적 사회복지국가에 의한 계급타협 에 기초했던 사회적 합의제에 부정적으로 작용했다.

글로벌 시장화에 적응하려는 경제적 구조개혁 과정에서 서유럽 기업들은 경쟁 력을 제고하기 위해 조직·인력축소(downsizing)와 함께 생산체제의 유연화(기능적 ·수량적 임금·기술 유연화, 생산공정의 자동화 등)를 확립해 가고 있으며 이 때문에 임금생활자들은 고용불안정, 소득불평등, 실업의 위험에 직면하고 있다. 글로벌 시대에 자본가들은 노동력을 어디서나 쉽게 구할 수 있고 자본을 언제 어디로나 이동할 수 있는 상황에서 조직노동자에 대한 자본가들의 협상능력은 강화될 수 밖에 없다. 노동자들은 글로벌 시대에 자신의 이익을 보호할 수 있는 수단을 상실하고 계급해체의 위기에 직면하고 있다. 결국 글로벌 시장화는 그 이득과 비용을 계급적·계층적으로 차등 배분하는 상황을 야기하고 있으며 이런 사태는 노동의 협조를 절대적 필수 요인으로 하는 사회적 합의제의 전망을 어둡게 하고 있다. 글로벌 시대의 충격은 시장의 힘을 강화시키며 시장은 경쟁의 원리를 경제 및 정치 영역에 침투시킴으로써 사회적 합의제를 위협하고 있는 것이다. 이런 상황에서 신자유주의자들은 "글로벌 시장화는 서유럽 국가들의 정치경제 시스 템을 수렴화시킬 것이다"라는 주장을 제기하고 있다. 그 내용의 핵심은 글로벌화 가 노동-자본-국가의 관계를 시장주의의 틀로 규정할 것이라는 점이다.

그러나 서유럽 국가들의 정치경제 시스템은 비록 과거에 비해 시장경제에 보다 순응하는 방식으로 변화하고 있지만 영국과 프랑스를 제외한 서유럽 대부 분 국가들의 정치경제 시스템은 노동-자본-국가의 관계가 '조절된 시장경제 (coordinated market economy)'의 틀을 추구하고 있다. 사회적 갈등을 조정하고 경제 위기를 극복하려는 국내적 대응방식으로서 사회적 합의제를 작동시키고 있는 것이다. 말하자면 상이한 이해관계를 갖는 집단들이 경쟁이나 대결이 아닌 타협이나 협상 그리고 협의나 합의를 통해 갈등을 조정하고 공동이익(positive-sum)을 추구하고자 한다. 특히 경제가 외부의 충격과 도전에 민감할수록 그 나라의 노동이나 자본은 합의에 의해 자발적 산업평화를 이룩하려는 경향을 보인다. 국가 또한 노동과 자본 사이에 가로놓인 불확실성을 줄이는 역할을 수행한다. 예컨대 사회협약을 성사시키기 위해 노동의 자발적 임금자제에 대한 반대급부로서 탈상품화의 복지정책이나 '적극적 노동시장 정책'을 실천함으로써 실업에 대한 노동의 두려움을 감소시키는 역할을 수행한다. 물론 글로벌 시장화는 노사정 간의 중앙 차원의 이익중재 및 갈등해결 메커니즘을 발전시켜 온 전통적 사회적 합의제의 퇴조를 가져왔다. 왜냐하면 유연성, 혁신, 구조적 경쟁력을 추구한 포스트포드주의적 생산체제가 이익집단 세력 간의 협상과 조정에 의한 전국적, 산업별 수준에서의 협약을 어렵게 하고 있기 때문이다. 그러나 전국적 수준 또는 산별 수준에서의 사회적 합의제가 유지되고 있는 가운데 포스트포드주의의 산업으로 부상한 하이테크 산업을 중심으로 한 지역·기업·작업장 수준에서의 사회적 합의제는 강화되고 있는 추세이다. 이는 글로벌 시장화에 따른 서유럽 사회적 합의제의 재구조화 및 유연화 현상이라 할 수 있다.

　요컨대 사회적 합의제는 서유럽의 대부분 국가들에서 글로벌 시장의 도전과 충격 앞에서 정부, 노동자 및 사용자단체 간의 2자 또는 3자 협의(bipartite and tripartite concertation)를 통한 정책형성·집행 및 연합적 제도를 운용함으로써 경제적 효율성과 사회적 형평성을 동시에 향상시키고 정치적 안정을 유지하여 그들 국가의 민주주의를 보다 공고화시키고 있다.

　그러나 그렇다고 해서 모든 서유럽 국가들의 사회적 합의제가 언제나 동일하게 작동한 것은 아니다. 왜냐하면 그 작동 과정은 대외적 압력과 위기, 대내적인 사회경제적 위기, 정치경제 주체들의 전략적 선택, 정치문화, 이데올로기, 자본과 노동의 힘의 균형 등을 포함한 다양한 요인들에 의해 영향을 받기 때문이다. 뿐만 아니라 서유럽 국가들의 사회적 합의제는 19세기 말 이래 자본주의 발전의 특정 국면마다 그 성격과 유형을 달리했으며 특히 1980년대 이후 진행된 글로벌 시장화의 충격과 도전에 대한 대응에 있어 차별성을 보이고 있다. 그 실제 차별적인 대응 양태는 각 국가의 제도와 정치경제 행위자(정부, 정당, 노조 및 사용자 등) 간의 상호작용의 결과로 나타난다.

4. 서유럽 정치와 시장의 기본 유형

서유럽은 크게 앵글로-색슨 국가[7]와 대륙 국가로 구분된다. 전자는 영어를 사용하는 영국과 아일랜드를 지칭하고 후자는 게르만어를 사용하는 북부의 게르만 국가(Germanic nations)들과 라틴어를 사용하는 남부의 라틴 국가들로 구분할 수 있다. 게르만유럽은 대국인 독일과 소국들로 구성된다. 게르만 소국(smaller Germanic nation)들에는 저지대 국가들(Low Countries: 벨기에, 룩셈부르크, 네덜란드), 알프스형 국가들(Alpine Countries: 오스트리아, 스위스), 스칸디나비아유럽 국가들(덴마크, 노르웨이, 스웨덴, 핀란드)을 포함한다. 그리고 라틴유럽에는 프랑스, 이탈리아, 스페인 등의 대국과 소국인 포르투갈 등이 속한다. 이러한 구분은 언어에 의한 것일 뿐만 아니라 정치적 성격도 갖는다.

서유럽 정치는 이를 단순화하면 앵글로-색슨 국가의 정치와 서유럽대륙 국가의 정치로 나누어볼 수 있다. 영국 국민들은 앵글로-색슨유럽이 서유럽에 속한다는 사실을 인정하지만 서유럽대륙 국가들과의 차별성을 부각시키기 위해 '앵글로-색슨유럽과 서유럽대륙'으로 말하기를 좋아한다. 앵글로-색슨유럽 국가는 서유럽대륙 국가들과는 달리 언어적·종교적 균열이 존재하지 않아 다수제 정치(majoritarian politics)를 지향할 수 있었다. 영국은 16세기 근대국가를 수립한 후 중상주의적 경쟁에서 결정적인 우위를 점하고 이를 통해 확보한 방대한 수출시

---

7) 영국과 아일랜드를 앵글로-색슨 국가(유럽)로 범주화시킬 수는 없다. 그러나 1800~ 1922년까지 영국의 식민지 통치를 받았고 영어를 사용하는 아일랜드에서 전통적으로 영국의 다원주의 정치 및 노사 관계, 노사자발주의 등 정치경제적으로 영국화가 철저히 진행되었다는 점에서 무리함을 무릅쓰고 앵글로-색슨 국가(유럽)로 묶어냈음을 밝혀둔다. 독자들의 양해를 바란다. 물론 1987년을 분수령으로 아일랜드는 영국과는 달리 글로벌 시장화에 대응하는 전략으로서 본격적인 사회협약정치를 작동시켰다(제5장 참고).

장에 대한 수출수요에 힘입어 산업혁명의 불꽃을 지폈다. 산업혁명과 함께 등장한 신흥부르주아는 국가재정에의 기여에 상응하는 정치적 권리의 확대를 요구했다. 그 결과 1832년 선거법이 개정되었고 이는 선거권의 확대, 부르주아의 의회 장악으로 이어졌다. 선거법 개정을 위한 부르주아의 투쟁에 동참했던 노동자들은 역사상 최초의 조직적 정치운동인 차아티스트 운동을 통해 참정권을 요구하기도 했다. 그러나 영국에서 노동자 선거권의 확대는 대체로 부르주아의 자발적인 개혁을 통해 이루어졌다. 이는 서유럽대륙 정치에서는 찾아보기 힘든 사례이자 영국의 노동운동을 온건하게 한 주요 요인이었다. 산업혁명이 가장 먼저 발생했고 그 결과 임금노동자의 출현과 성장이 가장 빨랐던 영국에서 노동자 정당의 출현이 서유럽에서 가장 늦었던 이유도 여기에 있다. 영국은 사상적으로 19세기 자유방임주의의 영향을 받아 노사 관계에서 국가가 참여하는 화해와 갈등조정 메커니즘은 노조나 사용자 양측의 어느 편에서도 환영받지 못했다. 따라서 일찍이 정부의 개입 없이 노사 간에 자율적으로 단체교섭이 이루어지는 노사자발주의(voluntarism)가 영국 노사 관계의 주요 특징으로 자리잡았다. 아일랜드는 1800년 영국에 통합되었는데 이에 따라 아일랜드에는 정치 및 산업 관계에 있어 영국화가 진행되었다. 즉 아일랜드는 전통적으로 영국의 다원주의 정치, 자유주의적 노사 관계 및 복지시스템을 포함하는 정치경제를 추구했다.

서유럽대륙 국가들의 정치는 서유럽 이외의 국가들의 정치와는 물론이고 경우에 따라서는 영국의 정치와도 상이한 특징을 보여왔다(Slomp, 2004: 65~66). 첫째, 로마 카톨릭 교회가 오랫동안 교육, 도덕적 가치 등을 지배해 왔고 프로테스탄트 교회가 지배한 것은 불과 몇 나라에서만 국한한다. 둘째, 산업혁명 이후 자유주의 기업인들이 왕권을 제한하는 수단에 의해 민주주의를 확립하는 데 주도적 역할을 했다. 셋째, 19세기 말에 노동운동이 등장했으며 이 노동운동은 민주적 권리를 노동계급에게까지 연장시켰을 뿐만 아니라 카톨릭(또는 프로테스탄트)의 도덕적 가치에 도전했다. 넷째, 노동운동 등장 이후 서유럽 정치의 주요 이슈는 시장경제에의 국가개입을 통해 노동자들 혹은 국민들에 대한 사회적 보호, 그리고 카톨릭의 도덕적 가치와 규범의 완화 문제였다. 다섯째, 제2차 세계대전 이래 서유럽 국가들의 정치는 좌·우 정당구도에 의해 지배되었다. 대체로 좌파정당들은 도덕적 규범의 완화와 사회정책을 선호했다. 이에 반해 우파정당들은 카톨릭 성향의 기독교민주당과 세속적(비종교적)인 보수자유주의 성향의 정당 등 두 유형의 정당이 있었는데 이들 정당은 자유시장을 지향하며 사회정책을 제한하고 상대적으로 엄격한 도덕적 가치의 온존을 시도했다.

앵글로-색슨유럽 정치와 대륙유럽 정치는 그 차이에도 불구하고 사회계급을 서유럽 정치에서 주요 이슈로 부상시켰다. 많은 서유럽 국가들에서 사회계급 균열라인은 사민주의 정당과 같은 노동자 중심의 정치조직, 그리고 보수주의 정당과 자유주의 정당과 같은 중산 및 상류 계층 중심의 정치조직으로 갈라놓았다. 사회계급 균열라인 때문에 생활 및 노동조건의 차등을 줄이려는 사회경제 정책은 서유럽 정치에서 가장 중요한 정치적 이슈 가운데 하나이고 정부정책의 핵심 분야이다. 그러나 서유럽은 국가정책, 특히 사회경제 정책의 형성과 중요성, 달리 말해 정부와 시장 간의 선택이라는 관점에서 두 부분으로 구분된다. 앵글로-색슨유럽이 '자유시장'을 선호했던 반면, 대륙유럽은 사회경제 정책의 조정 수단으로 자유시장 기능을 통제하거나 그 역효과와 한계를 완화시키려고 시도했다.

서유럽대륙 국가들은 모두 대륙유럽 정치의 특징을 공유했지만 게르만유럽 정치와 라틴유럽 정치는 좌파 노동운동과 우파정당 사이의 이념적·정책적 거리라는 측면에서 상이함을 보였다.[8] 게르만유럽에서 초창기의 노동운동은 개혁주의적 세계관을 발전시키면서 의회정치 시스템에 통합되었다. 사회민주주의자들은 주요 노조조직과 긴밀한 유대를 유지하는 정당으로 발전했다. 스칸디나비아유럽 국가들에서는 사민주의 세력이 정권장악에 성공했으며 나머지 게르만유럽 국가들에서는 사민주의 정당과 기독교민주주의 정당이 서로 순환적인 정권교체 혹은 연정의 형태로 정부에 참여했다. 특히 서유럽 저지대 국가들에서는 기민당이 좌파정당과 비종교적 우파정당 사이의 중간의 길을 걸으면서 노동계급에 호의적인 사회정책을 채택하는 노력을 경주했다. 기민당의 이러한 중도 노선은

---

8) 그러나 게르만유럽 정치과 라틴유럽 정치 간의 차이는 1980~90년대 이후 점차로 축소되어 가는 경향을 보인다. 이는 유럽공산주의가 퇴장했고 라틴유럽(프랑스, 스페인)의 사회민주주의가 성장세를 타고 있으며 글로벌화 추세에 따른 경제환경의 변화가 노조의 힘 약화를 초래하는 현상과 무관하지 않다.

어느 정도 좌·우파의 간극을 이어주는 가교 역할을 했다.

라틴유럽에서의 노동운동은 정치권력으로부터 일정한 거리를 두면서 반의회주의적 성향으로 배양되었다. 처음에는 무정부주의자, 나중에는 공산주의자들이 노동계급정치를 지배했으며 노조운동은 또한 일종의 의회 밖의 반대운동으로서 정치에 관여를 계속했다. 좌파 노동운동과 우파정당들의 이념적·정책적 거리는 쉽게 가교될 수 없었다. 노조들의 단체교섭은 정치적 행동에 의해 방해받았고 라틴유럽의 모든 국가들은 카톨릭적 성향을 보였기 때문에 보수세력으로의 카톨릭 교회가 좌·우 간의 간극을 더욱 벌렸다.

게르만유럽과 라틴유럽 사이의 그러한 차이로 인해 게르만유럽 정치는 탈분극화(de-polarization)와 구심력을 보였던 반면에, 라틴유럽 정치는 분극화와 원심력을 드러냈다. 게르만유럽에 속하는 대부분 국가들의 정치는 급진적인 노조운동의 형태로 나타난 의회 밖의 대규모 정치세력이 존재하지 않았기 때문에 정부의 안정과 안정된 민주주의를 누렸다. 대조적으로 라틴유럽 국가들은 좌파와 우파 사이의 이념적·정책적 거리가 멀고 동시에 의회 밖의 격렬한 반대운동이 존재하여 게르만유럽 국가들에 비해서는 상대적으로 나라에 따라 민주주의의 불안정성을 드러내기도 했다.

뿐만 아니라 게르만유럽 소국들과 나머지 서유럽 국가들의 차이가 관찰된다. 게르만유럽 소국들은 정치적 안정을 기할 수 있는 노사정 3자가 참여하는 사회적 합의제를 공유했다. 이들 국가의 사회적 합의제의 주요 관심은 정부재정의 무리한 확대를 막고 글로벌 시장에서 국가경쟁력을 제고하기 위한 임금인상 자제이다. 게르만유럽 대국인 독일은 게르만유럽 소국들의 사회적 합의제의 특징인 중앙 차원의 협약을 상대적으로 결여했다. 독일의 노조와 사용자단체는 많은 영역의 정책형성에 참여했지만 정치적 행위자로서의 성격이 취약한 편이고 전문가로서 관여하는 경향을 보였다. 독일의 의사결정 과정에서는 보다 하위 수준에서 사회적 합의제가 운영되었는데 이러한 한계는 노조와 사용자단체가 분권화되었고 임금협상 영역에서 정부의 권한이 결여되었기 때문이다. 라틴유럽에서는 사회적 합의제가 부재하거나 아주 약하게 실천되었을 뿐이다. 그것은 노조와 사용자들 간에 인식의 거리가 멀고 노조와 사용자들이 공히 의회 밖에서 전개하는 투쟁의 전통이 강했기 때문일 것이다.

　한 걸음 나아가 자유시장과 정치 사이의 선택은 다음과 같이 나타난다. 라틴유럽 국가들은 강한 정치적 균열라인, 정치적 지지기반의 경직성, 정부우위, 타협 및 협상 문화의 결여 등으로 인해 좌·우 세력의 분극화(polarization)와 사회경제 정책의 형성에 있어 정부 주도 현상을 보였다. 이에 반해 게르만유럽(때로는 독일을 포함) 소국들은 좌·우 세력의 탈분극화와 사회경제 정책의 형성에 있어 사회적 합의제를 통한 탈정치화(de-politicization) 현상을 보였다. 즉 잠재된 정치적 균열은 분절집단들의 정치적 지지의 중복과 교차, 공공정책결정 및 집행과정에서 사회적 파트너들의 참여, 타협과 상생 문화에 의해 극복되었다(Slomp, 2004: 70). 특히 글로벌 시장화 및 단일 유럽시장으로부터 오는 대외적 도전과 고용불안, 노조 협상력 저하 등 대내적 충격에 적절히 대응하기 위해 국가정책 조정의 필요성이 고조되었다. 계급 간 협약이 정책적 트레이드마크가 되고 있는 게르만유럽 소국들의 경험은 글로벌 시장화 시대에 사회적 합의제가 정치적 안정, 경제적 효율성, 그리고 사회적 형평성을 동시에 달성하여 모든 이해관계자들 간에 이익과 비용을 공정하게 배분함으로써 체제의 대표성과 통치능력(governability)을 제고시키는 데 공헌한다(Auer, 2000: 61~78). 이들 국가가 사회적 합의제를 대내외적 충격과 도전에 대한 보호 장치로서 채택한 주요 동기는 자신들이 외부경제의 사이클에 취약함을 갖는 대외 개방형 소국이라는 사실이다. 하지만 게르만유럽 국가들의 사회적 합의제는 나라에 따라 정치와 사회제도에 의해 상이한 양상을 보였다.

　라틴유럽 국가들에서의 의사결정은 정부가 사회적 파트너들과 타협 없이 사회경제적인 이슈들에 대한 혁신적인 해법을 모색할 수 있다. 그러나 이 때문에 정부, 사회 및 경제 정책의 정당성이 결여되고 정책에 대한 반발과 저항이 발생할 수 있다는 약점이 있다. 말하자면 정책변화의 속도가 신속할 수 있지만 정치적 갈등과 논쟁을 불러일으킬 소지가 많다는 것이다. 이에 반해 게르만유럽 소국들의 정치는 사회경제적 정책들이 사회적 파트너들의 참여에 의해 결정·집행되기 때문에 정부정책들이 정당성을 확보할 수 있다. 물론 타협과 협상의 과정과 절차가 오랜 시간을 요구하며 정책의 책임 소재가 불분명한 경우가 발생할 수 있는 약점이 있다. 그러나 타협과 정치적 안정이 게르만유럽 소국들의 정치가 갖는 특징이며 정책 변화는 느리지만 일단 결정된 정책에 대한 논쟁의 여지는 많지 않다.

시장과 정치 간, 그리고 앵글로-색슨유럽 정치, 게르만유럽 정치, 라틴유럽 정치 간의 차이가 존재하기 때문에 우리는 글로벌 시장에서 생존하기 위한 변화 기회, 이런 변화가 사회적·정치적 결속에 미칠 영향 등을 평가하는 데는 신중을 요구한다. 그러나 아마도 시장지향적 개혁의 속도에 있어서는 앵글로-색슨유럽 의 자유시장 정치, 라틴유럽 정치, 게르만유럽 소국 정치의 순위로 나타날 것이며 사회적·정치적 결속에 대한 시장지향적 개혁의 효과는 게르만유럽 소국 정치, 라틴유럽 정치, 자유시장 정치의 순으로 전개될 것이다.

제 2 부 | 사회협약정치의 이론적 맥락

제 2장
국가와 사회의 관계에 관한 이론적 패러다임

1. 다원주의(시장주의) 패러다임

국가와 사회의 관계에 대한 이론적 패러다임에는 다원주의론(또는 시장주의론)이 존재한다. 다원주의론은 사회가 자유경쟁적 시장 논리에 따라 작동하면 '보이지 않는 손'에 의해 균형과 조화를 이루는 자기조정적 메커니즘(self-regulating mechanism)과 항상성(homeostasis)이 실현될 수 있음을 전제한다. 이런 관점에서 다원주의 패러다임은 몇 가지 이론적 가정을 제시한다(Alford, 1985: 145~158; Sun, 2001: 64~65). 첫째, 국가의 개입 없이 사회가 스스로의 조절능력을 보유하고 있기 때문에 최소한의 국가를 지향한다. 따라서 국가의 역할은 자유의 법적 틀을 수호하고 경쟁적 자유시장의 작동을 위한 게임의 룰을 만들어주는 것으로 본다. 자유경쟁적 시장의 논리는 정치 영역에도 작용하며 경제적 자유가 정치적 자유의 필수조건임을 가정한다.

둘째, 시민들의 정책선호성은 자유경쟁하는 정당이나 이익집단의 중재과정을 통한 경쟁선거 메커니즘의 틀 안에서 정책형성자에게 전달되는 것으로 가정한다. 경쟁 메커니즘이 작동하는 정치시장(political market)은 경제시장과의 유질동상(isomorphism)을 공유한다. 즉 경제시장에서 이익극대화를 노리는 생산자들의 자유경쟁과 소비자들의 자유선호가 실현될 때 경제적 자원의 최적 배분(optimal allocation of economic resources)이 이루어지며 선거를 포함한 정치시장에서도 자유경쟁·선택, 즉 시장적 권력배분(권력배분 및 구성이 경쟁의 원리에 기초)이 담보된다면 사회적 복지 등 공익을 극대화할 수 있는 최적의 정치권력 배분을 만들어내는 민주적 정치를 실현할 수 있다고 주장한다(Streeck and Schmitter, 1985: 4~5).

마지막으로 다원주의는 시민사회에 수평적이고 대등하게 자유경쟁하는 이익결사체들이 존재하며 정치과정을 그들 이익결사체의 요구와 이익이 여과·조정되는 정치시장으로 인식한다. 또한 국가의 형태와 기능은 사회에 존재하는 다양한 세력 간의 역학관계에 의해 규정되며 국가권력은 경쟁집단들 간에 공유된다. 이런 국가는 다양한 이익집단들 간에 갈등하고 대립하는 이해관계의 중립적 조정자이며 그 조정의 결과로 얻어진 국가정책은 대중의 정책선호를 반영한다(Cawson, 1978: 183). 이런 관점에서 본 다원주의적 노사정 관계는 공공정책을 둘러싸고 사회에서 경쟁하는 노조와 사용자단체 간의 '경쟁적 이익표출과 분산적 그룹협상 과정'으로 규정된다(Cohen and Rogers, 1992: 411~414).

그러나 다원주의 패러다임의 이론적 가정은 이론적 결함을 드러낸다. 첫째, 국가의 중요성을 경시하고 있다. 다시 말하면 다원주의는 사회세력의 다원주의적 이익경쟁이 국가정책 및 권력의 역동성을 규정하는 주요 요소로 인식하고 있으며 따라서 다원주의는 이익그룹과 국가 간의 상호작용에 주목하지 않는다(Cawson, 1985: 9). 만일 정치가 공공정책을 둘러싸고 전적으로 서로 협상하는 이익그룹들의 이해관계에 의해서만 작동된다면 다원주의적 정치 협상의 틀은 공정하게 작동될 가능성은 낮아진다. 다원주의가 가정하고 있는 것처럼 이익그룹들은 권력자원에 있어 수평적이고 대등하지 않기 때문이다.

둘째, 다원주의적 이익그룹은 너무 경쟁적이고 분산적으로 조직되기 때문에 결사체들이 정책결정 및 집행을 보장할 수 있는 공적 책임을 지닌 '사적 이익정부(private interest government)'로서의 기능을 수행할 수 없다. 이런 조건에서 다원주의적 결사체들이 공공정책 결정 및 집행 과정에서 협력적 합의를 이끌어낼 수 있는 가능성은 낮아진다(Schneider, 1985: 190).

마지막으로 다원주의에서 분산적·경쟁적 이익집단들은 국가정책결정 및 집행의 주체가 아니며 이들은 로비나 시위 등을 통해 정부나 의회의 정책결정 과정에 이익표출을 시도할 뿐이다. 특히 다원주의적 노사정 관계에서 노조와 사용자단체는 정부 및 의회를 상대로 해서 로비 및 시위 활동을 통해 이익표출을 시도하고 '압력그룹' 정치를 행사할 뿐 정책결정 과정에 노조 및 사용자단체의 실질적 참여는 저급한 수준으로 나타난다(Lehmbruch, 1984: 65).

2. 국가주의 패러다임

베버(M. Weber)는 정치와 국가의 성격과 본질이 자본의 논리에 따라 작동하는 것으로 인식한 마르크스주의 패러다임,[1] 그리고 국가를 사회세력 간 갈등의 중립적 관리자로 상정하는 다원주의 패러다임을 모두 부정하고 국가의 독립변수성을 부각시켰다. 베버의 이 같은 지적 전통을 계승한 네오베버주의적 국가주의자들은 국가를 정치경제적 탐구의 중심축으로 복원시켰다(Evans, Rueschemeyer, and Skocpol, 1985). 그들은 국가가 사회경제적 이익과 사회계급 세력의 지형과는 격리된 독자적 논리에 따라 작동하는 절대적 자율성을 갖는 존재로 인식한 것이다(Skocpol, 1979: 33).

이러한 인식에 기초한 국가주의(statism) 패러다임은 전체를 구성하는 부분요소들의 위계질서 속에서 국가와 사회의 유기체적 융합(organic amalgam) 관계를 분석한다. 유기적 총체는 각 사회적 층위 간의 상호의존성, 부분과 전체의 교호성(reciprocity) 등의 특징을 갖는다. 이런 특징을 갖는 국가주의는 몇 가지 이론적 가설을 제시한다. 첫째, 국가는 보편성의 원리에 따라 작동하고 공동선(공공재 공급, 복지 등)을 추구하는 이타적 존재(공익 수호자)로 상정된다. 따라서 권력 및 경제자원은 국가의 자의(계획)에 의해 가장 효율적 배분이 가능하다. 특히 국가가 자원배분에 대한 결정권(투자, 생산, 고용, 소득 등)을 독점적으로 행사할 때 가장 효율적인 자원배분이 이루어진다(Walder, 1995: 1~2). 이런 점에서 국가주의는 시장의 자기조정적 메커니즘을 강조하는 다원주의를 거부한다.

---

[1] 마르크스주의론은 마르크스의 토대(생산관계의 총체)-상부구조(법, 정치구조, 문화 등)론과 이를 발전시킨 네오마르크스주의론까지를 포함한다. 그러나 여기서는 이에 관한 논의를 생략한다. 보다 상세한 설명은 Sun(2001: 75~80); 선학태(2003: 21~23)를 참조할 것.

둘째, 국가는 사회집단의 압력, 제약을 받지 않고 자율적으로 정책을 결정, 집행을 할 수 있는 능력을 갖는다. 다시 말하면 국가가 사회의 특수 이익집단의 지대추구(rent-seeking) 행위를 방지할 수 있으며 분배정치의 압력에서 벗어나 장기적 관점에서 보편적 이익(복지, 공공재 등)을 추구할 수 있다.

마지막으로 국가는 이익표출과 사회 갈등을 위계적·수직적으로 통제·조정할 수 있다. 이는 국가주의가 갈등해결을 대체로 홉스적인 국가권력의 강제적 조정(imperative coordination)에 의존하고 있음을 의미한다. 이런 국가주의의 틀은 노사정 관계에서 국가코포라티즘(state corporatism)로 나타난다(Valenzuela, 1989: 448). 국가합의주의는 독자적인 능력과 자율성을 가진 국가는 대내외 자본과 노동에 대해 절대적 자율성을 행사하며 다양한 비시장적 메커니즘을 활용하여 시장의 작동을 통제한다. 특히 국가는 노조의 결성, 리더십 및 단체협상에 개입하고 재정지원을 통해 노동을 한계화시킴으로써 노사 갈등을 위계적으로 통제한다.[2]

이런 이론적 가정을 함축한 국가주의 패러다임은 우선 '정치주의(politicism)'에 함몰되어 있다는 비판을 면할 수 없다. 왜냐하면 국가주의는 사회 및 경제적 요소를 경시한 나머지 국가의 거의 절대적 자율성을 강조하고 있기 때문이다(Jessop, 1989: 155). 다원주의 패러다임을 비판하는 국가주의자들은 국가의 중요성을 일방적으로 강조함으로써 사회중심적 접근과 국가중심적 접근의 조합이 국가와 사회의 관계를 보다 객관적으로 설명할 수 있다는 사실을 인정하지 않는다. 다시 말하면 국가주의는 국가와 사회의 상호침투성 및 상호작용에 기초한 정책 네트워크의 작동 가능성을 배제하고 있다. 예컨대 국가의 반노동 정책이 국가-자본 동맹관계에 대한 노동운동의 저항을 촉발시킴으로써 결국 국가의 노동정책을 변화시킬 수 있다. 이런 사실은 국가와 노동의 상호작용에 의해 정책 변화 가능성

---

2) 노사 갈등에 대한 국가주의적 전략은 위와 같은 국가합의주의 방식 외에도 시장메커니즘에 의한 통제 방식이 있다. 시장메커니즘에 의한 통제전략은 협상주체로서의 노동을 최대한 원자화·개별화·고립화시키려 한다. 이를 위해 파업 지원을 위한 노조기금 사용 금지, 파업 가담자 해고, 직장폐쇄, 전략산업 지정 등 여러 수단에 의해 파업을 가능한 한 무력화시키려 한다. 또한 노조결성을 용이하게 함으로써 노조다원주의를 유도하며 그 결과 단체협상은 완전히 분산된다.

을 시사하는 동시에 국가의 절대적 자율성만을 강조하는 국가주의의 논점을 반박하는 데 충분하다.

둘째, 국가주의는 모든 사회세력 간의 이익갈등을 관리, 통제하는 국가의 절대적 자율성을 상정하지만 그것은 과잉정치화(over-politicization)로 사회적·정치적 과정과 절차를 무시하고 톱·다운(top-down)식 사회경영으로 사회 갈등을 강제적·위계적으로 관리하는 결함을 갖는다(Hirst, 1994: 83~85). 국가조직은 위계구조를 갖고 시민들을 강제적으로 규율한다는 점에서 국가의 위계적 체계 내부에서 시민들의 국가에 대한 조직화된 의존관계를 낳게 된다. 이러한 일방적 의존관계의 본질은 국가조직과 일반 시민과의 관계를 정치적 규율과 지배·피지배 관계로 형성시키면서 정치적 억압을 초래한다(McCormick, 1990: 61~64).

셋째, 국가실패(state failure)의 가능성은 시장실패(market failure)처럼 상존한다. 왜냐하면 국가경영자들이 보편적 이익의 수호자라기보다는 사익을 챙길 가능성은 항상 존재하기 때문이다. 국가경영자들은 사회적 효용이 아니라 사회의 행위자들과 마찬가지로 예산 및 권한 증대를 통한 자신의 효용을 극대화하려는 이기적인 행위자들이다. 따라서 국가실패 현상은 국면적·우연적인 것이 아니고 보편적·구조적일 수 있다.

마지막으로 국가경영자들은 기업가들로 하여금 경쟁과 혁신을 통해 이윤극대화를 꾀하도록 하기보다는 국가의 보호로 발생되는 독점지대를 추구케 하는 무임승차의 유혹을 떨치지 못하게 한다. 그 결과 비효율적 자원배분은 물론이고 불공정한 배분을 낳을 수 있다. 이로 인한 국가의 실패 가능성 또한 도사리고 있다. 따라서 사회의 이익집단으로부터 유리된 자율적 국가가 장기적 관점에서 경제발전을 위한 자원배분 결정을 수립할 수 있다는 국가주의의 가설은 설득력이 약하다.

3. 사회적 합의주의 패러다임

1) 다원주의와 국가주의의 변증법적 지양

국가와 사회의 관계에 관한 사회적 합의주의론(societal corporatism theory)은 다원주의 패러다임과 국가주의 패러다임의 이론적 약점과 한계를 극복할 수 있는 대안적인 패러다임이다. 본시 사회적 합의주의는 호혜성(mutuality), 자발적 동의(willing consent), 통일성(unity) 등을 중심사상으로 하는 사회의 유기체적 공동성(organic Gemeinschaft)과 연대성을 지향한다(Schmitter, 1981: 295; Winkler, 1986: 100~136).3) 특히 사회적 합의주의는 국가와 사회의 관계를 상호침투적 총체성(interpenetrative totality)으로 분석하고 사회 내의 조직화된 이익을 국가의 결정구조에 유기적으로 연결시켜 주는 제도적 양식이다. 그것은 루소적인 일반의지를 강조하는 국가의 역할을 강조하지만 국가와 사회세력 간의 조화로운 제휴와 유기체적 협력을 사회의 주된 원리로 전제한다.

이런 전제를 기초하여 우리는 사회적 합의주의의 이론적 가정을 제시할 수 있다(Sun, 2001: 73~75, 114~120). 첫째, 다원주의는 사회이익의 다양성을 강조하여 사회의 공동선 추구 자체를 환상으로 보는 데 반해, 사회적 합의주의는 지도자의 리더십, 기술관료의 관리능력, 사회적 주체들의 능동적 참여를 통해 갈등하는 다양한 사회이익을 조정하는 공동선을 실현할 수 있는 것으로 인식한다. 사회적 합의주의는 특히 자본주의 시장경제 내의 상충하는 갈등적 사회집단들의 이익들 간에 강력한 상호의존성이 있다고 가정한다. 다시 말해 다원주의와는 달리 사회적 합의주의는 사회 제반 이익이 상호의존성을 가짐으로써 서로 조화를 이룰 수 있다고 가정한다. 이를 위해 국가가 개입하여 정책의 기본 방향성을 제시하며

---

3) 코포라티즘의 개념적 모체가 되는 'corporation'은 분석적 견지에서 'individual'과 대비된다. 'corporation'의 구성원은 'corporation'을 벗어나 어떠한 자기정체성도 가질 수 없으며 따라서 'corporation'은 구성원 간의 경쟁보다는 협동, 조화, 그리고 공동체적 전체성(communitarian totality)을 중시한다. 이는 현대 사회적 합의주의의 조직양태에도 그대로 계승되고 있다(김수진, 1992: 111~112).

여러 집단들의 활동을 조율함으로써 사회의 안정을 유지할 수 있는 것으로 가정
한다.

둘째, 다원주의에서는 시민사회와 국가의 관계에서 국가의 역할이 수동적 존
재에 머물며 시민사회의 결사체들에 의해 국가를 통제하는 것은 감시 메커니즘
으로 인식된다. 이에 반해 사회적 합의주의는 이익집단(노조 및 사용자단체) 대표,
그리고 정부 등이 상호 배제적 권력행사가 아니라 합의와 조정에 의해 이익을
조정해 나간다는 개념을 가진다.

셋째, 국가가 경제적 지배계급의 경제적·정치적 이익을 우선적으로 도모해
주는 것을 정당화시켜 주는 개연성을 함축하는 다원주의의 결함4)을 시정하기
위해 사회적 합의주의는 사회세력들이 결사체를 구성하여 상호 갈등적 이익을
결사체, 정당, 의회, 국가 사이의 연합적 구조를 통해 조정하는 시스템을 지향한
다(Jessop, 1979). 따라서 사회적 합의주의는 단순한 노동과 자본 간의 '산업공간'
만을 국한한 것이 아니고 선거, 정당, 의회 및 정부의 역할이 작동하는 '정치적
공간(political sphere)'을 포함한다(Buraway, 1985: 254).

넷째, 사회적 합의주의는 '사적 이익정부'의 성격을 갖는 이익결사체 간의 신
뢰를 통해 다원주의적 이익정치의 '죄수의 딜레마(prisoner's dilemma)'를 극복할
뿐만 아니라 국가주의의 위계적·수직적 이익갈등 조정을 거부한다. 이것은 장
시간 심의와 토론 과정을 필요로 하며 최선보다는 차선의 해법을 탐색한다.

다섯째, 다원주의하에서는 경쟁적 이익집단들의 대정부 압력행사, 요구과부하
(demand overload) 및 참여수준의 확대에 따른 정부의 통치불능성(ungovernability)에
직면할 수 있다. 국가주의하에서는 직능대표집단들이 자율적·자발적으로 국가
에 침투하기가 어렵다. 그러나 사회적 합의주의하에서 직능결사체는 국가로부터
대표성을 인정받아 준공적(quasi-public) 기능을 수행하며 집단의 자율성을 갖기
때문에 자신들의 요구와 이해관계를 적절한 수준에서 자율적으로 조율할 뿐만

4) 다원주의 패러다임은 시민사회에 존재하는 이익집단들이 수평적이고 대등하게 자유경쟁
하는 것으로 상정하지만 사실 그들의 관계는 수직적이고 위계적이며 불평등하다는 것이
객관적 관찰일 것이다. 예컨대 사용자집단은 자신들이 동원할 수 있는 자원(인적 자원,
조직력, 재력, 정치기술, 정보력 등)에서 노동자들보다 우위를 확보하고 있다.

아니라 일방적으로 국가에 포섭·잠식되거나 배제되지 않는다.

여섯째, 사회적 합의주의는 국가와 상호 갈등적 집단들 간의 3자 협의(tripartite concertation) 관계를 통해 사회적 갈등을 해소하는 시스템이다. 다원주의에서는 다양한 이익집단이 정당정치와 의회정치에 영향력을 행사할 뿐 정책형성과 시행에서 실질적 역할을 기대하기 어렵지만 사회적 합의주의에서는 대표성을 인정받은 이익집단이 정부의 정책형성과 정책시행과정에서 실질적인 역할을 수행한다. 다시 말하면 위원회, 협의회 등에 정책관료들과 대표성 있는 이익집단 지도자들이 정부의 정책결정과 시행에 참여하게 된다. 이 경우 이익집단 대표들은 단순한 자문위원이 아니라 실질적인 정책결정의 주체로 참여한다. 따라서 사회적 합의주의는 다원주의에서의 이익표출 방식인 정당 및 의회 지도자들에 대한 로비활동, 집회, 시위 등을 불필요하게 만들고 '화합과 수용(harmony and accommodation)'을 통한 갈등조정이 가능하다(Wilson, 1990: 69).

일곱째, 사회적 합의주의는 국가와 사회를 연계하는 기능적 이익집단에 정치사회의 정당성을 부여한다. 따라서 사회적 합의주의는 정당정치와 의회정치, 경쟁적인 정책참여 중심의 다원주의와는 일정한 대치관계에 있다.

마지막으로 국가주의에서는 국가의 직능집단에 대한 위계적·수직적 규율로 인해 직능집단은 대표성의 기능을 수행하지 않고 단지 집단 구성원들을 규율하는 역할을 수행한다. 이에 반해 사회적 합의주의하의 결사체는 통치기구의 총체로서 국가를 상정하면서도 실질적인 사회통제를 국가가 전유하는 것이 아니라 결사체 그 자체의 구성원들에게 사회적 규범을 따르게 하는 자율조정(self-regulation)을 시도한다. 국가주의에서는 국가정책에 대한 국민적 동의를 동원하려는 경향을 보이기 때문에 중앙의 권위에 도전하는 세력들을 효율적으로 흡수하기 위해 중앙에서 대중동원을 조장하고 이로부터 정당성을 획득한다(Dearlove, 1994: 22~43). 반면에 국가와 사회관계의 사회적 합의주의화(corporatization) 과정은 국가와 결사체 간의 호혜적 의존(reciprocal dependence) 관계를 통해서 정당성이 확보된다.

이상과 같은 이론적 가설을 제시하는 사회적 합의주의는 사회·경제적 업무의 네트워크관리(governance)를 제공함으로써 다원주의와 국가주의의 대안적 패러다임이 되고 있다. 다원주의의 속성은 사적 이익의 추구가 결국 '경쟁과 대립'으로 나타나며 따라서 그것은 경쟁과 교섭에 기반을 둔 사적 이익의 공적 전화를 위한 갈등조정 메커니즘이다. 그리고 국가주의는 국가가 상정하는 공적 이익을 위계적 · 강제적으로 추구하여 갈등을 조정하려 한다. 사회적 합의주의는 노사정 3자간 이익 교환을 통해 공적 이익을 추구하며 노사정 3자 정책협의(tripartite policy concertation)의 실현을 가능케 한다. 이 경우 이익집단도 단순한 사적 이익의 추구가 아니라 공적 이익을 담지한 차원으로 격상된다. 여기에서 사회적 합의주의가 함축하고 있는 것은 국가와 사회의 관계에 대한 유기체적 관점이다. 따라서 사회적 합의주의는 갈등관계에 있는 기능적 이익결사체가 협력과 호혜성의 원칙에 따라 문제 해결자로서 정부의 사회 및 경제 정책 수립과 실천과정에 참여하는 것을 제도화한다(Scholten, 1987: 7~14).

종합하건대 사회적 합의주의는 다원주의와 국가주의를 '부분적 대체, 부분적 보완(part substitute of and part supplement to)'(Hirst, 1994: 15~21), 즉 변증법적으로 지양(Aufhebung)할 수 있는 대안적 패러다임이라 할 수 있다.5) 그것은 민 · 관 파트너십에 의해 보다 민주적이고 책임 있는 의사결정 및 집행을 수행할 수 있어 경제적 효율성과 사회적 형평성 간의 부정적 대상관계(negative trade-off)를 극복할 수 있으며 하향식 의사결정의 독선 혹은 다수의 횡포와 특수이익효과와 같은 '파당의 폐해(mischiefs of faction)'를 방지할 수 있다(Cohen and Rogers, 1992: 440).

---

5) 체제의 관점에서 본 사회적 합의주의는 시장민주주의와 사회주의와는 구분되는 새로운 성격의 정치경제체제이다. 20세기 초반 그것은 시장논리에 입각한 자유경쟁의 경제체제와 의회주의 정치의 결합을 시정하는 동시에 국가의 경제통제를 강조하는 사회주의로의 이행을 거부하는 것이었다. 제2차 세계대전 이후 사회적 합의주의체제는 국가의 경제역할이 인정된다는 점에서 시장민주주의체제와 다르고 사유재산과 시장경제를 인정한다는 측면에서 사회주의체제와 구별되었다. 이런 점에서 사회적 합의주의체제는 시장민주주의체제와 사회주의체제를 변증법적으로 지양한다. 다시 말하면 사회적 합의주의체제는 효율성이라는 시장경제의 순기능적 측면을 내세우지만 동시에 사회경제적 불평등과 '자기파괴성'을 심화시키는 시장경제의 모순을 극복하기 위해 사회적 형평성을 달성하려는 모델이다.

그러나 사회적 합의주의 패러다임에 대한 비판도 없지 않다. 먼저 네오마르크스주의자들은 사회적 합의주의 현상을 자본의 논리와 요구에 노동계급을 예속시키는 것으로 본다(Panitch, 1979: 119~146). 자본은 기본적으로 자유경쟁에 집착한다. 그렇지만 국가는 자본을 대신하여 사회적 합의제 장치들을 설립함으로써 자본의 장기적 이익을 보호하고 자본축적 활동을 지원하기 위해 경제에 개입한다는 것이다. 그러므로 네오마르크스주의자들에 비친 사회적 합의주의는 본질적으로 노동이익을 실현하는 데 걸림돌로 작용한 비민주적 시스템이다. 그러나 이는 사실과 다르다. 서유럽 국가들의 사회적 합의주의는 일찍이 경제적 효율성과 사회적 형평성을 동시에 향상시킴으로써 노동자들로 하여금 사회주의의 길을 선택하지 않고 자본주의하에서 그들의 물질적 안전을 보장받으려 했다.

둘째, 사회적 합의주의를 바라보는 비판적 인식은 비마르크스주의자들에 의해서도 제기된다. 사회적 합의주의의 본질인 사회협약은 안정적인 거시경제 관리를 보장할는지 모르지만 그 제도적 장치들은 민주주의에 심각한 위협이 될 수 있다는 것이다(Diamond, 1994: 13~14). 그들에 따르면 그 위험은 국가가 일방적으로 이익결사체들을 통제하는 국가합의주의의 경험을 가진 나라에서 가장 크게 나타난다. 다시 말하면 자유주의·다원주의 혹은 시장경제의 경험이 결여되거나 부재한 나라에서는 사회적 합의주의가 시민사회를 질식시킬 수 있다는 것이다. 왜냐하면 그들 사회에서는 자율적인 이익결사체가 존재하지 않기 때문이다. 그러나 사회적 합의주의를 통해 성공적인 사회경제적 발전을 이룩해 낼 수 있다면 이러한 사회는 정치적 자유와 사회경제적 권리를 요구하는 자율적인 강력한 시민사회의 이익결사체를 만들어낼 수 있을 것이다. 이런 점에서 사회적 합의주의가 민주주의에 심각한 위협이 될 수 있다는 비마르크스주의자들의 주장은 수용하기 어렵다.

셋째, 사회적 합의주의에 기초한 정책결정은 다수결주의 정치의 상도에서 벗어난다는 비판이 제기된다. 다시 말하면 노사정 협의와 토론을 통해 이끌어낸 사회협약은 다수결에 기초해서 선출된 정부, 의회정치를 약화시킨다는 것이다(Valenzuela, 1992: 64; Schmitter, 1994: 63). 특히 사회적 합의주의에 참여하는 자본 및 노동은 선거정치에 책임을 질 필요가 없으면서도 국가권력에 접근하는 특권을 누리고 있다고 비판한다.

그러나 사회적 합의주의는 지역 대표에 기초한 의회정치를 대체하는 것이 아니며 자유권·참정권·선거경쟁과 같은 민주적 절차와 양립할 수 없는 것이 아니다(Schmitter, 1981: 911; Lehmbruch, 1984: 72). 오히려 사회적 합의주의에 기초한 정책네트워크는 정치적 민주주의의 핵심인 '최소한의 절차(procedural minimums)'와 공존이 가능하다.[6] 사회적 합의주의에 기초한 결정된 정책을 담은 사회협약이 궁극적으로 법률적 효력을 부여받고 사회협약에 참여하지 않는 이해관계자 혹은 국민대중에까지 구속력을 갖기 위해서는 의회 및 정부의 승인을 필요로 한다. 따라서 사회적 합의주의와 대의제 민주주의는 갈등과 긴장 관계에 있지 않고 오히려 공존과 상호보완 관계에 있다. 예컨대 서유럽 국가들에서 사회적 합의주의에 기초한 정책네트워크는 정당정치·의회정치가 비생산적·소모적인 정쟁을 불러일으키는 사회경제적 이슈에 관한 합의를 이끌어냄으로써 정당정치·의회정치의 작동을 지원하고 보조한다. 역으로 사회적 합의주의의 정상적 작동은 정당정치의 협력과 의회정치의 조정 여하에 좌우되어 '정치적 경기 순환(political business cycle)'을 원활하게 조절한다(Lehmbruch, 1984: 74). 이것은 사회적 합의제 정치, 정당정치, 의회정치 간에 상호 보완적 메커니즘이 작동하고 있음을 시사한다. 더욱이 승인과정에서 의회는 사회적 합의주의의 자율성에 막강한 제약을 가할 수 있다. 즉 의회는 사회적 협의체에서 이익결사체들 간의 협의와 협상을 통해 도출된 사회협약(법안)을 비준하는 절차를 보유함으로써 본래의 법안을 노동 혹은 자본에 불리하게 손질할 수 있는 권한을 갖는다. 그러므로 사회적 합의주의가 작동하는 사회에서는 정당정치 및 의회정치의 중요성이 떨어진다는 주장(Harrison, 1980: 185)은 설득력이 없다.

결론적으로 사회적 합의주의는 정치적 시민권의 신장은 물론이고 사회적·경제적 시민권을 신장함으로써 다원주의와 국가주의의 대안적 패러다임이 되고

---

6) 달은 민주주의를 정의하기 위해 『폴리아키(polyarchy)』라는 자신의 저서에서 일곱 가지 '최소한의 절차'의 제도적 보장이 있어야 한다고 주장했다. 즉 투표권, 공무담임권, 지지표를 얻기 위해 경쟁하는 정치인들의 권리, 자유롭고 공정한 선거, 결사의 자유, 표현의 자유, 정보의 선택적 소스 등을 제시하고 있다(Dahl, 1971: 3).

있다. 사회적·경제적 민주주의가 노동운동이 제기하는 개혁 어젠다 가운데 가
장 우선순위에 있다는 점을 고려할 때 사회적 합의주의의 정상적 작동은 자본의
경제권력을 견제하고 사회경제적 불평등을 완화함으로써 실질적 민주주의의 진
전을 통해 민주주의를 공고화시킬 수 있다(Rueschemeyer, Stephens, and Stephens,
1992: 300).

2) 사회협약정치: 다원주의 정치와의 비교

(1) 이익갈등 조정(이익대표) 시스템의 관점

앞에서 언급한 바와 같이 공적 영역(국가 또는 정치사회)과 사적 영역(시민사회,
경제사회) 간의 상호침투적 총체성(interpenetrative totality)이 사회적 합의주의의 주
요 특징이다. 부연하면 그것은 결사체, 정당, 의회, 국가 사이의 연합적 구조를
통해 노동-자본-국가 간의 조화로운 제휴와 유기체적 협력을 가능케 하는 정치교
환(political exchange)인 것이다.[7] 노사정 간 정치교환의 결과는 사회협약의 체결로
나타난다. 따라서 사회적 합의주의의 본질은 사회협약이다. 그렇다면 사회적 합
의주의는 사회협약정치(social pact politics)와 동의어로 사용이 가능하다. 더욱이
지금까지 진행된 이 책에서는 사회적 합의주의라는 용어를 사용해 왔지만 사실
그것은 다소 개념상 모호한 측면을 갖고 있는 것이 사실이다. 이런 까닭에 이
책에서는 향후 모호성이 덜한 '사회협약정치'라는 용어를 사용하기로 한다.

사회협약정치는 이를 노사정 간의 이익갈등 조정(이익대표) 시스템으로 인식하
면 다원주의 정치와 국가합의주의 정치와 병치시킬 수 있다. 다원주의 정치와
국가합의주의 정치가 앞에서 논의된 바와 같이 노사정 간의 이익갈등 해결에
적절한 틀을 제공치 못한다면 우리는 그 대안으로서 사회협약정치를 제시할 수
있다. 특히 사회협약정치는 다원주의 정치의 대안이 되고 있다. 따라서 여기서

---

7) 노조-사용자단체-국가-정당 간의 정치교환은 시장교환(market exchange)과 상이하다. 전
　자는 사회질서에 대한 위험을 방지하는 차원에서 상대적으로 중·장기적인 손익이 교환
　되는 반면에, 후자는 개별기업 및 사업장에서 단순히 노동철회 위협을 막는 차원에서
　단기적 손익 교환이 이루어진다(Pizzorno, 1978: 280~286).

우리는 사회협약정치의 특성을 보다 분명히 하기 위해서 다원주의 정치와의 차별성을 제시할 수 있다(Cawson, 1978: 179~198; Regini, 1984: 14~142; Im, 1996: 8~10; Ebbinghaus and Hassel, 2000: 47~48). 그 차이는 우선 이익집단이 조직되는 방식에서 발견된다. 다원주의 정치에서는 노동이나 자본의 다수 조직이 독립적·분산적·경쟁적으로 조직되며 상급조직은 단위조직의 무임승차 유혹을 제어할 수 있는 통제력을 갖지 못한다. 예컨대 다원주의 정치에서는 노동운동의 조직적 통일성이 약해 사업장 노조가 무리한 임금인상이나 파업을 전개해도 상급노조(산별노조, 중앙노조)가 이를 억제할 통제력을 갖지 못한다. 이에 반해 사회협약정치에서는 자본과 노동의 이익집단이 포괄적·중앙집권적으로 조직되어 상급노조가 단위조직들의 주장과 활동을 자율적으로 적절히 조율시키는 통제력을 행사할 수 있을 뿐만 아니라 산하 노조들의 이해관계를 대변하는 대표성을 갖는다.

둘째, 단체교섭에서 차이가 있다. 다원주의 정치에서는 개별노조와 개별기업 간에 독자적으로 전개되며 이 과정에서 각 이익조직들은 개별적으로 조직이익 극대화 전략을 채택한다. 예컨대 개별 기업노조들은 국민경제에 미칠 파급효과를 고려하지 않고 무리한 임금인상(단기적 이익)을 요구하며 이를 위해 노동운동을 전투적으로 전개하는 제로섬적 분배 갈등을 연출하는 경향을 보인다. 이에 반해 사회협약정치에서는 중앙집권적이고 포괄적으로 조직된 노조가 자신들의 결정이 국가경쟁력, 고용, 인플레이션 등 국민경제에 미치는 영향을 고려하고 기업경영 및 국가정책상의 양보를 끌어내기 위해 자발적으로 임금인상을 자제하는 등 협력적 자세를 취한다.

셋째, 다원주의 정치에서 국가는 이익집단들 간의 경쟁이 이뤄지도록 게임규칙을 만들며 국가정책은 로비 혹은 압력의 형태로 나타난 이익집단들 간의 경쟁의 결과를 반영하는 것으로 가정한다. 이에 반해 사회협약정치하에서 국가는 이익집단들 간의 타협을 유도하기 위해 '보장자(guarantor)' 및 '보상자(compensator)' 역할을 수행한다. 예컨대 국가는 왕성한 이윤의 재투자를 통한 경쟁력 제고와 일자리 창출을 유도하기 위해 자본에게 '사업신뢰(business confidence)'의 인센티브를 제공하며 노동에게는 자발적 임금인상 자제로 인해 발생하는 단기적인 물질적 손실을 보전하기 위해 사회적 시민권을 보장하는 보편적 사회보장제도(혹은 적극적 노동시장 정책)의 확충을 단행한다. 요컨대 이익갈등 해결 메커니즘으로 상정된 사회협약정치에서는 사회의 갈등적 이익이 자율적으로 조화되지 않을 경우 국가가 공동이익의 보호 차원에서 자본과 노동 간의 협력과 상호이익의 증진에 개입하는 갈등조정을 추구한다.

(2) 정책결정 및 집행의 관점

정책과정이라는 측면에서 본 다원주의 정치에서는 이해관계자들이 정책결정 및 집행 과정에 영향을 미치지만 궁극적으로는 정부가 법적 구속력을 가진 집행권을 통해 공공정책을 결정한다. 이는 다원주의적 정책결정 시스템의 본질이다. 바꿔 말하면 다원주의 정책결정에 이익결사체들이 때로는 영향력을 크게 발휘하기도 하지만 정부는 여전히 정책의 최종 결정자인 것이다. 그러나 어떤 영역의 공공정책(예컨대 재정정책·통화정책·산업정책·무역정책·노동시장정책·고용정책·사회복지정책·지역정책 등)은 정부와 이해관계자들(사용자단체 및 노동단체 등) 사이의 공개적인 협상을 통해 이끌어낸 공식적·비공식적 사회협약의 산물이다. 이것이 정책협의(policy concertation)이다. 정책협의는 서유럽에서 국가에 따라 상이한 제도적 형태를 띠지만 그 본질은 정부가 공공정책의 형성 및 집행에 있어 최종적인 결정자가 아니라는 점에서 동일하다.

사회경제적 이슈에 관한 협의와 공동결정을 통해 도출한 사회협약은 이익결사체 당사자 간에 체결될 수도 있다. 우리는 이를 사회적 파트너십(social partnership)이라 지칭한다. 사회적 파트너십은 정책협의와 개념적 차별성을 보인다. 즉 그것은 이익결사체 간의 상호작용에 무게가 주어진다. 이익결사체 간의 상호작용에 있어 일방의 이익이 타방의 이익보다 크지 않은 대칭적이고 공정한 이익분배, 그리고 일방이 타방에 주는 불이익이 결국 자신의 자승자박적 부메랑으로 인식되는 정도로 상호의존적이고 공생적(symbiotic) 관계가 존재할 때 사회적 파트너십이 발생한다. 기능적 이익결사체 간의 협력에 바탕을 둔 사회적 파트너십은 국가주의가 상정하는 하향식 의사결정 방법은 물론, '경쟁적 이익표출과 분산적 그룹 협상 과정'이라는 다원주의적 의사결정 방법보다 '거래비용(transactional costs)'을 감소시킬 수 있다(Hirst, 1994: 21~40). 그러나 이 같은 사회적 파트너십에 기초한 사회협약은 보통 정부의 동의와 거중 조정에 의해 이루어지며 아니면 정부에 의해 추인되거나 정부정책으로 채택되는 경향을 보인다. 따라서 사회적 파트너십은 정책협의와 거의 유사한 의미로 사용되고 있다.

이와 같은 정책협의와 사회적 파트너십은 사회협약정치가 작동하는 데 필수적인 시스템이다. 이런 관점에서 본 사회협약정치는 "이해관계자들(노동, 자본, 정당, 국가) 간에 협상과 교환이 이루어지는 정책협의와 사회적 파트너십에 기초한 사회협약(공공정책 결정 및 집행)을 통해 갈등해결을 제도화해 가는 사회경제적 거버넌스 시스템(socio-economic governance system)"으로 개념화할 수 있다(Cawson, 1985: 24~27; Compston, 2002a: 3~5; Hassel, 2003: 710).

다원주의적 정책결정 시스템에서는 사용자와 노조가 영향을 미치거나 혹은 미치지 않을 수도 있지만 사회협약정치 시스템에서는 그들이 반드시 영향을 미쳐야 한다. 사용자, 노조 및 정부는 사회협약정치에 참여함으로써 이익을 얻을 수 없다면 그들은 사회협약의 체결에 참여할 이유가 없고 정책협의와 사회적 파트너십은 발생하지 않을 것이다. 그러므로 만일 공공정책에 관한 협의가 이루어지면 우리는 모든 참여자가 이득을 얻었고 사용자와 노조가 공공정책에 영향을 미쳤을 것으로 추론할 수 있다.

공공정책에 관한 합의로 나타난 사회협약의 체결, 즉 구체적 정책으로 채택하려는 정부의 의지로 연결되는 토론·협상으로 나타난 정책협의와 사회적 파트너십은 그러한 정부의 의지로 연결되지 않고 단순한 토론 절차 수준에 머무른 정책자문(policy consultation)과는 확연히 구분된다. 정책협의와 사회적 파트너십 시스템은 단순히 정부에 대한 정책 이해관계자들(사용자와 노조)의 영향력이 행사된다고 해서 작동하는 것은 아니다. 왜냐하면 정책 이해관계자들의 영향력은 로비와 시위, 그리고 자문위원회에의 참여와 같은 메커니즘을 통해 행사되는 다원주의적 정책결정 과정에서도 행사되기 때문이다. 따라서 이익단체들과 공동으로 정책결정 과정이 이루어지는 정책협의와 사회적 파트너십은 전술한 바와 같이 정책협상이 전개되고 이 과정에 정책 이해관계자들이 영향을 미치지만 결국은 정부가 단독 '권위적(authoritative)'으로 수행하는 다원주의적 정책결정 과정과는 구분된다. 심지어 정책결정이 정부 이외의 다른 정치행위자들의 영향을 크게 받은 것처럼 보이는 경우에도 공공정책에 관한 사회협약이 포럼에서 실질적으로 정부의지를 투영한 타결이 이루어지지 않는다면 단순한 로비, 공식적인 자문, 태스크포스 및 정부위원회는 정책협의와 사회적 파트너십의 범주로부터 배제된다. 그러나 전술한 바와 같이 정부가 노동과 자본 간 파트너십에 의해 이루어진 공동결정을 이행하기 위해 법안을 통과시키거나 행정규칙을 변경시키는 경우는 정책협의의 사례에 포함시킬 수 있다. 왜냐하면 이러한 사례는 묵시적 합의를 함축하며 더욱이 노사협상이 진행되고 있을 때 정부로부터 분명한 동의를 받았을 것이기 때문이다(Compston, 2002a: 4).

다원주의 정치에서는 정당과 의회가 정부와 조직된 이익집단을 연계하는 주요 채널이지만 사회협약정치에서는 이익집단이 정부의 '정책형성'과 '정책집행' 과정에 실질적인 역할을 수행하고 있기 때문에 정당과 의회도 정책 과정 파트너들 중의 하나로 인식된다. 사회협약정치에서는 대표성을 인정받은 이익집단이 정책형성과 정책집행에서 실질적 역할을 수행하지만 다원주의 정치에서는 다양한 이익집단이 정당과 의회를 상대로 영향력을 행사할 뿐 정책결정과 집행에서 실질적 역할을 기대하기 어렵다. 그러나 사회협약정치와 다원주의 정치 모두 자문(consultation) 과정의 연속선상에서 이해될 수 있다. 정책형성에 관한 자문은 사회협약정치나 다원주의 정치 모두 공유하는 특성이지만 정책집행에 관한 자문은 사회협약정치에 국한된 특성이고 다원주의 정치의 특성이 아니다.

사회협약정치에서는 이익결사체들이 상호 협동하면서 국가관료제와 효율적으로 권력을 공유하고 있으며 그들은 정부와 정책을 협의할 뿐만 아니라 정책결정과 정책수행 과정에 완전하게 통합된다(Sargent, 1993: 86~87). 사회협약정치의 정책네트워크는 국가와 사회로 하여금 협력을 통해 얻을 수 있는 혜택과 이익을 실현토록 해주며 민관동반자관계(private-public partnership)에 기초한 공공정책의 결정 및 집행이 이루어지는 네트워크관리정치(governance politics)는 계급·계층 갈등과 이해의 대립상태를 조정, 해결한다(Cohen and Rogers, 1992: 425).[8] 다시

---

8) 국가는 사회에 존재하는 노조, 사용자단체, 시민단체들과 협상하는 사회협약정치에 의해 공공정책을 수립·집행할 때 집행비용을 최소화할 수 있다.

말하면 정책협의와 사회적 파트너십에 기초한 사회협약은 상호 자제에 의해 계급·계층 갈등 결과의 불확실성을 제도화할 수 있으며 통제 불능의 계급·계층 갈등을 통제 가능의 계급·계층 갈등으로 효과적으로 전환할 수 있다(Sun, 2001: 120). 더욱이 사회협약정치는 상향식 정당성, 책임 있는 양질의 의사결정 및 집행을 보장하여(Hirst, 1994: 112~130) 이익갈등 조정과 사회통합에 기여할 뿐만 아니라 이해관계자들이 조정기구에 직접 대표되기 때문에 대의제민주주의에 내재하는 주인-대리인 문제(principal-agent problem)를 극복할 수 있다. 또한 사회협약은 노사정 간의 대화와 타협을 전제로 한다는 점에서 사회협약정치의 정상적 작동은 대의제민주주의의 약점으로 비판되고 있는 심의민주주의(deliberative democracy)를 발전시키는 길이기도 하다. 무엇보다도 정보기술의 발전과 민주화의 진전으로 더 이상 배타적인 관료 전문성이 유효하지 않다는 점을 고려할 때 이해관계자들의 정보교환을 통한 민관 협력의 정책네트워크는 정부관료의 정책독점과 공익 왜곡을 견제할 수 있다.

제 3장
사회협약정치 작동의 분석 모델

성격 및 전환

1. 사회협약정치 작동에 관한 기존 이론적 접근: 주요 논점과 한계

1) 전략적 선택론

정책협의와 사회적 파트너십에 기초하는 사회협약정치의 작동, 즉 발생, 지속, 위기, 변화, 성공과 실패를 설명하는 관련 기존 이론은 다양하다. 우선 전략적 선택론(strategic choice theory)이 있다. 이는 행위자가 상대방의 대응(반응)과 선택을 고려하여 주어진 조건에서 합리성, 의도성(intentionality), 인식, 감성에 따라서 자신의 이익이나 목적을 최대화하거나 충족시키는 전략적·합리적 선택을 한다고 가정한다. 전략적 선택론을 통해서 본 사회협약정치는 관련 행위자들의 가치체계, 이데올로기, 이익, 목적, 선호를 반영하는 전략적 선택 및 행동에 의해 작동된다(임상훈, 2002: 5~6). 결국 이러한 접근은 정책협의와 사회적 파트너십에 참여하여 이익과 목적을 최대화하려는 노동, 자본, 정당, 국가 등 정치행위자들이 선택하는 전략적 행동에 분석의 초점을 맞춘다(Anderson, 1997: 254).

전략적 선택론은 이론적 강점을 갖는다. 왜냐하면 정치행위자들의 가치체계, 이데올로기, 이익, 목적, 선호 등은 행위자들의 전략적 선택과 행위를 이해하는 데 중요하며 사회적 파트너십과 정책협의 시스템 작동에 막중한 영향을 미칠 수 있기 때문이다(Steiner, 1977: 393). 그러나 전략적 선택론[1]은 과도한 주의주의(主意主義 voluntarism)에 근거하여 정책협의와 사회적 파트너십에 참여하는 행위자들의 전략적 선택과 행위를 실질적으로 촉진 또는 제약할 수 있는 구조적 요인을 경시하는 약점을 드러내고 있다(Rueschemeyer, Stephens, and Stephens, 1992: 32~33). 이 접근이 비록 사회협약정치에 대한 구조적 요인의 영향을 완전히 부인하지는 않는다 하더라도 구조적 맥락을 전략적 정치행위자들의 자발적 선택과 행동에 영향을 미치는 부차적 요인으로 인식한다. 전략적 선택론의 이론적 가정과는 달리 사회경제적·정치적 구조는 이것이 조직과 그룹의 정책 선호에 미치는 영향을 확인하고 이에 따른 그들 정치행위자 간의 정치적 제휴와 갈등을 이해하는 데 중요하다(Haggard and Kaufman, 1992: 5; 1997: 266). 한마디로 전략적 선택론은 사회경제적·정치적 구조가 정치행위자들의 정책선호와 전략적 선택을 촉진 또는 제약할 수 있다는 인식을 놓치고 있다. 그러므로 사회협약정치를 설명하기 위해서는 구조적 요소를 고려할 필요가 있다.

2) 정치문화론

정책협의와 사회적 파트너십에 기초한 사회협약정치의 작동에 정치문화가 중요하게 작용한다는 시각이 있다(Berger, 2002a: 345~346). 예컨대 평등과 연대의 규범이 강하면 이는 임금차등과 같은 이슈들에 관한 노조운동 내부의 경쟁을 완화시켜 주며 이로써 소득정책에 대한 순응과 공공정책 결정 과정에 노조의 참여를 촉진시킨다(Lehmbruch, 1984: 74~75). 실제로 정책협의와 자문의 메커니즘은 동질적인 정치문화가 존재하는 나라에서 번창했다. 그 대표적인 사례는 스웨덴이다. 스웨덴은 인종적·언어적·종교적 균열이 거의 존재하지 않아 동질적인 정치문화를 과시했고 이것은 스웨덴 정책협의 시스템의 작동에 긍정적으로 작용했다. 합의지향적인 정치문화를 가진 덴마크의 타협정신은 사회이익을 균형 있게 조화시키는 데 기여했다. 아일랜드에서는 농촌 농민공동체의 전통과 카톨릭

---

1) 전략적 선택론은 행위자의 자발성을 과도하게 강조함으로써 제도 및 구조의 제약성을 충분히 반영하지 못하는 한계가 있다. 예컨대 검사의 보상체계가 죄수들의 전략적 선택을 특정의 범주로 제약한다. 이 보상체계는 바로 제도이다.

사회사상은 반목보다는 협력문화를 뿌리내리게 했다. 더욱이 아일랜드 정치문화에는 식민지적 착취와 점령에 대한 아픈 기억과 저항심이 자리 잡고 있는데 이는 1980년대 후반 이후 아일랜드의 국민을 국가적 이슈를 둘러싸고 통합시키는 힘으로 작용하여 정책협의와 사회적 파트너십을 촉진시켰다. 게르만유럽 국가들의 정책협의는 협의주의(consociationalism) 제도에 의해 촉진되었는데 이는 정치엘리트들이 상층 수준의 협상을 통한 갈등관리에 익숙해 있기 때문이다. 예컨대 20세기 대부분의 네덜란드 사회는 다양한 하위문화로 매우 분절화되는 특징을 보였지만 갈등조정, 타협 및 협상의 오랜 관행이 사회행위자들 간에 상호 관용하는 풍토를 조성하는 데 공헌했고 그 속에서 정책협의와 사회적 파트너십은 1945년 이후 활성화되었다. 오스트리아의 협의제 정치도 관용과 타협의 문화를 정착시켜 정책협의 시스템의 정착에 기여했다.

이와 대조적으로 사회와 정치가 대립적인 정치문화로 다양한 분절화의 양상을 보인 라틴유럽 국가들(스페인, 프랑스, 이탈리아)에서는 1945년 이후에 정책협의와 사회적 파트너십의 실천에 관한 진전이 별로 없었다. 스페인의 대립적 사회관계는 권위주의적 파트너십을 오랫동안 지속시켰다. 1970년대에 국가와 사회적 행위자들이 연대하여 민주적 정치를 달성했고 이를 계기로 정책협의와 사회적 파트너십을 통해 갈등조정을 시도했다. 이탈리아에서는 카톨릭 정치문화와 공산주의 정치문화 사이에 나타나는 강한 분절화 현상이 사회적 긴장을 야기했다. 이는 궁극적으로 1970~80년대에 정책협의와 사회적 파트너십을 어렵게 했다. 프랑스의 강한 혁명적 자코뱅(Jacobin) 전통은 국가와 시민 사이를 중재하는 매개조직의 설립을 반대했다. 영국의 정치문화는 상당한 정도로 의회주권과 자유주의 국가의 신념에 의존했다. 이런 정치문화는 정책자문 혹은 정책협의의 어떤 제도도 언제나 국가와 사회적 행위자들의 불신의 대상이었다.

정치문화에 범주화할 수 있는 규범적 가치체계인 이념도 사회협약정치에 미치는 영향도 경시할 수 없다(Berger, 2002a: 347~348).[2] 서유럽에서 다양한 이념, 가치 및 규범은 20세기 사회적 파트너십 정치를 지탱해 주었다. 우선 사회보수적

---

2) 서유럽 이념적 스펙트럼에 관한 상세한 논의는 선학태(2005: 41~49)를 참조할 것.

인 파시즘(독일, 오스트리아, 프랑스, 스페인 및 이탈리아)은 한동안 독자적인 노동계급 조직을 허용하지 않으면서 노동자를 국가에 통합시켜 권위주의적 파트너십을 형성시켰다. 그러한 이념은 자유주의에 대한 분명한 적대감을 보였다. 이와 대조적으로 사회자유주의는 자유민주주의 정치 틀 내에서 독자적 노동계급 조직과 협력하려 한다. 사회자유주의자들은 고등교육을 받은 중간계급의 출신으로서 관료계에서 일한 경험을 갖는데 그들은 사회적 파트너십 정치를 선호했다.

서유럽 국가들은 강력한 카톨릭 사회사상의 전통을 갖고 있는데 이런 카톨릭 전통은 정책협의와 사회적 파트너십의 주요한 주창자였다. 그것은 사적 소유의 권리와 의무를 모두 강조했으며 사회를 계급으로 조직화하거나 국가와 사회행위자 간의 자문과 협의에 기반을 둔 이익균형을 촉진하고자 했다. 따라서 카톨릭 사회사상은 20세기에 사회협약정치를 지탱해 준 주요 버팀목이었다. 또한 사회민주주의 이념은 서유럽의 사회적 파트너십 정치를 강화했다. 20세기 초반에 대부분의 사민주의자들은 마르크스주의자들이었으나 그들의 마르크스주의는 반드시 사용자와 국가에 대해 적대적인 정책을 취하지는 않았다. 사민주의는 투표를 통해 국가권력의 장악을 가져오는 평화적인 방법으로서 자본주의가 사회주의 경제와 사회로 단계적으로 변혁한다는 기술관료적 비전을 제시했다. 개혁적 사민주의자들은 서유럽 거의 모든 나라에서 정책협의와 사회적 파트너십을 지지하는 이념을 발전시키는 데 앞장섰다. 요컨대 사회협약정치가 경제적으로 유익하며 따라서 사회행위자들의 이익에도 도움이 된다는 이념적 지향성이 게르만유럽 국가들 및 스칸디나비아유럽 국가에서 공통적으로 발견되었다.

3) 조절이론

조절이론가들에 따르면 새로운 자본축적 양식은 새로운 노사정 관계를 비롯한 조절제도(regulatory institutions)의 창출을 요구한다. 따라서 경제구조의 변화는 조절메커니즘에 영향을 미친다(Jessop, 1990: 190~191; Boyer, 1988). 조절이론적 시각에서 보면 일국의 노사정 관계, 즉 사회협약정치는 글로벌 경제의 구조적 변화의 맥락에서 이해될 수 있다. 단순화하면 글로벌 경제의 구조적 변화는 일국의 사회협약정치의 성격과 유형을 변화시킨다(Compston, 2002a: 8~9).

첫째, 글로벌 시장의 경쟁에 대응하려는 자본은 임금을 포함한 생산비를 낮추고 다품종·고품질의 제품과 서비스를 생산하기 위해 포드주의적 경직성을 제거하고 생산유연화 전략에 기초하는 새로운 생산양식인 포스트포드주의를 발전시키지 않으면 안 된다(MacDonald, 1991: 177~201; Brodsky, 1994: 55~60). 다시 말하면 글로벌 시장화와 신기술의 발전에서 비롯된 경쟁 심화와 시장 불안은 기업들로 하여금 생산, 기술 및 기업조직의 다양성과 유연성을 증가시키도록 압박하고 있다. 이에 따라 기업들은 탈규제와 협상의 분권화를 선호하는 방향으로 변화하고 있다(Streeck, 1992: 118~119). 사용자는 점점 더 기업노조주의와 기업 수준에서 개별 사용자와 노동자들 사이의 생산성연합(productivity coalition) 형성을 모색한다(Windolf, 1989; Crouch, 1993: 242). 즉 사용자들은 노동자들이 기업목표 달성에 헌신하고 경영진과 협력하는 대가로 그들에게 고용안정을 보장한다는 것이다. 게다가 무역 및 금융 자유화로 인한 자본 이동의 증대는 일반적으로 노조와 정부에 대한 사용자의 권력을 강화하고 있으며 기업 측이 목표달성을 위해 노조에게 양보할 필요성이 줄어들었다. 이런 맥락은 글로벌 시장화되어 가는 경쟁구도에서 기업들이 정책협의와 사회적 파트너십에 기초한 사회협약의 체결을 선호하지 않고 있음을 시사한다. 대신 노동력을 유연하게 사용하고 재배치하는 일에 주력하며 초기업 차원에서 체결된 거시적 합의는 개별기업의 독자적 유연성을 저해하는 걸림돌로 인식한다. 다국적 기업 또한 일국의 사회협약의 제약으로부터 벗어나려고 한다.

둘째, 동질적인 노동력, 공통적인 이해관계, 노동계급의 강력한 이념적 정체성을 만들어냈던 포드주의적 생산양식과는 달리 노동시장의 유연화에 기반을 둔 새로운 포스트포드주의적 생산양식은 노동력을 숙련 핵심 노동층과 비숙련 주변 노동층으로 분절시킴으로써 노동자들의 이익을 이질화시킨다(Hirsch, 1991: 73). 노동자들이 지식, 기술, 기능, 노동경험 등에서 점점 이질화되고 있으며 따라서 그들의 이해관계와 요구는 점점 다원화되고 파편화되고 있다. 그 결과 노조는 노동계급 전체를 대표할 능력을 점점 상실해 가고 있을 뿐만 아니라 변화된 생산양식을 둘러싼 내부 갈등으로 인해 정치적 분열상을 드러내고 있다. 이로 인해 종래와 같은 획일적인 중앙 수준의 협정체결과 그 유효성의 유지는 점차 어렵게 되고 있다는 것이다.

뿐만 아니라 포드주의적 대량생산체제로부터 포스트포드주의적 유연생산으로의 전환은 노동조직의 변화를 요구한다. 거시적 사회협약정치가 작동하기 위해서는 노동과 자본의 조직이 중앙집권적이어야 하는데 1980년대부터 전개되었던 사회경제의 구조적 변화는 노동시장의 조직적 기반을 변화시키고 있다. 즉 노동시장 유연화에 따른 고용형태의 다변화, 산업구조의 서비스화에 따른 화이트칼라층의 확대, 인구노령화 증가, 여성인력의 노동시장 진출 증대, 외국노동력 증가 등 노동시장의 이질화 형태로 구조적 변화를 초래했다. 그 결과 전통적으로 제조업의 산업노동자를 기반으로 한 중앙집권적 노조는 분권화 현상을 보이기 시작했다. 이러한 노동조직의 구조적 변화는 중앙 차원의 정책협의와 사회적 파트너십에 기초한 사회협약정치의 제도적 경직성을 변화시키려는 요인으로 작용했으며 사업장 및 기업 단위의 일반노조원들은 중앙 차원의 사회협약이 자신들을 소외시킨다고 판단하고 다시금 작업장이나 기업 수준에서의 문제와 요구에 대응하는 것을 중시한다.

나아가 노동조직의 구조적 변화는 노조의 협상력을 쇠퇴시키고 있다(Compston, 2002a: 9). 즉 노조가 정책결정에 자신들의 참여와 보상이 배제되더라도 정부와 기업에 응징할 수 있는 능력이 약화되고 있다. 노조와 사회민주주의 정당의 연대도 교육 수준이 높은 중간계급이 등장하고 정책 어젠다의 범위가 확대되면서 약화되고 있다. 환경운동과 평화운동 같은 신사회운동이 노조원들의 충성심을 희석시키고 있다. 거대하게 성장하는 서비스 부문의 노조가 등장하여 육체중심 노조의 우위를 침식하고 있다. 이러한 현상은 내수중심 산업의 노조보다 임금억제와 정책협의에 좀더 높은 이해관계를 갖고 있는 수출산업 노조들에서 뚜렷해졌다.

셋째, 새로운 축적양식은 '슘페터주의적 근로복지국가(Schumpeterian workfare state)'라는 새로운 국가 유형을 초래했다. 완전고용과 사회복지를 지향했던 사민주의적·포드주의적 생산체제에 조응하는 케인즈주의 복지국가가 시장기능을 활성화시키는 신자유주의적·포스트포드주의적 생산체제에 조응하는 '슘페터주의적 근로복지국가'로 대체된 것이다(Jessop, 1994: 24). 왜냐하면 사회경제적 구조 변화가 1980년대에 거시적 사회협약정치를 추동했던 케인즈주의적 사민주의 정당의 정치력을 약화시켜 집권을 불가능케 하는 사태를 야기했고 대신 '슘페터주의적 근로복지국가'를 지향하는 중도우파 정당이 정치력을 높여 집권하는 사례가 빈발했기 때문이다. 물론 신자유주의적 글로벌화에 따른 사회적 불만세력의 저항과 도전이 분출하는 1990년대에 접어든 서유럽에서 거의 동시다발적으로 사민주의 정당이 집권에 성공하는 추세가 등장했다. 그러나 사민주의 정부들은 과거 케인즈주의적 복지국가 대신 '슘페터주의적 근로복지국가'로 경도되는 현상을 보였다.

'슘페터주의적 근로복지국가'의 전략은 사회관계의 시장화를 의도하고 있으며 모든 시민이 시장규율에 맡겨지도록 하는 기업문화를 창출한다. 이러한 의미에서 '슘페터주의적 근로복지국가'는 국제경쟁력을 우선시하여 사회정책을 생산지향적으로 재편성함으로써 완전고용과 재분배적 복지권을 강조했던 케인즈주의적 복지국가와의 단절을 시도했다.[3] '슘페터주의적 근로복지국가'는 개방경제에서 기술혁신, 사회정책의 생산주의적·비용절감적 방향으로의 재편, 재정축소 등을 지향한다. 또한 '슘페터주의적 근로복지국가'의 경제적·사회적 목표는 복지정책을 비롯한 수요조절보다는 공급조절 지원 및 노동시장 유연성 중시 등을 통해서 구조적 경쟁력을 제고하는 데 있다(Jessop, 1993: 9). 국가의 이런 새로운 기능적 정향은 노사정 관계에 중요한 함의를 갖는다. 즉 정부는 수요조절을 위한 사회협약정치에 매력을 갖지 못하고 대신 공급조절 위한 사회협약정치를 중시하

---

3) 제솝(B, Jessop)에 따르면 생산체제의 글로벌화와 유연화에 직면하여 국민국가의 권력은 초국가적 차원 및 국가하위 차원으로 이양되어 제한되고 있다. 이로 인한 국가자율성의 훼손은 국민국가의 '공동화(hollowing out)'를 초래한다. 그러나 그는 글로벌화와 지방화 간의 변증법을 반영하는 국가의 '공동화'는 국가의 소멸이나 그 기능의 시장화(시장의 확대, 국가의 축소)로 혼동해서는 안 된다고 주장한다. 오히려 국민국가는 민주적인 정치책임성, 사회적 재생산과 재분배에 대한 지원 등의 역할을 지원하는 핵심적인 정치행위자이다. 이러한 변화는 국가능력이 '슘페터주의적 근로복지국가'로의 지향과 밀접한 관련이 있다. '슘페터주의적 근로복지국가'는 포스트포드주의적 축적양식과 구조적·기능적으로 부합, 조응된다(Jessop, 1994: 27; 1995: 1~18).

는 경향을 보인다.

마지막으로 경제의 유럽화는 서유럽 국가의 사회협약정치에 새로운 도전요인으로 작용한다. 유럽경제통화(EMU)는 이른바 마스트리히트 조약(Maastricht Treaty)의 수렴기준(convergence criteria)으로 개별 국가에게 총부채 및 인플레이션 상한선 등을 요구했는데 이것은 일국적 차원의 정책협의와 사회적 파트너십을 구조적으로 제약한다. 이러한 상황은 재정 및 통화 정책을 이용하여 임금억제에 대한 화답으로 노조에게 고용안정을 보장하는 흥정을 어렵게 했으며 따라서 사회협약정치의 작동을 방해했다. 서유럽 국가들은 정책 권한을 유럽연합으로 이전하고 있는데 이로 야기된 경제주권 감소 또한 실제적으로나 잠재적으로 국가적 차원의 정책협의에 상정되는 정책 어젠다의 범위를 좁히고 있다.

이상과 같은 논의를 요약하면 글로벌 시장화 경향은 불가항력적인 것이며 이는 사회협약정치의 작동 가능성을 약화시키고 있다. 이러한 경향은 어떤 특정 국가에 국한된 현상이 아니고 모든 나라에서 발생한 것으로 예상된다. 글로벌 경제의 구조적 변화가 파생하는 '전환의 비용(transitional costs)'의 불공정 배분 문제를 안고 있는 서유럽의 사회협약정치도 퇴조의 징후가 나타난다(Jessop, 1990: 203; Lipietz, 1997: 11). 그러나 이런 징후가 반드시 정기적 선거, 경쟁의 자유, 보편적 참정권 등의 형식적·절차적 민주주의의 약화를 초래하는 것은 아니다. 오히려 글로벌 시장에서 국제경쟁은 형식적·절차적 민주주의를 신장시킨다. 그러나 매우 아이러니컬하게도 글로벌 시장화에 따른 형식적·절차적 민주주의의 신장 경향은 정책협의와 사회적 파트너십에 기초한 사회협약정치를 잠식하고 있는 것처럼 보인다(Huber, Rueschemeyer, and Stephens, 1997: 329~330). 왜냐하면 글로벌 시장화 경향은 이익단체들의 관심과 자원을, 정부와의 정책협의보다는 의회와 정부를 상대로 한 로비로 방향전환을 하도록 재촉하고 있으며 각료들과 행정적 정책결정자들은 많은 시간을 소요하는 정책협의와 사회적 파트너십에 대한 매력을 잃고 있기 때문이다(Christiansen and Rommetvedt, 1999: 195~218).

이러한 맥락에서 글로벌 시장화와 유연한 생산양식이 사회협약정치를 제약하는 구조적 도전 요인이라는 조절이론의 경고는 경청할 만한 타당성을 지닌다. 그러나 사회협약정치의 작동에 접근하는 조절이론은 몇 가지 이론적 약점을 드러낸다. 첫째, 우리는 새로운 노사정 관계에 관한 새로운 제도가 실제로 어떻게 발생하는가를 사고해야 한다. 경제구조와 조절 틀 간의 관계는 기계론적·단선적인 것이 아니다. 새로운 축적양식과 이에 상응하는 새로운 제도 간의 연계는 정치행위자들의 상호작용에 근거한다. 제도는 정치행위자들의 창조물이거나 그들의 상호작용의 결과물이다. 따라서 글로벌 시장과 이에 따른 축적양식의 변화에 대응하는 제도적 장치는 일국 내의 시계열에 따라 혹은 나라에 따라 차별성이 나타난다. 이것은 구조적 제약에 대응하려는 정치행위자들의 전략적 선택과 행동이 분석 틀에서 중요한 요소라는 사실을 시사한다. 그럼에도 조절이론은 동일한 글로벌 시장의 압력과 도전에 대응하는 상이한 제도적 처방이 정치행위자들의 전략적 선택과 행동에 의해 모색될 수 있는 가능성을 간과하고 있는 것이다.

둘째, 조절학파는 노사정 관계(정책협의와 사회적 파트너십)에 대한 새로운 생산양식의 부정적 영향만을 부각시킴으로써 이른바 '글로벌 시장의 역설(paradox of global market)'의 가능성에 주목하지 않았다. 우리는 글로벌 시장화에 따르는 경제적 도전과 위기가 오히려 노동세력의 정치적·사회적 참여를 증대시킬 수 있는 개연성이 있음을 간과해서는 안 된다(Gills and Gills, 1999: 31). 이런 점에서 국제적 요인은 국내 정치경제의 역동성을 획일적이고 엄격하게 규정하지 않는다. 왜냐하면 국내에 존재하는 제도적 요소, 계급구조, 그리고 정치행위자들의 전략적 선택이 국제적 환경에 작용하기 때문이다(Gills, 1994: 203~205). 조절학파의 이론적 가정과는 달리 글로벌 시장의 구조적 변화에 따른 새로운 생산양식은 일국 내의 시계열에 따라 혹은 나라에 따라 상이한 정치경제적 시스템을 가져오고 특히 노사정 관계를 보다 민주적 패턴으로 변화시킬 가능성도 존재한다(Rueschemeyer, Stephens, and Stephens, 1992: 73). 글로벌 시장화가 노사정 관계를 권위주의적·비민주적인 방향으로 악화시킬 요인으로 작용할 가능성도 존재하지만 오히려 사회적 파트너십과 정책협의에 기초한 사회협약정치를 작동시켜 노사정 관계를 보다 민주화로 유도할 수도 있는 것이다(Gills and Rocamora, 1992: 513).

예컨대 시장통합의 가속화 속에서도 서유럽의 대부분 국가들은 영미식의 다원주의적 노사정 관계보다 정책협의와 사회적 파트너십 시스템을 지속적으로 작동시키고 있다.[4] 물론 서유럽 국가들의 경우 글로벌 시장화는 1980년대 이후 생산양식의 변화와 함께 노사정 관계의 다양화를 촉진시키는 요인으로 작용했다. 말하자면 중앙집권적 하향식(top-down) 조절과 조정의 정치는 협약의 경직성으로 인해 점차 효율성 제고에 저해가 되는 것으로 인식한 노사 양측은 과거 사업장이나 기업의 특성과 관계없이 획일적으로 적용되었던 중앙협약으로부터 벗어나 각 산별·부문별·지역별, 그리고 사업장별 특성에 맞는 파트너십을 지향하고 있다. 이는 정책협의와 사회적 파트너십의 수준, 협약의 내용, 국가의 역할 등에서 나타난 변화를 의미한다. 즉 정책협의와 사회적 파트너십이 거시적 수준보다는 산별·부문별·지역별 등의 중위(meso) 수준과 사업장 및 기업 등의 미시적(micro) 수준으로 진행되는 추세가 뚜렷해지고 있다(Cohen and Rogers, 1992: 432).[5]

4) 글로벌 시장화에 따른 영향을 받고 있음에도 불구하고 1990년대 이후 많은 서유럽 국가들에서 정책협의와 사회적 파트너십은 중요한 역할을 하고 있다. 이에 관한 몇 가지 설명이 가능하다(Compston, 2002a: 10). 첫째, 서유럽 국가들의 경제적 개방은 정책협의를 와해시키지 않고 오히려 촉진시킨다. 왜냐하면 정부는 경제적 수단을 최대한으로 이용하기 위해 사용자와 노조의 협력을 끌어냄으로써 경쟁력을 극대화해야 할 필요성을 인식하고 있기 때문이다. 둘째, 수출입 가격경쟁력의 취약성이 임금억제를 중요한 요소로 만든다. 따라서 정부는 사용자와 노조의 협력의 대가로 이들에게 정책결정의 역할을 부여하는 강력한 인센티브를 갖게 된다. 이런 점에서 경제적 대외의존도가 높은 서유럽 국가들에서는 노사가 상생하기 위해 정책결정은 합의 지향적이어야 한다. 그렇지 않고 서로 대립으로 일관할 경우 국제경쟁력을 상실하여 글로벌 시장에서 생존하기 어렵기 때문이다. 셋째, 정책협의와 사회적 파트너십이 어떤 특정한 방향으로 전개되는 것이 아니라 주기와 국가의 특수한 요인에 따라 다양하게 나타난다. 넷째, 현재의 경향은 정책협의와 사회적 파트너십을 파괴하는 것이 아니라 그것을 통해 체결된 사회협약의 내용을 변화시키고 있다는 점이다. 비록 많은 세부사항 결정은 산업 혹은 기업 수준으로 분권화된다고 할지라도 중앙 수준에서의 소득정책 협약과 정책협의의 역할이 여전히 남아 있다. 이런 맥락에서 볼 때 1960년대에 위기에 처해 퇴조론의 표적이 되었던 의회가 아직도 아주 중요한 국가제도로서 건재하고 있는 것처럼 서유럽 국가들의 사회협약정치는 건재하고 있다. 다만 글로벌 시장화 시대에 대응하기 위해 사회협약정치는 유연화의 길을 걷고 있을 뿐이다.

5) 서유럽을 포함한 선진자본주의 경제는 전후의 황금기를 지나면서 제조업 쇠퇴와 함께 서비스 산업 및 지식정보 산업의 팽창이라는 구조적 변화를 겪는다. 서비스 산업 및 지식정보 산업의 급팽창은 제조업 중심의 동질적인 블루칼라의 노동조직을 분열시키고 화이

동시에 사회협약의 내용에 있어서도 과거 분배·복지·완전고용 등 케인즈주의적 수요중심의 사회협약(demand-side social pact)에서 노동시장 유연화·적극적 노동시장정책·구조개혁·국제경쟁력 제고 등 슘페터주의적 공급중심의 사회협약(supply-side social pact)으로 변화하고 있다(Traxler, 1995: 279; Visser, 1998: 287~289).6) 다시 말하면 글로벌 시대에 대응하기 위해 전통적인 케인즈주의적 수요조절 정책협의 대신에 슘페터주의적 공급조절 정책협의가 등장하고 있는 것이다.7)

헌 걸음 나아가 글로벌화, 유럽의 시장통합 및 그리고 국내 사회경제적 변화는 서유럽 국가들의 국내 고용 및 복지문제를 제약하지만 그런 구조적 제약은 오히려 사회협약정치의 필요성과 능력을 제고시키고 있다. 즉 서유럽 일부 국가들(네덜란드와 아일랜드)에서 '경쟁적 사회협약정치(competitive social pact politics)'가 등장하고 있다. 그 작동 논리는 기존 수요중심 및 공급중심의 사회협약정치와 차이를 보인다(Rhodes, 2001: 177~179). '수요중심 사회협약'과 '공급중심의 사회협약'은 각각 형평성과 효율성, 재분배와 성장, 사회적 연대와 경쟁력 등의 양극단적 가치 중 한쪽 가치를 희생시키고 다른 가치에 무게 중심을 두는 한계와 약점을 드러낸다. 이에 반해 그 대안적인 성격을 갖는 '경쟁적 사회협약정치'는 일견

트칼라층의 확대를 초래했다(Regini, 1995: 75). 화이트칼라층의 확대는 다층적 이해대립으로 노동의 내부 갈등을 야기했다. 세계경쟁에 적응해야 하는 기업 또한 생산의 유연성을 요구하게 되었다. 이러한 추세는 중앙레벨에서 체결된 거시적 협약을 차선의 장치로 인식하게 만들었다. 말하자면 노사 양측은 중앙협약을 통해 산업별·지역별·사업장별·기업별의 특성과 관계없이 획일적으로 적용되었던 틀로부터 벗어나 각 현장의 특성에 맞는 노사 관계를 선호했다. 이에 따라 중위적·미시적 사회협약이 등장하게 된다.

6) 사회협약의 내용이 보다 유연하고 탄력화되고 있는데 교육, 의료, 보건 및 환경 등 새로운 후기 산업적 이슈들이 전면에 부상하고 있다. 이러한 새로운 이슈들이 교사, 의사, 약사, 간호원, 퇴직자, 환경보호론자 등 관련 이익집단과 정부 대표 사이에 사회협약을 위한 정책협의가 빈번히 이뤄지고 있다.

7) 글로벌화의 지속이 노동시장의 유연화를 요구함에 따라 자본과 정부는 공급 측면에 적극적으로 반응하여 과거의 케인즈주의적 수요중심의 사회협약정치보다 공급중심의 사회협약정치를 중시하는 경향을 보이기 시작한 것이다. 1990년대 이후 서유럽 소국들에서 공급중심의 사회협약정치는 중위적·미시적 사회협약까지 포함한 광범위한 개념으로 활성화되고 있다. 이런 점에서 사회협약정치는 정태적이 아니라 동태적인 성격을 띤다.

양극단적 가치인 것처럼 보이는 효율성과 형평성, 경쟁력과 사회적 연대 등의 가치를 조화시키고 있다. 다시 말하면 경쟁적 사회협약의 내용은 분배연합 (distributional coalitions)과 생산성연합(productivity coalitions)을 '기능적'으로 연계하고 있다(Rhodes, 2003: 135~137). 이를 통해 '경쟁적 사회협약정치'는 글로벌 시장의 진전에 따른 외부의 충격과 도전을 국내 제도에 여과시킴으로써 화이트칼라와 블루칼라, 서비스부문과 제조업부문, 정규직과 비정규직, 노동시장의 인사이더와 아웃사이더 간의 긴장과 갈등을 조정하고 사회통합을 지향한다(Rhodes, 2001: 179).

이처럼 사회협약정치는 퇴조하고 있는 것이 아니라 글로벌 시장의 압력하에서 재구조화·유연화되고 있다(Wiarda, 1997: 175). 그러나 사회협약정치의 이러한 경향에도 불구하고 거시적 사회협약의 유효성이 소멸되는 조짐은 보이지 않고 있다(Thelen, 1992: 242; Compston, 2002b: 312~316).[8] 거시적 사회협약은 거시적 경제사회정책에 관한 가이드라인을 제시함으로써 안정성과 예측성을 가져다주며 중위적 사회협약은 산업별·부문별·지역별의 주요 특정 이슈, 그리고 미시적 사회협약은 '생산성연합'을 통한 사업장 및 기업별의 고유한 특성을 탄력적으로 보완, 운영함으로써 경쟁력을 증대시킨다.[9] 이러한 현상은 동일한 글로벌 시장화의 압력하에서도 일국 내의 시계별 혹은 국가별 다양한 사회협약정치의 유형이 나타날 수 있음을 시사한다. 따라서 역사적으로 발전되어 온 정책협의와 사회적 파트너십의 제도와 전통은 여러 구조적 제약 속에서도 '경로의존적 발전

---

8) 1980년대 신자유주의적 글로벌화의 파고로 분권화, 심지어 퇴조 현상까지 보였던 서유럽 소국들의 사회협약정치가 1990년대에 들어 스웨덴을 제외한 노르웨이, 덴마크, 오스트리아, 아일랜드 등 거시적 차원에서 부활했다(Rhodes, 2001: 167). 중앙 차원의 사회협약정치의 제도적 조건이 취약하고 노동시장이나 사회정책 개혁을 둘러싸고 계급 갈등이 분출했던 이탈리아, 스페인, 포르투갈에서도 사회협약정치가 등장했다. 중앙 차원의 노사협상 시스템의 전제조건이 취약했던 그들 나라에서 제도적 구축 혹은 소득정책에서 사회보장과 조세개혁에 이르기까지 협상을 확대하는 복합적 패키지딜을 통해서 사회협약정치가 작동한 것이다.

9) 예컨대 거시적 사회협약은 임금인상률을 고정하지 않고 단지 가이드라인만을 제시하여 실질적 상승분은 사업장에서 노사가 결정하도록 한다.

(path-dependent development)'을 지속한 것으로 볼 수 있다. 경제의 유럽화는 정책협의와 사회적 파트너십의 '유럽화' 현상을 출현시키고 있다. 말하자면 유럽적 범위에 걸친 정책협의와 사회적 파트너십이 진행되고 있다. 예컨대 1994년 유럽각료회의의 지침으로 채택되어 초국적 기업에 의무적으로 유럽직장평의회(European Work Council)를 설치하도록 했다.

글로벌 시장화에 따른 탈산업화 및 노동절약적 기술발전 등의 경제현실은 사회협약정치의 필요성을 제약한 것도 사실이지만 글로벌화의 압력, 국내 사회경제적 구조의 변화에 직면한 국가의 경쟁력을 강화하기 위해서는 서로 다른 이해관계를 지닌 사회계급 간 조정과 협력의 필요성이 오히려 더 높아지고 있다 (Rhodes, 2001: 174). 다시 말하면 글로벌에 따른 생산의 유연전문화(flexible specialization)가 노사정 정책협의와 노사 간 파트너십을 불식하지 못한다. 왜냐하면 예상과 달리 여러 유형의 생산유연화는 노동의 참여와 협력이 따르지 못하면 불가능하기 때문에 사용자들은 노조를 위협하지 못한다. 이런 점에서 경제적 글로벌화가 거시경제정책에 대한 정부의 효과적인 정책조정 능력을 제약함으로써 사회협약정치를 퇴조시키고 있다는 조절이론의 가설적 주장은 설득력이 약하다. 특히 개방경제를 채택하고 있는 서유럽 소국들은 글로벌 경제의 변화에 민감한 충격을 받을 수 있기 때문에 이러한 충격과 도전을 흡수할 수 있는 정책협의와 사회적 파트너십 시스템을 보호장치로서 채택하고 있는 것이다(Armingeon, 1997: 165; Ebbinghaus, 2004: 574).

이런 맥락에서 노사정 관계(정책협의와 사회적 파트너십)에 대한 글로벌 경제의 부정적 영향만을 부각시키는 이론적 틀은 그 결정론적 함정을 회피하기 위해 다른 구조적 요소로 보완되어야 할 뿐만 아니라 일국 내에서의 시계열 혹은 국가 간 노사정 관계의 차별성을 포착하는 설명 틀을 모색해야 한다. 글로벌 시장의 구조적 변화가 노사정 관계에 가하는 충격은 국내 사회계급의 역학관계, 특히 노동의 권력자원에 따라 다양하게 나타날 수 있다. 글로벌 구조와 국내 구조 간에는 지속적으로 상호 침투·변형·재구조화가 반복된다.

더욱이 조절이론은 사회협약정치의 작동에 영향을 미치는 국제경제구조의 변화에 과도하게 집착하고 있다. 따라서 그것은 지정학적 위치에 기인한 전쟁이 사회협약정치의 발전에 중요한 촉매제 역할을 했다는 점을 놓치고 있다(Berger, 2002a: 348~349). 제1, 2차 세계대전은 노사정으로 하여금 3자 정책협의 시스템의 작동을 촉진시켰다. 말하자면 정책협의는 전시경제의 자원을 극대화하는 데 필요한 수단으로 인식되었다. 물론 제1차 세계대전이 끝나가는 1918년 이후 대부분의 서유럽 국가들은 정책협의 시스템을 성공적으로 발전시키지 못했다. 그러나 서유럽에서 그러한 정책협의 시스템은 제2차 세계대전 상황 속에서 부활했다. 계급 및 분파적 이익보다는 국가이익이 우선순위를 차지했다. 예컨대 영국에서조차 제2차 세계대전은 역사상 가장 광범한 사회적 파트너십 정치시스템을 작동시켰으며 참전하지 않았던 스웨덴에서도 사회행위자와 국가 간의 보다 긴밀한 협력의 계기가 되었다. 제2차 세계대전 말 서유럽의 재건은 사회적 파트너십 정치를 복원하는 중요한 인센티브를 제공했다. 정책협의 정치는 당시 서유럽 각 나라의 전후 경제적·사회적 비상 위기국면을 극복하는 데 적절한 시스템으로 인식되었다. 이 같은 맥락은 일국의 정책협의 시스템의 작동은 조절이론이 상정하고 있는 국제경제구조의 변화뿐만 아니라 전쟁과 같은 국제정치적 변수에 의해서도 영향을 받을 수 있음을 시사한다.

4) 권력자원론

권력자원이론가(Korpi, 1983; Cameron, 1984; Esping-Anderson, 1990; Rueschemeyer, Stephens, and Stephens, 1992)들에 따르면 사회계급 간의 역학관계 변화가 노사정 관계를 설명하는 주요한 변수이다. 따라서 계급세력 간의 권력지형은 사회협약 정치의 작동에 주요한 함의를 갖는다.

이러한 의미에서 권력자원론은 노동의 조직력·정치력을 노사정 관계에 영향을 미치는 핵심 변수로 상정한다.[10] 노동조직이 조직적으로 포괄적이고 집권적

---

10) 노조의 분열이 이루어진 사회에서는 사회협약정치가 취약했다. 프랑스, 이탈리아 및 스페인과 같은 라틴유럽의 노조 진영에서 나타났던 지속적인 조직적 분열은 20세기 동안 정책협의의 노력을 방해했다. 마찬가지로 영국처럼 통일된 정상노조가 산하 회원조직을 통제할 수 있는 충분한 힘을 가지지 못한 나라에서 정책협의는 작동되기 어렵다.

이면 노동은 과격한 행동을 자제하고 중·장기적 이익을 추구함으로써 사회적 파이를 증대시키려고 노력한다(Olson, 1982: 48). 이런 노력은 사회협약정치의 안정적 작동을 유도할 수 있다.[11] 뿐만 아니라 포괄적이고 집권적인 노조의 경우 지도부가 사용자와 정부와 효과적으로 협상하기 어떤 이슈에 관한 합의에 대해 일반 노동자들의 동의를 확보할 수 있는 독점적 대표권을 갖는다. 노조 지도부의 이러한 능력은 조직 내부에서 상하 수직적인 강력한 상호의존 관계를 가짐으로써 제고될 수 있으며 이로써 정상노조의 지도부는 하부 노조들의 동의와 행동을 이끌어내는 힘을 가진다(Crouch, 1993: 54~55). 이런 점에서 사회협약정치의 작동 성패 여부는 독점적 대표성을 갖는 정상 노동결사체의 존재 여부에 달려 있다 (Haggard and Kaufman, 1992: 340).

나아가 노동이 보다 포괄적이고 집권적으로 조직되고 대표될수록 노동은 '정치적 교환(political exchange)'의 본질적 요소인 임금인상 자제를 통해 자본과 협력하려는 경향을 보인다(Cohen and Rogers, 1992: 428~429). 권력자원론에 의하면 분권화된 협상제도에서는 단위 협상행위자들이 자신들의 전략적 선택이 다른 행위자들에게 미치는 외부효과(externalities)를 고려할 유인을 갖지 않으며 오로지 자신들의 이익만을 고려하는 경향이 있다. 대조적으로 중앙집권적으로 구성된

대조적으로 스웨덴, 덴마크, 오스트리아(1945년 이후)처럼 중앙집중적이며 강력한 노조는 정책협의 시스템이 작동할 수 있는 전제조건이었다. 한편, 사회협약정치의 안정적 작동 조건에 관한 연구는 위와 같은 노동 중심적 이론, 즉 노동의 조직력과 정치력의 관점 이외에도 자본 중심, 즉 사용자연합의 주도적 역할을 강조하는 생산레짐 이론적 접근이 가능하다(Swenson, 2001). 그러나 이 책에서 논의되는 사회협약정치의 작동에 관한 권력자원론은 노동 쪽에 맞추고 있음을 밝혀둔다.

11) 노동과 자본의 힘의 편차에 따라 자유적 사회협약정치(liberal social pact politics)와 사회민주적 사회협약정치로 구분하기도 한다. 사회민주적 사회협약정치에서는 노동우위 혹은 노사 간의 힘의 균형 속에서 대표성을 인정받은 결사체, 특히 노조가 정책형성 및 시행과정에 실질적인 정책주체로 참여하는 제도적 메커니즘인 데 반해, 자유적 사회협약에서는 자본우위의 역학관계에서 이익결사체들이 정책형성 및 시행과정에 단순히 자문역할에 머무른다(Martin, 1983: 99). 자유적 사회협약정치의 경우 스위스가 대표적이다. 스위스는 자본이 노동에 비해 압도적으로 우세한 조직력과 정치력을 발휘했으며 이에 따라 정치성보다 시장성이 더 높은 정치경제체제를 확립했다.

노조는 협상의 중앙화를 시도함으로써 부정적 외부효과(다른 노조들의 연쇄적 임금인상, 인플레이션 심화, 투자 및 고용 축소)를 흡수할 수 있도록 하기 위해 임금인상 자제를 통해 자본과 협력하려는 경향을 보인다. 이러한 협력은 각 수준의 정책협의와 사회적 파트너십을 통해 사회 및 경제정책을 결정 및 집행하는 사회협약정치의 작동을 촉진시킨다.

포괄적·집권적 노조체제가 존재하는 경우[12] 국가는 노조운동의 전투성 자제를 끌어내기 위해 미래에 대한 노동자들의 불안과 불확실성을 줄여주는 데 핵심적 역할을 수행한다(Buchanan, 1995: 49; Pontusson, 1992a: 20). 이를 위해 정부는 다양한 정책 프로그램을 통해 자본의 투자의욕을 자극하여 일자리를 창출하고 경제성장의 열매가 사회계급·계층 간에 공정하게 분배되도록 한다. 이를 통해 정부는 임금인상 자제 등 '집단적 최적 전략(collectively optimal strategy)'을 추구하는 노동 측이 부담할지도 모르는 사회적·경제적 위험을 줄여준다.[13] 이처럼 정부는 노동의 임금인상 자제로 인한 물질적 손실을 보전해 주는 보상자(compensator)로서 역할을 수행한다(Lange, 1984: 99~100).

한편, 권력자원론은 과격한 노조활동의 억제를 유도할 수 있는 두 가지 정치적

---

12) 경제와 사회에서 사회계급 간의 권력지형(power constellation)이 노동에게 유리하게 변화하면 자본에 대한 국가정책의 자율성을 높여주고 노동이익에 대한 책임성을 높여준다. 시민사회의 강력한 노조체제는 국가권력에 대한 견제 장치로 작용하고 사회협약정치에 유리한 조건이 될 수 있다(Rueschmeyer, Stephens, and Stephens, 1992: 65). 물론 강력한 노조가 출현하면 경제적 효율성을 저하시키고 정치적 불안정을 야기할 것이라는 '단일 거대노조 이론(one big union theory)'이 있다. 그러나 포괄적이고 강력한 노조가 등장하면 오히려 자신을 힘을 확인하고 책임 있는 행동을 할 것이라는 '단일 거대노조의 역설(paradox of one big union)'이 있음을 인식할 필요가 있다. 게르만유럽 및 스칸디나비아유럽의 노조들에서 이를 확인할 수 있다. 역으로 라틴유럽의 분열된 노조들은 강경 노선으로 자신의 이익을 전체 국민의 이익보다 앞세우는 경향이 있다.

13) '집단적 최적 전략'이란 집단재, 즉 사회적 파이의 절대 크기 증대 또는 노동 계급 전체의 이익을 도모하는 등 포괄적 노조가 사회적 이익을 추구하는 전략을 지칭한다. 이에 반해 '개별적 최적 전략(individually optimal strategy)'은 분산적 노조가 전반적인 사회적 파이의 크기를 감소시키는 것을 무릅쓰고 임금인상과 같은 자기 자신만의 이익을 얻으려고 노력하며 무임승차의 유혹에 빠져 있는 행태를 말한다(Olson, 1982).

조건을 제시한다. 즉 강력한 중도좌파 정치세력 또는 노조운동과 긴밀히 연계된 중도좌파 정당의 집권 등이 바로 그것이다(Cameron, 1984: 158~159; Lehmbruch, 1984: 74~78; Blake, 1994: 387~388).[14] 이 두 정치적 조건은 계급·계층 갈등의 장소를 시장(marketplace)에서 정치 영역으로 이동시켜 줌으로써[15] 사회협약정치를 작동시킬 개연성을 높여준다(Rothstein, 1987: 296; Blake, 1994: 387~388; Encarnación, 2001a: 343). 왜냐하면 두 정치적 조건은 노동자들의 자발적 임금인상 자제가 그들의 희생을 수반할 것이라는 우려와 위험을 덜어줄 것이기 때문이다.

요컨대 권력자원론에 의하면 포괄적·집권적 노조체제와 노동친화적 정당은 전투적인 노동활동을 억제하고 정책협의와 사회적 파트너십에 기초한 사회협약정치를 작동시키는 데 핵심적 요소이다.

권력자원론의 맥락에서 노동의 조직적·정치적 조건이 결여되면 다음과 같은 노사정 관계 유형을 만들어낼 것이다(Lange and Garret, 1985: 799~801). 첫째, 노동운동이 포괄적이고 집권적으로 조직되지 못하는 경우 노동은 자신들의 전투적 전략이 미래의 생산성과 국제경쟁력을 낮추는 결과를 가져올지도 모르는 상황을 제대로 인식하지 못하고 현재의 임금인상과 같은 재분배에 집착하는 전략에 유혹을 받게 될 것이다. 이러한 상황은 노사 혹은 노정 갈등을 격화시킴으로써 정책협의와 사회적 파트너십을 불가능케 할 수 있다. 둘째, 노동친화적 정당의 정치력이 취약하면 이것 또한 노조가 전투성을 줄이고 정책협의와 사회적 파트

---

14) 사회협약정치의 작동 성공 여부는 정당과 이익결사체 사이의 긴밀한 관계에 영향을 받는다. 노조와 정당의 연계가 취약한 경우에 사회협약정치의 작동 성공률은 상대적으로 제한적이다. 서유럽 국가들에서 사민당 정부는 노조와의 협력을 통해서 케인즈주의적 수요관리정책과 노동의 임금자제를 유도하기 위한 재정확대정책을 채택했다. 그러나 정부가 통화주의 정책으로 전환하면서 정부와 노조 간의 협력은 약화되었다.

15) 서유럽에서 사민주의 정당이 정부권력을 장악한 후 적극적인 사회·경제 정책을 시행하면 분배를 둘러싼 계급 갈등의 중심이 노동시장에서 정치적 영역으로 이전하여 노동시장에서의 분규는 감소했다. 노동계급의 권력자원은 노동시장(조직력)과 정치 영역(노동자 정당의 득표력 및 권력 장악 정도, 노동당 정당의 분열 정도, 노조와 정당 간의 연대 강도)에 분포되어 있는데 노동계급의 권력자원이 증대하면 노동시장보다는 정치 영역에서 효과적인 계급 갈등 해결 가능성이 높아져 산업평화를 정착시킬 수 있다.

너십에 의해 사회협약을 체결할 가능성은 낮아진다(Ponstusson, 1992: 13, 20). 결국 노동운동이 조직적으로나 정치적으로 취약하면 다원주의적 정책결정이 진행될 가능성이 높아진다. 노동이 독자적·분산적·경쟁적으로 조직되기 때문에 노조운동은 파편화되고 노조들은 서로간에 경쟁한다. 다시 말하면 비조정적인 다원주의적 의사결정이 진행됨으로써 사회적 파트너들은 자신들의 전략과 행동이 장기적으로 몰고 올 결과를 고려하지 않음으로써 사회협약정치를 작동시킬 의지도 능력도 보이지 않는다(Pizzorno, 1978: 292).

이상 논의한 바와 같이 권력자원론은 사회협약정치의 작동 여부는 그에 대한 국내 정치구조의 영향이 중요한 변수가 된다는 점을 부각시킴으로써 조절이론의 경제구조 결정론의 함정을 극복하고 있다(Garrett and Lange, 1984: 544). 그리고 권력자원론은 국가정책의 성격이 노동과 자본 간의 권력지형을 반영한다는 점을 강조하고 있다는 점에서 이론적 강점을 갖는다. 이런 점에서 권력자원론이 서유럽 사회협약정치의 역동성의 기초가 되는 주요한 인과적 메커니즘을 잘 밝혀주는 강력한 설명능력을 제공하고 있는 것은 분명하다. 그러나 현대 국가는 정책협의와 사회적 파트너십에 기초한 사회협약정치의 작동에 영향을 미치는 주요 정치행위자이다.[16] 국가는 단순히 시민사회에 존재하는 계급 간의 역관계를 반영하는 블랙박스가 아니라 모든 시민에게 구속력을 갖는 권위적 결정(authoritative decision)을 수행하는 존재이다. 또한 국내 정치행위자들의 권력자원은 지정학적 관계 혹은 글로벌 시장의 구조적 변화에 영향을 받는다. 그러므로 사회협약정치의 작동에 대한 배타적인 국내 정치적 설명은 노사정 관계의 보편적 변화를

---

16) 정책협의가 라틴유럽보다 게르만유럽 국가들과 스칸디나비아 국가들에서 보다 성행한 것은 국가가 사용자와 노조에 의해서 합리적인 중립적 존재로 인식되는 경우에 정책협의가 잘 작동할 개연성이 있다는 것을 시사한다(Hemerijck, 1995). 예컨대 독일과 오스트리아와 같이 강력한 국가의 전통을 가진 나라들에서 정책협의의 메커니즘을 수립하는 행정능력은 이미 19세기에 자리 잡았다. 스웨덴에서의 국가는 1930년대 초에 이미 정책협의를 촉진하려는 미래지향적 자세를 보였으며 덴마크와 네덜란드에서도 국가는 사회적 파트너십 과정의 초기 발전에 적절한 기여를 했다. 사실 사회적 파트너십 개념의 가장 강력한 지지자들은 종종 계몽된 국가관료층에서 나왔다. 영국은 이러한 메커니즘을 촉진하는 행정능력이 결여되었다.

설명하는 데 한계가 있다. 이러한 의미에서 노사정 관계 패턴은 노동 권력자원의 중요성에도 불구하고 경제변수와 정치변수 간의 역동적인 상호작용의 틀에서 이해되어야 한다.

뿐만 아니라 권력자원론은 노조의 임금인상 자제와 같은 협력에 대한 정부의 보상능력을 사회협약정치가 작동할 수 있는 조건으로 인식하지만 노조의 임금자제는 반드시 그에 대한 반대급부로서 제공된 보상에 따른 것이 아니다. 서유럽 일부 국가들에서 1980~90년대에 나타난 사회협약정치는 노동에 대한 정부의 보상능력을 제약한 긴축 거시경제 환경에서 작동했다. 이 시기에 체결된 사회협약은 반드시 노조의 임금자제와 정부의 정책적 양보의 정치교환에 따른 것이 아니고 정부의 긴축 통화정책과 임금협상제도의 상호작용에 의해서 이루어졌다 (Hassel, 2003: 722). 다시 말하면 사회협약은 노조의 임금인상 자제가 이에 대한 좌파정부의 보상에 의한 것이 아니고 긴축 통화 및 재정정책이 몰고 올 예상된 결과에 의해 촉진되었다. 그러므로 임금자제를 단행하는 노조에 대한 보상이 있을 때 정책협의 시스템이 작동한다는 권력자원론의 가정과는 달리 사회협약정치는 긴축 통화정책으로 위협할 수 있는 정부의 능력으로 작동할 수 있다.

더욱이 서유럽 일부 국가들에서는 권력자원론이 제시한 정책패턴을 만들어내는 제도적 토대를 갖추지 못했다(Hassel, 2003: 709~710). 예컨대 이탈리아와 아일랜드는 1990년대 이후 정책협의 시스템이 작동할 수 있는 제도적 조건을 충분히 갖추지 못한 국가였는데도 사회협약정치가 작동했다. 특히 아일랜드에서는 글로벌화, 유럽의 시장통합 및 그리고 국내 사회경제적 변화 등의 구조적 제약 속에서도 전술한 바 있는 '경쟁적 사회협약정치'를 작동시켰다. '경쟁적 사회협약정치'의 작동 논리는 권력자원론이 상정하고 있는 사회협약정치 작동 조건을 무색하게 한다. '경쟁적 사회협약정치'의 작동 논리는(Rhodes, 2001: 177~179). 첫째, 협약의 필요성이 노사정 간 정치적 교환의 제도화 전통이 부재한 곳에서 발생할 수 있다. 둘째, 사회적 파트너들의 제도적 조건이 충분히 성숙되어 있지 않다. 예컨대 노동운동에 기반을 둔 사회민주당이 강력하지 않아 노동계급의 이해를 실현하기 위한 정당정치가 충분히 발전하지 못했다. 또는 자본 및 노동의 중앙집권적 조직이 정치적 교환을 수행할 수 있다는 권력자원론의 가설과는 달리 조직적 취약성을 가진 노사도 협상을 타결지을 수 있다. 셋째, 국가가 중앙 차원의 소득협상에 아예 참여하지 않거나 최소한의 개입에 그치는 '공급중심 사회협약 정치'와는 달리 '경쟁적 사회협약정치'에서의 국가는 협약체결 및 집행과정에서 협약 주체들에게 강제력을 행사하거나 다양한 유인책을 제공함으로써 적극적 역할을 수행한다. 예컨대 국가는 노사 협상안에 정당성을 추인하거나 보상하며 노동의 무임승차 및 자본의 착취(free-booting) 유혹에 제재를 가한다. 국가의 이런 조치는 제도적으로 취약한 협상 시스템을 강화시킨다. 마지막으로 1980년대 이후 서유럽의 중도좌파 정당과 중도우파 정당들이 시장친화적으로 움직이는 가운데 정당 간의 경제정책 차별성이 희석되었다. 유럽통화연맹(EMU)하에서 경제관리에 관한 계급중심의 차별성이 점차로 불식되고 있으며 좌·우 모든 정당들이 거시경제 관리에 대한 실용주의적 해법을 모색한다. 이런 맥락에서 권력자원론은 사회협약정치의 작동을 설명하는 데 있어 결정론적 인과론이 아니고 개연적 인과론으로 고려될 수 있다. 사회현상의 인과관계가 매우 복잡성을 띠고 있다는 점에서 사실상 대부분의 정치경제 이론은 개연적 인과론의 성격을 갖는다.

2. 사회협약정치 작동에 관한 신제도론적 접근

1) 주의주의(전략적 행위론)와 결정론(구조론)을 넘어서

정치현상에 관한 설명은 행위자중심의 설명과 구조중심의 설명 등 두 축이 있다. 전자는 관련 행위자들의 합리적 혹은 전략적 선택을 강조하는 반면에, 후자는 구조적 제약을 강조한다. 전술한 사회협약정치 작동에 관한 기존 이론적 접근들은 노동과 자본을 단순한 생산주체에서 사회정치적 세력으로 전환시키고 있을 뿐만 아니라 노사정 관계를 정치경제의 핵심축으로 설정함으로써 사회협약 정치의 역동성을 이해하는 데 공헌을 했다. 그럼에도 불구하고 기존 이론적 접근들의 설명력은 매우 제한적이다. 따라서 우리는 기존 접근법의 이론적 강점을 수용하고 약점을 제거하는 데 있어 이론적 돌파구를 제공하는 대안적인 접근법을 모색해야 한다.

1980년대 이래 비교정치경제 분야에서 일국 내에서의 시계열 혹은 국가간 사회협약정치의 다양한 패턴을 규정하는 주요 요소로서 '제도'에 대한 관심이 고조되어 왔다(Hall, 1986; Steinmo, 1989).[17] 예컨대 제도적 성격의 유형은 사회협약정치의 상이한 결과를 결정한다. 동일한 글로벌 시장의 (구조적) 변화에 대해 일국 내에서의 시계열 혹은 국가간의 대응방식이 다르다. 이것은 연구의 초점을 정책지속성과 정책변화를 설명하는 해당 특정 '제도'로 옮겨놓고 있다(Thelen and Steinmo, 1992: 13). 말하자면 글로벌 시장의 동일한 도전과 압력(구조적 제약)에도 불구하고 일국 내에서의 시계열 혹은 국가간의 정책차별성을 설명하고자 하는 것이 신제도론의 중심 테마이다.

그런데 신제도론에는 '합리적 선택론'과 '역사적 제도론(historical institutional-ism)'이 있다(Thelen and Steinmo, 1992; Immergut 1998). 두 접근법은 주어진 제도적 지형이 어떻게 정치적 상호작용을 형성하고 정치적 결과에 영향을 미치는가를 강조한다. 그러나 두 접근법은 상이한 가정을 제시한다. 기존 전략적 선택론과 유사한 합리적 선택론은 대체로 거시변수인 주어진 구조적 지형하에서 발생하는 정치경제적 사건의 미시적 토대를 탐구한다(Alt and Shepsle, 1990: 102). 또한 합리적 선택론의 사고는 정치행위자들의 선호는 이익의 최적화에 의해 결정되며 목적을 달성하기 위해 전략적으로 행동한다고 가정한다. 그러므로 정치행위자들의 이익, 선호, 목적, 능력은 설명되어야 할 중요한 변수이다(Thelen and Steinmo, 1992: 8). 그렇지만 합리적 선택론은 사회경제적·정치적 맥락에 관심을 소홀히 하는 경향을 보인다. 한편, 기존 구조론적 접근법과 유사한 역사적 제도론은 거시적 변수인 특정 구조적 지형이 정치행위자의 이익, 선호, 목적, 그리고 그 결과물인 제도에 미치는 영향을 탐구하는 데 관심을 둔다. 합리적 선택론과는 대조적으로 역사적 제도론은 보다 거시사회경제적 관점을 갖는다(Immergut, 1998: 17). 그 결

---

17) 홀(Peter Hall)에 의하면 제도란 공식적 조직, 그리고 행위자들 간의 관계를 구조화하는 절차와 비공식적 규칙을 포함한다(Hall, 1986: 19). 따라서 제도는 행위자 간 정형화된 공식적·비공식적 관계로 정의되며 실정법, 합의된 원칙, 규범과 절차의 형태로 존재한다.

과 거시이론이 사회경제적 구조에 초점을 맞춘다는 점에서 결과를 설명하는 데 정치행위자들의 역할을 경시하는 경향을 보인다. 바꿔 말하면 역사적 제도론은 구조적 요인들에 대한 분석을 통해 거시현상을 설명하고 미시 현상의 범주를 밝히기 때문에 그 약점은 행위자의 자발적 선택의 가능성을 사상함으로써 행위자의 실천적 의지가 무의미해진다.

그러나 역사적 제도론이나 합리적 선택론은 상호 배타적이지 않다. 전자가 정치행위자들(특정 이해관계, 선호, 목적, 능력 등)의 미시적 상호작용의 거시적 토대를 규명하는 데 초점을 두고 있는 반면, 후자는 주어진 구조적 지형하에서 특정 정치경제적 결과를 가져오는 정치행위자들 간의 미시적 상호작용을 조명한다. 이런 점에서 신제도론적 접근은 거시적 접근법과 미시적 접근법 간의 가교를 구축할 수 있다(Thelen and Steinmo 1992: 10; Rothstein, 1992: 35). 구조적 환경은 정치행위자들의 전략적 선택과 이에 따른 상이한 제도적 지형에 영향을 미치는 변수이다. 역으로 제도적 장치는 동일한 경제적 충격에도 상이하게 대응하는 정책선택을 설명해 준다. 구조적 요인을 매개하는 것 외에도 제도적 지형은 정치행위자들의 정책선택과 행동에 영향을 준다. 또한 제도적 지형은 협력과 갈등의 관계를 매개함으로써 정치적 관계를 구조화한다(Hall, 1989: 19).

한편, 새로운 제도는 실제로 어떻게 발생하는가? 신제도론적 접근의 핵심이 되는 제도는 정치행위자들의 전략적 선택을 촉진하고 제약하지만 그것은 정치행위자들의 의도적 전략의 창조물이거나 정치적 갈등과 협력의 형태로 전개되는 정치행위자들의 상호작용의 결과물이기도 한다. 다시 말하면 정치행위자들의 상호작용은 노사정 관계에 관한 새로운 제도적 장치를 만들어낸다. 신제도론적 접근법은 정치행위자를 거시적인 사회경제적 요인들에 영향을 받은 종속변수로 간주하지 않는다. 대신 신제도론적 접근법은 정치행위자들 간의 관계를 역사의 객체인 동시에 주체로 인식하게 해준다(Thelen and Steinmo, 1992: 10). 신제도론적 접근은 다양한 정책선택을 가능케 하는 정치행위자들의 전략적 선택과 행동을 분석한다. 노사정 관계와 관련한 제도를 설명하기 위해 우리는 구조적 환경과 정치행위자들에 관심을 가져야 한다. 왜냐하면 특정 국가의 노사정 관계와 구조적 요소 간의 역동적 상호작용이 존재하기 때문이다(Rupert, 1995: 34~35; Gills and Palan, 1994: 1~14).

　　결론적으로 신제도론적 접근법은 전략적 선택론의 과도한 주의주의와 구조론적 접근법의 구조적 결정론(structural determinism)을 뛰어넘는다. 다시 말하면 신제도론적 접근법은 전략적 선택론과 구조론적 접근법의 통합을 시도한다. 왜냐하면 행위자중심 접근과 구조중심 접근은 정치현상(사회협약정치 현상)의 일면만을 강조하고 행위자와 구조 간의 상호작용을 고려하지 않기 때문이다. 행위자와 구조 모두를 설명 변수군으로 설정하고 이들 간의 상호작용을 포괄하는 이론적 틀을 정립함으로서 사회협약정치 현상에 대한 보다 완벽한 설명이 가능하다는 것이다. 따라서 신제도론적 접근법은 노사정 관계(사회협약정치)를 이해하는 데 있어 정치행위자, 제도, 구조 간의 역동적 관계를 인식하는 데 공헌했다.[18]

　　행위자-제도-구조 간의 이러한 역동적 상호작용을 이해하기 위해서는 시간을 중요한 변수로 고려해야 한다. t1에서 정치행위자의 행위는 t2에서의 제도 형성 및 제도 변화로 나타난다. t2에서 형성 및 변화된 제도는 t3에서 정치행위자의 행위를 제약하게 된다. 한편, t2 및 t3에 걸쳐 일어난 정치행위자 및 제도 차원에서의 변화는 t4에 이르러 점진적 구조 변화로 나타난다. t4에서의 구조 변화는 이어서 t5에서의 제도의 역동성 및 행위자의 행위를 제약하게 된다. 이처럼 행위자, 제도, 구조가 각각 원인 및 결과로서 작동하게 되는 것은 시간의 흐름을 고려할 때 의미를 갖게 된다. 정치행위-제도-구조는 시간이 경과된 위에서 변증법적 상호작용을 하는 것으로 이해할 수 있다.

---

18) 정치행위자는 이익추구나 목적달성의 최적화를 위해서 제도를 형성하고 제도는 행위자를 제약한다. 관련 정치행위자와 그들 간의 제도체계는 전체로서 구조를 형성한다. 즉 구조는 관련 정치행위자 간의 상호작용 양식을 규율하는 제도체계로 구성된다. 따라서 정치행위자 및 제도 차원에서의 변화는 구조 변화를 가져온다. 정치행위자와 구조는 제도를 매개로 상호작용한다. 정치행위자는 제도를 통해 구조를 형성하고 제도는 정치행위자의 행위를 제약한다.

2) 분석 모델: 구조, 제도, 정치행위자 간의 역동적 상호작용

앞의 논의는 사회협약정치를 이해하기 위해서 제도적 제약, 구조적 변화, 정치행위자의 전략 등과 같은 세 변수의 역동적인 상호작용을 포착하는 보다 역동적 모델이 요구된다는 점을 시사한다(Thelen and Steinmo, 1992: 15). 다시 말하면 구조론적 접근과 전략적 선택론의 이론적 강점을 포용하는 신제도론적 접근은 일국 내에서의 시계열 혹은 국가별로 구조적 환경, 제도, 정치행위자 간 역동적 상호작용이 연출하는 정책협의와 사회적 파트너십에 기초하는 사회협약정치의 역동성을 분석하는 데 유용하다.

첫째, 구조적 변수이다. 국가간 지정학적 관계와 정치문화는 사회협약정치 관련 행위자들(노동, 자본, 국가, 정당 등)의 전략적 선택, 그리고 그 행위자들 간의 상호작용 양식에 영향을 미치는 주요 변수이다. 지정학적·군사적 경쟁, 위협 및 압박에 노출된 나라일수록 사회경제적 세력으로부터 국가자율성을 높여줌으로써 사회협약정치에도 영향을 미친다. 정치문화, 특히 이념적 지향성은 행위자들의 행동을 정당화하거나 제약함으로써 이념적으로 수용 가능한 틀 내에서 행위자들 간의 상호작용 양식을 규정한다.

노동·자본·정부가 '다원주의적 정책결정 시스템'으로부터 '정책협의 및 사회적 파트너십 시스템'으로의 전환을 고려하는 동기는 전쟁, 경제위기 및 사회적 불안 등 대외적·경제적·사회정치적 위기 국면의 발생이다. 전쟁이 정책협의와 사회적 파트너십에 기초한 사회협약정치를 유도한다. 그 이유는 심각한 대외적 위협이 전시경제로의 신속한 전환을 하도록 하고 전쟁물자 수급계획에 부응하기 위해 생산의 극대화를 유지하려는 필요성 때문이다. 정부는 사용자와 노동자의 협력을 확보하기 위해 정책협의와 사회적 파트너십을 통해 몇몇 경제 분야에서 정책적 양보를 시도한다. 그러나 이러한 전시 정책협의는 단기적인 성향을 보인다. 전쟁이 종식되면 정부는 공공정책에 관해 협의할 필요성을 찾지 못하여 공공정책의 최종 결정권을 다시 갖기 위해 정책협의로부터 철수하려 한다. 또한 노동·자본·정부로 하여금 정책협의와 사회적 파트너십을 고려하도록 만든 주요 경제적 어려움은 인플레이션이다. 정부는 인플레이션이 일정 정도 임금상승에 의해 자극된 것으로 인식하고 임금인상 자제 요구를 하는 대가로 정책적 양보를 고려하게 된다. 전시 정책협의와는 달리 경제적 정책협의는 지속될 수 있다.

파업, 시위, 점거 및 소요 등의 사회불안은 특히 정부로 하여금 노동자를 진정시키는 수단으로 그들의 대표에게 공공정책 결정과정에 참여를 유도하게 한다. 그러나 전시 정책협의와 같이 사회불안에서 비롯된 정책협의는 단발성일 개연성이 높다. 왜냐하면 일단 전쟁이 종식되거나 사회불안이 진정되면 정부(또는 고용주)가 정책협의에 참여할 인센티브가 사라진다. 바꾸어 말하면 정부와 고용주는 사회적 소요가 재발할 가능성이 없다고 확신이 서게 되면 정책협의로부터 철수하려 할 것이다.

나아가 노사정 관계는 글로벌 경제에 의해 불가피하게 조건 지워진 한 국가의 축적양식을 지탱해 주는 중요한 제도적 장치이다. 따라서 글로벌 경제의 구조적 변화는 서유럽 국가들의 사회협약정치를 설명하는 데 있어 중요한 맥락이다. 글로벌 시장의 경쟁 심화는 자본, 노동, 정당, 국가 등의 전략적 선택에 변화를 야기한다. 생산비를 낮추고 생산 및 노동시장의 유연화를 통한 경쟁력 강화는 자본의 최상 목표이다. 국가는 자본의 그러한 목표를 달성하는 데 유리한 환경을 조성하기 위해 헌신한다. 글로벌 시장에 따른 사회경제적 변화는 노사정 관련 제도의 기능에 영향을 주기 때문에 그것은 사회협약정치의 작동을 설명하는 데 중요한 변수이다(Immergut, 1998: 22).

그러나 글로벌 경제의 사회협약정치에 대한 영향은 결코 획일적이지 않다. 오히려 노사정 관련 제도적 장치는 글로벌 시장의 압력을 극복하려는 정치행위자들의 전략적 선택의 결과이다. 따라서 노사정 관련 제도적 장치는 일국 내의 시계열 혹은 국가별에 따라 차이가 발생할 수 있다. 이러한 명제는 구조적 제약은 정책결정자들로 하여금 획일적인 전략적 선택을 하도록 하는 것이 아니라 정책결정 메커니즘에 여과되어 상이한 정책결과를 산출한다는 것을 의미한다. 요컨대 글로벌 시장세력은 국내 기존 노사정 관련 제도적 장치와 상호작용한다.

글로벌 경제의 구조적 변화와 경제 사이클에 의해 파생된 새로운 축적양식과 같은 경제적 변수는 일국의 노사정 관계를 설명하는 데 중요하지만 그를 형성하는 데 유일한 결정 요소는 아니다. 국내 사회적·정치적 변수는 경제적 변수와 상호작용하지만 그 설명력의 비중에 있어 가볍지 않다. 이러한 의미에서 동일한 경제구조의 사회협약정치에 대한 영향은 관련 노사정 간의 역학 관계로서 규정되는 권력지형에 따라 다양하게 나타난다. 이런 점에서 글로벌 경제의 변화가 사회협약정치에 유리한 혹은 불리한 영향을 미칠 것인가의 여부는 노동의 권력자원이 자본과 국가의 전략적 선택에 어떻게 영향을 미치는가의 여부에 크게 좌우된다. 다시 말하면 노동운동의 조직력과 정치력이 사회협약정치의 성패에 영향을 미치는 변수이다.

둘째, 제도적 구조이다. 노사정 관련 제도적 장치는 정치행위자들의 상호작용에 의해 형성된다. 그러나 제도적 장치는 정치행위자들의 전략적 목표에 영향을 주며 정치행위자들 간의 권력관계를 구조화한다(Olsen, 1984: 734~749). 동시에 제도적 장치는 경쟁하는 정치행위자들의 전략적 선택, 그들 간의 상호작용 양식(협력과 갈등)을 촉진하거나 제약하며 따라서 정책결정 과정에 영향을 미친다. 이런 점에서 제도는 사회협약정치의 패턴을 규정하는 유용한 변수이다.

제도적 구조는 다른 국내외 세력과 고립되는 상태로 형성되지 않는다. 세계경제와 국가간 지정학은 정치행위자들 간의 상호작용 양식에 영향을 미치는 중요한 요소이며 따라서 나라에 따라 상이한 제도적 지형을 만들어낸다. 그러나 제도적 분석은 정태적인 설명이 아니다. 제도적 분석은 정치현상의 변화를 설명하는 제도적 역동성에 초점을 맞춘다. 제도는 진공 상태에서 작동하지 않는다. 제도적 위기는 국내외 환경의 변화에 연유한다. 제도적 기능은 사회경제적 구조 및 정치적 권력관계의 변화에 의해 위기에 직면할 수 있다. 뿐만 아니라 제도적 기능은 장기적인 정치개혁을 위해 구조적 파라미터를 변형시키려는 의도적인 정치적 전략에서 기인한다. 그러한 위기는 기존 제도의 붕괴를 야기할 수도 있으며 그러한 제도적 붕괴는 새로운 제도의 창출을 둘러싼 정치행위자들의 결렬한 정치적 갈등을 촉발한다. 이러한 점에서 제도적 역동성은 사회협약정치의 패턴을 설명하는 데 중요하다.

셋째, 사회협약정치의 관련 행위자들의 전략적 선택이다. 노사정은 구조적 조건하에서 자신들의 생존을 위해 전략적 선택을 한다. 사회협약정치에 대한 구조적 조건의 영향은 정치행위자들이 그 구조적 조건에 어떻게 반응하는가에 좌우된다. 따라서 그들의 전략적 선택은 구조적 도전을 이용하고 적어도 역작용을 최소화하는 데 중요한 역할을 할 수 있다. 더욱이 노사정에 관련된 제도적 장치는 노사정 간의 상호작용에 영향을 미치지만 그들의 전략적 선택과 제도적 제약 속에서 발생하는 그들 간의 갈등과 제휴는 제도적 파라미터에 영향을 준다. 따라서 노사정은 기존 제도적 장치를 자신들에게 유리하게 변경할 수 있다. 이러한 의미에서 노사정의 전략적 선택과 행위는 사회협약정치를 틀 지우는 데 중요한 변수이다.

노조, 사용자단체, 국가, 정당 등은 집합적 실체이기 때문에 그들 각각의 이념적 지향성, 내부 역동성 및 능력은 그들의 전략적 선택과 행동에 중요하다. 우선 정당의 지형, 정치적 지지도, 정치이념, 제도적 능력 등은 사회협약정치에 중요한 영향을 미친다. 특히 사회협약정치는 집권당의 이념적 정체성에 의해 영향을 받는데 집권당의 이념적 정치성이 전체주의 정당인가 사민주의·케인즈주의 정당인가 아니면 슘페터주의적 정당인가에 따라 사회협약정치의 생성과 변화에 영향을 미친다. 예컨대 권위주의적 사회협약정치는 전체주의적 정당의 전일적 정책조정과 사회적 통제를 정당화하기 위해 도입되고 노동친화적인 사민주의적·케인즈주의적 정당은 수요조절 사회협약정치를 지향하며 슘페터주의적 국민 정당은 공급조절 사회협약정치를 채택한다. 둘째, 노동의 전략적 선택은 노동친화적 정당의 존재 여부, 계급·계층 균열의 정당체제로의 투영 정도, 노조와 정당의 관계 등에 영향을 받는다. 자본과 국가에 대한 노동의 반응이 협력전략이냐 아니면 대결전략이냐 하는 여부는 노동의 조직력과 정치력에 달려 있다. 보다 구체적으로 노조운동의 포괄성·집권성 정도는 노동의 무임승차 유혹을 줄임으로써 노동의 '집단적 최적 전략'을 이끌어내어 사회협약정치의 작동 가능성을 높일 것이다. 셋째, '보상자' 혹은 '보장자'로서의 국가역할의 효과성은 노동친화적 정당이 정부를 집권하거나 의사결정 과정에 참여하는 정도에 따라 달라질 수 있다. 정부가 단독정부인가 연립정부인가의 문제뿐만 아니라 연립정부인 경우 그 연립정부의 이념적 성격은 사회협약정치의 작동에 영향을 미친다. 마지막으로 자본의 전략적 선택과 행동은 조정되고 통일된 행동, 이념적 결속, 보수정당과의 인적·물적 협력을 실행할 수 있는 능력에 달려 있다. 자본의 전략적 선택과

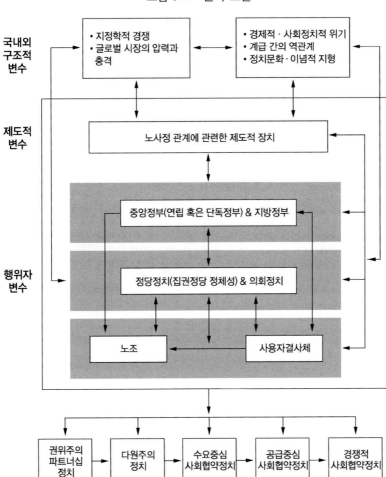

<그림 3-1> 분석 모델

행동은 대체로 시장, 자본축적, '절차적' 민주주의의 작동을 위한 제도적 하부구조를 확립하는 데 집중한다.

이상과 같은 맥락을 종합하면 결국 정책협의와 사회적 파트너십에 기초한 사회협약정치의 작동은 구조적 환경, 제도, 정치행위자 간의 역동적인 상호작용 틀에 따라 작동한다. 이 역동적인 분석틀에 근거하여 우리는 <그림 3-1>에서 제시된 바와 같이 일국 내에서의 시계열 혹은 국가별 사회협약정치의 역동성을 분석하는 데 유용한 계기적(sequential) 4개 유형의 사회협약정치 모델을 구안할 수 있다. 그러나 특정 국가의 사회협약정치는 엄격하게 이분법적으로서가 아니라 각 모델의 요소를 혼합한 형태로 작동될 수 있다.

권위주의적 사회협약정치

전쟁 후유증, 사회적 불안, 취약한 사회경제 구조 등을 배경으로 전체주의 정당의 집권은 노동운동이 조직적·정치적으로 취약한 경우 전체주의적·파시스트적 국가합의주의의 한 형태인 권위주의적 사회협약정치를 작동시킨다. 노조와 자본과의 제도화된 정책협의가 존재하지만 전체주의 정당에 의해 운영되는 국가는 억압적인 반노동 정책을 집행한다. 즉 노동계급 등 사회적 이익집단을 강제로 체제통합에 끌어들이는 한편, 억압적 정치체제를 수립하여 노동조직을 분쇄하고 그들을 정치적 동원 대상으로 삼을 뿐 정치참여는 철저히 배제된다. 권위주의적 사회협약정치하에서 노동과 자본 간의 긴장과 갈등은 국가의 강제적·위계적 조정제도에 의해 관리된다. 국가는 시장의 횡포와 변덕으로부터 노동자를 보호하는 데 인색하며 노동을 자본에 예속시킨다. 이런 현상은 대외적으로 패권적·군사적 팽창정책을 펴는 국가에 의해 더욱 강화된다.

다원주의 정치

자유주의 정치문화가 지배적이거나 글로벌 시장화가 진행되는 상황에서 노동이 조직적·정치적으로 취약하면 다원주의 정치가 발생한다. 다원주의 정치의 제도적 틀은 시장교환(market exchange)에서의 분산적·경쟁적 이익매개, 그리고 정책형성 및 집행 과정에의 노조와 사용자단체의 낮은 참여, 로비·시위 등의 현상을 보인다. 이러한 조건하에서 노조들은 중·장기적 이익보다는 단기적 이익을 추구하는 '개별적 최적 전략(individually optimal strategy)'을 선호한다. 동시에 국가는 노동의 재상품화(recommodification), 공기업의 민영화, 복지서비스의 상업화, 민간기업의 탈규제 등 자본에게 유리한 사업신뢰(business confidence)를 부여한다. 글로벌 시장에 유리한 생산유연화(포스트포드주의)가 추진되며 노동시장의 역학관계가 자본에 유리하게 재편된다. 이러한 변화는 노동시장 유연화를 촉진하는 시도와 함께 진행된다. 이런 상황은 노동자들의 경제적·정치적 약화, 노동자들의 시장논리에의 예속, 소득격차 심화 등을 초래하며 계급·계층 갈등으로 인해 사회협약정치를 더욱 어렵게 한다.

수요중심 사회협약정치

포괄적·집권적 노동체제가 강력한 노동친화적 정당의 집권과 맞물릴 때 노동 및 자본 결사체는 공공정책의 결정 및 집행과정에 참여한다. 이것은 케인즈주의 경제학에 기초해 완전고용, 공익사업체의 공기업화, 재정확대, 공공부문 고용 확대, 사회복지 확대 등을 주요 정책 어젠다로 선택한 '수요중심 사회협약정치 (demand-side social pact politics)'로 나타난다. 이러한 '수요중심 사회협약정치'는 서유럽 국가들에서 전쟁 후유증, 경제위기, 사회불안 등의 구조적 환경에 직면하여 케인즈주의적·사민주의적 정당이 정부를 장악한 후 국가가 포괄적·집권적 조직구조를 가진 노동과 자본과 함께 중앙 차원에서 상호 이해관계를 협상·교환하는 사회적 파트너십과 정책협의에 따라 작동된다. '수요중심 사회협약정치'하에서 노동은 '집단적 최적 전략'을 선택하고 무임승차의 유혹을 떨치며 정책협의와 사회적 파트너십을 통한 갈등해결의 제도화를 위해 노력하는 경향을 보인다. 따라서 '수요중심 사회협약정치'는 갈등의 장소를 시장에서 정치로, 즉 '시장교환(market exchange)'을 '정치교환(political exchange)'으로 전환함으로써 계급·계층 갈등의 제도화에 기여한다.

공급중심 사회협약정치

글로벌 시대에 접어들어 자본이동 증대, 생산방식의 변화, 사회경제구조의 변화(제조업 약화, 서비스 증대, 노동계급 분화, 아웃소싱 등의 생산합리화) 등이 구조적 제약요인으로 작용하여 슘페터주의적 정당이 집권하고 이에 의한 '공급중심 사회협약정치(supply-side social pact politics)'가 작동된다. 단체협상의 중앙화, 완전고용, 케인즈주의적 복지국가 등에 초점을 맞추었던 '수요중심 사회협약정치'와는 달리 '공급중심 사회협약정치'는 노동시장 유연화를 통한 국제경쟁력, 적극적 노동시장(취업훈련, 재교육, 취업알선, 근로시간 단축을 통한 일자리 창출), 복지지출

구조조정, 상시적 경제구조개혁, 세금감면을 통한 고용증대, 경영참가와 생산성 향상의 연계 등의 질적인 이슈가 정책협의와 사회적 파트너십의 주요 테마이다. 이러한 '공급중심 사회협약정치'에서는 조직의 분산화·분권화 현상을 보인 노동과 자본이 슘페터주의적 국가(중앙정부 혹은 지방정부)와 함께 중위적(산업별 및 부문별)·미시적(사업장 및 기업) 수준의 이해관계를 협상·교환하는 정책협의와 사회적 파트너십을 통해 작동된다. 이것은 글로벌 시대에 적응하는 사회협약정치의 재구조화 및 유연화를 상징한다.

경쟁적 사회협약정치

글로벌화, 유럽의 시장통합 및 그리고 국내 사회경제적 변화는 서유럽의 일부 국가들의 국내 고용 및 복지정책을 제약하지만 그런 구조적 제약 속에서도 '경쟁적 사회협약정치'가 작동된다. 연립정부의 구성에 의해 추진된 '경쟁적 사회협약정치'는 분배연합과 생산성연합을 정치적으로 수용할 수 있도록 균형 있게 조화시킨다. 이를 위해 사회협약은 노동시장의 취약집단을 보호하기 위한 정책패키지, 그리고 국가경쟁력·생산성 제고를 지향하는 정책패키지를 포괄한다. 따라서 '경쟁적 사회협약정치'의 작동 논리는 기존 수요중심 및 공급중심의 사회협약정치와 몇 가지 점에서 차이를 보인다. 첫째, 국가가 중앙 차원의 소득협상에 아예 참여하지 않거나 최소한의 개입에 그치는 '공급중심 사회협약정치'와는 달리 '경쟁적 사회협약정치'에서의 국가는 협약체결 및 집행과정에서 협약 주체들에게 다양한 유인책을 제공함으로써 적극적 역할을 수행한다. 둘째, 사회협약 체결 및 집행과정에 '수요중심 사회협약정치'의 전통적 당사자인 노조 및 사용자 단체의 대표에 국한하지 않고 비정규직, 실업자, 여성, 농민 등 다양한 이해관계 단체들이 참여하는 특징을 갖는다. 셋째, 사회협약의 내용에 있어서도 임금결정과 거시경제정책뿐만 아니라 교육·훈련, 노동시장 및 사회보장정책 등에 이르기까지 폭넓은 이슈를 포괄하는 경향을 보인다. 넷째. '경쟁적 사회협약정치'는 글로벌 시장화에 적응하기 위한 협상시스템의 분권화와 집중화(전국적·부문적·지역적·기업 수준의 연계 협상), 유연화와 안정성이 교차하는 혁신성을 보인다. 이와 같은 특징에 따라 작동되는 '경쟁적 사회협약정치'는 글로벌 시장의 진전에 따른 외부의 충격과 도전을 국내 제도에 여과시킴으로써 사회의 긴장과 갈등을 조정하고 사회통합을 지향한다.

제3부 | 앵글로-색슨유럽

1. 초기 국가역할의 양면성

1) 자유주의적 갈등조정: 노사자발주의

영국은 산업혁명의 발상지이고 노동조합 역시 가장 먼저 발전했지만 1914년 이전에는 물론이고 제2차 세계대전 발발 이전에도 정책협의 및 사회적 파트너십의 개념이 거의 존재하지 않았다. 영국은 사상적으로 19세기 자유방임주의의 영향을 받았다. 따라서 노사 관계에서 국가가 개입하는 화해와 갈등조정 메커니즘은 노조나 사용자 양측의 어느 편에서도 환영받지 못했다. 노조는 국가의 역할에 대해 깊은 의구심을 가졌고 법적으로 보장된 자유와 자유로운 단체교섭권을 보존하려는 데 관심을 가졌다. 사용자들 또한 국가에 의해 자신의 경영권이 침해되거나 노조에 대해 대항할 수 있는 공세 능력이 제한되지 않을까 우려했다. 따라서 일찍이 정부의 개입 없이 노사 간에 자율적으로 단체교섭이 이루어지는 자유주의에 기초한 노사자발주의(voluntarism)가 영국 노사 관계의 주요 특징으로 자리 잡았다.

제1차 세계대전 중에 노사 쌍방에 중요한 조직적 변화가 있었다. 1914년 이전에 느슨하게 조직된 압력단체에 불과했던 노동조합전국회의(Trade Union Congress: TUC)가 확장된 행정조직, 결집력 및 대표성을 지닌 위원회를 갖추고 노동운동 조직으로 변신했다. 1921년에 TUC는 노조운동의 정상조직으로 부상했다. 노동의 이러한 움직임에 대응이라도 하듯이 사용자들 또한 1916년 영국산업연맹 (Confederation of British Industry: CBI)을 설립했다. CBI는 빠르게 재정적 기반과 행정능력을 갖추어갔다. 1919년에는 또 다른 정상조직인 국가사용자조직연맹 (NCEO)이 창설되었고 후에 영국사용자연맹(British Employers' Confederation: BEC)으로 개명되었다. 이에 따라 1919년에는 사용자와 노조 대표 양자로 구성된 국가산업회의(National Industrial Conference: NIC)가 창설되어 노사 관계에 대한 사회적 파트너십 시스템이 실행 가능한 것처럼 보였다. 그러나 이러한 기대는 정책협의에 대한 인식 부족으로 무산되었고 결국 NIC는 1921년에 해체되었다. 이후 1920년대에 걸쳐 노조와 사용자집단 사이의 대화는 진전되지 않았으며 산업협력도 그다지 나타나지 않았다. 1930년대도 줄곧 노조와 사용자들의 관계는 소원했으며 등장했던 각 정부 또한 노사 상생을 유도하는 노력을 기울이지 않았다. 이처럼 양차 대전 사이에 영국에서는 사회적 파트너십이 형성되지 않았다.

2) 전시하의 협의메커니즘과 케인즈주의적 수요관리정책

제2차 세계대전이라는 특수 상황이 영국에서는 광범위한 사회적 파트너십 시스템의 발전 계기가 되었다(Williams, 2002: 55~57). 국가는 생산능력과 인력자원을 군사 및 경제 목적을 위한 방향으로 조정했으며 이런 문제의 해결을 위해 사용자와 노조는 협상 및 협약에 나섰다. 산업생산의 효율성을 극대화하고 노사분규를 최소화하기 위한 2자 및 3자 기구들의 등장이 확산되었다. 1940년 영국정부는 TUC와 BEC로부터 동등하게 선발한 30명의 대표들로 구성된 국가공동자문위원회(National Joint Advisory Council)를 설립했는데 그 임무는 인력문제에 대해 자문하는 것이었다. 이 위원회는 반자유주의적 코포라티즘(corporatism)으로 비난을 받기도 했으나 의회민주주의를 위협하지 않는 협의메커니즘으로 평가되었다. TUC는 국가에 대해 품었던 불신을 조금씩 털고 1944년에는 국가공동자문위원회를 통해 국가경제를 실질적으로 통제하는 중요한 역할을 수행할 것이라고 선언했다. 그러나 산업정책이라는 측면에서 전시 영국의 정책협의 정치를 과장해서는 안 된다. 복지국가 및 완전고용 정책들이 상당한 수준의 정당 간 지지를 모았지만 전시의 사회적 파트너십은 임시적 해결책 이상으로 보기는 어렵다.

1945년 선거승리로 노동당 정부(1945~51)[1]가 등장함에 따라 많은 기업인들은 산업의 국유화를 우려했으나 공적 소유에 관한 노동당 정부의 프로그램은 획기적으로 구체화되지는 않았다. 대신 노동당 정부는 1947년 국유화 정책으로부터 케인즈주의적 수요관리정책으로 선회했다.[2] 또한 계획경제를 제도화하는 데 주저했던 노동당 정부의 정책은 사기업의 자율성에 별로 위협이 되지 못했다. 1951년에 집권한 보수당 정부도 노동당 정부에 이어 집권기간(1951~64) 내내 케인즈주의 정책기조를 유지했다. 그러나 기업의 자율성이 훼손되었다는 CBI의 우려에 반응하여 보수당 정부는 경제계획에 반대한다는 입장을 분명히 했고 임금억제를 시도하며 경제성장을 촉진시키는 데 무게 중심을 두었다. 그렇지만 1950년대 중반 무렵에 노사분규가 분출됨에 따라 그러한 정책목표의 달성은 어렵게 되었다. 이에 따라 1957년에 '물가, 생산 및 소득위원회(Council for Prices, Productivity, and Incomes)'의 설립으로 3자 정책협의체를 재건하려는 시도가 있었다. 그러나 이러한 시도는 노조가 점점 정부로부터 소외되어 성공하지는 못했다. 1960년대 초 무렵 합의의 구조가 흔들렸다는 점에서 그렇다. 그리고 영국에서는 '긴축-부양(Stop-Go)'을 반복하는 경제정책이 소모적이고 낭비적인 결과를 낳고 있다는 우려가 제기되었다. 그리하여 전시 상황이라는 예외적인 상황이 아닌 경우로서 영국은 최초로 경제적 하강국면을 반전시키고 새로이 분출하는 노사분규를 진정시키기 위한 해법으로 일련의 정책협의 및 사회적 파트너십 전략에 착수했다.

---

1) 영국 노동당은 1900년 영국노총 TUC에 의해 "노동조합이 대표하는 노동자들의 이익을 의회에서 대변"하는 것을 목적으로 창당되었다.
2) 영국에서 완전고용, 복지제도 확충, 재정 확대 등을 추구하는 케인즈주의적 정책기조는 제2차 세계대전 이후 다소 기복은 없지 않았으나 1979년 대처가 이끄는 보수당이 집권할 때까지 영국 정치경제체제의 골간을 이루었다.

2. 정책협의 시스템의 작동 실패

1) 국가경제발전위원회의 무력화

맥밀란(Macmillan) 보수당 정부(1962~64)는 1960년대 초반 저성장, 고인플레, 경상수지 악화 등 어려운 경제국면에서 이를 극복하기 위해 1962년에 정부·노동·자본 등이 참여하는 국가경제발전위원회(National Economic Development Council: NEDC)를 창설했다. 이 NEDC는 전후 영국에서 채택된 진정한 노사정 정책협의 시스템의 첫 번째 실험이었다. 이러한 실험은 보수당과 CBI의 사고의 변화에 연유한 것으로서 3자 사회협약이 사회적 파트너의 자율성에 대한 훼손을 야기하지 않는 가운데 경제성장을 가져올 것이라는 전망에 뒷받침되어 매우 고무적인 것으로 평가되었다. 특히 TUC를 광범위한 3자 정책협의기구에 참여시키는 것은 임금문제에 대한 노동자들의 이해를 가져오는 데 효과적일 것으로 인식되었다.

NEDC는 사용자(CBI), 노조(TUC), 국가(보수당 정부)의 대표들이 참여한 3자 정책협의체였다. 위원회의 임무는 장기적인 경제발전계획을 설정하고 임금 및 보수 수준에 관한 가이드라인을 세우는 것이었다. 이후 특정 산업 분야에서 경제발전위원회(Economic Development Council)들의 설립이 이어졌다. 그리고 국가소득위원회(National Income Commission)가 결성되어 임금분쟁을 조정할 수 있는 권한을 갖게 되었다. TUC의 리더들과 산업가들은 국가소득위원회가 경제적 사항들에 대해 자신들의 관심과 생각을 주장할 수 있는 기회를 주고 있는 것으로 평가했다. 이것은 노사 쌍방이 건전한 경제운용을 수행해 나가는 데 있어 책임을 공유하는 정부와 보조를 같이하는 중요한 장치였다.

보수당 정부보다는 윌슨(H. Wilson)의 노동당 정부(1964~70)가 경제계획에 보다 적극적이었다. 윌슨은 NEDC에 의한 '국가발전을 위한 포괄적인 경제계획'을 수립하고 이를 통해 국가적 목표를 역동적으로 달성할 수 있다고 믿었다(Opie, 1983: 149). 그러나 윌슨의 노동당 정부가 추진고자 했던 경제계획은 시작된 지 1년도 안 되어 보류되었다. 1964년 12월에 발표된 「생산성, 물가 및 소득에 관한 의지의 공동성명(Joint Statement of Intent on Productivity, Prices and Incomes)」은 임금 인상 억제에 대한 사용자와 노조 쌍방의 의지를 반영했지만 윌슨의 노동당 정부의 불만으로 실효성을 잃어가고 있었다. 이런 상황에서 노사분규와 임금인상 요구가 분출했다. 더욱이 윌슨의 노동당 정부는 공공지출의 삭감과 임금동결을 주요 내용으로 하는 전면적인 긴축정책을 택함으로써 케인즈주의적 정책을 후퇴시켰다.[3] 이에 따라 종전 이후 1960년대 초까지 지속되었던 노조와 노동당 간의 밀월은 균열이 발생하기 시작했다. 동시에 영국 최초로 발족한 NEDC라는 노사정 정책협의체도 제대로 기능을 수행하지 못한 채 유명무실한 기구로 전락했다.

이처럼 NEDC가 실패한 이유는 노동당 정부와 노조 사이에 전개되었던 불협화음에 기인했다. 그러나 보다 근본적으로 노사정 대표들은 NEDC에서 포괄적인 합의를 이끌어내는 데 실패했을 뿐만 아니라 간신히 합의된 정책의 집행을 관철시킬 힘도 보유하지 못했다(Hall, 1986: 86). 영국 정치경제의 세 축을 이룬 국가, 노동, 자본 모두 구조적으로 취약성을 드러냈다. NEDC가 사회민주주의 세력의 집권하에서 설립된 제도가 아닐 뿐만 아니라 당시 영국정부는 시장을 통제할 제도와 인력에서 취약했다. 자본 역시 산업자본과 금융자본의 이해가 분리되어 통일된 목소리를 내지 못했다. TUC는 당시 산하에 100여 개 이상의 가입노조로 구성된 단일 정상조직이어서 영국 경제의 안정을 뒤흔들어놓기에 충분한 정도의 조직률을 확보하고 있었다. 그러나 TUC는 산하노조의 단체교섭과 단체행동에 대한 통제력을 지니지 못한 느슨한 정상조직에 머물러 있었다(Hall, 1986: 25~47).

2) 사회협약정치 실험과 '불만의 겨울'

1970년에 출범한 히스(Heath) 보수당 정부(1970~74)는 근로자의 임금 및 고용을 보장했던 전후 케인즈주의적 계급타협의 일부를 폐기했다. 즉 복지국가의

---

3) 1960~70년대 영국 노동당 정부의 경제관리 정책은 '스톱-고우(Stop-Go)'의 반복적 순환이라는 보수당의 정부의 정책기조를 대체로 수용했다. 즉 경제의 긴축을 선호하거나 (스톱 단계), 디플레 정책이 고용을 위협하는 단계에서는 다시 리플레 정책으로 회귀하는(고우 단계) 전략이 반복적으로 지속되었다.

사회보장 서비스를 줄였고 정부의 역할을 줄여 기업의 자율성을 신장시키며 시장의 자유경쟁을 복원하고자 했다. 1971년 히스 정부는 산업관계법(Industrial Relations Act)을 제정했는데 이 법은 노사 관계에 대한 정부의 본격적인 개입을 상징했다. '불공정 산업관행'에 대한 처벌을 강화하고 있는 이 법은 산업분쟁을 제약하기 위한 반노조적인 장치였다. 이에 더하여 사회적 파트너십의 측면에서 1970년대는 실패로 얼룩진 1960년대의 전철을 되풀이했다. 물론 히스의 보수당 정부는 1972년 경기침체에 직면했을 때 경기회복을 위한 모든 사회적 파트너들의 책임을 강조하는 사회적 파트너십의 장점을 수용했다. 따라서 히스 정부는 자발적인 임금자제에 대한 TUC의 동의를 얻어내려는 협상을 시도했다. 그러나 이 회담은 실패했고 TUC가 노동당과 연대하여 산업관계법에 대한 불복종운동을 전개함에 따라 히스의 보수당 정부와 노조 간의 갈등은 증폭되었다.

히스 보수당 정부가 추구한 시장지향적 정치경제 상황은 향후 출범할 노동당 정부하에서 노동당-TUC의 밀월관계를 뒷받침해 준 '사회계약(The Social Contract)'을 체결토록 하는 계기를 만들어냈다. 말하자면 당시 보수당 정부하의 정치경제 상황에 대해 노동당과 TUC는 노동당 정부가 출범하기 직전 해인 1973년에 자신들의 정책 프로그램인 '사회계약'의 체결로 대응했다. 이 사회계약은 물가통제, 집세동결, 사회복지(노인복지 등) 급여의 인상, 소득과 부의 재분배, 고용보호법의 제정, 노동조합과 노사관계법 개정, 경제성장 등을 포괄했으며 이러한 법률적·정책적 대가로 TUC는 엄격한 자발적 임금억제를 받아들였다(Coates, 1985: 82~85). 노동당과 노조 간의 이러한 사회협약 프로그램은 차기 노동당 정부가 출범할 경우 구체적으로 실천될 경제사회정책을 담은 사회협약이었다. 실제로 1974년에 윌슨이 두 번째로 이끄는 노동당 정부가 출범하면서 '사회계약'은 전후 두 번째 시도된 정책협의로 실험되었다. 아울러 1976년 윌슨의 노동당 정부는 히스의 보수당 정부하에서 제정된 산업관계법을 폐기하고 자신의 내각은 CBI와 TUC 간의 협상에 지속적으로 참여할 것이라고 선언했다. 이러한 분위기 조성을 위해 윌슨의 노동당 정부는 강제적 임금정책을 무효화하고 고용보험법을 제정하는 등 친노조적 정책을 채택했으며 이를 통해 당시 오일쇼크로 야기된 최악의 경제위기를 해결하기 위한 노조의 협력을 얻어낼 수 있었다. 더욱이 '사회계약'

은 국가기업청(National Enterprise Board)의 설립으로 새롭게 탄력을 받는 듯했다.

그러나 사회계약은 CBI의 호의를 받지 못했고 경제위기의 확산으로 실효성을 상실했다. 특히 노동당 정부와 노동 간의 협력관계도 영국 경제를 강타한 스태그플레이션 현상으로 와해되기 시작했다. 스태그플레이션의 확산으로 1974~75년에 영국의 경제성장률은 마이너스를 기록했고 1976년의 물가는 27%로 수직상승했다. 또한 20%가 넘는 임금인상을 가져왔고 이로 인해 살인적인 인플레, 고실업, 복지재정의 팽창으로 인한 재정적자 누증 등 경제위기가 심각해졌다. 이에 따라 노동당 정부는 위기관리방식으로서 임금억제와 정부지출 삭감이라는 두 정책으로 접근하고자 했다. 특히 1975년 7월 TUC와의 협상을 통해 임금인상을 10%로 제한하고 인플레율을 10% 이하로 낮춘다는 제1단계 사회협약을 체결했다. 당시 경제위기를 해결하기 위한 제도적 수단으로 채택된 이 사회협약은 노조가 자발적으로 임금억제를 수용하고 정부는 인플레이션의 통제로 보상하는 교환을 통해 상호이익을 추구하고자 하는 것이었다. 그러나 이 때문에 공장 지역 단위노조에서는 전국적 차원으로 이루어진 이 협상에 반대하는 파업과 시위가 자주 발생했다.

이런 상황에서 1976년 5월 출범한 캘러한(J. Callaghan) 노동당 정부는 TUC와 CBI와의 3자 협상을 통해 임금인상을 4.5%로 제한하는 제2단계 사회협약을 체결했다. 그리고 재정적자를 해소하기 위해 9월 노동당대회에서 실업대책으로서 케인즈주의 포기, 각종 사회정책 프로그램에 대한 긴축재정, 공공지출 삭감, 공기업 주식매각, 통화량 및 신용통제 등 신자유주의적 구조조정을 담보로 하는 '굴욕적'인 IMF의 차관공여(구제금융)를 받아들였다. 캘러한 노동당 정부의 이러한 디플레 조치는 복지삭감, 실업률 상승 등으로 노동자와 노조에 대한 상당한 희생과 고통을 부과하는 것이었지만 사회협약은 TUC가 임금억제를 수용하여 잘 이행됐고 1977년에는 임금인상을 10% 이내로 재조정한 정부의 안을 노조가 수용하는 3단계 사회협약이 체결되었다. 1976년부터 78년 중반까지 이러한 사회협약 실험을 통해 영국은 대규모 파업이 단 한 차례도 발생하지 않았다(고세훈, 1999: 391).

그러나 1975~78년 사이에 임금증가율은 떨어진 반면에 인플레율과 실업률은 증가 일로에 있었다. 이런 상황에서 일반노동자들 사이에서는 점차로 사회협약

에 의한 자발적 임금억제는 노동자에만 일방적인 희생을 강요한다는 의구심이
확산되어 갔으며 1977년 가을 자유로운 단체협상으로 되돌아가자는 목소리가
비등했다. 동시에 TUC는 정부의 정책 선회를 강도 높게 비난하고 1978년 10월
사회협약이 파기되었음을 선언했다. 이 선언은 영국 사회가 파업의 물결에 휩싸
이는 사태로 이어졌다. 다시 말하면 반인플레 전략으로 노동당 정부가 채택한
3년간의 임금억제 정책은 IMF 관리체제를 극복하는 데는 기여했지만 임금억제
로 인한 노동자들의 고통과 분노가 1978~79년 '불만의 겨울(Winter of Discontent)'
이라는 전후 최악의 전국적인 대규모 파업으로 분출되었다.

이와 같이 노조-노동당 정부 간의 2자 사회협약은 노동당 정부와 TUC의 상호
불신으로 격화된 산업분쟁으로 해체되었으며 결국 이런 상황은 1979년 3월 캘러
한의 노동당 정부가 의회의 불신임투표로 인해 붕괴되고 정책협의 시스템을 거
부한 보수당 정부로의 길을 열었다. 사회협약의 파기는 정책협의 시스템의 실패
를 의미한다. 이로써 완전고용과 복지국가의 이념이라는 케인즈주의에 기초한
영국의 사민주의적 합의제는 심각하게 손상되었으며 영국 정치구도가 급진적으
로 재편되는 계기를 맞이했다. 노동당은 더 이상 노동계급을 위한 정당이 되지
못했을 뿐만 아니라 노동자들에게 물질적 보상을 줄 수가 없었고 완전고용과
복지국가에 대한 신뢰는 상당히 손상되었다(Coates, 1985: 85).

3. 대처리즘과 정책협의 시스템의 종언

1) 신자유주의적 정책

1979년 5월 보수당 대처(M. Thatcher)는 역설적으로 노동계급의 지지를 이끌어
냄으로써 정권 장악에 성공했다. 당시 경제적 · 사회적 위기에 대한 대처 정부의
정책적 처방은 신자유주의 해결방식이었다. 신자유주의적 구조개혁의 신호탄이
된 대처리즘(Thatcherism)의 등장은 전후 부침을 보여온 영국 케인즈주의 · 비버리
지주의(Beveragism)의 종언을 고했으며 3자 사회협약이 아니라 국가의 일방적인

정책강행에 의한 노동시장의 유연화, 노조의 약화를 알리는 전주곡이었다.

대처리즘은 노조의 정치적·사회적 정당성 약화, 각종 사회급여의 축소, 노동력의 재상품화(recommodification), 공공부문의 민영화, 민간부문의 규제완화, 직접세(법인세, 사업소득세 등) 완화 등을 포함했다(Kavanagh and Morris, 1989: 42). 대처의 보수당 정부는 국가-자본-노동 간의 3자 대화는커녕 노동을 사회적 동반자로 인정하는 것조차 거부했고 노동운동의 세력을 약화시키는 정책을 집중적으로 추진했다. 무엇보다도 대처리즘은 1970년대 초반 히스 정부하에서 발단된 사민주의적 합의체제에서의 이탈과 케인즈주의적 수요관리정책의 포기와 공급중심의 경제로의 전환을 단행했다(Dorey, 2002: 66~67; 고세훈: 1999: 522~555). 첫째, 대처 정부의 경제정책은 통화주의로 나타났다. 통화주의는 국가에 의한 통화관리를 강조하는 케인즈주의가 높은 인플레이션과 실업을 가져오는 스태그플레이션을 초래하기 때문에 통화의 공급과 수요는 시장에 맡겨야 한다는 것이다. 따라서 통화주의는 균형예산을 요구하며 정부로 하여금 재정적 수입 한도 내에서 재정지출을 하도록 강제한다. 이를 통해 지속적 성장, 저인플레이션 및 저실업을 달성할 수 있다는 것이다.

둘째, 대처 정부는 공공지출을 줄이고 인플레이션을 억제하기 위해 복지국가 개혁을 단행했다.[4] 그러나 그것은 복지국가의 와해라기보다는 복지국가의 재편

---

4) 영국 복지국가의 기원은 1942년 당시 전시 연립내각에 제출된 '비버리지(Beverage) 보고서'에서 찾을 수 있다. 이는 전후 영국 복지개혁의 가이드라인이었다. 1945년 선거에서 승리한 노동당의 애틀리(Clement Atlee) 내각(1945~51)은 '비버리지 보고서'의 권고에 따라 합의정치의 초석이 될 복지 프로그램을 마련했다. 이 프로그램은 시장실패의 가능성을 전제하고 정부의 개입, 즉 국유화 정책과 보편적 복지제도의 구축으로 현실화된다. 특히 복지국가의 체계는 무상 공교육을 강화하는 교육법, 전 국민의 사회적 시민권을 보장하는 국민보험법, 전 국민에게 무상으로 의료서비스를 제공하는 국민보건서비스법(NHS Act) 등 3대 입법을 기초로 한다. 애틀리 내각을 이은 처칠의 보수당 내각(1951~55)도 앞선 노동당의 전후 복지 프로그램을 계승, 발전시켰다. 이 같은 복지제도는 1970년대 전반기 석유파동으로 인한 스태그플레이션 등 경제침체기에 다소의 후퇴의 조짐이 없지 않았지만 윌슨 내각(1974~76)에 이르기까지 이어졌다. 이는 영국에서 정치적 이념의 차이를 뛰어넘어 보수당 정부와 노동당 정부 간의 정권교체에도 불구하고 전후 합

으로 나타났다. 그녀의 집권 이후 복지예산은 1980년대 내내 GDP 대비 23% 안팎을 유지함으로써 감소하지 않았다. 그러나 복지지출의 분배 측면에서 변화가 발생했다. 연금이나 NHS 같은 보편적 복지지출은 그대로 유지됐다. 물론 대처 정부는 소득비례연금보다는 기업연금 및 개인보험 등 민간보험을 확충하고 의료서비스의 민영화를 위한 세금감면 조치를 통해 민간의료보험 시장의 활성화를 시도했다. 그러나 이러한 시도는 여론과 정치적 저항에 부딪혀 성공하지 못했다. 이에 반해 실업급여, 보충급여, 주택지출 등과 같은 선별적 복지지출은 급격히 삭감되어 이 복지 프로그램의 주요 수급자인 하층 노동자층의 소득대체율이 크게 떨어졌다. 더욱이 급여를 받기 위한 근속기간을 늘리고 파업에 참여한 노동자의 급여권을 박탈하는 등 실업급여 및 보충급여의 수급자격을 매우 엄격하게 규정함으로써 노동유인을 강화하는 조치를 단행했다(유현석, 2004: 282~283). 말하자면 하층 노동자들의 재상품화(recommodification)를 통해 이들을 시장의 규율에 묶어두려 했다.

셋째, 대처리즘의 신자유주의적 정책은 민영화이다. 대처 정부의 민영화는 기업활동에 대한 정부의 탈규제, 정부 소유기업의 매각 등으로 나타났다. 특히 공공성이 큰 가스, 항공사, 전기, 철도, 통신 등의 국가 기간산업인 공기업의

의정치에 기초한 케인즈주의적 복지국가가 제도화되었음을 의미한다. 그러나 1970년대 중반 영국의 경제위기는 스태그플레이션 현상으로 나타나 케인즈주의적 복지국가의 물질적 토대를 크게 잠식했다. 캘러한 노동당 정부의 사회협약정치는 결과적으로 실질임금의 하락과 복지급여·서비스의 후퇴로 나타났다. 그리고 재정위기를 타파하기 위한 세금증대는 중간계급 및 상층 노동자층에게 무거운 부담으로 작용했다. 이러한 상황은 복지국가를 지탱해 오던 지지연합의 와해를 가져왔다. 즉 하층 노동자계급은 복지국가의 지속을 지지했던 것에 반해, 상층 노동자층 및 중산층은 감세와 복지국가의 축소를 희망했다(김영순, 1995: 282~283). 1979년 총선에서 보수당의 승리는 이와 같은 복지국가 지지연합의 분열 속에서 상층 노동자층 및 중산층이 복지국가의 선별적 축소를 표방한 보수당에 투표함으로써 가능했다. 대처 정부의 신자유주의자들에 따르면 복지국가의 해악이 있다. 첫째, 복지국가는 과중한 세금부담을 자본가들에게 부과함으로써 그들의 투자유인을 감소시키고 경제성장과 산업경쟁력을 떨어뜨린다. 둘째, 복지국가에 의한 사회적 임금 증대는 노동자의 근로의욕을 저하시킨다.

정부 보유 주식이 매각됨으로써 대처 정부는 막대한 재정수입을 챙길 수 있었고 소액주주들을 만들어 정책지지를 얻어낼 수 있었다.

넷째, 노조의 힘을 약화시켰다. 대처 정부의 노사 관계 개혁은 대처리즘의 신자유주의적 성격을 가장 극명하게 보여주었다. 대처는 기본적으로 노조운동이 과도한 임금인상을 요구하여 노동시장을 교란시키고 결국 영국 경제에 인플레이션, 저생산성, 저경쟁력의 악순환을 유발시키는 원흉이며 사회혼란의 원인 제공자로 규정했다. 그녀의 노사 관계 개혁은 노조운동의 약화를 겨냥했는데 그것은 1980년의 고용법, 1984년의 노동조합법, 1986년의 임금법 등 노동관련법의 도입을 통해 클로즈드 숍(closed shop)의 폐지, 노조집행에 대한 규제 강화, 단체행동에 대한 제3자 개입금지, 단체행동에 반하는 조합원의 자유행동 허용 등의 형태로 나타났다. 이와 같은 대처 정부의 반노조적 입법과 정책은 노조조직률, 파업률, 파업 참가 노동자 수 등의 감소로 노조운동의 약화를 야기했다. 실제로 1984~85년의 광부노조 파업이 실패로 끝났다. 이러한 실패는 영국 노사 관계의 주요 특징인 숍 스튜어드(shop steward: 조합원에 의해 선출된 노동조합 대표)의 영향력의 변화에서도 그 원인을 찾을 수 있다. 왜냐하면 대처의 반노조 입법에서 노조의 단체행동에 반하는 조합원의 자유행동이 허용되어 숍 스튜어드의 영향력이 심각하게 약화됐기 때문이다. 이러한 대처의 반노조 입법과 정책은 중산층의 지지를 받아 대처는 1983년, 87년 총선에서 승리를 거두었다.

이와 같은 대처리즘의 신자유주의 정책은 사회계층 간의 소득불평등, 지역 간(잉글랜드, 웨일즈, 스코틀랜드)의 산업발전 격차를 만들어냈다. 이러한 사회적 균열은 갈등을 촉발시킬 우려가 있었고 법과 질서의 필요성을 증가시켰다. 이에 따라 대처 정부는 경찰력 및 군대의 증강을 위해 공공지출을 우선순위에 두었고 지방교부금 삭감을 통해 지방정부의 역할을 축소하고 중앙정부의 권한 강화 등 권위주의국가의 양상을 드러냈다.5) 영국 경제는 경제효율성과 경쟁력을 보장할

---

5) 대처 수상의 신자유주의적 행정개혁이 '정부 없는 지배(governing without government)', 즉 '국가의 공동화(hollowing out of the state)'로 귀결되었다고 하지만 대처 정부의 정치적 영향력은 오히려 더욱 강력해졌다(Gamble, 1988). 대처리즘은 경제시장에 대한 정부 개입을 최소화하고 철저하게 경제규제를 철폐함으로써 시장자율성을 통한 경제효율성을

것이라고 낙관했던 그동안의 신자유주의 정책에도 불구하고 1990년 무렵 인플레율, 실업률, 국민총생산 등 거시경제지표에서 불황의 조짐이 뚜렷했다. 그 결과 대처 내각 내부의 정책 갈등으로 같은 해에 대처 대신 메이저(J. Major)가 수상으로 취임했고 그도 역시 대처리즘의 정책기조를 지속했다. 결국 신자유주의적 보수당 정부(1979~97)하에서 조직노동은 노동시장과 정치시장에서 그 영향력을 상실했고 사실상 정책협의 시스템은 국정 어젠다에서 사라졌으며 빈곤층과 소외계층, 그리고 사회경제적 불평등이 확산되었다.

2) 정책협의체의 해체 및 정치교환의 부재

1960~70년대 기간 동안에 영국 정부는 TUC와 CBI와 함께 간헐적으로 정책협의를 모색하려고 노력했다. 이러한 노사정 3자 정책협의는 영국 경제가 상대적으로 하강하여 이에 대한 우려가 증대하는 국면에서 노동당 및 보수당 정부의 실용주의적 반응을 반영하는 것이었다. 이러한 정책협의 시스템에서 가장 눈에 띄는 것은 정부가 노조로부터 임금자제를 이끌어내는 것이었다. 왜냐하면 과도한 임금인상은 인플레이션을 유발하고 이윤을 떨어뜨려 투자를 축소시킴으로써 실업을 양산할 뿐만 아니라 경쟁력을 약화시키는 등 경제를 총체적으로 위축시키는 원인이 되기 때문이다. 1960~70년대 기간 동안의 영국의 정책협의 시스템은 성공적으로 작동하지 못하고 실패를 거듭했으나 그것은 임금인상 억제를 추구하는 소득정책과 밀접하게 연계되어 있었다.

제고시켰던 것은 사실이지만 대처 정부는 시장메커니즘의 작동을 방해하는 사회세력, 특히 노동을 강력히 통제함으로써 시장질서의 안내자(수호자) 역할을 담당했다. 대처 정부는 '법과 질서'를 강조하고 '범죄와의 전쟁'을 선언함으로써 경찰력을 강화했다. 따라서 신자유주의로서의 대처리즘은 정치적으로 '권위주의적 포퓰리즘(authoritarian populism)'으로 평가되고 있다. 대처리즘이 강력한 국가와 사회규율을 요구하고 있었다는 점에서 '권위주의'적이고 그것이 대중적인 이슈를 국민에게 직접 호소하는 연설을 하고 부문이 익보다는 국가이익을 앞세워왔다는 점에서 '대중적'이다. 결국 대처리즘은 계급·계층 균열과 사회양극화를 야기했다.

그러나 1979년 총선은 그러한 정책협의 시스템의 종말을 예고했다. 신우파 철학으로 무장한 보수당 정부가 노조를 영국 경제를 위축시킨 주범으로 비난했기 때문이다. 영국을 통치하는 새로운 접근으로 정책협의를 거부하고 경제정책 결정 과정에서 TUC와 CBI를 배제하는 조치가 필요했다(Dorey, 1995: 145~148). 보수당 정부는 "정책협의 시스템은 경제의 변화와 적응 능력을 방해했다. …… 정책협의 시스템은 경쟁과 새로운 기업의 창업을 제약했고 동시에 보호주의를 촉진"하는 것으로 인식했다. 1979~97년 기간 동안 집권했던 보수당 정부는 경제 및 산업정책 과정에 노조의 참여를 축소했고 그것이 오로지 시장 논리와 상업주의 원칙에 따라 결정되도록 했다. 노조의 활동과 힘을 규제하고 제약하는 입법화를 추구했던 대처-메이저(Thatcher-Major) 보수당 정부는 체계적으로 모든 영역의 정책결정에 노조의 참여를 축소했고 이로써 조직 노동세력을 더 이상 사회적 파트너로 보지 않겠다는 의지를 분명히 했다.

1980~90년대에 걸쳐 영국 정책협의 시스템의 거부에 대한 가장 명백한 상징은 1992년 4월 보수당의 4회 연속 총선 승리 직후 정책협의체인 국가경제발전위원회(NEDC)의 위상 하락과 해체이다. 1980년대 줄곧 NEDC는 점진적으로 그 지위가 하락했고 그 기구를 과거의 상징물로 생각했던 보수당 장관들로부터 점차 경멸의 대상이 되었다. 따라서 1992년 폐지 때까지 NEDC는 이전에는 월례 회의를 가졌으나 1987년 보수당의 총선 승리 후 단지 연 4회 회의를 갖는 등 회의 빈도가 크게 축소되었다. 더욱이 내각 장관들은 점차 부장관으로 하여금 NEDC 회의에 대리 참석하도록 했다. 마침내 1992년 NEDC를 폐지하면서 보수당 정부는 노조가 더 이상 사회적 파트너로서의 공식적 혹은 제도적 역할을 하는 일은 없을 뿐만 아니라 경제정책 결정에 참여하지 못할 것이라는 점을 분명히 했다.

1980~90년대 기간 동안 NEDC의 해체와 더불어 다른 두 경향이 보수당 정부의 정책협의에 대한 거부를 상징적으로 보여주었다(Dorey, 2002: 65~66). 첫째, 다양한 다른 3자 협의체들이 폐지되었고 또는 그들의 목적들이 크게 변경되었다. 예컨대 국가기업청이 폐지되었다. 둘째, 다양한 3자 협의체에서 노조의 대표권은 축소된 반면에 고용주, 사업가 혹은 다른 사적 부문의 대표자들은 대체로 상응한

회원권 증대를 부여받았다. 예컨대 1987년까지 노조는 실업감소 정책을 개발하고 조정하기 위해 1973년 창립된 인력서비스위원회(Manpower Service Commission: MSC)에 사용자들과 공히 3명의 동등한 대표권을 갖고 있었다. 그러나 1987년 대처 정부는 MSC를 훈련위원회(Training Commission: TC)로 개명하고 여기서 사용자에게는 6명의 대표(결과적으로 사용자 대표는 총 9명)를 추가 참여시킬 수 있는 권한이 주어진 반면에 노조의 대표는 여전히 3명에 그치는 조치를 취했다. 뒤이어 TC는 훈련국(Training Agency)과 '훈련 및 기업위원회(Training and Enterprise Councils: TEC)'의 지방네트워크로 대체되었는데 이들 기구의 회원의 3분의 2는 사용자들로 구성되었다. 1990년 초에 설립된 13개의 TEC에서 노조의 대표는 불과 9명에 불과한 데 반해, 사용자 대표는 122명이었다. 따라서 노조 이익대표는 사용자 이익대표에 비해 크게 위축되었다. 그리고 보수당 정부는 장관과 노조 간의 접촉과 회의를 줄여나갔다. 보수당 장관들이 TUC의 대표를 만나고 있을 경우도 그것은 예외 없이 정부의 결정과 목표에 관해 협의하기보다는 일방적으로 통보하는 자리에 불과했다.

한 걸음 더 나아가 1979~97년 보수당 정부의 정책협의 시스템에 대한 거부는 소득정책을 회피하는 데서 유래한다(Dorey, 2002: 66~67). 첫째, 보수당 정부는 '일도 하지 않고 노동 가격을 결정'하는 노동자와 노조의 태도로 인한 높은 임금 인상이 투자를 위축시켜 실업을 유발하는 것으로 간주했으며 인플레이션의 주요 원인은 높은 임금 및 봉급보다는 과도한 통화공급의 증가에 있다고 주장했다. 따라서 소득정책은 인플레이션 억제와 무관한 것으로 여겼고 더 이상 노조와의 파트너십에 대한 필요성은 사라졌다. 둘째, 보수당은 소득정책이 항상 동반하는 사회적 파트너들, 특히 노조와의 정치적 교환(political exchange) 관계를 착수하려는 의사를 갖고 있지 않았다. 복지국가에 대한 반감에 비추어 보건대 보수당 정부가 임금자제를 수용한 대가로 노조에게 '사회적 임금(social wage)'을 증대시켜 줄 것이라는 기대는 상상할 수 없었다. 오히려 고실업 상태의 방치가 노조의 보다 '책임 있는' 임금협상을 유도하기 위해 보수당 정부가 선호한 정책이었다고 평가할 수 있다. 셋째, 이처럼 '정치적 교환관계'를 설정하려는 의사가 없는 것은 국가의 권위와 자율성을 복원시키려는 보수당 정부의 결의를 반영했다. 대처 정부의 보수주의자들은 이러한 '강력한 정치'로 회귀하는 것만이 영국 통치제도의 능력과 정통성을 회복하는 것이라고 믿었다. 넷째, 대처 및 메이저 정부는 TUC가 중앙 차원에서 이루어진 합의사항의 준수를 유도할 수 있는 구속력을 갖고 산하 하급노조들에게 강제할 의사나 능력이 없다는 인식을 갖고 있었기 때문에 소득정책을 거부했다. 전후 소득정책은 보통 2~3년 연속 임금동결을 한 뒤 일반 노동자들의 반발 여파로 종종 포기된 과거의 경험도 보수당 정부가 소득정책을 거부하는 주요 요인으로 작용했다. 이러한 사실로 인해 많은 보수당 정부의 각료들은 소득정책이 원칙적으로 잘못된 것일 뿐만 아니라 실질적으로 실행 불가능한 것으로 인식했다. 노조 지도부가 중앙 차원의 합의사항에 대한 노조 조합원들의 순응을 유도할 리더십과 통제력을 갖고 있지 않다는 것이 반복적으로 입증되었기 때문이다.

4. 블레어 노동당 정부의 정책협의 시스템 부활 실패

1) 뉴 레이버와 '제3의 길'

대처리즘의 등장과 함께 노동당은 정치력의 붕괴, 지지기반의 와해, 이념적 정향의 상실 등 3중고에 시달렸다(Shaw, 1994: 200~202). 윌슨-캘러한의 노동당 정부의 경제운용 실패에 대한 당과 노조 하부조직의 불만은 극도로 악화되었다. 이런 상황에서 1983년과 1987년 총선에서 노동당은 참패했다. 이러한 총선 패배는 1980년대 후반 노동당 노선의 근본적인 변화를 촉발시켰다. 특히 1989년에 노동당은 케인즈주의를 당의 프로그램에서 공식적으로 삭제하고 그 대신 신자유주의적 공급중심의 경제(supply-side economy)를 적극적으로 수용했다. 노동당의 새 프로그램은 성장과 투자를 견인하는 데 있어 정부 역할의 중심성을 부인하고 사적 투자의 자율성 회복이 경제발전의 관건임을 인정하는 한편, 통화관리체제의 구축, R&D 투자 등 공급부문의 개선이 정부의 역할임을 강조했다. 더욱이 완전고용은 더 이상 경제운용의 최우선 목표가 아니었다(Shaw, 1994: 205~209).

그 결과 노동당의 거시경제 전략은 보수당의 그것과 거의 구별되지 못할 정도의 우경화로 경도되어 갔다.

연이은 선거패배에 적절히 대응하기 위해 1980년대 후반에 점점 움직이기 시작한 노동당의 우경화 궤적은 1990년대, 특히 1992년 연속 4회 총선 패배 후 지속되었다. 사실 1992년 총선 패배로 중견 노동당 정치인들과 몇몇 노조 간부들은 노동당과 노조의 조직적·재정적 연계가 경영계의 신뢰를 얻는 데 심각한 장애물일 뿐만 아니라 선거를 치르는 데 짐이 된다는 사실을 깨닫게 된 것이다. 그리하여 그 후 노동당은 노조와 관계를 느슨하게 했던 한편, 1994년 당수가 된 블레어(Tony Blair)는 향후 노조는 어떠한 호혜적인 우대를 부여받지 못할 것임을 반복해서 주장했다. 이의 연장선상에서 그는 그동안의 노동당의 실패를 변화하는 사회경제적 환경에 적응하지 못했기 때문이라고 보고 노동당은 유권자의 변화를 포함한 새로운 환경에 전략적으로 대응해야 한다고 선언했다. 그는 기존의 노동당과 차별화하고 새로운 이미지를 부각시키기 위해 뉴 레이버(New Labour)라는 호칭을 사용했다. 그 구체적 조치로서 그는 노동당의 당헌 4조, 즉 생산·분배·교환 수단의 공공소유로 명시한 사회주의 조항을 공식적으로 폐기했을 뿐만 아니라 집권하면 노동시장 유연화, 복지감축, 소득세 감면, 민영화 등 1980년대 보수당 정부의 친기업적·시장적 정책을 지속할 것임을 선언했다.

이러한 당 노선의 선회에 힘입어 1997년 5월 총선에서 노동당은 과반수보다 179석을 초과하는 압승을 기록함으로써 의회 다수당이 되어 집권하게 되었으며 이로써 18년간의 보수당 정권을 종식시켰다. 영국의 블레어 노동당 정부는 '제3의 길(Third Way)'을 표방했다(선학태, 2004: 161).[6] '제3의 길'에서 정부의 역할은

---

6) 기든스(A. Giddens)는 '제3의 길'을 이론적으로 정립했다(2000: 101~110). 그에 따르면 세계화, 지식경제화의 추세에 따라 신자유주의 조류가 풍미하고 있는 상황에서 신자유주의에 대항하는 전략으로서 사회민주주의의 새로운 형태로 나타난 '제3의 길'은 구사회민주의와 신자유주의를 초월하는 중간의 노선을 추구하고자 했다. '제3의 길'의 주요 이념적 가치는 실질적 기회(real opportunity), 책임(responsibility), 공동체(community) 등이다. 예컨대 실질적 기회는 모든 시민들이 교육·직업·소득·부를 향유하는 것을 의미한다. 그러나 불평등을 소득재분배를 통해 교정하려는 구사회민주의와는 달리 '제3의 길'

거시경제의 안정, 독립적인 복지정책, 교육인프라 개선을 통한 노동인력 개발, 기업활동의 고양 등이다. 블레어 정부의 경제정책은 공공지출의 동결, 소득세 인상 억제, 인플레 억제, 노동시장 유연화 등으로 집약될 수 있다. 이것은 긴축적인 재정금융 정책을 통해 재정적 · 경제적 건전성을 확보하고 인플레이션을 억제하며 이를 통한 기업의 투자 · 성장 · 경쟁력 제고를 유도하는 공급중심의 경제정책이라 할 수 있다. 그리고 노동당 정부는 잉글랜드은행의 독립성, 즉 중앙은행에 의한 이자율 결정의 자율성을 허용하여 정치적 목적을 위해 재정 및 금융정책을 이용하지 않을 것임을 분명히 했다.

블레어 정부는 사회정책에서도 전통적인 노동당의 정책과 차별화했다. 이를 위해 국가에 대한 복지의존도를 줄이기 위해 복지예산을 재배치하는 새로운 복지체계를 확립했다. 세계화에 적응하기 위해 적극적 노동시장 정책을 도입하여 자본의 요구에 순응하고 성장에 필요한 '일할 수 있는 능력(employability)'을 키우기 위해 기술지원, 직업교육, 직업훈련에의 투자를 크게 강조하는 한편, 복지수혜자들이 '앉아서 복지혜택을 받을 수 없게' 하는 이른바 '일을 통한 자립 복지(workfare or welfare to work)'를 내세웠다. 이렇게 해서 복지급여 수혜자의 감소를 통해 절약된 정부의 예산은 국민의료서비스(NHS) 및 교육에 투자했다. 동시에 노동정책에 있어서도 블레어 정부는 기업의 수익성 향상과 일자리 창출을 노동시장 유연성을 통해서 실현하고자 하는 친기업적 정책을 폈다.

이와 같이 블레어의 노동당 정부는 사실상 보수당 정부의 공급중심적 신자유주의 정치를 계승함으로써 케인즈주의에 입각한 전통 사민주의 정치를 탈피했다. 물론 블레어 노동당 정부는 최저임금제 도입, 유럽사회헌장 서명에 따른 사회입법, 양육허가 등 기업을 대표하는 CBI가 영국기업의 경쟁력에 부정적 영향을 미친다고 주장했던 노동정책을 구사하기도 했다. 그러나 앞선 보수당 정부가 채택했던 일련의 반노조 입법을 그대로 유지하는 가운데 노조의 집단행동 능력 제약, 노동당 내 정책결정 메커니즘에서의 노조의 정치적 영향력 약화 등으로 노조의 전반적 정치적 권력자원은 크게 위축되었다. 이런 정치적 지형 속에서

은 능력이 차이에 따라 발생하는 소득불평등을 인정하고 있다.

노동당 정부는 단지 담론의 차원에서만 정책협의를 시도할 뿐 사실상 이를 포기했다(김수행, 2003: 99). 블레어의 노동당 정부하에서 실업률, 인플레이션율 등에서는 안정적 지표를 보였으나 소득분배구조의 악화와 사회양극화에 따른 갈등이 분출되어 가고 있다. 이것은 복지국가의 재편으로 인해 복지혜택에 더 이상 의존할 수 없게 된 극빈자, 공공지출 동결로 인한 피해를 입은 연금 수혜자들의 소득이 감소한 데서 연유한 것으로 분석된다.

2) 3자 정책협의의 부재와 친자본적 파트너십

신노동당(New Labour Party)은 경제정책을 결정하는 데 있어 노사정 3자 포럼을 부활시키려는 기대를 불식시키기 위해 집요하게 노력했다. 블레어 자신은 과거에 유행한 정책협의 시스템을 도입하는 것은 시대착오적이고 실용적이지 못한 것으로 인식했다(Blair, 1996: 109). 그는 노조에게 별로 관심을 표시하지 않았지만 사용자와 경영계의 견해와 권고에 대해서는 최대로 존중했다. 비록 노동당 정부는 노조가 선호하는 정책, 특히 최소임금제 등에 대한 최소한의 의지를 갖고 출범했지만 이것마저도 블레어 정부에 의해 불만족스럽게 추진된 것처럼 보인다.

노동당 정부하에서 노조 지도자들은 비록 보수당 정부에서보다는 더 빈번히 수상을 포함한 정부 각료들과 정기적 접촉을 가질 수 있었지만 이것은 진정한 정책협의 차원에서 이루어진 것이 아니다. 사실 경제 및 산업정책에 대한 노조의 영향력은 사용자들을 대표하는 CBI에 의해 행사된 것보다도 상당히 떨어졌다. 이에 따라 TUC 지도자들은 경제, 산업 및 사회정책 전반적인 문제들이 토론되고 공동으로 결정되는 노사정 간의 새로운 정책협의 및 파트너십을 반복적으로 요구했다. 그들은 또한 실질임금 인상, 인플레이션 억제, 고고용, 생산성, 투자, 사회적 임금 등을 가장 적절히 결합하기 위해 사용자단체에게 전국적 차원의 사회적 파트너십의 개최를 요구하기도 했다. 그러나 노사정 정책협의에 대한 찬성과 반대는 각 정치경제 주체들 간에 커다란 차이를 보였다.

노동당 정부는 정부와 사적 부문 사이, 그리고 사업장에서의 사용자와 노동자 사이 등 새로운 형태의 파트너십을 주창했다. 이러한 양식의 파트너십 중 어느 것도 노조에게 국가적 차원의 경제정책 결정 과정에서의 역할을 제공하지 않는다. 더욱이 노동당 정부가 옹호한 사업장 파트너십(workplace partnership)은 과거 보수당 정부에서처럼 경영진의 신성불가침 경영권을 전제한 것이다. 이러한 파트너십은 일반적으로 자본과 노동 간에 진정한 흥정과 협상과정이라기보다는 오히려 경영진이 작업장에 자신의 계획과 정책 메시지를 보다 잘 전달하려는 수단에 불과하다. 따라서 노동자와 노조 대표자들은 여전히 자신들에게 영향을 미칠지도 모를 중요한 결정에서 소외되어 있는 상태로 남아 있다.

블레어 정부는 사업장 파트너십 시스템을 대립적이고 갈등적인 노사 관계와 권위주의적 경영 사이에 놓여 있는 '제3의 길'로 보고 이에 대해 열의를 보이고 있는 것처럼 보였다. 그러나 블레어 정부는 작업장 파트너십을 보다 증진하라는 유럽연합(EU)의 조치에 대해 CBI 못지않게 반발했으며 그 대신 경쟁성 및 유연성 원칙을 주장했다. 노동당 정부로서는 사업장 파트너십이 노동자에 의해 요구되거나 EU에 의해 강제되는 것보다 오히려 사용자에 의해 자발적으로 도입되고 승인되었을 때만이 수용할 수 있는 것이었다.

많은 사용자들은 블레어 정부가 출범한 이래 자신들에게 보여준 개방적이고 관대한 정책에 대해 만족해 오고 있다(Dorey, 2002: 71). CBI는 법적 노조 인정 제안에 대해 불만을 가졌지만 사용자 대표들은 최저임금제의 세부 사항 등과 같은 광범위한 다른 이슈들에 대해 노동당 정부가 자신들의 견해와 지향가치에 매우 공감하고 있다는 사실을 알게 되었다. CBI 출신 사용자 대표들은 수상과 각료들과 정기적으로 접촉을 가졌을 뿐만 아니라 '무역 및 산업부'를 정기적으로 방문했다. 산업에 대한 관료적·행정적 개입과 간섭을 완화함으로써 기업활동과 경쟁을 촉진하려는 블레어 정부의 관심은 정부와 CBI의 관계를 보다 돈독하게 해주는 계기가 되었다. 그 외에도 사용자 대표들과 산업가들은 정부의 테스크포스팀, 자문위원회, 그리고 정책발의와 제안들을 검토하기 위해 블레어 정부에 의해 설립된 각종 위원회 등에 자리를 부여받았다. 이러한 관대한 대표권은 노조에게는 부여되지 않았고 이것은 블레어 정부가 노조보다는 CBI와 경영계와의 정책협의 및 파트너십을 발전시키려는 데 훨씬 더 많은 관심을 갖고 있다는 인상을 강하게 주었다.

물론 이것은 부분적으로 블레어의 입장에서 정치적 계산을 반영한다. 즉 노동당 정부는 사용자들과 산업가들의 신뢰를 보지하기 위해 열심히 노력할 필요가 있다. 반면에 비록 노동당 정부가 노조에게 베푸는 혜택이 적다고 하더라도 노조는 노동당 정부가 보수당 정부로부터 얻는 것보다 더 자신들에게 중요한 의미를 갖고 있을 것이라는 점에 비추어 보면 사실상 노조의 노동당에 대한 지지는 여전히 보증되고 있는 것이다. 저변에 흐르는 가정은 노동당 정부가 노조를 필요로 하는 것보다는 노조가 노동당 정부를 필요로 하고 있다는 점이다. 이러한 정치적 가정은 진정한 정책협의 및 파트너십을 발전시키는 데 방해 요인으로 작용한다.

실제로 블레어 노동당 정부는 노조와의 관계에서 정책협의 시스템을 작동시키지 않았다(Flinders, 2005: 76~77). 민간부문의 신뢰를 조성하는 전략의 일환으로서 블레어 노동당 정부는 정책협의 시스템을 완강히 회피했다. 노조는 블레어 노동당 정부에 의해 설립된 테스크포스팀에서 크게 과소대표되었다. 예컨대 30여 개의 테스크포스팀과 자문기구에 임명된 449명의 위원 가운데 사용자 출신 위원은 129명(29%)인 데 반해, 노조 출신은 불과 26명(6%)에 머물렀다. 1997년에 설립된 잉글랜드은행의 통화정책위원회(Monetary Policy Committee)에 노조 출신은 한 명도 참여하지 못했다는 사실 또한 노조에 대한 노동당 정부의 태도가 어떠했나를 설명해 주는 징표이다. 1998년에 설립된 저임금위원회(Low Pay Commission)와 같은 노사정 3자 기구의 경우에도 정부는 직접 참여하지 않았고 정책결정 및 집행 기구라기보다는 자문기구에 불과했다. 1999년에 종업원 대표와 노조 인정을 허용하는 고용관계법(Employment Relations Act)과 같은 개혁이 실행되었지만 이 개혁은 선거 전 광범위한 노조 인정을 허용하겠다는 노동당의 공약을 희석시켰다. 고용관계법은 특히 노동당의 '제3의 길' 또는 '사회적 파트너십' 접근을 포함했지만 이전 보수당 정부의 반노조적인 법률을 그대로 유지하는 등 이익그룹-정부 관계의 성격을 근본적으로 바꾸지 못했다.

이와 같이 1997년 블레어 노동당 정부의 출범은 정책협의 시스템을 작동시키는 극적인 변화를 가져오지 못했다. 정책협의 시스템의 복원이라는 구실하에 소소한 개혁을 실행했지만 블레어 노동당 정부는 여전히 이전 보수당 정부의 유산을 그대로 물려받아 그와 유사한 노조와의 관계를 유지하는 데 집착했다. 이런 점에서 블레어 노동당 정부의 산업관계 전략은 신자유주의와 매우 흡사하며 제2기 집권에서도 노동당과 노조의 관계는 긴장이 만연되고 있다. 노동당에게 2001년 6월 총선 승리는 노동당의 경제관리 능력에 대한 국민대중의 신뢰를 반영하는 것이었고 그 결과 노동당 고위 간부들은 2002~03년 산업분쟁을 전개하기로 했던 공공부문 노조에 대해 강력히 대응하기로 했다. 노동의 파업행위는 노동당의 정책프로젝트에 대한 노조의 불신을 부채질했고 노동당과 노조의 관계를 더욱 소원하게 했다(Waddington, 2003).[7] 이로써 노조운동 내부에 반노동당 정서를 고조시켰고 보다 젊고 전투적인 인사들이 노조간부로 선출되었다.

5. 정책협의의 작동 실패의 구조적 요인

영국의 정치적·사회적 특징은 진정한 정책협의 시스템의 수립과 작동을 방해하는 다양한 구조적 요인들을 강화했다. 가장 두드러진 것은 영국의 의회통치의 개념, 국가에 대한 사회적 파트너들의 불신, 자유주의적 정치문화, 사회적 파트너들의 할거주의 및 단기주의, 그리고 국가의 성격 변화, 노동당과 노조 간의 관계 약화 등이다(Williams, 2002: 60~61; Dorey, 2002: 72~75; 선학태, 2004: 161~162).

첫째, 영국의 성문화되지 않는 헌법의 핵심적인 요소는 의회통치권이다. 어떤 기구나 조직도 의회보다 우위의 정치적 권한을 갖지 못한다는 점을 선언하고 있는 의회통치권론은 의회 권한을 '불가분적'인 것으로 상정한다. 그러나 진정한 정책협의 및 사회적 파트너십 시스템이 작동하려면 정부 및 의회의 권한과 의사

---

7) 그러나 하나의 역설이 있다. 즉 블레어 노동당 정부의 개혁은 지역적 수준에서 보다 합의제적 정치유형을 신장시켰음은 분명하다. 예컨대 스코틀랜드 지역에서 노조연맹과 지방정부는 양측이 공동실무관계를 채택하기로 합의한 '양해각서(Memorandum of Understanding)'에 합의, 서명했다. 이 양해각서는 모든 정책 분야의 자문절차와 공공기관의 고위 인사 임명에 관련한 합의를 규정했다. 반면에 블레어 노동당 정부는 전국적 수준에서 합의제 모델의 제도화를 요구하는 목소리에는 단호한 거부반응을 보였다.

결정권이 노조의 지도자들과 사용자 대표들과 공유되어야 하는데 이렇게 되면 의회통치권을 침해할 수 있는 여지가 발생한다. 실제로 이것은 1979년 이래 정책협의와 사회적 파트너십에 대한 이데올로기적 공세에서 몇몇 보수파들에 의해 거론된 이유 중의 하나이다. 영국에서 정책협의 및 사회적 파트너십 시스템의 작동 실패를 가져오는 의회통치권의 또 다른 차원은 관련 대표 양식이다. 웨스트민스터 모델(Westminster model)에 기초한 영국 의회민주주의는 공식적으로 지역 선거구에서 개별 투표자들의 지역적 대표에 기초하고 있는 데 반해, 정책협의 및 사회적 파트너십 시스템은 자본(CBI)과 노동(TUC)의 정상결사체들을 통해 기능적 대표를 수반한다. 사회적 파트너들은 의회 혹은 선거인단에 책임을 지지 않기 때문에 의회 및 선거인단은 사회적 파트너들을 불신한다. 이런 맥락에서 영국 의회통치권의 개념은 국가와 이익집단들 간에 이루어지는 권력공유를 가로막는 커다란 장애물이다(Marquand, 1988: 173).

둘째, 사회적 파트너들의 국가에 대한 의구심이다. 영국에서 자본과 노동은 공히 국가에 대한 뿌리 깊은 불신을 갖고 있다. 조직 노동은 노사 관계에 대한 국가개입은 노조주의에 법적 제약을 가함으로써 사용자에게 유리하게 작용하거나 노조의 자율성과 활동을 축소할 것이라는 의구심을 항상 떨쳐버리지 못한다. 영국의 노조들은 주로 자유로운 단체교섭에 집착하여 자신들의 활동에 대한 국가의 간섭에 반기를 들고 자율성을 수호하려 한다. 한편, 영국의 사용자들도 노사 관계에 대한 국가의 간섭에 대해 반감을 드러내는 경향을 보여왔다. 그들은 국가의 간섭이 조직 노동에게 유리하게 작용하고 이로써 경영진의 경영권을 위축시키고 자본의 힘에 도전할지도 모른다고 우려한다. 말하자면 사용자들과 산업지도자들은 항상 정부의 간섭이 자신들의 기업자율성에 대한 도전으로 인식했다. 그들은 권력공유와 사회적 평등을 추구하면 그 비용이 국가의 간섭에 의해 자신들에게 부담될 것으로 우려하고 있다. 정치인들은 자신들의 정치적 목적에 대한 노조의 지지를 동원할 필요성을 갖고 있기 때문이다(Coates, 1994: 207).

영국에서 국가에 대한 이 같은 불신 풍조는 사회적 파트너들이 전통적으로 자발주의(voluntarism)를 지지하고 있다는 사실을 뒷받침해 주는 중요한 요인 중의 하나다. 사용자들과 노조 간부들은 국가에 의해 중재된 목표보다는 오히려 직접 서로 교섭하는 것을 선호했다. 노사자치에 대한 이러한 공동의지는 정책협의 시스템을 작동시키려는 진지한 노력을 방해한다. 물론 자본과 노동의 두 사회적 파트너들이 언제나 노사정 3자 정책협의를 거부한 것은 아니다. 분명히 그들은 1960~70년대의 상당한 기간 동안 그것을 수용했다. 그러나 그 기간 동안 형성된 거시적 레벨에서의 정책협의 시스템 사례들은 TUC와 CBI가 자신들이 정부의 정책결정 및 실행 과정에 너무 깊숙이 통합되는 것을 경계함에 따라 매우 불안정한 상태였다. 왜냐하면 노동과 자본이 정책협의에의 참여가 자신들의 자율성과 독립성 포기를 야기하고 가시적이고 단기적 이득에 보다 관심이 있는 산하 조직원들을 소외시킬 것을 적지 않게 우려했기 때문이다. 더욱이 노사정 3자 정책협의에 간헐적으로 의존하는 것은 언제나 원칙이 아니고 임기응변적인 실용주의에 기초한 것이었다.

셋째, 영국의 자유주의적 정치문화이다. 자본과 노동이 전통적으로 국가에 대해 품어온 불신은 영국 사회가 보여준 자유주의적 방임주의에의 집착에 연유하는데 이것 또한 영국에서 정책협의 시스템의 작동을 방해했다. 많은 논자들은 영국 사회의 자유주의적 이데올로기를, 자발주의적이고 사회 중심적이었던 영국 산업혁명으로까지 소급하여 추적한다. 바꾸어 말하면 영국의 산업화는 경제를 발전시키려는 국가의 적극적이고 의도적인 추동의 산물이 아니라 1780~1850년 사이의 약 70년 기간 동안 점진적으로 발전해 온 것이다. 개인주의와 국가개입의 제한이라는 맥락에서 산업화의 발전은 합의주의적 노사 관계 혹은 국가개입 자본주의와는 쉽게 결합하지 못하는 정치적·법적·경제적 제도에 자유주의를 삼투시켰다. 자유주의적 사회가치와 의회주의적 이익대표 형태에 대한 영국민의 문화적 몰입은 국가의 역할을 제약하고 국가간섭을 부당한 것으로 여기게 하는 중요한 요인이다. 따라서 정책협의 시스템은 인민대중의 반국가적·자유주의적 가치로 인해 쇠잔될 운명을 지녔다(Cox, 1988: 201). 예컨대 전시에 정책협의에 관한 구상이 일시적으로 수용되었다가도 이러한 시스템은 평시가 되면 다시 철회되곤 했는데 이는 본질적으로 자유주의적 정치문화에 그 근원이 있다.

넷째, 사회적 파트너들의 단기주의(short-termism)와 할거주의이다. 영국의 사회적 파트너들은 상당한 정도의 단기주의라는 특성을 갖는데 이것은 사회적 파트너들이 장기적 전략의 성격을 띤 정책협의 및 사회적 파트너십에 참여하고 이 시스템이 상정하는 국가이익에 대한 인정을 가로막고 있다. 예컨대 노조는 항상 고용기간 및 조건을 둘러싸고 사용자와의 협상을 통해 사업장 조합원들의 단기적인 물질적 이해관계에 주로 관심을 가져왔다. 이것은 회원 자격이 계급위치 혹은 정치적 소속보다는 주로 업종과 산업에 기초하고 있는 노조들 간에 상당한 분파주의를 조장했다. 이것은 정책협의 및 사회적 파트너십에 대한 노조들의 참여 의지를 더욱 약화시킨 요인으로 작용했다. 왜냐하면 정책협의 및 사회적 파트너십에 참여했을 때 이는 특수 업종 혹은 산업부문의 노조 조합원들의 단기적이고 물질적인 이익을, 정부에 의해 상정된 장기적인 국가는 예속시키는 상황을 수반하기 때문이다(Dorey, 2002: 74). 뿐만 아니라 국가이익은 언제나 노동의 임금억제의 필요성을 강조했을 뿐, 정부 및 경영계의 상응한 조치는 별로 없었다.

다섯째, 1979년 이후 영국 국가의 성격이 변화하고 있는데 이것 또한 정책협의 및 사회적 파트너십의 작동을 결정적으로 저해했다. 이 변화는 주로 민영화, 외부계약(contracting out), 기관위임(agencification), 그리고 중앙은행의 독립성 부여 등과 같은 조치들이 취해진 결과로 경제 영역으로부터 국가의 철수 혹은 복귀에 연유한다. 그러나 이러한 조치들은 국내 경제와 시민사회에 대한 영국 정부의 관계 변화를 반영하는 것이기도 하지만 국가의 성격 또한 분명히 유럽화와 세계화 과정에 의해 영향을 받고 있는 것이다. 사실상 이러한 외부적·내부적 발전들의 누적 효과는 상향적으로는 유럽연합에, 하향적으로는 특수목적 지향적인 기구에 국가의 역할을 상실 당하는 국가의 '공동화(hollowing-out)' 현상으로 나타난다(Jessop, 1994: 27; 1995: 1~18). 영국 국가의 성격과 능력 변화는 또한 '새로운 네트워크관리(new governance)'의 발전을 초래했고 국가로부터 상당한 정도의 자율성을 누리는 자발적인 조직, 조직 간 네트워크의 수를 증대시키고 복잡하게 함으로써 중앙정부의 지도에 저항한다. 이 같은 이중 과정, 즉 국가의 '공동화'와 '새로운 네트워크 관리'는 남아 있는 영국 정책협의 및 사회적 파트너십 시스템을 더욱 해체시키는 요인이 되고 있다.

여섯째, TUC가 산하 노조에 대한 통제력과 대표성을 갖고 있지 못해 부문별 조합들이 사회협약을 깨고 파업에 돌입하곤 했다.[8] 중앙노조가 사용자집단 혹은

정부와 협력을 하는 경우가 있어도 하부조직에서 이를 따르지 않는 경우가 많았
다. 이런 까닭에 1960년대부터 여러 사업부문에서 산업 및 전국 차원의 단체교섭
이 줄어들고 기업 혹은 사업장 단위의 단체교섭이 나타나기 시작했다. 즉 단체교
섭은 단위노조에 상주하면서 노사 관계의 제반업무를 담당하는 숍 스튜어드의
관할 사항이다. 영국 노사 관계는 이처럼 기업 중심으로 이루어진다. 이것이
노사 관계 불안정의 원인이 되고 있다.

　마지막으로 1960년대 이후 노동당 정부의 경제정책은 완전고용의 포기 그리
고 복지지출의 과감한 삭감 등 케인즈주의의 점진적 해체를 주된 내용으로 함에
따라 노조를 당으로부터 이반시키는 요인으로 작용했다. 노동당은 축적위기로
간주된 상황에서 '기업신뢰(business confidence)'와 '투자촉진'이라는 자본의 이해
와 논리에 충실했다. 영국 노동운동은 노동당과 엄밀하게 기능적으로 분화되었
다. 노동운동은 정치활동이나 이념적 원칙을, 자신의 단기적이고 경제적 이익을
실현하기 위한 부차적 수단으로 간주해 왔으며 또한 자본주의 경제질서의 구조
개혁을 위한 정책발의를 주도적으로 제기해 본 적도 없다. 노동조합의 이러한
성격은 노동당 지도부가 자본의 논리에 쉽게 타협할 수 있는 결정적 조건을
형성시켰다. 다시 말하면 당과 노동조합의 기능적 분화가 시사하는 바는 노동당
지도부가 노조운동의 구조적 압력의 부재 속에서 상대적으로 케인즈주의적 정책
과 사회협약 체결을 위한 정책협의 시스템을 쉽게 포기할 수 있었다는 점이다.
그 원인은 1979~97년까지 보수당 집권하에서 노동당과 노조가 분열되었고 노
동의 권력자원이 약화되었을 뿐만 아니라[9] 노동조직의 중앙집중성이 약하다는

---

8) TUC는 영국 노동조합의 최상급 단체로서 현재 76개 노조가 산업별·직종별·직능별
　노조, 그리고 일반노조 등의 형태로 가입해 있고 산하 조합원의 총수는 840만 명에 이르
　고 있다. TUC의 영향력은 가입 노조들이 자신들의 자율성을 확보하기 위해 중앙집권적
　통제를 거부하기 때문에 독일노동조합총연맹(DGB) 등에 비해 매우 취약하다. 영국에서
　는 복수 노조가 인정되는 관계로 기업 내에서 관할권 분쟁이 발생하는데 TUC는 이의
　조정 역할을 수행한다. 따라서 TUC는 사용자조직인 CBI와 마찬가지로 직접 교섭단체에
　참여하지 않고 사용자 및 정부 측을 상대로 노동자의 이익을 대변하는 대정부 정치활동
　에 집중한다. TUC와 마찬가지로 CBI는 직접 단체교섭에 참여하여 단체협약을 체결하지
　않고 노조 및 정부를 상대로 하여 사용자 측의 이익을 대변한다.

데에 있다. 영국 정부의 반노조 성향은 블레어 정부에 의해서도 별다른 변화가 없었다. 그는 노동당이 노조의 영향력으로부터 자유로울 수 있는 정치적 구조를 구축한 것이다. 이런 조건에서 블레어 노동당 정부는 사회협약정치 대신 '제3의 길'로 포장된 신자유주의 정치를 추구하고 있는 것이다.

6. 맺음말: 다원주의적 이익대표체계

영국은 사회협약 체결을 위한 정책협의 시스템의 정상적 작동을 별로 경험해 본 일이 없다. 전쟁 시기의 특수하고 일시적인 상황을 제외하고 영국 정책협의는 간헐적으로 시도되었으나 평가절하되었다. 이처럼 영국에서 정책협의 시스템이 제대로 작동하지 못한 이유는 일차적으로 협의메커니즘의 성립과 유지를 위한 구조적 조건이 취약했던 영국 정치경제체제의 특성에 기인했다. 특히 노사 관계에서 국가가 참여하는 화해와 갈등조정 메커니즘은 노조나 사용자 양측의 어느 편에서도 환영받지 못했다.

영국 정치경제는 시장경쟁의 원리가 경제자원과 정치권력을 가장 효율적으로 배분할 수 있는 메커니즘이라는 가정에서 출발한다. 사회협약은 경직적이고 신속한 결정을 기대할 수 없다는 이유로 배제되고 정책결정 기능은 의회정치에 의해 주도되고 있다. 시민들의 이해관계가 선거정치 · 정당정치 · 의회정치를 통해 정상적으로 표출, 반영되고 실현될 수 있는 것으로 인식한다. 국가는 기술훈련, R&D, 교육 투자, 수송, 통신 등을 중시하는 공급중심의 경제정책을 선호한다. 동시에 투자자들의 신뢰를 획득하지 못하면 자본이 국외로 탈출할 것이기 때문에 국가재정 및 통화정책의 핵심은 균형과 법인세 인하, 노동시장의 유연화 등 기업의 안정적 투자 여건 조성에 있다(Cressey, 1999: 63).[10] 복지의 경우 연금,

---

9) 노조 가입률도 1979년 60%에서 2000년 29%로 크게 감소했다(Schmidt, 2002: 163~164).

10) 경제를 인위적으로 부양시키기 위한 재정확대 정책은 단기적인 효과는 기대할 수 있을

실업, 장애, 산재 등 기본 사회보험 분야에서는 보편주의를 적용하지만 재정부담이 큰 연금은 민간보험을 장려하여 국가의 재정부담을 감소하려 한다. 만성적인 복지 의존층을 재훈련·재교육을 통해 취업자군으로 편입시켜 자립할 수 있도록 함으로써 복지 수혜층을 줄이려고 노력한다.

이와 같은 영국 정치경제 모델은 공급중심적인 정책을 선호함으로써 자본의 지배를 더욱 가속화시킬 뿐만 아니라 시장적 권력배분에 의한 승자독식(winner-takes-all) 혹은 '주인-대리인 문제(principal-agent problem)'를 야기할 수 있다. 무엇보다도 그것은 다수제 모델에서 전형적으로 나타나는 다원주의적 이익대표체계(pluralist interest representation system)를 지향한다. 영국 다원주의 정치는 분산적 이익집단들이 갈등적이고 경쟁적인 방식으로 정부에 압력을 행사하는 경향을 보인다. 이처럼 영국이 사회협약정치를 작동하지 못한 이유는 노조와 경영진의 대표가 정책결정 과정에 참여하지 못하고 있을 뿐만 아니라 노사 쌍방이 자신들의 상이한 의견과 입장을 조율하지 못하고 대결적인 방법을 선호하고 있기 때문이다(Gallagher, Laver, and Mair, 1995: 370). 블레어 노동당 정부하에서도 전국적 수준의 이익집단과 정부 간의 관계에서는 어떤 의미 있는 변화를 가져오지 못했다(Charlwood, 2004: 391). 노동당의 정치 전략은 노조와의 일정한 거리를 두는 데 역점이 주어졌다. 2005년 영국의 산업관계는 여전히 다원주의적 이익대표체계를 유지했다. 노동세력이 정책결정 과정에 참여하는 것을 배제하고 따라서 영국 정치경제 모델은 글로벌화 추세와 신자유주의적 구조개혁 과정에서 파생되는 사회경제적 충격과 희생, 계급·계층 갈등에 효과적으로 대응하는 데에는 적실성이 낮다.

___

지 모르나 중장기적으로는 인플레이션과 실업률이 동반 상승하는 역효과를 유발할 수 있다는 통화주의적 입장을 고수한다.

제 5장

아일랜드 '켈트 호랑이'

정책협의의 역동성과 혁신성

1. 사회적 파트너십과 정책협의의 기원

1) 식민지 유산의 사회적 파트너십에 대한 영향

1800년 아일랜드는 영국에 통합되었다. 이에 따라 19세기 말까지 아일랜드에는 노조, 정치 및 산업관계에 있어 영국화가 진행되었다. 노조연맹은 1894년에 등장했는데 당시 52개 노조가 영국의 노동조합회의(TUC)의 패턴에 따라 노동의 회로서의 아일랜드노동조합회의(ITUC)를 창립했다. 1900년 무렵 아일랜드 노조의 75%가 영국 노조에 귀속해 있었다. 이 같은 영국화는 노동조합의 분파주의를 가져왔으며 단체교섭 및 산업관계에 국가개입의 최소화가 자율적인 노사 관계에 필수적이라는 믿음을 일반대중에게 확산시켰다.

1919~22년 사이에 국가독립투쟁이 전개되었다. 이 기간에 반정부적인 Fianna Fáil을 설립함으로써 영국 통치로부터 벗어나려는 정치세력도 있었다. 특히 Fianna Fáil은 정치적·경제적 민족주의에 사회적 급진주의를 배합하며 반영(反英)운동을 전개했다. 이런 투쟁에 힘입어 약 430만 인구를 가진 서유럽 소국 아일랜드는 오랜 세월의 영국 식민지 통치를 청산하고 1922년 영국으로부터 독립을 쟁취하는 데 성공했다. 그러나 아일랜드의 인구 약 20%는 현재 영국의 한 주(province)로 남아 있는 북아일랜드로 분할되는 희생을 치렀다. 무엇보다도 아일랜드의 식민지 유산은 비참했다. 아일랜드의 산업기반은 독립 이후 한동안

(1922~37) 경제적으로 영국의 가축목장에 불과할 정도로 취약한 식민지 유산을 전승받았다. 130여 만 노동력 중 절반은 농업에, 나머지 절반은 제조업에 종사했다. 1924년에 농업, 식료품, 주류 등이 수출의 86%를 차지했고 그 대부분의 수출 대상국은 영국이었다.

1920년대 아일랜드 정당체제는 후기 식민지 형태인 양극화 현상을 보였다. 당시 집권당(Fine Gael의 전신)은 식민지 종주국인 영국과 무역거래를 하며 이익을 챙길 수 있었던 대농과 대기업과 연계된 매판(comprador)적 성격을 가지면서 기존 헌정체제와 영국과의 경제적 관계를 지지했다. 반면에 Fianna Fáil은 경제적 · 정치적 민족주의 색채를 띠면서 소농과 중하계층, 신흥기업인들의 지지를 받았다. 1932년 집권한 Fianna Fáil 정부는 보호주의 정책을 채택하여 수입대체와 관세장벽을 통해 토착적인 산업기반을 구축하고자 했다.[1]

아일랜드의 식민지 유산은 사회적 파트너십에 부적합한 가치와 구조를 만들어 냈다(O'Connor, 2004: 86). 첫째, 아일랜드는 최소한의 국가개입을 허용한 자율적 단체협상을 추구한 영국식 모델에 근거한 자유주의적 산업관계 개념을 지니고 있었다. 1940년대까지 영국의 노동법전에 기초했던 노동법이 산업관계를 규율하는 기본 법적 장치였다. 마찬가지로 노조는 영국식 행동패턴을 그대로 따랐다. 노조 내부에 자율적 노사 관계가 자유노조운동에 필수적이라는 신념에 근거하여 국가개입에 대해 이데올로기적으로 매우 혐오하는 경향이 존재했다. 이러한 확신을 더욱 강화시킨 영국식 노조들은 1930년대에는 노조원들의 약 25%를 대표하며 아일랜드에 계속 운영되었다. 둘째, 정부와 관료제도 자유주의를 선호했다. 따라서 1970년대까지 연이은 정부들은 자유주의에 반하는 사회적 파트너십을 선호하지 않았다.

동시에 역설적으로 식민지 유산은 사회적 파트너십의 역동성을 가져오는 조건을 만들어냈다. 뒤집어 말하면 1980년대 후반에 출발한 아일랜드의 사회적 파트

---

1) 그러나 Fianna Fáil 정부는 이 정책을 철회하고 1958년 자유무역과 외국인투자자를 겨냥한 개방정책으로 선회했다. 아일랜드의 이러한 자유무역 정책은 영국-아일랜드 자유무역협정(1965), 유럽경제공동체(1973), 유럽연합(1992), 유럽통화연합(2002) 등의 가입으로 나타났다.

너십은 후술한 바와 같이 1969~87년 사이의 경제와 노사 관계의 문제에 대한 반응이기도 하지만 식민지 유산에 뿌리를 둔 장기간에 걸친 학습의 산물이다. 세 가지 요인이 아일랜드의 사회적 파트너십을 조건 지웠다(O'Connor, 2002: 155; 2004: 87). 첫째, 보호주의 무역체제가 자유무역체제로 전환됨에 따라 임금결정 관리에 대한 국가개입주의가 필요했다. 아일랜드는 앞서 지적했듯이 영국의 식민지 시대를 경험한 후 취약하고 의존적인 산업기반을 물려받았다. 이는 1932년에서 1958년까지 고도의 국가주도 경제체제를 가져왔으며 보호주의 무역체제를 불가피하게 했다. 그러나 그 후 국가의 경제개입이 철회되고 자유무역체제가 채택되었다. 이에 따라 국제시장에서 경쟁력을 유지하기 위해 임금결정에 대한 정치적 관리를 할 필요성이 증대했다. 둘째, 영국식 산업관계 및 노조조직 모델이 1922년 이후 지배적인 형태가 되었지만 이에 대해 아일랜드 노조들부터 저항이 있었다. 1940년대부터 아일랜드 노조들은 보다 적극적인 노정 관계, 그리고 보다 중앙집중화된 노동운동을 희망했다. 셋째, 1932년 이후 지배정당이었던 Fianna Fáil은 항상 노조운동을 긍정적으로 인식함으로써 노동계급의 지지와 신뢰에 의존했다. 이에 힘입어 역사적으로 아일랜드 노조조직률은 상대적으로 높은 수준을 유지할 수 있었다.

이에 따라 제2차 세계대전 이후 아일랜드 산업관계 시스템은 전향적으로 변화했다. 그것은 아직 자발주의(voluntarism), 다원주의, 자유로운 단체협상에 기초했지만 협상과정은 보다 제도화되었고 중앙집권적 양식을 취했다. 따라서 1946년에 제정된 산업관계법(Industrial Relations Act)에 의해 노사분쟁 해결 메커니즘으로서 노동법원을 설립했다. 또한 그해에 전국적 임금라운드가 도입되었으며 이는 단체협상이 유형화되고 사용자와 노조가 토의를 통해 준수해야 할 규범을 합의했다는 것을 의미한다.

2) 정책협의 및 사회적 파트너십의 부침

1930년대에서 50년대 이르기까지 Fianna Fáil 정부의 산업상공부 장관을 지낸 레매스(Sean Lemass)는 공공정책을 통해, 그리고 정부정책에 공감하는 대표 이익조

직들을 유인함으로써 자본과 노동을 결합시키고자 했다. 1939년 제2차 세계대전
이 발발하자 사용자들은 산업상공부의 기능을 협의체에 위임할 것을 호소했고
ITUC까지도 정부, 산업, 농업 및 노동 등의 대표들로 구성된 협의체로서 경제위
원회의 창설을 제안했다(O'Connor, 1992: 139). Fianna Fáil 정부는 이러한 제안에
대해 미온적이었고 1939~46년 사이에 비상권 발동을 통해 전쟁기간에 직면했
던 아일랜드의 경제적 난국을 해결하고자 했다. 예컨대 정부는 전례 없는 권한을
갖고 자본과 노동의 협력을 통해서만이 집행될 수 있는 매우 급진적인 일련의
정책발의를 추진했다. 그 후 레매스는 정책협의를 제안했으나 정치적 지지의
결여로 실패했다. 어떤 정치경제 주체도 그에 필요한 양보를 기꺼이 취하려 하지
않았다. Fianna Fáil 정부는 사용자와 노조 사이의 협상과 타협을 희망했다. 그러
나 사용자들은 경영권의 양보 없이 정부의 정책결정 과정에 보다 많이 행사할
수 있는 영향력을 원했으며 노조는 소득정책을 제외하고 물가억제, 저임금 노동
자층에 대한 법적 지원을 원했다.

　　1950년대에 아일랜드 경제는 침체국면에 있었다. 아일랜드 정부는 파업과 인
플레이션을 심각한 문제로 인식했으며 그 해법으로 소득정책을 검토하고 있었다.
사용자들은 임금인상 자제를 강력히 선호한 반면에, 노조들은 그에 대한 회의적
인 생각을 가지고 있었다. Fianna Fáil 정부는 노사정 3자 관계가 아닌 노사 2자
관계를 통해 소득정책 문제에 대한 해법이 나오기를 희망했다. 그리고 서유럽의
급속한 경제성장과는 달리 치솟는 실업과 해외로의 이민으로 인한 인구 유출문
제는 국가적 자존심의 위기를 야기했다. 깊은 좌절감 속에서 Fianna Fáil 정부는
1957년에 재집권했고 레매스는 1959년 수상으로 취임했다. 그는 역사적인 U턴
전략으로 각종 문제와 맞부딪치면서 외국인투자에 대한 개방정책을 채택했고
자유무역을 지지했으며 1961년 유럽경제공동체(EEC)에 가입을 신청했다. 보호주
의의 효력이 명백히 소진되었고 이는 개방정책이라는 새로운 출발에 대한 반대
가 별로 없었다는 것을 의미한다. 노조는 자유무역을 지지했다. 레매스의 이러한
전략은 집권 15년 동안 경제확대, 국내로의 이민 증대, 고용 증대를 가져오는
계기가 되었다.

　　자유무역을 준비하기 위해서 정부는 네 영역에서 새로운 정책발의를 했다.

즉 1958~69년 사이에 시작된 세 개의 경제확장 프로그램 초안의 채택, 생산성 및 경제기획을 위한 노사정 3자 정책협의체의 설립, 임금결정 및 노사 관계의 개혁 등이다(O'Connor, 2002: 162). 3자 정책협의기구에 추가하여 노사는 노사회의(Employer-Labour Conference)를 결성했다. 레매스 수상은 경제기획과 정책협의 시스템이 노조를 자발적인 소득정책으로 끌어들이기를 희망했다. 그는 또한 다수 노조에 의한 분산적·자율적인 단체협상이 일반 노동자들의 전투성을 자극하기 때문에 이를 극복하기 위한 해법은 노조 내부 및 노사 관계 체계 내부의 권한 집중화에 달려 있다고 주장했다. 그리고 그는 아일랜드의 현 상황에서 취약점의 하나는 노조운동의 결속력과 권한의 결여라고 보았다.

레매스의 전략은 1960년대에 사용자조합연맹(FUE)와 ICTU(1959년 ITUC가 개명되었음)의 공고화를 촉진하여 제한적인 성공을 거두었다. 10년이 경과되는 과정에서 단체교섭의 중앙화에 대해 FUE와 ICTU 모두 공개적으로 지지를 보냈다. 그러나 1969년 6주 동안 파업이 발생했다. 이런 상황에서 1970년 노사정 3자 국가산업경제위원회(National Industrial and Economic Council: NIEC)가 결성되었고 이 위원회는 경제기획과 임금규제를 연계하여 토의했다. 이로써 계급협력에 대해 전통적으로 가졌던 노조의 회의와 반감도 완화되기 시작했다. 또한 1973년에는 NIEC를 계승하여 국가경제사회위원회(National Economic and Social Council: NESC)가 설립되었다. 이 위원회는 전통적인 사회적 파트너들, 고위공무원 및 정부 지명자들로 구성되었는데 그 임무는 경제사회 이슈에 관한 합의를 모색하고 수상의 자문에 임하는 것이었다.[2] 이러한 분위기 속에서 NIEC는 노동계를 설득하여 생산성 향상을 전제로 임금을 조절하는 국가임금합의(National Wage Agreement: NWA)를 이끌어냈는데 이를 시발로 1970~80년 사이에 일곱 차례에 걸쳐 전국 차원 임금합의가 이루어졌다(O'Connor, 2002: 163~164).

그런데 1973년 유럽공동체 가입을 계기로 아일랜드는 기존의 보호주의 정책에서 벗어나 적극적 개방화의 길을 걸으며 외국자본 유치를 통한 수출주도형 산업

---

2) NESC의 업무는 1987년 사회적 파트너십의 제도적 장치를 재수립하는 데 중요했고 그 후 국가 내에서 경제사회 정책의 방향을 설정하는 데 막중한 역할을 했다.

화를 추진했다. 그러나 아일랜드 경제는 산업화의 진척에도 불구하고 제1차 오일 쇼크로 인한 세계경제의 침체기를 헤쳐 나갈 자생력을 지니지 못했다. 따라서 정부는 위와 같은 일련의 임금합의 과정에 지대한 관심을 가졌고 그 협상을 중재하기 위해 조세정책과 공공지출 등을 통한 재정적 유인책을 제공했다. 단지 단체교섭의 분권화를 위한 가이드라인만을 정했던 과거 전국 차원의 임금합의와 는 달리 첫 번째의 다섯 개 임금합의는 노사 2자간, 그리고 나머지 두 개 임금합의 는 노사정 3자간에 이루어졌다. 특히 야심적인 경제 프로그램을 갖고 1977년에 재집권에 성공한 Fianna Fáil 정부는 '사회경제발전을 위한 국가적 양해사항 (National Understandings for Social and Economic Development)' 등 1979~80년에 나머 지 두 개의 국가적 양해사항 체결을 주도했다. 하나는 임금에 관련된 것이었고 다른 하나는 조세, 그리고 보건의료·교육·복지·고용창출에의 재정지출 등 사 회정책에 관한 것이었다(O'Connor, 2004: 88). 이와 같이 1970년대에 임금상승을 억제하고 노사 갈등을 완화하기 위해 정부는 임금과 세금 및 사회정책을 연계시 킴으로써 전국 차원의 임금협약을 이끌어내기 위한 협상을 후원했다. 이를 통해 전국적 임금합의에 대해 가질지도 모를 노조들의 오해와 불만을 불식시킬 수 있었다.

1970년대의 이 같은 전국적 임금합의는 사회적 파트너십의 동력이 되었으며 합의는 적어도 1970년대 중반까지 산업평화를 이루는 바탕이 되었다. 일련의 전국 차원 임금합의가 인플레를 크게 완화하지는 못했지만 ICTU와 Fianna Fáil은 노사정 협의시스템을 신뢰했다. 사용자들도 중앙 차원의 합의를 대단히 호의적 으로 인식했으며 정부 또한 노사정 3자 협의를 심화시켜 노조들의 불만을 극복하 려 했다. 그러나 이 협상은 서유럽 다른 나라의 사회적 협의 시스템 수준에 이르 지는 못하고 불안정을 드러냈다. 즉 명목임금 상승, 인플레이션 증가, 1970년대 후반의 파업 속출 등이 지속되었다. 따라서 사기업 사용자들은 1981년에 들어서 전국적 임금협약 체결 협상에 대한 지지를 철회했다. 그들은 각 기업 사정에 따라 임금문제가 타결되어야 하고 실질적 양보는 생산성에 기초한 임금상승의 형태로 이루어져야 한다고 결의했다. 이에 따라 1981~87년 사이에는 분권적 임금협상이 진행되었다. 더욱이 1979년 불어 닥친 2차 오일쇼크와 1980년대 초의 정치적 불안, 국가부채 급증, 고인플레, 대량실업 등으로 노사정 합의와 신뢰는 실종돼 갔다. 여기에 1946년부터 지속되어 온 전국 수준의 단체교섭 전통마저 1982년 들어 사라져버렸다. 임금인상을 놓고 벌어지는 부문별 노사분쟁이 끊이지 않았다.

2. 사회협약의 정치경제적 역동성

1) 국가적 합의 정책 프로그램

증가하는 실업에 대한 우려가 공공채무 증가에 대한 경고로 이어지는 1981~82년에 정치환경은 크게 불안정했다. 1982년 총선에서 야당인 Fine Gale이 승리했는데 이 당은 과반수를 획득하지 못해 노동당(Labour Party)과 연립정부를 구성했다. 연립정부는 1981~82년 당시 사회경제적 위기를 극복하기 위해 3자 정책협의를 통한 사회협약 체결을 시도했으나 임금인상 합의가 결렬되어 노사정 정책협의 시스템은 붕괴되었다. 연립정부는 재정적자와 국가채무를 줄이기 위해 세금인상을 단행했고 근로자들은 실질임금 보전을 위해 임금인상을 요구했다. 그 결과 물가상승, 노사분규, 투자감소, 일자리 감소 등이 전 사회적으로 확산되어 사회경제적 위기감이 팽배했다. 1981~87년간 Fine Gale-노동당 연정은 인플레이션 억제와 재정 정상화에 국가정책의 최우선 순위를 두었다. 1981년에 세 번째의 국가적 양해사항에 관한 회담이 임금 문제와 관련하여 교착상태에 빠지자 정부는 관여하지 않았다. 사회적 파트너들 중 누구도 중앙집중적인 단체교섭의 결과에 만족하지 않았다. 왜냐하면 그것은 인플레이션 감소, 산업평화, 임금자제, 직접세에 있어 조세의 형평성 등을 가져오지 못했기 때문이다. 실업이 증가하고 경제가 침체의 늪에 빠져들어 감에 따라 사용자들은 자율적 단체교섭이 보다 유리할 것으로 믿었다. 반면에 노조들은 임금억제를 감수했지만 실질임금에서 적절한 보상을 얻어내지 못했을 뿐만 아니라 근로소득세와 공공지출에 있어 노동자를 위한 조세형평성을 기대할 수 없는 것으로 믿고 있었다.

1981~87 사이에 고용은 7% 떨어졌고 실업이 19% 증가했으며 실질 가처분소득은 7% 떨어졌다. 특히 GNP 대비 공공채무의 지속적인 증가는 130%로 육박했다. 이런 상황에서 많은 논자들은 아일랜드 경제가 걷잡을 수 없는 지경으로 침몰하여 외채상환 정지 등 국가적 파산을 우려하기 시작했다. 그러나 중도우파인 Fine Gale과 중도좌파인 노동당의 연립정부는 정당 간 정책지향성의 차이로 인한 내부 갈등 때문에 적절하고 단호한 조치를 취할 수 없었다. 이에 따라 많은 국민들은 사회경제적 위기를 해결하고 경제회생에 필수적인 단호한 정책결정을 희구했다. 무엇보다도 1980년대의 재정적 위기가 그 규모와 심각성에서 급속도로 고조되어 갔다. 일련의 재정정책의 오류가 공공부문 지출의 대폭적인 증가를 야기했고 경제는 더욱 더 침체국면에 접어들어 갔다. 세입증가를 통해 재정적자에 대처하려는 정책적 노력은 경기침체를 악화시켰다. Fine Gael-노동당 연립정부(1982~87)는 깊어가는 경제침체 속에서 재정적자의 극복에 속수무책이었다. 이런 상황에서 실업률은 급증하여 1986년에 전 노동력의 17.4%에 이르렀는데 이 실업자들의 2/3가 장기적 실업이었다(Hardiman, 2002: 8). 이민, 특히 고급인력이 해외로 빠져나갔고 위기와 절망감이 전 사회적으로 확산되어 갔다.

이러한 사회경제적 위기 상황에서 야당의 전폭적인 지원에 힘입어 정부,[3] 노총, 사용자연맹, 농업조직이 참여하는 NESC가 가동됐다. 이에 따라 수상의 자문의 역할을 수행하는 '싱크탱크(think-tank)'인 NESC는 1986년 「발전전략(Strategy for Development)」을 발표했다. 노사정 3자 정책협의기구인 NESC에서 정부 대표, 사용자 대표, 노조 지도자들은 공동으로 아일랜드의 심각한 사회경제문제의 성격 분석과 결정해야 할 정책의 우선순위를 개발했다. NESC의 보고서인 1986년 「발전전략」은 정부재정 개혁의 절박성을 인정했으며 임금인상 자제가 경쟁력 향상에 필수적이라고 규정했다. 이러한 NESC의 보고서가 노사정 정책협의 시스템을 발족시킨 신호탄이었다. 국내 사회경제적 위기감이 모든 참여자들의 마인

---

3) 1987년 9월 제1 야당인 아일랜드민족당 당수인 앨런 듀크스는 집권당의 경제정책을 신랄하게 비판하던 이전의 야당과 확연히 다른 모습을 보여줬다. 그는 당시 경제위기를 극복하는 데 정치권이 힘을 합쳐야 한다고 생각했으며 대폭적인 재정지출 삭감을 골자로 하는 집권당의 이듬해(1988년) 예산안을 전폭적으로 지지하고 나섰다.

드를 당시의 경제적 난국과 정책적 교착(stalemate)을 우회하는 전략을 개발하는
데 집중시키는 계기를 마련한 것이다(Hardiman, 2002: 9). 이 NESC를 중심으로
사회협약 체결을 시도해 같은 해 10월 마침내 성과를 거뒀다. 향후 3년 동안
첫째, 노조는 지나친 임금인상 요구와 파업을 자제하고, 둘째, 기업은 투명경영과
이익금의 재투자로 일자리를 창출하며, 셋째, 정부는 재정지출을 줄이고 소득세
감면과 사회보장제도를 확충하는 것을 뼈대로 하는 '국가재건 프로그램(Program
for National Recovery: PNR)'(1987~90)을 체결한 것이다(이하 아일랜드 사회협약의
내용에 관해서는 <표 5-1>을 참고).

1987년 의회의 다수 의석은 획득하지 못했지만 재집권에 성공한 Fianna Fáil
정부의 혹히(Charles J. Haughey) 수상은 NESC의 보고서를 준수했으며 첫 사회협약
인 PNR을 정부 정책으로 채택했다. PNR의 체결은 경제적 위기감이 만연하는
가운데 정부가 단호한 조치를 취할 필요가 있다는 인식에 의해 뒷받침되었을
뿐만 아니라 혹히 수상의 단호한 의지, 그리고 사용자와 노조 지도자들과의 그의
개인적인 친분관계에 힘입은 바 컸다(O'Connor, 2004: 89). ICTU는 실질임금이
상승할 것이라는 희망을 갖고 자신들에게는 가혹한 사회협약의 핵심 사항인 임
금억제를 수용했다. 많은 사용자들 또한 비록 자율적인 단체협상을 선호했지만
정부가 향후 거시경제 문제를 잘 해결하고 합의적 노사 관계를 통해 임금인상
자제를 유도해 낼 수 있을 것이라는 기대를 갖고 PNR를 지지했다. 그리고 정부는
PNR이 정부의 정책자율성을 제약할 수도 있지만 그것이 공공지출의 대폭적인
삭감에 대한 반대를 중화시키는 노력이 정치적으로 필요하다는 믿음을 갖고 사
회협약을 추진했던 것이다. Fianna Fáil 정부는 비록 소수파 정부였지만 NESC
문건에 따라 국가채무를 축소시키기 위한 단호한 조치를 취할 의도를 표명하고
공공지출 삭감 및 민영화를 단행했다. 정부는 또한 임금자제와 소득세 삭감을
묶는 패키지 정책을 마련했다. 노조는 이를 수용했다. 이러한 주요 정책내용은
일견 영국 대처 정부의 신자유주의 정책과 유사해 보였으나 혹히 정부는 이러한
개혁을 노사정 3자 정책협의 방식을 따르고 있다는 점에서 특이하다.

PNR은 중앙 차원의 임금교섭 시스템을 재수립했다. 말하자면 사회적 파트너
들과 정부는 향후 3년 동안 전례 없이 민간 및 공공부문의 임금인상 수준(2.5%

<표 5-1> 아일랜드 사회협약의 내용

사회협약	주요 내용
국가재건 프로그램 (PNR: 1987~90)	* 임금 완화 및 재정적 보상(조세개혁) * 저임금 노동자 보호 * 공공서비스 부문에서 특별상여금 도입 * 경제사회 발전을 위한 통합전략 * 사회복지 이전 지출 유지 * 공공지출 통제
경제사회 진보프로그램 (PESP: 1991~94)	* 임금 완화 및 재정적 보상 * 저임금 노동자 보호 * PNR의 정책 틀 지속 * GNP 대비 정부 부채율 경감 * 최적의 고용증대를 위한 합의 지향적 소득정책 * 경제적·사회적 박탈을 불식하기 위한 지역 중심의 파트너십 확립
경쟁력 및 일자리를 위한 프로그램 (PCW: 1994~96)	* 임금 완화 지속 및 재정적 보상 * 고용창출을 위한 적극적 노동시장 정책
사회통합, 교육 및 경쟁력을 위한 파트너십 2000 (파트너십 2000: 1997~2000)	* 임금 완화 및 조세 개혁 * 생산성 증대를 위한 지역 수준의 협상강화 * 사회적 파트너십 참여의 폭 확대 * 전략적 목표로서 사회적 배제 척결 * 기업 수준의 파트너십 확대 * GNP에 대비 정부 부채율 경감
번영 및 형평성을 위한 프로그램 (PPF: 2000~03)	* 임금 인상 완화 및 노동자들의 근로소득세 감면 * 공공부문의 임금 형평성 * 연금 급여 및 각종 수당 인상
지속적 진보 (SP: 2003~05)	* 임금인상 자제 * 퇴직수당 인상 * 주택보급 확대 및 물가상승 억제

이내)에 관한 합의를 이뤄냈다. ICTU가 임금상승을 제한하는 협상에 기꺼이 동의하겠다는 의사를 표명한 것은 확실히 합의를 도출하려는 아일랜드 노동자들의 욕망, 그리고 이들이 직면한 극심한 어려움을 반영하는 것이었다. 사실 1981~87년 기간에 걸쳐 노동자들의 실질가처분 임금은 7% 정도 감소되었는데 이런 상황

에서 그들의 주요 관심 사항은 이러한 임금 감소를 정지시키는 것이었다. 다른 사회적 파트너들도 임금상승의 완화는 국제경쟁력 제고와 공공지출 억제에 필수적인 것으로 인식했다. 따라서 조세개혁, 복지지출의 확대, 의료비 지출, 구조조정, 그리고 환율메커니즘(Exchange Rate Mechanism)과 마스트리히트(Maastricht) 수렴 기준의 존중 등을 포함한 광범위한 경제사회 정책에 관한 합의를 포함하고 있었다. 임금인상 자제를 합의한 근로자에 대한 보상의 차원에서 정부는 소득세율을 낮추는 조세개혁을 단행했다. 또한 PNR은 GDP 대비 국가채무 비율을 축소하는 데 역점을 두었다. PNR은 구조조정 과정에서 발생할 수 있는 실업자를 포함한 취약계층을 보호하고 사회적 불평등을 완화하기 위해 사회복지 지출 수준을 유지 및 확대하기로 했다. 그 문건은 또한 고용창출에 관해 비교적 광범위한 부문을 포함했다(O'Donnell and Thomas, 2002: 171).

아일랜드의 첫 사회협약이었던 PNR은 국제경제의 호전, 인플레이션의 하락으로 성공할 수 있었다. 아일랜드는 PNR를 통해 재정적자 규모를 크게 줄일 수 있었을 뿐만 아니라 경제성장을 위한 발판을 마련할 수 있었다. 특히 예기치 않는 유리한 외부환경은 PNR이 국내 경제적 성과를 개선시켜 경제의 '선순환(virtuous circle)'을 가져오는 데 도움을 주었고 이는 후속 사회협약에 긍정적으로 작용했다. 모든 정당들도 초기 약간의 우려를 표명했지만 사회협약을 지지하게 되었다. 이에 따라 경제의 '선순환'을 유지시키는 제도적 · 정치적 기반이 확고히 자리를 잡게 되었다. 이와 같이 사회적 파트너십의 성공 이후 사용자와 노조 지도자들은 정책협의 시스템에 대해 전술적이 아닌 이념적 성향을 지지하는 데 있어서 정치엘리트들과의 입장과 인식을 공유했다(O'Connor, 2002: 164). 뿐만 아니라 1987년 정책협의에 의한 사회협약은 아일랜드의 국정운영을 위한 기본방식으로 정착했다. 따라서 PNR의 성공은 사회협약의 주체들에게 정책협의 시스템의 우월성에 대한 학습효과를 부여했다.

아일랜드 정부는 1991에 '경제사회 진보 프로그램(Programme for Economic and Social Progress: PESP)'(1991~94)이라는 사회협약을 채택했다. PESP는 임금인상률에 관한 합의와 함께 근로자의 경영참여, 장기실업자 및 시간제 근로자의 보호 등을 규정했다. 1989년 경제가 회복단계에 접어들기 시작했지만 실업률은 1993

년까지 여전히 높은 상태에 있었다. 따라서 사회적 파트너들이 실업에 대해 충분한 관심을 두지 않는다는 불만이 분출했다. 이에 대한 반응으로 정부는 1993년 국가경제사회포럼(National Economic and Social Forum: NESF)을 설립하여 사회적 파트너십에 대한 관심과 의지를 심화시키고자 했다. NESF의 회원은 전통적인 사회적 파트너(노사정) 외에 농민단체,4) 정당 대표, 그리고 실업자·청년·여성·장애인·빈곤층 등을 대표하는 자발적 결사체를 망라했다.5) NESF의 역할은 경제사회 정책 어젠다를 개발하고 특히 실업과 불평등에 대처하며 사회경제 공공정책에 관한 국민적 합의를 이끌어내기 위한 사회협약을 체결했다. 1994년에는 '경쟁력 및 일자리를 위한 프로그램(Programme for Competitiveness and Work: PCW)'(1994~96)을 채택했다. 아일랜드 경제는 높은 성장에도 불구하고 여전히 15% 수준의 높은 실업률을 보였다. 따라서 PCW는 기업의 경쟁력 강화와 일자리 창출을 추진하여 실업문제 해결을 목표로 설정했다.

PNR, PESP, PCW 등 사회협약의 성공적 집행으로 아일랜드 경제는 높은 경제 성장률을 기록했으며 실업률도 크게 줄어들었다. 그러나 1990년대 중반 이후 공공부문 노조를 포함한 산별노조들은 사회협약이 경쟁력 강화라는 구실 아래 근로자들에게 많은 희생과 고통을 강요하고 있다고 비판했다. 이에 따라 이해관계자들은 정책협의에 참여하여 '사회통합, 고용 및 경쟁력을 위한 파트너십 2000(Partnership 2000 for Inclusion, Employment and Competitiveness)'(1997~2000)을 채택했다. 이 사회협약은 고용창출과 경쟁력, 그리고 사회통합을 동시에 강조했다. 무엇보다도 '파트너십 2000'은 그동안 성장의 혜택에서 소외된 장기실업자를

4) 아일랜드의 전국적 농민단체들은 1960년대 중반 이래 정부의 농업부와 긴밀한 업무관계를 가져왔다. 이것은 정책네트워크의 성격과 폐쇄된 정책 공동체의 성격을 동시에 갖고 있었다. 사회적 파트너십에서의 농민단체들의 역할은 농업 부문의 관심을 제외하고는 다소 제한적이고 대체로 현행 중위(meso) 혹은 부문별 사회적 파트너십에 참여하는 정도이다.

5) NESF는 노사정 외에 농민단체, 정당 대표, 실업자·청년·여성·장애인·빈곤층을 대표하는 시민사회단체로 구성됐다. 2002년 현재 국회 15명, 노조 5명, 사용자 5명, 농업조직 5명, 시민사회단체 15명, 중앙정부 5명, 지방정부 5명, 독립인사 5명 등 총 62명으로 구성됐다.

비롯한 사회적 배제집단에 배려했고 이를 위해 그들 집단들의 대표들이 정책협의 과정에의 참여를 규정했다. 이 같은 '파트너십 2000'이 종료된 후 아일랜드는 '번영과 형평성을 위한 프로그램(Programme for Prosperity and Fairness: PPF)'(2000~03)을 채택했다. 이 사회협약의 핵심은 임금 및 세금 관련 사항이었는데 임금인상률에 합의한 근로자들의 양보에 대한 보상으로 정부는 향후 3년간 25%의 조세감면을 약속했다. 최근 아일랜드는 근로자들의 임금인상 자제에 보상으로 주택보급의 확대, 퇴직수당 인상 등을 담은 '지속적 진보(Sustaining Progress)'(2003~05)를 체결했다. 연속되는 세 개의 협약은 유사한 형태와 정책내용을 나타냈다.

여섯 차례에 걸친 사회협약들은 당면한 사회경제 문제에 대처하기 위해 고통분담과 보상의 내용에 관한 합의를 도출해 냈다. 이러한 연속되는 전국적 차원의 사회협약의 협상을 통해 사회적 파트너들은 거시경제 정책, 소득분배 및 구조조정에 초점을 맞춘 지속적이고 일관성 있는 합의 중심의 전략적 틀을 견지했다. 모든 협약의 특징은 임금인상 완화라는 노동자들의 양보인데 이로 인한 노동자들의 경제적 손실은 낮은 인플레이션과 재정적 보상의 결합(또는 교환)에 의해 충당되었다. 특히 정부는 소득세율 인하와 사회적 취약계층의 보호를 위한 사회보장제도의 확충을 단행했으며 기업은 임금인상 자제에 대한 보상의 차원에서 근로자들에게 기업경영 참여를 부분적으로 인정했다.

경제, 공공정책 및 사회적 가치의 상황 변화를 반영하여 앞 세 개의 정책 프로그램은 주로 경제정책, 특히 경제성장 및 경쟁력 제고를 통해 고용창출이라는 근본적인 문제에 관심을 집중시켰다. 뒤 세 개의 정책 프로그램은 사회개혁, 참여, 형평성에 보다 역점을 두었다. 무엇보다도 노사정 모두에게 임금협상은 각 정책 프로그램에서 가장 핵심적 사항이었으며 따라서 임금 타협 없이 프로그램에 합의한다는 것은 사실상 불가능한 일이었다. 임금상승 완화는 모든 프로그램의 핵심이었다. 일관성이 있는 것은 아니지만 모든 프로그램은 공공부문에서의 특별보상, 지방 차원 협상, 저임금 노동자들에 대한 최소 수준의 임금인상 등의 규정을 담고 있었다. 분쟁이 발생할 경우 각 경제주체들은 우선적으로 협상을 통해 의견 차이를 해결하나 그것에 실패하면 사건을 노동관계위원회(Labour Relations Commission)나 종국적으로는 노동법원으로 이송하여 법원결정에 따른다.

환율메커니즘(ERM)과 '경제 및 통화연맹(Economic and Monetary Union)', 그리고 국가채무 부담의 축소에 기초한 거시경제 전략은 4개 모든 협약에 면면히 흐르고 있었다. 그러나 이러한 정책 일관성 속에서 중요한 정책 혁신이 있었다. PESP는 실업과 사회적 소외문제를 해결하기 위해 12개 영역 중심의 지방 파트너십을 수립했고 이 제도는 이후 33개의 기구로 확대되었다. 최근 아일랜드 지방경제 발전정책에 의하면 지방 파트너십 접근방식은 경제적 재창출의 실험이었고 참여 민주주의의 표현이었다. '파트너십 2000'은 국가파트너십센터(National Centre for Partnership)의 설치를 통해 기업 레벨의 파트너십을 확산시켰다. 이 협약은 또한 전략적 경영 어젠다의 이행을 위한 사회적 파트너들의 지지를 끌어내어 공공서비스를 현대화하고자 했다. 또한 이 협약은 사회적 배제 문제의 완화를 전략적 목표로 수립하고 추가적인 재정을 이 과업에 할당했다.

2) 사회협약정치의 성공적 작동요인

아일랜드가 사회경제적 위기 국면이었던 1980년대 전반기 이후 정책협의 시스템에 기초한 사회협약 체결을 가능케 한 제도적·문화적 환경요인 및 사회적 파트너들의 전략적 행동은 무엇인가?(O'Donnell and Thomas, 2002: 177~181; O'Connor, 2004: 92~95). 첫째, 정책협의 및 사회적 파트너십에 대한 카톨릭 사회교리의 영향이다. 카톨릭 사회교리는 아일랜드 사회문화 형성에 지대한 영향을 미쳤다. 노동과 자본의 갈등이 심화되고 자본주의의 모순이 노출하자 1891년 교황은 사적 소유권의 폐지나 계급투쟁 등을 주장하는 사회주의를 거부하고 사랑으로 계급 간의 화해와 협력을 촉구하는 기독교적인 처방을 담은 칙령을 발표했다. 계급 간의 화해와 협력이라는 교황의 칙령이 카톨릭 국가인 아일랜드의 사회적 파트너십에 긍정적으로 작용한 것이다. 아일랜드에서는 카톨릭 사회교리의 영향으로 일찍부터 전술했듯이 노사 간, 그리고 노사정 간의 틀을 통해 수차례의 중앙 차원의 임금합의를 실현했다. 이와 같은 2자주의 및 3자주의에 기초한 사회협약은 카톨릭 사회교리의 영향을 받은 것이라 볼 수 있으며 이러한 정책유산은 아일랜드 사회협약정치의 밑거름이 되었다.

둘째, 1980년대 전반기 심각한 경제위기는 갈등조정 시스템으로서의 정책협의 및 사회적 파트너십을 작동시키는 계기가 되었다. 더욱이 마스트리히트 조약의 기준을 준수해야 되는 대외적 제약은 1987년 이후 사회적 파트너십 시스템의 작동에 중요한 영향을 미쳤다. 정부 그리고 노사 양 정상조직들은 아일랜드가 그 운명이 유럽경제에 긴밀히 연계되어 있는 작은 개방경제 국가라는 사실에 대해 공통된 인식을 갖고 정부, 노조, 기업 모두가 윈-윈(win-win)하는 대타협을 시도한 것이다. 국내의 경제적 성과는 대외적인 경제여건에 좌우될 수밖에 없다는 사실을 인식하게 되었으며 이는 확실히 정책협의 및 사회적 파트너십 시스템을 발전시키는 새로운 전기가 된 것이다. 따라서 1980년대 전반기의 재정적·경제적 어려움이 정책협의 및 사회적 파트너십 시스템의 특성을 형성했다면 1990년대 이후의 유럽의 상황은 그것을 안정시키는 데에 중요한 역할을 했다.

셋째, 노조의 조직적 집권성, 그리고 태도와 인식이 이 사회적 파트너십과 정책협의 시스템의 작동에 유리하게 작용했다(Prondzynski, 1998: 56~58). 아일랜드노동조합총연맹(ICTU)은 정상노조로서 이 나라 전 조합원들의 약 90%에 해당하는 약 43만 5,000명의 노동자를 대표한다.[6] 1970~80년의 아일랜드 사회적 파트너십과 정책협의 시스템이 불안정하고 효과적으로 작동하지 못한 것은 중앙집중(권)적인 노동운동의 결여에 연유했다.[7] 그러나 1980년 이후 노조의 합병활

---

6) 노정 관계의 기대와 영국의 지배에 대한 적대감으로 인해 1945년 노동의회인 ITUC에 분열이 발생했고 이때 아일랜드노동조합의회(CIU)가 결성되었다. 양 노총은 1959년에 아일랜드노총(Irish Congress of Trade Union: ICTU)으로 통합되었다. 한편, 사용자 결사체는 주로 노사 갈등에 대응하여 발전했다.

7) 1980년대까지만 해도 노조운동의 정상조직인 ICTU와 정상 사용자단체인 IBEC 중 어느 조직도 정책협의 및 사회적 파트너십 시스템을 작동시키는 유리한 중앙집권적 조직체계를 갖추지 못했다. 다시 말하면 1970년대 아일랜드 사회협약정치는 응집력 있는 사용자단체, 집권적 노조운동의 부재 때문에 실패했다. 그러나 양 조직들의 조직적 능력은 1990년대에 보다 증대되었다. 특히 1980~90년대 노조 간 합병이 일어나 노조운동이 임금, 조세, 사회정책, 공적 재정, EMU수렴기준 등을 비롯한 광범위한 정책 어젠다에 관한 정치적 교환에 참여할 수 있도록 하는 데 기여했다. 이에 따라 1980년대에 국내 경제위기가 깊어진 상황에서 노사 양 조직들은 정책협의 및 사회적 파트너십 시스템에

동이 활발해지면서 아일랜드 노동운동은 협조적인 행동과 중요한 측면에서의 계급지향적인 정책을 추구하는 능력을 과시했다.[8] 마찬가지로 노동운동 내에서 ICTU의 영향력과 권한은 정책협의 및 사회적 파트너십이 작동하는 동안 증대되었는데 이는 1987년 이후 ICTU가 정치 영역에서 성공적으로 작동했을 뿐만 아니라 의사결정권이 내부 민주적 메커니즘에 입각한 도덕적 권위를 갖고 있었음을 반영한 것이다.

한편, ICTU는 정책협의 및 사회적 파트너십에 기초한 사회협약을 지지하는 태도와 인식을 가졌다(O'Connor, 2004: 94). 제도화된 정치교환(political exchange)은[9] 1980년대에 일어났던 노동운동의 한계상황을 종식시키고 영국에서 있었던 노조주의의 불행한 운명을 회피하기 위한 ICTU 지도부의 전략적 선택에서 비롯되었다. 물론 노조 내부에서도 정책협의 및 사회적 파트너십에 대해 반대가 없었던 것은 아니다. 비판자들은 사회적 파트너십이 단순히 임금억제에 목적이 있고 노조들을 정부와 사용자들의 어젠다에 편입시키며 노조 내부의 민주주의를 침해한다고 주장했다. 보다 구체적으로 사회적 파트너십에 기초한 협약이 임금문제에 대한 발언권을 갖지 못하게 하고 전국 차원의 사회적 파트너십을 기업 수준의 파트너십으로 전환시키는 데 방해가 된다는 불만이 제기되었다. 특히 영국식 노조의 사고를 가진 아일랜드 장인노조들은 단체협상에 참여하는 노조의 자율성을 제약하는 중앙 차원의 사회협약을 반대하는 전통적·이데올로기적 입장을 견지했다. 그들은 사회적 파트너십을 대기업의 욕구를 충족시키기 위한 것으로 인식했으며 경영계 어젠다에 속박을 강제하는 정치적 통합 양식이라고 비판했다. 그러나 일반노조 및 공공부문 노조들은 사회적 파트너십을 지지한다. 실제로 사회적 파트너십 및 정책협의적 접근방식은 아일랜드가 안고 있는 여러 문제를

의한 임금결정을 지지하는 전략적 변화를 시도했다.

8) 사회적 파트너십을 채택하지 않는 영국에서는 노조운동이 1979년 이래 조직률이 급감하고 있는 데 반해, 1980년대 이래 아일랜드 노조조직률의 감소는 미미했다.

9) 주요 정치경제 주체들은 자신들이 갖고 있는 자원을 서로 교환하는 협상과 교섭에 참여한다. 이 과정의 중요한 특징은 노동시장 당사자들이 협상을, 노동시장에서 정치시장으로 이동한다는 데에 있다.

신자유주의의 배제적 접근으로 해결하려는 시도를 차단했다. 사회협약들은 재정적 보상과 더불어 낮은 인플레이션에 따른 실질임금의 인상효과(실질 가처분 소득 인상), 저임금 노동자들의 처우개선, 노동의 공공정책에 대한 영향, 금리인하, 조세감소 등 1981~87년 시기와는 대조적인 항목들을 포함하고 있었다. 따라서 일반노조 및 공공부문 노조들은 사회협약을 지지했다. 사회적 파트너십 과정은 또한 노조운동 내부에서 ICTU의 리더십을 공고화시켰다. 따라서 ICTU는 조합원들의 이익을 확보하기 위해 필요한 단체교섭에 대한 정책협의적 접근을 옹호했다.

넷째, 아일랜드 사용자들도 비교적 잘 조직화되어 있다.[10] 아일랜드 기업 및 사용자연맹(IBEC)은 정책협의 및 사회적 파트너십에서 기업을 대변하는 보다 통일된 목소리를 낼 수 있다는 점에서 의미 있는 발전이었다. 리더십 관점에서 이 통합은 업계의 보다 장기적이고 전략적인 정책 어젠다를 형성하고 추구하는 능력을 증대시켰다. ICTU에서처럼 IBEC 정책에 대한 산하 회원들의 순응을 보장하기 위해 중앙 지도부의 권한은 공식적으로 대표성을 견지했다. 그리고 전국적 합의의 수용 여부는 내부 투표를 통해서 결정했다. IBEC는 사회적 파트너십 및 정책협의 시스템이 산업관계를 개선할 뿐만 아니라 온건하고 예측 가능한 임금인상, 낮은 인플레이션과 저금리, 그리고 생산성과 경쟁력을 제고하기 위한 기업중심의 유연화와 임금인상을 연계시키는 수단이 될 것으로 믿었다. 실제로 전국적 차원의 사회적 파트너십 및 정책협의 시스템이 전국 수준의 노사 관계를 증진시키면서도 기업 수준에서 유연화 전략의 추구를 방해하지 않았다(Taylor, 1996: 253~277; Roche, 1998: 112~114). 따라서 IBEC의 산하단체들도 사회적 파트너십 및 정책협의 시스템을 강력히 지지했다. 물론 사용자들로부터도 비판의 목소리가 제기되었는데 이는 대부분 임금협상에 참여하지 못한 아일랜드중소기업연맹(ISME)으로부터 비롯되었다. 그들은 사회적 파트너십이 시장의 탈규제를

---

10) 사용자단체는 노사 갈등에 대응하여 발전했다. 1942년에 사용자조합연맹(FUE)이 결성되었고 이는 1989년에 아일랜드사용자연맹(FIE)으로 개편되었다. 그리고 아일랜드에는 협상허가권을 갖는 세 개의 사용자단체가 있었는데 이들이 1993년에 가장 규모가 큰 공인된 단체로서 통합된 전국 차원의 아일랜드 기업 및 사용자연맹(Irish Business and Employers' Confederation: IBEC)이 있다.

가로막는 장애이며 타협안이 대기업의 요구를 충족시키기 위한 것이라고 주장했다. 왜냐하면 그들은 여전히 광범위한 노동시장 탈규제에 대한 강력한 옹호자이고 정부정책에 대한 ICTU의 부당한 영향력에 비판적이었기 때문이다. 그들은 토착 중소기업에 손실을 가져오고 대기업과 외국기업의 욕구를 충족시키는 어젠다를 추구하고 있는 IBEC의 역할을 비판했다. 그러나 역설적으로 그들의 태도는 전국 차원 사회협약의 임금 조건에 대한 협상 과정에서 역할을 부여받지 못한 것에 대한 그들의 불만을 반영한 것이라 할 수 있다.[11]

다섯째, 아일랜드의 정당정치는 정치경제 문제에 대한 이념적 차별성이 크지 않아 대립이나 갈등보다는 상생관계를 유지해 오고 있다.[12] 이 같은 정당정치의 특성은 사회경제적 위기를 맞이하여 사회협약을 체결하는 데 유리하게 작용했다. 뿐만 아니라 정당들은 정책협의 및 사회적 파트너십 시스템에 대해 긍정적이었다. 중앙집권적인 임금협상 방향으로 가닥이 잡히기 시작한 1987년부터 모든

---

11) ISME는 '파트너십 2000'의 협상에 포함될 예정이었으나 그들은 ICTU와 연계하여 IBEC와 CIF에 의해 진행되는 민간 부문의 임금문제에 관한 협상에서 자신들의 참여가 배제되는 데 대해 항의하고 철수했다.

12) Fine Gael과 Fianna Fáil은 아일랜드의 정당정치를 주도해 오고 있다. 양당은 북아일랜드의 분리 독립 문제에 대해 서로 다른 입장을 보였는데 전자는 북아일랜드의 분리를 인정한 데 반해, 후자는 북아일랜드와의 통합을 주장했다. Fianna Fáil은 소농, 노동자, 중하위층으로부터 지지를 얻었으며 Fine Gael은 대농, 전문인, 중산층 이상으로부터 지지를 받고 있다. 군소정당으로 노동당(Labour Party), 녹색당(Green Party), 진보민주당(Progressive Democrats), 민주좌파(Democratic Left) 등이 있다. Fianna Fáil이 거의 줄곧 연정의 형태로 집권당이 되어왔다. 아일랜드의 이러한 정당지형은 단기이양식 투표(single transferable vote: STV)에 연유한다. 이 비례선거제도는 각 당의 전국 득표율과 의석점유율을 거의 정비례시킨다. 이는 정당명부의 서열의 결정권을 유권자들에게 과감히 이양하는 제도다. 유권자들은 지역구 후보자들에 대한 선호도에 따라 순서대로 후보자들의 이름을 명기하게 된다. 첫 번째로 기명된 후보자들의 득표수를 합산하여 이들 중 일정 득표수를 초과한 후보자는 당선되고 여기서 초과한 득표수는 유권자들이 두 번째로 지명한 후보자들에게 이전된다. 두 번째의 지명자가 일정 득표수를 확보하면 당선된다. 이러한 절차를 지속하여 해당 지역에 따라 3석에서 5석의 당선자를 확정한다(선학태, 2005: 60~61).

정당들은 정책협의 및 사회적 파트너십 시스템에 대한 입장을 정부와 공유했으며 그 유효성에 대한 합의를 모았다. 물론 초기에 Fine Gael과 노동당은 사회적 파트너십에 비판적이었다. 노동당 지도자들이 보다 비판적이었다. 왜냐하면 노조들이 1982~87년 사이의 Fine Gael-노동당 연정에게는 협력을 거부했던 반면, PNR 체결 당시에 Fianna Fáil에게는 아주 호의적인 협력과 연대를 보냈기 때문이다. Fine Gael과 노동당은 사회적 파트너십이 정책결정권을 선출직 대표자에서 비선출직인 이익집단 대표자들에게 이전시켜 의회를 무시하는 등 비민주적일 뿐만 아니라 합의내용이 선출된 정부의 정책자율성을 제약한다고 비판했다. 한마디로 사회적 파트너십이 대의민주주의를 위협한다는 것이다. 그러나 이들 두 정당은 특히 1990년대에는 연립정부에 참여하면서 사회적 파트너십 시스템을 선택했다. 이는 사회적 파트너십 및 정책협의에 대한 정치인들의 관심과 의지가 보다 강렬해지고 있음을 의미한다. 각 사회협약들이 성공적으로 이행되고 아일랜드의 '나도 함께(me too)' 정치문화에 비추어볼 때 어떤 정부도 사회적 파트너십을 폐기하지 않았다(O'Connor, 2004: 93). 1987년 사회적 파트너십의 복원을 시도하는 데 있어 Fianna Fáil의 역할, 사회적 결속에 공감하는 Fianna Fáil의 전통, 그리고 선거정치에서 노동계급 선거구에 의존 등 이러한 사실들은 노동우호적인 정당이 사회적 파트너십 시스템의 작동에 중요하게 작용하고 있음을 시사해 준다.[13] 요컨대, 이제 모든 정당들은 사회적 파트너십이 경제 및 사회 정책을 형성하는 데 있어 적절한 접근방식이라는 데에 합의를 모으고 있다.

여섯째, 정당 간의 협력체제에 기반을 둔 연립정부의 노력이 아일랜드의 사회적 대타협을 성사시키는 데 한몫했다. 1987년 이후 아일랜드 정당정치는 자주 재협상하는 연립정부의 형태로 변모해 갔다. 정책협의 및 사회적 파트너십은 이러한 정치지형의 변화 속에서 존속했을 뿐만 아니라 오히려 제도화에 탄력을 받았다(O'Donnell and Thomas, 2002: 168). 실제로 각 사회협약은 연립정부에 의해

13) Fianna Fáil과 Fine Gael의 대중적 속성은 아일랜드 정당을 좌·우 스펙트럼 관점에서 범주화하는 것을 항상 어렵게 하며 영속적이고 재협상된 연립정부의 등장이 그 성격을 더욱 복잡하게 만든다.

체결되었다. 예컨대 PNR은 Fianna Fáil의 소수 정부에 의해 이루어졌지만[14] 나머지 PESP은 Fianna Fáil-진보민주당(Progressive Democrat) 연정, PCW은 Fianna Fáil-노동당 연정,[15] '파트너십 2000'은 Fine Gael-노동당-민주좌파당(Democratic Left Party) 연정, PPS은 Fianna Fáil-진보민주당 연정 등에 의해 사회협약이 체결되었다 (Hardiman, 2002: 22). 이런 전통은 집권당이 여러 차례 바뀌는 상황에서도 정당과 정파를 초월해 협력체제에 기초한 연립정부의 형태는 사회협약정치의 틀을 유지하는 받침대가 됐다. 다시 말하면 정당 간에 이념적 거리가 크지 않아 설령 연정 파트너 교체가 이루어져도 경제정책의 갑작스런 변경이 야기될 가능성은 높지 않으며 이는 사회협약정치의 안정적 작동을 가능케 한다(Rhodes, 2001: 186).

일곱째, 통화정책 당국이 노조와 사용자로 하여금 임금협상에서 갈등조정 시스템을 채택하도록 유도하는 데 촉매 역할을 했다. 예컨대 유럽 각국의 중앙은행이 인플레이션, 금리, 재정적자에 대한 엄격한(stringent) 목표의 설정을 요구하는

---

14) 1940년대에 Fianna Fáil은 정치적 어젠다 설정에서 헤게모니를 장악했고 이후 아일랜드 정치는 분열적 경쟁이 아니라 협력적 정치문화의 특징을 보였다. Fianna Fáil과 Fine Gael은 대중정당으로 발전했다. Fianna Fáil은 일반적으로 총투표의 40∼50%의 지지를 획득했으며 1932∼48, 1951∼54, 1957∼73, 1977∼82, 1987∼94, 1997∼현재에 집권했다. Fianna Fáil의 성공은 노동의 정치적 한계를 보강했다. 물론 지난 20여 년에 걸쳐 Fianna Fáil에 대한 핵심 지지층은 서서히 하락했으며 이에 따라 1989년 이래 다른 군소정당과 협력함으로써만이 집권이 가능했다. 그러나 좌·우파 이념 정당들은 정치적으로 별로 중요하지 않는 군소정당으로 머물러 있고 Fianna Fáil은 아직도 모든 사회계층으로부터 다수의 지지표를 얻고 있다. 1948년 이래 정당경쟁은 Fianna Fáil과 나머지 정당 간의 대결양상으로 전개되어 왔다. Fine Gael은 총투표의 약 25% 지지표를 얻어 제2정당의 위상을 차지하고 있으며 많은 노조원들이 가입되어 있는 노동당은 1920년대 이래 총투표의 평균 12%의 지지표를 얻어 제3당이 되고 있다. 1980년대 동안 이념적 지향성을 띤 정당들이 출현했는데 현재 총 투표의 약 3∼5% 득표율을 보인 신자유주의 진보민주당과 녹색당이 그것들이다.

15) 1914년에 노동의회가 주도하여 아일랜드노동조합회(ITUC)와 노동당(Labour Party)이 결성되었고 노동당은 1922년부터 총선에 참여했다. 1987년에 이르기까지 평균 총 투표의 11.4% 지지를 획득했다. 몇몇 노조들은 노동당에 연계되었지만 연립정부에의 노동당의 참여는 아주 간헐적이고 예측불가능하여 전략적으로 주요 변수가 아니다.

1992년 마스트리히트 조약에 따라 긴축 통화정책을 구사했으며 이는 인플레이션 억제에 기여하여 갈등조정 시스템의 작동에 필수적인 노동의 자발적 임금인상 자제를 유도했다. 또한 정부의 정책의지도 갈등조정 시스템을 가동하는 데 중요한 요인으로 작용했다. 1987년 이래 중앙 차원의 임금협약이 체결되는 동안 통화의 신뢰를 유지하는 것이 정부정책의 핵심이었다. 유럽연합(EU) 내에서 경쟁력을 유지해야 할 필요에 따른 외부의 제약, 유럽통화체제(European Monetary System)에의 가입을 위한 준비기간에서 환율을 적절히 관리해야 하는 필요성은 합의적 임금협상의 진행에 긍정적 영향을 미쳤다.

마지막으로 정부 대표가 참여하는 정책협의체의 효율적 운영이 사회협약정치의 작동에 기여했다. 정부의 입장에서 사회적 파트너십은 정치적 정당성 및 신뢰성을 제고할 수 있는 기회이다. 따라서 사회협약기구는 '협약 어젠다 설정-양보와 협의' 프로세스를 중심으로 운영됨으로써 사회협약 도출에 긍정적으로 역할을 수행했다. 국가경제사회위원회(NESC)[16]는 경제사회적 이슈(경쟁력 제고를 위한 완만한 임금 증가, 공공재정 건전화, 세제개혁, 노사 갈등의 경감, 공공부문의 구조개혁, 분배정책, 공공정책의 질과 효과성 개선 등)에 관한 합의를 모색하고 수상의 자문에 임했다. 예컨대 1986년 '발전전략' 문건은 경제적·재정적 위기에 대한 사회적 파트너들의 공동분석과 이러한 위기를 해결하기 위한 정책적 처방을 개괄하고 있었으며 아일랜드의 각 사회협약(NESF가 설립된 1993년 이전까지)은 이러한 NESC 전략 문건에 따른 것이었다. NESC의 1986년 전략 문건과 더불어 이후의 전략보고서들(1990, 1993, 1996)은 중앙 차원의 정책협의를 위한 이론적 틀을 제공했다. 실제로 이러한 비공식적인 과정은 사회적 파트너십이 정착되는 동안 제도화되었다. NESC에서 주요 참여자들은 집중적인 토론과 협상을 통해 공동 어젠다를 설정하려 했다. 이를 통해 인식 공유를 촉진시킬 뿐만 아니라 신뢰, 상호존중, 그리고 상대방의 이해관계와 정체성에 대한 이해를 조성했다. 이처럼

---

16) NESC는 NESF와는 별도의 독립기구이며 국가의 경제 및 사회정책에 대한 자문기능 역할을 수행하는데 노·사·농업·시민사회 등의 각 5명, 그리고 정부 대표 10명으로 구성되며 NESF와 참여 위원이 상당 부분 중복된다.

NESC는 주요 참여자들 간의 합의를 구축하고 유지함으로써, 그리고 사회협약의 정책 레파토리를 설정함으로써 사회적 파트너십 시스템에 핵심적 역할을 했다. 또한 이해 공유의 조성을 강조하는 전략 문건의 구성은 국가 차원의 사회협약을 위한 교섭과정의 첫 단계로 인식되었다.

PNR에서 노사정 3자 중앙조사위원회(Central Review Committee)가 설립되었다. CRC는 PNR에서부터 PCW에 이르기까지 국가적 합의의 이행을 감독·감시했다. 특히 사회협약의 충족 여부, 그리고 합의의 조건에 대한 각 주체의 준수 여부 등을 감독·감시했다. CRC는 또한 합의에 대한 사회적 파트너들의 관심과 의지를 강화시키는 상호 토론의 장이었고 노조원들은 이를 정부 각료들 및 고위 관료들과 접촉할 수 있는 기회를 제공하는 것으로 인식했다. CRC는 후에 모든 사회적 파트너들이 참여하는 '파트너십 2000 감시위원회(Partnership 2000 Monitoring Committee)'로 대체되었다.

나아가 1993년에 국가경제사회포럼(NESF)의 설립은 심의과정에서 전통적인 사회적 파트너들 외에 참여의 폭을 넓히는 시도였다. 또한 그것은 파트너십을 통한 공공정책협의 과정의 중요한 혁신으로 평가되었다(Davis, 1997: 347~633). 이 포럼은 정책설계에 있어 어느 정도 영향력을 행사했다. 특히 이 포럼이 작성한 「장기 실업 종식(Ending Long-term Unemployment)」이라는 보고서는 적극적 노동시장 정책의 개발에 있어 전략적 역할을 했다. 그리고 이 보고서는 '복지에서 일자리로(welfare to work)'의 이동을 적극적으로 지원하는 것을 목적으로 한 '지방 고용 서비스(Local Employment Service)'의 발전을 촉진했다. 이러한 성과에도 불구하고 사회적 파트너십 과정에의 참여는 불균등하게 발전되었다고 인식되기도 했다. '파트너십 2000' 협약은 그 협상과 비준에 참여의 폭을 크게 확장하여 제3의 당사자들인 공동체 및 자발적 결사체 등과 같은 주요 사회세력들[17]에게 완전한 사회적 파트너 지위를 부여했다. 이러한 참여 확대 결정은 경제사회적 거버넌스(governance)를 발전시키는 데 혁신적인 계기가 되었으며 확실히 협상과정에 역동

---

17) 이에는 아일랜드전국실업자조직(INOU), 아일랜드전국여성위원회(NWCI), 아일랜드전국청년위원회(NYCI), 종교지도자위원회(CORI) 등이 있다.

성을 부여했다. 이처럼 사회협약 기구는 노사정 3자의 배타적 구조를 탈피하고
참여 범위를 확대함으로써 사회협약에 대한 국민적 공감대를 형성시켰다.

정책협의체에서 양보와 보상의 메커니즘을 통해 상호 협력할 수 있는 전략적
행동을 이끌어낼 수 있는 정부정책이 중요한 변수이다. 아일랜드 정부는 정부정
책을 통해 사회집단들에 대한 보상을 제공함으로써 양보를 유도하고 상호 협력
하는 전략적 행동을 이끌어내는 데 성공했다. 즉 사회협약 체결과정에서 임금인
상 자제라는 양보를 유도하기 위해 사회경제 문제에 대한 다양한 정책을 통해
사회협약이 순조롭게 체결되고 집행될 수 있었다. 사회협약이 체결되고 집행되
면서 사회적 파트너십 및 정책협의 시스템에 참여한 사회적 파트너들은 사회협
약의 필요성을 확신하는 정책학습(policy learning)의 기회를 갖게 되며 사회협약의
토대를 더욱 강화한 것이다.

3. 사회협약정치의 성격

1) 경제적 효율성(경쟁력)과 사회적 형평성의 조화

사실 1980년대 전반기까지만 하더라도 유럽 변방의 가장 못 사는 농업국가가
아일랜드였다. 그러나 아일랜드는 1987년 사회협약을 통해 노동·사용자·정부
·농민·공익단체 등 경제사회 주체들이 사회통합을 위한 기본정책에 대한 합의
를 이끌어냄으로써 지속적인 경제성장의 발판을 마련했고 지난 20여 년간 '유럽
의 지진아(European laggard)'에서 '켈트의 호랑이(Celtic tiger)'로 포효하고 있다
(Aust, 1999; House and McGrath, 2004: 37~41).[18]

---

18) 아일랜드의 노사 관계와 복지시스템을 포함한 정치경제는 전통적으로 영국의 그것과
공통점을 가졌다. 분산화·분권화된 임금협상과 높은 실업이 1980년대 전반기에 양국
의 조직노동을 약화시켰다. 그러나 그 후 아일랜드와 영국은 대조적인 정치경제 모델을
채택했다. 1980년대에 영국은 시장주도의 신자유주의 경제관리 시스템을 실험했던 반
면에, 아일랜드는 노동시장에서 시장조정 모델(market coordination model)을 채택했다.

이러한 '아일랜드 기적'은 우선 경제성장률에서 나타났다. 1970년대에 연평균 4.9%를 기록했던 아일랜드 경제는 급기야 1986년에는 마이너스 0.4% 성장을 기록했다. 그러나 아일랜드는 사회협약을 체결한 1980년대 후반부터 지속적인 경제호황을 경험했는데 특히 1994~2002년 사이에는 연간 평균 GNP 성장률이 8.8% 이상을 과시했다. 이는 같은 기간 동안 EU의 평균성장률 2.5%를 3배 이상 웃도는 고도성장이었다. 이 무렵 국가채무도 경제성장에 따른 재정세입 증대에 힘입어 크게 축소되어 마침내 1997년 이후 재정흑자로 돌아섰고 정부부채의 규모도 지속적으로 줄어들어 2002년에는 GDP 대비 32.4%로 하향되었다. 국가 경제의 눈부신 발전은 또한 국민소득의 증대를 가져왔다. 1988년 1인당 국민소득 1만 달러에서 8년 만인 1996년에는 2만 달러로, 그리고 2002년에는 3만 3,000 달러를 넘어섰다. 이는 2002년 당시 영국(2만 4,000달러), 독일(2만 5,000달러)의 1인당 국민소득을 훨씬 능가하는 수치였다. 나아가 아일랜드의 급속한 경제성장은 고용의 증가로 나타났다. 만성적인 이민유출과 1987년 16.8%로 유럽 최고의 실업률을 보였던 아일랜드는 2002년 실업률을 4.2%로 끌어내렸다. 이처럼 '고용 없는 성장(jobless growth)'이 아니라 거의 완전고용에 근접했을 뿐만 아니라 대규모 이민유입이 일상화되었다. 대부분의 유럽연합 국가들이 1990년대 높은 경기 침체 및 실업률, 재정적자 및 국가부채 증가 등으로 인해 사회경제적 어려움을 겪었다는 사실을 고려할 때 아일랜드 사회경제적 성과는 '켈트 호랑이'로 떠오른 '기적'으로 평가할 만하다.

이러한 성과를 가져오는 요인은 1992년 유럽 단일시장의 완성, 유럽연합의 구조기금,[19] 외국인 투자자본의 대량유입, 고등교육을 받은 양질의 노동력의 활

말하자면 양국의 정치경제 제도는 공통적인 역사적 기원을 갖고 있었지만 새로운 글로벌 시장에 대한 국내 적응전략은 대조적인 정치적 선택이었다.

19) 이 구조기금은 유럽연합 회원국 중에서 상대적으로 빈곤한 지역을 지원한 지역개발기금, 실업을 해소하기 위한 사회기금 등을 포함했다. 특히 마스트리히트 조약 체결 이후 회원국 간의 경제사회적 통합이 강조됨에 따라 상대적으로 낙후 지역인 아일랜드를 지원하기 위한 연대기금이 제공됐는데 아일랜드 정부는 이를 사회간접자본과 인적 자본 개발을 위한 교육 등 사회인프라 구축에 집중적으로 투자했다.

용, 낮은 법인세, 정부조직의 개편[20] 등 다양하다. 그러나 무엇보다도 1987년 이래 정부가 추진한 사회적 파트너십 및 정책협의 시스템이 그 같은 지속 가능한 고도성장에 크게 공헌했다(House and McGrath, 2004: 32~33). 1987년의 PNR 이후 사회협약정치를 통해 노사 관계 및 고용 안정, 산업 갈등 급감, 경쟁력 제고 등에 바탕을 둔 지속적인 경제성장과 사회통합이 유지됐다. 무엇보다도 아일랜드 사회협약정치의 효과는 외국기업의 유치에 기여함으로써 외자주도적인 경제 성장 전략을 가능하게 했다. 1987년 이래 여섯 차례에 걸친 사회협약은 완만한 임금인상과 노사안정을 가져왔고 이를 바탕으로 아일랜드 정부는 외국자본을 유치하기 위해 매력적인 투자환경을 조성했다. 자국에 투자하는 외국기업에게는 세금 특혜 외에도 공장 설비와 건물 토지 구입에 들어가는 비용의 25~30%를 현금 보조금(cash grant)으로 지급했다. 특히 법인세를 10%로 낮췄고 이는 영국과 프랑스 등 인접 서유럽 국가들의 법인세가 30~40%에 달하는 것에 비춰 볼 때 파격적인 조건이었다. 그 결과 외국인 직접투자의 지속적인 확대로 1998년 현재 제조업에서 외국기업이 차지하는 비중은 생산량에서 82%, 고용에서 47% 를 기록했다. 아일랜드에 진출한 외국기업들은 정보통신, 의약 분야 등 하이테크 산업에 집중되어 아일랜드 경제발전의 견인차 역할을 하고 있다. 요컨대 사회적 파트너십 및 정책협의 시스템에 기초한 사회협약을 통한 해외투자가들의 경제적 비용 예측가능성, 노사 관계 안정이 외자유치에 긍정적 영향을 미쳤다.

뿐만 아니라 1990년대에 접어들어 아일랜드 정부는 외국인 직접투자에 의해 경제성효율성과 경쟁력을 제고시키면서도 사회협약에 포함된 사회보장 프로그램을 성실히 이행했다. 특히 요양간호수당, 유족연금수당, 보건 및 안전급여, 입양급여, 편부모 수당, 실업보조, 고아연금, 장애수당 등 다양한 사회부조 프로그

---

[20] 정부조직을 개편해 산업 · 정보 · 과학기술 · 중소기업 · 노동 업무를 총괄하는 기업고용부(후에 통상 업무를 추가해 기업통상고용부로 개편)를 신설하고, 그 산하에 외국기업 유치업무를 관장하는 산업개발청(Industrial Development Authority of Ireland: IDA)을 설립했다. IDA는 건축개발 허가 승인과 환경통제 허가를 제외한 전권을 갖고 외국기업들이 공장 입지선정부터 회사 등록까지 모든 서비스를 한곳에서 받도록 하는 원스톱 서비스를 제공했다.

램이 새롭게 도입됐다.[21] 또한 1990년대 사회보장제의 발달과정에서 '복지에서 일자리로'라는 슬로건 아래 실업문제를 해결하기 위해 아일랜드 정부는 '적극적 노동시장' 정책을 강화했다. 이와 같이 아일랜드 정부는 사회 취약계층을 보호했다. 이는 아일랜드 사회협약정치가 경쟁력을 강화하기 위해 사회적 형평성을 강화하고 있음을 시사한다. 외국인 직접투자에 의존하여 경제발전을 추진해 온 아일랜드에서 사회보장제의 확충은 "글로벌 시장화는 사회복지를 축소한다"라는 견해를 무력화시킨 사례라고 볼 수 있다. 이는 글로벌화 시대에 기업의 경쟁력을 강화시키고 외국인 직접투자를 유치하기 위해 평화적 노사 관계를 유지할 수 있는 사회적 형평성이 강화되어야 함을 시사한다.

2) 파트너십 거버넌스의 혁신성

NESC는 1996년 「21세기의 전략(Strategy into the 21st Century)」에서 아일랜드 사회적 파트너십과 정책협의의 몇 가지 특징을 요약했다(O'Connor, 2004: 95). 그 특징은 협상과정에서 사회적 파트너들의 인식과 이해의 공유, 협상과정에서의 정부의 적극적 역할, 사회적 파트너들의 기능적 상호의존성, 협상과정에서의 집단들 간의 양보와 타협, 협상과정의 다양한 정책 어젠다(거시경제정책에서부터 지방이슈에 이르기), 이해관계자들의 포괄적 참여 등이다. 이와 같은 특징은 '파트너십 2000' 프로그램에 시민사회의 자발적 결사체들이 참여하고부터 비로소 충분히 실현되었다. 모든 참여자들이 이러한 특징을 수용함에 따라 사회적 파트너십 및 정책협의 시스템이 이제 제대로 자리매김된 것이다. 사회적 파트너십 과정은 다양한 형태의 정책협의의 부활, 그리고 경착륙(hard-landing)이 아닌 연착륙(soft-landing)을 유도한 경제적 호황의 실현으로 더욱 확고히 정착되었다.

그러나 아일랜드 사회협약정치의 본질적 성격에 대한 의견 불일치가 여전히

---

21) 아일랜드 정부의 사회보장제의 지속적인 확충에도 불구하고 아직까지 사회복지 공급의 정부의 역할은 유럽연합의 다른 국가에 비해 낮은 수준이다. 특히 교육 및 의료 분야에 대한 국가의 책임은 저조한 수준이다.

존재한다. 아일랜드 사회협약정치는 정책 내용과 참여자들에 있어 고전적인 사회적 파트너십의 핵심인 자본과 노동 간의 기능적 상호의존성을 뛰어넘는 특이한 후기 정책협의 모델을 발전시켰다는 주장이 있다. 동시에 아일랜드 사회협약정치는 고전적인 '수요중심 사회협약정치'를 변형시킨 '공급중심의 사회협약정치'로 보는 주장이 있다(O'Connor, 2004: 95~96).

그런데 국제경제의 변화에 따른 대응으로서 국가적 차원의 사회협약정치는 아직도 유효하다. 단지 복지국가의 확대를 겨냥한 과거의 '수요중심의 사회적 파트너십'에 기초한 협약과는 다른 유형으로서 새로운 형태의 사회협약이다. 이러한 모델은 '경쟁력과 유연성'이라는 사용자의 관심 사항을 수용하는 동시에, 사회보장제에 관한 정부의 관심이 높아지는 '경쟁적 사회협약정치(competitive social pact politics)'라 할 수 있다(Hardiman, 2002: 3~4). 사회보장제의 무게 중심은 '고용친화적 복지국가(employment-friendly welfare state)' 방향으로 이동하고 있다. 이 같은 '경쟁적 사회협약정치'는 네덜란드, 핀란드, 이탈리아, 스페인 등에서 임금협상, 경제정책 및 사회정책을 규율하는 사회협약에서 관찰되고 있는데 아일랜드의 사회적 파트너십 시스템도 이러한 '경쟁적 사회협약정치'의 관점에서 이해할 수 있다.

최근 아일랜드 사회협약정치에서 나타나는 내용, 과정 및 참여 등을 보면 노사정 3자간 기능적·경제적 상호의존 모델로서의 사회적 파트너십 및 정책협의는 점차적으로 유연해지고 있음을 알 수 있다. 왜냐하면 다양한 이익집단 네트워크를 통한 공공정책 과정이 분화되고 있는 '합의주의적 다원주의(corporate pluralism)'가 등장하고 있기 때문이다(Amin and Thomas, 1996: 255~281). 이러한 발전은 1990년대에는 국가 수준에서 지방 노동시장 및 기업 수준의 파트너십으로 발전되고 있다(Rhodes, 2001: 185). 이것은 대의민주주의와 참여민주주의 간의 관계를 재편성하려는 유연화 시도로 볼 수 있으며 새로운 형태의 심의민주주의(deliberative democracy)를 조성하고 있는 것이다. 3자 혹은 보다 이질적인 형태로 등장하는 후기 파트너십 거버넌스는 '다원주의적 정책결정' 양식으로 대체되는 것이 아니라 이와 변화무쌍하고 역동적으로 공존 또는 중복되고 있으며 정책 영역 내에서, 그리고 이들 간에 혼합적인 거버넌스 형태로 나타나고 있다.

한 걸음 나아가 아일랜드 사회적 파트너십과 정책협의는 임금인상 자제, 거시경제정책, 노동시장, 사회보장정책 등 다양한 정책내용을 포괄한다. 특히 사회적 배제를 퇴치하려는 정책 프로그램을 강조하는 의지를 보인 정부부처와 행정기관들은 효과적인 공공정책을 결정하기 위해서 정책에 의해 영향을 받는 여러 집단들의 적극적인 참여를 필요로 했다. 그러므로 아일랜드의 사회협약은 저임금 근로자들의 임금보장, 기업이윤 배분, 장기 실업 해소, 교육 및 훈련체계 수립을 위한 적극적 노동시장 정책, 빈곤퇴치 사업, 여성근로자 및 비정규직 근로자들을 위한 사회보장제 확충, 지방경제 발전, 마약남용 퇴치, 조세개혁 등의 포괄적인 정책내용을 담아냈다. 뿐만 아니라 사회협약의 내용에는 중앙 차원의 임금협상 체계 및 분권화된 협상체계를 개발하여 적정 수준의 임금인상을 통해 경쟁력 제고를 포함한다. 이와 같이 아일랜드 사회협약의 내용은 공급중심의 생산성 및 경쟁력을 갖는 정책패키지, 그리고 분배와 복지를 통한 사회적 형평성을 높이는 정책패키지를 동시에 포함하는 혁신성을 과시한다(Rhodes, 2003: 135~137; House and McGrath, 2004: 49).

한편, 아일랜드 사회협약정치는 사회적 파트너십과 정책협의에의 참여 주체도 사회적 파트너십의 전통적 협상 당사자인 사용자 및 노조뿐만 아니라 농민, 비정규직, 실직자, 청년, 여성, 장애인 등 다양한 이해관계자들을 포괄한다. 1987년 이후 첫 번째 세 개의 사회협약에의 참여자들은 전통적인 사회적 파트너인 자본과 노동을 대표하는 정상 연맹들, 주요 농민조직, 그리고 정부 등이다. 가장 최근의 사회협약인 '파트너십 2000(Partnership 2000)', PPF, SP는 시민사회의 자발적 단체(실업자, 여성, 청년, 환경, 빈곤·홈리스·마약퇴치운동을 전개하는 자선단체) 등을 포함시켜 참여의 폭을 확대했다.[22]

---

22) NESC와 CRC와 같은 정책협의체에서 자발적 결사체들의 참여에 대해서 노조와 사용자 측은 초기에 저항했으나 시간이 흐름에 따라 그들은 자발적 결사체들을 수용했다. 노조, 사용자들 및 농민단체들과 비교해서 자발적 결사체들은 자신들의 참여 문제를 훨씬 규범적 차원에서 인식했다. 왜냐하면 그들은 자신들이 권력자원(power resources)과 협상력을 별로 가지지 못했으며 따라서 사회적 파트너십 기구에 자신들의 참여를 규범적으로 보장하는 것이 자발적 결사체에 개인들의 참여를 촉진하는 계기를 줄 것으로

이상과 같이 아일랜드 사회협약정치가 정책협의의 내용 및 참여 주체를 확대시키는 조치는 정부주도에 의한 것임은 물론이다. 사회협약 체결 및 집행과정에서 정부가 유인책을 적극적으로 제공함으로써 그들 사회세력 간의 이해관계 조정과 협력을 유도해 냈다. 정부의 이 같은 시도는 사회적 결속과 통합을 다지려는 명백한 증거이다. 사회적 결속의 형태는 취업자(내부인)들과 실업자들(한계 노동자들) 간의 결속이다. 이것은 아일랜드 사회협약정치의 중요한 측면이며 완만한 임금인상, 반배제 정책의 혁신과 확장, 그리고 파트너십 과정의 확대 등 여러 방식으로 표현된다.

4. 맺음말: 사회적 파트너십의 긴장과 전망

아일랜드는 1980년대 경제위기 상황을 이겨내려 사회협약정치를 통해 외자유치, 노사협력, 고용안정, 경제회복, 사회보장을 달성했다. 이로써 경제성장과 사회통합을 유지하면서 '켈트 호랑이'라는 별칭을 얻었다. 따라서 사회협약정치는 단순한 산업평화 차원을 넘어서는 아일랜드의 새로운 국가발전 모델이 된 것이다. 우리가 아일랜드 사회협약정치에서 특별히 주목하고자 하는 것은 3차 협약까지는 경제위기 극복, 경제성장, 국가경쟁력 강화에 초점이 맞춰졌다면 국민소득 2만 달러를 달성한 1997년 이후에 체결된 4차 협약부터는 분배, 사회적 형평에 더 많은 비중을 뒀다는 사실이다. 이것은 정책협의의 어젠다가 매우 포괄적이었다는 것을 의미한다. 즉 아일랜드 정책협의는 합의된 정책내용에 있어 임금인상 자제뿐만 아니라 거시경제정책, 노동시장 및 사회보장 등 다양한 내용을 포괄한다. 다시 말하면 사회협약의 내용이 공급중심의 생산성 및 경쟁력을 갖는 정책패키지, 그리고 분배와 복지를 통한 사회적 형평성을 높이는 정책패키지를 동시에

보았기 때문이다. NESF에서의 토론은 사회의 대안적 비전 및 발전 모델에 관한 논쟁을 포함했는데 이 과정은 때때로 기존 사회적 파트너들과 새로운 사회적 파트너들 간의 긴장을 불러일으키기도 했지만 확대된 사회적 파트너십 모델을 어떻게 효과적으로 작동시킬 것인가에 대한 성찰을 하는 계기를 가져오기도 했다.

포함한다. 뿐만 아니라 참여 주체도 사회적 파트너십의 전통적 협상 당사자인 사용자 및 노조뿐만 아니라 농민, 실직자, 청년, 여성 장애인 등 다양한 이해관계 자들, 특히 사회적 소수 및 약자의 이해를 반영한다. 더욱이 사회협약 체결 및 집행 과정에서 국가가 적극적 역할을 수행한다. 요약컨대 아일랜드 사회협약정 치의 참여 및 내용에서 다양한 이익집단 네트워크를 통한 다양한 공공정책이 협의되고 있다. 이런 맥락에서 아일랜드 사회협약정치는 '경쟁력연합과 분배연 합의 선순환을 통한 사회통합'을 달성한 것으로 평가받고 있으며 따라서 그것은 고전적 사회적 파트너십과 정책협의를 변형시킨 '경쟁적 사회협약정치'이다 (Amin and Thomas, 1996: 255~281; O'Connor, 2004: 95~96). 이에 따라 아일랜드 사회협약정치는 '결사체 민주주의(associative democracy)', '협상 거버넌스(negotiated governance)', 그리고 '민관 거버넌스(private-public governance)'의 사고에 대한 국제 적 논의를 불러일으켰다.

그러나 최근에 접어들어 아일랜드 사회적 파트너십 시스템에는 합의에 이르는 과정에서 마찰과 긴장이 발생하고 있다(Hardiman, 2000: 12; House and McGrath, 2004: 51~53). 첫째, 전국 차원의 임금협약에서 경제의 모든 부문의 요구를 충족 시키는 정책을 입안하기가 쉽지 않다는 것이다. 정책협의체에서 자본집약적 산 업과 노동집약적 산업, 수출지향적 산업과 내수보호 산업, 공공부문과 민간부문 사이에 이해관계의 갈등이 발생하고 있다. 아일랜드 경제는 1987년 이래 커다란 구조적 전환을 경험했다. 아일랜드의 산업발전 전략은 투자인센티브, 특히 해외 투자를 유치하기 위해 '낮은 법인세(low corporate tax)' 체제에 기초하고 있다. 외국 인 직접투자는 현재 GDP의 1/5 이상을 차지하고 극소전자, 제약, 화학 등 분야에 서 외국인 소유기업이 산업기반을 지배하고 있을 뿐만 아니라 제조업 전체고용 의 절반을 차지하고 있다. 외국인 자본이 소유하고 있는 하이테크 산업부문에서 임금상승 압력이 증가하고 있다. 1990년대 말경에 소프트웨어 등 하이테크 산업 부문에서 숙련 기술노동력의 부족현상이 발생하는 가운데 임금협약을 초과하는 임금인상이 보편화되었다. 이러한 경향은 하이테크 산업부문에 국한된 것이 아 니라 수출부문, 건설부문으로 확산되었다. 1999년에는 실질적인 이른바 임금드 리프트(wage drift: 평균 임금률을 초과하는 임금상승 경향) 현상이 발생한 것이다.

또한 공공부문의 임금문제가 제기되었다. 공공부문 임금결정은 시장원리나 성과 중심의 평가에 따르지 않았다. 따라서 공공부문 임금 수준을 시장의 변화에 맞추려는 시도가 2000년에 있었지만 실효를 거두지 못했다. 이는 민간부문에 비해 훨씬 높은 조직률을 갖고 전체 노조원들의 약 50% 이상을 차지하는 공공부문 근로자들이 노조운동 내부에서 강력한 블록을 형성하여 그러한 시도에 반발했기 때문이다. 이와 같은 아일랜드 경제의 부문 간의 긴장은 노조들 간, 그리고 노조 내부의 이해관계의 상충으로 인한 분쟁과 갈등을 초래했다.

둘째, 유럽과 국제경제에 깊숙이 통합되어 있는 개방경제하에서 노조운동이 사용자들에 비해 상대적으로 어려움에 직면하고 있다.[23] 특히 비임금 이슈들에 대한 노조의 영향력은 글로벌 경제 시대에 따른 사용자들의 관심과 이익에 더 무게 중심을 부여하는 경향 때문에 제한을 받는다. 아일랜드의 산업발전 전략은 아일랜드를 글로벌 기업들의 투자처로서의 매력을 극대화하는 데 있는데 이를 저해하는 어떠한 시도도 사용자단체나 정부에게 용납될 수 없다. 이것이야말로 사회적 파트너십에서 노조의 영향력을 제한하는 요인이 되고 있다. 심지어 미국계의 극소전자 기업들과 소프트웨어 회사들을 포함한 가장 수익성이 높은 일부 산업부문은 회사 방침으로서 노조의 존재를 전혀 허용하지 않고 있다. 그럼에도 아일랜드 노조운동은 그러한 기업들의 비노조의 방침에 항의할 수 없다. 왜냐하면 아일랜드 경제의 가장 강력한 성장부문에 그들 기업의 지속적인 투자를 방해할 위험이 도사리고 있기 때문이다. 이런 점에서 노조들이 국가적 차원의 의제에서 자신들의 조직적 · 정치적 이익을 제기할 수 있는 범위가 여전히 제약을 받고 있는 상태다.

셋째, 기업 수준의 사회적 파트너십은 제대로 실현되지 않고 있다(Hardiman, 2002: 15). '파트너십 2000' 협약에서 작업장 사회적 파트너십(workplace social partnership) 시스템 설립이 규정되었지만 아직 다른 서유럽 국가들에 비해 그 발전 정도가 취약하다. 작업장에 배제적 의사결정(exclusionary decision-making) 방식이

---

23) 다국적 기업의 협력업체인 수많은 중소기업을 가진 산업관계는 사회적 파트너십에 의한 합의에 도달하는 것을 어렵게 했다(Rhodes, 2001: 184).

지배하고 있으며 설령 작업장 관행에 변화가 발생한 경우도 그것은 협력적이고 포용적인 의사결정을 허용하지 않는 영미식 산업관계 시스템에 따르고 있다. 사용자들은 근로자들에게 기업정보 공개를 제외하고 작업장회의(works councils)의 설립을 반대하고 있다.

넷째, 이른바 '성공의 패러독스(paradox of success)'이다(Hardiman, 2002: 16). 경제성장과 고용확대가 임금자제 전략에 의해 실현되었지만 이러한 조건이 그러한 전략을 지속시키는 데에 새로운 어려움을 야기하고 있다. 1990년대에 사회적 파트너십 시스템의 안정적 작동을 가져왔던 두 가지 조건이 1990년대 말경에 위협을 받았다. 하나는 정상 사용자단체와 정상노조의 리더십이 산하 소속조직들로 하여금 전국적 차원의 임금협약을 계속 수용하도록 할 수 있느냐의 문제이다. 노동자들은 생활 수준 향상에도 불구하고 임금억제가 지속적인 경제번영 속에서 과연 적절한 조치냐 하는 문제에 대해 회의하고 있다. 정상 사용자단체와 정상노조의 리더십은 사회적 파트너십 시스템의 지속적 작동에 몰두하고 있지만 그들 자신의 조직 내부로부터 분권적 차원에서 임금자율성을 요구하는 압력에 직면하고 있다. 다른 하나는 사회적 파트너십 과정을 중재할 수 있는 정부의 능력문제이다. 유럽통화연맹(EMU)의 등장으로 1990년대에 정책협의 및 사회적 파트너십에 의한 임금조정 전략에 대한 관심과 의지를 강화하는 데 기여했던 정부의 통화정책이 이제 더 이상 불가능하게 되었다. 뿐만 아니라 정부는 정책협의 및 사회적 파트너십을 통해 임금자제를 유도하기 위해서 조세부담을 대폭 삭감해 주는 정책에 집착해 왔는데 임금자제를 조세삭감으로 상쇄시켜 주는 전략을 지속할 정부의 능력이 한계에 부딪치고 있다. 근 15년여 동안 조세삭감을 지속해 온 아일랜드는 2002년 현재 OECD 국가들 가운데 GDP 대비 조세 비율이 최저 수준에 있는 국가였다. 그럼에도 정부의 재정지출은 지속적으로 증가해 왔다. 이런 상황에서 조세삭감을 통해서 임금자제를 유도하려는 정책은 분명히 한계를 지니고 있다.

다섯째, 자유주의 경제학자들은 정책협의 및 사회적 파트너십이 임금협상을 정치화하고 노조의 권력과 협상력을 과도하게 강화시킨다고 비판했다(Durkan, 1992: 347~363). 또한 그들은 실업자, 불완전 취업자 등 열악한 국외자(outsiders)들을 희생시켜 정규직 중심의 내부자(insiders)들의 임금과 근로조건, 특히 공공부문 노동자들의 생활을 보호하고 노동시장의 경직성을 야기한다고 비판했다. 그들은 영국식 신자유주의를 선호하면서 중앙 차원 임금협상의 포기를 요구했다. 몇몇 진보 경제학자들도 정책협의 및 사회적 파트너십과 경제적 번영을 연계시키는 것은 환상으로 치부했다. 그들에 따르면 아일랜드의 경제적 호황은 정책협의 및 사회적 파트너십에 연유하는 것이 아니라 하이테크 분야에서 미국의 초국적 기업들의 높은 투자 덕택이라고 주장했다. 정책협의 및 사회적 파트너십은 오히려 노동자들로 하여금 경제적 호황의 보다 많은 몫을 누리지 못하게 할 뿐만 아니라 노조들을 봉쇄해서 그들을 정부와 사용자들의 정책 어젠다에 예속시키고 있다는 것이다.

마지막으로 아일랜드전국실업자조직(INOU), 종교지도자위원회(CORI) 등은 본래 '파트너십 2000'에 앞서 사회적 파트너십 과정의 배제적 성격을 비판했다. 자발적 결사체와 같은 사회세력들은 자신들이 '파트너십 2000'에 참여하게 된 것을 완전한 파트너 지위를 얻는 데 진일보한 것으로 인식하면서도 그들은 임금과 조세에 관한 협상에서 배제된 데 대해 여전히 우려를 표명했다. 그들은 또한 '파트너십 2000'을 수용했지만 사회적 배제 문제를 해결하는 데에 할당된 자원이 불충분한 것으로 생각했고 이러한 목표에 대한 다른 파트너들의 의지에 계속 의문을 제기하고 있다.

그렇다면 무엇이 정책협의 및 사회적 파트너십의 종언을 야기할 수 있는가? 첫째, 협약에서 임금 문제가 여전히 중요한 이슈로 남아 있는데 정책협의 및 사회적 파트너십은 경제적 사정과 노사 관계의 악화로 임금합의가 치명적으로 위협을 받을 경우 깨질 수 있다. 둘째, 공급중심의 개혁이 과부하 상태를 보이고 비효율적일 경우 사회적 파트너십이 '성공의 희생자(victim of success)'가 되어 깨질 수 있다. 아일랜드 사회적 파트너십 과정의 참여자 및 토론되는 정책 영역은 지속적으로 확대되어 왔다. 사회협약에는 쓰레기 관리, 아동케어, 마약남용, 이민, 지방 일자리 창출 등과 같은 상당히 특수한 이슈들의 처리를 포괄하고 있다. 사회협약의 정책 어젠다가 이처럼 지속적으로 확대되는 경우 정책협의 및 사회적 파트너십의 전략적 목표를 달성하는 데 있어 효율성을 떨어뜨릴 수 있을 뿐만 아니라 그 존립 자체에 대한 회의가 제기될 수 있다.

이러한 배경에서 그 대안으로서 정책협의 및 사회적 파트너십 모델을 개혁하자는 주장이 제기되고 있다. 하나의 선택은 임금합의를 다른 측면의 합의와 분리하자는 개혁안이 등장하고 있다. 그러나 이것은 임금합의를 제일 중시하는 전통적인 사회적 파트너들의 반발에 직면하고 있다. 사회협약은 본질적으로 임금자제와 공공정책 간의 교환이기 때문이다. 따라서 임금부분을 합의에서 배제한다면 이는 협상을 유인할 수 있는 중요한 인센티브를 제거하는 것이 될 것이며 합의의 달성을 더욱 어렵게 할 것이다. 또 다른 선택은 사회협약을 핵심적인 정책 어젠다로 국한시키는 개혁안이다. 전통적 파트너들은 이를 수용할 수 있겠지만 아마도 시민사회의 자발적 결사체들이 반발할 것이다.

제 4 부 │ 게르만유럽

제 6장

독일 '중간 길의 정치경제'*

약성 정책협의 시스템

1. 정책협의 및 사회적 파트너십의 연원

1) 비스마르크 복지국가 및 카톨릭 사회교리의 사회적 파트너십의 지향

1848년 3월혁명의 결과로 의회를 장악한 부르주아와 군주 간에 갈등이 상존하
여 1860년대 초반에 헌정위기의 국면이 조성되었다.[1] 이런 상황에서 융커(Junker)

---

* '중간 길의 정치경제(political economy of the middle way)'는 스칸디나비아 복지국가 자
본주의와 미국식의 시장주도적인 자본주의 사이의 중간의 길을 지향한다. 시장주도적
자본주의와는 달리 '중간 길의 정치경제'는 시장경제의 정치적 통제, 강력한 사회보험
중심의 복지국가, 포괄적인 노동시장 규제에 역점을 둔다. 그러나 '중간 길의 정치경제'
는 스칸디나비아 모델만큼 국가의 역할이 강하지 않고 시장성을 강조한다. 이런 맥락에
서 볼 때 제2차 세계대전 이후 독일의 '중간 길의 정치경제'는 완전고용보다는 통화안
정, 경제효율성과 사회적 형평성의 조화, 공공부문 고용의 상대적인 소규모 등의 특징을
갖는다(Schmidt, 2005: 2~4).

1) 1848년 프랑스 2월혁명의 영향을 받아 독일은 3월혁명을 경험했다. 이 혁명은 독일의
전 지역에서 도시 중산층, 농민, 노동자 등 거의 모든 피지배계급이 궐기한 대규모의 혁
명이었다. 그러나 혁명 이후 개혁의 주도권은 경제적으로 부유한 부르주아 중산층이 장
악했다. 당시 프로이센의 군주인 프리드리히 빌헬름 4세는 혁명을 주도했던 부르주아에
게 새로운 헌법제정을 약속했다. 이에 독일 부르주아는 혁명에 함께 참여했던 농민과
노동자의 요구를 뿌리치고 3월 자유주의·의회주의에 기초한 정치개혁을 추구했으며 입
헌군주적 연방제 헌법을 채택했다. 특히 새 헌법은 의회의 의원을 선출하기 위해 '3급선

출신의 극단적 보수주의자이며 반의회주의자인 비스마르크(Otto von Bismarck)가 재상이 되었다. 그는 집권하자 헌법적 절차와 의회를 무시함으로써 부르주아의 정치력을 무력화시켰다. 비스마르크의 이러한 초헌법적 전제정치의 기반은 국왕과 국가에 절대적 충성을 보인 강력한 군대와 관료조직이었고 이를 토대로 억압적인 국가질서가 구축되었다. 신생 독일제국(Imperial Germany)은 1870~71년 보불전쟁으로 영토적 통일이 이뤄지자 내부 결속과 국민정체성을 달성하려고 했으며 억압과 통합이라는 이중 전략의 일환으로서 비스마르크 복지국가(Bismarckian welfare state)를 수립했다.[2] 사민낭에 반대하는 1878년의 익입직인 사회주의법, 무역정책에서 보호주의, 독일경제의 강력한 국가주도적 근대화, 1880년 후 관료제의 보수주의적 정향 등의 맥락에서 볼 때 비스마르크 복지국가의 등장은 반자유주의가 팽배했던 시대였다. 비스마르크 복지국가는 가부장적 · 중앙집권적 · 국가주의적 · 개입주의적 성격을 띠었다(Manow, 2002: 197).

이 같은 비스마르크 복지국가는 독일의 정책협의와 사회적 파트너십의 역사적 발단이 되었다. 사회보험제도에서 노동과 사용자의 자율 거버넌스(self-governance) 시스템이 수립되었는데 이는 복지국가의 행정에 노동 및 자본의 조직 이익그룹들의 참여를 열어주는 계기를 마련했다(Manow, 2001). 노조와 사용자단체 간의 정책조정은 복지국가의 운용에 사용자와 노조의 참여가 공식적이고 법적으로 뒷받침되고 있었기 때문에 가능했다. 따라서 비스마르크 복지국가는 독일 '근대

거제도(3-class system)'를 채택했다(김수진, 1997: 65). 즉 새 선거제도는 납세액의 순위에 따라 유권자를 세 계급으로 분류했다. 이 선거제도를 통해 당시 프로이센의 눈부신 산업화에 따른 경제적 우위를 확보한 부르주아 계급은 의회를 장악하게 되었다. 그러나 프로이센의 주권은 여전히 군주에게 독점되어 있는 상태였으며 이로 인해 의회를 장악한 부르주아와 군주 간에 갈등이 상존했다.
2) 내부의 두 적대세력인 정치적 카톨릭주의와 사회민주주의는 1873~1878년의 문화투쟁 및 1878~1890년의 사회주의법의 시기에 비스마르크의 억압적 국가활동의 표적이었다. 그러나 1880년대의 사회입법은 이 두 진영에게 사회적 통합의 길을 열어주었다. 보통(남성)선거권의 조건하에서 정치적 억압으로 말미암아 종교적 · 정치적 진영이 형성되었지만 비스마르크 복지국가의 제도적 구조는 신생 독일 국민국가에로 카톨릭 및 사회주의 노동자들의 통합을 촉진시켰다.

정책협의에 기초한 이익중재 시스템'의 출범과정에서 차지하는 핵심적인 토대라 할 수 있다. 국가는 이익결사체와 함께 '공공정책 결정 공간'을 공유하기 시작했고 기능적 조직을 체제 작동의 주체로 활용하기 시작한 것이다(Crouch, 1986: 189).

한편, 비스마르크는 부르주아에 대한 분할통치를 행사했다(김수진, 1997: 49). 한편으로 그는 부르주아와 기층 사회세력(노동자와 농민)과의 분열전술을 구사했다. 이를 위해 부르주아의 반대를 무릅쓰고 보통 · 평등선거를 도입하여 하층계급을 반자유주의적 세력권으로 포섭하려 했다. 다른 한편으로 그는 절대왕정과 군국주의의 기틀을 통해 프로이센을 중심으로 게르만 민족통일을 달성함으로써 부르주아의 물질적 이익을 증대시켜 줄 수 있는 시장의 확대를 기도했다. 이는 중공업을 중심으로 한 국가주도의 급속한 산업화에 힘입어 경제력을 비약적으로 신장시켰던 신흥 산업부르주아에게 엄청난 매력이었다. 이로써 대다수의 상층 부르주아 세력은 입헌적 의회주의에 입각한 자유주의 정부 수립을 포기하고 권위주의적 절대왕정에 대해 대립에서 협조의 자세로 선회했다. 하층 부르주아와 카톨릭 계통의 부르주아는 이 같은 상층 부르주아와 권위주의적 절대왕정의 연대로부터 철저히 배제되었다. 그들은 권위주의적 절대왕정에 비타협적인 태도를 견지하면서 여전히 입헌적 의회주의에 입각한 자유주의 정부 수립을 고수했다. 그 결과 독일 부르주아 세력의 정치적 분열은 신교도 상층 부르주아를 포함한 민족자유당, 신교도 하층 부르주아를 포괄한 독일진보당, 부르주아 카톨릭을 주요 기반으로 하는 중앙당으로 나타났다.

19세기 하층 부르주아와 카톨릭계의 부르주아를 중심으로 한 독일 좌파적 자유주의 세력은 시장의 힘에 회의적이었고 사회적 파트너십과 정책협의의 이상을 신봉했다. 그들은 전체 사회 영역이 개인과 국가 사이를 매개하는 제도적 관계로서 사회적 합의주의의 제도화에 기초해야 한다고 주장했다. 그 목적은 사회를 보다 결속시키고 시장경제에 내재하는 사회적 갈등을 극복하는 데 있었다(Sheehan, 1988: 8). 그들은 또한 모든 수준의 정책결정 과정에 자본과 노동의 이익단체 대표를 참여시키는 정책협의 시스템의 채택을 주장했다. 더욱이 행정부 내부의 일부 관료들도 사회적 파트너십과 정책협의의 사상을 발전시켰다. 그들은 국가의 지원을 받은 노동평의회(workers' council)는 노동자를 사용자의 동등한 파트너로 여기는 새로운 사회질서의 출발점이며 노동자들도 상당한 정도의 이득을 취득해야 할 뿐만 아니라 경제질서의 관리에 제 목소리를 낼 수 있어야 한다고 주장했다. 그들은 독일 사용자들의 반동적인 태도를 비판하면서 자본 카르텔의 힘을 깰 수 있고 노조의 위상을 제고시킬 수 있는 강력한 국가의 지도를 받는 자본과 노동의 조직을 옹호했다.

당시 독일 좌파적 자유주의자들에 힘입어 비스마르크 복지국가 시대의 국가관료제에서 정보와 의견교환을 가능케 하는 시도가 있었다. 1880년대에는 독일경제위원회(German Economic Senate)에서 독일 산업·상업·농업 조직들이 국가행정부와 노동자 대표들과 함께 경제 및 사회정책을 토의하고 결정하는 시도를 했다. 이러한 시도가 뿌리내리는 데는 실패했지만 산업과 정부의 정책협의는 여러 공식적 협상과정을 통해 지속적으로 작동했다. 제도화된 협력은 여러 부처 내에 산업적 이해관계를 대표하는 자문위원회들의 설립으로 나타났다. 산업 압력단체들의 주요 인사들은 국가관료제에 임용되기도 했으며 그 반대도 가능했다. 국가 행정부는 산업 압력단체들로부터 상당한 재정적 지원에 의존했으며 국가관료들은 산업의 정상조직들의 지원 없이는 효과적인 경제정책을 결정할 수 없음을 인식하게 되었다.

독일제국에서 이처럼 기업이익과 국가이익의 상호침투는 잘 발달되었지만 노조는 여전히 배제되었다(Berger, 2002b: 127~128). 독일 통일(1871년) 이후 서유럽 노동운동의 이념적·조직적 지도력을 장악할 정도로 성장한 독일의 정치적 노동운동에 위협을 느꼈던 비스마르크는 반사회주의법(1878~90) 제정을 통해 노동운동과 사회주의 세력을 억제했다. 이러한 탄압은 오히려 독일 노동운동을 마르크스주의 노선으로의 지향을 유도하는 촉매제가 되었으며 이에 힘입어 1912년에는 독일 사민당은 유럽 사회주의 정당들 중 최초의 원내 최다수 정당의 위치로 부상했다. 노조는 1890년대 이래로 매우 중앙집중적인 조직을 발전시켰고 이념적으로도 크게 분열되어 있지 않았다. 노조 중에서 가장 큰 조직은 사회주의 자유노조인데 이 노조는 사민당의 정치력이 강화되는 상황 속에서 점차로 변혁적·혁명적인 반자본주의적 태도를 철회하고 개혁적 정책을 지향했다. 동시에 정책협의와 사회적 파트너십의 사상이 그들에게 어필되기 시작했다. 카톨릭 노조는

자본주의의 부정적인 사회적 결과들을 비판했던 카톨릭 사회교리를 신봉함에
따라 경제 및 정치체계의 근본적 변혁을 요구하지는 않았다. 또한 카톨릭 노조의
지도자들도 자본과 노동 간의 관계가 파트너십의 가치에 의해 지도되어야 하며
국가의 조정 기능을 갖는 건설적인 파트너십을 지향해야 한다고 주장했다.

2) 사회경제 위기관리 시스템으로서의 정책협의 부침

경제정책 과정에서 노조의 배제는 제1차 세계대전이 진행되는 상황에서 사라
졌다. 즉 1916년 최초로 노조에게 협상과 정책결정 과정에 참여할 수 있는 권한
을 부여했고 고용주들은 노조를 노동자들의 이익단체로 인식하지 않을 수 없었
다. 전쟁 동안 정책협의는 전시경제를 지탱해 주는 중요한 수단이 되었다. 국가는
산업과 노조와의 긴밀한 협력 속에서 원자재와 완성품의 생산 및 배분에 관한
기획을 수립했고 경제와 해외무역의 전반적인 통제 시스템을 구축했다. 노사정
3자 정책협의구조는 자본 투자, 생산 및 자원배분을 결정했다. 산업 카르텔과
노조는 사실상 준 공적 관계를 형성했으며 전반적인 새로운 정책협의 시스템이
부상한 것처럼 보였다.

제1차 세계대전이 종식된 후 사회적 파트너십의 이념과 정책협의의 실천은
사회경제적 위기관리를 위한 중요한 구성요소로 인식되었다. 1918~19년 경제시
스템의 재정립에 관한 두 개의 상호 배치되는 사상이 경합했다. 하나는 기업인들,
관료들 및 정치인들은 독일식 집단경제(German collective economy)이고 다른 하나
는 사회민주주의 노동조합주의자들이 옹호했던 중앙노동공동체(Central Working
Community)에 기초한 자본과 노동 간의 직접적인 연맹 개념이다(Berger, 2002b:
128~129). 그러나 전쟁 말기 1918~19년 혁명적 소용돌이 속에서 기업인들은
전반적인 자본주의 경제질서가 사회화 방향으로 변혁될 지도 모를 위협에 직면
했다. 그들은 그러한 급진적인 변혁 움직임을 예방하기 위해 사민주의적인 노조
와 협상을 시도했다. 즉 사민주의적 노조는 당시 경제 상황에서 사회화를 추진하
지 않기로 약속한 한편, 사용자들은 노조를 협상 파트너로 수용했다. 사용자들은
또한 공장에 노동자위원회를 설립하고 하루 8시간 근무제를 도입하기로 약속했

다. 노조 대표자들은 중앙노동공동체를 사용자와 노동자의 공동이익을 조율할 수 있는 제도로 인식했다. 이런 인식은 향후 가능한 한 많은 산업 및 경제 문제들을 해결하기 위한 사회적 파트너십의 정신 속에서 사용자와 협력하겠다는 노조 대표자들의 의지의 징표였다. 사회주의 노조운동의 일각에서 사회적 파트너십의 개념에 대한 반감이 없지 않았지만 사회주의 노조운동 안의 대다수는 중앙노동 공동체를 지지했다.

바이마르공화국 초기에 노조는 정부, 의회 그리고 국가관료들에게 영향력을 행사할 수 있는 강력한 지위에 있었다. 독일 역사상 처음으로 노조의 주요 지도자들이 각료직을 얻게 되었다. 바우어(Gustav Bauer)는 1919~20년에 수상이 되기도 했다. 더욱이 노조는 사민당(SPD) 내에서 주요한 파벌을 형성했고 특히 독일노동조합총동맹(DGB)은 정부의 노동 및 사회 정책에 상당한 영향력을 행사했다. 또한 그들은 1919년 노조는 경제 운용에 필수불가결한 파트너이고 공장 수준에서부터 국가적인 경제계획 수준에 이르기까지 노동자와의 공동결정이 이루어져야 한다는 견해를 피력했다. 이것은 노동자들이 이익단체를 통해 실질적인 경제정책의 집행뿐만 아니라 경제정책 결정 과정에 참여하고 조정한다는 사상에 기초했다. 1925~28년에 걸쳐 사회주의 노조운동 지도부는 경제민주주의 개념을 개발했다. 즉 경제 영역의 민주화야말로 노동자위원회의 권한을 확장하고 노조가 사용자와 동등하게 대표되는 경제자치제도를 확립함으로써 달성될 수 있다는 것이다. 뿐만 아니라 노조는 주택에 대한 공공지출 확충, 보건의료, 장애 및 사회보험제도의 확대, 실업보험 등을 위한 캠페인을 전개했는데 1927년에는 장기적인 실업보험에 대한 노사정 간의 논의가 '실업보험에 관한 법률' 형태로 의회를 통과하여 결실을 보았다. 이에 따라 1927~28년의 짧은 기간 동안 정책협의 시스템이 부활할 수 있는 것처럼 보였다.

사용자연맹들은 바이마르공화국을 노조국가(trade union state)라고 비난하기도 했지만 당시 정치 영역에서 중요한 역할을 했다. 그들은 1920년대에 거의 모든 부르주아 정당 내에서 산업적 분파를 구축하고 그 대표들이 고위 행정관료, 내각 각료, 수상 및 대통령에게 직접적인 접근을 시도할 수 있었다. 각 부처에서 관료와 산업가들은 공통의 이념적 지향성을 갖고 동맹관계를 이룰 수 있었다. 대조적으로 노조와 사용자와의 관계는 심한 적대관계로 특징 지워졌다(Berger, 2002b: 131).

한편, 나치의 권위주의적 합의주의(authoritarian corporatism)는 노동계급 이익을 위한 독자적인 대표를 배제하고 나치와 대기업 사이의 광범위한 이해 일치에 기초한 2자 파트너십의 형태로 나타났다. 나치 정권은 처음부터 어떤 노사정 3자 협약에서도 자본과 노동의 이해관계는 전체 인민의 공동선을 추구하는 나치 정권의 목표에 종속된다는 전제조건에 기반해서 작동할 것이라는 사실을 분명히 했다. 1933년 사회주의 노조는 강제적으로 해체되었고 다른 모든 독립적인 노조도 스스로 해체를 선언했다. 1933년 독일산업제국결사체(RDI)도 해체되어 독일 사용자결사체연맹(VDA)에 합병되었다.[3] 이로써 나치 정부는 산업 영역을 직접적으로 통제할 수 있었다.

노사정 관계는 국가사회주의(나치즘을 지칭함) 원칙을 적절히 반영할 수 있는 방향으로 재구축되었다. 그것은 민족공동체(Volksgemeinschaft)로 나타났다. 민족공동체는 국가와 민족의 이익을 위해 조화롭게 협력하는 노사 간의 파트너십을 의미하는 이념적 개념이었다(Berger, 2002b: 132). 나치는 사용자의 경영자율성을 제한하는 '지시경제'를 확립하기는 했지만 대기업과 나치 정권과의 전반적인 관계는 조화롭게 협력하는 파트너십을 보였다. 대기업은 정치체계와 정책결정 과정에 참여할 수 있었다. 나치 정권은 전쟁 준비를 겨냥한 경제정책 추진을 위해 잘 조직된 산업결사체 기구를 이용했고 역으로 산업체들은 경제이익을 추구하기 위해 국가와 국가사회주의 조직들을 광범위하게 활용했다. 1939년 독일 대기업의 대표자들은 체코슬로바키아 점령을 위한 압력을 가하는 데 중요한 역할을 했다. 더욱이 제2차 세계대전 상황에서 그들은 동유럽 점령지에서 경제적 착취를 감행했던 한편, 서유럽에서 나치 정권, 군부 및 산업엘리트들은 전략적 협력체제를 구축하고 유럽경제의 재편성을 시도했다.

---

3) 1913년 독일사용자결사체연맹(Federation of German Employers' Associations), 1919년 전체 경제 영역을 통합하는 정상조직인 독일산업제국결사체(Reich Association of German Industry)가 각각 설립되었다.

2. 서독 연방공화국의 초기 정치경제와 사회적 파트너십

1) 질서자유주의의 비스마르크 복지국가 및 바이마르 정당국가에 대한 비판

사회보험제의 행정에 노조의 참여를 허용했던 비스마르크 복지국가는 노동계급을 조직했던 두 개의 정치운동, 즉 사민주의 및 카톨릭 노동운동에 유리한 국면을 조성해 주었다. 제1차 세계대전 이후 이들 노동세력에게 각각 지지기반을 둔 사민당과 카톨릭중도당(Catholic Center Party)은 바이마르헌법과 바이마르공화국에 충실했던 가장 영향력 있는 정당이 되었다. 그렇지만 1920년대 말 경제침체가 악화되고 정치 및 산업관계 시스템이 점점 작동 불능 상태로 빠져들어 중앙관료제는 노동 및 자본의 조직이익을 점차로 불신하게 되었다. 동시에 공무원들은 정당들이 독일의 경제위기를 근본적으로 극복하기 위해서 긴급히 요구되는 긴축조치들을 신속하게 취할 수 있는 능력을 갖고 있지 못하는 것으로 인식했다. 따라서 경제부처는 내각의 긴급명령의 도움을 받아 가혹한 긴축노선에 착수했다. 질서자유주의(Ordoliberalism)를 신봉했던 고위 공무원들은 점점 바이마르공화국에 대한 보수주의적 비판가들의 견해, 그리고 무책임하고 '고삐 풀린 의회주의(unbridled parliamentalism)'와 바이마르 정당국가가 심각한 정치적·경제적 위기의 원인이라고 비난했던 독일 사용자들의 견해와 맥을 같이했다. 그들의 견해에 따르면 서로 경쟁적으로 너무 관대한 복지혜택을 제공하려고 시도하는 무책임한 정치인들에 의해 야기된 사회적 비용으로 독일 산업이 과부하 상태에 놓여 있었다. 따라서 그들의 공세는 바이마르 정당국가와 비스마르크 복지국가에 대한 이중적인 양상을 보였다. 이런 점에서 의회에 의해 정당성을 부여받은 바이마르공화국의 최후 내각이 실업보험의 기여금 인상결정을 둘러싸고 1930년에 붕괴되었던 것은 우연한 일이 아니다.

바이마르 정당국가에 대한 비판은 보수적 혁명가들에 의해 이뤄졌을 뿐만 아니라 질서자유주의론의 창립자로 알려진 일군의 사상가들도 그러한 비판에 의견을 같이했다(Manow, 2002: 199~200). 질서자유주의론은 주로 1920년대 말에 확산되었던 정치적·경제적 위기에 대한 대응으로 나타났다. 오이켄(Walter

Eucken)을 필두로 한 일군의 질서자유주의 사상가들은 기본적으로 과격한 우파 성향의 사상가들이 제기했던 의회주의 체제에 대한 근본적인 비판을 공유했다. 그들로서는 비스마르크 복지국가로부터 전승되고 바이마르 정당국가 시기에 확대되면서 당시의 위기의 한복판에 자리 잡고 있었던 정치 및 경제체제에 관한 체계적인 분석이 필요했다. 과거 체제하에서는 통용될 수 있었던 포괄적이고 강력한 조직에 의한 사회적 이익의 집약은 보통선거권이 도입되는 조건에서는 경제적·정치적 질서에 대한 위협이 되고 있다는 것이 그들의 진단이었다. 대중과 이익그룹을 조직화하는 민주적 정당이 정부의 경제정책에 대한 영향력을 증가시키고 있는 상황에서 이러한 정당들과 이익그룹들이 정부의 경제정책 실패에 책임을 지고 있다는 것이다. 질서자유주의자들에 따르면 대중의 참여 폭을 증대시키는 정치적 민주화는 국가를 완전한 예속상태는 아닐지라도 조직이익에 취약하게 만들었다. 이 경우 국가정책은 국가 전체의 이익(일반 복지)을 희생하고 자신들의 정치고객의 이익을 중시하는 정당들 간의 흥정에 의해서만 산출될 수 있다. 결국 "이익그룹을 야수로 키우며 먹이를 주기" 시작한 국가는 종국적으로 그 야수에 의해 먹히고 말 것이다. 이런 질서자유주의자들의 진단은 파편화되고 분절화된 사회 내에서 작동하는 다원주의적 대중정치에 당시 독일 경제와 사회가 직면했던 혼돈과 위기의 책임이 있는 것으로 인식한 것이다.

질서자유주의자들에게 이러한 중병에 대한 처방은 분명했다. 즉 정부가 '부문 이익'들에 대해 행사할 수 있는 힘을 다시 회복하고 경제과정에 대한 불편부당한 조정자의 지위를 회복하는 것이었다(Giersch, Paqué and Schmieding, 1992: 29). 그들에 따르면 오로지 강력한 국가만이 정책자율성을 획득하고 모든 이익그룹을 압도하는 상위 입장에 서서 '권위와 리더십', 그리고 '힘과 독립성'을 행사할 수 있다. 그들이 추구하는 국가는 대중의 영향력으로부터 자유로워야 한다. '새로운 자유주의'의 칭호하에 그들은 국가와 사회 간의 경계를 엄격하게 재확립하려고 했다. 19세기의 구자유주의는 본질적으로 국가와 경제의 분명한 분리와 시장에 대한 국가개입 자제를 요구한 자유방임 프로그램이었다. 이에 반해 질서자유주의자들이 주창했던 '새로운 자유주의'는 경제에 대한 국가개입이 특수이익이 아니라 일반복지에 봉사하며 정책자율성을 가진 국가를, 의회정치 및 정당정치의 간섭으로부터 격리시키기는 자유주의였다. 이러한 질서자유주의 사상가들은 국가의 잔여적, 최소한의 역할을 원치 않았고 오히려 근대 대중정치의 역할을 최소화하고자 했다. 따라서 바이마르 정당국가는 질서자유주의의 공세의 주된 표적이었다.

뿐만 아니라 정책협의와 사회적 파트너십을 추구했던 비스마르크 복지국가도 질서자유주의의 공세의 주된 표적이었다. 왜냐하면 비스마르크 복지국가는 독일 사용자와 노조가 질서자유주의자들이 대표하고 있는 중산계급의 이익을 희생시키고 사용자와 노조의 이익을 추구한 제도적 조절 틀에 의한 사회적 파트너십과 정책협의 시스템의 핵심이었기 때문이다. '강력한 국가 틀 내에서 건강한 경제'를 달성하기 위해 질서자유주의자들은 심지어 권위주의 수단의 사용을 관용했다. 이런 점에서 질서자유주의는 '권위주의적 자유주의(authoritarian liberalism)'라고 칭한다. 국가의 의지가 투영된 자유주의 질서 요구에 응답하는 어떤 강력한 정치적 장치가 부재했기 때문에 질서자유주의자들은 국가, 필요하다면 권위주의 국가에 의해서 시장질서의 교정을 모색해야 했다. 질서자유주의 사상가들의 이 같은 권위주의적 학습은 제2차 세계대전 후에도 쉽게 사라지지 않았다.

2) 사회적 시장경제와 파트너십

앞서 논의되었듯이 질서자유주의자들은 1920년대 후반에 만연했던 심각한 정치적·경제적 혼란으로부터 벗어나고 비스마르크 복지국가의 일환이 되었던 정책협의 시스템을 해체하기 위해 초창기에는 권위주의 해법을 선호했다. 그러나 제2차 세계대전 종식 이후 그들은 대안적인 해법을 모색하기 시작했다. 전후 독일에서 자유주의적 경제질서와 비스마르크 복지국가 간의 타협이 이루어졌는데 이것은 프로테스탄트 부르주아 세력과 카톨릭·사회주의 노동운동 간의 타협을 의미한다. 이는 한편으로는 정당정치로부터 제도적으로 보호를 받고 부르주아 질서의 기본 원칙을 지키기 위해 설립된 독립된 기구(예컨대 중앙은행)에서, 다른 한편으로 질서자유주의자들이 격렬히 반대했던 합의주의적 비스마르크 복지국가(corporatist Bismarckian welfare state)의 재건에서 찾을 수 있다. 이러한 정치적

· 종파적 타협, 즉 독일 전후 질서의 협의주의적 틀은 독일 사회적 파트너십의 작동에 기여한 원천이 된 것이다. 재건된 비스마르크 복지국가는 산업 자율 거버넌스 시스템을 안정시키고 자유주의적 시장 환경 내에서 경제조정 시스템을 확립하는 데 도움이 되었다. 독일 복지국가는 이러한 독일 전후 질서의 필수불가결한 요소였고 체제의 성공적 작동의 중요한 전제조건이었다. 결국 질서자유주의는 일반적으로 1948년 중반에 자유시장경제에 토대를 두고 그 후 서독 경제정책의 준공식적 기조가 되었다(Giersch, Paqué and Schmieding, 1992: 16). 국가의 힘, 권위, 리더십에 대한 소망이 배경으로 후퇴하고 변형된 '새로운 자유주의'가 전면에 부상했다.

서독 연방공화국의 정치경제는 2차 대전의 패전 결과로 강제된 분단체제라는 특성을 안고 출발했다.[4] 서독의 전후 정치는 새로운 정치경제질서로서 자유주의(시장민주주의)와 사회주의(사회민주주의)를 둘러싸고 기민·기사연합(CDU/CSU)과 사민당(SPD)으로 대표되는 양대 정당 간의 대립으로 출발했다.[5] 이 대결에서 전통적 중산층과 농민을 지지기반으로 하는 기민연이 선거에서 승리했다. 이로써 기민연/기사연/자민당 연립내각(1949~66)이 구성되었고 정통 질서자유주의

---

4) 미국은 당시 서독이 반공의 보루로서 갖는 전략적 중요성을 인지하고 마셜(Mashall)플랜에 의한 서독에 대한 경제적·군사적 지원을 제공했는데, 이것이 서독 전후 복구 및 경제발전의 중요한 계기가 되었다.

5) 기민연의 '뒤셀도르프 강령'의 중심을 이룬 이 원리는 독일 재건 문제를 해결하기 위해 순전한 시장자유주의가 아닌 사회적으로 조절된 시장경제를 구현하는 것이었다. 이는 사회적 조절 방식에서 보다 '간접적' 방식을 선호했다. 이에 반해 당시 사민당은 케인즈주의적 방식에 의한 국가의 직접개입을 선호했다. 이러한 독일 모델은 국가의 경제에 대한 개입을 강조한 케인즈주의적 거시경제관리(총수요관리정책)에 입각하고 있었다. 즉 정부는 완전고용을 실현하고자 했으며 의료·교육·연금 등 사회복지망을 구축했고 통화정책과 재정정책의 결합을 통해 경기조절을 시도했다. 그 결과 독일 모델은 1974~75년 세계경제위기 전까지는 이윤, 생산성, 고용, 실질임금 사이의 역동적이고 균형적인 정치경제를 작동시켜 케인즈주의적 계급타협에 성공했다. 이러한 독일 모델은 1949~63년 아데나워(K. Adenauer), 1963~66년 에르하르트를 수반으로 하는 기민연·기사연 주도의 연정을 거쳐 발전했고 1966년 기민연/기사연/사민당의 대연정은 독일 모델의 발전을 절정기에 진입시켰다.

계보이고 연립내각의 경제장관이었던 에르하르트(Ludwig Erhard)는 전후 독일 정치경제의 기조로서 1949년 '사회적 시장경제(social market economy)' 제도를 창안했다(Ambrosius, 1989: 46~49).[6] 이 제도의 지향가치는 시장경제에서의 자유의 원칙과 사회적 형평성의 원칙을 결합시키는 것이었다. 부연하면 경제는 기업이 투자 및 생산계획을 독자적으로 결정하는 등 시장메커니즘에 의해 작동되며 국가는 시장경제 질서가 위기에 빠졌을 때 연방은행의 경기변동 정책이나 사회정책(완전고용정책과 사회복지 프로그램)을 통해 시장에 개입한다는 것이다.

진후 독일 정치체제는 견제와 균형 장치들을 포함했던 체제였다. 그 견제와 균형의 장치들은 독립된 중앙은행, 강력한 헌법재판소, 주들의 결정적 역할을 수행한 강력한 상원, 산업관계에서 노조와 사용자단체의 자율성 등을 포함한다. 이런 점에서 신생 서독 연방공화국은 '전체주의적 국가'의 위험에서 교훈을 학습했던 것이다. 교훈은 나치 정권의 재앙으로부터 뿐만 아니라 히틀러 나치 세력에게 정권의 길을 열어준 책임으로부터 자유로울 수 없는 바이마르 정당정치의 실패로부터 도출되었다. '사회적 시장경제'의 개념은 변덕스럽고 신뢰할 수 없으며 무책임한 정당정치에 대한 깊은 불신과 편견에서 잉태했다. 견제와 균형의 확산은 한편으로 특정 영역에 대한 연방 중앙은행과 같은 전문기구의 개입을 허용했고 다른 한편으로 정치경제 행위자들로 하여금 협상과 '타협적 협약(amicable agreement)'에 의해 이익갈등을 해결하도록 강제했다. 복지국가의 부활을

---

6) '라인 자본주의(rheinischer Kapitalimus)'로 불리는 '사회적 시장경제'는 제2차 세계대전 후 독일에 형성된 반파시즘에 대한 사회적 합의에 연유한다. 독일에서 히틀러의 집권은 1930년대 초 유럽을 강타한 세계대공황의 파장 때문이었고 따라서 대공황 같은 자본주의 시장경제의 실패가 되풀이되어서는 안 된다는 인식이 전후 모든 정치세력들에 의해 공유되고 있었다. 이러한 분위기는 자본주의의 결함을 극복하기 위해서 시장경제에 사회주의적 가치를 접목시킬 필요성을 불러일으켰다. 더욱이 서독은 동독과의 체제경쟁이라는 시대적 상황에서 동독체제보다 사회경제적으로 우월한 사회의 건설을 위해 노동을 포함한 시민들에게 물질적 양보를 제공할 필요가 있었다. 이런 배경에서 에르하르트 장관과 그 밑에서 경제부 차관을 지낸 뮐러-아르마크(Alfred Müller-Armarck)에게서 비롯된 독일의 '사회적 시장경제'는 자원배분의 효율성을 위해 시장의 기능을 존중하지만 동시에 사회정의, 사회보장, 사회연대 등을 통해 계급타협을 시도하자는 것으로 출발했다.

통해 질서자유주의 경제질서는 시장의 자유경쟁 게임 룰 대신 자본 및 노동의 조직이익이 협력하여 많은 조정기회를 갖도록 했다.

사회적 시장경제에 대해 정파를 초월하여 대체로 공감하고 있었던 독일 정치인들은 산업가들의 협력과 노조에 달려 있는 산업평화가 필요했다. 이러한 이유 때문에 국가, 산업, 그리고 노동은 1945~49년 사이에 사회적 파트너십 개념을 발전시켰다(Prowe, 1985: 451~482). 그러나 이러한 개념은 연합국 점령군에 의해 거부되었고 특히 미국은 "경제 영역은 정치로부터 분리되어야 한다"고 주장했다. 따라서 연방공화국이 1949년 수립되었을 때 사회적 합의주의의 사상이나 개념을 제도화하려는 정치적 시도는 이루어지지 못했다. 그렇지만 이러한 사상을 지탱해 주는 정서나 가치는 여전히 자리 잡고 있었다. 이에 따라 1950년대 초 서독 정치경제에는 독일제국의 비스마르크 복지국가 시대에 발생하여 바이마르공화국에 이어졌고 나치체제하에서 권위주의적으로 왜곡되었던 정책협의 및 사회적 파트너십의 제도화가 부활했다. 즉 패전과 전후 재건이라는 예외적인 사회경제적 상황에서 노사정 등 주요 정치경제 주체 간 대립과 투쟁보다는 상호공존을 위한 전략적 선택과 경제정책의 형성 및 집행이라는 시스템이 재등장한 것이다. 기민연/기사연/자민당의 보수 연립정부하에서 정책협의 및 사회적 파트너십의 정서를 나타내는 카톨릭 사회교리의 영향은 과소평가 될 수 없다. 카톨릭 사회교리의 영향을 받은 노조는 경제정책 결정과정에 자신들의 참여를 요구하는 '유기적 다원주의(organic pluralism)' 개념을 인지하고 있었다. 그리고 자본과 노동 간에 연대의 원칙이야말로 사회적 시장경제를 계획, 지도 및 통제하는 데 있어 공동책임과 공동결정을 이끌어낸다는 사실도 인식했다(Berger, 2002b: 135~136).

사회적 시장경제질서와 사회적 파트너십이 시기에 확립되었다는 것은 전후 타협의 정신을 반영한 것이다(Manow, 2002: 207). 타협은 한편으로는 1930년대 질서자유주의의 정신, 즉 경제질서를 국가가 강제하고 지도하는 것으로 이해하는 경제헌법 개념에 내장되었다. 다른 한편으로 타협은 유명한 바이마르 사회민주주의자들에 의해 개발된 '경제민주주의'의 개념에서 제시되었던 것처럼 사회적 파트너들 간에 체결된 것으로 인식되는 경제헌법 개념 속에 내장되었다. 비스마르크 복지국가가 사회적 파트너들에게 조직적 틀, 정치적 정당성, 사회적 파트너십의 성격을 지닌 경제질서 개념에 활력을 불어넣는 데 필요한 물질적 자원을 제공했던 반면에, 중앙은행법은 국가에 의해 강제되고 보호된 경제질서 개념을 따랐다.

1945년 이후 독일 사회적 파트너십 시스템의 핵심은 '강제된(imposed)' 경제질서와 '계약된(contracted)' 경제질서 간의 상호작용이다. 이러한 상호작용의 결과 사용자단체, 노조, 다른 준 공적 단체들이 정책결정 및 집행을 조정하는 데 참여하는 틀을 만들어냈다(Soskice and Hall, 1999: 40). 그러나 많은 제약 요인들로 인해 정지적 재량권 분야가 협소하다는 점을 감안할 때 조정할 수 있는 정책의 내용은 상대적으로 고정되어 있다. 자율적인 임금협상, 중앙은행의 독립성, 독일 복지국가의 재정자율성, 복지의 법적 자격 규정, 복지행정에서의 사회적 파트너들의 중요한 역할 등과 같은 제도적 특징들은 공공 경제정책의 방향을 미리 설정하고 이로써 경제주체들이 기꺼이 국가 및 각 다른 주체와의 장기적인 협력관계에 참여할 의지를 제고시켜 주는 제도화된 게임규칙으로 작동했다. '정책 예측가능성'을 증대하고 '정치적 불확실성'을 줄이기 위해 독일의 다중적인 견제와 균형 시스템은 경제적 거버넌스 틀을 확립했다. 이 경제적 거버넌스 틀은 경제주체들에게 진정한 공적 권한과 권위적 자원을 부여함으로써 조직적·정치적 조건에서 그들을 안정시켰다. 독일 전후 화합은 본질적으로 경제자유주의와 복지합의주의(welfare corporatism) 간의 타협을 구체화했다.

노동운동의 조직력과 정치력을 토대로 노사 간의 자율적 교섭을 중시했던 DGB의 전략에 따라[7] 1951년 아데나워의 보수 연립정부는 노동자들의 경영참가를

---

7) 1,000만 명 이상의 노동자를 대표하는 독일노조총연맹(DGB) 산하에 16개의 산별노조로 구성된 강력한 수직적 조직체계를 구축했으며 그 외곽에는 화이트컬러노조(DAG), 기독교노조총연맹(CGB), 그리고 독일공무원총연맹(BGB) 등이 있었다. DGB는 사민당과의 관계에 있어서도 공식적·비공식적인 정치적 연계를 가졌다. 한편, 자본이익은 대체로 기능적 범주에 따라 조직되었다. 사용자들은 지역적 소그룹을 갖는 전국적인 '부문 결사체(sectoral association)'에 의해서 대표되고 90% 이상의 높은 가입률을 보였다. '부문 결사체'들은 자유로운 단체교섭의 틀 속에서 각 부문 노조와의 임금협상을 담당했다. 연방 사용자연맹결사체(BDA)는 초국가적·국가적·지역적 정부를 상대로 사용자들의 정치적 로비 역할을 수행했다. 산업별 결사체들은 마찬가지로 부문(branch)별로 조직되었는

허용하는 공동결정(Mitbestimmung) 제도를 도입했다(Markovits, 1986: 160~166; Lehmbruch, 2002: 188). 이 공동결정 제도는 크게 두 가지로 구분되는데 그 하나는 경영의 전략적 의사결정에 참여하는 기업 상부구조에서의 공동결정이고 다른 하나는 관리 및 업무에 관한 의사결정에 참여하는 사업장 단위에서의 공동결정이다. 기업 상부구조에서의 공동결정의 경우 1951년 보수 연립정부에 의해 1,000명 이상의 종업원을 가진 탄광 및 철강산업 분야에서 시작되었다. 즉 경영이사를 선임하고 경영실적을 평가·감시하는 감독이사회(supervisory board)는 노동추천 대표와 주주 대표의 동수로 구성되고 집행기구인 경영이사회(managing board)에 한 사람의 노동 대표 이사(labor director)의 참여를 보장했다.[8] 1976년 사민당/자민당 연립정부하에서 2,000명 이상의 대기업으로 확대되는 공동결정법이 통과되었다.

다음으로 1952년에 도입된 노동기본법은 노조원이 아닌 전체 근로자들의 투표에 의해 선출된 대표들로 구성된 노동(직장)평의회(Betriebsrat)를 단위사업장에 설치하도록 했다. 5인 이상의 사업장에서 전체 근로자 대표와 사업주 간 동등한 수로 구성되는 노동평의회는 인사, 복지, 노동시간, 휴가 등에 관해서 공동결정 권한이 있고[9] 대량감원, 개별해고에 대해서는 의견을 제시할 수 있으며 이윤, 생산, 투자에 관한 정보를 제공받을 권한을 가지고 있다. 노동평의회 멤버의 노동자 대표 대부분은 DGB의 노조원이 차지하고 있어 노조와 노동평의회는 배타적 관계를 보이고 있는 것이 아니다.

이러한 서독의 공동결정제도가 비록 기업경영 전반에 대한 노동의 결정권을 자본과 대등하게 보장하는 수준의 경제민주주의를 실현했던 것은 아니라고 하더라도 그것은 감독이사회, 경영이사회, 노동평의회, 사업장 차원에서 기업경영

데 이들은 80% 이상의 높은 가입률을 보였으며 상업적 계약에서 협력과 규범의 설정이라는 강력한 문화를 배양했다.

8) 독일 기업들은 감독이사회가 CEO를 포함한 경영진의 임면권을 갖고 있기 때문에 대주주는 주로 감독이사회에 포진하고 전문경영인이 경영이사를 맡게 됨으로써 'CEO의 독재'나 '친CEO적 사외이사'를 예방하고 CEO의 책임경영을 가능케 하는 장점을 갖는다.

9) 1955년에는 민간경제에서와 같이 관료, 공무원에 대해서도 인사·복지에 관한 공동결정 참여권이 부여되었다.

및 노동시장 조정에 대해 노사가 협의할 수 있는 포럼을 제도화한 것이다.[10] 역사적으로 노사 간 사회적 파트너십을 발전시켜 온 독일에서 전후 복구기에 사회적 파트너십의 틀을 다시금 제도화함으로써 생산의욕을 고취하여 노동생산성을 제고시켰으며 노사 갈등을 최소화하고 산업평화를 확보해 높은 산업생산성과 경제성장의 기반이 마련된 것이다. 즉 공동결정제로 상징되는 독일의 사회적 파트너십 시스템은 1950~60년대 중반까지 사회적 시장경제의 발전의 토대가 된 것이다. 무엇보다도 산업평화의 제도적 기초는 노동의 파업행위에 대한 엄격한 규제장치도 한몫을 했으나 이보다는 조직노동의 경영에 대한 다양한 참여방식을 제도화하여 노동과 자본 간의 대화와 협상의 창구를 정례화함으로써 타협에 의한 갈등해소의 가능성을 높여주었던 것이다.

3. 케인즈주의적 정치경제: 실험과 위기

1) 케인즈주의적 정책: 소득정책과 '협조행동'

케인즈주의 정책의 기본요소는 '수요지향적 경제정책'이다. 경제활성화를 위한 대출금리 인하 등 중앙은행의 통화정책이 주요 정책수단으로 작용한다. 케인즈주의는 경기침체와 불황의 원인을 유효수요의 부족으로 보고 공공지출, 사회정책 확대를 통해 수요부족을 해결하고 경기부양과 인위적 경기조작을 통해 완전고용을 창출한다. 이런 점에서 볼 때 아데나워 보수연정(1949~63년)하의 사회적 시장경제는 전통적인 케인즈주의와는 거리가 있다. 왜냐하면 당시 서독의 경제적 독트린으로서 확립됐던 사회적 시장경제론은 그 초창기에 시장원리에 역점이 주어졌기 때문이다. 분배보다는 성장, 소비보다는 투자, 고용보다는 물가

---

10) 서독의 노사 관계의 이원적 구조, 즉 단체교섭은 산별노조와 사용자단체 대표가 중심이 되고 기업의 사업장 차원에서는 노동평의회가 중심이 돼 사업장 고유의 문제해결에 노사가 협의하는 구조는 노동이 산별과 사업장 수준에서 포괄적으로 참여할 수 있는 통로가 확보됐다는 점에서 의미가 크다.

안정의 원칙이 경제운용에 맞추어지는 경향을 보였다. 다시 말하면 케인즈주의적 국가개입에 의한 경기부양정책은 기민연/기사연/자민당 연정이 지속된 1949~63년 사회적 시장경제 기간에 적극적으로 채택되지 않았다. 서독의 사회적 시장경제는 경제성장에 경제정책의 우선순위를 두고 생산성 향상을 통한 분배와 사회정책을 추구했으며 정부는 인플레이션 억제와 긴축예산을 추구했다. 이에 따른 경제적 부담은 노동계급에 돌아갔다. 1950년대 초 서독의 실업자는 200만 명을 상회하고 있었음에도 불구하고 에르하르트는 자유주의적 기조 아래 매우 엄격한 통화정책을 견지한 반면에, 실업을 해소하고 수요 진작을 위한 국가지출 프로그램은 채택하지 않았다.

물론 서독 연방공화국은 사회국가(Sozialstaat)를 지향했다(이호근, 2004: 78~79).[11] 실제로 서독은 경제성장에 힘입어 1956년 저소득층, 장애자, 전쟁희생자 가족을 대상으로 국민주택의 건축을 촉진하는 주택건축법, 1957년 물가에 연동된 연금체계의 틀이 마련된 연금개혁법, 1962년에는 사회적 보호를 필요로 하는 빈민층을 위한 '연방공적부조법', 근로자들에게 조세 및 사회보험 면세혜택을 부여하는 '근로자재산형성촉진법' 등 포괄적인 사회입법이 제정되었다. 이것은 국가개입적 사회정책으로서 임금과 소득생활에 향상을 통한 사회적 형평성을 제고시키는 데 기여했다. 그러나 우리는 아데나워 보수연정의 사회정책을 케인즈주의적 사회조절의 한 형태였다고 평가할 수 없다. 왜냐하면 그것은 자유주의 복지레짐에서도 관찰되기 때문이다. 아데나워 정부의 뒤를 이은 에르하르트 정부(1963~66)도 재정정책을 동원한 경기부양 정책을 포함한 케인즈주의적 정책은 존재하지 않았다.

서독의 본격적인 케인즈주의 노선은 사민당에 의해 발단되었다. 서독 사민당은 1950년대 말부터 탈마르크스주의의 길을 걸었다(김수진, 2001: 341). 사실 사민당은 1950년대 줄곧 에르하르트의 '사회적 시장경제론'에 정치적으로 회의를

---

11) 사회국가는 사회적으로 취약한 사람을 보호하고 사회정의를 지속적으로 유지하는 원리이다. 사회국가는 예컨대 고령자, 노약자, 병약자 및 실업자를 위한 사회보장조치를 강구하고 가난한 자를 위해 사회보조, 주택보조, 자녀수당과 같은 조치를 취하며 아울러 노동자를 보호하고 노동권 등을 보장한다.

제기하고 기간산업의 국유화, 전국단위의 경제평의회에서의 경제계획 수립과 경제조절 등을 내용으로 하는 '경제민주주의'의 실현을 주창했다. 그러나 1950년 대의 독일 사회적 시장경제는 눈부신 경제성장을 가져왔고 이에 따라 기민/기사/ 자민 연합은 전후 세 차례의 선거에서 승리하여 보수지배체제를 공고화시켰다. 이에 충격을 받은 사민당은 1891년 '에르푸르트 강령(Erfurt Programm)'에서 채택한 마르크스주의에 입각한 사회주의 노선을 포기하고 1959년 '고데스베르크 강령(Bad Godesberg Programm)'에서 사적 소유와 시장경제를 수용하고 케인즈주의 노선의 공식화를 선언했다. 사민당의 이러한 탈마르크스주의화는 기민연과의 대연정에 이어 사민당의 집권의 길을 열어놓았다.

뿐만 아니라 사민당의 이러한 탈마르크스주의화는 노동시장에서 사회적 협력을 지향하는 온건파의 목소리를 높이는 계기를 마련해 주었다. 특히 사민당이 1959년 '고데스베르크 강령'을 채택한 시점에서는 DGB 역시 사회적 협력파에 의해 주도되었다. DGB의 산하 최대 노조인 금속노련은 1950년대 말까지 전투적인 임금협상을 시도했으나 잠시 고도성장의 둔화세를 보인 경제상황을 계기로 1964년 이후 온건한 타협적 임금협상으로 선회하면서 산업별 단체협상 패턴을 정착시켰다. 그리고 그들은 임금타결의 기준으로서 임금인상을 생산성과 물가상승률에 연계시키는 방식을 도입했다. 1963년에 채택된 DGB의 '뒤셀도르프 강령'은 성장과 분배, 투자와 소비, 고용과 물가 간의 조화를 지향하는 케인즈주의 노선을 채택했다. 이는 노동과 자본 간의 건설적인 타협체제의 출발을 의미했다.

그런데 1963년 제2기 기민연 주도의 연립정부의 에르하르트 수상은 '구조화된 사회(structured society: formierte Gesellschaft)'를 제안하면서 광범위한 공개토론을 발의했다. 그는 사용자와 노조의 자제를 호소하는 방식에 의존하지 않고 제도화된 정책협의 메커니즘의 수립을 희망했다(Berger, 2002b: 136). 사회의 모든 집단과 이해관계 세력 간에 협력이 증대되려면 그들 간에 상호 의존관계를 형성하고 있다는 인식이 선행되어야 하며 따라서 최선의 경제 및 사회정책의 채택을 위한 자유롭고 자발적인 토론이 이루어져야 한다는 것이다.

에르하르트의 이러한 사고는 키징거(Kurt Georg Kiesinger)의 기민·사민 대연정 (1966~69) 시대에 사민주의 경제각료인 쉴러(Karl Schiller)에 의해 계승되어 현실화되었다. 1966~67년의 경기침체가 독일 전후 경제기적의 거품을 제거하면서 독일은 사민당의 쉴러가 주도하는 케인즈주의 정치경제의 실험에 돌입했다 (Markovits, 1986: 106). 기민당/사민당의 대연정(grand coalition)하에서 경제장관을 재임한 그는 프라이부르크(Freiburg)의 정통 질서자유주의 계보인 에르하르트의 '사회적 시장경제'보다 더 거시경제정책의 개입 및 적극적 경기조절 정책에 바탕을 둔 케인즈주의적 정책을 구사했다. 즉 강력한 수요관리정책을 통해 독일경제를 1960년대의 중반기 불황의 늪에서 탈출시키는 한편, 재정 확대정책이 초래할 인플레이션 압력을 협력적 소득정책(cooperative income policy), 즉 노동자의 자발적인 임금억제를 통해 완화하려는 목적으로 노사정 3자 정책협의 시스템을 출범시키고자 했다. 케인즈주의자로서 그는 1967년 2월 경제적인 어려운 국면을 타개할 수 있는 경제조정은 정책협의의 도움으로 가능하다고 확신했다. 다시 말하면 1966~67년 마이너스 성장, 실업증가 등 경제위기가 조성된 상황에서 노사정의 대표들이 참여하는 정책협의 정치를 작동시키고자 했다. 이에 따라 1967년 기민연/사민당의 대연정하에서 '협조행동(Concerted Action: Konzertierte Aktion)'이라는 노사정 정책협의체가 설립되었다(선학태, 2004: 153~154; Berger, 2002b: 136). 경제위기 극복을 위해 노동은 임금인상을 자제하고 자본은 고용창출을 위해 기업활동을 활성화하며 정부는 적극적인 노동시장정책과 소득보장정책을 추진한다는 데 합의한 것이다.

이 정책협의체는 1967~77년 동안 연방정부의 경제장관과 재무장관, 자본의 정상조직(BDI, BDA) 회장,[12] 노동의 정상조직(DGB, 금속 산별노조) 의장, 그리고 연방중앙은행 총재 등이 참여하는 원탁토론과 상호협의를 통해 공동의 경제목표 달성에 적절한 경제행동을 한다는 것을 의미한다. 이 정책협의체는 또한 그간 존재했던 비공식적인 이익균형 모형을 더 공식화하고 참여자의 책임의식을 갖도록 제도화한 것이었다. 여기에서 쉴러를 포함한 사민주의자(케인즈주의자)들은

---

[12] 산업가들은 중앙집중적이고 강력한 정상조직, 즉 독일사용자연맹연방결사체(BDA)와 독일산업연방결사체(BDI)를 결성했다. 이 두 사용자단체는 본래 정부 각료들과의 양자 간 접촉을 선호했고 가능한 한 정책결정 과정으로부터 노조를 배제하려 했다. 그리고 그들은 중요 내각 각료직에 친기업적인 관료가 임명되도록 영향력을 행사했다.

노조에 의한 임금인상 자제가 경제 난국을 돌파할 수 있는 전제조건이라는 사실을 강조했고 사용자들은 이에 공감했다. 노조 조합원들도 정책협의 메커니즘이 부의 정당한 분배를 위한 지렛대 역할을 할 것이라는 희망을 가졌다.

이로써 1960년대 후반~1970년대에 등장했던 독일 모델은 쉴러(Karl Schiller), 슈미트(Helmut Schmidt: 1974~82)와 같은 사회민주주의자들이 다양한 경제적 이해관계를 조정할 목적으로 노동, 자본, 국가 사이의 파트너십의 이념에 기초한 정책협의 정치를 실험했던 시기이다. 이러한 정책협의 시스템은 이 시기에 케인즈주의적 새징징책을 통해 분배저 정의를 추구했고 1950년대부터 발전시켜 온 공동결정제를 강화했다. 1972년에 개정된 노동(직장)평의회법은 5인 이상을 고용하는 모든 사업장에 평의회를 구성할 것을 의무화했다. 이어 1976년에는 공동결정법(Mitbestimmungsgesetz)을 제정해 종업원 2,000명 이상의 기업에 감독이사회의 절반을 종업원 대표로 선출하도록 했다. 무엇보다도 '협조행동'은 1967~68년에 임금이 고용, 경제성장, 물가안정, 국제수지 개선 등에 영향을 미치는 중대 변수로 전제하고 임금자제에 관한 자발적인 협정을 만들어냈다. 그것은 1970년대에 건강보험 규정의 개혁을 둘러싼 건강보험기금공단과 의료단체 간의 장기적인 의견차이를 해결하는 데 기여했다. 더욱이 중앙 차원의 협조행동은 와해되었으나 지자체, 노조 및 기업단체 간의 의견조율은 지속되었다.

그러나 '협조행동'은 임금조정이라는 단기적 목표를 성취했지만 1969년 이후 공동결정제의 강화에 관한 노사 갈등 등 1977년 공식적으로 와해되기까지 별로 효율적으로 작동하지는 못했다. 이 제도를 거시경제의 정책협의체로 발전시키려는 노조 측의 계획은 다른 두 측의 의해 진지하게 받아들여지지 않았다. 말하자면 오스트리아에서 보여주었던 일련의 3자 거시 정책협의 시스템으로 발전시키려는 노조의 희망이 사라진 것이다.

2) 케인즈주의적 정책의 위기: '협조행동'의 해체와 통화주의의 태동

DGB의 임금인상 억제전략에 대한 기층노동자들의 불만은 1969년 9월 전투적 파업으로 분출했다. 사민당-자민당 연립의 중도좌파정권(1969~82)이 출범한

1969년부터 4년 동안 독일 노동운동은 전후 가장 전투적으로 전개되었다. 그 결과 사민당 정부의 거듭된 자제 촉구에도 불구하고 1970년대 초반 임금은 연속 상승을 기록했다. 따라서 협력적 소득정책은 사실상 종료되는 듯했다. 설상가상으로 독일경제는 1973년 오일쇼크로 선진자본주의 국가들에서 공통적으로 나타난 스태그플레이션 상태로 진입하여 1974~75년에 투자감소·고용축소·인플레이션·실업증가·파업 증가 등 경제적·사회적 위기현상을 드러냈다.

이런 위기 속에서 사민당·자민당 연정은 케인즈주의적 정책을 후퇴시키고 산업의 경쟁력 향상을 겨냥하는 친자본적 정책을 도입하기 시작했다(김면희, 2001: 273). 동시에 점차 대량실업의 해소 가능성에 대한 회의가 제기되고 기존의 사회보장제도 자체가 국가재정을 압박하여 경제성장의 발목을 잡는 요인이라는 인식이 확산되었다. 이로써 쉴러의 케인즈주의 정책 및 소득정책은 일대 위기에 봉착한 것이다. 부연하면 케인즈주의적 거시경제정책은 1960년대 중반 이후 위기극복의 효과적인 메커니즘이었으나 이제 케인즈주의적 완전고용을 소득정책에 의한 물가안정과 조화시키려는 그의 시도가 좌절된 것이다. 1974년 2월 사민당의 슈미트 수상은 경제운용의 기조를 통화주의로 선회함으로써 1967~73년 동안 지속된 케인즈주의적 정책 실험을 종식시켰다. 이런 조치의 여파로 계급타협에 기초한 '협조행동'이 1977년 해체되는 등 독일 모델의 위기가 초래되었다.

이처럼 1969년 자민당과의 연립을 통해 집권에 성공한 독일 사민당의 케인즈주의적 정책은 1970년대 중반 스태그플레이션의 내습, 그리고 실용주의자인 슈미트의 집권(1974~82)과 함께 막을 내렸다. 경제위기에 대한 슈미트 정권의 정책적 처방은 케인즈주의에 의한 것이 아니라 통화주의에 바탕한 것이었다. 여기에는 복합적 요인이 작용했다. 우선 사민당은 정권유지를 위해 자민당과의 연정이 필요했고 이를 위해 자민당의 자유주의적인 정책요구를 수용하지 않을 수 없었다. 다음으로 1974년 스태그플레이션의 내습으로 케인즈주의적 경기부양정책을 포기하고 통화주의 정책의 도입을 주장한 독일연방은행의 보수적 통화정책도 슈미트 정부의 정책전환에 일조했다.

케인즈주의적 정책과 노사정 정책협의 시스템인 '협조행동'이 종식된 원인은 우선 기층노동자들의 임금억제를 유도해 내지 못한 DGB의 리더십 부족에서 찾을 수 있다. 뿐만 아니라 친자본적인 성향을 지닌 자민당과의 연립정부를 수립했던 사민당 정부는 자발적인 임금인상 자제를 보였던 노동자들의 양보에 상응할 만한 법률적·제도적 대가를 제공하는 데 한계를 드러냈다. 인플레이션 억제를 주요 과제로 삼고 보수적인 통화정책에 집착하던 독일연방은행을 효과적으로 설득하지 못했다. 더욱이 연립정부가 DGB를 실망시켜 궁극적으로 노사정 정책협의시스템을 붕괴시킨 것은 공동결정권의 확대를 위한 입법과정이었다. '협조행동'에서 DGB는 1951년에 입법화된 공동결정권을 전 산업체로 확대시키고 노사 동등 대표권을 인정하는 법안 수립을 요구했다. 1976년에 개정된 공동결정법은 2,000명 이상을 고용한 모든 기업체의 감독이사회에 노동과 자본의 대표성을 허용했다. 그러나 이사회의 의장은 자본의 대표가 담당하며 그는 중요 의결사항의 캐스팅보트를 행사하도록 했다. 이는 DGB가 요구한 노사 동등한 대표권을 거부한 것이었다. 이에 DGB는 더 이상 노사정 정책협의 시스템에 참여하는 것이 무의미하다고 판단하고 1977년 이를 공식적으로 종료시킨 것이다(Markovits, 1986: 160~166).

결과적으로 정치경제적 요인이 사민당/자민당 연립정부로 하여금 사민주의의 본연인 케인즈주의적 경제운용을 포기하도록 강요했으며 노조의 불참 선언을 촉발시킨 것이다. 그러나 슈미트 정부의 정책선회는 노조의 격렬한 반발에 직면했다. 스태그플레이션이 지속적으로 가중되는 가운데 실업에 적극적인 대응을 요구하는 노조와 강력한 신자유주의적 대응을 촉구하는 자민당의 상충하는 압력이 사민당 정부의 정책적 입지를 더욱 협소하게 만들었다. 이런 상황은 사실상 사민당/자민당의 연정을 불가능케 했고 결국 1982년 사민당 중심의 중도좌파 연립정권은 종식되었다.[13] 이로써 독일 정치경제는 본격적인 신자유주의 시대로 접어들었다.

---

13) 1982년 이후도 독일 사민당은 녹색당의 탈물질주의적 공세에 따른 지지세력의 이탈로 정치적 어려움에 처했다. 콜(Helmut Kohl)이 이끄는 중도우파 연립정부의 신자유주의 정책에 대항하여 어떠한 효과적인 대안을 제시하지 못한 채 1980년대를 보냈다. 1989년 베를린 전당대회에서 채택한 사민당의 새 프로그램은 대체로 '고데스베르크 강령'의 기조를 유지하면서 환경보호와 여권신장 등 신좌파의 새로운 의제를 수용했다.

4. 신자유주의적 정치경제와 비공식적 정책협의

1) 공급지향적 경제정책과 '방갈로 토의'

1982년 사민당/자민당 정부의 붕괴와 기민연/기사연/자민당 정부14)의 출범은 포스트포드주의(post-Fordism)적 생산양식으로의 이행에 조응하는 신자유주의 정치경제 체제의 등장을 함축했다. 다시 말하면 서독에서 포드주의에 기초한 사회적 시장경제와 전통적 사민주의 정치가 과도기(1975~82)를 경과하여 점진적으로 통화주의적 경제조정 정책, 규제완화를 추진하는 정치세력에게 그 자리를 내주게 되었다. 이런 상황에서 1982년 출범한 기민연/기사연/자민당의 보수연정은 케인즈주의적 수요조절 대신 공급중심적인 경제정책, 즉 신자유주의적 프로젝트를 추진시켰다.

서독의 신자유주의 정치경제는 사회적 시장경제와 함께 성장 발전해 온 복지국가에 대한 공략과 재편의 시도로 나타났으며 법제도적 보호를 받았던 노동시장의 유연화가 강제되었다. 공기업의 민영화가 진행되었으며 경제의 시장친화적 탈규제가 진행되었다. 조세정책에서도 소득 재분배를 지향하기보다는 경제적 효율성을 제약하지 않는 방향으로 그 기조가 개편되었다.15)

한편, 경제정책이 공급중심적으로 재편되는 가운데서도 비공식적인 성격을 띤 정책협의가 지속되었다. 즉 '협조행동'의 붕괴 이후 거시경제적 수준에서 3자

---

14) 기민연의 자매정당인 기사연(CSU: 기독교사회연합)은 바이에른 주에 지지기반을 두고 있으며 기민연보다 좀더 보수적이다.

15) 서독의 복지제도는 영미 국가들처럼 급격히 재편되지는 않았다. 그 이유는 대륙형 사회보장제도의 지속성, 노조와 같은 집단적 이익단체의 존재, 사민주의 및 사회적 시장경제론을 통해 확립된 '사회적'인 것에 대한 강고한 사회적 합의가 존재하기 때문이다. 이 같은 대륙형 복지국가의 조절메커니즘을 뒷받침하는 조건은 민영화, 탈규제 및 생산의 유연화 등에 있어 독일의 신자유주의는 영미식의 신자유주의보다는 완화된 형태로 전개되었다, 독일 복지국가에 있어서도 개인별 급여 혜택은 축소되었으나 총량적 복지비 지출은 감소하지 않았다(이호근, 2004: 88) 이는 복지국가의 불가역성론을 반영한 것이다.

정책협의 시스템은 사용자 대표, 노조 대표, 연방정부 대표 등이 수상의 관저에 모여 개최된 수상의 '방갈로 토의(bungalow discussion, Bungalow Gespräche)' 형태로 나타났다(Hancock, 1989: 138). 1970년대에 슈미트 정부하에서 유래된 '방갈로 토의'는 콜(Helmut Kohl) 정부에서 활성화되었다.16) 공식적인 '협조행동' 프로그램에서처럼 '방갈로 토의'는 이를 통해 이끌어낸 결정이 구속력은 없지만 노동대표의 의견을 청취하려는 합의주의 정신과 공공선 개념에 따라 추진되었다. 이것은 협의 · 합의의 전통을 가진 독일과 대결적인 전통을 가진 영국에서 각각 보이는 신자유주의 독트린에 대한 대응상의 차이라고 할 수 있다(Leaman, 2002: 142). 대처(M. Thatcher)식 신자유주의는 사회제도로서의 노조를 약화시키고 정책형성에서 배제하려고 했다. 그러나 독일 보수주의자들과 사용자단체는 여전히 그러한 대처식 방식에 부정적이었다.

2) 통일, 글로벌화 및 유럽연합의 충격과 정책파트너십

1990년대 독일의 정치경제에 지각변동을 초래한 사건은 독일통일이다. 1980년대부터 본격화된 신자유주의 재편 압박에 이어 통일독일의 정치경제는 동독의 '체제전환'이라는 엄청난 사회적 · 경제적 비용을 추가로 부담해야 했다. 거시경제 및 재정 차원에서 통일은 크게 역기능적이고 경제운용을 더욱 열악하게 했다(Flockton, 1998: 79). 성장률은 떨어지고 실업률은 높아지며 사회보험기금공단은 기여율을 인상해야 했고 국가의 재정투자는 동독의 열악한 경제인프라 구축에 집중되었다. 한편, 새로 편입된 5개 주를 변화시키는 데 소요되는 엄청난 비용은

---

16) '방갈로 토의'는 1970년대에 슈미트(Helmut Schmidt) 정부하에서 유래된 것으로 연방정부, 사용자 및 노조 지도자들 간에 이루어진 비공식적인 '2자 또는 3자 정책협의'를 말한다. 그러나 슈미트 정부하에서 절정에 달한 독일 모델은 사용자들에게는 엄청난 혜택과 이익을 가져다준 반면에, 사회적 파트너십이라는 이념적 환상에 매몰된 노조는 여전히 경제의 정상적인 운용을 보장하고 사회 갈등을 피하기 위한 기껏 하위 파트너의 지위에 머물러 있었다. 이러한 비공식적인 정책협의의 전통은 콜 정부하에서 1996년 '일자리를 위한 동맹'의 기반이 되었다.

대체로 '국민적 연대(national solidarity)'의 정신으로 감당해야 했다. 납세자, 공무원, 노조 및 사용자를 상대로 파트너십 및 합의라는 레토릭이 호소되었고 이 과정에서 통일비용을 최소화하고 심각한 구조적 불균형이 극복되어야 한다는 분위기가 고조됐다.

그러나 서독의 정부, 사용자 및 노조의 3자 틀 속에서 시각의 중요한 차이가 발생했다. 동독에서 자산의 잠재적 구매자, 새로운 투자, 노동의 고용자가 될 사용자들은 동독의 낮은 생산성 및 열악한 인프라를 가장 우려했다. 반면에 노조는 동독의 낮은 임금이 서독의 전국적인 임금률과 실질 소득에 대해 미칠 부정적인 영향을 우려했다. 동독 노동자의 저임금이 서독 자본가들의 투자유인으로 작용하여 이미 소득세에 7.5%의 '연대 부담금(Solidarity Surcharge)'으로 추락된 서독 생활수준을 더욱 위협할 수 있었다. 동서독 불평등한 경제 상황에서 1991년 사용자이자 자원 공급자인 연방정부와 협력하는 가운데 사용자단체와 노조 간에 협상이 타결되었다. 노사는 동서독 임금률을 조정하는 시간표에 동의했다. 이는 잠재적으로 동독에서 단위 비용이 높아져 새로운 투자를 저해할 수 있음을 의미했다. 따라서 연방정부는 기업인들에게 고용보조금, 투자 지원금, 세금 감면, 그리고 이자 보조금 등을 제공했다. 사용자에 대한 추가적인 중요한 양보는 새로이 편입되는 5개의 주에서 2,000명 이상의 종업원을 가진 대기업에서 실시되는 공동결정권(1976년 입법)을 유보하기로 했다. 그러나 1952년 '작업장 구성법(Works Constitution Law)'에서 비롯된 작업장위원회(Works Council) 장치는 동독에서도 적용되어 노동조건에 관해 적어도 제한된 협의권을 보장토록 했다.

통일의 초기 단계에서 위기관리의 수단으로서 '협조행동'의 부활을 요구하는 목소리가 비등했지만 거시 정치적 수준에서 국가, 사용자 및 노조 간의 공식적인 정책협의는 사실상 부재했다(Leaman, 2002: 144). 임금수렴화 협약이 체결되기도 했는데 이는 공식적으로 합의된 임금정책에서 비롯된 것이 아니고 정상 노사 대표자들과 콜 수상의 비공식적인 '방갈로 토의'에서 비롯된 것이다. 또한 '방갈로 토의'의 성과는 1993년 3월에 체결된 소위 '연대협약(Solidarity Pact)'이다.17)

17) 동독 사회주의 경제에서 사용자의 독자적인 대표는 존재하지 않았으며 노조를 통해 노

그것은 동독 재건을 촉진하고 이를 위한 기금을 확충하기 위한 것이었다. 서독의 심각한 경기침체와 실업 증가, 그리고 동독의 엄청난 구조적 취약성에 대응하기 위해서 노사는 7.5%에 달하는 고통스러운 소득세 추가 부담을 비롯한 긴급조치들을 수용할 준비가 되어 있었다. '연대협약'을 이끄는 정책과정의 가장 중요한 특징은 사용자와 노조는 배제한 채 사민당과 주정부 수상을 공동 서명자로 포함시켰다는 점이다(Compston, 1998: 515). 그 결과 '연대협약'이 담고 있었던 정책패키지의 공급중심적 편향성, 그리고 그것이 풍기는 콜 수상과 기민당의 선거기회주의 가능성에 대한 비판이 제기되었다.

1990년 통일 이후 가장 의미 있는 비공식적인 정책협의 사례는 1995년 소위 '일자리를 위한 연대(Bündnis für Arbeit)'에[18] 관한 정기적인 토론이다. 보수연정하에서 글로벌화가 강제하는 신자유주의적 재편, 독일 통일, 유럽연합 통화통합 추진 등은 대량실업과 재정 상황을 악화시켰고 사회적 불평등의 심화를 초래했다(박근갑, 2001: 82). 이러한 상황은 파트너십 정치를 부활시키는 여건을 조성했다. '일자리를 위한 연대' 현상은 많은 부문별 임금협정, 특히 섬유산업, 화학부문에서 두드러지게 나타났다. 이 협정에서는 '무 정리해고(no redundancy dismissal)' 조항과 직업 교육·훈련 약속이 인플레율 이하로 묶어두는 임금률 타결과 협상되는 정치적 교환이 이뤄진 것이다. 물론 이에 대한 경제주체들 간의 핵심 주장들이 상이했다(Leaman, 2002: 148~149). 독일산업연맹(BDI)는 "합의 모델은 구시대의 모델이다. 세계 도처에서 '보충성의 원칙(subsidiarity principle)'이 경제에 적용되고

동자들의 이익을 독자적으로 대표한다는 것도 불가능했다. 특히 노조와 국가는 모든 노동자의 이익을 대표하는 당에 예속되었다. 그리하여 동독에서의 경제 및 사회정책은 산업 관련 부처, 노조, 그리고 공장지배인들과 긴밀한 협의를 거쳐 사회주의통일당(SED)에 의해 결정되었다. 동독에서 사회적 파트너십은 노조의 대표, 경영진, 국가 및 정당 사이에 다양한 정책 이슈에 관해 긴밀한 협력과 광범위한 논의의 형태로 형성되었다. 이것은 동독 정치경제 주체들이 1990년대에 형성된 사회적 파트너십에 상대적으로 적응해 가도록 해주는 디딤돌이 되었을 것이다(Berger, 2002b: 133).

18) '일자리를 위한 연대'는 1995년 처음으로 제기되어 콜 정부와 슈뢰더 정부에서 거시정책, 특히 임금, 투자 및 노동시간 등에 대한 노사정 간의 이견 조정을 위해 운영되었다. 이는 사민당과 녹색당의 선거운동에서 '협조행동'과 동의어로 사용되었다.

있다. 독일은 너무 많은 원탁회의에 의존하여 신속한 결정을 내리지 못하고 있다. 타협의 정책을 고수하는 것은 어떤 대가를 치르더라도 더 이상 지속될 수 없는 시점에 왔다. 중요한 것은 노조를 진정시키는 것이 아니라 실업과의 전쟁을 하는 것이다"라고 주장했다. 이에 반해 독일사용자연맹연방결사체(BDA)는 타협을 이끌어내는 대화를 통해서 상이한 이해관계 조정을 했을 때 사회평화가 가능하다는 인식을 갖고 있었다. BDA는 갈등과 투쟁보다는 경제 및 사회정책에 접근하는 타협과 합의에 몰두한다. 그들은 "인플레이션, 실업 등 사회적 위험을 해결하기 위해서는 연대의 시스템이 필요하다. 공동체는 개인이 스스로 다룰 수 없는 문제를 해결해야 한다. 만일 보충성의 원칙이 연대성의 원칙보다 우위에 있다면 급여체계에서 정의를 창출할 수 없다. 기업만이 고용과 교육훈련을 유지할 수 있고 새로운 일자리를 창출할 수 있다"는 견해를 피력했다. DGB 또한 '일자리를 위한 연대'는 필요한 것으로 인식했다. 왜냐하면 대량실업의 축소와 사회정의의 실현은 국가, 자본 및 노동의 협력을 통해서 달성될 수 있기 때문이다.

이에 따라 1995년 11월 금속노조의 의장은 전국적인 '일자리를 위한 연대'를 제안했고 보수연정과 자본이 이를 수용하여 노사정의 합의가 성립하게 되었다. 즉 이것은 1996년 1월 콜 수상이 주도하는 3자 '방갈로 토의'에서 공동성명으로 채택되었다. 그 공동성명은 '일자리 및 경제적 지위를 확보하기 위한 연대(Alliance for Jobs and for Securing the Economic Location)'를 담고 있었다. 그 핵심 내용은 근로자들이 임금인상을 자제하는 대신 기업과 정부는 일자리 창출과 직업훈련, 사회안전망(실업부조와 실업보험혜택 등) 유지 등을 위해 노력한다는 것이다(이용갑, 2000: 72~78; Leaman, 2002: 145). 나아가 실업이 400만 명 이상으로 증가하고 동독의 노동시장이 다시 악화되는 상황에서 1997년 5월 DGB의 위원장은 연방정부와 사용자와의 공동기자회견에서 국가적 차원의 '일자리를 위한 연대'를 위한 더욱 강한 제안을 발표했다.

그러나 보수연정의 신자유주의에의 집착으로 노조 측의 거센 비판이 일어나는 가운데 '일자리를 위한 연대'는 별다른 성과를 보이지 못했다. 보수연정하에서 계급타협과 사회적 합의라는 정책파트너십 시스템이 작동할 수 있는 공간이 결여되어 있었기 때문이다.

3) 신중도: '일자리 · 훈련 · 경쟁력을 위한 연대' 및 '어젠다 2010년'

1990년대 신자유주의 정책에도 불구하고 독일의 사회경제 지표는 개선되지 않았다. 따라서 독일 유권자들은 1998년 총선에서 사민당에 표를 몰아줌으로써 16년간의 보수연정(기민연/기사연/자민당: 1982~98)을 종식시키고 슈뢰더(Gehard Schröder)의 적·녹연정(Red-Green coalition)을 탄생시켰다.[19] 새로 출범한 슈뢰더 연립정부는 전통적 사민주의와 결별하고 '신중도(Neue Mitte)'라는 '제3의 길'을 선택하여 사민주의의 르네상스를 꾀했다. 독일식 '제3의 길'에서 국가의 역할은 더 이상 거시경제 조절이나 수요지향, 복지정책, 소득재분배에 집착하지 않고 시장의 활성화와 경쟁력의 강화를 촉진하는 것이었다. 다시 말하면 수요 측면에 서는 작은 국가이나 공급 측면에서는 강한 국가를 지향한다. 즉 재정긴축, 공공부 문의 민영화, 기업의 조세부담 경감, '근로를 통한 복지(workfare: 탈국가적 사회보 장제 지향)', 노동시장 유연화, 임금 수준의 동결, 부문 및 지역 간의 임금격차의 확대, 노사 관계의 탈집중화 등 앞선 보수연정하에서 전개되었던 기존의 신자유 주의적 정책 기조에서 크게 이탈하지 않았다. 국가가 교육 및 직업훈련 강화 기능을 통해 개인에게 고용능력(employability)을 부여하는 것이 사민당의 새로운 가치와 지향점으로 등장했다(Egle und Henkes, 2002: 25). 이 같은 포스트사민주의 의 조절원리는 집단 및 사회책임, 연대, 사회정의, 분배, 복지 등과 같은 가치보다 는 개인책임, 경쟁, 효율성, 유연화, 분배 등의 가치를 더 강조한다. 슈뢰더 사민당 의 '현대화된' 정의관은 경제적 약자를 위해 국가는 최소한의 기본적인 사회보장 만을 책임지고 시장이 성장과 일자리 창출을 통해 분배정의를 실현한다는 것이 다.[20] 이처럼 슈뢰더의 적·녹연정이 표방했던 신중도, 즉 독일식 '제3의 길'은

19) 사민당의 지지기반은 전통적으로 노동자계급, 중산층 이하 계층이었으나 1998년 총선 에서 사민당은 중산층 사무직, 교사, 자영업자 등 이른바 신중간계급을 포섭하는 전략 을 채택했다. 이러한 선거 전략이 사민당의 재집권을 가능하게 했던 동력이 되었던 것 이다.
20) 과거 전통적인 사민당의 정의관은 기본적으로 '시장'을 불신하고 시장과정이 만들어내 는 불평등을 국가에 의해 시정하려고 노력함에 있었다.

신자유주의 패러다임으로 경도되었으며21) 따라서 이는 전통적 사민주의의 지향 가치와의 단절을 꾀했다.

이러한 신자유주의 정책을 효과적으로 수행하기 위한 전략으로서 슈뢰더의 적·녹연정은 초기 프로그램으로서 비공식적인 3자 정책협의를 부활시켰다. 통일 이후 실업률이 급증하고 있는 상황에서 이런 고실업의 극복이 정치와 사회의 최대의 과제이고 시장에서 고용과 교육·훈련을 적극적으로 발전시키기 위해서는 국가, 노조 및 사용주 사이에 지속적인 협력을 요구하고 있었기 때문이다. 이에 따라 사용자와 노조는 정부와 함께 1998년 12월 '일자리, 훈련 및 경쟁력을 위한 연대(Bündnis für Arbeit, Ausbildung und Wettbewerbsfähigkeit)'를 공식 발표했다.22) 이 공동선언에는 고용촉진과 근로시간의 유연화, 기업의 부담을 경감시키는 세제개혁, 벤처자금의 확충, 미숙련 근로자의 직업훈련 기회 확충 등을 포함했다(안두순, 1999: 121). 사민당이 노조 측으로부터 다른 정당에 비해 자신들의 이해를 관철하는 데 상대적으로 유리하다는 인식을 받고 있다는 점을 고려할 때 2차 '연대'는 1차 때보다 유리한 정치적 조건을 갖고 있었다. 그러나 성장 사이클이 둔화되고 주요 모든 참여자들의 공통 이해관계가 협소하다는 측면에서 정책 파트너십의 수사는 여전히 유지되고 있음에도 불구하고 그 전망이 특별히 밝은 것은 아니었다. 왜냐하면 사민당 내에서 좌파적 성향이 강한 라퐁텐이 1999년에 슈뢰더와 정책노선 차이로 탈당하게 되자 노동계가 '일자리, 훈련 및 경쟁력을 위한 연대'에 더 이상 기대를 걸지 않았으며 사용자 역시 친자본적인 기민당이 연방상원에서 다수를 차지하고 있는 상황에서 '연대'에 의존해야 할 필요성이

---

21) 독일식 '제3의 길'인 '신중도' 노선이 진정으로 전통적 사민주의와 신자유주의의 한계를 극복하고 양자를 절충하기 위해서는 '유연성-사회보장 연계(fexicurity)'의 성격을 가져야 할 것이다. 이는 신자유주의가 강조하는 유연성(flexibility)과 사민당의 전통적 가치인 국가의 사회보장(security) 강화를 결합시키는 것을 말한다.

22) 수상이 직접 주도하고, 경제정책 전반에 걸친 정책협의체로 확대 운용하는 것은 독일식 사회협약정치의 특징이다. 또한 협의 및 조정을 위해서 다층구조라고 불릴 수 있는 협의체를 가동하고 있다. 즉 수상, 노총위원장, 산업연맹 총재 등으로 구성되는 정상회담 외에 장·차관과 그에 상응하는 권익 대표들로 구성된 조정위원회, 실무진 차원에서 구성된 팀들이 존재한다.

없게 되었기 때문이다. 그 결과 '일자리, 훈련 및 경쟁력을 위한 연대'는 사실상 실패에 직면했다.

'신중도'에 따른 '일자리, 훈련 및 경쟁력을 위한 연대'는 산업 및 기업의 경쟁력 제고를 위한 신자유주의적 사회협약(neoliberal social pact)의 성격을 갖는다. 이러한 흔적은 후속 경제사회 개혁안에서도 드러난다. 2002년 총선에서 재집권한 슈뢰더 정부는 노사정 정책협의체인 '하르츠 위원회(Hartz Commission)'에서 2003년 3월 경제사회 개혁안인 '어젠다 2010년'을 이끌어내는 데 성공했다. 즉 '어젠다 2010년'은 "경기를 활성화하고 일자리 얻을 수 있도록 취업 교육·훈련의 기회를 확대하는 동시에 분배적 사회정책은 균등한 기회의 제공으로 전환되어야 한다"는 내용을 담아냈다.23)

슈뢰더 적·녹연정하에서 제시된 '신중도'라는 '제3의 길'의 가장 큰 동기는 통일 이후 야기된 대량실업에서 탈출구를 마련하자는 데 있었다. 그러나 독일의 정책협의는 신자유주의적 정책을 논의하는 장으로 전락됐다. 따라서 그것은 실질적인 사회경제 개혁을 추진하기에는 미흡할 수밖에 없었다. 이는 노동계를 대표할 사민당 내의 좌파적 인사의 정책협의 불참, 연방상원에서의 친자본적인 기민당의 수적 우위 등의 정치적 상황에 연유한다. 그러나 보다 구조적 이유는 독일 모델의 황금기에 비해 근본적으로 변화한 정치경제적 조건들이 독일 정책협의 정치의 작동에 걸림돌로 작용했기 때문이다. 우선 독일 노동조합의 약화되고 있다(Schmidt, 2005: 12). 이는 기민연/기사연/자민당의 장기 보수연정의 노동배제 전략이 가져온 노동에 대한 자본의 우위, 대량실업으로 인한 노조조직률 감소, 노동시장 유연화에 따른 비정규직 근로자들의 증가 등에 연유하고 있다. 또한 독일 사민당의 강령과 자기 정체성 변화이다. 물론 독일에서 DGB는 다양한 형태로 사민당과의 밀접한 관계를 맺고 있다.24) 그리고 적·녹연정의 출범은 고용과

23) '어젠다 2010년'은 노인연금 등 일부 사회보장 혜택을 줄였다. 이에 대해 슈뢰더 정부는 연금을 받는 노령층이 늘어나는 반면, 젊은 세대가 갈수록 감소하는 시대변화에 맞추어 세대간 부담과 혜택의 균형을 맞추는 미세한 조정일 뿐 독일의 사회보장정책의 근본 틀이 변화하는 것은 아니라고 주장했다

24) 1966년 기민연/사민당 대연정 이후 사민당과 DGB와의 관계는 매우 밀접했는데 사민

분배 문제에 대한 독일 국민들의 오랜 불만과 비판의 결과였다. 슈뢰더의 개혁이 우경화되었다고 하더라도 독일 국민들의 기대는 좌파적 해결능력을 신뢰했다고 할 수 있다. 그러나 독일 사민당의 정체성은 계급(노동자) 정당에서 1959년 '고데스베르크 강령'에 따라 좌파적(친근로자적) 국민정당으로, 1989년 '베를린 강령'[25]과 1999년 블레어-슈뢰더 성명(Blair-Schröder Papers)[26] 이후 슘페터적 '경제(기업가) 정당'으로 변신하고 있다. 말하자면 독일 사민당은 '친근로자성'을 점차 희석시켜 가고 있는 것이다.[27] 사민당의 이러한 정체성 위기는 신자유주의적 사회협약정치를 가속화시키는 요인으로 작용하고 있다.

결론적으로 과거 독일 모델이 사회적 연대라는 명분 아래 '위로부터 밑으로의

당은 공동결정제도를 전 산업에 확대시키는 정책을 추진했으며 DGB는 사민당을 재정적으로 지원했다. 지금까지 90% 이상의 사민당 소속 연방하원 의원이 DGB 소속이고 사민당의 당원과 DGB의 조합원은 서로 인적으로 중복되는 현상을 보이고 있다. 약 800만 명에 달하는 독일 DGB 소속 조합원 가운데 정당에 가입한 사람은 약 200만 명이고 이중 75%가 사민당 당적을 가지고 있으며 금속연맹의 경우 10명의 중앙집행위원 가운데 9명이 사민당 당원이다(이진모, 2001).

25) '베를린 강령'은 "재산과 소득 및 권력의 분배에서 더 많은 평등을 요구한다"라는 '사회적 정의'를 정치적 목표로 제시함으로써 적어도 외견상으로는 브란트 정부(Willy Brandt: 1969~74) 이후의 좌파적 국민정당으로서의 자기정체성을 견지하고 있는 것처럼 보였다. 그러나 여기서의 '정의'는 결과적 평등의 개념이 아니라 기회의 평등의 의미를 함축하고 있다(안삼환, 2003: 162).

26) 블레어와 슈뢰더는 사회민주주의 정당의 핵심적 과제로서 ① 산업적 이노베이션 및 연구능력 강화 ② 유전자 및 생명공학 기술에 대한 적극적 지원 ③ 경제적 하부구조 개선 ④ 지구적 경쟁을 위해 '경쟁국가'의 강화 등을 담은 공동성명을 발표했다(Blair and Schröder, 1999). 이후 독일 사민당이 주도하는 적·녹연정은 신자유주의 정치의 길을 걸으면서 우경화로 경도되었다. 이에 불만을 품고 1999년에 케인즈주의적 임금정책과 재정통화정책을 완전히 포기하지 않은 라퐁텐(O. Lafontaine)은 사민당을 탈퇴하고 『심장은 왼쪽에서 뛴다(Das Herz schlägt links)』라는 자신의 저서에서 적·녹연정의 신자유주의 정치로의 급격한 노선변화를 비판했다(안삼환, 2003: 164).

27) 사민당의 지지층은 신자유주의 정치의 새로운 수혜자로 떠오른 정규 취업자들이다. 신중간층으로 대표되는 이들은 비정규직 및 실업의 위협에 상대적으로 덜 노출된 사회계층으로서 재산세나 소득세의 변동에 민감하다.

재분배'를 실현했다면 적·녹연정의 신자유주의적 정책파트너십 정치는 자유화와 탈규제라는 구호를 '제3의 길'로 포장하여 '밑으로부터 위로의 재분배'를 강제했다. 독일의 신자유주의적 정책파트너십 정치의 아킬레스건은 대량실업,[28) 고용관계의 불안정, 비정규직 근로자의 양산, 분배구조의 악화이며 이는 사회 저변층들을 더욱 벼랑으로 몰아갈 것이다.

5. 정치경제의 성격: 경제자유주의와 복지주의의 결합

독일 복지국가, 그리고 그 새로운 '사회적 자유주의'가 개방적이고 자유경제 질서를 어떻게 뒷받침했나를 살펴볼 필요가 있다(Manow, 2002: 202~206). 우선 실업보험과 자율적인 임금협상이다. 독일 실업보험법인 '노동촉진법(Arbeitsförderungsgesetz)' 103조에 따르면 임금이 노조와 사용자단체 간의 단체협상에서 정해진 수준 이하이면 모든 실업자들은 일자리 제공을 거부해도 된다. 독일 노조들은 숙련 및 비숙련 노동자들이 포괄적으로 조직한 산별노조이다. 이 산별노조들은 전통적으로 한 산업 내의 임금격차를 좁히기 위해 연대임금정책을 추구했다. 그 결과 비숙련 노동자의 임금이 너무 높은 경우가 종종 있다. 단체협상에 합의된 수준 이하의 임금을 받고 기꺼이 일하려는 근로자를 찾기란 쉽지 않기 때문에 기업들은 우선 저임금 일자리를 두지 않고 노동 대신 자본집약적으로 경영을 재편하려 한다.

따라서 독일 노동촉진법은 아주 효과적으로 특히 저생산성 일자리에서 임금하향 유연성을 방지한다. 노동촉진법은 기업이 사용자단체에 가입하여 단체협약의 구속을 받느냐 여부에 관계없이 모든 기업에 적용된다. 따라서 노동촉진법 103조는 단체협약의 전 산업으로의 확대 적용을 보장한다. 더욱이 실업보험법의 규정

---

28) 독일은 1990년 이전 세계 2위였던 국가경쟁력이 2002년 15위로 전락한 상황에 직면하고 있다. 그리고 2002년 경제성장률은 0.2%로 추락했고 2005년 말 현재 실업률은 12%로 급증했다.

이 단체협상에 의해 정해진 임금을 전 사업에 구속력을 갖도록 해준다면 노조의 힘은 노조원의 규모와 크게 상관이 없다. 따라서 노조는 뜨거운 쟁점을 둘러싸고 사용자들과 치열한 대결을 전개하거나 혹은 다른 노조와 출혈 경쟁을 전개함으로써 조합원을 유치, 동원하지 않고 보다 장기적이고 점진적인 관점에서 노조원에 대한 동원 및 충원 정책을 추구할 수 있다. 나아가 노조조직률은 중간 수준이지만 이는 전략적 사업장에 핵심 노조원들을 갖고 있어 보통 전 산업에 유리한 임금 타결을 끌어내는 데 충분하다. 따라서 자본과 노동의 대립적 양상은 만연되지 않고 있으며 이는 핵심 노동력과 경영진 간의 장기적 협력에 기초한 기술 및 신뢰집약적 생산 모델의 중요한 전제조건이다.

양질의 고생산성 생산 모델의 다른 중요한 전제조건이 충족되는 것, 즉 고도의 숙련된 노동자들의 착실한 공급을 보장하는 것은 무엇인가? 이것 또한 임금 수준이 동일 산업 분야의 모든 기업들 간에 상대적으로 균일하다는 사실에 기초한다. 왜냐하면 임금의 균일성이 독일 직업훈련 시스템의 작동에 중요하기 때문이다. 임금이 산업별로 규율된다면 경쟁하는 기업들은 출혈 경쟁을 통해 젊은 숙련 노동자들을 상대방으로부터 빼내려는 유혹을 별로 갖지 않는다(Manow, 2002: 203). 따라서 기업들은 다른 기업이 고임금을 제공하여 훈련을 수료한 자신의 젊은 노동자들을 빼내려는 것을 우려할 필요 없이 젊은 견습생들을 훈련시킬 수 있다. 산별 수준에서 집단적으로 균일하게 정해지기 때문에 대기업들은 유능한 젊은 견습생들을 붙들어놓을 유인책으로서 높은 임금을 제공하지 않아도 상대적인 고용안정 혹은 근로자의 경력 관리를 마련할 수 있다. 따라서 대기업들은 실질적인 수요 이상으로 견습생을 훈련시킬 수 있고 고도의 생산성을 갖춘 근로자들을 상대적으로 값싸게 공급하는 혜택을 얻게 된다.

훈련 수료 후 고용 여부가 불투명해도 왜 노동자들은 이러한 기능(기술)을 취득하는 데 관심을 갖는가? 동일 산업 내에서는 균등하기 때문에 피훈련자들은 직장을 잃어 다른 회사에서 일자리를 얻을 필요가 있다면 다른 고용주에서 동일한 임금을 얻을 수 있을 것이다. 임금은 훈련 및 교육을 수료한 후 취득한 노동자들의 공식적 자격에 달려 있으며 한 기업의 경제적 실적 혹은 규모와는 무관하다. 더욱이 실업급여가 유사한 자격을 갖추고 고용 상태에 있는 노동자의 임금 수준

에 엄격히 연계되어 있기 때문에 설령 견습생이 훈련 수료 후 실업 상태로 있다고
하더라도 기능 취득을 위한 투자는 그 보상을 받는다. 나아가 견습생 신분의
기간은 또한 실업보험의 자격 기간에 긍정적 영향을 미치며 이로써 젊은 노동자
들이 불이익 없이 훈련을 받을 수 있도록 한다. 뿐만 아니라 실업이 될 개연성과
평균 실업기간은 기능 수준과 중요한 관련이 있다. 즉 기능 수준이 낮을수록
실업 개연성은 높아지고 실업기간도 늘어난다. 이것은 노동자들의 자기관리를
강제하는 장치의 일환이 될 수 있다. 즉 기능 습득에 투자하는 것에 대한 위험부
담 없이 노동자들이 실업위험을 줄이기 위해 기능 습득에 투자한다. 많은 저숙련
장기 실업자들이 존재하는 노동시장은 변덕이 심하고 이는 기능습득을 촉진하는
유인구조를 기능적으로 작동케 하는 중요한 요인이 된다.

사회적 파트너들의 이익에 기여하도록 설계된 독일 복지국가는 국가개입을
불필요하게 만들고 노사 간 고도의 상호보완성을 강화한다. 따라서 이른바 독일
모델은 실제로 큰 국가개입 없이도 작동할 수 있었으며 국가개입주의는 전후
독일에서 확대될 운명에 있지 않았다. 경제주체들에게 제공되는 독일 복지국가
의 유인과 제약의 틀은 예컨대 단체협상 영역에서 직접적인 국가개입 없이 사용
자와 노조의 자율적인 경제조정 능력을 설명하는 중요한 하나의 변수이다.

자율적 임금협상 원칙이 독일 산업관계를 지배하고 있다는 점을 고려할 때
단체협상은 국가개입주의의 틀이 아니라 독립된 연방은행의 틀 속에서 이뤄진다.
엄격한 통화정책에 집착하고 있는 독일 중앙은행은 인플레이션을 유발할 개연성
있는 임금타결을 '응징적인 금리인상' 수단으로 즉각 대응한다는 의지를 유감
없이 보여왔다. 이러한 제도화된 통화주의 시스템 내에서(Streeck, 1994: 118) 임금
과 근로조건은 금속 산별노조(IG Metall)가 빈번하게 주도해 온 부문별 단체협상
을 통해 결정된다. 금속부문의 선도적인 협약은 나머지 부문의 협상과정에서
준거 틀 역할을 하고 있다. 금속 노조의 임금 요구 수준은 보통 생산성과 인플레
이션의 증가율 테두리 내에서 결정된다. 따라서 임금 요구는 기본적으로 매년
연방은행이 집착하여 공개적으로 발표하는 통화량 증가를 반영하는데 정확히
말해 예상되는 실질적인 생산잠재력의 증가와 인플레이션 등 두 가지 요소를
고려한다(Streeck, 1994: 123). 다른 노조들은 금속노조의 선도적인 임금타협안에

버금가는 수준에서 임금타결에 도달하려고 노력한다.

중앙 차원의 협의시스템은 잠재적인 경제조정 혹은 산업자치의 틀 내에서 이렇다 할 위상이나 정당한 근거를 갖지 못했다. 국가 감독하에 노동 및 자본의 정상 결사체들 간에 이뤄진 중앙 차원의 협약은 독일 산업관계와 산업정책에서 전형적으로 나타나지 않았다. 독일 정치경제의 논자들은 독일 체제가 별로 사회합의주의적이지 않다는 데에 의견을 같이한다(Hall, 1994: 15). 독일 연방은행의 독립성에 의해 구축된 독일 정치경제의 제도화된 통화주의는 또한 국가 측의 대규모 재정적자 지출 등과 같은 경제적 슬럼프에 대처하기 위한 거시경제 조정을 금지했다. 동시에 경직되고 획일적인 임금, 노동자들에게 관대한 고용보호를 허용하는 법적 규정, 강력한 노조 등은 대규모 정리해고를 통한 구조조정을 대체로 불가능하게 해오고 있다. 독일 생산 모델의 비교우위가 노동자와 경영진 간의 장기적 협력에 기반을 둔 '다품종 고품질 생산(diversified quality production)' 혹은 '고품질 점진적 혁신(high quality incremental innovation)' 전략에 있다는 점을 고려할 때 노동시장의 수량적 유연화(numerical flexibilization) 전략은 실현불가능했을 것이다.

독일은 유럽 경제대국 가운데 가장 개방적이다. 그럼에도 불구하고 독일은 유럽 소국에서 유행한 사회적 합의주의(중앙 노사정 정책협의 시스템) 전략에 의존하지 않고 불리한 환율변화, 또는 독일 제품에 대한 국제수요의 침체 등과 같은 예측하기 어려운 우발적인 사태를 해결할 수 있었다. 이는 독일 정치경제의 자유주의적 성격, 국가개입의 미미한 의존성 등을 시사해 주는 대목이다. 이러한 '잠재적 사회합의주의(latent corporatism)'의 특징을 설명하기 위해서는 우리는 또 다시 비스마르크 복지국가가 제공하는 특수한 유인 및 지원구조를 언급하지 않을 수 없다.

6. 맺음말: 독일 정책협의 및 사회적 파트너십의 미래

독일 모델은 정책협의와 사회적 파트너십에 기초한 갈등해결의 패러다임으로 평가되어 왔다. 이는 아마도 전쟁 패배와 사회적 불안의 위험, 과거 역사 실패의 인정, 그리고 사회적 카톨릭주의의 화해적 독트린 등에 의해 영향을 받았기 때문일 것이다. 사회적 파트너십과 정책협의에 기초한 독일 산업평화는 자본과 노동의 균형적인 세력관계를 배경으로 하여 형성된 타협의 제도화라고 평가할 수 있다. 이는 보수당과 사민당의 어느 쪽도 완전한 정치적 헤게모니를 장악하지 못한 독일식 세력균형을 반영한 것이다.

그러나 독일은 정책협의와 사회적 파트너십 시스템의 전제조건으로 인식되는 구조적 특징을 결여했다. 중앙집권적 임금협상, 국가 · 자본 · 노동 간의 장기적인 정치적 교환, 적극적 케인즈주의적 거시관리 혹은 사회민주주의 헤게모니를 시도할 능력이나 정치적 의지 등 어느 것도 독일 모델의 특징으로 두드러지게 나타나지 않았다. 전후 독일의 정치경제는 시장경제의 정치적 조절(사회적 시장경제), 사회보험 중심의 복지국가, 완전고용보다는 통화안정, 공공부문 고용의 축소 등 '중간 길(the middle way)'의 특징을 보였다.

통일, 글로벌화 및 유럽연합이라는 충격 속에서 독일 정치경제 모델은 유연해지고 있다. 사회적 파트너들과 대화를 포용함으로써 얻어지는 경제적 이익이 산업 지도자와 그 정치적 동맹세력에 의해 점점 인식되고 있다. 국가적 · 초국적 로비, 그리고 노사 관계 관리를 위한 중앙집중적인 이익표출과 중재의 가치는 독일 기업 내에서 확고히 유지되고 있다. BDA가 공동결정(Mitbestimmung)과 전국적 단체교섭의 포기를 주저하고 있다. 산업 전 부문을 위한 보상체계와 근로조건을 초기업적 차원에서 조절하는 것이 산업평화에 결정적으로 공헌하는 것으로 믿고 있다. 전국적 차원의 임금협정은 분배 갈등을 기업 밖으로 돌렸다. 통일로 인해 심각한 경제적 혼란을 거듭하고 임금률이 지속적으로 하락했음에도 불구하고 사회평화는 유지되어 왔다. 이것은 아마도 독일 정책협의와 사회적 파트너십의 최근 역사가 보여주는 하나의 아이러니일 것이다. 노조의 힘이 잠식되고 소득과 부의 불균형이 확대되는 사태가 역설적으로 이를 방지하기 위한 정책협의와 사회적 파트너십의 틀 내에서 연출되고 있는 것이다. 독일의 사회적 파트너십과 정책협의 시스템은 아이러니컬하게도 건설적인 대화와 포용의 문화 속에서 통일 독일 사회가 직면하게 될 핵심적 문제들인 지역적 불균형, 성장의 둔화, 실업증가 등을 영미식 모델의 분산적인 시장 메커니즘보다 훨씬 효과적인 방법으로 처리할 수 있는 잠재력을 내재하고 있다.

　그러나 1990년대 이후 독일 정책협의 시스템은 신자유주의적 정책의제를 논의하는 장으로 변질되고 있다.[29] 무엇보다도 정부에 대한 사회적 파트너들의 협력이 과거에 비해 상대적으로 줄어들어 사회적 파트너십이 약화되고 있는 징후가 감지된다(Schmidt, 2005: 13). 이런 현상은 아마도 독일의 정치경제가 1990년대 이후 극심한 통일 후유증에 시달리고 있는 데서 비롯되고 있을 것이다. 최근 경제성장은 둔화돼 활력을 잃고 서독 지역은 9%, 동독 지역은 18%를 각각 상회하는 살인적인 고실업률을 보이고 있다. 전후 가장 성공적인 정치경제체제로 주목을 받았던 독일 모델이 이토록 탄력을 상실한 가장 큰 이유는 구동독 계획경제체제의 시장경제체제로의 전환비용에 따른 것이라 할 수 있다. 말하자면 통일비용과 체제전환 비용이 독일 정치경제체제의 구조적 제약요인이라 할 수 있다. 이런 상황에서 포스트포드주의로의 전환 과정에 놓인 독일의 정치경제가 라인 모델의 기조로서 영미식의 '주주자본주의(shareholder capitalism)'에 대비되는 '이해관계자본주의(stakeholder capitalism)' 모델의 독자성을 유지해 갈 것인지 주목된다. 무엇보다도 노사정 관계를 어떻게 창조적으로 탐색할 것인가 문제가 독일 정치경제의 발전에 주요 변수로 작용할 것이다.

---

29) 독일 협상민주주의에 협의주의적 요소가 존재하는 것은 분명하지만 독일 정치는 고전적 협의주의 시스템으로 범주화할 수는 없고 다수제 요소가 내재하고 있다(선학태, 2005: 제6장). 그러나 독일 정치체계는 폭 넓은 제도적 견제와 균형이라는 특성을 갖는다. 주정부는 연방정부와 중요한 입법권을 공유한다. 연방의회의 상원인 분데스라트(Bundesrat)는 개별 주의 대표자들로 구성되어 있으며 주와 지방 업무와 관련된 법률이 통과되기 위해서는 상원의 동의가 필수적이다. 강력한 연방헌법재판소(Federal Constitutional Court)는 입법 및 사법의 절차를 감시하는 기능을 한다. 모든 시민과 이익집단은 연방헌법재판소에 제소할 수 있는 권한을 갖는다. 이러한 견제와 균형의 결과로 입법과정은 일반적으로 속도가 느리고 지루하다. 이에 따른 정책적 보수성 및 정책경직성(policy immobilism)은 신속한 위기관리를 가로막는 큰 걸림돌이 되고 있는 경우가 없지 않다. 그러나 독일 정치문화의 높은 예측 가능성은 주요 정치행위자들 간의 안정적인 관계를 뒷받침한다. 즉 그것은 제도적 연속성을 유지하는 데 도움이 되고 문제와 갈등을 해결하기 위한 합의적 시스템을 작동시키는 데 유리하게 작용한다(Leaman, 2002: 140).

제 7장
오스트리아 정책파트너십의 역동성

도전과 연속성

1. 정책파트너십의 사상적 · 제도적 발단

오스트리아 정책 파트너십의 사상적 · 제도적 기원은 19세기에 뿌리를 두고 있다. 그 사상적 연원은 오스트리아의 기독교 사회적 파트너십과 마르크시즘 이론을 중심으로 한 사회주의적 정치운동에서 발견된다. 이들의 기본 원리는 상반되지만 양자 모두 경제에 대한 국가개입에 동의했다. 다시 말하면 기독교사회당과 사회민주당을 떠받치던 기독교 사회적 파트너십과 사회주의적 개혁사상은 국가가 규제하는 자본주의를 지지했던 것이다. 오스트리아의 이러한 사상적 전통이 정책협의 정치의 등장에 기여했다(Lewis, 2002: 23). 19세기 전반기에는 경제적 의사결정은 중앙집권적인 관료들에 의해 이루어졌으나 19세기 후반에는 사회 및 경제 정책에 관해 정부에 조언을 하는 많은 위원회들이 등장했다. 이것이 오스트리아 정책협의의 제도적 기원이라 할 수 있다.

합스부르크(Habsburg) 제국에서 경제정책 결정은 관료적이고 중앙집권적인 정책협의 구조를 통해 이루어졌지만 이것들은 대부분 조직노동자를 배제시킴으로써 기본적으로 관료와 자본의 2자 구도였다. 이것은 제1차 세계대전 초반까지 계속되었다. 그러나 생산성이 악화되고 파업이 급증하자 1917년 노사 간에 분쟁이 발생한 경우 이를 강제로 조정하고 임금 수준을 법적으로 정할 수 있는 불만위원회(Complaint Commission)가 설치되었다. 여기에 정부 각료, 사용자조합 및 노조의 대표가 참여했는데 이것은 3자 정책협의의 첫 시도였다. 같은 해 무역회의소

(Chamber of Trade), 산업가집단, 정당, 노조들이 참여하는 '전시와 과도 경제를 위한 일반위원회(General Commission for the Wartime and Transitional Economy)'가 수립되었다. 전쟁종식 무렵 합스부르크 제국이 붕괴됨에 따라 제도화된 노사 관계와 경제정책의 협의 기반이 마련됐다. 즉 사용자조직과 노조 대표가 동수로 참여하는 산업위원회(Industrial Commission)가 설치되었다. 그 주요 임무는 노동자들을 전시 동원산업으로부터 해제시키고 고용을 창출하며 실업보험을 만드는 것이었다. 그러나 사용자의 비협조으로 인해 단명으로 끝났다.

노동회의소(Chamber of Labour)는 오스트리아 제1공화국(1918~34)[1]에서 노동의 정상조직으로 설립되었는데 이는 중앙의 정책결정을 위한 전국회의와 함께 연방 단위로 조직되었으며 무역회의소와 동등한 지위를 갖고 노동자들의 이익을 법적으로 대표했다. 노동회의소는 노동시장의 상황에 관해 정부에 보고서를 제출할 의무가 있었고 다른 조직과 협상에 참여했다. 모든 노동자들은 의무적으로 노동회의소에 가입해야 했으며 자신들의 대표를 비례대표제에 따라 선출했다. 이러한 회의소 시스템은 협력적 정책형성을 위한 오스트리아의 중요한 제도적 접근이었다. 한편, 노동자들은 노총과 노동자회의소 두 개의 조직에 의해 대표되는데 전자는 노동자들의 직접적인 이익에 더 관심이 있는 반면에, 후자는 정부의 노동정책이나 사회정책에 관한 정보를 공급하는 싱크탱크의 역할을 수행한다.

그러나 제1공화국 내내 정치분열과 사회 갈등을 겪었다. 이러한 갈등과 분열을 가져온 이유는 제1차 세계대전을 거치면서 오스트리아의 사회와 정치를 분할시켰던 세 진영(Lager)의 상이한 정치적 하위문화(political subculture)였다(Luther and Müller, 1992: 1~7). 즉 농민과 쁘띠부르주아를 지지기반으로 하는 보수적 카톨릭주의, 도시 노동계급을 대표했던 마르크스주의적 사회주의, 그리고 화이트칼라층과 관료와 비유태계 지식인들이 중심이 된 민족적 자유주의(또는 게르만 민족주의) 등이다. 제1공화국의 출범과 함께 각 진영은 이념적 동질성을 강화시키면서 독자적인 정치세력화를 구축하여 서로 팽팽한 대립적 양상을 보였다. 특히 자유

---

1) 제1차 세계대전에서 패전한 후 유럽의 대제국에서 약소국의 지위로 전락한 오스트리아는 합스부르크 제국이 붕괴된 1918년에 제1공화국이 수립되었다.

주의를 지향했던 보수적 카톨릭 진영(기독교사회당)과 사회주의 진영(사회민주노동당) 간의 대립은 계급투쟁의 성격을 보였다. 더욱이 독일에서 국가사회주의라는 파시즘이 등장함에 따라 오스트리아의 민족적 자유주의 진영은 파시스트적 세력화를 시도하여 범게르만주의에 입각한 독일과의 합병을 표방하고 격렬한 정치적 선동을 일으켰다. 이처럼 제1공화국의 정치문화는 진영라인에 따라 분절적 양상을 보임으로써 사회의 원심력(centrifugal power)이 확산되었다(Pelinka, 1998: 9~36).

이 같은 정치적·이념적 혼란과 더불어 오스트리아 제1공화국의 경제는 제1차 세계대전 승전국들이 부과한 전쟁배상금으로 심각한 부담을 안고 있어 경기 하강국면을 보였다. 경기침체는 경제적 고통분담 문제를 놓고 이해관계를 딜리힌 사회계층을 대표하는 세 진영의 갈등을 증폭시키는 원인이었다. 설상가상으로 대공황의 엄습과 파시즘의 확산이 초래한 중첩적인 위기국면은 1934년 세 진영 간의 내전을 촉발시켰다. 집권하고 있었던 기독교사회당 돌푸스(Engelbert Dollfuss) 총리는 1933년 의회를 해산했으며 그 후 당시 오스트리아에서 가장 큰 정당이던 사회민주노동당과 자유노동조합을 불법화함으로써 내전의 단초를 제공했다. 이런 상황 속에서 마침내 민주적 헌정질서는 붕괴의 운명을 맞았고 돌푸스는 오스트리아판 파시즘 독재체제를 수립한 후 권위주의적 파트너십을 강제적으로 만들어냈다.

2. 정책협의의 제도화

1) 대연정의 정책파트너십 전략

제2차 세계대전 종식과 함께 수립된 제2공화국 초기의 사회경제와 정치는 제1공화국 때와 크게 다르지 않았다. 오스트리아 시민사회와 정치사회의 '진영의식(Lager mentality)'과 분열은 지속되었다. 1950년대에 'black(보수적 카톨릭)' 오스트리아인들과 'red(사회주의)' 오스트리아인들 간에는 적대감의 골이 깊었다(Powell, 1970: 138). 이처럼 과거 진영의식과 정서의 고식적 틀이 여전히 사회에

작용하고 있었기 때문에 진영을 대표하는 정당들과 정치엘리트들은 자신들이
속한 진영을 대표하면서 비타협적인 격렬한 갈등과 대립 양상을 연출했다. 제1차
세계대전에 의해 이미 유럽의 대제국으로부터 약소국의 지위로 전락한 오스트리
아의 경제 또한 여전히 불균형적인 산업구조를 유지하는 경제 소국으로 남았다.
나치통치 기간 상당한 정도의 산업화를 경험했지만 산업투자는 전쟁물자를 조달
하려는 나치독일의 필요에 따르는 것이었다. 이런 경제적 어려움 속에서도 정당
들은 대결과 갈등을 전개해 갔다.

그러나 종전 이후 오스트리아에서는 아직 상호간 적대적인 정치적 하위문화가
뿌리깊이 남아 있는 가운데 분절된 세 진영 사이에 공존하고 상생하려는 기운이
감지되고 있었다. 그 단적인 증거로 제2공화국은 제1공화국 수립에 참여했던
사회당(SPÖ: 전후 사회민주노동당이 개명되었음)과 국민당(ÖVP: 전후 보수 기독교사
회당이 개명되었음) 등에 의해 디자인되었고 제1공화국 헌법에 입각하여 동일한
정치구조를 계승했다. 이러한 분위기는 분명 하나의 역설적인 현상이었다. 세
진영을 대표하는 정치세력들은 제로섬적인 대결과 갈등을 지속했던 제1공화국
과는 달리 제2공화국 수립과정에서는 갈등과 대립 속에서도 협력적인 정향을
연출했다(Luther and Müller, 1992: 9). 특히 자본과 농민의 이익을 대표하는 국민당
과 노동의 이익을 대표하는 사회당 간의 정치적 협력이 돋보였다. 이는 종전
이후 사회당의 재건을 주도했던 렌너(Karl Renner)가 과거 혁명적 계급투쟁론에
입각한 비타협적 노선을 지양하고 실용적 타협노선으로 당을 이끌어가는 데서
비롯됐다. 그는 당면한 국가적 위기와 경제적 위기를 극복하기 위해서 자본세력
을 대표하는 보수주의적 국민당과의 정치적 타협을 적극적으로 모색하는 데 성
공했다(Sully, 1982: 96~98).[2]

---

2) 종전 이후 10년간에 걸친 연합국 군대에 의한 분할점령은 오스트리아의 주권과 영토보
   전을 심각하게 위협했다. 이러한 사태는 오스트리아 국민에게 점령군 철수를 통한 독립
   국 수립이라는 절실한 공동 목표의식을 각인시켰을 뿐만 아니라 정당들에게는 이념과
   정파를 초월하여 연합전선을 펴 군사점령에 대응케 했다. 말하자면 전승 4개국(미국, 영
   국, 프랑스, 소련)에 의한 분할점령이 초래한 국가적 위기의식이 이념을 달리한 세 진영
   을 대표한 정당들 간의 협력과 타협의 동기를 제공한 것이다. 제1공화국하에서 전개된

사회당과 국민당의 이러한 협력전략은 합의제 정치(consensual politics)를 작동시키는 데 결정적으로 기여를 했다. 특히 전승 4개국에 의한 분할점령이라는 국가적 위기에 직면하여 사회당과 국민당은 이념적 스펙트럼의 차이에도 불구하고 권력분점·공유에 기초한 '대연정 연방정부(grand coalition federal government)'의 출범에 합의한 것이다. 대연정의 기본 원칙은 연정의 각 파트너가 정부의 모든 혜택을 비례적으로 공유해야 한다는 점이다(Rose, 2000: 31). 특히 비례성(proportionality) 원칙은 내각 각료직 배분에 적용되었다.

대연정(1945~66)은 1945년부터 정책파트너십 시스템을 단계적으로 정착시켰다(Pelinka, 2002: 143). 우선 1945년에 사회주의 노조, 기독교 노조, 공산주의 노조의 대표들은 모든 노조를 포괄하는 중앙집권적 노조연맹인 ÖGB를 창립했다. 이처럼 노동은 ÖGB와 같은 하나의 정치적 상부구조로 발전함으로써 노조들 간의 경쟁을 극복하고 강력한 중앙집권적 제도를 마련할 수 있었다. ÖGB는 사회주의 노조 지도자들에 의해 이끌어졌다. 1947년 통과된 '단체협상에 관한 법률(Law on Collective Bargaining)'에 따라 ÖGB는 노동계를 대표해서 단독으로 임금협상을 벌일 권한을 부여받았으며 실제로 독점적 대표권 지위를 행사했다. 그리고 무역회의소의 후신인 연방경제회의소(Federal Economic Chamber)는 통일된 전선을 형성할 수 없는 사용자를 대신해서 노동회의소와 ÖGB와 협상에 나섰다(Tálos and Kittel, 1996: 34).[3] 이러한 제도적 장치는 오스트리아의 정책협의 시스템의 발전을 촉진했다.

다음으로 1947~51년에 중요한 이익그룹(ÖGB와 연방경제회의소, 노동회의소 등)

___

세 진영 간의 제로섬적인 대립과 갈등이 초래한 파국과 공멸이라는 뼈저린 역사적 경험을 했던 정당들은 국토분할이 자칫 국가 자체의 소멸로 귀결될지도 모르는 절박한 상황에서 제휴와 협력전략을 선택한 것이다.

3) 오스트리아의 정책결정 네트워크를 이해하는 데에 중요한 단서는 중앙집권적이고 독점적 대표성을 갖는 이익결사체의 역할이다. 가장 중요한 이익단체는 오스트리아노총(ÖGB), 노동연방회의소, 오스트리아연방경제회의소, 농업회의소 등이다. 이들은 의무가입 회원제와 정부의 법안이 각료회의에서 결정되어 의회에 상정되기 전에 정부의 법안에 대해 조언할 수 있는 권리를 갖는다. 이익집단들은 두 개의 지배적인 정당, 즉 사회당과 국민당과 밀접하게 연계되어 있다.

들과 대연정은 정책협의를 통해 임금과 물가에 관한 총 5개의 사회협약을 체결했다. 역사상 처음으로 정부와 이익그룹들은 정치적 의사결정에서 공식적으로 협력을 시도한 것이다. 또한 전후 10년의 군사점령 기간 동안 오스트리아 주권회복에 관해 4대국 연합위원회와의 끈질긴 협상을 진행하는 과정은 오스트리아의 정당과 정상 이익조직들 사이에 경제 및 산업관계에 국가의 폭넓은 개입에 관한 합의를 촉진했다. 사용자들은 주요 경제부문의 국유화와 자신들의 경영권에 대한 제한을 수용하는 데 동의했고 노조는 정책형성에의 참여, 사회복지 혜택, 장기적 경제안정을 조건으로 대결적인 계급 갈등을 중단했다. 양측은 사회 및 경제 문제에 관한 정부와의 협상에서 주요 파트너가 되었다. 이런 맥락에서 오스트리아 정책파트너십의 토대는 10여 년의 점령기간에서 찾을 수 있다.

2) 균등위원회

대연정 기간 동안 노조 지도자들은 전후 인플레이션 경향으로 인한 경제의 허약성을 인식하고 임금인상을 자제했다. 일반 노조원들이 낮은 임금에 저항했지만 ÖGB 지도부는 장기적 경제성장을 위해 단기적 희생이 불가피하다고 그들을 설득했다. 사용자들 또한 특히 연합국의 군사점령이라는 불확실한 정치상황에서 경제회복을 위해 산업평화가 절실히 필요하다는 인식을 하고 있었다. 경제성장, 완전고용, 통화안정, 임금자제, 저소비, 자본투자 증가 등은 모두 연방경제회의소와 주요 사용자 결사체인 오스트리아산업가연합(Federation of Austrian Industrialists)이 정부 및 ÖGB와 공유하는 경제목표들이었다. 위기 상황에서 사용자들은 경제정책에 관해 다른 경제 이익집단들과의 공동협상에 자발적으로 참여했다. 그러나 그들은 정부와 이익집단 사이에 협력과 합의를 이끌어내기 위한 상설기구를 설립하려는 계획은 위헌이고 시장의 작동을 방해할 우려가 있다는 이유를 들어 이를 거부했다. 그러나 인플레이션의 가중, 숙련노동력의 부족, 파업 위협 등에 직면하여 연방경제회의소는 임금 및 물가를 검토하기 위한 상설 정책협의체(또는 사회적 협의체)의 수립에 동의했다.

이 정책협의체의 중심에는 정부의 대표, 정상조직(사회적 파트너), 전문가들이 참여하는 합동위원회인 '균등위원회(Parity Commission)'가 자리 잡고 있으며 이는 상설 운영되는 각종 위원회와 소위원회를 포괄하는 조직으로서 활동했다(Traxler, 1998: 240~241; Markovits, 1996: 7~8). 1957년 최초로 설립된 균등위원회는 본래 총리를 포함한 4명의 정부 각료, 고용주·피고용인·농민 등 세 경제주체의 각 두 명의 대표들이 자발적으로 구성된 비공식적이고 한시적 기구에 불과했다. 그 목적은 인플레이션의 위협을 줄이고 안정적인 임금 및 가격 정책을 결정하는 것이었다(Tálos and Kittel, 1996: 43).

1963년에 균등위원회는 협력적인 정책결정을 위한 정책협의체로 상설 제도화되었으며(Lewis, 2002: 21) 항구적인 제도적 토론 시스템을 운영했다. 이 시스템은 중앙집권적이고 위계적이며 다양하다. 이에는 가격 및 소득정책 권고를 했던 '가격 및 임금에 관한 공동위원회(Joint Commission on Wage and Prices)' 외에 광범위한 사회경제적인 문제(사회복지, 조세, 재정 등)에 관한 정보를 수집하고 토론의 장을 제공했던 '경제사회 문제에 관한 자문위원회'가 신설되었다. 자문위원회에는 정부와 정상 이익조직의 대표뿐만 아니라 중앙은행, 경제연구소, 대학, 중앙통계청 등의 전문가도 참여한다. 자문위원회의 실질적인 임무는 균등위원회에 구체적인 정책 권고를 하는 많은 소위원회와 실무단에 의해 수행되고 있으며 균등위원회는 이 권고를 유관 정부부처에 제출한다. 균등위원회 산하 소위원회들의 실질적인 정책결정은 협상을 통해 만장일치로 이루어진다. 소위원회 수준에서 타협이 불가능할 것으로 판명되면 사회적 파트너의 4자 주요 대표 위원회에서 이슈들이 해결된다. 이러한 소위원회 시스템은 정책파트너십이 국내외 정책의 급속한 변화에 적절히 대응토록 하고 있다. 예컨대 1992년 균등위원회 내에 국제문제 소위원회가 설립되어 오스트리아의 유럽연합 가입과 동유럽시장 개방 문제를 다루었다.

이와 같이 균등위원회는 임금 및 물가의 책정은 물론이고 사회·경제정책 전반에 걸쳐 강력한 영향력을 행사함으로써 오스트리아 정책파트너십의 압권으로서 평가되고 있다. 특히 임금의 경우 중앙의 균등위원회가 임금 가이드라인을 책정하면 중간단위의 협약위원회 및 기업별 노조는 사용자 측과 자율적으로 성과에 따라 임금을 인상, 조정한다. 이는 단체협약의 분권화를 의미한다. 이 때문에 노조별 임금의 격차가 발생하기도 했다. 오스트리아 사회당 정부는 1970년대에 케인즈주의적 경제정책, 즉 경제성장과 고용창출을 위한 재정확대 정책, 소득정책, 그리고 완전고용 정책 등을 추진하여 자본과 노동을 사회협력의 틀로 유도해 낼 수 있었다. 오스트리아는 1980년대 이후 글로벌화의 충격으로 국영기업의 민영화, 긴축정책 등 변화를 겪어왔지만 정책협의 정치는 중앙집중화된 조정, 단체협약의 분권화 등 기존의 틀을 대체로 그대로 유지하고 있다(Kittel, 2000: 125). 오히려 직업훈련, 노동시간 단축, 지역경제 구조조정 등 공급 측면에서는 사회협약정치가 더욱 강화되었다(Traxler, 1995: 279~281).

3) 정책파트너십 시스템의 다층화

오스트리아 정책파트너십의 구조는 다양화되어 있다. 중앙 수준에서 노동과 자본의 정상조직들은 임금과 노동조건에 관한 하위 수준에서 이뤄지는 양자 협상을 위한 틀을 만들고 정부의 정책결정 과정에 참여한다. 중간 수준에서 오스트리아 정책파트너십의 구조는 노총과 연방경제회의소 산하 부문별 집단에 기초하고 있다. 이들 부문별 집단은 각 산업의 실질적 임금 수준을 협상하는 데에 중요한 역할을 한다. 이러한 부문별 사회적 파트너십은 1990년대에 접어들어 그 중요성이 증대되고 있다. 왜냐하면 정상조직들 간의 협상에 의해 이루어진 기본 합의의 틀 내에서 상세한 세부적인 사항은 부문별 조직 간의 협상으로 이양되는 추세가 나타나기 때문이다(Kittel, 2000: 108~129). 기업 수준에서 노동과 자본의 관계는 법적으로 설립된 작업장협의회(work council)에 의해 제도화되었다. 이들은 중앙과 부문별 수준에서 정해진 기본 틀 내에서 근로조건의 세부사항에 관해 협상할 수 있는 권한을 갖는다.

1960년대부터 1980년대까지 정책파트너십에 의해 이루어진 의사결정 과정은 다음과 같은 단계로 구성된다(Tálos and Kittel, 2002: 38~41). 먼저 비공식적인 협의가 정부의 관련부처, 사회당, 국민당—어느 정당이 집권당이냐는 것과는 상관없이—그리고 4대 이익단체 간에 개최된다. 이로부터 첫 번째의 정부의 입법안이 마련된다. 이 과정은 만약 행위자들 중 일부가 동의하지 않는다면 오랜 시간이 소요될 것이며 정책 영역에 관한 어떤 패턴이 구별될 수는 있지만 관련 행위자들이 만나는 어떤 포럼에서도 일어날 수 있다. 다음으로 회의소(chamber)는 공식적으로 그 초안을 검토한 후 수정하고 개정한다. 그 초안이 내용에 관한 광범위한 합의에 이르게 되면 각료회의에서 통과되고 약간의 수정이 가해져 의회에 상정된다. 중요한 정상 이익집단의 대표가 사회당과 국민당에서 요직을, 그리고 의회에서 정당의석을 맡고 있을 뿐만 아니라 의회위원회(parliamentary commissions)에서 핵심적 위상을 차지하고 있기 때문에 이런 수정된 내용들은 다시 이익집단들 간에 또는 이익집단들과 두 지배 정당들 간에 의회 밖에서 협상되는 타협의 기초가 될 수 있는 것이다.

의사결정의 두 번째 타입에서 입법 초안은 하나 혹은 그 이상의 정당의 발의에 의해 의회에 상정된다. 이익집단이나 정부 부처는 그러한 발의에 참여할 필요가 없지만 사회적 파트너들과 혹은 이들 간에 사전 예비 협상과정이 활용되어 법안 처리과정을 보다 신속하게 한다. 최근 연구에 따르면 정책결정 과정이 포괄적인 사회적 파트너십의 개념을 뛰어넘는 수준에서 여러 정책 분야에 걸쳐 다양해지고 있는 현상을 보이고 있다. 즉 여러 정책 분야에서 이익집단들이 자신들의 이익을 조율하지 않고 로비를 하는 압력단체처럼 활동하기도 하고 이익집단들이 전혀 관여하지 않는 정책 분야도 있다.

3. 정책파트너십 시스템 작동의 촉진조건

1) 제도적 조건

오스트리아 정책파트너십 시스템의 작동은 몇 가지 제도적 조건에 연유한다(Traxler, 1998: 245~258). 우선 정책파트너십의 제도적 요소는 노동회의소, 상공회의소(Chamber of Commerce) 및 농업회의소(Chamber of Agriculture)의 의무 회원제이다. 모든 근로자와 사업주는 노동 및 자본 조직의 조합원으로 가입해야 하고 모든 회원은 조직에 회비를 납부해야 하며 이러한 강제성은 조직의 대표성을 보장해 준다. 강제적 조합비는 세금처럼 매월 각자의 소득에서 공제한다. 의무적 회원제가 없었다면 정책파트너십 시스템이 정상적으로 작동하지 못했을 것이다. 이에는 두 가지 이유가 있다. 하나는 강제적 조합비가 조직들의 고용 인력과 시설운영을 위한 재정지출에 사용하는 수입원이 되기 때문이다. 더욱 중요한 다른 하나는 의무 회원제가 없었다면 오스트리아 정책파트너십은 특수한 개별적인 목표와 이익을 증진하기 위해 의회에 대표를 파견하여 로비활동을 전개하는 등 협소한 특수 이익그룹들의 전형적인 특징적 양상을 보이는 다원주의 형태로 전락했을 것이 거의 확실하기 때문이다.

둘째, 노동운동의 강력한 조직력이다. 오스트리아 ÖGB는 산하 16개 산업별 노동조합을 거느린 단일 정상조직으로서 강력한 수직적 산업별 조직체계를 구축했다. 다시 말하면 ÖGB는 행정과 재정의 중앙집중화를 실현함으로써 산하 노조의 단체협상과 단체행동에 대한 실질적인 통제력을 행사했다. 이를 통해 노동의 중앙조직은 내부의 조정과정을 거쳐 협상에 임하기 때문에 타협의 가능성은 높아지며4) 독점적 대표권을 행사함으로써 국가의 정책방향에 영향을 미친다.

셋째, 정당 차원에서 노동과 자본을 대변할 수 있는 사민당(1994년 사회민주당으로 개명)과 국민당이 전후 오스트리아 정치를 지배하면서 정치적 타협에 의한 대연정을 수립했다. 양당이 각기 정통사회주의 노선과 정통자유주의 노선을 포기하고 케인즈주의에 입각한 경제운용과 사회조정을 통해 계급타협을 시도했다 (Müller, 1993: 453~454). 이것은 노동과 자본 간의 사회적 타협을 제도화한 정치적 배경이 되었다. 1966년에 대연정이 붕괴되었는데 이것이 타협체제의 종식을 의미한 것은 아니다. 왜냐하면 대연정 기간 중에 제도화 혹은 준제도화되었던 공식적·비공식적인 사회적 협력체제는 대연정 붕괴 이후에도 확고하게 유지되었기 때문이다. 1970년 이후에는 사회당이 오스트리아의 정치권력을 확고히 장악하여

---

4) 그러나 강력한 조직체계를 구축한 노동에 비해 자본은 상대적으로 조직력의 열세를 보였다. 예컨대 오스트리아의 자본을 대표하는 상공회의소는 강력한 조직망을 구축하지 못했다. 특히 상공회의소는 대기업과 중소기업, 공기업과 사기업, 그리고 산업부문들 간에 상충하는 이해관계를 조정하여 조직적 단합력을 과시하는 데 노조보다 큰 어려움을 겪어왔다.

노동 우위의 정치경제 체제를 강화할 수 있었다.

넷째, 오스트리아의 정당들은 강력한 조직력을 갖는 이익집단들과 긴밀한 조직적·정책적 협력체제를 구축했다. 따라서 국가의 핵심적 정책결정 과정에 대한 정당과 이익집단의 영향력은 결코 관료집단에 비해 뒤떨어지지 않는다. 예컨대 ÖGB와 사민당은 재정적·인적·조직적인 긴밀한 협력체제를 구축했는데 사회당이 집권하는 경우 노조 간부와 당의 간부가 각료 및 의원에서 중복되는 경우가 많았다. 이렇게 강력한 조직력과 정치력을 갖는 오스트리아의 노조는 지속적 싱징이 고용확대의 관건이라는 인식에서 자발적인 임금억제 전략을 선택함으로써 정부정책에 영향을 미쳤으며 이는 정책파트너십의 작동을 촉진했다.

다섯째, 국가는 정책결정 과정에서 주도적 역할을 수행하지 않고 '중립적 중재자' 역할 수준에 머물렀다. 아울러 국가는 노조의 자발적 임금억제에 따른 경제적 손실과 노조별 임금격차를, 사회복지의 지속적인 확충과 사회적 소득의 확대를 통해 보전해 주고 ÖGB가 국가의 사회 및 경제정책의 입안과 집행 과정에서 강력한 영향력을 행사할 수 있는 공식적 채널을 보장해 주었다.

마지막으로 만장일치의 결정제도이다. 이는 노동회의소와 자본회의소의 내부의 결정뿐만 아니라 노동과 자본이 협상하는 모든 경제사회 문제에 관한 의사결정 과정에서 적용되었다. 이러한 만장일치제는 결정과정에서 모든 대표가 비토권을 행사하는 등 많은 시간과 노력이 소요되지만[5] 일단 결정된 내용은 상대적으로 충실하게 실행될 수 있다는 장점이 있다.

종합적으로 오스트리아의 노사정 타협체제는 노동의 상대적인 조직적 우위를 바탕으로 형성되었다. 그 결과 이들 간의 협상을 통해 마련된 경제정책은 시장의 자율적 기능을 다양한 수단을 통해 통제하려는 경향을 보였다. 즉 강력한 노동, 취약한 자본, 그리고 중재자로서의 국가라는 구조적 특성이 결합하여 형성된

---

5) 만장일치 규칙의 결과는 외부효과(externalities)를 최소화시키지만 결정비용을 치르게 하는 현상을 야기한다. 비토권은 정책파트너십의 효율성과 혁신성을 가로막고 연대라는 이름으로 경쟁적인 이익그룹의 보다 역동적 활동을 저해한다. 그러나 각 이익그룹이 비토권을 보유하면 어떤 단일 이익그룹이 아무리 강력하더라도 정책 어젠다를 지배할 수 없다.

오스트리아의 정치경제 체제는 시장기능의 조정 및 경제운용의 정치화라는 특성을 보여주었다.

2) 타협문화

정책파트너십의 목적은 경제적 안정과 사회평화를 마련하는 데 있다. 이러한 바람직한 결과를 얻기 위해서 두 조건이 전제되어야 하는데 그 하나는 사익 추구를 회피하고 협력하려는 엘리트들의 의지이고 다른 하나는 협력 활동에 참여하려는 엘리트들의 능력이다. 협력능력은 오스트리아 정책파트너십의 특이한 제도적 구축을 지칭한 데 반해, 협력의지는 오스트리아 정치문화의 함수이다. 오스트리아의 정책파트너십은 오스트리아의 정치문화에 깊숙이 스며들어 있는 태도와 정향(orientation)이다. 이 타협문화는 제도적 구조 못지않게 오스트리아 정책파트너십의 효과성을 이해하는 데 중요한 요소이다. 제2차 세계대전 후 1980년대 초까지 발전되었던 오스트리아의 정책파트너십 정신은 대중이 엘리트들을 신뢰하고 자발적으로 그들에게 충실한 데서 비롯됐다.6) 엘리트들은 사회적 협력

6) 그러나 부르주아 혁명의 결여, 후발 산업화, 그리고 취약한 의회제도 등의 역사를 가진 오스트리아의 정치적 자유주의의 저발전을 초래했다. 따라서 구세대 오스트리아인들은 위에서 내려진 정치적 결정을 아주 쉽게 수용하곤 했다. 그들은 자신들을 통치의 주체가 아니라 객체로 보았다. 이러한 구세대 오스트리아인들의 마인드 때문에 민주적 정치문화가 발전하지 못했다. 그들은 정당강령과 정책을 평가함으로써 자신들을 위한 즉각적인 물질적 혜택을 획득하는 데 관심을 가졌고 지방 정당 대표들이 좋은 아파트와 일자리를 얻는 데 도움 주기를 희망했다. 대중과 엘리트들 간의 이 같은 수직적 유대는 경쟁적이고 다원주의적 사회에서 전형적으로 나타난 대중과 엘리트들 간의 수평적 관계보다 온정주의적(또는 가부장적) 후원자-고객 관계를 특징으로 한다. 그러한 온정주의적 풍토에서 후원과 정실이 창궐하여 오스트리아에서는 많은 정치적 스캔들이 발생했다. 최근 자유당 출신인 하이더의 급부상은 부분적으로 유권자들에 대한 그의 민중주의적 호소의 덕택이라 할 수 있다. 그의 민중주의적 호소는 기존 정당들이 부패했고 정실주의와 광범위한 관료제가 정치과정을 비효율적으로 만들었으며 낡은 인적 네트워크가 온정주의에 의존한 '자리 나눠먹기'의 원인이 되고 '비례대표제(proporz)'가 능력보다 정실을 더 중시되는 제도를 만들었다는 등에 모아졌다.

과 조화를 달성할 목적으로 자본과 노동 간에 갈등하는 이해관계를 조정하고 균형 있게 하기 위해 과학적·기술관료적 원칙에 근거하여 사회를 지도하고 관리했다. 따라서 오스트리아 정책파트너십 시스템은 계급 갈등의 공간을 거리에서 협상테이블로 옮기는 데 그 목적이 있었다.

오스트리아가 이와 같은 정책파트너십의 타협문화를 발전시키는 데 기여했던 세 가지 배경적 요인이 있다(Crepaz, 2002: 160). 첫째, 오스트리아는 압도적으로 카톨릭 신도들이 많아 정책파트너십 사고의 활성화를 가능케 하는 비옥한 문화적 토양을 갖추고 있었다. 즉 정책파트너십은 노사 간의 타협과 협력을 강조하는 카톨릭주의적 도덕철학에 크게 의존했다. 카톨릭 도덕철학에 따르면 자유주의와 자본주의는 사회적 연대를 파괴하고 사회를 높은 도덕적 목적이 결여된 원자화되고 사리사욕에 가득 찬 개인들의 집합체로 전락시킨다. 둘째, 오스트리아는 완전한 부르주아 혁명을 경험한 일이 없기 때문에 자유주의적 전통 또한 다소 취약하다. 후발 산업화의 결과로 자본은 취약하고 대부분 소규모 생산자 및 제조업체들로 구성되었다. 셋째, 오스트리아에서는 자유주의 전통이 취약한 결과로 다른 서유럽 국가들의 의회정치에 비해 의회정치도 상대적으로 취약하다. 이러한 점에서 오스트리아의 정책파트너십 신념은 "모든 것은 국민을 위하고 국민에 의한 것은 아무것도 없다(everything for the people, nothing by the people)"는 개념에 기초하고 있다. 의회의 힘이 취약한 것은 1934~38년에 지배했던 파시스트 정권 하에서 두드러졌다.

오스트리아의 정책파트너십 시스템은 역설적으로 제2차 세계대전 후 이러한 경험에서 잉태한 것이라 할 수 있다. 전후 보수주의 정당과 사회주의 정당의 지도자들, 그리고 자본과 노동의 대표들이 자유주의의 특징인 개별적인 이해관계를 초월하여 타협과 협력에 기초한 공동이익을 우선시하는 결의를 다졌다. 이러한 움직임은 자본과 노동의 많은 차이에도 불구하고 계급타협을 지향한 하나의 공동체라는 확신으로 이어졌다. 이는 관련 모든 행위주체들이 같은 배를 타고 있는 공동운명체이고 어떤 한 주체가 이탈하면 모두가 무너지기 때문에 모두가 결속하여 상호 타협·화합해야 한다는 문화가 정착되었음을 의미한다. 이러한 정책파트너십 정신의 가장 중요한 상징은 20년 이상(1945~66) 지속되었

던 국민당과 사회당의 대연정이었다. 이익그룹의 분야에서 또 다른, 어쩌면 훨씬
더 중요한 대연정이 진행되었다. 즉 30여 년 이상 오스트리아의 ÖGB의 총재와
연방상공회의소(Federal Chamber of Commerce)의 총재가 매우 중요한 사회 및 경제
정책을 공동으로 결정했다. 이로써 1960~70년대에 오스트리아 정책파트너십이
절정에 이르렀다.

3) 사회적 파트너십과 합의제 정치의 융합: 의사결정의 동시성

사회적 파트너십과 합의제 정치 간에는 차이가 존재하지만[7] 동시에 몇 가지
중요한 유사점도 존재한다(Crepaz, 2002: 158~159). 양자는 '타협문화(culture of
compromise)'를 공유한다. 두 시스템에서 엘리트들 간에 갈등과 대립보다는 협력
과 타협이 상생의 게임으로 이어질 수 있으며 전체가 부분의 총화 이상이 되는
시너지 효과를 창출할 수 있다. 합의제 정치 시스템과 사회적 파트너십 시스템은
개념적 친화성(conceptual affinity)을 갖는다. 바꿔 말하면 양자간에 구조적 유질동
상(structural isomorphism)이 존재한다(Lehmbruch, 1979: 59). 합의제 정치 시스템과
사회적 파트너십 시스템은 모두 권위주의적·다수결주의적 의사결정 양식보다

---

7) 오스트리아의 합의제 정치 시스템과 사회적 파트너십 시스템은 제도의 공식성, 행위주
체, 정책 분야의 측면에서 분명한 차별성이 존재한다. 우선 합의제-정치는 대부분 비례
대표제(결과적으로 대연정의 형성을 촉진함), 비토권, 연방제와 같은 분절집단의 자율성
인정 등의 헌법적 틀 속에서 작동했다. 둘째, 엘리트들은 대부분의 경우 사회의 각 분절
집단을 대표하는 선출된 정당의 지도자들이었다. 셋째, 정책 분야는 대체로 종교적·지
역적·언어적·민족적·인종적 이슈들과 관련되어 있다. 이에 반해 사회적 파트너십 시
스템의 영역은 우선 훨씬 더 비공식적이다. 오스트리아 사회적 파트너십의 제도적 특징
중 어느 것도 헌법에 언급되어 있지 않다. 다시 말하면 사회적 파트너십 시스템은 자본
과 노동의 포괄적 대표를 보장하는 비공식적·헌법외적(extra-constitutional) 제도이다.
둘째, 사회적 파트너십의 엘리트들은 일반 선거의 결과로 선출되지 않으며 따라서 정당
의 지도자들보다 정통성에 있어 훨씬 취약하다. 노동회의소와 노조의 선거는 오스트리
아에서 누가 자본과 노동의 고위 대표자로 선출되는가를 언제 결정할 것인가에 대해 중
요한 역할을 하지 않는다. 셋째, 사회적 파트너십의 정책 분야는 경제성장, 실업, 인플레
이션, 생산성, 투자 등과 같은 사회경제적인 이슈만을 다룬다.

는 협력적 · 타협적 의사결정 양식을 지향하는 엘리트들의 성향을 필요로 한다 (McRae, 1979: 520).[8] 사실 경험적으로 합의제 정치와 사회적 파트너십은 동시에 발생했다. 오스트리아에서 단일 정당에 의해 통치되었던 1966~83년에도 합의 와 타협의 정치는 지속되었다. 다만 그러한 정치는 정당 영역으로부터 이익그룹 의 영역으로 이동했을 뿐이다.

정책파트너십에 기초한 타협체제의 근본 원인은 국제환경이 초래한 위기와 약소국의 정치적 · 경제적 '취약성(vulnerability)'이다(Katzenstein, 1985). 이러한 위 기와 취약성은 정치세력들 간의 타협에 의해서가 아니라 특정 정치세력의 일방 적 헤게모니 확립을 통해서도 극복될 수 있다. 그러나 오스트리아 정치세력은 합의제 정치를 통해서 그러한 위기관리를 했다. 노사정이 상호 협력 속에서 사회 및 경제 정책결정을 내린다는 점에서 정책파트너십은 오스트리아 합의제 민주주 의의 본질적 요소이다. 그런데 오스트리아 합의제 민주주의는 초창기부터 두

---

8) 제도는 그것이 사회에서 권력의 흐름을 매개, 즉 사적 소망과 요구를 공적인 정책으로 전환하는 전도대 역할을 한다는 점에서 매우 중요하다. 여기서 제도는 사회적 파트너십 을 의미하는 데 이는 세 가지 점에서 다원주의와는 다르다(Crepaz, 2002: 162~164). 첫 째, 다원주의 행위자의 수는 많은 데 반해, 사회적 파트너십에서 조직행위자의 수는 소 수이다. 둘째, 다원주의의 많은 행위자는 경쟁적으로 서로 간여하나 사회적 파트너십의 소수 조직행위자들은 화합적으로 서로 관계를 맺는다. 셋째, 다원주의는 과정 지향적인 데 반해 사회적 파트너십은 목표 지향적이다. 바꿔 말하면 이익그룹 다원주의 정치에서 정책은 정치세력들의 벡터 총화(역학관계, vector sum)의 결과인 데 반해, 사회적 파트너 십에 기초한 정책결정은 목표 지향적, 즉 우선 정책목표가 호혜적으로 합의되고 다음에 전략적 행위자들이 협력하여 이 목표를 달성하는 가장 효율적이고 효과적인 방법을 모 색한다. 사회적 파트너십 제도들의 포괄적 성격에 비춰 볼 때 그 제도들은 거의 모든 조직행위자들의 이익을 증진한다(Tsebelis, 1990: 13). 넷째, 정책파트너십의 중요한 제도 적 특징은 이익단체들의 공법적 지위다. 공법적 지위는 다원주의 정치의 이익그룹들이 갖지 못한 권리, 즉 조합원들의 이해관계에 관한 법안의 상정단계에서 자문 및 협의 주 체로 참여할 수 있는 권리를 이익그룹들에게 부여한다. '자문할 수 있는 권리'라는 용어 는 다소 수동적으로 들리지만 실제로는 결사체들이 종종 입법 제안을 주도한다. 자문절 차는 엄청난 영향력이 행사되는 실질적인 수단이다. 많은 법률 제안은 의회에 상정되기 이전에 이른바 입법 준비단계에서 이익그룹들 간에 충분한 토의과정을 거쳐 수정되고 묵시적 합의에 이른다.

수준 혹은 영역으로 구성되었다. 즉 하나는 의회연대를 비롯해서 정부 수준의 국민당과 시민당의 협력이고 다른 하나는 사용자와 근로자의 각 이익단체들 간의 협력이다(Pelinka, 2002: 141~142). 정부와 의회는 두 정당(국민당과 사민당)의 통제를 받으면서 비경제적인 모든 문제를 지배했다. 한편, 자본과 노동은 사회적 파트너십의 규칙을 확립했다. 사회적 파트너십에 기초한 의사결정 과정은 다수결 원칙을 폐지하고 자본과 노동의 상호 비토권을 인정했다. 이는 자본과 노동의 타협을 불가피하게 했고 제로섬 게임은 존재하지 않았다. 선거정치는 노사 관계에 적어도 즉각적인 영향을 미치지 않았다. 사회적 파트너십 시스템은 사용자, 근로자, 농민을 대표하는 경제적 이익집단들의 참여에 의해 작동되었으며 대부분의 사회정책을 포함해서 모든 경제적 문제를 지배했다.

그런데 사회적 파트너십과 합의제 정치는 경제적 이익집단과 정당의 융합에 의해 작동되었다. 정치적 의사결정은 정치적 인물들의 정체성에 따라 이뤄졌다. 즉 두 개의 보수주의 및 사회주의 진영은 정당뿐만 아니라 경제적 이익단체를 통제했다. 사회적 파트너십 차원에서 제기되는 중요한 안건들이 정당들의 통제를 받았으며 정부 수준의 모든 중요한 의견 또한 경제적 이익단체들의 통제를 받았다. 이러한 정치적 의사결정의 동시성은 제도적·인적 차원에서 나타났다. 제도적 측면은 정치적 소수파로부터 제기되는 모든 입법초안을 평가하기 위해 주요 모든 이익단체들을 의회 상정 이전 단계의 법안조율 과정에 공식적으로 참여시켰다는 점이다. 뿐만 아니라 정당들과 이익그룹을 연계하는 인적 중복을 통해 주요 이익그룹의 의사결정 과정에 주요 정당의 인사를 참여시키거나 또는 주요 정당의 의사결정 과정에 이익그룹의 대표를 참여시켰다. 이 같은 제도적·인적 연계는 합의제 정치와 사회적 파트너십이 유기적 연계 속에서 작동하도록 했다.

연방 수준에서 사회적 파트너십은 1966년 첫 대연정이 붕괴된 이후 그 중요성을 더해갔다. 즉 오스트리아 제2공화국의 첫 일당(국민당) 내각에서 수상, ÖGB의 총재, 국민당 및 사회당의 대표들은 비공식 접촉을 통해 의견교환과 정책문제에 관한 합의를 끌어냈다. 비록 공식적 정부 수준에서는 웨스트민스터 모델식 대결정치가 대연정을 대체하고 사회당이 전통적인 야당처럼 활동했지만 국민당 정부

의 수상과 당시 야당이었던 사회당이 지배하는 ÖGB 지도자 간의 정책협의는
지속되었다. 특히 1966~87년에 사회적 파트너십의 중요성은 노동법의 역사에
의해 설명된다.9) 그 법안은 헌법개정을 포함하고 있지 않아 의회에서 2/3의 다수
찬성이 필요 없었다. 당시에 사회당은 하원에서 전반적인 과반수를 차지하고
있었기 때문에 적어도 이론적으로는 다른 정당과 타협할 필요 없이 그 법안을
통과시키는 데 문제가 없었다. 그러나 사회당과 국민당은 강령적으로 '균등의
공동결정(parity co-determination)' 개념에 집착했다. 그 '균등의 공동결정'은 노동
의 내표들에게 모든 기업의 이사회의 50% 통제권을 부여한다는 것을 의미한다.
사회당은 의회에서 '균등의 공동결정' 원칙을 밀어붙이려 하지 않고 대신에 사용
자단체들과 합의를 도출해 내려고 노력했다. 이 과정을 통해 이사회에서 노동에
게 이사의 1/3에 상당한 대표권을 부여하는 것으로 수정되고 추가적인 제한 조치
들을 포함하는 타협안에 도달한 후 비로소 그 법안은 당시 야당이었던 국민당의
지지를 얻어 의회에서 통과되었다.

4. 정치경제적 환경변화: 정책파트너십 시스템에의 도전

오스트리아는 놀라울 정도로 이념적 진영 간의 사회평화 및 산업 갈등 해결
등을 달성함으로써 '축복의 섬(island of the blessed)'이라는 찬사를 받았다(Luther
and Müller, 1992: 8). 1950년대부터 1970년대까지 사회주의 정당과 보수주의 정당
의 엘리트들, 그리고 사회적 파트너들 간에 협력과 협의 시스템이 작동했으며
이를 토대로 매우 예측가능하고 안정된 정치경제를 창출하는 오스트리아 정책과

---

9) 1945에 출범한 오스트리아의 대연정은 1966년의 선거에서 국민당이 절대 다수 의석을
   확보하고 독자적 정부를 수립함에 따라 비로소 종식되었다. 그 후 국민당의 단독정권은
   4년 만에 막을 내리고 1970년 이후 줄곧 크라이스키(Bruno Kreisky)가 이끌고 있었던
   사회당 정권이 1983년까지 지배했다. 이에 따라 17년(1966~83)간에 걸쳐 오스트리아에
   는 내각 차원에서 일시적으로 다수제 민주주의식 경쟁이 나타나기도 했다. 그러나 1983
   ~87년에는 사회당과 자유당의 연립정부가 수립되었다(선학태, 2005: 203).

트너십 시스템의 전성기였다. 따라서 1950년대에서 1970년대의 경제적·사회적 실적은 성공적이었으며 이에 따라 정책파트너십은 오스트리아 사회의 모든 영향력 있는 단체들로부터 용인되었다. 이로써 정책파트너십 정치가 크게 확대되었으며 정부의 공식적인 주요 역할은 정부 기구 밖에서 이루어지는 다양한 의사결정들을 단순히 인가하는 수준으로 축소되었다.

그러나 1980년대에 접어들어 정책파트너십 시스템에 대한 반발과 비판이 제기되었다(선학태, 2005: 224~227). 첫째, 세계화에 따른 산업구조의 변화로 인해 오스트리아인들의 의식 및 가치관 변화가 정책파트너십 시스템을 위협했다. 1980년대에 진행된 냉혹한 세계화의 추세에 따라 오스트리아 경제는 산업경제로부터 후기산업 및 서비스 중심의 경제로 변화하면서 사회의식 변화를 동반했다. 뿐만 아니라 1980년대를 전후하여 환경, 생태, 평화, 반핵 등 '녹색정향(green orientation)'의 새로운 쟁점들이 제기되면서 종래 좌·우의 축으로 더 이상 수렴되기 힘든 새로운 균열의 축이 오스트리아 정치에 도입되었다. 이 정치적 균열은 물질주의 대 후기물질주의 가치 차원(materialist / post-materialist value dimension) 구도로 부각되는 가운데 오스트리아 사회의 신중간층, 고학력자 및 전후세대들은 가치지향에 있어 후기물질주의적 특성을 강하게 표출했다. 1978년에 실시된 국민투표는 오스트리아에서 처음이자 마지막인 핵발전소의 가동을 거부했다. 또한 1984년 오스트리아 젊은이들은 생태계 보호를 위해 수력발전 댐 건설을 반대했고 전략적 행위자들인 자본과 노동의 힘을 부정적으로 보았다. 진영의식의 두꺼운 벽을 붕괴시키는 요인도 젊은 세대의 태도와 행동이었는데 이는 1980년대 발생했던 중요한 변화였다. 젊은 세대는 과거 두 적대적인 진영의식이 이제 더 이상 정치적 현실에 부합되지 않는다는 사실을 인식하고 진영을 떠나가기 시작했다. 그들에게 있어 계급균열을 비롯한 전통적 균열라인에 따르는 과거 분열은 역사에 불과했다. 그들의 사회적 가치는 보다 개인주의, 경쟁성, 창의성, 혁신성, 자존 등을 중시하고 있으며 이 모든 가치는 당초 오스트리아 정책파트너십 시스템이 지향했던 온정주의적·위계적 성격과는 모순된다.

이런 경향에 따라 오스트리아 정책파트너십 시스템의 온정주의적 성격을 수용하는 오스트리아인들의 순종은 이제 사라지고 있다. 역설적일지 모르지만 오스트리아를 성공으로 이끌었던 것은 한편으로 바로 정책파트너십의 권위주의 유형이고 다른 한편으로는 정책에 대한 수동적 수용이라 할 수 있다(Crepaz, 2002: 161). 예컨대 정치의식의 고양, 반(反)정책파트너십 정당의 대거 진출, 후기물질주의 및 후기산업주의의 확산, 개인주의 · 자기결정 · 퍼스낼리티 · 정체성 · 자아실현을 강조하는 대중문화의 발달 등으로 말미암아 정책파트너십을 통해 밀실에서 엘리트들에 의해 결정된 정책을 모색한다는 것은 점점 어려워진다. 말하자면 정책파트너십 시스템은 역설적으로 자신의 '성공의 희생자(victim of success)'가 되고 있다. 소득증대, 교육 수준 상승은 오스트리아 사회를 현대화시켰고 젊은 세대에게 정책파트너십을 비판적으로 검토하는 시각과 능력을 부여한 것이다. 대부분의 젊은이들은 정책파트너십이 개방성, 유연성, 적응력, 접근성, 민주성, 물질적 가치 이외의 관심 사항을 처리할 수 있는 능력을 결여하고 있는 것으로 인식하고 있다.

둘째, 이익집단 조직의 내부구조 약화 현상이 나타나고 있다. 예컨대 최근 연방경제회의는 의견이 다른 산하 조직들에게 정상 수준의 합의 사항을 준수하라고 강제할 수 없는 사례가 발생했다. 이는 연방경제회의가 ÖGB나 노동자연방회의보다 상대적으로 중앙집권성이나 독점적 대표성이 떨어지기 때문이다. 점점 경쟁적인 글로벌 경제 환경 속에서 정상조직들은 합의 사항을 산하 회원(단체)들에게 설득하기가 더 어려워졌다. 말하자면 중앙 수준에서 타결된 정치적 교환에 대한 산하 구성원들의 지지도가 낮아지고 있다. ÖGB인 경우도 특수한 지향점 차이로 인해 산하 부문별 노조 간의 내부 갈등이 표출되고 있다. 특히 최대 규모를 자랑하는 화이트칼라노조(GPA)와 블루칼라노조 중 가장 영향력 있는 금속 · 광산 · 에너지노조(GMBE) 간의 갈등이 그 대표적인 사례이다. 이러한 이해관계의 차이는 이익집약 과정과 중앙 수준에서 합의된 결정의 내부적 수용을 더 어렵게 만들고 있다.

셋째, 이익집단과 국가 사이의 관계에 있어서 1990년대에 사회적 파트너들에 대한 정부의 자율성이 증대되는 현상이 나타났다. 말하자면 정부가 이익집단의 압력으로부터 자유로워지고 있다. 예컨대 이러한 현상은 1997년 노인연금의 개혁에서 드러났다. 사민당-국민당 연립정부는 이익집단과 사전 협의 없이 연금제도의 광범위한 개혁을 발표하고 노동자 집단의 거센 반발에도 무릅쓰고 그 개혁을 입법화시켰다. 단지 노동 이익집단들은 세부사항에 대한 후속 협상에만 참여한 것이다. 사용자들도 충분히 검토되지 않았다는 이유로 그 개혁을 반대했다. 이런 상황에서 이익집단들 간에 타협을 모색하는 것은 불가능했을 뿐만 아니라 사민당과 노총은 전례 없이 긴장관계에 놓이게 되었다. 결국 이익집단들은 그들 사이에 합의는 없었지만 당초 발표되었던 정부안에 가까운 타협안을 수용했다. 그리고 1997년 근로시간법 개정에 관한 이익집단 사이의 협상도 노동시장의 유연화를 강력히 요구하는 정부의 압력이 작용하여 이루어졌다.

이러한 사례들은 오스트리아 정책파트너십의 변화를 설명해 준다(Tálos and Kittel, 2002: 47). 즉 정부는 점차 정책 형성과 개혁 어젠다 설정을 주도하고 이익집단들은 그것들의 세부사항을 구체화하는 추세가 나타난다. 또한 이익집단들은 조직 자체 혹은 그들의 구성원들의 기득권을 저해하는 입법을 저지하는 데 차이를 보이고 있다. 즉 ÖGB는 자신이 선호하는 정책을 강요하는 데 어려움을 갖는데 반해, 연방경제회의는 정부의 선택과 코드가 맞는 경우가 더 많다. 따라서 정책결정 과정에 이익집단의 참여는 지속되고 있지만 정부가 어떤 정책사안에 대한 이익집단들의 결정을 기다리거나 결정권을 공식적으로 그들에게 위임하는 개연성은 낮아지고 있다.

넷째, 정책파트너십에 대한 도전은 정당 차원에서 제기되었다. 제2공화국 기간 동안 우파인 자유당(FPO)은 줄곧 유력한 의사결정 패턴으로서의 정책파트너십 제도가 선거에 기초한 정통성과 통제력을 갖지 않는 '제2의 정부'로서 기능하고 있다고 비판하면서 정책파트너십을 핵심적인 정책에 한정하고 협상의 수준을 거시적 수준에서 기업 수준으로 이전해야 한다고 주장했다. 뿐만 아니라 1980년대와 1990년대에 의회 진출에 성공한 두 새로운 정당인 녹색당과 자유포럼(Liberal Forum) 또한 정책파트너십 시스템에 매우 비판적이었다. 녹색당은 정책파트너십의 영향력이 의회정치를 훼손시킨다고 비판했고 1993년 자유당에서 이탈한 자유포럼(LIF)도 이익단체들의 의무가입 회원제를 폐지해야 하며 정책결정의 지연, 혁신의 결여 등을 이유로 내세워 노사타협을 모색하는 핵심적인 기능 정도로 정책파트너십의 영향력을 축소해야 한다고 주장했다(Tálos and Kittel, 2002: 41).

더욱이 2000년 2월 자유당은 정당체제 내의 적·흑(red-black) 간의 균형을 교란시킨 국민당과의 연정내각을 구성한 후 오스트리아 정책파트너십에 대해 공개적으로 적대감을 표명하면서 사민당-국민당 대연정에 비해 이익집단들과 정책안건을 협상하는 데 주저했다. 이에 따라 이익그룹과의 접촉은 협상이라기보다는 단순히 자문의 성격을 띠었고 종종 이익집단들이 정책안건에 대해 반응할 수 있는 여지를 허용하지 않았다. 이처럼 정책파트너십을 후퇴시킨 이유는 노조가 협상을 이용하여 정부의 개혁 프로그램을 희석시키고 지연시킬 것으로 믿었던 국민당-자유당 연립정부의 의혹 때문이었다. 사회적 파트너들과의 협상은 최적의 해법을 산출해 내기보다는 단순히 국민당-자유당 연정의 정책을 효과적으로 비판하기 위한 무대를 제공할 뿐이라는 것이다. 실제로 과거 사민당-국민당 연정내각에서 이미 합의된 정책안건(복지 및 연금 삭감 등)들이 노조의 강력한 저항에 부딪혀 정책변화가 어려운 때가 있었다. 이러한 점에 비춰 볼 때 국민당과 자유당은 노조와의 협력에 대해 회의적이었다. 특히 하이더(Jörg Haider)가 이끄는 자유당은 기본적으로 정책파트너십에 대해 매우 부정적이었다.[10]

다섯째, 1999년 10월 총선 결과 사민당이 야당으로 머무르고 정책파트너십 시스템에 반대의 입장을 분명히 한 자유당의 연정참여는 정책파트너십에 영향을 미쳤다. 정책파트너십 시스템의 지속적인 작동에 긴요한 하나의 핵심적 요소인

---

10) 1999년 10월 오스트리아는 하이더가 이끄는 자유당이 제2당으로 부상하는 정치적 격변을 경험했다. 이에 따라 정당지형이 변화했다(선학태, 2005: 225). 이에 따라 2000년 2월 국민당과 연정을 구성했던 자유당의 당수인 하이더만큼이나 개인적 차원에서 정책파트너십, 노동 및 자본 회의소를 격렬히 비판하는 사람은 아마도 오스트리아 정치권에 없을 것이다. 국제사회의 각종 미디어는 하이더의 외국인 혐오정치·반유태주의(anti-semitism)에 관해 역점을 두고 대대적으로 보도했다. 이러한 보도가 그의 민주주의에 대한 인식과 수용여부에 관한 많은 의혹을 불러일으켰지만 그가 선거정치에서 크게 성공을 거두었던 것은 정책파트너십에 대한 무차별적인 공세였다. 그럼에도 이 점은 그의 집권을 가능케 했던 요인으로서 별로 논의되지 않았다. 그는 정책파트너십과 관련된 스캔들 하나하나를 TV를 통해 폭로했다. 이는 그에게 정실·후원·뇌물로 얼룩진 오스트리아 정치판, 관료사회, 이익집단 등을 청소해 줄 적임자처럼 떠오르는 계기를 마련해 준 것이다. 이는 일종의 포퓰리즘이었지만 정치 전략으로서 의외의 성공을 안겨주었다.

정치적 균형이 깨진 것이다. 사실 1966년부터 1983년까지는 보수주의 세력과 사민주의 세력이 절대 다수 의석을 차지했고 사회도 여전히 균열되어 있었다. 오스트리아는 소국이라는 이미지, 그리고 일반국민, 오피니언 리더, 정책결정자들 간에 '우리 모두는 같은 배를 탄 공동운명체'라는 인식이 널리 공유되고 있었다. 그 당시에 타협문화가 매우 확산되어 있었기 때문에 절대 다수를 차지한 힘 있는 정부까지도 의사결정 과정에 사회적 파트너들의 참여를 허용했다. 그러나 1990년대에 들어 정당, 정부, 심지어 의회까지도 정책파트너십 시스템과의 연계를 끊기 시작했다. 정책파트너십을 지향하는 주요 정당인 사민당이 야당으로 전략하여 정책결과를 끌어내려는 사회적 파트너들의 능력은 눈에 띄게 시련을 겪었다. 이는 2001년 실시되었던 '사회보장행정의 집행위원회(Executive Committee of the Social Security Administration)'의 개혁과정에서 분명히 드러났다. 이 위원회의 지도부는 사회적 파트너들, 즉 노동 및 자본 회의소의 선거에서 나타난 득표량에 비례하여 할당된 노동 및 자본의 대표들로 구성되곤 했고 전통적으로 위원회의 위원장은 사민당 출신이었다. 그러나 2001년 봄에 '흑·청(black-blue)'의 국민당-자유당 연정은 집행위원회의 개혁을 착수했으며 이에 따라 사회적 파트너들은 개혁안을 제출해야 했다. 사회적 파트너들은 사회보장행정의 관리와 통제를 유지하고 싶어했지만 국민당-자유당 연정은 노조와 노동회의소에 의해 제출된 개혁안 중 어느 것도 받아들이지 않았다. 정부는 당시 사민당 출신 위원장을 퇴임시키고 역사상 최초로 전통적인 사회적 합의기구에 자유당 대표의 참여를 부여했다. 이에 따라 2001년 6월 '흑·청' 연립정부는 집행위원회에서 사민당에 비해 절대 다수를 차지했으며 노동회의소와 노조의 간부 '겸직 불허 조항(incompatibility clause)'을 포함하는 새로운 법안을 통과시켰다.

이러한 사건들은 사회적 파트너들과 '흑·청' 연정 간 권력관계의 변화를 보여준다(Crepaz, 2002: 169). 첫째, 사회적 파트너들이 법안 투표 방식을 정부에 거의 강제하다시피 했던 1960~70년대에 비해 오늘날 사회적 파트너들의 법안 제안들은 종종 무시되고 있다. 둘째, 노동회의소와 노조의 간부 '겸직 불허 조항'은 정책파트너십 시스템의 효력을 더욱 훼손시켰다. 사실 회원 겸직은 여러 위원회를 통해 안건을 추진하는 데 윤활제 역할로 작용했다는 점에서 그렇다. 셋째,

집행위원회에 자유당의 대표는 한 시대의 종언을 의미한다. 예전에는 '적(사민당)' 및 '흑(국민당)' 세력만이 사회보장행정기구와 같은 전형적인 정책파트너십 조직에서 권한을 행사했다. 이 점에서 많은 논자들은 집행위원회에 자유당 대표의 참여로 인해 사실상 오스트리아 정책파트너십이 종언을 맞이했다고 주장했다.

여섯째, 정책파트너십에 대한 제도적 도전도 있다. 산업사회에서 후기산업사회로의 구조적 변화는 명확히 구별된 기존의 사회분절집단을 와해시키고 있다. 1953년에는 36%에 불과했던 서비스부문이 1999년에는 GDP의 64.9%를 차지했다. 제조업부문의 생산에 있어서도 1953년에는 GDP의 거의 44%를 차지했지만 1999년에는 약 32.9%에 불과했다. 농업 생산은 1953년에 GDP의 20%였지만 1999년에는 불과 2.2%로 줄어들었다. 그런데 가장 주목할 것은 정당체제가 이러한 사회의 구조적 변화에 정책파트너십 시스템보다 훨씬 더 성공적으로 적응했다는 사실이다. 정당들은 '경쟁논리'를 추구하여 선거에서 승리해야 했다. 선거승리의 필요성은 정당들로 하여금 사회변화에 능동적으로 적응하고 새로운 정치고객의 수요에 반응토록 압박했다. 대조적으로 정책파트너십 시스템은 '보호논리'에 충실한 관행을 보인다. 이 점은 바로 정책파트너십 시스템이 일상의 정치와 대중적 요구에 적절히 대응하지 못하고 있음을 의미한다. 그 결과로 정책파트너십 시스템이 점차로 동맥경화증에 걸려 그것이 아무리 절박해도 노동의 물질적 이익 이외의 어떤 것도 대표할 수 없는 것처럼 보인 것이다. 노동회의소의 의무회원제, 만장일치의 결정규칙, 가능한 한 소수 조직으로서 많은 이익을 대표하기 위한 집권화 등과 같은 정책파트너십의 기본적인 제도적 특징이 정책파트너십이 사회변화에 적응하는 것을 매우 어렵게 하는 요인으로 작용한다. 말하자면 그러한 특징들로 인해 정책파트너십 시스템은 환경변화에 기능적으로 적절히 반응하지 못하며 이익조직은 시민의 요구에 효과적으로 부응할 수 있는 조직능력을 상실하고 있다(Crepaz, 1996a: 200~202).

1950년대부터 1970년대까지는 이러한 정당정치의 경쟁논리 및 정책파트너십의 보호논리가 상호 모순되지 않았다. 오스트리아 사회가 여전히 분절되어 있는 한 오히려 그것들은 서로 보완관계에 있었다. 경쟁적 정당체제가 정부의 정치적 변화를 고려했던 것에 반해, 정책파트너십 시스템은 정부의 변화에도 불구하고 안정과 책임성을 보장했다. 그러나 기존의 사회적 균열축이 소멸되는 가운데 정책파트너십은 점차로 기득권을 추구하는 시스템처럼 보이게 된 것이다.

예전의 사회적 균열이 해소됨에 따라 전통적인 2.5 정당체제도 해체되었고 투표자들은 점차로 자신들의 진영에 충실하지 않는다(선학태, 2005: 216~219). 이런 현상은 정책파트너십 시스템의 효과성이 계속 유지될 것인가 하는 문제를 제기한다. 왜냐하면 정책파트너십 시스템은 노동과 자본이라는 전통적 계급구조로 분열되고 사민주의 정당과 보수주의 정당 간에 정치적 주도권 장악을 위해 상호 경쟁하는 사회에서 나타난 사회경제적인 이익대표체계에 관한 것이기 때문이다. 만일 사회가 물질적 사회에서 탈물질적 사회 또는 산업사회에서 후기산업사회로 변화의 물결을 타고 있고 그 결과로 새로운 정당들이 등장하고 있다면 이는 정책결정 및 집행이라는 측면에서 정책파트너십 시스템의 효과성과 실효성이 이미 떨어지고 있다는 징후이다. 입법 준비단계에서 법안을 발의하고 토론하는 과정에 미치는 정책파트너십 시스템의 영향력이 존재하고 있음에도 불구하고 그 법안이 정당하고 구속력이 있는 법률로 전환되기 위해서는 공식적인 법적 절차로서 의회를 통과해야 한다. 정책파트너십을 비판하는 정당들의 정치적 영향력이 크면 클수록 의회정치를 정책파트너십에 정당성을 부여하는 제도로 활용한다는 것이 더욱 어려워진다. 뿐만 아니라 무수정 정부법안 통과 감소, 정부의 정책발의 및 긴급청원 증가 등의 측면에서도 의회는 하나의 제도로서 정책파트너십 시스템보다 더욱 강력한 힘을 발휘하고 있다는 조짐이 나타나고 있다. 이러한 모든 사태발전은 사회적 파트너들이 약화되는 반면에, 의회가 강화되고 있다는 증거이다.

마지막으로 정책파트너십이 입법과정에 대한 간여가 점차로 어려워지는 또 다른 이유는 '인적 연합(Personalunion)', 즉 정당 대표(국회의원)와 정책파트너십 대표들 간의 인적·기능적 긴밀한 관계가 약화되고 있다는 데에 있다. 정당 대표와 정책파트너십 대표들 간의 '인적 연합'이 그동안 오스트리아 정치가 원활하게 작동하는 데 결정적인 버팀목 역할을 해왔지만 이제 그것은 부패와 스캔들의 형태로 값비싼 대가를 치르게 된 것이다. '인적 연합'은 동일한 개인이 국회의원인 동시에 노조 및 회의소(노동과 자본)의 간부가 되어 이익갈등의 상황에서 때로

는 감독자, 때로는 피감자 등 다양한 역할 수행함을 의미한다. 그러므로 그것은
권력분립 개념을 약화시켰고 그 결과 개인에게 엄청난 권력집중을 가져와 권력
남용의 유혹과 심지어 기금착복까지도 만연했다. 노동회의소뿐만 아니라 상공회
의소도 이러한 스캔들이 빈발한 결과로 커다란 정통성 위기를 겪었다.

5. 맺음말: 정책파트너십의 회생 가능성

오스트리아의 경우 경제적 생존능력을 상실해 가는 과정에서 내전과 파시즘
때문에 붕괴되었던 제1공화국과는 달리 제2공화국은 정치적·경제적으로 성공
했다. 오스트리아의 전후 복구는 정부, 그리고 노동과 자본을 대표하는 중앙집권
적인 정상조직 사이에 긴밀하게 작동하는 정책파트너십 정치에 기반을 두었다.
오스트리아의 높은 무역의존도는 국내 정책파트너십 시스템을 유도하는 주요
변수로 작용했다. 서유럽 소국들 중 하나인 오스트리아는 협소한 국내 시장의
한계를 극복하고자 일찍이 자유무역을 포함한 대외 시장개방 정책을 채택했는데
정책파트너십 시스템은 이러한 대외 의존경제에 따르는 국내 사회경제적 충격과
도전을 슬기롭게 흡수, 관리하기 위한 대응이었다. 1960~70년대, 심지어 1980년
대에 오스트리아 정책파트너십 시스템은 거시경제적 성과를 가져왔다. 이 시기
오스트리아 정책파트너십 시스템은 경제정책에 대한 접근이 특이했다. 그것은
수요중심과 공급중심의 경제조치들이 혼합되어 있는 '오스트리아 케인즈주의
(Austro-Keynesianism)'로 지칭되었다(선학태, 2005: 208). 오스트리아 케인즈주의의
주요 목적은 건강한 시장경제를 통해 경제효율성을 보장할 뿐만 아니라 그 혜택
과 비용이 모든 계층에게 보다 공정하게 분배되는 사회적 형평성을 실현하는
데 있었다.

그렇지만 전술했듯이 경제적·정치적·조직적 환경의 변화에 따라 오스트리
아 정책파트너십 시스템은 1980년대 이후 여러 측면에서 도전과 비판을 받았다.
실제로 오스트리아 정책파트너십 시스템의 효율성이 훼손되었다. 산업사회에서
후기산업사회로, 물질적 정향에서 탈물질적 정향 등 이중적 변화가 정책파트너

십의 역할 축소를 야기한 것이다. 의회의 정치적 의사결정에 대한 영향력이 높아지고 있으며 정당까지도 정책파트너십 시스템으로부터 자유로워지려고 한다. 의회 대표와 정책파트너십 그룹의 간부 간의 긴밀한 연계성도 줄어들고 있다. 이 모든 것들은 오스트리아 정책파트너십의 핵심적인 제도적 기초가 흔들리고 있다는 증거이다. 정책결정 과정에서 사회적 파트너들에 대한 의존도가 현저히 떨어지면서 정부, 정당, 의회로 이동할 조짐이 나타나고 있는 것이다. 선거에 승리하려는 정당과 정부의 경쟁논리는 선거 중심의 전술, 정치적 경기순환을 가져오는 행태를 초래하고 있다. 결과적으로 정치는 보다 정파적인 성격을 띠고 있으며 사회적 파트너들이 선호하는 공정한 이익갈등 조정(정책파트너십) 해법과는 달리 정치적으로 편리한 해법이 만연해질 조짐이 나타나고 있다. 인기 있고 단기적으로 유리하지만 장기적으로는 비효율적인 정책들이 정치적 어젠다를 지배하는 경향도 보인다.

그럼에도 불구하고 오스트리아 정책파트너십의 제도적 틀은 여전히 존재한다. 경제적 글로벌화가 증대하는 1990년대 이후에도 경제정책 결정에 대한 정치적 개입이 열려 있다. 이익집단 내부 조직구조의 약화와 함께 정책파트너십의 경제적·제도적·정치적 환경의 포괄적 변화에도 불구하고 이익중재를 위한 포럼, 그리고 대규모 사회그룹 사이의 협상과 합의는 1990년대 이후도 여전히 비교적 안정적이다. 특히 이익집단의 영향력은 유럽정책에 대한 오스트리아의 입장 준비와 노동시장정책 등에서 증대되었다(Tálos and Kittel, 2002: 44). 사회적·경제적 정책결정 과정에서 비록 갈등과 의견대립이 증대하고 있지만 협의(Konzertierung) 혹은 합의(Akkordierung) 아니면 '합의 없는 협의' 등의 형태로 여전히 거대 이익집단들의 협력에 크게 의존하고 있다.[11] 비록 균등위원회와 같은 핵심 제도의 쇠퇴가 관찰되기는 할지라도 이것이 정책협의의 중요성에 대한 쇠퇴를 수반하지는

---

11) 오스트리아 정책파트너십의 특징을 파악하기 위해 좀더 정확하게 구체화할 필요가 있다. 오스트리아적 맥락에서 정책파트너십은 두 차원, 즉 협의와 합의를 포함한다. 전자는 정부의 정책결정 과정에 이익집단이 참여하는 것을 지칭하며 후자는 정상 이익집단들 간에 또는 정상 이익집단과 정부 간에 타협을 모색하고 실현하는 데에 그들이 참여하는 것을 초점으로 한다(Tálos and Kittel, 2002: 35~36).

않고 있다. 여전히 정치적 교환이 이뤄지는 많은 공식적·비공식적 포럼이 있다. 협상이 균등위원회에 한정되거나 그 위원회에 의해 지배되지 않으며 협상은 점차로 더욱 비공식적이고 덜 정례적인 회합으로 이동하고 있다. 뿐만 아니라 회의소의 의무적 회원가입제 등과 같은 오스트리아 정책파트너십의 필수적인 제도적 전제조건이 쉽게 폐지될 것 같지는 않다.

역설적인 현상이지만 바로 대중 선거에 대한 노출의 결여야말로 사회적 파트너들이 일상적인 정치적 대립을 피할 수 있을 뿐만 아니라 선거를 통한 정통성을 획득할 필요 없이 국가경제의 중·장기적 이익을 고려할 수 있는 요인이다. 선거를 통한 정치적 정통성 획득의 필요성이 없기 때문에 사회적 파트너들은 거시경제 이슈에 관해 정파적 시각이 아닌 이익조정적 시각, 또는 단기적 시각이 아닌 장기적 시각을 가질 수 있다. 이런 점에서 오스트리아 정책파트너십 시스템은 회생할 가능성이 높다. 왜냐하면 오스트리아 사회적 파트너들이 붙들고 씨름해야 할 많은 이슈들이 여전히 남아 있기 때문이다. 예컨대 예산적자, 임금정책, 사회보장 재정 확보, 이민의 경제적 영향, 유럽연합의 도전,[12] 그리고 신자유주의적 세계화의 충격과 희생 등의 사회경제적인 이슈들이다. 오스트리아 정부가 사회적 파트너들의 목소리에 기꺼이 경청한다면 정책파트너십 시스템은 이러한 사회경제적 문제들을 아주 성공적으로 처리할 수 있을 것이다. 결국 사회경제적 문제들이 정책파트너십 시스템을 존속시키는 동력으로 작용할 것이다. 국내외 구조적 도전들이 정책파트너십 그룹들의 정책형성 능력을 잠식하고 있는 것처럼 보이지만 세계화, 보다 구체적으로 유럽화에서 비롯된 압박과 도전이 정책파트너십 시스템의 지속적인 존립근거(raison d'être)를 마련해 줄 것이다. 왜냐하면 정책파트너십 시스템은 글로벌 시대에 경제적 효율성을 극대화하고 동시에 글로벌 시장화에 따른 국내 사회의 취약집단 보호를 위한 정책을 디자인하는 데 매우 적절한 메커니즘이기 때문이다.

물론 의사결정의 절차적 조건에 변화가 발생하고 있는 것은 사실이다. 정책협

---

12) 1995년 오스트리아의 유럽연합 가입은 정책파트너십 시스템을 통해 중요한 산업 및 경제 정책결정을 조율할 수 있는 정책자율성 여지가 줄어들 것임을 예고했다.

의는 감소하고 있고 로비스트로서 활약하는 이익집단들이 특권을 갖고 정부의 의사결정에 접근하는 양상으로 대체되고 있다. 특히 정부에 의해 주도되는 정책 조율이 이루어지고 있다. 다시 말하면 정부가 개혁 어젠다 설정과 정책형성에 있어 중요한 위치를 차지해 가는 듯하다. 의회는 담론의 과정에서 중요성을 확보했다. 이러한 경향은 주로 사회적 파트너 단체들이 협상에 임하는 입장을 조율하는 과정에서 내부 제약으로 인해 스스로 정책개혁을 위한 합의에 도달할 수 없기 때문이다. 그러나 비록 사회적 파트너 단체들이 과거 그들의 포괄적 힘을 상실했다 하더라도 그들은 여전히 정책결정 과정에 그들의 이익을 상당한 정도로 투영할 수 있는 전문성과 영향력의 중심축으로 남아 있다. 오스트리아 정치의 많은 영역에서 비록 사회적 파트너와 정부 사이의 합의 빈도는 과거에 비해 상대적으로 줄어들고 있지만 이익중재와 정부의 지도력 아래에 있는 협의는 하나의 규칙으로 정착되고 있다. 그리고 의회는 아직 정책콘텐츠에 대해 실질적인 영향력을 행사하지는 못한다. 이런 맥락에서 오스트리아에서 정책파트너십 시스템은 1990년대 이후 현재까지 갈등을 해결할 수 있는 일상적인 정책결정의 지속적이고 확고한 패턴으로 자리 잡고 있다. 따라서 1980년대 이후 정책파트너십 시스템에 대한 호된 비판과 공격에도 불구하고 대다수의 오스트리아 국민들은 여전히 정책파트너십이 정치적·경제적 삶에서 긍정적인 힘이 되고 있는 것으로 믿고 있다. 이것은 그동안 정책파트너십 시스템이 이룩한 경제적·사회적 성과와 정치적 안정에 연유한 것이다(Tálos and Kittel, 2002: 41).

제 8장
스위스 정치경제의 특이성

합의제 정치의 정책협의 시스템

1. 자유주의 정치경제: 자본 우위, 노동의 시장경제 순응, 산업평화 협약

스위스는 중세 이래 도시와 농촌, 카톨릭과 프로테스탄트, 인종적·언어적 반목 등으로 인한 사회적 균열을 경험했다. 무엇보다도 스위스 사회는 산업화 과정에서 사회경제적 불평등으로 인해 불거진 계급·계층 갈등에 직면하여 분열하는 현상을 보였다.[1] 노동과 자본의 대립적인 경제적 이해관계로 인한 이런 사회적 분열은 우파적인 부르주아 진영과 노동자 중심의 좌파 진영으로 나타났다. 양 진영은 각각 자유주의와 사회민주주의라는 이념적 양극을 지향했다. 19세기 말경에 노동은 사민당(Social Democrats)과 노조를 결성함으로써 조직화되기 시작했고 좌파세력에 의한 조직화된 대항문화(counter culture)가 등장했다. 그러나 1930년대의 세계 경제위기까지 부르주아 지배국가는 노동권, 공공사회정책, 물질적 생활수준의 개선 등 노동자들의 요구에 귀를 기울이지 않았다. 정부는 여전히 보수적인 프로테스탄트 부르주아 정당의 수중에 완전히 장악되어 있었으며 부르주아 문화가 언제나 국가와 사회에 우월적인 영향을 행사했다. 이에 반해 좌파세력은 혁명적 공산주의와 개혁적 사민주의로 분열되었고 이러한 상황은 계급 갈등을 악화시켰다.

---

1) 스위스의 사회적 균열에 관한 보다 상세한 설명은 선학태(2005: 300~303)를 참조할 것.

스위스는 전통적으로 자본이 노동에 비해 압도적으로 우세한 조직력과 정치력을 발휘함에 따라 정치성보다 시장성이 두드러진 자본 우위의 정치경제를 수립했다(김수진, 2001: 374~376). 제1차 세계대전 이전까지 스위스 정치는 중앙집권을 지향하는 프로테스탄트 자유주의 세력 대 지방분권을 지향하는 카톨릭 보수세력 간에 대립하는 종교적 균열을 중심축으로 연출되었다.[2] 이 대립에서 자유주의 정치경제 질서와 권력의 중앙집중화를 지향했던 급진민주당(Radical Democrats)이 카톨릭계 보수민족당을 압도했다. 따라서 자유주의 헤게모니는 절대적이었다. 이런 상황에서 스위스의 노조는 분권화와 탈계급적 경향을 뚜렷이 했다. 스위스 산업화는 그 지형적 특수성 때문에 대규모 공장지대를 형성할 수 없었고 소규모 공장들에 의해 고도의 기술집약성과 전문성을 갖춘 산업구조로 성장했다. 다시 말하면 대규모 산업도시 및 지역을 만들어냈던 다른 서유럽 국가들의 경우와는 달리 스위스에서는 대규모 대량 생산체제가 발달되지 못했으며 초기 산업화는 분산화되었다. 따라서 스위스 산업생산은 대도시와 멀리 떨어진 지역에서 발달되었다.[3] 그 결과 전반적인 스위스의 노동운동은 조직률에서 저조했을 뿐만 아니라 사회정치적으로 강력한 세력이 되지 못했다(Levy, 2004: 52~53). 여기에 종교, 인종, 언어에 입각한 사회적 균열 요소가 가세함으로써 노동운동의 분권화를 촉진시켰다. 결국 노동에 대한 자본의 정치적·경제적·조직적 우위는 스위스 산업화가 진행되었던 19세기 중반부터 20세기 초 사이에 스위스식 자유주의 정치경제체제의 역사적 기반을 확립시키는 요인이었다.

서유럽 다른 국가들처럼 제1차 세계대전은 계급균열을 스위스 정치의 핵심적

2) 카톨릭 세력은 반자유주의·반중앙집권적 전선을 형성했으며 1847년 카톨릭 캔톤들의 스위스연방 탈퇴시도는 내전(Sonderbund Krieg)으로 비화되었다. 이 전쟁에서 프로테스탄트 자유주의 세력이 승리함으로써 자유주의의 정치적 헤게모니가 스위스에 확립되었다.
3) 이러한 산업화 도정은 오늘날까지 스위스의 경제구조의 특징을 규정한다. 글로벌 시장의 확대에도 불구하고 지역경제가 견고하다. 전문화되고 부가가치가 높은 제품 생산이 발달되고 있다. 광범위한 직업·훈련체계가 갖추어져 있다. 대기업이 존재하지만 중소기업이 스위스 경제의 강력한 기반이 되고 있다. 그리고 1980년대 이래 서비스 산업부문이 지속적으로 확대되고 있다(Levy, 2004: 53).

인 대립축으로 부상시켰다. 이런 상황 속에서 계급투쟁이 격화되고 사민당의 의석이 급신장했다. 이에 대응하여 카톨릭 보수당과 농민당은 급진민주당과 공조체제를 강화하여 반사회주의적 연합전선을 구축했다. 이로써 자본과 농민을 대표하는 보수적 정치세력의 반사회주의적 연합은 1차 대전 이후 스위스에서 자유주의 정치경제 질서를 유지시키는 버팀목이 되었다. 그런데 1930년대 초 대공황이라는 경제위기 국면을 맞아 독일과 오스트리아에서 극우 민족주의 세력이 득세하자 스위스 사민당은 이러한 위협에 대처하기 위해 계급투쟁 노선을 철회하고 부르주아 정치세력과의 세휴를 직극직으로 모색했다. 이를 계기로 스위스 사민당은 연방협의회(Federal Council)에 진출하는 정치력을 과시했다.[4] 그러나 사민당은 연방협의회 내부에서 자본과 농민의 보수 연합세력에 비해 압도적으로 열세에 있었다. 이런 정치적 지형 속에서 스위스 노조운동은 부르주아의 자유주의 시장질서에 순응했고 계급타협의 길을 걸었다. 이런 분위기에서 스위스에는 외부세력의 위협에 직면한 제2차 세계대전 전야에서 노사 관계의 역사적 분수령이 마련되었다. 즉 1938년 금속산업 분야에서 노사 간 '산업평화 협약(Industrial Peace Agreement)'이 체결됨으로써 자본과 노동 간의 사회적 파트너십 시스템을 마련하게 된 것이다. 협약에 기초해서 직장폐쇄 및 파업의 포기뿐만 아니라 사용자와 노조 간의 모든 사회적 갈등을 규율하는 것은 일반적인 관행이 되었다.

이 사회협약은 비슷한 시기에 체결된 스웨덴의 '살트세바덴 협약(Saltsjöbaden Accord)'[5]과는 그 성격에 있어 차이를 보인다(김수진, 2001: 373). 첫째, 스웨덴의 사회협약은 노동에 우호적인 사민당의 집권하에 이루어졌으나 스위스의 사회협약은 잠재적으로 노동에 비우호적인 자유주의 정권하에서 체결되었다. 둘째, 스

---

[4] 사민당이 연방협의회(Federal Council)에서 비례적 몫(각료직)을 얻게 되었던 1959년에 정치적 좌파의 통합이 이뤄졌다. 사민당의 내각 참여는 전후 번영기에 나타난 복지국가의 확대를 동반했다. 경제발전과 복지국가의 확대를 통해 가능했던 협력이 갈등과 대립보다 자본과 노동 모두에게 이롭게 해줌에 따라 이념적 갈등은 적어도 일시적으로 희석되기 시작했다.

[5] '살트세바덴 협약'에 관해서는 이 책의 제14장을 참조할 것.

웨덴의 계급타협은 노동과 자본을 각각 대표하는 정상조직들 간에 이루어졌으나 스위스의 계급타협은 SGB와 같은 정상노조는 배제되고 노사의 합의 당사자들이 개별적인 산업을 대표하고 있을 뿐이었다. 따라서 스위스의 '산업평화 협약'은 정상조직의 강화에 전혀 도움이 되지 못했을 뿐만 아니라 오히려 노사 간의 협상이 작업장 단위로 진행된다는 점을 규정함으로써 단체협상의 탈집중화를 공식화했다. 마지막으로 '산업평화 협약'은 협상의 대상을 임금, 노동시간, 휴가, 보험 등만을 명시적으로 한정함으로써 경영자들의 권한을 포괄적으로 보호했다. 이러한 맥락은 제2차 세계대전 이전 스위스 노동이 자유주의 시장질서에 깊숙이 편입되었음을 시사한다. 스웨덴과 오스트리아를 포함한 대부분의 국가들의 정치 경제가 시장기능 제한 및 경제운용의 정치화를 특징으로 한 데 반해, 시장기능 경제운용의 탈정치화가 스위스 정치경제의 특징이다. 이것은 스위스 정치경제가 강력한 조직력·자금력·정치력을 확보한 자본과 대조적으로 현저하게 취약한 제도적·조직적 상태에 있는 국가 및 노동이 결합한 구조적 특성을 갖는 데서 비롯된다.

2. 정치경제 작동 방식의 특이성: 사회적 파트너십과 다원주의의 복합성

1) 자유적 파트너십과 협의제 정치

스위스에서는 다른 서유럽 소국들에서와 같이 노사정이 대등한 거시적 수준의 파트너십 시스템이 그렇게 빈번하게 작동하지 않았다. 말하자면 중앙집중적 단체협상을 강화함으로써 소득정책을 도입하려는 시도가 별로 없었다. 왜냐하면 단체협상을 중앙화해서 노조의 자발적인 임금억제를 도모하려는 소득정책은 스위스의 자본이 원치 않았기 때문이다.

앞서 지적했듯이 제2차 세계대전 이전까지의 스위스의 산업화는 시장의 원리에 따라 이루어졌으며 자유주의가 정치경제적 헤게모니를 장악했다. 시장기능의 확대와 경제운용의 탈정치화는 몇 가지 구조적 조건에 기인한다(Katzenstein, 1984: 112~114). 첫째, 자본이 노동에 비해 압도적으로 우세한 조직력과 정치력을 발휘했다. 스위스 자본의 집약적 이익을 대표하는 조직은 스위스통상산업연합(SHIV 혹은 Vorort)인데 이는 2, 3차 산업을 망라하는 하부조직을 거느린 방대한 조직체계를 구축하여 강력한 권위를 갖고 있어 중앙집중도가 매우 높았다. 이러한 막강한 조직력과 자금력을 바탕으로 Vorort은 자유주의 경제운용, 특히 자유무역을 주창하며 국가의 경제정책 결정과정에 주도적 역할을 수행했다. 둘째, 스위스 자본이 강력한 중앙집권적 조직력을 구축한 것과는 반대로 노동운동의 조직력(조직률, 조직적 통일성 등)은 상대적으로 취약했다. 노조는 5개의 정상조직으로 분열되었으며 이들은 모두 산하단체들을 일사불란하게 통제할 수 없어 작업장 단위에서 진행되는 단체협상에 거의 영향력을 행사하지 못했다. 스위스 노동운동의 이 같은 상대적 취약성은 제조업 기업들이 해외투자를 추구함에 따라 국내의 제조업 기반이 취약하고 그 대신 서비스 산업이 급속하게 성장했으며 고도의 기술집약성과 전문성을 갖춘 노동자들이 많다는 데 그 원인이 있다. 이에 종교, 인종, 언어에 입각한 균열 요소가 가세함으로써 노동운동의 분권화를 더욱 부추겼다. 셋째, 스위스의 복지정책 또한 자유주의적 성격을 가졌다(Armingeon, 1997: 172). 스위스는 다른 서유럽 국가들과는 달리 전후 케인즈주의적 거시경제 관리에 의존하지 않았을 뿐만 아니라 노동자들의 복지는 거의 전적으로 시장 상황에 좌우되었으며 기업의 복지부담을 경감함으로써 국제경쟁력의 강화를 기본 목표로 삼고 있다.

이와 같이 스위스는 자본이 노동에 비해 압도적으로 우세한 조직력과 정치력을 발휘해 왔으며 이에 따라 정치성보다 시장성이 더 높은 정치경제 체제를 확립했다. 이런 구조적 조건하에서 자유적 파트너십(liberal partnership) 시스템을 확립했다(Armingeon, 1997: 170). 자유적 파트너십 시스템에서 결국 노동과 자본의 관계는 대등한 위치에서의 타협이 아니라 노동을 시장질서에 포섭해 들이는 성격을 띠었다.

그러나 스위스의 자유적 파트너십은 세계화의 압력 속에서도 놀라울 정도로 안정적이다. 스위스 자유적 파트너십 시스템은 고용, 물가, 산업평화 등 주요 거시 사회경제지표에서 탁월한 성과를 과시해 왔다(Armingeon, 1997: 171). 그런데 스위스 자유적 파트너십 시스템의 안정은 스위스의 독특한 협의제 정치(con-sociational politics)[6] 과정에서 오랫동안 엘리트들의 협력적 문화학습과 화합적인 정치제도적 네트워크의 안정 효과에 연유한다. 이를 부연하면 첫째, 연방정부는 이익중재(interest intermediation)를 지원하는 데 적극적이다. 스위스 연방헌법은 사회·경제적인 사안에 관한 법률을 제정할 때 그 법에 영향을 받을 것으로 예상되는 모든 사회집단들에게 사전에 협의할 수 있는 권한을 부여하고 있다. 그 결과 노동조합을 비롯한 이익집단들은 공공정책의 결정 및 시행과정에 영향력을 행사할 수 있는 통로를 확보하게 된 것이다(Parri, 1987: 77~78). 둘째, 스위스 정치엘리트들은 의사결정과정에서 협력과 합의를 존중하는 행동패턴을 보여주었다. 인종·종교·언어·지역균열이 존재하는 스위스 사회에서 다수결에 의한 의사결정 방식은 심각한 갈등을 정상적으로 관리·조정할 수 없기 때문이다. 셋째, 정당과 이익집단들의 강력한 연계이다. 본시 사회적 파트너십 시스템의 성패는 의회와 이익집단들의 상호 지원에 좌우된다. 특히 이는 사회협약이 의회에서 통과되어야 하는 공공정책인 경우에 더욱 그렇다. 스위스에서 주요 경제적 이익집단들은 일반적인 정치적 정향, 특수한 목표 등에서 정당들과 강력하게 연계되어 있다. 특히 노조와 사민당은 엘리트들의 정기적 교류, 회원들의 인적 중복 등의 형태로 강력한 연대를 구축하고 있다.[7] 마지막으로 스위스 정치체제에서 4개의 정당에 의한 대연정, 균등한 권한을 갖는 양원제, 정당명부식 비례대표 선거제, 연방제적

---

6) 협의제 정치는 합의제 정치(consensual politics)와 구분된다(Andweg, 2000: 512~514). 전자는 대연정, 비례성 원칙(정치 대표, 공직임명, 공적 기금의 배분), 상호(소수파) 비토 또는 패키지딜(package-deal), 분절집단의 자율성 등 네 가지 특징을 갖는다(Lijphart, 1977: 25~47). 라이파르트(Arend Lijphart)는 네 가지 특징을 갖는 협의제 정치를 확대하여 합의제 정치의 개념을 도입했다(Lijphart, 1999). 합의제 정치는 협의제 정치를 보다 정확하게 규정하려는 그의 노력에 의해 창출된 것이다(Lijphart, 2003: 427). 그러나 이 책에서는 양자간의 큰 차이를 두지 않고 때로는 혼용하고 있음을 밝혀둔다.

7) 그 밖에 농민조직과 보수정당, 개신교도들이 거주한 프랑스어권 지역단체 또는 사용자 단체와 급진민주당, 카톨릭 지역단체와 기민당, 개신교도들이 거주한 독일어권 지역단체와 국민당 등이 상호 연계되어 있다.

지방분권화, 시민투표 등의 형태로 나타난 권력분점·공유도 스위스 자유적 파트너십 시스템을 안정시키는 중요한 변수로 작용해 왔다. 이러한 권력분점·공유로 인해 개혁프로젝트에 관한 의사결정은 노동을 포함한 모든 이익집단과 정당들의 동의를 요구하고 있으며 특히 다수결 의사결정을 회피하고 타협에 의한 정책결정은 시민투표에 의해 강력하게 뒷받침되고 있다.

2) 중앙 차원(거시적) 정책협의의 양면성

1970년대에 스위스에서 있었던 사회적 파트너십 시스템에 관한 논쟁은 대규모 이익단체들이 거시경제 조정에 편입되는 현상이 관찰되면서부터 촉발되었다. 거시경제 조정의 기준에 따르면 스위스는 여러 가지 점에서 사회적 파트너십 시스템을 갖고 있지 않다는 것이 분명하다. 일반 경제정책에 대한 케인즈주의적 수요관리는 차치하고라도 포괄적인 거시경제정책이 별로 존재하지 않는다. 1973년 이래 거시경제정책은 노동력 공급조절, 그리고 정부정책이 중앙은행의 통화정책에 간섭해서는 안 된다는 등 좁은 범위에 한정되었다. 연방정부 차원의 포괄적인 수요관리가 부재한 상태에서 거시경제정책을 이익단체들과 조정할 필요성이 없다. 이처럼 스위스에서 거시경제 조정은 사실상 어렵다. 왜냐하면 중앙정부가 연방주의에 기초한 약성국가이고 그 가용자원이 매우 제한적이기 때문이다. 서유럽의 다른 국가들에서 볼 수 있는 노사정 간의 패키지딜(package-deal)은 자발적인 임금인상 자제를 하는 노조에게 보상해 줄 수 있는 캔톤 정부·연방정부 간의 사회 및 조세정책에 대한 신속한 조정이 이뤄졌을 때 가능하다(Armingeon, 2002: 130). 그러나 이것은 캔톤의 자율성 때문에 스위스에서 실현될 가능성이 높지 않은 것처럼 보인다. 국제기준에서 볼 때 스위스의 단체협상 시스템은 분권적이다. 부문과 기업 수준에서 협상이 이뤄진다. 임금은 점차로 분권적인 형태인 기업 수준에서 결정되는 경향을 보인다. 경제 전체의 수준에서 단체협상과 조정의 목표는 없다. 노조와 사용자단체는 중앙 차원의 패키지딜을 이행하는 데 제한적인 조직적 능력을 갖고 있을 뿐이다(Traxler, 1994: 175).

그러나 거시경제 조정기준이 완화된다면 스위스는 강력한 정책협의 시스템을 갖고 있는 셈이다. 수요관리에 관한 주요 패키지딜은 존재하지 않지만 이익단체들은 경제생활에 대한 준공적(quasi-public)인 조절에 적극적인 협력을 아끼지 않는다. 예컨대 기술표준의 설정, 직업훈련의 조정, 농업정책의 이행 등에서이다. 특히 농업 분야의 조직이익은 영향력을 발휘하여 다양한 공공정책 형태로 상당한 혜택을 얻는다.

자율조정뿐만 아니라 스위스 이익단체들은 일찍이 국가에 통합되어 왔다. 19세기 말에 이미 연방협의회는 정보와 통계가 필요했다. 이 때문에 연방협의회는 산업단체, 노조, 농민단체 등 이익단체들에게 보조금을 지원했다. 이러한 보조금과 그에 따른 준수해야 할 부대조건으로 인해 이익단체들은 준공적인 제도가 됐다. 1930년대에 이미 경제정책결정을 위한 정책협의 시스템을 창출하려는 계획들이 나왔고 이것은 1947년 주요 헌법개정으로 이어졌다. 이 헌법개정으로 이익그룹들은 이익결사체를 결성할 권리를 갖게 되었으며 이 이익결사체들은 회원들의 이해관계에 영향을 미칠 수 있는 법률 제정 이전에 자문에 응할 수 있는 권리를 보장받았다. 역으로 연방국가는 공공정책을 이행하는 데 이익결사체들의 참여를 요구할 헌법적 권리를 가졌다. 결과적으로 이익결사체들은 법률이 집행되거나 법안이 통과하기 전에 정보를 얻을 수 있다.

이익단체들은 또한 총 5,000명의 회원을 가진 300여 개의 전문가위원회에서도 대표되고 있다. 이런 전문가위원회 혹은 별개의 협상테이블에서 중요한 결정이 이뤄지고 여러 그룹들은 타협에 도달한다. 그리고 이것은 나중에 입법화된다. 좋은 사례는 새로운 유형의 '적극적 노동시장정책(active labour market policy)'이 도입되었는데 이는 정상적인 의회절차와 상·하원 의원, 캔톤·노조·사용자단체의 대표들로 구성된 비공식적 협상라운드에서 도출되었다.

이러한 제도적 지형은 이익단체들에게 정부 정책결정에의 접근을 보장하고 국가가 이익결사체를 인정하고 보호하도록 해준다. 국가 또한 정보와 지식을 얻는 데 자발적 결사체들을 필요로 한다. 스위스 정부는 자원이라는 측면에서 취약하기 때문에 다른 서유럽 정부보다 이익단체들의 지원에 대한 의존도가 높다. 이 같은 상호의존에 연유한 정부와 이익결사체들 간의 타협전략은 정책심의와 토론을 활성화시킨다.

3) 복지국가의 지체

개방경제는 세계시장에서 파생되는 여러 충격과 희생을 흡수하고 완충하는 복지국가를 요구한다. 그러나 스위스는 오랫동안 개방경제를 추구했음에도 불구하고 광범위한 사회정책을 통해 완충장치를 갖추지 않았다. 사회적 파트너십 시스템은 거의 필연적으로 복지국가를 동반한다. 그러나 스위스는 자유적 파트너십 시스템을 갖췄음에도 불구하고 복지국가를 지향하지 않았다. 따라서 스위스는 오랫동안 '복지지체국(welfare laggard)'으로 분류되어 왔다. 이렇게 스위스의 복지국가가 다른 서유럽 복지국가들과의 비교시각에서 볼 때 지연된 이유는 무엇인가?(Armingeon, 2001: 153~157) 첫째, 스위스의 오랜 민주주의 역사가 역설적으로 복지국가의 등장을 지연시켰다. 사실 스위스는 일찍이 균열구조가 고착화된 다원적인 분절집단들(segmental groups) 간의 공존, 화합, 합의의 정치를 모색하는 '콘코르단쯔' 민주주의('Konkordanz' democracy)를 정착시켰다.[8] 민주주의는 복지국가를 통해 실현될 수 있는 평등사회를 지향한다. 그렇다면 150여 년 역사를 가진 스위스 민주주의는 복지국가를 오래 전에 확립했어야 했다. 그러나 스위스 사회는 오래 전부터 민주적 안정을 향유하고 있었기 때문에 복지국가의 도입을 통해 정치적으로 동원된 노동계급의 도전에 대응할 동기가 존재하지 않았다. 이에 관련하여 우리는 독일 비스마르크 시대에 사민주의 세력에 대한 억압을 효과적으로 행사하기 위해 노동계급을 위한 사회보장제를 확립했다는 사실을 상기할 필요가 있다.

둘째, 복지국가의 기능적 필요성이 절박하지 않았다. 스위스 산업화는 대규모 도시화를 동반하지 않았다. 따라서 스위스에서는 다른 서유럽 국가들에서 격렬하게 발생했던 산업 갈등이 산업화 초기에 심각하지 않았으며 그에 대응하기 위해 기능적으로 요구되었던 복지국가의 필요성도 절박하지 않았다. 특히 1930년대 후반 경제위기가 발생했던 후에도 스위스 노동시장은 장기간 완전고용을 실현하여 의무적인 실업보험의 필요성이 절박하지 않았다. 말하자면 완전고용이

---

8) 스위스 '콘코르단쯔' 민주주의에 관해서는 선학태(2005: 제10장)를 참조할 것.

기능적으로 복지국가를 대체한 것이다. 결국 완전고용과 경제적으로 번영된 스위스 사회에서는 복지국가의 확대를 요구하는 압박이 있을 수 없었다.

셋째, 스위스의 전통적인 정치적·행정적 구조와 복지국가는 양립하기가 쉽지 않았다. 스위스 중앙 연방정부는 헌법적 권한이나 자원 측면에서 취약하다. 스위스 국민들은 전통적으로 자신이 살고 있는 지방공동체(꼬뮌) 당국으로부터 사회부조를 제공받았다. 지방중심으로 실시된 사회보장의 이러한 전통은 중앙 연방정부 차원의 사회보장의 도입을 가로막는 장애가 되었다. 이런 점에서 스위스 복지국가 발전을 지연시킨 요인은 연방제에서 찾을 수 있다. 스위스에서 연방수준의 새로운 사회정책은 헌법개정을 요구한다. 연방정부의 권한은 헌법에서 명시된 영역에서만 행사될 수 있기 때문이다. 스위스의 꼬뮌과 캔톤의 행정기관 및 주민들은 자발적으로 자원을 확보하고 권한과 재정을 연방정부로 이양하지 않으려 한다. 이를 위한 정치적 장치는 직접민주주의를 포함해서 여러 수단이 있다. 스위스 연방정부는 독자적인 행정기구가 거의 존재하지 않기 때문에 집행은 캔톤과 꼬뮌의 제도들에 의해 수행된다. 연방정부 차원의 복지정책도 캔톤과 꼬뮌과 협력에 의해 결정된다.

넷째, 서유럽에서 사회적 파트너십 시스템을 채택한 국가들은 중앙집권적인 공공정책, 특히 복지정책을 추구하는 경향이 있지만 스위스는 그러한 범주에 포함되지 않는다. 스위스도 자유적 파트너십 시스템을 작동시키고 있다. 그러나 스위스의 사회협약은 산업별 및 지역별 수준 등 분산적으로 체결된다. 스위스는 다른 서유럽 국가들과는 달리 전후 노조 임금자제에 대한 보상 등 케인즈주의적 거시경제 관리에 크게 의존하지 않았다. 요컨대 스위스 사회적 파트너십 시스템은 복지국가를 확대시키는 동력이 되지 못했다.

다섯째, 스위스에서 복지국가의 확립이 지연된 이유는 정당정치에서 찾을 수 있다. 서유럽 국가들에서 사민당과 기민당(중도 보수당)의 정부 내각 점유율은 복지국가의 차이를 보여주는 지표이다. 그러나 스위스 정당정치에서 과거 사민당과 카톨릭 중도당(현재의 기민당)의 정치력은 자민당에 비해 상대적으로 취약했다. 카톨릭 중도당은 19세기 말에 정치체제에 통합되었으나 사민당은 1959년에야 비로소 연방정부 내각에 참여했다. 스위스에서는 특히 제2차 세계대전 이후에도 복지국가를 선호하지 않는 우파정당 자민당이 다른 서유럽 국가들과 비교하여 내각 점유율이 상대적으로 높았다.

마지막으로 사회보장비 지출 확대를 가로막는 요소는 아마도 스위스 직접민주주의의 영향일 것이다. 스위스에서 특정 법률이 시민투표에 회부될 가능성은 새로운 세목을 신설할 수 있는 정치인들의 자율성을 크게 제한하며 시민들은 전통적으로 세금인상을 수용하지 않으려는 경향을 보였다. 많은 경험적 연구 결과는 직접민주주의가 공공부문 확대에 제동을 걸었음을 보여준다.

3. 합의제 정치의 정책협상

스위스의 정치체제는 합의제 민주주의의 전형적인 사례이다. 따라서 스위스의 정치체제에서 정당, 관료제, 중앙정부 등 주요 정치행위자들은 의사결정 방식으로서 다수결 원칙을 사용하지 않는다. 스위스의 제도적 지형은 독립적인 중앙은행, 다당제를 하부구조로 하는 보수·진보 정당체제, 연립정부, 균형적 권한을 갖는 양원제, 지방분권적 연방제, 직접민주주 등으로 구성되어 있다(선학태, 2005: 308~335). 이러한 제도적 장치들의 상호작용은 정책결정 및 집행과정에서 타협과 협상을 촉진하고 경직되고 갈등적인 경제정책 영역을 실현 가능한 합의된 정책으로 산출해 낸다. 정책협상 시스템은 소수파 권리를 존중하고 상호 양보에 의해 이뤄진다. 그렇다면 그것은 어떤 유형의 경제정책을 창출하고 그 효과는 어떠한가?

여기서 우리는 두 가지 명제를 제시할 수 있다. 첫 번째의 명제는 스위스에서 경제정책을 결정하는 데 있어 협의주의를 비롯한 다양한 정책합의 시스템이 존재한다는 점이다. 협의주의는 스위스의 합의제 민주주의와 역사적으로나 기능적으로 긴밀하게 연계되어 있는 정치제도, 즉 연방주의 및 사회적 파트너십과 나란히 작동하고 있다. 이들 정치제도는 협상과 합의에 의한 경제정책을 결정하는 시스템을 구축한다. 이 합의시스템은 인플레이션을 유발시킬 우려가 있는 경제정책에 관해서는 또 하나의 중요한 제도인 독립된 중앙은행의 제약을 받는다.

이 시스템은 또한 경제정책 결정 과정에서 갈등을 회피하고 정책합의에 도달하는 데 도움을 주는 직접민주주의에 의해 보강된다. 이로써 스위스 직접민주주의는 엘리트 수준에서 광범위한 타협에 기반을 둔 합리적 정책을 도출해 내는 기능을 수행한다.

두 번째의 명제는, 수평적·수직적 협상시스템은 다른 제도적 장치에 의해 견제를 받으면서 실용주의적이고 현실적 경제정책을 산출해 낸다는 점이다. 따라서 정책 패러다임의 경직성을 탈피하고 있다. 이러한 경제정책들은 상이한 경제이론과 정치적 가치의 조화와 균형에 의해 정당화된다. 스위스는 급진적이고 현실성이 떨어진 경제정책의 혜택을 기대하지 않는다. 이로써 스위스는 복지국가의 급속한 확대로 인한 부작용뿐만 아니라 케인즈주의적 혹은 신자유주의적 전략의 위험과 단점을 회피했다. 따라서 스위스는 신케인즈주의(neo-Keynesian)적 거시경제 조정으로 인한 인플레이션 압박과 재정적 부담을 갖지 않았으며 동시에 순수 신자유주의 정책으로 발생한 사회적·정치적 대결과 갈등이라는 값비싼 비용을 치르지 않았다. 그리고 스위스에는 재정적자 및 국가채무 등 여타 대부분의 서유럽 국가들에서 직면했던 문제들이 발생하지 않았다(Armingeon, 2002: 122).

그러나 이 같은 명제들에 대해 반론이 있을 수 있다. 첫 번째 명제에 대한 반론은 협의주의 시스템이 끊임없이 변화하고 있다는 점이다. 1960년대의 정책결정 시스템은 1990년대 이후의 정책결정 시스템과 매우 다르다는 주장이 제기될 수 있다. 그러나 스위스에서 비록 기존 사회적 균열이 중요성을 상실하고 새로운 사회적 균열이 전면으로 부상해 오고 있기는 하지만 본래 이러한 사회적 갈등조정을 위해 만들어졌던 제도는 본질적으로 지속되고 있다. 연립정부의 구성, 정치인과 고위 관료의 충원에 적용되는 비례 원칙, 최고 엘리트들의 협약에 반대할 수 있는 시민투표 등이 시행되고 있는 점으로 판단해 보건대 스위스의 정치체제의 변화는 거의 나타나고 있지 않다. 뿐만 아니라 정치행위자들 간의 의사소통과 협상은 갈등적이고 대립적인 양상을 보이지 않는다. 대신에 오랜 세월 동안 축적해 온 정치엘리트들의 합의적 테크닉과 관행은 여전히 정치사회화로 학습되고 있으며 정치에서 실천되고 있다. 이것은 종종 협의주의 시스템의 게임 규칙을 위반한 것처럼 보이는 극우적인 스위스국민당에게도 타당하다. 스위스국민당의 투표자와 지지자들의 대부분은 합의적 정책결정의 규칙과 전통을 여전히 확고부동하게 준수하고 있다.

다른 두 개의 반론은 경제정책의 분석에서 유래한다. 하나의 반론은 카첸스타인의 연구에서 비롯된다(Katzestein, 1985). 그는 스위스는 강력한 사회적 파트너십 시스템에 기초하여 혁신적이고 자유주의적인 경제정책을 산출해 낸 사례라고 주장했다. 사회적 갈등은 민간 보상에 의해 조정되었고 기술혁신은 시장개방에 의해 촉진되었다는 것이다. 이와 대조적인 또 다른 반론은 스위스 정책결정 제도가 특정 사회그룹의 이익을 보호하고 매우 필요한 변화와 개혁을 가져올 수 없어 동맥경화 증세를 보이고 있다는 점을 지적한다. 유럽연합을 수용하고 이와 협상하는 등 강력한 대외적 압력하에서만 그 같은 정책결정 과정의 동맥경화증과 특정 이익 보호를 불식하고 경제적 적응을 효과적으로 해낼 수 있다는 것이다.

그러나 이러한 반론은 다음 절에서 논의되듯이 모두 논란의 여지가 있다. 스위스의 경제정책에 관한 성격 규정에 있어 '자유주의-혁신적인 정책'이냐, 아니면 '정체된 정책과정'이냐 하는 두 가정은 다른 OECD 국가들과의 비교시각에서 스위스의 경제적 위상을 따져봐야 한다. 자유주의적-혁신적 가정의 시각에서 보면 스위스의 경제적 성과는 너무 빈약하다. 역으로 정체된 정책 명제에 따라 판단해 보면 스위스의 실질적인 경제실적은 아주 양호하다(Armingeon, 2002: 123~124).

1960년대 말 이후 다른 OECD 국가들과의 비교시각에서 스위스의 경제적 실적을 평가해 볼 수 있다.[9] 1인당 GDP는 OECD 국가들 가운데 최고 수준에 도달했다. 대조적으로 투자는 높은 편이지만 이에 따른 경제성장과 생산성을 결과하지 못한다. 그러므로 성장률이 계속 상대적으로 낮다는 점을 상정할 때 스위스의 1인당 GNP는 장기적으로 보면 최고의 순위를 잃을 개연성이 있다. 통상적인 인식과는 달리 스위스는 수출과 수입이라는 측면에서 극단적인 시장개방을 취하고 있지는 않다. 대신 스위스의 시장개방은 몇 가지 산업 분야에 한정되고 있으며 국제경쟁으로부터 격리, 보호하는 국내 산업부문을 남겨놓고 있다.

---

9) 제16장 <표 16-2, 3>을 참조할 것.

물가상승은 높지 않고 실업률도 연도에 따라 예외가 없는 것은 아니지만 낮은 편이어서 2000년 무렵에는 거의 완전고용에 도달했다. 국가재정도 건전하다. 이렇게 볼 때 스위스의 경제는 약점이 없는 것은 아니지만 양호한 경제적 발전 패턴을 보이고 있다.

다음 절에서 우리는 국가와 경제 간의 관계에 있어 사민주의적 혹은 자유주의적 성격과는 거리를 두고 스위스의 경제정책을 타협과 절충적인 정책결정의 길로 유도하는 제도적 장치들을 논의해 볼 수 있다.

4. 경제 및 사회정책의 협의시스템

1) 중앙은행의 인플레이션 억제

스위스중앙은행(Schweizerische Nationalbank)은 상호 연계된 협상 틀인 협의주의식 · 사회적 파트너십 · 연방주의식 정책결정의 영역 밖에 있다. 국제비교 시각에서 볼 때 스위스의 중앙은행은 유별나게 정부로부터 독립되어 있는 중앙은행그룹에 속한다(Iversen, 1998: 35~36). 헌법에 의하면 스위스의 중앙은행은 국가 전체의 이익을 위해 환율 및 신용정책을 추진해야 한다. 1973년 이래 스위스의 중앙은행은 긴축 통화정책에 의한 물가안정 유지를 위해 그러한 환율 및 신용 업무를 수행해 왔다. 1973년까지는 물가통제는 정부에 의해 수행되었으나 1973년 이후 물가통제정책은 중앙은행의 통화정책에 의해 이뤄졌다. 바꿔 말하면 1973년 이후 정부의 물가통제정책은 대체로 상징적 성격에 불과하고 중앙은행의 통화정책이 인플레이션을 잡는 주된 요인이 된 것이다.

중앙은행의 독립성과 통화주의적 성향은 정부, 의회, 이익단체들이 어떤 무리한 책략을 쓸 수 있는 여지를 원천적으로 제약한다. 중앙은행의 긴축노선과 양립할 수 없는 경제정책도 가능은 하지만 그것은 값비싼 대가를 치른다. 그렇다고 스위스 경제의 물가안정이 단지 독립성을 자랑하는 중앙은행 때문만은 아니지만 언제나 효과적인 통화정책의 조건이 충족되어 왔다. 그 하나는 정부는 언제나 정부지출을 대폭 확대할 의사도 능력도 갖고 있지 않으며 정부지출은 중앙은행의 통화정책의 틀 내에서 이행된다. 다른 하나는 노조가 공세적인 임금정책을 추구하는 것이 아니라 중앙은행의 통화정책의 틀 내에서 사용자와 유연하게 분권적인 협상을 통해 임금을 조정한다는 점이다.

2) 연방정부, 의회 및 정당 차원의 경제정책 타협: 자유주의와 케인즈주의의 조화

스위스의 연방정부는 정책협의체이다. 즉 수상이 없으며 정부의 모든 각료는 정부의 모든 정책에 책임을 진다. 연방내각인 연방협의회(Federal Council)는 4개의 주요 정당 출신 인사로 구성되어 있다. 따라서 경제정책에 관한 주요 결정은 서로 다른 정치적 성향을 가진 자유주의 정치인, 기독교민주주의 정치인, 사회민주주의 정치인, 프로테스탄트 보수정치인 등으로 구성된 대연정에 의해 이뤄진다. 이런 조건하에서 스위스에서는 자유주의적 경제정책 혹은 좌파성향의 경제정책 중 어느 하나만에 의해 일방적으로 추진되는 경우는 좀처럼 찾을 수 없다. 예컨대 1959년 연방정부는 사민당 출신 두 명의 각료를 포용하면서 하나의 경제프로그램에만 의존한 경제정책 개념을 거부했다.

뿐만 아니라 의회 정당들은 경제정책에 관한 하나의 분명한 입장만을 채택하도록 정부에 강요하지 않는다. 이것은 의회가 매 4년마다 정부의 각료를 일단 선출하면 임기 안에 집행부를 교체할 수 없기 때문이다. 탄핵절차도 없고 따라서 일단 각료로 선출되면 정부는 의회의 조치에 의해 교체되는 것을 우려할 이유가 없다. 이런 까닭에 의회 정당들은 자신들의 결정이 정부의 안정에 아무런 영향을 미치지 못한다는 점을 알고 있다. 이러한 대통령 중심제적 권력구조의 틀(presidential design)은 오스트리아, 독일, 영국의 권력구조와 비교해 볼 때 정부에 대한 의회 정당들의 규율이 낮다는 점을 보여준다(Jeitziner and Hohl, 1997). 이러한 제도적 장치로 말미암아 정부는 경제 전략과 정책에 관해 타협을 하지 않을 수 없다. 스위스의 의회에는 정부의 일관성 있는 경제정책을 끌어낼 수 있는 힘과 의지가 있는 강력한 정당이 존재하지 않는다.

의회 정당들의 강한 정치적 · 정책강령적 이질성은 단지 그들 중앙정당과 정부 간의 제도적 관계만에 기인한 것은 아니다. 또 다른 이유는 서로 다른 캔톤 정당 체제이다. 캔톤들은 상이한 선거제도 및 사회문화적 균열을 갖고 있다. 비록 스위스만의 특이한 현상은 아니지만 다른 서유럽 국가들처럼 스위스의 전국 정 당들은 상이한 이념을 갖고 있고 상이한 사회문화 그룹 간의 연대에 기초한 지역정당들의 연합체임에 분명하다. 그렇기 때문에 스위스의 의회 정당들의 정 치적 · 정책강령적 이질성은 강하다.[10] 따라서 의회 정당들은 내각으로 하여금 자유주의 혹은 케인즈주의 중 어느 하나만 집착하는 경제정책을 끌어낼 수 없다.

의회는 미국 의회처럼 상 · 하원 간에 거의 균형적인 권한을 가진 양원제이다. 하원 의원은 비례대표제에 의해 선출된다. 그러나 캔톤 당 의석수는 다양하다. 일부 캔톤은 단지 한 명의 하원의원을 선출한다. 이런 점에서 선거제도는 사실상 큰 캔톤인 경우 순수한 비례대표제, 작은 캔톤인 경우는 완전한 다수결제에 이르 기까지 다양한 셈이 된다. 상원은 각 캔톤당 2명(소위 반캔톤의 경우 1명의 대표)의 대표들로 구성되어 있다. 선거 기회구조 때문에 좌파정당들은 하원에서보다 상 원에서 더 작은 수의 대표를 갖고 있다. 뿐만 아니라 큰 제조업 및 서비스산업 부문을 가진 큰 캔톤들은 산악지대이고 산업화가 덜 된 작은 캔톤들과 비교해 볼 때 과소대표(under-representation)되고 있다. 따라서 설사 좌파정당이 다른 정당 의 지원을 받아 하원에서 좌파적 경제정책을 통과시키는 데 성공한다 할지라도 그 정책은 상원에서 실패하는 경우가 있다. 보수정당들은 경제정책에 관해 아주 다른 입장을 취한다. 기민당은 사회적 보호와 원활한 경제발전을 겨냥한 보수적 이고 개입주의적 경제정책을 지지하는 경향이 있다. 이에 반해 보수적인 스위스 국민당은 역사적으로 독일어권에 거주하는 프로테스탄트 농민 및 노조원들을 대표하면서 자신의 정치고객의 권익을 위해 시장 보호주의 정책을 지지했다.

---

10) 이러한 현상은 득표력 측면에서 서유럽 자유주의 정당들 중 하나인 자민당(Free Demo-cratic Party)에게도 해당된다. 스위스의 자유주의적 경제정책 개념은 스위스 정당체제 에서 자민당이 차지하는 지배적인 위상에서 비롯되고 있다. 그러나 자민당은 캔톤에 따 라 다른 정치를 전개하고 있다. 보다 중요한 것은 자민당이 역사적으로 경제개입을 매 우 선호한 정당이었다는 사실이다.

자민당은 분명히 신자유주의 경제정책을 선호했다. 따라서 의회제도와 정당체제 간의 상호작용은 어느 하나의 정책패러다임만을 뚜렷이 하는 경제정책의 채택 가능성을 낮춘다.

이러한 제도적 지형으로 인해 정부의 경제정책은 상이한 여러 접근법의 복합체적 성격을 갖는다. 거시 경제정책인 경우 더욱 그렇다. 특히 1970년대와 1990년대 이후에 연방정부는 수요관리를 통해 경기순환을 원활하게 하려고 노력했다. 일반적으로 좌파정당은 재정확대 정책을 요구했던 것에 반해, 우파정당들은 그것을 반대했다. 결국 전체적인 재정정책은 계속 친(親)경기순환적이면서도 정부예산의 친순환적 요소를 줄이는 일부 반(反)순환적 요소가 추가되는 타협안이 도출되었다. 이러한 타협안은 정당 간의 제휴·협력에 의해 실현되곤 했다. 1990년대의 재정확대 프로그램은 조세정책(기업 법인세의 감소 등)에서 양보한 사민당에 대한 보상의 성격을 띠고 있었다. 비록 스위스 당국은 케인즈주의적 경제접근을 매우 제한적으로 활용하는 것도 사실이지만 그렇다고 해서 정부의 경제정책이 자유주의적이라고도 말할 수 없다(Armingeon, 2002: 127). 대신 실용주의적 개입주의가 지배해 왔다.

스위스의 경제적 성공의 중요한 측면은 낮은 실업이다. 이 성공은 경제성장이 안정적이거나 일자리의 수가 점증했기 때문이 아니다. 1970년대에 일자리가 큰 폭으로 줄어드는 사태가 발생했는데 그럼에도 실업률은 여전히 낮게 나타났다. 이런 역설은 스위스 정부의 경제정책이 자유주주의 정책과 케인즈주의의 개입주의적 정책이 실용주의적으로 혼합되었다는 데서 연유한다. 정책의 자유주의적 요소는 의무적인 실업보험의 부재에서 엿볼 수 있다. 스위스 근로자들은 일자리를 잃어도 고용청에 신고하지 않는다. 이 고용청은 새로운 일자리를 찾는 데 별로 도움이 되지 않을 뿐만 아니라 실업자들은 실업급여를 수령할 자격을 부여받지 못하기 때문에 고용청에 신고할 필요성을 느끼지 않는다. 따라서 많은 실업자들은 통계에 잡히지 않는다. 그 결과 1970년과 1990년 사이에 전형적으로 1% 이하로 나타난 스위스의 공식적 실업률은 실질적인 실업을 과소평가한 것이라는 지적이 제기되었다.

경제정책의 비자유주의적 요소는 외국 노동력의 규제와 관련이 있다. 예컨대

1970년대의 고용위기는 대체로 외국인 실업자들에게 일자리를 허용하지 않고 자발적이거나 비자발적으로 본국으로 돌아간 외국인의 일자리를 자국민으로 대체함으로써 해결되었다. 1990년대 이후는 여건이 상당히 달라져 이러한 개입주의적 정책의 효율성이 떨어졌지만 기본적으로 스위스의 외국노동력 공급에 관한 정책은 비자유주의적이고 실용주의적이다.

요컨대 정부와 의회의 경제정책은 자유주의인 것도, 사회민주주의적인 것도, 케인즈주의적인 것도 아니다. 대신 스위스의 경제정책은 여러 다양한 접근법이 실용주의적으로 혼합된 성격을 지닌다. 말하자면 케인즈주의적(사민주의적) 요소(관대한 실업급여, 적극적 노동시장 정책), 자유주의적 요소(고용보호의 취약, 실업자에 대한 경직된 통제), 보호주의적 요소(외국인 노동력의 공급통제, 외국인 투자에 대한 고금리) 등이 혼재되어 있다. 이러한 정책적 혼합성은 정부와 의회 차원에서 주요 정당들 간에 형성된 대연정에 기인한다고 볼 수 있다.

3) 연방정부와 지방정부 간의 협력적 수요관리

연방정부의 권한을 억제하는 여러 제도적 장치, 지방정부의 강력한 자치권 등으로 인해 스위스의 연방정부는 가용 자원에 있어 현저한 약세를 면치 못한다. 이러한 제도적 한계에 함께 주목해야 할 것은 연방정부의 재정적 취약성이다. 스위스의 전체 세입 중 연방정부의 할당된 몫은 30% 안팎에 불과하다. 이런 점에서 스위스의 연방정부는 사회경제정책의 입안을 주도할 능력을 사실상 보유하지 못하고 있으며 정책의 입안과 집행에 이르기까지 전국적 조직네트워크를 가진 이익집단 및 지방정부의 협력에 크게 의존한다.

정치체제의 지역적 분권화는 스위스 합의제 민주주의의 주요한 측면이다. 노동시장 정책뿐만 아니라 물가 및 통화정책 등 거시 경제관리는 비록 연방정부의 관할하에 놓여 있지만 26개의 캔톤들은 경제정책에서 여러 가지 중요한 역할을 수행한다. 그리고 연방정부는 자신의 경제정책을 집행할 전국적인 행정기구를 갖고 있지 않다. 따라서 연방정부는 캔톤과 꼬뮌의 행정기관에 의존한다. 캔톤과 꼬뮌 당국은 연방정부의 지역정책과 조율된 분야에서 자신들의 경제정책을 추진

한다. 그들은 여러 방식으로 주민들에게 과세할 수 있는 자치권을 갖는다. 연방
조세는 총 정부세입 중 소규모이고 대부분의 연방세입은 캔톤과 꼬뮌에 재분배
된다(선학태, 2005: 326). 세출과 세입이라는 측면에 의해 평가해 보면 스위스의
국가는 약한 국가이다. 대부분의 국가세입이 캔톤들과 꼬뮌 당국에 직·간접으
로 돌아가기 때문에 총 GDP에서 차지하는 연방정부의 예산 비중은 소규모이다.

이것은 수요관리라는 관점에서 중요한 함의를 갖는다. 연방정부의 작은 예산
비중은 재정적 수요관리를 어렵게 한다. 다시 말하면 연방정부는 독자적으로
케인즈주의적 수요관리를 거의 집행할 수 없다. 그 해법은 연방정부, 캔톤, 꼬뮌
당국 간의 협력이다. 1970년대와 1990년대의 전형적인 케인즈주의 정책발의에
서 연방정부는 캔톤과 꼬뮌이 추진할 투자의 일정액의 재원(보통 건설투자)을 부
담할 의지를 표명했다. 따라서 당시 꼬뮌 및 캔톤 당국은 연방정부가 투자재원을
지원해 주겠다는 의사를 표명함에 따라 투자할 유인을 얻었다. 이러한 식으로
연방정부 차원의 수요관리는 꼬뮌 혹은 캔톤 차원의 수요관리를 촉발시켰다.
이러한 협조적 수요관리에는 문제점이 드러난다. 캔톤 혹은 꼬뮌 정부가 계획한
투자를 실행할 준비를 하지 않는 경우가 종종 있는데 연방정부는 그러한 투자계
획의 신속한 실행을 촉구하기도 한다. 어떤 경우에는 캔톤과 꼬뮌 정부가 착수하
는 프로젝트의 집행을 위한 연방 보조금을 지원 받는다.

연방주의는 거시경제 조정에 또 하나의 장애를 추가한다. 예컨대 1972년 연방
정부가 케인즈주의적 수요관리정책을 수립하려고 시도했을 때 캔톤들은 그러한
시도에 반대했다. 캔톤들은 연방정부가 그러한 조치를 통해 캔톤의 자율성을
침해하지 않을까 우려했다. 이러한 반대는 성공했다. 연방정부의 케인즈주의적
수요관리정책의 수립이 캔톤 정부에 의해 수용되는 경우도 있는데 이는 그러한
수요관리가 캔톤 자율성을 침해할 가능성이 낮다는 것이 분명한 경우이다. 케인
즈주의적 접근에 대한 추가적인 장애는 연방정부의 총 세입 증대, 특히 자원이
연방정부로 집중되는 사태를 억제하고자 하는 캔톤들의 이해관계에서 비롯된다.

연방주의는 거시경제 수요관리의 가능성을 매우 제약하지만 그것은 또한 탈규
제 시도를 제약하기도 한다. 그 밖에 연방주의는 조세에 적용된다. 캔톤 간 조세
균형에 관한 법률을 만드는 데에 20년(1970~90)이 소요되었다. 이러한 균형은

조세의 유형과 원칙에 관한 것이다. 그러나 캔톤 간의 실질적인 세율의 균형은 가능하지 않다. 1990년대 말에 조세부담은 여전히 캔톤 간에 다양하다.

4) 시민투표의 경제정책 협의 강화

직접민주주의(시민투표)는 두 가지 이유 때문에 엘리트들 간의 협상과 타협을 통해 산출된 경제정책에 대해 위협이 될 수 있다(Armingeon, 2002: 131~132). 하나는 시민투표가 경제정책 형성의 협상과정을 견제하는 다수결주의적 장치가 될 수 있다는 주장이 있다. 다른 하나의 견해는 시민투표가 정치적으로 소외된 세력에게 엘리트 카르텔과 그들의 협상을 견제하는 무기가 될 수 있다는 것이다. 첫 번째의 견해는 대부분의 법률이 시민투표 없이 제정되고 불과 소수의 법률만이 시민투표에 회부된다는 점에서 설득력이 약하다. 시민투표에 부쳐질 가능성이야말로 정치엘리트들로 하여금 시민투표를 피하기 위해서라도 서로 타협하도록 강제한다. 이러한 이유 때문에 직접민주주의는 스위스에서 사회적 파트너십 및 정책협의에 기초한 정책결정 양식을 뒷받침하는 제도적 버팀목이다. 이런 점에서 일반적으로 직접민주주의는 타협문화를 촉진시킨다. 정당들은 거의 언제나 특정 정책에 대해 반대하는 시민투표를 추진할 개연성이 있는 다른 모든 정당들을 포용하는 데 열정적이다. 이것은 스위스 정책결정의 협의주의적 접근을 강화한 요인이 된다. 동시에 보통 정부와 의회는 시민투표를 추진할 수 있는 잠재력을 가진 모든 자발적 시민단체들과도 타협을 모색하는 데 인색하지 않는다. 이러한 시도는 사회적 파트너십 및 정책협의 시스템을 강화하는 데 기여한다. 이런 맥락에서 스위스 직접민주주의는 협상과 타협에 기초한 실용주의적 정책결정을 유도하고 규모가 큰 다양한 이익그룹들 간의 이익과 비용 배분 과정에서 불균형을 가져오는 경제정책에 제동을 거는 데 결정적으로 기여한 제도적 장치이다.

두 번째의 주장은 국민과 정치엘리트들 간에 신뢰의 위기가 발생할 수 있다는 가정에 근거한다. 그러나 국제비교 시각에서 보면 스위스 국민들의 정치제도에 대한 신뢰는 매우 높다(Listhaug and Wiberg, 1995: 78). 동시에 엘리트들이 결정한 정책에 대한 대중의 지지도 감소하지 않고 있다. 타협이 이뤄질 수 없고 정치적으로 소외된 그룹의 이익이 간과되거나 무시되는 경우 시민투표가 실시된다. 시민투표는 또한 정부와 의회의 의사와는 무관하게 국민들이 경제 관련 헌법개정을 희망할 때 실시된다. 의회에서 이뤄지는 경제 관련 헌법개정은 나중에 국민의 동의를 받아야 한다. 뿐만 아니라 의회에서 긴급히 이뤄지는 결정은 즉각적인 효력 발생은 할 수 있으나 일 년 후에 그러한 결정은 시민투표에 회부되어 폐기될 수 있다.

경제정책에 관한 시민투표 실시와 관련하여 1960년대 이후 여러 결정들을 살펴보면 한 유형이 확인될 수 있다. 즉 국민들은 정부자원의 확대, 특히 조세나 사회보장 기여금의 증대를 불신한다. 이러한 불신은 세목 신설이나 조세부담 증대로 인해 시민에게 돌아오는 이득은 줄어드는 데 반해, 정부의 몫은 커질 때 보다 확연해진다. 국민은 일반적으로 정부재정의 건전성을 요구한다. 스위스 정부재정 적자 및 공공채무가 적은 것은 재정지출의 확대를 반대하고 축소를 희망하는 국민들의 의지에 크게 연유한 것이다. 스위스 국민들은 물가안정과 고용보장을 아주 소중히 여긴다. 또한 그들은 다른 취약집단 혹은 공동체 전체의 이익을 희생시키고 사용자, 노동자, 농민 등 특정 이익그룹의 이익을 챙기려는 어떤 정책도 불신한다.

5) 합의제 정치하의 복지레짐

스위스 합의제 정치는 복지국가를 발전의 길로 이끄는 데 기여했다(Armingeon, 2001: 157~161). 첫째, 스위스 복지국가는 경제위기 및 정치적 변화 등과 같은 비상 국면에서 개혁을 경험했다. 예컨대 1970년대 중반 스위스는 커다란 고용감소를 경험했는데 이것은 의무적 실업보험제를 도입하는 '기회의 창(window of opportunity)'을 제공했다.

둘째, 복지정책은 다중적 협상 시스템에서 결정되기 때문에 축소되지 않는 경향을 보인다. 이익집단과 정부의 대표로 구성되는 정책협의 시스템은 정당과 문화적·언어적 집단 간에 이루어지는 협의주의(consociationalism) 시스템과 정책결정 및 집행과정에서 밀접하게 상호 연계되어 있다. 뿐만 아니라 이 두 시스템을 작동시키는 엘리트들도 서로 잘 아는 사이이며 동일 엘리트가 두 시스템에 중복 참여하는 경우가 많다. 예컨대 한 엘리트가 연방정부에서 캔톤과 이익집단을 대표하기도 하고 협의주의적 협상의 장에서 정당을 대표하기도 한다. 그런데 복지축소는 이 두 시스템에서 엘리트들의 합의를 필요로 하는 데 이 합의절차는 이익집단과 캔톤 당국이 연방 차원의 정책을 공동으로 결정 및 집행하기 때문에 필요하다. 만일 합의에 이르지 못하면 모든 참여자들은 시민투표를 추진할 권한을 갖는다. 따라서 정책결정자들은 그러한 사태를 회피하기 위해 타협을 시도한다. 그들은 협상의 장에서 자신들을 지지하는 고객들에게 영향을 미치는 복지국가 축소를 반대할 개연성이 높다.

셋째, 지난 150년 동안 복지국가 축소를 담은 모든 법률은 시민투표에 의해 부결됐다. 이것은 시민투표 참여자들이 바로 정책의 수혜 고객들이기 때문이다. 물론 직접민주주의로 복지제도를 확대하는 것은 어렵다. 그러나 시민투표로 일단 승인된 복지제도가 전면 폐기될 가능성은 없다. 실업 및 장애 보험 사례에서처럼 사회통합적 동기는 시민투표 실시 후에 더 강해진다.

마지막으로 복지국가에는 고유한 확대 메커니즘을 내장하고 있다. 스위스 복지국가의 사회지출의 증가는 부분적으로 중대 경제위기 국면에서 실시된 사회정책에 기인한다. 이 경우 주요 복지국가 개혁은 사회보장 프로그램의 수혜범위를 확대시키는 데 있었다. 스위스 복지국가 확대를 설명하는 또 다른 요소는 사회보장 제도가 사회적·인구학적 구조의 변화와 관련이 있다. 공적연금보험은 그 주요 사례이다. 공적연금보험이 신설된 당시 인구의 10%가 65세 이상이었다. 또 다른 사례는 실업이다. 1950~90년 사이에 1%에 불과했던 실업이 1997년에 5%에 이르렀다. 따라서 1990년대에 연금 및 실업 보험 급여가 대폭 증가했다. 이것은 인구학적·경제적 조건의 변화에 연유한 것이다.

다른 연방국가처럼 스위스에서도 복지재정, 복지정책 결정 및 집행이 연방정부, 캔톤 정부, 꼬뮌 정부 등 여러 수준에서 이루어지고 있다. 노인연금, 실업보험, 장애인보험, 건강보험 등과 같은 핵심적 복지정책은 연방정부가 담당한다. 1998년 현재 연방정부가 총 사회지출의 약 58%를 차지했다. 그러나 캔톤 정부와

꼬뮌 정부도 여전히 사회부조, 사회보험 등 사회정책의 주요 분야를 담당하고
있는데 총 사회보장비는 각각 27.3%, 14.3%를 지출하고 있다(Armingeon, Bertozzi
and Bonoli, 2004: 20~21). 그런데 스위스 캔톤 수준의 복지레짐(welfare regime)은
각 캔톤별로 차이를 보이고 있다. 즉 캔톤에 따라 자유주의 복지레짐, 보수주의
복지레짐, 사회민주주의 복지레짐 등 다양한 복지유형을 갖는다(Armingeon,
Bertozzi and Bonoli, 2004: 26~27). 이러한 복지레짐 유형은 캔톤 수준에서 사민당,
기민당, 국민당, 자민당 등 정당 간에 다양하게 조합된 연정 구성에 따라 상이하
게 나타난다. 따라서 캔톤 정부에 여러 정당들이 참여하는 연정의 포괄성 때문에
캔톤 별 복지제도는 특정 정당이 선호하는 유형만을 반영하는 순수한 복지레짐
으로 나타나지 않고 정당 간의 상대적 역학관계에 의해 영향을 받는다. 복지제도
의 확대를 제약하는 제도가 있다. 캔톤 정부의 정치인들은 재선을 위해 사회지출
을 확대하려는 경향이 있는 데 반해, 시민들은 자신들이 치러야 할 세금부담
때문에 사회지출을 제약하려는 경향이 있다. 따라서 캔톤 수준에서 직접민주주
의가 많이 실시될수록 자유주의 복지레짐이 등장할 개연성이 높아진다. 프로테
스탄트가 많이 거주하는 캔톤에서는 자유주의 복지레짐이 번창하는 경향을 보이
며 카톨릭 교도들이 거주하는 캔톤에서는 보수주의 복지레짐이 등장할 확률이
높아진다. 캔톤 정부에서 중도좌파의 힘이 클 경우 교육부문 재정 지출이 커진다.

스위스는 오랫동안 '복지지체국(welfare laggard)'으로 분류되었던 스위스가 서
유럽 복지국가들 중 중간 수준에 이르게 된 것은 최근의 일이다. 즉 1980~90년
대에 비로소 스위스는 정부의 사회복지 지출 확대를 통해서 복지국가를 급속토
록 확대시켰다. 이에 따라 20세기 말 현재 집행되고 있는 복지 프로그램으로
판단하건대 스위스는 전형적인 유럽대륙형 복지국가에 근접했다(Armingeon,
2001: 150). 이런 점에서 스위스 복지레짐에서는 사회복지의 급여가 보험료 납부
액수(기여금 중심)에 따라 차등화되는 사회보험 프로그램이 강조된다. 그것은 특
정 직업집단에 특혜를 제공하여 지위차등화(status-segmentation)라는 계층화 효과
를 유발한다. 그 결과 탈상품화(decommodification) 효과는 주로 안정적인 고용상태
에 있는 남성 가구주에게 집중되어 있고 따라서 사회 전반적으로는 탈상품화
효과가 제한적이다. 여기에 스위스 복지레짐은 강력한 자유주의 복지레짐의 특

징이 여전히 존재한다. 예컨대 이른바 3층의 보험제도,[11] 기여금이 소득 수준에 따라 징수되는 건강보험제 등이 바로 그것이다. 뿐만 아니라 사회보장 대상자는 자격요건, 급여 수준 등에 있어 철저한 자산조사(means test)에 기초해 선정되며 공공부문 고용도 다른 서유럽 국가들과 비교할 때 소규모이다. 그러나 사회보험 대상 인구가 증가하고 그 수혜 정도도 관대해지고 있으며 특히 1990년대에 사회보장 지출은 급증했다. 스위스 복지국가의 발전은 복지친화적인 정당의 내각 참여, 직접민주주의, 연방제와 같은 제도에 의해 이루어졌다. 복지 프로그램은 도입하는 과정에서 일단 주요 장애물을 통과하면 그것은 사회정책 축소 혹은 사회보장 지출을 억제하는 것이 쉽지 않았다. 이 때문에 1980~90년 사이에 스위스는 서유럽 다른 국가들보다 사회보장 급여를 확대시켰다. 이는 같은 시기에 예컨대 같은 복지국가를 축소시킨 조치를 취했던 네덜란드와는 대조적이었다.

5. 맺음말: 경제정책의 실용주의적 모자이크성과 그 한계

'알프스형 민주국가(Alpine democratic country)'인 스위스의 정치경제는 특이하다. 그 구조 및 작동방식은 사회적 파트너십의 요소와 다원주의적 요소를 복합적으로 지니고 있다. 그 결과 스위스의 경제정책은 좌파적이지도 자유주의적이지도 않다. 그것은 정책 패러다임의 일관성 있는 전략이 아니라 오히려 다양한 성격의 정책들이 실용주의적으로 혼재되어 있다. 스위스에서 경제정책 결정의

---

11) 이는 IMF를 비롯한 신자유주의론자들이 선호하는 이른바 '3층 연금제도'를 지칭한다. 즉 1층은 자산조사방식 혹은 최저연금방식에 입각한 의무적이고 공적으로 관리되는 연금제도(mandatory publicly managed pillar)이고 2층은 의무적이고 민간이 관리하는 연금제도(mandatory privately managed pillar), 즉 기업연금이며 3층은 임의 연금제도이다. 따라서 스위스는 국가의 역할을 축소하고 노후소득 보장에서 시장과 개인의 책임을 강화하는 데 초점이 맞추어졌다(Armingeon, 2001: 150). 이는 집단 간 연대, 소득재분배, 국가에 의한 공적 관리를 강조하는 북구 유럽식의 사회보장 연금의 기본 가치와 대립된다.

디자인은 그러한 실용주의적 정책을 선호하는 경향을 보인다. 이는 경제정책 분야의 제도와 전략을 검토해 보면 분명해진다. 사실 경제이론에 따르면 이러한 현상은 경제정책에서 최악이 될 수 있는 시나리오 가운데 하나이다. 따라서 많은 스위스 경제학자들은 끊임없이 이러한 일관성을 상실한 경제정책에 관해 불만을 털어놓고 정치인 상당수도 좌·우파 가릴 것 없이 이에 공감한다.

그럼에도 불구하고 경제정책 결정 및 집행 시스템은 원활히 잘 작동되고 있다. 장시간 충분한 심의와 토론 끝에 일단 정책이 결정되면 그것은 양질의 정책이 되어 모두에게 받아들여진다. 주요 경제주체들과 집행기구들이 모두 정책결정 과정에 참여하고 있기 때문에 그들은 정책을 반대하거나 그 실행을 거부할 정당한 이유가 없게 된 것이다.

뿐만 아니라 스위스의 실용주의적 모자이크성(patchwork) 경제정책이 성공한 것은 서유럽의 다른 나라의 정부들이 일관성은 있을지 모르지만 경직된 경제전략을 추구한 나머지, 직면해 온 문제들을 비켜갈 수 있었다는 데에 기인한다. 첫째, 사회평화는 경제 영역에서 중요한 요소이다. 사회평화는 생산비를 줄여주고 국민경제에 대한 외국인 투자가들의 매력을 보다 높여준다. 스위스는 사회평화를 위태롭게 할지도 모르는 경제정책을 결코 추진하지 않는다. 사실 서유럽 다른 나라들은 신자유주의적 개혁 추진과정에서 사회평화를 위태롭게 하는 경우가 자주 발생한 것과는 대조적이다.

둘째, 과거 서유럽의 많은 정부들이 케인즈주의 경제정책의 집행 결과 인플레이션과 같은 값비싼 대가를 치러야만 했다. 그러나 스위스는 포괄적이고 전면적인 케인즈주의적 수요관리를 시도한 일이 없었기 때문에 물가는 상대적으로 안정적이었다.

셋째, 일부 서유럽 정부들은 정부세입을 증대시키고 강력한 진보적인 조세정책을 펴 보다 균등한 소득분배를 이끌어내도록 노력했다. 이러한 시도는 중산계층, 상류계층의 저항을 불러일으켰고 자본의 해외유출을 야기했다. 스위스에서는 직접민주주의와 강력한 부르주아 정당들에 힘입어 조세부담은 지속적으로 낮았고 조세인상은 그렇게 가파르지 않았다. 또한 다른 서유럽 국가들처럼 주요 소득세 개혁을 추진할 필요가 없다.

넷째, 스위스 국민들은 사회보장제도의 도입에 주저하는 경향을 보여왔다. 사회보장제도를 거부할 수 있는 시민투표는 스위스의 복지국가의 발전을 지연시켜 온 요인이다. 비교적 높은 수준의 경제발전에 비춰 볼 때 사회정책은 뒤늦게 도입되었다. 이 때문에 스위스는 오랫동안 GDP 대비 사회보장 지출이 낮았다. 그러나 1980년대와 1990년대에 이르러서는 스위스 복지국가 규모는 서유럽 국가들의 평균 수준에 육박했다. 비교시각에서 볼 때 비록 스위스는 실제 국민경제 능력보다 낮게 사회보장비를 지출하기는 했지만 사회보장 혜택은 현재 대체로 관대하다.

마지막으로 사회민주주의 색깔 혹은 기독교민주주의 색깔을 띤 많은 서유럽 정부들은 정책추진을 위한 재정을 동원함에 따라 높은 재정적자와 공공채무를 야기했다. 그 결과 1990년대에 서유럽 정부들은 이러한 재정적자와 채무를 줄여야 되는 압박에 시달려만 했다. 이와는 달리 스위스의 재정적자와 국가채무는 낮은 수준에 머물렀다. 이는 공공지출 증가를 견제하는 제도적 장치가 내장되었기 때문이다.

그러나 스위스는 실용주의적 정책의 대가를 치르지 않을 수 없었다. 노조는 재분배 전략을 포기해야 했고 조세정책은 보다 균등한 소득분배를 위한 방향으로 개혁되지 못했다. 비록 일반적인 경제정책에 대한 케인즈주의적 보안책이 다소 도움은 되었지만 그러한 정책 자체가 경제흐름을 바꿀 수는 없었다. 비록 1980년대 이후는 크게 증가하고 있지만 오랫동안 스위스는 GDP 대비 사회보장 지출에 비춰 볼 때 지속적으로 복지국가의 수준은 빈약했다. 스위스는 경제성장률이 낮으며 생산성 증대를 이룩하지 못했다는 한계도 드러냈다.

나아가 스위스 경제정책에 대한 또 다른 비판이 제기되었다. 즉 스위스 경제정책은 '미래지향적으로 대응(proactive)'적이지 못하고 단순히 과거문제에 대한 '반응적(reactive)'이란 것이다. 즉 그것은 문제들을 예상치 못하고 그 대응 속도도 직접민주주의·연방주의·협의주의 민주주의의 제도 때문에 너무 느리다는 것이다. 경제정책의 변화는 오로지 강력한 대외적 충격과 압박이 있을 때만 이뤄진다. 강력한 대외적 압력이 없으면 어떤 주요 경제개혁도 이뤄지지 않았다. 이는 특히 통화, 노동시장, 산업 및 농업 정책에 해당된다. 그러나 이런 비판은 경제개혁의 속도와 관련해서는 올바른 지적이 아니다. 정부는 1980년대에 예산문제에서 신속히 반응했다. 스위스가 전후 처음으로 노동시장 위기에 직면했을 때 정부는 재빨리 실업보험을 구축했다. 또 1993년에 노동시장에 문제가 발생했을 때 의회, 노조, 사용자들은 혁신적인 적극적 노동시장 체제를 만들어냈다. 이런 점에서 정책은 '반응적'인 성격을 띠고 있을지 모르지만 종종 신속하게 결정되는 것은 전형적인 스위스 타협문화에 연유한다.

제 9장

네덜란드 '폴더 모델'*의 정치경제

사회적 파트너십의 변화와 지속성

1. 사회적 파트너십의 연원

1) 탈분극화와 탈정치화의 전통

　사회세력의 분절화(pillarization)에도 불구하고 이를 희석시키려는 탈분극화 노력은 오랫동안 네덜란드 정치의 기본 과제였다. 분절화는 로마 카톨릭 세력과 칼빈 프로테스탄트 세력의 분열로 나타났다. 소수파인 카톨릭 세력보다는 다수파인 프로테스탄트 세력에 의해 네덜란드 사회문화가 형성되었다. 이에 따라 카톨릭 세력과 프로테스탄트 세력 사이에 갈등이 상존했다. 이러한 갈등의 해법은 지역적 분권화(regional decentralization)가 아니라 서로 다른 학교, 대학, 병원, 라디오, TV 등을 갖는 카톨릭 블록과 프로테스탄트 블록 사이의 사회문화적 분열을 근거로 한 '기능적 분권화(functional decentralization)'였다. 카톨릭 세력과 프로테스탄트 세력은 어떤 상호 접촉을 갖지 않고 상호 결혼하는 경우도 드물었다. 오로지 각 균열축을 대표하는 엘리트만이 상호 접촉을 통해 문제해결을 시도했다.

---

* 네덜란드의 사회적 파트너십은 폴더 모델(Polder model)이라고 일컬어지고 있다. 폴더란 네덜란드의 지리적 조건, 즉 해면보다 낮은 간척지를 의미한다. 이것은 네덜란드 사회적 파트너십이 국민의 단합된 힘으로 바닷물을 막는 데 기여한 상호 신뢰와 협력의 문화에 바탕하고 있음을 시사한다.

분절화된 사회에서 게임의 규칙은 '수용의 정치(politics of accommodation)'였다 (Lijphart, 1975). '수용의 정치'를 구현하는 수단은 사회세력 간의 갈등과 대립을 예방하기 위해 정치적 임명, 국가재정 배분 등의 영역에서 적용되는 비례성 (proportionality) 원칙이었다. 이 비례성 원칙은 강력한 탈분극화의 틀이었다. 왜냐하면 비례성 원칙은 정부재정을 필요로 하는 모든 결정에 적용되는 근거가 됨으로써 정부재정이 인구수에 기초하여 각 분절집단에 배분되고 있었기 때문이다. 사민주의 세력과 자유주의 세력은 때때로 균열축의 경계를 넘어서는 이념에 집착하기도 했지만 자신의 분절집단을 효과적으로 발전시켰다. 네덜란드 사회의 분절화는 엘리트들에 의해 해결되는데 각 분절집단에 거주하는 주민들은 다른 분절집단의 대표들과 협상할 수 있는 권한을 부여받은 자신들의 지도자들의 결정에 순응했다. 바꾸어 말하면 정치적 안정은 소수 엘리트에 의한 의사결정과 이에 대한 주민들의 정치적 수동성을 요구했다.

분절집단을 갖는 다른 나라(벨기에, 오스트리아)보다도 네덜란드 사회의 분절화가 효과적으로 관리되는 요인이 있었다(Slomp, 2004: 71~72). 첫째, 네덜란드 정치는 이념적 스펙트럼상 중도적 성향을 보인 거대 정당에 의해 지배되는 구심적 정치(centripetal politics)를 전개함으로써 일반시민들의 과도한 정치적 동력화와 정치적 주도를 방지하는 탈분극화(de-polarization)의 길을 걸을 수 있었다. 구체적으로 정부에서 줄곧 지배정당의 위상을 견지했던 기민당은 좌·우 균열에서 중도적인 정향을 보였다. 사민당이 최대의 좌파정당이었지만 1990년대 후반기를 제외하고는 정치력에 있어 거의 지속적으로 기민당에 비해 열세였다. 지배정당인 기민당은 보수자유주의 우파정당 혹은 중도좌파인 사민당을 연정파트너로 선택했다. 이러한 특징으로 인해 네덜란드 정치는 사회의 탈분극화와 구심적 정치를 지향할 수 있었다. 1970년대 말까지 기독교민주주의는 거대한 카톨릭 정당, 두 개의 작은 프로테스탄트 정당 등 3개의 정당들로 구성되었지만 그 후 대체로 그들은 하나의 블록을 형성하여 정치에 참여했다.

둘째, 카톨릭과 사민주의 사이의 균열축이 지배하고 있는 다른 나라들과는 대조적으로 네덜란드에는 프로테스탄트 세력이 카톨릭과 사민주의 간의 분극화를 방지하고 정치적 이슈들에 대한 '과학적' 해법을 모색했다. 프로테스탄트들이 과학, 특히 자연과학, 계량경제학에 강한 신뢰를 보냄에 따라 네덜란드는 이런 과학의 명성에 대한 오랜 전통을 가졌다. 프로테스탄트는 '과학적으로 검증된 (scientifically-based)' 정책을 주창했으며 따라서 그들의 성실한 계량경제학적 데이터에 대해서 다른 분절집단의 대표들도 의심하지 않았다. 과학적 데이터, 특히 중앙기획국(Central Planning Bureau)이 제공하는 경제상황에 관한 계량경제학적 데이터에 근거하여 정책결정을 시도하는 것은 네덜란드 사회경제 정책 과정에서 탈정치화의 주요 특징이 되었다.

셋째, 카톨릭 균열축과 프로테스탄트 균열축은 각각 노동계급, 중산계급, 상층계급 등 여러 사회계급 출신의 사람들을 포함했다. 이 때문에 계급·계층 균열 이슈의 돌출이 그렇게 심하지 않았다. 카톨릭 노동자들은 사민주의 균열축의 프로테스탄트 출신 노동자들보다 카톨릭 중산계급에 더 동질감을 느꼈다. 이런 점에서 카톨릭 균열축과 프로테스탄트 균열축의 각 계급·계층은 다른 종교적 균열축의 특정 사회계급·계층에 기반한 수평적 동질성보다는 동일 종교적 균열축의 실질적인 수직적 동질성을 더 지닐 수 있었다. 이러한 구조는 사회계급의 탈분극화에 도움이 됐다.

마지막으로 정책결정의 일부를 이해관계 집단들에 맡기는 사회적 파트너십에 기초한 탈정치화를 통해 정치적 갈등을 조정했다. 사실 네덜란드는 가장 모범적인 사회적 파트너십 시스템을 채택하고 있는 서유럽 국가들 중 하나다. 후술한 바와 같이 제2차 세계대전 말 이후 노조와 사용자단체들은 사회경제 정책을 논의하는 공식적인 자문기구에 적극적으로 참여했다. 네덜란드는 게르만유럽 소국들에 공통적인 현상인 이 같은 사회적 파트너십 시스템의 작동을 통해 탈정치화를 실천했다.

2) 화합의 정치경제

네덜란드 사회적 파트너십은 본시 카톨릭 사회교리와 칼빈주의 교리에서부터 유래한 것이다. 카톨릭 사회교리는 자본주의와 사회주의 사이의 '제3의 길(third way)'을 선호했다. 카톨릭 사회교리는 카톨릭 노동자들이 사회주의로 이탈하지 못하도록 하기 위해 자본주의를 동력화할 수 있는 '유기적(corpora)' 결사체로 노동과 자본을 조직화함으로써 계급투쟁을 완화하고자 했다. 국가는 보충성의 원칙에 따라 경제주체들에게 자율성을 주되 시장의 경제주체들이 스스로 문제해결을 할 수 없는 경우에만 시장규율에 간여할 뿐이다.

카톨릭 사회교리는 네덜란드에서 매우 강력하다. 그것은 카톨릭이 네덜란드공화국 시대 이래 프로테스탄트가 지배하는 국가에서 제2의 소수파 계급이었기 때문이었다. 헌법적 권리, 자유주의 정부, 종교의 평등 등을 가져왔던 1848년 부르주아혁명은 카톨릭 해방운동의 등장을 지극시켰다. 이것은 카톨릭 시민사회를 별개의 조직으로 만드는 계기를 마련했으며 카톨릭 사회교리는 카톨릭 조직의 이념적 버팀목이 되었다. 카톨릭 해방운동은 프랑스, 스페인, 이탈리아와 같은 카톨릭 세력이 압도적인 나라, 그리고 루터파가 압도적인 스칸디나비아 국가들에서는 활성화되지 못했다. 이 때문에 사회적 파트너십이 프랑스와 이탈리아에서는 과거에 별로 자리 잡지 못했던 것이다.

국가교회로부터 이탈한 근본주의적 칼빈주의자들에 의해 전개된 연이은 해방운동은 자신의 사회철학을 발전시키는 데 카톨릭 사회교리를 원용한 바 크다. 이러한 이념적 환경과 협의주의의 맥락에서 사회민주주의자들도 자신의 다양한 사회적 파트너십 철학을 발전시켰다. 사회민주주의자들 역시 자본주의의 동력화와 사회적 파트너십을 위해 국가의 적극적 역할을 희망했다. 그러나 종교세력들의 저항에 직면하여 사회민주주의자들은 '기능적 분권화(functional decentralization)'로 일컬어지는 독자적인 사회적 파트너십의 이념을 개발했다. 이에 따라 네덜란드 사회적 파트너십은 각 균열축 내에서 발전된 세 유형의 이념적 토대를 갖고 있었다.

19세기 후반 네덜란드 정치를 지배했던 두 가지 쟁점이 떠올랐다. '학교문제'와 '사회문제'가 그것이다. 전자는 공공의 세속교육과 민간의 종교교육 간에 벌어진 갈등이었고(선학태, 2005: 231~233) 후자는 산업화 과정에서 발생한 노동계급의 저항이었다. 정통 칼빈교 및 로마 카톨릭 하위문화의 해방이 사회문제의 발생 이전에 있었기 때문에 20세기 초 노사 관계의 정치는 종교적 하위문화 라인을 따라 전개되었다. 이에 따라 네덜란드의 노사 관계에서 노동조합과 사용자연합은 각각 서로 독립적인 칼빈파, 카톨릭파, 그리고 사회주의 계열 등 하위문화별로 구축되었다. 종교적 노조와 사용자조직은 비슷한 성향의 정당과 밀접히 연계되었다. 종교 측은 노동계급을 조직화함으로써 사민주의적 계급조직의 발전을 봉쇄했다. 1929년 세계 대공황은 칼빈, 카톨릭 및 사회주의 진영 내에서 이념적인 발전에 영향을 미쳤는데 1920~30년대에 걸쳐 경제질서에 대한 그들 각각의 이념과 이상은 점점 수렴되었다.

경제학자이고 법률이론가인 베라트(J. A. Veraat)는 네덜란드 경제질서의 사회합의주의적 조직화를 주창한 카톨릭 진영 인사이다. 그는 여러 산업부문에서 노사 동수 대표들로 구성된 산업위원회의 도입을 통해서 개인주의적 경쟁 원칙을 수정하고자 했다. 또한 그는 산업위원회가 상당한 정도의 자율적 입법권과 사법권을 부여받아 노동조건, 물가, 임금 및 기업조직에 관한 구속력 있는 결정을 내릴 수 있는 권한을 가져야 한다고 주장했다. 이에 따라 1919년 진보적인 카톨릭 출신의 노동장관은 중앙 3자 자문기구인 최고노동위원회를 창립했다. 1930년대에는 고실업에 직면하여 카톨릭 출신 경제장관이 1919년에 설립된 최고노동위원회를 뛰어넘는 노사 동수의 대표로 구성된 경제위원회의 설립을 제안하기도 했다. 1930년대 중반 사민주의자들이 주도한 사회적 파트너십은 절정에 달했다 (Hemerijck, 2002: 225~226). 1931년 사민당은 그 연합세력인 노조연맹(NVV)과 합동으로 '신기관(New Organs)'에 대한 보고서를 발표했는데 이것은 1935년에 사민주의적 계급타협과 정책협의로 전환을 꾀하는 '노동계획(Plan of Labour)'으로 이어졌다. 자본주의의 타도가 아니라 개혁을 시도하는 것으로서 그 노동계획은 구조적 경제개혁을 통해 대공황에 대응한다는 야심찬 전략이었다. 그것은 계급투쟁을 언급하지 않음으로써 마르크스주의 도그마를 불식했으며 공공근로를 통해 공황을 극복하려는 케인즈주의적 사고를 담고 있었다. 이처럼 제2차 세계대전 발발 이전 네덜란드 사회적 파트너십 개념은 카톨릭과 사민주의 세력에 의해 주도되었다. 개신교 노조도 카톨릭과 사민주의 세력의 사회적 파트너십에 공감하고 있었다.

나치는 점령기간 동안 네덜란드 정치경제를 철저히 통제된 독재체제로 재편했다. 그러나 나치에 의해 자본과 노동의 기능적 이익조직들이 해체된 이후 사용자와 노조의 지도자들은 비밀회담을 통해 전후 정치경제의 새로운 틀을 디자인했다. 그들은 양차 대전 사이에 만들어졌던 분산적인 협상의 틀로 회귀하는 것은 불가능하다는 데에 합의했다. 그들의 비밀회담은 '노동재단(Foundation of Labour: FL)'의 설립에 모태가 되었다. 이는 전후 네덜란드 정치경제가 화합 모델로 자리 잡게 한 버팀목이 된 것이다.

나치로부터 해방된 이후 사회경제적 재건의 절박성에 대한 합의가 사회적 파트너십 제도의 분출로 구체화되었다. 6여 년 동안에 3자 혹은 2자의 다양한 협의기구가 설립되었다. 2차 대전 전의 공공행정과 사회적 소식의 전통에 뿌리박은 네덜란드 사회적 파트너십은 1945년 '산업관계에 관한 특별명령(Extraordinary Decree on Industrial Relations)'이라는 법적 틀 속에서 확립되었다(Hemerijck, 2002: 227). 그리고 자본과 노동의 공식적 대표들은 새로이 만들어진 노동 및 자본의 대표로 구성된 FL에서 정부정책에 열성적으로 협조했다. 나치 점령기에 은밀히 기획된 FL은 협력적 산업관계가 네덜란드 경제재건에 필수적이라는 공감대 속에서 창립되었다. FL은 정부의 주요 자문기구로 인식되었고 여러 협의기구를 통해 사회경제정책의 형성에 깊이 관여했다.

2. 사회적 파트너십의 제도화

1) 노동재단과 경제사회협의회의 작동

전술한 바와 같이 네덜란드는 제2차 세계대전 이전 종교적 균열(칼빈주의와 카톨릭주의)과 계급갈등으로 사회의 '횡적 블록화' 현상이 존재했다. 그러나 칼빈주의, 카톨릭주의, 사회주의 블록들은 1930년대에 고실업을 경험하면서 사회협약정치의 필요성을 절감했다. 특히 제2차 세계대전 종식 이후 사회경제적 재건이라는 절박한 국면에서 네덜란드의 그들 세 블록은 사회적 파트너십에 기초한 강력한 사회협약정치를 구축하여 임금억제와 단체협약의 포괄적 적용을 실천하고자 했다. 네덜란드의 산업관계는 제2차 세계대전에서 앞서 언급한 나치즘에 대한 레지스탕스 운동에서 보인 노동과 자본의 협력에 뿌리를 둔 '노동재단'이라는 노동과 자본 간의 자율적인 민간기구로 출발했다(Hemerijck, 2002: 227~228).[1) FL은 민법 관할하에 있는 조직인데 사회적 파트너들은 정부의 참여 없이 만나 전국적 임금협상에 중요한 역할을 담당했다.

1950년 노동재단의 권유에 따라 노사정이 참여하는 '사회경제협의회(Social and Economic Council: SEC)'가 설립되었다. SEC는 공식적 자문회의로서 정부에 의해 창립되어 공법 관할하에 있으며 정부의 모든 사회 및 경제정책에 관해 자문에 응할 수 있는 법적 권리를 갖는다. 노조, 사용자, 정부는 각각 SEC 위원의 1/3을 지명한다. 이런 점에서 SEC는 협의주의의 비례성 원칙과 기술관료주의(technocracy)라는 서로 다른 두 개의 원칙을 구현했다. 이는 경제전문가들이 사회적 파트너들로 하여금 정책선택, 그리고 임금요구의 비용과 경제적 영향을 고려하여 무리하고 과도한 정책 요구를 자제하도록 유도하게 하는 기대가 깔려 있다. SEC는 사회적 파트너들로 하여금 자신들의 요구사항을 정당화하기 위해 '과학적 담론'에 참여하기를 강제하고 있다. 네덜란드에서 정책결정 과정에 경제전문가의 영향력은 놀라울 정도로 크다. 경제전문가의 활용은 타협과 합의를 촉진하기 위해 경제 이슈들을 탈정치화하려는 전형적인 협의주의적 전략이다(van Waarden, 2002: 56).

SEC의 주요 임무는 유사 상품의 생산 및 분배에 관여하는 자율적인 상품위원회를 조정하고 감독하는 동시에, 특별 부문 내의 기업들로 구성된 수평적 산업위원회를 관리하는 것이다. SEC의 2차적 임무는 정부 자문 역할이다. 정부는 새로운 경제 및 사회 입법안을 의회에 상정하기 전에 SEC의 자문을 얻어야 하는 법적인 의무를 갖는다. 이로써 SEC는 사회경제정책 형성에 있어 최고의 정부 자문기관으로서 인정을 받게 되었다. SEC의 이사회는 노사 대표 30명(현재는 22명)과 소위 '왕립위원(crown member)' 15명(현재는 11명)으로 구성되었다. SEC는

---

1) '노동재단'은 사회주의 블록노조(NVV), 카톨릭주의 블록노조(NKV), 칼빈주의 블록노조인 전국기독교노조연합(CNV, 기민당과 연계), 그리고 사용자연합들에 의해 설립되었다. 1976년에 NVV와 NKV가 통합하여 네덜란드노조연합(FNV, 사민당과 연계)이 되었는데 이는 전체 조합원 중 63%를 차지하는 최대 노조이다.

독립적인 위원장이 맡으며 노사 양측은 2명의 부위원장을 선출한다. 왕립위원은 독립적인 전문성에 근거하여 선출되는데 그들은 보통 주요 대학의 경제학 혹은 법학 교수들이다. 네덜란드 중앙은행 총재와 중앙기획청장은 왕립위원이 된다. SEC는 설립 이후 FL로부터 많은 자문기능을 인수받았다. 양대 정책협의체 간의 공식적인 역할분담에 대해 결정된 것은 없었지만 실제로는 타협이 이루어졌다. 즉 FL은 임금 및 고용에 대한 일차적 컨설턴트로서의 법적 역할을 수행한 데 반해, SEC는 보다 구조적이고 장기적인 사회경제정책에 관심을 갖는다.

FL과 SEC는 중앙 차원에서 사회적 파트너들 간의 협상을 유도함으로써 노조와 사용자단체 간의 계급협력을 끌어내는 사회적 협의체(또는 정책협의체)이다. 그 아래 부문 수준에서 임금협상이 이뤄지며 부문 수준의 협상은 작업장협의회에 관한 법의 집행을 감독한다. 뿐만 아니라 보다 구체적인 정책 분야에서 노조와 사용자단체의 대표가 참여하는 다른 공식적인 자문 및 협상위원회들이 있다. 자문 및 협상위원회에서 논의되는 주요 테마들은 사회보장, 건강보험, 산업정책, 직장에서의 안전, 품질관리, 기술적 표준화, 직업훈련, 환경정책, 보건정책, 공공 주택, 교통, 사회간접자본 확충 등이다. FL과 SEC는 사회적 파트너 지도부가 서로 만나 복잡한 협상과 거래를 하는 많은 채널을 제공한다. FL과 SEC를 중심으로 한 이 같은 네덜란드 사회적 파트너십 제도는 전후부터 1960대 말까지 네덜란드 노사 관계의 온건화에 크게 기여했다. FL과 SEC의 상호 연계된 이사회에서 자본과 노동의 정상조직, 그리고 사회부 및 경제재정부의 각료들은 경제정책의 목표와 방향에 대한 중요한 권한을 행사했다.

사회적 파트너들은 사회적 협의체에 참여하는 자신들의 대표들을 통해 임금 결정과정에 깊숙이 관여했다. 엄격한 임금규제의 시기 내내 사회부 장관은 SEC 의 자문과 중앙기획청의 경제예측을 근거로 FL과 긴밀히 협력하여 소위 '경제적 으로 허용 가능한' 임금 수준을 산정하기 위해 노력했다. 노사협력은 적정 임금 수준이 네덜란드의 재건에 필수적이라는 공동의 인식에 기초하고 있었다. 노동 에게 저임금은 증가하는 인구를 위한 미래의 고용, 그리고 임금 증대 효과를 가진 사회복지 프로그램의 개발을 보장했다. 자본에게 저임금은 수출주도 성장 과 산업투자를 촉진했다. 그리고 1937년 '단체협약 연장법(Collective Agreement

Extension Act)'에 따라 단체교섭 결과는 다른 산업 분야의 기업과 노동자에게도 합법적인 구속력을 가졌다. 이는 계약 당사자가 아닌 기업과 노동자도 단체교섭의 구속력을 받는다는 것을 의미한다(Hemerijck, 2002: 229). 세계경제의 팽창이라는 조건 속에서 저임금 전략은 네덜란드에 인접한 다른 서유럽 국가에 비해 비교 우위의 경쟁력을 과시하게 해주었다.

네덜란드 사회적 파트너십은 세 형태의 사회적 타협의 결합이다(Slomp, 2002: 242). 첫째, 사회경제정책에 대한 협의, 둘째, 사회보장 및 지역적 고용기관의 노사 공동통제와 감독, 셋째, 단체교섭의 공동감시 등이다. SEC는 주로 첫째의 역할을 맡는 반면에, FL은 모든 형태에 관여한다. 정부는 모든 사회적 파트너십을 감시하는 데 깊숙이 개입하기 때문에 세 형태의 사회적 타협은 모두 3자주의(tripartism)의 변형이다. 정부의 개입 없는 중앙 수준의 타협은 거의 존재하지 않는다. 정부는 외부에 있는 '제3자'가 아니라 다양한 형태의 사회적 파트너십 및 정책협의에서 '제3의 파트너'이다. 세 형태의 사회적 파트너십에서 정부 책임과 사용자-노조 협상 사이의 경계가 그어졌다. 정부는 정책을 추구하고 사회보장 및 고용기관을 감독한다. 사용자와 노조는 국가정책에 자문하고 국가감독 속에서 사회보장과 고용서비스를 관리, 감독하며 국가개입 없이 단체교섭을 감시한다.

네덜란드 사회적 파트너십 및 정책협의는 노사정 3자 협의체인 SEC의 설치로 제도화된 것이다. 이 정책협의체의 철학은 카톨릭과 사회주의 사상의 종합이다. 즉 카톨릭의 유기적 사회합의주의 사상과 경제계획과 사회경제정책에의 구속성을 신봉하는 사회주의 사상을 결합한 것이다. 네덜란드에서 SEC의 정당화 근거는 그것이 합의, 협력 및 타협에 기초하고 있다는 데 있다. 그 핵심은 가능한 많은 이해관계를 사회경제정책 결정 과정에 참여시킴으로써 이익갈등을 조정하는 데에 있다. 네덜란드에서 이러한 '비배제(non-exclusion)'와 '비갈등(non-conflict)'의 원칙은 사회적 균열축이 존재하고 이에 따라 사회적 파트너십을 도입하려는 협의주의적 접근에 뿌리박고 있다. '비배제' 및 '비갈등'의 원칙은 갈등적이고 대립적인 정치적·사회적 문화를 불식함으로써 사회통합을 실현할 수 있다. 물론 SEC는 의사결정의 신속성이 결여되어 있고 의회정치를 훼손시키고 있다는 비판이 없지 않다. 그렇지만 네덜란드 사회적 파트너십 및 정책협의 정치는 영향력을 행사하기 위한 시위·로비 활동이 전개되는 다원주의적 정치에서 대표가 불평등하고 투명성을 갖지 못하며 오직 힘만이 고려되는 갈등·투쟁 문화가 팽배하는 상황을 막을 수 없는 것과 대조를 보인다.

2) '네덜란드 병'과 바세나르 협약

1963년 네덜란드 정부는 단체교섭 합의 결과를 동의하는 역할을 SEC로부터 FL로 이관하는 조치를 취했다. 이에 따라 임금결정은 종국적으로 독립적인 기능적 이익집단들 간의 자유로운 협상에 맡겨지게 되었다. 이러한 새로운 관행은 급격한 임금상승을 촉발했다. 사회적 협의(social concertation)에 의한 경제운용에도 불구하고 1967년에 물가인상이 자동적으로 임금인상에 반영되는 단체협약이 도입되어 1960년대 말에는 실질임금이 폭발적으로 인상되었다. 이러한 고임금화는 1973~83년에 걸쳐 노동집약적 산업을 포함한 전 산업부문에서 대량실업 사태를 야기하여 평균 10%의 실업률을 야기했으며 인플레이션을 가속화시켰다. 또한 네덜란드는 당시 실업문제를 '적극적 노동시장정책'으로 해결하기보다는 실업보험, 조기은퇴 및 장애 프로그램으로 흡수시켰다.[2] 실업에 대한 이러한 접근은 1970년대 후반 GDP 대비 사회보장비 지출을 크게 증가시켰다(Wolinetz, 1989: 88). 그리고 복지체제는 노사의 높은 기여금에 의존하고 있었기 때문에 기업의 경쟁력을 약화시킨다는 비판을 받았다. 결국 이것은 '네덜란드 병(Dutch disease)'이라는 악순환을 야기했다. 실질 노동비용은 급증하여 생산성 증가를 앞질렀다. 1979년 제2차 석유위기는 1973년 제1차 위기보다 네덜란드 경제를 더욱 어렵게

---

2) 실업에 대한 국가정책은 '적극적 노동시장정책'과 '수동적 노동시장정책(passive labor market policy)' 등이 있다. 전자는 노동시장이 실업을 흡수하도록 유도하는 것이다. 예컨대 직업알선, 직업교육, 기업의 취업유지 보조금 등이 있다. 후자는 노동시장 밖으로 실업자들을 유인해 이들에게 조기은퇴, 산업장애자 범위 확대, 실업보험 보조금 지급, 실업보험 조건의 완화 등이 있다. 서유럽의 많은 국가들은 실업문제를 임금억제, 노동시간 단축을 통한 일자리 나누기, 경제성장, 사회정책, 적극적 노동시장정책 등을 결합하여 해결코자 한다.

만들었다. 이런 상황 속에서 사회적 파트너들은 사회적 합의에 도달할 수 없었고
결국 이 시기 네덜란드 사회적 협의체는 정상적으로 작동하지 못했다.

이러한 경제위기 국면 속에서 1982년 11월 기민당과 자유당 등 중도우파의
루버스(Lubbers) 연립정부가 출범했다. 연립정부는 지난 10여 년 동안 실패를 거듭
한 사회적 파트너십과 단절하고 FL과 SEC의 사회적 파트너들과 협의를 생략한
채 일방적으로 긴축 프로그램을 추진했다. 이를 위해 루버스 연립정부는 기술관
료적 전문가 집단의 자문에 의존했다. 연립정부의 이런 조치들로 인해 정부와
조직노동 사이에 긴장과 대립이 발생한 것이다. 그러나 실업이 전후 최고에 이르
고 조합원이 지속적으로 감소하는 상황에서 노조운동은 산업 갈등을 일으킬 입
장에 있지 못했다(Visser, 1997: 323~324). 이런 상황에서 노조와 사용자들은 노동
재단에 합류하여 단체교섭을 재개했다. 말하자면 비효과적인 사회적 합의 제도
를 의도적으로 무시하는 등 루버스 중도우파 연립정부의 신자유주의적 성향에도
불구하고 아이러니컬하게도 사회적 파트너십이 부활하게 된다.

네덜란드 노조는 임금억제와 노동시간 단축에 관심을 보이기 시작했고 1982
년 연립정부 또한 노동시간 단축을 통한 일자리 나누기, 임금억제, 복지예산
삭감, 기업이윤의 제고, 물가연동임금제 폐기 등의 수용을 노동과 자본에 요구했
다. 이에 따라 노동시장의 경직성(정규직 근로자에 대한 해고의 어려움), 저성장,
실업증가, 복지팽창(질병급여, 장애급여의 관대성),[3] 재정적자 등 '네덜란드 병'을
치유하기 위해 네덜란드의 산업관계는 '코포라티즘의 적응(responsive corporatism)',
즉 사회적 파트너십 시스템의 복원을 지향했다(Hemerijck, 1995: 183~185). 특히
노조 지도부는 대량실업의 현실 속에서 기업의 투자, 수익성 및 경쟁력 향상을

---

3) 네덜란드의 사회보장제도 중 질병급여(sickness benefits)와 장애급여(disability benefit)는
   '네덜란드 병'의 주범으로 지목되었다. 질병급여와 장애급여는 불경기시 인력감축을 위
   해 또는 생산성이 떨어지는 노동자들을 퇴출시키는 손쉬운 방법으로 사용되었다. 특히
   장애급여는 자격기준의 모호성과 관대한 급여로 인해 노동자들은 노동시장에서의 위험
   에 대한 대안으로 이용했고 사용자는 해고의 어려움 대신 택하는 인력관리의 수단으로
   이용했다(De Jong, 1997: 188). 이는 곧 1970년대 재정지출을 증가시키는 요인으로 작
   용했다.

통해서만 고용증대가 가능하고 이를 위해 사용자집단과 정부와의 협조가 필요하다고 인식했다. 이에 따라 노조(FNV) 대표와 고용자연맹(VNO) 대표는 노동재단(FL)에서 1982년 '바세나르 협약(Wassenaar Accord)'에 합의했다.[4] 바세나르 협약의 기본 목표는 대량실업을 극복하기 위한 임금자제와 근로시간 단축 그리고 고용창출이었다.[5] 당시 노조는 자발적 임금자제(물가연동 임금제 폐지)로 기업의 투자를 촉진시키고 이를 통한 고용이 창출되어 복지에 의존하는 계층을 감소시키며 이로써 정부의 세입이 증대하면 정부재정을 건실하게 할 수 있다고 믿었다. 이 협약에서 자본은 근로시간을 단축시켜 '일자리 나누기(work-sharing)'를 통한 고용증대로 화답했다. 그리고 정부는 세금감면, 복지개혁, 건전재정, 기업보조 확대를 약속했다. 요컨대 바세나르 협약은 임금억제를 통해 기업경쟁력 회복, 실업감소, 재정적자 축소, 세금감면, 기업경쟁력 증가, 고용증가, 생산증가로 이어지는 선순환의 회복을 겨냥했다.

3. 폴더 모델의 변화

1) 사회협약의 외연적 유연화와 내포적 안정화: 신노선 협약과 유연안정법

모든 사회협약의 모태가 된 바세나르 협약은 거시적 협약(macro-pact)으로부터 분산적 협약(decentralized pact)으로의 전환을 시도한 최초의 협약이었다. 즉 세계적 차원의 경제변화에 따라 고전적인 거시적 사회협약은 한계를 드러내기 시작하여 부문별·산업별·기업별·사업장별 수준에서의 협약이 등장했다. 1994년에 산별 협약이 86.6%로 증가했으며 그 후 다국적 기업부문의 비중이 높아져

---

[4] 정부는 공식적으로는 참여하지 않았지만 협약이 체결되기까지 행정적·재정적으로 적극적인 지원을 했다.

[5] 협약 이전 네덜란드의 노동시장정책은 관대한 사회보장을 통해 노동자들의 조기퇴직을 유도하는 '소극적 노동시장정책'에 초점을 맞추었으나 바세나르 협약은 직업교육 및 훈련을 통해 실업노동자의 노동시장 참가를 주된 정책목표로 삼았다.

기업별 협약이 증가하는 현상을 보였다(Ruysseveldt and Visser, 1996: 244~246). 그러나 이러한 추세는 거시적 사회협약의 종언이 아니라 세계화에 탄력적으로 대응하려는 사회협약의 외연적 유연화·분산화를 의미한다. 아직도 네덜란드의 거시적 사회협약은 거시 경제의 관리 차원에서 가이드라인을 협의하고 조종하는 역할을 수행하고 있기 때문이다.

사용자와 노조는 정부에 영향력을 행사하는 수단으로서 SEC의 논쟁보다 노사 양자의 노동재단 합의를 선호했다. 따라서 1993년 노동재단은 「신노선(A New Course)」이라는 노사 공동의 보고서를 발표했다. 다시 말하면 바세나르 협약의 연장으로서 노사 간 '신노선 협약(New Course Accord)'이 체결되었다. 이는 '소득보다 고용 우선(jobs-before-incomes)' 전략에 기초한 노조의 자발적 임금자제, '노동 없는 복지(welfare without work)'의 악순환을 단절하는 방향으로 국가의 복지개혁,[6] 정부보조금과 고용창출을 연계하는 국가와 사업주의 '적극적 고용정책', 노동시간 단축을 통한 '일자리 나누기(job-sharing)', 파트타임 근로 장려 등을 포함했다 (Visser, 1995: 287~293; Visser, 1998: 279~284). 단순화하면 이 '신노선 협약'은 임금 자제와 노동시간 단축의 정치적 교환이며[7] '바세나르 협약'으로부터 시작된 분산적 협약, 특히 중위적·미시적 협약을 더욱 가속화시키는 촉매제가 되었다. 이처럼 네덜란드에서는 영미식처럼 해고의 자유를 강조하는 것이 아니라 노동시

---

6) '노동 없는 복지'로 개념화된 네덜란드의 사회보장이 '복지에서 노동으로(welfare to work)' 전환되었다. 즉 적극적 노동시장정책을 통해 노동시장에 진입하려는 노동자들(청년, 저숙련, 장기 실업자)에게 일자리를 제공하거나 일자리 제공 보조를 제공한다는 것이다. 특히 복지개혁은 '네덜란드 병'의 주범인 장애급여(disability benefit)와 질병급여 (sickness benefit)에서 사회보장의 관대성을 축소시키는 방향으로 나타났다. 80%라는 높은 소득대체율, 급여기간의 무제한을 특징으로 했던 장애연금은 급여의 삭감, 급여자격 조건의 강화, 소득대체율의 70%로 하향조정, 근로경력에 따른 급여 차등화, 연령에 따른 급여기간의 차등화 등으로 개혁되었다. 장애급여 이전에 12개월간 받을 수 있는 질병급여의 경우도 유사하게 개혁되었다.

7) 독일 통일의 여파로 인한 네덜란드 길더의 평가절상이라는 국제적 조건 속에서 경제가 회복되기 위해서는 임금자제가 절실히 요구되었다. 현재 네덜란드 근로자들의 일주일 평균 근로시간은 32시간으로 서유럽 국가들 중 가장 낮은 수준이다.

장 유연화를 추구하지만 기업별·사업장별 수준에서 해고 대신 파트타임 노동, 일자리 나누기를 추구했다.

이와 같은 노동재단의 활동과는 달리 1990년대 전반기에 SEC는 장애연금 문제에 관련하여 의견이 분열했다. 최대 노조인 FNV는 소속 노조원들의 반발에 직면하여 정부에 의해 시도된 장애연금에 대한 사회보장의 삭감을 거부했다. 사용자들은 해고를 용이하게 하기 위해 잉여 노동력을 장애연금 수혜자로 분류하려는 노조의 요구를 수용했다. 그러나 정부는 노조의 대규모 반발 시위를 무시하고 가혹한 긴축정책을 시행했다. 이에 따라 SEC는 큰 혼란에 직면했다.

그런데 바세나르 협약과 신노선 협약에 힘입어 1990년대 중반 네덜란드 경제는 호전되었고 중요한 정치적 변화가 있었다. 장애연금을 포함한 사회보장 삭감 문제가 주요 이슈로 제기되었던 1994년 총선 결과로 노조 의장이었던 빔 콕(Wim Kok)을 수상으로 하고 사민주의자, 보수적 자유주의자, 사회적 자유주의자로 구성된 이른바 '자줏빛(purple) 연립정부'가 출범했다. 이 연립정부는 거의 1세기 동안 기민당이 참여하지 않는 첫 내각이었다. 두 자유주의 정당은 사민당이나 기민당에 비해 하위문화의 뿌리가 취약했으며 SEC에 참여하고 있는 사회적 파트너들과의 강력한 연계를 갖지 않았다. 새 연립정부에서 그들은 모든 중요한 사회경제정책에 관해 SEC의 자문을 요청하는 정부의 의무를 폐지하려고 했다. 이에 따라 어느 정책 분야에서도 연립정부는 SEC의 보고를 기다리지 않았다. '시장의 확대, 정부의 축소(more market, less government)'가 적-청(red-blue) 연립정부의 제1의 과제였고 '정부주도의 확대, 정책협의의 축소(more government, less policy concertation)'가 제2의 과제였다. 별다른 논의 없이 정부는 질병보험 프로그램을 민영화했고 고용창출 프로그램에서 노사정 고용서비스기구를 무시했다. 자유시장을 지향하는 정부 주도권은 1998년 출범한 제2기 적-청 연립정부에서도 지속되었다. 이 무렵 '폴더 모델', 즉 임금자제, 노동시간 유연성, 사회보장비 축소 등을 향한 평화로운 이동은 국가적 자존심의 원천이었다. 네덜란드 '폴더 모델'에 대한 국제적 찬사는 여기에 모아졌다.

그러나 1990년대 후반은 네덜란드 사회적 파트너십의 전성기로서 사회협약의 내포적 안정화의 계기를 경험했다. 적-청 연립정부하에서 SEC는 과거에 비해

보다 온건한 사회경제정책에 관한 중기 보고서를 발표했으며 1996년 노사는
FL에서 '바세나르 협약'과 '신노선' 틀 속에서 '유연성과 사회보장(Flexibility and
Security)'의 주요 테마를 정교하게 다듬었다. 즉 노사의 합의는 유연성(보다 많은
파트타임 노동)과 안정성(파트타임 노동의 법적 보호) 간의 균형을 강조했다. 이러한
협약은 적·청 연립정부 내의 상이한 의견들을 조율시켜 주는 데 기여했으며 1990
년대 정책협의 중 가장 훌륭한 것이었다. 임금 완화와 노동시장 유연성은 1997년
발간된 노동재단(FL) 보고서인 「어젠다 2002년」의 핵심이었다(Slomp, 2002: 238).

　일련의 협약 체결과정에서 노조가 보여준 실용주의적이고 유연한 입장은 '유
연안정법(Flexibility and Security Act)'에 드러난다. 즉 1996년 유연안정성 협약
(Flexicurity Accord)을 체결하여 1999년에는 '유연성 및 안정성에 관한 법률'의 제
정으로 정규직 근로자의 보호완화(기업의 정규직 해고 규정 완화)와 비정규직 노동
의 보호 및 사회안정망 강화를 담았다. 이처럼 이 법은 노동시장 유연화 강화와
유연노동자(비정규직)의 권리강화를 정치적으로 맞교환한 것이다(Hermerijck and
Visser, 2000: 242; 김종건 외, 2003: 198~199).[8] 이를 통해 정규직(노동시장 인사이더)
과 비정규직(노동시장 아웃사이더)의 격차를 좁혀주는 '분배연합(distributional
coalition)'을 형성하는 혁신안이었다. 또한 이 법은 고용주에게는 더 많은 유연화
된 계약에의 합법화, 해고 예고기간의 축소, 해고과정의 간소화 등을 제공하는
한편, 유연화된 근로자들에게는 정규직 근로자들과 법적 차이를 해소하여 동등
하게 취급하도록 했다. 이런 점에서 유연안정법은 한편으로는 노사의 타협이었

---

8) 특히 이 법은 정부와 고용주로 하여금 법정 최저임금, 유급휴가, 사회보험 가입 등에
　있어서 파트타임 근로자들을 정규직 근로자들과 법적인 동등한 권리를 보장하도록 규정
　하고 있다. 물론 1999년의 '유연안정법' 제정 이전에도 네덜란드는 이미 사회협약정치
　를 통한 노동시장의 유연화를 이루었고 유연화의 사회적 충격과 파장을 최소화하기 위
　한 법제도를 만들었다. 유연화된 노동자를 사회보장제도로 편입시키려는 노력은 1980년
　대 중반 이후 정부가 기업주에게 노동을 유연화시키는 대가로 보조금을 지급하는 동시
　에 계속 증가하는 파트타임 노동자와 유연화된 노동자에게 사회보험 가입을 제한하는
　근로시간이나 임금제한 기준을 제거했다. 1993년 모든 파트타임 근로자들이 법정최저임
　금과 유급휴가를 보장받게 했을 뿐만 아니라 법정 최저임금과 시간당 임금, 연금 및 사
　회보장 제도 등에서 정규직 근로자들과의 차별을 철폐했다.

고 다른 한편으로는 노노 간 타협이었다. 이는 유연화된 노동으로의 진입, 즉 파트타임 근로자로 전환되는 것에 대한 반발과 불안감을 줄여줌으로써 노동시장 유연화를 더욱 활성화시키는 데 기여하고 있다. 따라서 네덜란드의 노동시장 유연화는 노동자들의 저항이 아니라 합의, 즉 타협 지향적이고 협력적인 협상 시스템에 의해 이루어졌다.

2) 정치경제적 변화

1980년대 초반 이후 네덜란드는 사회협약의 분권화(바세나르 협약), 신노선 협약 및 유연안정법 등을 이행하는 과정에서 과거와는 다른 가히 혁명이라 불릴 만한 일련의 정치경제적 변화를 경험했다. 그 변화는 네덜란드 문화의 국제화와 경제의 세계화에 대한 반응이었다(Slomp, 2004: 74~76).

첫째, 글로벌 시장에서 국가경쟁력을 제고하기 위해 노동윤리와 노동문화의 변화가 발생했다. 이는 노동시장 참여를 통해 더 많은 사람이 일자리를 얻게 하는 것이다. 그 하나는 실업수당을 받는 실업자들이 일자리를 찾는 의무를 엄격하게 준수토록 하는 것이며 다른 하나는 노동시장에 대다수 여성들을 진출하게 하는 것이다. 우선 노동윤리와 노동문화의 변화는 실업자들을 단순한 사회보장 수혜자로 머물러 있게 하기보다는 노동시장 (재)진입을 유도하자는 데 그 목적이 있다. 사실 네덜란드의 낮은 노동참여율은 사회보장 급여 수령자의 과다 현상으로 나타났다. 1996년 약 230만 명 인구가 실업, 질병, 장애 등의 복지급여 등을 수령했다. 2000년대 초 현재 220만 명 노령연금자를 포함해서 사회보장 급여 수령자는 총 550만 명에 육박한 데 반해, 노동인구는 690만 명에 불과했다(van Waarden, 2002: 63). '저노동참여율·고급여수령자'는 사회적 파트너십의 탓으로 인식되었고 한동안 사회적 파트너십 시스템의 정당성을 훼손시켰다.9) 이에 따라

---

9) 사회적 파트너들은 1970년대에 노동자들을 위한 보다 관대한 장애인 급여제를 마련하는 등 사회보장을 통제하여 산업구조개혁을 지연시켰다는 비난을 받았다. 갈등적이고 대립적인 시대에 협상이 종종 교착상태에 빠졌을 때 사회적 파트너십 시스템은 한동안 개혁을 가로막는 장애물로 간주되기도 했다.

네덜란드 정부는 사회보장 급여를 관리하는 기관도 '노동 및 소득센터(Centers of Work and Income)'로 개명했고 이 기구는 보험가입자가 적극적으로 일자리를 찾지 않으면 급여감축의 수단으로 제재를 가할 수 있는 권한을 갖게 되었다. 또한 조기은퇴·질병·장애 등을 이유로 조기퇴직을 차단하여 도덕적 해이현상을 차단함으로써 노동시장 참여를 장려했다.

다음으로 네덜란드에서 노동윤리와 노동문화의 변화는 여성들을 노동시장에 적극적으로 참여시키는 현상으로 나타났다. 특히 1990년대 이후 사회보장 혹은 남편 소득에 대한 여성의 의존을 줄이고 노동시장에의 여성의 참여를 강조하게 되었다. 사실 네덜란드에서 카톨릭과 칼빈주의 이념은 전통적으로 여성을 가사에만 몰두하는 존재로 인식했고 심지어 한동안 여성이 결혼하면 사용자들이 그들을 해고할 수 있도록 하는 법까지 있을 정도였다. 복지국가의 부담을 줄이고 국제경쟁력을 유지하기 위해 여성 노동시장 참여 증가 필요성을 요구하는 사회의 변화와 실천에 정부의 정책이 순응하게 된 것이다. 이로써 노동시장에 여성들이 대거 진출하는 현상이 나타나고 있다. 물론 이것은 단순히 정부의 노동시장정책만의 결과가 아니라 오히려 페미니스트 운동, 노동시장에서 남녀 동등한 기회와 조건을 요구하는 유럽연합의 압력 등에 힘입어 사회에서 여성의 지위가 상승한 결과이기도 하다. 여성의 노동시장 참여는 파트타임 노동의 급증으로 나타났으며 기혼 여성의 소득은 그들 남편들로 하여금 풀타임 직장보다는 오히려 파트타임 일자리를 찾도록 하는 계기를 만들었다. 파트타임 일자리의 급증은 세계화에 대응하는 노동시장 유연성으로 높이 평가되고 있다. 풀타임 노동으로부터 파트타임 노동으로 변하는 일반적인 경향은 칼빈주의 국가의 전통적인 노동윤리에서 이탈한 것으로 볼 수 있다.

둘째, 1994~2002년에 기민당이 정부 구성에서 배제되었다. 기민당은 20세기 초반 이래 줄곧 정부구성에 참여했으며 대부분 정부에서 지배정당의 위상을 견지했다. 그러나 1994년 집권한 '자줏빛(purple) 연정'은 사민당(red), 보수자유당(blue), 군소 사회자유당으로 구성되었다. 이전에 앞서 지적했듯이 최대 노조연맹의 지도자였던 사민당의 지도자가 '자줏빛 연정'을 지도했다. '자줏빛 연정' 집권 동안 저실업, 정기적인 임금인상, 전반적인 소득증대 등 번영기를 구가했으며 노동문화와 노동시장 참여의 변화에 공헌했다. 그리고 연정은 동성연애 및 결혼, 매춘의 합법화 등 윤리적 규범을 완화했다.

셋째, 2002년 총선에서 승리한 기민당 출신 발케넨데(Jan Peter Balkenende) 내각[10]은 보수자유주의 세력과 군소 사회자유주의 세력들과 함께 연정을 구성했다. 발케넨데 내각은 정치적 난민과 이민의 유입 규제 강화와 출국 조건 완화 조치를 취했다. 또한 발케넨데 내각은 실업이 점점 증가세를 보이게 되자 사민주의 계열 노조연맹과 기민주의 계열 노조연맹 등 두 거대 노조들과 대결적인 자세를 취하면서 임금동결, 사회보장 지출 삭감, 조기 퇴직 등 강력한 조치를 단행했다. 네덜란드 사회적 합의제는 더 이상 단순히 정부가 사회적 파트너들에 의해 결정된 합의를 입법화시켜 주는 것을 의미하지 않는다. 발케넨데 내각하에서는 사회적 파트너들이 임금인상 자제와 사회보장 지출 삭감이라는 공동합의를 통해서만이 엄격한 정부의 규제를 피할 수 있다. 이러한 시장 지향적인 정부정책은 노조의 저항을 불러일으켰다.

마지막으로 사회의 분절화가 완화됨에 따라 과거 유형의 사회적 파트너십의 이념적 토대가 약화되었다. 이러한 현상은 사회적 파트너십 시스템에 영향을 미쳤다. 첫째, 균열축의 경계를 넘어 대부분의 이익결사체들이 통합되었다. 이에 따라 결사체들의 수, 그리고 결사체 엘리트들의 수가 줄어들어 협의의 논리가 변했다. 균열축 내의 계급 간 연대가 이루지고 경쟁자들이 서로 갈등할 소지가 줄어들었다. 나아가 결사체 엘리트들의 축소는 담론을 촉진시켰으며 결사체들은 이제 회원을 충원, 보존, 교육시키기 위해 이념적 호소에 더 이상 의존할 수 없었다. 결사체의 지도자들은 권위와 재량권을 점차 상실했을 뿐만 아니라 결사체들은 연대재(solidaristic goods)가 더 이상 필요 없게 되었고 대신 법률적 서비스, 쾌적한 휴일 등 선택재(selective goods)를 회원들에게 제공하기 시작했다. 중도 보

---

10) 2002년 총선을 전후로 하여 네덜란드는 정치적 소요를 경험했다. 무소속 국회의원 후보였던 핌 포르틴(Pim Fortuyn)은 범죄증가와 이슬람이민 유입으로 인한 사회치안 불안 문제, 그리고 정부의 비대화 등의 문제를 제기했다. 그는 그 책임을 사민당에 전가했고 이는 사민당을 자극했다. 이런 상황에서 총선 직전 암살당했다. 그의 암살은 2002년 총선에서 사민당의 패배와 기민당의 재집권을 가져왔다.

수정당이면서도 사회적 파트너십의 이념적 담지자(bearer)인 기민당이 의회의 다
수당과 정부의 각료직을 상실함에 따라 자유주의가 점차 설득력을 얻게 되었다.
사회적 파트너십 시스템은 점차로 의사결정을 지연시켜 비효율성을 낳고 지대추
구(rent-seeking)를 초래하며 복지국가 제도를 통제할 수 없도록 한다는 비판을
받았다. FL은 권리와 업무와 함께 소득과 인력을 상실했고 많은 법적 자문기구들
이 폐지되거나 통합되었다. FL은 의회와 경제부처로부터 심각한 불신의 표적이
되었으며 네덜란드 사회적 파트너십 및 정책협의의 상징인 SEC까지도 사회경제
의 제동장치로 공격을 받았다.

4. 사회적 파트너십의 지속성

1) 기독교민주주의의 전통 및 엘리트주의

앞에서 논의한 변화는 전통적인 네덜란드 정치경제의 특징에 대한 중대한
도전으로 볼 수 있다. 그러나 네덜란드 정치경제의 지속성은 여전히 존재한다
(Slomp, 2004: 76~77).

첫째, 기민당이 정부구성에 있어 거의 줄곧 별다른 도전 없이 지배정당의 위상
을 견지하고 있다. 사민당은 연정 파트너로서 기민당의 위상에 크게 위협이 되지
못한다. 물론 기민당의 지지도가 지속적으로 감소하는 추세를 보고 많은 사람들
이 기민당의 종언을 예고하고 있다. 그러나 기민당이 세속화하고 종교단체와
어떤 공식적 연계를 더 이상 유지하고 있지 않지만 네덜란드 정치는 여전히
기독교민주주의에 의해 지배되고 있다. 이러한 현상은 여성이 노동시장에서 여
전히 남성과 동등한 지위를 확보하지 못하고 있다는 사실에서 확인된다. 왜냐하
면 여성은 가사에 전념할 것을 권장하는 기독교민주주의의 전통이 여전히 자리
잡고 있기 때문이다. 물론 앞서 지적했듯이 여성의 노동시장 참여 증가, 사회보장
에서 성차별 감소 등 노동윤리 및 노동문화가 변하고 있다. 파트타임 노동시장에
여성이 대거 참여하는 것은 대부분의 여성이 풀타임 노동보다는 파트타임 노동

을 선호한다는 점을 고려할 때 여성해방의 상징이다. 그러나 파트타임 노동은 단지 절반의 해방에 불과하다는 견해가 있는 것이 사실이다. 왜냐하면 여성은 여전히 상대적으로 저임금 일자리, 해고위험 등의 측면에서 볼 때 노동시장의 약자이기 때문이다.

1994~2002년에 정부구성에서 기민당이 일시적으로 배제된 것을 두고 중도정당 없는 정치의 시대가 도래한 것으로는 볼 수 없다. '자줏빛 연정'에서 협력했던 두 개의 주요 자유주의 정당들은 기민당이 오랫동안 추구했던 선택과 유사한 사회경제정책을 추구했다. 자줏빛 연정은 단지 몇 가지 윤리적 이슈들에 대해서만 기민당과 다른 정책을 선택하는 모험을 시도했다. 그렇지만 윤리적 규범의 변화도 기독교민주주의의 전통인 탈분극화의 규칙을 고수했고 그 변화의 어떤 이슈도 선거운동에서 뜨거운 쟁점이 되지 못했다. 정부구성에서 중도정당의 일시적 불참이 좌·우파 정당들의 분극화를 야기하지 않았으며 오히려 좌·우파 정당들의 협력의 기회가 되었다. 2002년 이래 기민당은 재집권에 성공했으며 자신들의 세속화와 탈종파화(de-confessionalization)에도 불구하고 존속하게 된 사실에 정치적 자부심을 갖고 있다.

둘째, 네덜란드 정치는 여전히 엘리트주의적 성격을 갖는다. 포르틴 운동(Fortuyn movement)은 엘리트주의 정치에 대한 대중적인 반발이었으나[11] 네덜란드의 사회경제적 생활에 별다른 영향을 미치지 못했다. 그것은 또한 사회경제적인 정책이 아니라 국내 치안, 대도시의 경찰인력 부족 등에 관심의 초점을 두었다는 점에서 사회적 파트너십 시스템과의 단절을 초래하지 않았다. 포르틴 지지자들은 이민 유입에 따른 치안 불안, 일자리 감소 등에 불만과 항의를 분출하는 집회를 가졌지만,[12] 사회보장 이슈는 그들의 관심 사항이 아니었다. 더욱이 2003

---

[11] 엘리트주의는 점차로 공격의 대상이 되고 있다. '풀뿌리 민주주의'로의 부분적인 변화가 나타나고 있는데 예컨대 지자체 단체장이 이제 더 이상 중앙정부에 의해 임명되지 않고 선출되며 국민투표의 도입에 관한 논의가 진행되고 있다.

[12] 이것은 다른 서유럽 국가들처럼 네덜란드 정치에도 이민문화의 이슈가 이제 더 이상 정치적 경쟁 및 선거쟁점 밖에 머물러 있지 않고 정치적 어젠다로 떠오르고 있음을 의미한다.

년 이후부터는 그 같은 항의 집회가 거의 사라졌고 포르틴 운동은 내부 자중지란으로 분열현상을 보이고 있다. 새로운 발케넨데 연정내각은 사회적 파트너십을 통해 사회경제정책에 과감한 조치들을 취하고 있다. 이것은 네덜란드 정치의 엘리트주의적 성격이 깨지지 않고 있음을 시사한다. 사회적 파트너십에서 노동과 자본의 이익결사체(특히 노조) 지도부는 회원들을 관리, 통제할 수 있는 권한을 가졌으며 이익결사체들 간의 접촉은 주로 실질적인 권한을 가진 정상 지도자들 간의 수준에서 이루어진다. 이익결사체의 지도자들은 엘리트 카르텔을 형성함으로써 협상과 협의를 지속한다.

2) 결사체적 거버넌스의 부활

사회적 파트너십 시스템은 다시금 복원되는 경향을 보인다. SEC는 이제 자발적으로 정부정책의 자문에 응하고 있으며 그 영향력은 사회적 파트너들 간의 새로운 합의에 힘입어 증가하고 있다. 사회보장의 민영화 조치에 대해서 회의적 견해가 나타나고 있다. 탈규제는 국가규제가 결사체들의 자율규제로 대체되는 형태로 나타난다. 사회적 파트너십 및 정책협의 시스템이 공격을 받고 있기는 하지만 최근의 경제적 성과로 인해 사회적 파트너십 및 정책협의 제도의 가치가 다시 인정받고 있다. 그것은 새로운 정책 분야(예컨대 환경정책)에서 새로운 모습으로 다시 등장하고 있다. 지난 10여 년에 걸쳐 정부는 환경오염을 줄이려는 데에 몰두하는 산업체와 함께 협상하여 70개 이상의 계약(covenants)을 체결한 바 있다. 이 같은 성공은 협상에 참여하는 엘리트들이 비공식적인 규칙과 규범을 정교하게 수립하고 실천하는 데에서 비롯된 것이다. 그러한 규칙과 규범은 ① 이해관계의 차이를 수용하고 관용하는 것, ② 소수파를 무시하는 결정을 채택하지 않는 것, ③ 사회적 협의체들에서 이해관계 집단들의 비례적 대표, 그리고 적어도 장기적으로 비용과 이익의 비례적 배분, ④ 민감한 문제를 객관적인 경제적·기술적 문제로 전환하는 탈정치화 등을 포함한다(Haverland, 1998: 1~10).

사회적 파트너십에 관한 연구는 네덜란드 경제의 최근 성과가 주로 임금인상 자제, 사회보장 개혁, 파트타임과 임시근로의 인기를 만들어낸 노사정 간 거시 수준의 협상시스템에 기인한 것으로 설명한다(Visser and Hemerijck, 1997). 그러나 네덜란드 사회적 파트너십 시스템에는 단지 거시적 수준의 협상만이 존재한 것은 아니다. 비단 산업관계만이 아니라 많은 정책 분야가 여러 수준의 (하위)결사체들에 의해 규율되고 조정되는 특징을 보인다. 민간 결사체들은 다양한 방식으로 자율규제에 관여하며 이는 국가에 의해 인정된다. 국가는 결사체들을 관용하고 국가기구에의 접근을 허용하고 민간합의를 입법화하며 결사체에 법적 권한을 부여하기까지 한다. 또한 결사체들은 여전히 공공정책의 형성과 이행에 참여하며 이를 위한 법적 권한을 갖추고 있다. 나아가 결사체들은 경쟁적 갈등을 완화하고 자원과 직원을 관리하면서 국가기구에 접근할 수 있는 특권을 가지며 회원들의 행동을 통제하면서 많은 활동을 수행한다. 예컨대 결사체들은 노동자와 사용자들을 위한 교육, 훈련, 자문과 같은 공공재를 제공한다. 경쟁을 완화하는 특수 목적을 갖는 많은 노사카르텔은 민간 결사체들이 공공주권을 공유함으로써 이뤄지는 네덜란드 '조정 및 협의 경제(coordinated or concerted economy)'에 전형적으로 나타난다. 노사카르텔은 수많은 협약을 체결한다. 이런 점에서 네덜란드는 '카르텔 천국(cartel paradise)'이라는 칭호를 받기도 한다. 이러한 광범위한 사회적 파트너십 개념은 네덜란드가 상대적으로 큰 경제적 성과를 이룩하는 데 기여하고 있다.

합의제 민주주의를 지향하는 네덜란드 정부는 결사체에 의한 경제적 거버넌스를 지원한다. 정부가 카르텔이 공공이익을 저해한다고 인식하지 않는 한 카르텔은 허용된다. 결사체적 거버넌스(associational governance)에 대한 국가지원은 수동적 관용 수준에서 한 걸음 더 나아가 민간임금 혹은 노사카르텔 합의를 부문 전체로 확대하기 위한 입법화로 이어진다. 더욱이 정부는 결사체들에 공적 지위를 부여한다. 네덜란드 산업의 약 1/4은 의무적인 '법적 거래결사체(statutory trade associations: STA)'로 조직되어 있으며 그들의 법적 지위는 주와 시의 법적 지위와 비견될 수 있는 정도이다. 주와 시는 국가의 지역적 분권화를 구현한 반면에, STA는 '기능적 분권화(functional decentralization)'의 조직이다. 주와 시(지방자치단체)에 거주하는 주민들은 그 지역에서 생활하는 시민인 것과 마찬가지로 산업부문의 주민들은 STA의 회원들이다. 그들은 의무와 권리에서 비슷하다. 지방자치

단체와 STA의 경우에 조세수입은 집단재(collective goods)를 위해 사용된다. STA의
경우 직업훈련, 연구개발, 품질관리 등의 분야에 조세수입을 사용한다. 지방자치
단체와 STA에 '대표 없이 조세 없다(no taxation without representation)'는 원칙이
있다. STA에서 기업과 노동자들은 STA와 노조에 의해 간접적으로 대표된다.
따라서 네덜란드 사회적 합의주의는 다양한 공식적 조직으로 구현되고 있다.
네덜란드 사회적 파트너십은 시장과 경쟁을 폐기하지 않고 있다. 이런 점에서
네덜란드의 '조정 및 협의 경제'는 '시장', '국가', '결사체' 등의 조절원칙을 절충
적으로 조합시키고 있는 것이다(van Waarden, 2002: 58). 바로 이것이 제도의 경제
적 성과를 설명해 주고 있다.

　사회경제정책에 있어 발케넨데 정부의 시장 지향성이 사회적 파트너십 시스템
하에서 정부의 수동성을 종식시키고 있는 것은 사실이다. 그러나 이 점에 관한
한 발케넨데 정부는 이전 기민당 연정과 '자줏빛 연정'의 선례를 따랐다. 노조들
은 사회보장 지출삭감에 대한 항의 성명을 내기도 했지만 그들의 항의는 별다른
영향을 미치지 못했다. 물론 노조의 지도자가 이끌었던 '자줏빛 연정'하에서 갈
등은 오히려 증대되었다. 그것은 주요 노조연맹이 사민주의 블록의 하위 파트너
지위에 머물러 있는 것을 철회하고 의회정치에 직접 참여하는 독자적인 사회운
동을 통해 노조운동의 정치화를 시도했음을 의미한다. 실제로 1990년대에 노조
들은 전국적인 항의 집회를 전개했고 이는 사회보장 축소에 대한 불만을 반영했
다. 그러나 그러한 불만을 분출하는 항의집회는 사회불안을 초래할 정도는 아니
었고 이렇다 할 가시적 결과도 가져오지 못했다. 오히려 '자줏빛 연정'은 집권
8년 동안 상당한 인기를 유지했다. 이런 맥락에서 볼 때 네덜란드에서 노조운동
의 정치적 저항은 조직화되기도 어렵고 효과적이지 못했음을 알 수 있다. 정부는
사회경제적 협의시스템을 제쳐두고 노조운동과 정면충돌을 하려 하지 않는다.
이것은 네덜란드에 결사체적 거버넌스 시스템이 여전히 건재하고 있음을 읽을
수 있는 대목이다. 네덜란드 국민들은 사회보장 개혁에 우려를 표명했지만 정부
를 직접적으로 공격하지 않았다. 정부정책을 수용하고 순응하려는 정치문화가
네덜란드 정치를 전통적으로 지배하고 있다(Slomp, 2004: 79). 네덜란드에서는 성
공적인 자본주의 발전의 동력이 시장의 완전성에 아니라 시장의 조정적 능력에

연유한 것이라는 명제가 건재하다(Lazonick, 1991: 8).

3) 사회적 파트너십 시스템 작동의 구조적 조건: 합의제 민주주의와의 구조적 유사성

네덜란드 사회적 파트너십 시스템은 합의제 민주주의의 일부분일 뿐만 아니라 종교적 소수파(균열) 문제를 해결하고자 했던 합의제 민주주의(consensual democracy)로부터 생성되었다.[13] 말하자면 네덜란드 경제 영역에서도 합의제 민주주의의 특징이 작동했다. 그 특징들은 노동과 자본의 관계, 자본과 정부의 관계, 노동과 정부의 관계, 그리고 노동과 자본과 정부 간의 관계에서 구체화된다. 이러한 경제적 거버넌스 시스템은 사회적 파트너십이라고 일컬어지고 있다. 합의제 민주주의와 사회적 파트너십 간에 유질동상(ismorphic link), 즉 놀라울 정도의 구조적 유사성이 존재한다(Lijphart and Crepaz, 1991: 236). 이런 현상은 특히 네덜란드 사회적 파트너십 시스템에 전형적으로 나타난다. 네덜란드 사회적 파트너십은 합의제 민주주의 모델에 뿌리를 두고 있는데 스칸디나비아 국가들의 사회적 파트너십에서는 찾아볼 수 없는 특징적인 양상이다.

사회적 파트너십 시스템의 구조는 1920~70년 동안의 그 절정기에 합의제 민주주의의 구조와 유사했다. 경제주체들의 조직은 균열축의 조직과 유사했다. 노동과 자본은 별개의 상층결사체 체제로 조직화되었는데 이는 일종의 사회경제적 균열축이라 할 수 있다. 내부적으로 노동과 자본의 이익결사체(특히 노조)는 위계적으로 조직되었으며 지도부는 회원들을 관리, 통제할 수 있는 권한을 가졌다. 이러한 이익결사체들 간의 접촉은 주로 실질적인 권한을 가진 정상 지도자들 간의 수준에서 이뤄졌다. 이익결사체의 지도자들은 엘리트 카르텔을 형성했다. 자문, 협상, 협의를 매개하고 촉진하기 위해 전문적인 제도가 만들어졌다. 이익결사체들은 이러한 사회경제 체계의 초석이다. 보충성(subsidiarity)의 원칙에 따라[14]

---

13) 네덜란드의 합의제 민주주의에 관해서는 선학태(2005: 제8장)를 참조할 것.

14) 보충성 원칙은 모든 정치적 · 경제적 · 사회적 행위에 있어서 작은 단위의 공동체가 우

이익결사체들은 자신들의 영역, 즉 국가가 설정한 테두리 내에서 경제부문에 대한 얼마간의 자율성을 갖는다. 약간의 예외는 있지만 이러한 이익결사체들은 협의제적(consociational) 리더십을 갖는다. 이익결사체들의 엘리트들 간의 화합(수용) 정치(politics of accommodation)는 합의제 민주주의(또는 협의주의)의 규칙, 즉 상호 관용, '의견이 다름을 인정', 자문, 심의(토론)와 협력, 상층지도부 간의 협상과 타협, 탈정치화(예컨대 임금협상을 위해 '기술적'인 업무분류체계의 개발), 조직의 전문화, 비례성(예컨대 정부의 자문에 임하는 기구), 상호행동의 예측가능성, 그리고 전반적인 실용주의 등에 따라 작동되었다.

네덜란드 사회적 파트너십 시스템은 구조면에서 합의제 민주주의의 절대 불가결한 요소였다(선학태, 2005: 239~240).[15] 따라서 합의제 민주주의는 네덜란드 사회적 파트너십을 발전시키는 역할을 했고 사회적 파트너십의 이념을 발전시키는 데 구조적 맥락을 제공했으며 사회적 파트너십 그 자체의 구조적 조건, 즉 결사능력(associability), 보충성의 원칙, 협의제 정부, 실용주의적 관용 등을 마련해 주었다. 네덜란드 합의제 민주주의를 지향했던 카톨릭 및 프로테스탄트 정당들은 1899년과 1994년 사이에 있었던 모든 내각의 중추를 이루었으며 경제를 규제하고 조직화함으로써 자본주의의 내적 모순인 자기파괴성(self-destructiveness)을 예방하려는 자신들의 이념을 실현하고자 했다. 국가는 경제개입에서 단지 보조적인 역할을 했을 뿐이었다. 이는 네덜란드에서 강력한 국가 전통의 부재로 인해 촉진되었다.

선권을 가지며 보다 상위의 공동체(예컨대 중앙정부)는 이들 하위 단위의 단위체가 수행하지 못한 영역에 한해서 도움 혹은 보조를 해주는 원리를 의미한다. 따라서 보충성 원칙의 시각에서 볼 때 이익결사체는 자신들의 문제를 스스로 해결하고 또한 그 공동생활에 책임을 지는 '자기결정성'과 '자기책임성'의 원칙에 따라 활동한다.

15) 네덜란드에는 합의제 민주주의의 작동 조건으로 거론되는 언어·인종 균열 정도 등이 결여되어 있다는 견해가 있다(Mair, 1994: 116~118). 따라서 네덜란드 사회는 상이한 하위문화를 갖고 있지 않다는 것이다. 네덜란드가 높은 합의제 민주주의를 지향케 하는 것은 경제의 개방이라는 주장이다. 그러나 네덜란드 사회에는 인종과 언어에 있어서 크게 균열되어 있지 않은 것은 사실이지만 종교적·이념적·계급적·지역적 균열이 존재했으며 따라서 이로 인한 정치적 갈등을 해결하기 위해 합의제 민주주의를 작동시켰다.

네덜란드의 노조와 사용자단체는 계급·계층 균열축의 중요한 초석이었으며
이는 노동과 자본의 결사체들이 사회적·경제적 균열라인에 따라 분화되었음을
의미한다.16) 이들 이익결사체는 사회경제적인 이익조정을 수행하는 중요한 제도
였다. 정상노조 및 사용자단체들의 지도자들은 합의제 민주주의의 규칙에 따라
사회 전체의 차원에서뿐만 아니라 각 균열축 내부에서 분화된 결사체 간의 이해
관계를 조정했다. 이것은 네덜란드 사회적 파트너십 시스템의 특징이었고 스칸
디나비아 국가들의 사회적 파트너십 시스템과는 다른 점이었다. 노조운동의 통
합을 사회적 합의주의 시스템의 하나의 지표로 인식하는 논자들은 균열축 내의
노조 분화를 보이는 네덜란드 사회적 파트너십 시스템을 과소평가했다(Calmfors
and Driffill, 1988: 14~15). 그러나 균열축 내의 결사체(특히 노조) 분화는 네덜란드
에 포괄적인 결사체가 없다는 것을 의미하지는 않는다. 오히려 노동 균열축 전체
는 자본 균열축 전체를 상대로 노동이익을 집약시키는 포괄적인 조직으로 인식
할 수 있다. 그것은 적어도 카톨릭 노조가 자신들의 요구사항에서 발생하는 비용
을 외부화(externalizing)하는 것을 어렵게 했다. 이러한 결사체들이 국가의 최고
요직에 선출되기 위한 주요 충원 채널이 되고 있는데 이는 이익결사체들이 갖는
정치적 중요성을 나타낸다. 예컨대 빔 코크(Wim Kok) 수상은 이전에 노조 지도자
였고 그의 선임 수상은 과거 사용자단체의 지도자였다. 이는 서유럽 다른 나라에
서는 흔히 찾아볼 수 없는 현상으로서 엘리트 차원에서 합의제 민주주의와 사회
적 파트너십 간의 연계성을 시사해 주는 대목이다.

네덜란드의 사회적 파트너십 시스템이 원활히 작동한 것은 합의제 민주주의에
힘입어 노조와 사용자집단 간의 상호 협력과 신뢰에 힘입은 바 크다. 사실 바세나
르 협약은 법적 구속력이 있는 협약이 아니고 노사가 준수하기를 희망하는 느슨
한 권고사항에 불과했다. 그럼에도 불구하고 노조가 물가연동임금제를 포기하고

---

16) 1970년대 중반까지 정상 이익결사체들은 분열되었다. 노동의 경우 프로테스탄트, 카톨
릭, 사회주의 등 3개의 정상결사체가 있었다. 사용자의 경우 종교, 경제, 산업, 농업,
대기업과 중소기업 등으로 분화된 10개의 결사체가 있었다. 그러나 노동과 자본의 조
직체계는 사업장결사체, 부문결사체, 정상결사체 등 위계적인 체계로 통합되었지만 다
른 균열라인(예컨대 블루칼라와 화이트칼라)에 따라 결사체의 분화가 다시 증대되었다.

임금인상 자제를 통한 기업의 수익성 제고에 협조했고 기업들도 노조의 그러한 유화적인 양보에 상응하여 근로시간 단축을 통한 고용창출에 적극적인 노력으로 화답한 것이다(Visser, 1998: 289). 이러한 노동과 자본 사이의 양보와 협조는 네덜란드의 합의제 민주주의적 정치문화에 힘입은 바 큰데 이러한 문화적 토양이 사회적 파트너십 시스템의 정착을 방해할 수 있는 장애 요소들을 제거한 것이다.

합의제 민주주의하에서 네덜란드 정부는 중도우파와 중도좌파 간의 정권교체에도 불구하고 노사 관계에 대해 일관성 있게 중립적인 조정자 입장에서 협조지향적인 정책을 통해 노사 자율적 협상분위기를 조성했다. 예컨대 중도우파 정당이 집권했을 경우 공무원 및 공기업의 임금을 동결시키는 데 솔선수범하여 민간기업 노조들의 자발적인 임금자제를 유도해 냈다. 그리고 노조와 정당의 연계, 즉 CNV가 기민당, FNV는 사민당과 각각 연계하고 있는 데서 비롯된 노조의 정치적 영향력이 높은 것도 사회적 파트너십 시스템의 정상적 작동에 기여한 것이다. 이와 더불어 때때로 보수당(기독교민주당 혹은 자유당)과 노동친화적인 정당(사민당) 간에 연정이 이루어지고 투자·사업 인수인계·구조조정·근로시간 등을 경영진과 공동으로 결정하는 노동평의회(workers' council)가 작동되는 등 네덜란드의 사회적 파트너십 시스템을 성공시킨 요소가 많다. 복지제도 또한 정책결정의 합의적 접근, 즉 합의제 민주주의의 정도를 측정하는 지표인데(Mair, 1994: 107) 네덜란드는 사회보장 부문에 GDP 대비 32%를 지출하는 관대한 사회복지체제를 유지해 오고 있다.[17] 이는 서유럽에서 스웨덴, 핀란드, 덴마크에 이어 네 번째로 높은 수준이며 이러한 관대한 사회복지제도가 노동시장 유연화의 버팀목 역할을 하고 있다(Visser, 1998: 290). 이는 네덜란드 사회보장정책이 '노동 없는 복지'에서 '복지에서 노동으로' 이동하는 일종의 복지정책 패러다임적 전환이 이루어지고 있어도

17) 네덜란드의 복지제도는 보수주의적 측면과 사민주의적 측면 모두가 결합된 야누스적인 성격을 가지고 있다(Esping-Andersen, 1999: 88). 즉 사회보장 측면에서는 복지비용 가운데 사회서비스 비중이 약하고 노사가 부담하는 기여 중심적이기 때문에 보수주의 복지레짐이라 할 수 있으나 소득지원의 보편 원칙이 강하고 관대하다는 점에서 사회민주주의 복지레짐과 유사하다. 보수주의 복지레짐과 사회민주주의 복지레짐에 관해서는 선학태(2003: 310~314)를 참조할 것.

복지제도의 기본 골격이 그대로 남아 있음을 시사하고 있다. 이것이 네덜란드 사회적 파트너십 시스템을 지속시키는 요인으로 작용하고 있다.[18]

5. 맺음말: '비배제' 및 '비갈등'

네덜란드 사회적 파트너십의 부활과 탁월성은 국제적인 극찬과 부러움의 대상이 되고 있다. 그 이유는 1980년대 초 이후 장기간에 걸쳐 사회적 파트너십 시스템을 작동시켜 1970년대의 '네덜란드 병'을 기적적으로 치유했다는 데에 있다. 사회적 파트너십 시스템의 경제적 효과는 위험, 불확실성, 거래비용을 줄이고 시장의 투명성을 제고하며 기업 간, 노동자와 사용자 간의 관계를 안정시켜 상호 신뢰를 증가시킨다. 그리고 그것은 훈련·교육체계 및 일반적인 R&D와 같은 집단재(collective goods)를 공급하여 성장과 고용을 촉진시킨다. 이러한 사회적 파트너십 시스템의 경제적 효과는 네덜란드에 나타났다. 네덜란드 경제는 1990년대 줄곧 성장, 물가, 재정, 고용 등 거의 모든 면에서 유럽연합의 평균보다 우월한 성과를 유지했다(김학노, 2004a: 414~415). 특히 1983년 약 14%에 이르는 실업률을, 1997년에는 6%로 떨어뜨리는 데 성공함으로써 '고용의 기적'을 이루었다는 평가를 받았다(Visser and Hemerijck, 1997: 9). 동시에 네덜란드는 사회협약정치를 통해 노동시장의 유연화를 이루었고 이로 인한 사회적 충격과 파장을 최소화하기 위한 법제도를 만들어 산업의 국제경쟁력과 사회적 형평성 간의 부정적 대상(negative trade-off) 관계를 해결하고 있다. 따라서 이익조정에 기초한 사회협약정치는 수익성 위기를 극복하고 국제경쟁력을 개선하려는 사업주, 그리고 고용창출과 복지제도의 주요 측면을 유지하려는 노조 등 양측 모두를 유리하게 해준다. 네덜란드 사회협약은 일자리 부족을 사회보장에 의해 보상하는 방식으로부터

---

18) 네덜란드 노조조직률이 1995년 현재 30% 수준에 머무르고 있음에도 불구하고 노조들의 대표성은 매우 높다. 따라서 국민들은 노조가 근로자들의 집단적 이익을 보호하기 위해 필요한 제도이고 모든 근로자들의 이익을 충분히 고려해야 한다는 데 동의했다(Visser, 1995: 294). 이것 또한 네덜란드 사회적 파트너십의 작동에 공헌한 요소이다.

탈피하여 노동시간 단축과 파트타임 일자리의 형태로 유연성 제고를 통해 일자리를 창출하는 방식으로 전환하는 한편, 정규직의 양보를 전제로 정규직과 비정규직의 동등한 법적 권리를 보장하는 안정화 내용을 담아냈다. 이를 통해 상이한 이해관계를 가진 사회적 파트너들이 '비배제' 및 '비갈등'을 실현하는 새로운 방법으로서 변화된 형태의 이른바 '경쟁적 사회협약정치'를 수용했다(Rhodes, 2001: 181~184). 여기서 '비배제' 및 '비갈등'은 가능한 한 많은 이해관계자를 사회경제정책 결정 과정에 참여시켜 이익갈등을 조정함으로써 실현된다. '비배제' 및 '비갈등' 규칙에 따른 네덜란드 '경쟁적 사회협약정치'는 글로벌 시장에 대응하기 위한 전략으로서 경쟁력(생산성)연합과 분배연합을 동시에 지향한다.

슈미터(Philippe Schmitter, 1989)가 선언했던 '사회적 합의주의의 소멸, 사회적 합의주의의 장수(Corporatism is dead, Long live corporatism)'는 당시에 거시적 사회협약정치가 소멸되었지만 부문별 사회협약정치는 활성화되고 있음을 의미했다. 그러나 그의 진술은 이제 과거의 '공식적'·'수요중심적' 사회협약정치는 정당성을 상실했지만 새로운 형태의 '협의·조정' 시스템은 새로운 이름과 다른 모습으로 등장했음을 의미하는 것으로 볼 수 있다. 이에 따라 사회적 파트너십 시스템은 다시금 정당성을 획득하게 되었으며 이 정당성은 이념이 아니라 강력한 실적에 근거한 정당성이다. 현재 네덜란드 경제는 결사체, 보충성의 원칙, 자율규제, 협의제적 정부, 합의주의 등 합의제 민주주의와 사회적 파트너십에 내재하는 원칙이 여전히 강력하게 작동하고 있는 '협의·조정 메커니즘'에 의해 작동된다. 특히 자율규제와 시장의 질서화(ordering of market)에 간여한 잘 조직화된 시민사회의 전통은 이익결사체에 의한 '사회경제적 거버넌스'의 형태로 보다 선명하게 나타나고 있다. 이러한 사회경제적 거버넌스 시스템은 괄목할 만한 경제적 성과를 이룩하는 데 기여했다. 이런 점에서 오늘날의 네덜란드 사회적 파트너십 시스템은 보다 원숙하고 균형된 무게가 실리고 어쩌면 활기차 있다고 볼 수 있겠다.

네덜란드 정치에서 탈분극화는 변화하지 않았다. 정부구성에서 기민당의 일시적 배제 기간에도 좌·우파 정당들은 서로 갈등하지 않고 협력했다. 과학을 존중하는 풍토가 아직도 확고하다. 현 수상은 글로벌 시장에서 경쟁력 제고의 중요성을 강조하면서 사회보장 지출삭감과 임금인상 자제를 유지하려 한다. 사회적 파트너십 시스템에 대한 현 정부의 관심이 다소 퇴조했지만 정부의 정책주도가 사회적 파트너십에 기초한 의사결정시스템을 위협할 정도는 아니다. 탈정치화의 원칙에 따라 정부는 사회변화를 주도하기보다는 오히려 사회적 변화 트렌드를 따라가고 있다. 특히 사회경제 정책에서 네덜란드 정부는 사회경제구조의 변화를 주도하기보다는 그 변화에 반응적인 스탠스를 취한다. 그러나 네덜란드 정치의 주요 초점은 시장이고 변화는 글로벌 시장에서 국가경쟁력을 회복하는 데 목적이 있다. 그렇지만 시장은 네덜란드 정치의 새로운 기준이지만 정치가 사회경제생활을 시장에 맡겨두지는 않는다. 정치 그 자체는 좀처럼 변화하지 않고 아직도 게르만유럽 소국들의 정치적 특징인 탈분극화와 탈정치화가 지배하고 있다. 정책이 변화하여 시장에 적응하고 있다. 그러나 시장이 지배하도록 내버려두지 않는다. 이런 점에서 현 정부의 사회적 파트너십 시스템에 대한 관심 결여는 일시적 현상일 것이다. 사회적 파트너십 시스템은 네덜란드 경제사회에서 '비배제' 및 '비갈등'을 실현하는 해법이기 때문이다.

벨기에 사회적 파트너십의 특성과 변화

1. 사회적 파트너십 시스템의 작동: 계급 갈등의 제도화

1860년대 초에 이미 벨기에는 보호주의와 중상주의 경제정책을 포기하고 자유무역을 최고의 주요 원칙으로 삼았다. 벨기에 경제는 이런 자유무역을 더욱 추진하기 위해 제1차 세계대전 이전에 벌써 관세장벽을 완화하여 유럽에서 최고의 개방성을 보였다. 약 1,000만 명의 인구를 갖는 소규모 개방경제 국가로서 벨기에는 종종 세계무역의 자유화를 선도했고 경제 다자주의의 발전을 적극적으로 지지했다.

이처럼 일찍이 고도의 개방경제를 추구했던 벨기에서는 1930년대 중반에 당시 주요 정당이었던 카톨릭당과 노동당 사이에 케인즈주의적 타협이 이뤄졌다. 이것은 양당에 의한 연립내각, 혹은 자유당을 포함한 3당 연립내각에 의해 뒷받침되었다(선학태, 2005: 284~285). 케인즈주의적 타협은 1936년, 1939년, 1948년에 노사정 3자 국가노동회의(National Labour Conference)라는 정책협의로 구체화되었다. 독일 나치 점령하에 있었던 1943년에 비밀 자문회의가 열렸고, 1944년에 '사회결속 협약에 관한 초안(Draft for an Agreement on Social Solidarity)'이라는 사회협약을 체결했다(Brande, 1987: 109). 이 협약은 전후 노동관계 및 사회보장의 기본원칙을 규정했다. 또한 이 협약에서 노사는 사용자의 경영 의사결정권, 그리고 노동의 단체결성권을 상호 인정했으며 고용, 임금협상, 사회보장 등 정책협의 대상을 명문화했다. 1948년 중앙경제위원회(Central Council for the Economy: CCE)

가 산별위원회와 기업위원회 등과 함께 설립되었다. CCE는 노사 동수로 구성되었고 그 임무는 경제정책에 관한 자문에 응하는 것이었으나 점차로 단순 연구기관으로 변질되었다. 대조적으로 1952년 노사로 구성된 국가노동위원회(National Labour Council: NLC)가 창립되었는데 이는 사회경제적 문제를 논의하는 정책협의의 핵심 역할을 수행했다. 즉 NLC에서 주로 임금인상, 노동시간 단축, 사회보장, 완전고용 등에 관한 단체협약이 체결되었다. 나아가 1954~59년 사이에 생산성 증대에 관한 프로토콜(protocol)이 조인되었다. 1960년에는 노사정 간 정책협의체인 국가경제확장위원회(National Committee for Economic Expansion)가 창립되었다. 뿐만 아니라 1950년대에 이미 수립되었던 전문 정책협의 및 자문기구의 네트워크는 사회경제적 영역에서 모든 수준으로 확장되어 1960년 초에는 전국 수준의 기구가 약 70여 개에 이르렀다. 이들 기구의 대표 중 90% 이상이 사용자집단과 노조 출신들이고 주요 세 정당들 중 어느 하나에 연계되어 있었다(Brande, 1973: 344). 이상과 같이 1948~60년에는 사회적 파트너십의 제도적 토대가 갖추어졌으며 노사분규는 현저하게 줄어들어 산업평화가 정착되었다.

2. 사회적 파트너십 시스템의 붕괴: 언어적·지역적·문화적 갈등과 계급 갈등의 중첩

제2차 세계대전 이후 벨기에에서 플란더스, 월로니아 및 브뤼셀 등의 세 지역의 갈등은 언어적·문화적 차원에서 복합적인 양상으로 전개되었다. 다시 말하면 경제운용의 기본적 원칙에 관한 정당 간의 광범위한 합의가 이루어졌음에도 불구하고 1950년대에 벨기에 사회의 전통적 균열요인인 교육문제를 둘러싼 종교적 갈등의 심화, 1960년대 악화된 언어적·문화적·지역적 갈등이 강력한 정치적 위력을 발휘했으며[1] 이는 정당체제 및 정치경쟁에 중대한 변화를 초래했다.

---

1) 반종교 세력이 세속국가를 진전시킨 결과로 벨기에의 사회적 균열은 19세기 말에 발생했다. 카톨릭 세력과 반종교 세력(자유주의 세력과 사회주의 세력)은 각각 자신들의 하

언어적 · 문화적 · 지역적 긴장의 분출은 1960년대 이후 벨기에 정당체제를 살펴
보면 극명하게 알 수 있다(Jones, 2002: 89). 기민당, 자유당, 사회당 등 세 개의
전통적인 정당들²⁾은 점증하는 언어적 긴장 앞에 생존하지 못하고 모두 해체되었
다. 모든 정당들이 이제 지역정당으로 전락했다. 지역정당들이 기존의 전국 정당
들을 대체했을 뿐만 아니라 새로운 지역정당들이 플란더스 지역과 월로니아 지
역에 각각 창당되었다. 아울러 1980년대 초에 녹색당(Greens)이 플란더스 지역과
월로니아 지역에 각각 탄생했다. 그 결과 벨기에 정치사회에는 전국적 정당들이
소멸되고 플란더스 지역(6개의 지역정당)과 월로니아 지역(7개의 지역정당)에 각각
별개의 지역 정당체제가 형성되었다.

그러나 지역을 중심으로 한 언어공동체 간의 문화적 갈등과 긴장만이 유일한
문제는 아니었다. 경제성장 국면이었음에도 불구하고 사회적 파트너들 간의 협
력도 지속될 수 없었다. 1960~61년 대규모 파업으로 계급 갈등이 1960년대
줄곧 벨기에 사회에 고조되었다. 1950년대까지의 사회적 파트너십 시스템은 사
회적 안정을 가져왔지만 실질임금 인상 자제는 없었다. 따라서 실질임금은 1961
년 60.9%에서 1967년에는 63.8%로 증가했다. 한편, 노조 지도자들은 빠른 경제
성장과 상대적인 저실업 국면에서도 계속 더 많은 것을 요구하고 나섰다. 이러한
요구는 1968년 포드자동차 회사에서 절정을 보였으며 파업으로 인한 사회적
불안은 가중되고 있었다. 이러한 파업의 물결로 사용자들은 더 이상 지속적으로
증가하는 실질임금 인상의 부담을 감내할 수 없었고 노동자들은 사회적 소요에
지쳐 있었다. 이런 상황은 사회적 파트너십의 종언을 예고하는 듯했다.³⁾ 실제로

위문화를 형성하고 지리적 공간을 공유했다.

2) 기민당, 사회당, 자유당은 벨기에의 분절화된 사회에서 주요한 세 이념적 축을 형성했다.
그러므로 정당들은 벨기에 사회의 주요 균열축과 연계되었다. 기민당은 벨기에의 플란
더스 지역(네덜란드어권)에서 정치적 우위를 보였지만 산업지대인 월로니아 지역에서는
약세를 보였다. 사회당은 광산업과 철강산업이 위치하고 있는 월로니아 지역(불어권)에
서 우세를 보였다. 자유당은 수도인 브뤼셀에서 정치적 아성을 이루었다.

3) 벨기에 산업관계를 이해하기 위해 그 복합성이 고려되어야 한다. 노사 간의 대립이 사회
적 균열의 전부가 아니기 때문이다. 추가적인 균열이 산업관계를 특징짓는다. 즉 벨기에

1973년부터는 노사정 정책협의 시스템의 작동이 어렵게 되었을 뿐만 아니라 특히 1975년 이후에는 교착 상태에 빠져들어 갔다. 이것은 주로 정책협의 시스템의 정상적 작동의 기본 전제 중 하나이고 노사정 간에 경제자원의 재분배를 가능케 했던 경제성장을 위협하는 경제위기에 기인한 것이다. 그러한 경제위기는 서유럽의 다른 모든 산업국가들처럼 벨기에도 1970년대 중반에 오일쇼크로 인해 스태그플레이션 현상과 포드주의적 축적체제의 위기를 말한다. 비공식적인 노사정 접촉은 여전히 지속되었지만 공식적 정책협의 시스템의 작동은 침체기로 들어갔다(Brande, 1987: 115).

이와 같이 벨기에의 사회적 파트너십 시스템은 1950년대 몇 년간의 황금시기를 거친 후 1960년대 말부터 그 본질적 특징을 상실하기 시작했고 1970년대 초 무렵 파업활동은 극적으로 증가했으며 평균 연정기간도 단축되었다. 정치엘리트들은 협력과 상생의 언사를 구사했지만 그들의 행동은 갈등과 대립으로 얼룩졌다. 게다가 1950년대와는 달리 시민들은 엘리트들이 제시하는 규율에 따르지 않고 독자적인 행동을 하는 징후가 나타나기 시작했다. 대부분의 노동파업은 제재를 받지 않았다. 그리고 비전통적인 신생정당들의 득표력이 증가하는 현상을 보였다. 언어적 · 지역적 · 문화적 갈등 현상은 이 같은 사회경제적 계급 갈등으로 말미암아 더욱 심화되었음은 물론이다. 이러한 갈등은 특정 요구와 이익을 표출하고 집약시키는 데 몰두하는 경쟁그룹의 구성원들 간에 관계를 구조화하는 현상으로 나타났다(Huyse, 1981: 118~119).

이러한 통치력의 위기는 엄청난 경제적 · 정치적 비용을 초래했다. 1972~81년 동안에 경제성장률은 5.1%에서 1.0%로 축소되었고 실업률은 2.2%에서 9.5%로 증가했으며 부가가치 중의 임금비중이 64.6%에서 72.3%로 상승하여 기업수익률을 잠식했다. GDP 대비 정부의 재정적자도 3.2%에서 13.1%로 급증했다. 동일한 기간에 정부는 13번 교체되었는데 세 번은 전통적인 세 개의 균열축을 대표하는 정당들의 대연정을 이룩했고 다섯 번은 플란더스, 월로니아, 브뤼셀의

는 경제적 이해관계뿐만 아니라 언어적 · 지역적 · 종교적 · 이념적 요인에 의해 균열되어 있다.

비전통적인 신생 지역정당을 포괄하는 대연정이었다. 그러나 어느 연정도 사회적 파트너십 시스템의 특징인 협력과 화합을 복원시키지 못했다. 1981년 무렵 경제와 정치는 위기국면에 빠져들었고 사회적 파트너십 시스템은 붕괴 징후를 보였다.

3. 사회적 파트너십의 제도적 유산

1) 협의주의와의 구조적 연계성: 탈분극화

그렇다고 벨기에 사회적 파트너십 시스템의 모든 특성이 사라진 것은 아니다. 행태는 변했지만 제도는 남았다. 제2차 세계대전 이후 정당들과 사회적 파트너들은 거버넌스 시스템과 기능적 이익중재의 패턴으로서 복지국가를 지속적으로 다듬었다. 사회적 소요 그리고 균열축 간의 경쟁 시기에도 실제로 사회적 파트너십 제도 구축과 과정의 정교화는 이루어졌다. 예컨대 1952년에 학교에 대한 국가재정 지원 문제를 둘러싼 갈등이 발생한 직후에 앞서 언급했듯이 사회적 파트너들은 노사 대표들로 구성된 NLC의 창설에 합의했고 이 기구는 정부 사회정책의 방향에 관해 정부의 자문에 임했다.

사회적 파트너십에 기초한 사회복지급여 제도는 1960년대에 더욱 정교화되었고 1970년대까지 계속되었다. 사회적 파트너들은 1971년, 1973년, 1975년에 직능단체들 간의 협약을 체결했다. 그 협약들은 노동시간, 휴일급여, 모성휴가 등에 걸친 이슈들을 망라하고 있었다. 그러한 협약들이 지속되었던 것은 정당 간의 협의주의와 사회적 파트너들 간의 사회적 파트너십의 구조가 중복되고 한 시스템에서 참여 유인책이 다른 시스템의 참여로 파급되는 데서 유래된 것이다(Scholten, 1987: 28~30). 구체적으로 협의주 및 사회적 파트너십 시스템 간의 교차, 즉 정당과 노조의 이념적 공유, 연립내각, 전국적 노조연맹, 복지국가의 재정 및 지출 메커니즘, 기능적 이익협상의 장 등은 두 시스템의 제도적 유산을 영구화하는 데 중요하게 작용했다(Jones, 2002: 91~92).

우선 벨기에는 사회주의 노조(FGTB/ABVV), 카톨릭 노조(CSC/ACB), 자유주의 노조(ACLVB/CGSLB) 등 전국 차원의 주요 노조연맹이 있다. 이러한 조직들은 단체협상에서 노동이익을 대표할 뿐만 아니라 사회적 파트너십 시스템에서 독점적인 대표권을 갖는다. 또한 지역적·언어적 균열과 이념적 균열 등 벨기에의 다중적인 균열은 정당들과 이념적·조직적으로 연계되어 있는 노동운동 구조에 반영되어 있다. 따라서 이런 노조들은 이념적 성향이 동일한 정당들에 대한 지지표를 동원한다. 사회주의 노조는 보다 생디칼리스트적 전통과 직접적인 행동을 선호하는 경향을 보인 반면에, 카톨릭 노조는 보다 사회적 파트너십 사고를 견지하는 경향이 있다. 그러나 그러한 차이에도 불구하고 양 노조는 전후 서로 극단적으로 경쟁하기보다는 시스템을 보존하는 데 깊은 관심을 갖고 협의주의 및 사회적 파트너십 시스템을 작동시키는 데 협력했다. 뿐만 아니라 벨기에 노조조직률은 높다. 이는 노조와 정당의 강한 연계, 집권적인 단체협상, 작업장에서 노조의 직접적인 접근, 정부의 재정지원을 받아 노조가 운영하는 실업대책 제도 등에 힘입은 바 크다.

둘째, 벨기에 사회가 분절화되고 비대칭적인 성격에도 불구하고 엘리트는 사회적 파트너십 및 협의주의 시스템을 통해 종교적, 경제적, 언어·지리적 균열을 안정시켰다. 연립정부를 통한 벨기에의 정치적 교환(political exchange)은 서유럽의 어떤 국가보다 패키지딜(package-deal) 혹은 타협의 소산이다. 이런 연립정부에서 카톨릭 세력은 역사적으로 합의지향적 정치에 중요한 역할을 했지만 연립정부에는 각 노조운동과 밀접한 유대를 맺은 정당이 참여하고 있기 때문에 연립내각 내의 정당은 노조의 이해관계를 고려하지 않을 수 없다.

셋째, 언어와 지역이라는 사회적 균열을 해결하기 위해 벨기에는 국가구조의 연방화라는 협의주의 시스템을 창출했다(Deschouwer, 2002: 78). 벨기에는 1830년대부터 오랫동안 강력한 중앙집권적인 단방국가로 출발했다. 그러나 1960년대에 언어적·문화적·지역적 갈등과 대립이 돌출해 국가구조의 개혁을 요구했다. 즉 플란더스 지역의 네덜란드어 사용자와 월로니아 지역의 프랑스어 사용자 간의 갈등, 월로니아 지역과 플란더스 지역 및 브뤼셀 지역 간의 사회적·경제적 격차, 그리고 수도인 브뤼셀과 기타 지역 간의 갈등은 연방주의의 요구로 분출했다(Hooghe, 1993: 48). 이에 따라 언어적 · 지역적 균열에 대한 해법으로서 벨기에는 점진적으로 분권화와 연방제화를 추진했다. 즉 1980년, 1988년 헌법개정은 연방국가의 제도를 다듬어갔고 1993년 공식적으로 지역과 공동체를 기준으로 한 비대칭적인 이중 연방국가가 탄생한 것이다. 또한 언어적 긴장과 갈등으로 인해 세 개의 전통적인 전국 정당들이 해체되었으며 창립된 새로운 정당들이 지역을 토대로 하여 조직되었다. 따라서 모든 벨기에 정당들은 1978년 이래 지역 정당화했다. 이와 같은 벨기에의 지역분권적 연방제와 지역정당체제는 벨기에 중위적 · 미시적 차원의 사회적 협상구조의 토대가 되고 있다.

넷째, 복지국가가 사회적 파트너십에 자유주의, 카톨릭주의, 사회주의 등 벨기에 정치의 균열축 뿐만 아니라 기능적 이익집단의 참여의식을 촉진했다. 말하자면 제2차 세계대전 이후 복지국가가 '역사적 타협(historical compromise)'을 유도했던 주요 요인이다. 즉 국가는 핵심적인 조정 역할을 하고 복지재정은 일반국고가 아니라 보험 당사자들의 기여금에서 충당되었다. 국가의 조정기능은 노사 대표의 동등한 수로 구성된 위원회에 의해 감독을 받았다. 이러한 시스템은 정당들로 하여금 특정한 노조와 일체감을 유지케 하고 노동자와 유권자들이 그러한 조직에 참여하도록 유인하는 촉매제이다. 사회협약은 정치적 교환(political exchange)의 수단으로서 임금인상 자제의 대가로 이를 보상할 수 있는 사회정책 개혁을 수반한다. 임금은 총 노동비용의 유일한 구성요소가 아니기 때문에 사회정책 개혁은 그 자체가 전반적인 노동비용을 축소시키는 목적이 될 수 있다. 특히 사용자와 근로자가 납부하는 강제적인 성격을 띤 사회보험 기여금을 줄임으로써 사회정책 개혁은 임금인상 자제를 이끌어내는 필요하고 보완적인 요소가 된다.

마지막으로 세 가지 수준에서 진행되는 기능적 이익단체 간 협상의 장은 중요한 역할을 한다. 먼저 국가노동위원회(NLC)에서의 협상은 부문 직능집단 간의 협약에 지침으로 적용될 포괄적인 가이드라인을 마련한다. 이 가이드라인은 부문위원회(sectoral council)에 통고되고 부문위원회는 그것을 다시 기업 수준의 사업장위원회(work council)에 전달하여 구체적 조건을 협상하도록 한다. 각 수준에서 노동이익의 대표는 독점적 지위를 갖는다. 즉 참여는 공인된 노조에게만 허용되며 단체협상에 따른 협약은 비참여 노조들에게도 구속력을 갖는다. 노조의 독점적 대표는 두 주요 노조연맹의 위상을 강화하며 그 대가로 두 노조연맹은 단체협약의 이행을 그 회원들에게 강제할 책임이 있다.

이런 세 가지 수준의 단체협상은 노조를 정치적 카운터파트의 필요불가분한 존재로 만든다. 벨기에 의회는 많은 사회 및 경제 정책 결정을 기능적 이익단체들의 협상에 위임하기 때문에 정당들은 노조들을 결코 소외시킬 수 없다. 노조들 또한 정당들에 대한 의존도가 높다. 정당과 노조 간 정치적·기능적 대표들의 상호의존성은 유권자들도 널리 인정하는 바이며[4] 유권자들은 기능적 이익단체의 대표를 선출하는 선거를 정치적 선거만큼이나 중시한다. 유권자 대중은 협의주의와 사회적 파트너십이 뗄 수 없을 정도의 연계성을 갖는 것으로 인식한다.

언어적·문화적·지역적 균열과 중첩된 노동파업, 정당체제의 파편화 등으로 협의주의와 사회적 파트너십이 한동안 위기에 직면했음에도 불구하고 벨기에는 두 시스템의 구조적 상호의존과 연계성에 힘입어 사회적 파트너십 시스템의 제도적 장치들을 성공적으로 정착시킨 대표적인 사례이다.

2) 약성 사회적 파트너십의 특성

벨기에 사회적 파트너십은 몇 가지 특성을 보이고 있다(Vilrokx and Van Leemput, 1998: 327~342). 첫째, 1960년 이후 보통 매 2년마다 사회적 파트너들은 민간부문의 모든 임금근로자들에게 적용되는 일반적 사회협약을 체결하려고 노력한다. 이러한 보편적 협약은 노사로 구성된 국가노동위원회에서 체결되어 입법으로

---

4) 그러나 정당과 노조의 공생관계는 제도개혁의 가능성을 크게 제약한다. 기존 노동관계의 제도를 개혁하는 시도는 2단계의 과정을 밟는다. 즉 정당들은 먼저 복지국가 개혁 방법에 관한 정치적 협상을 시작하기 전에 복지국가 개혁에 대한 의회책임을 져야 한다. 그것은 노조를 위협하여 이들을 개혁에 반대하는 입장으로 몰아간다. 자유주의 그룹은 이러한 시스템에서 가장 자유롭다. 왜냐하면 자유주의 그룹은 사회주의 세력 혹은 카톨릭 세력과 달리 기능적 이익대표체계와 별다른 유대를 갖고 있지 않기 때문이다. 따라서 자유주의 그룹은 정치적 경쟁의 분위기를 고조시키려는 강한 명분을 갖고 있다. 벨기에의 초기 역사에서 자유당은 대중적인 정치적 운동으로보다는 귀족들의 집합체로서 역할을 수행했다.

실현되고 법적 구속력을 갖고 시행된다. 벨기에 전체 노동자들의 약 90% 정도가 단체협약의 적용을 받으며 노사 간 협약은 고용을 비롯한 광범위한 노동시장 이슈들을 포함하고 있다. 벨기에 복지국가의 확립도 대체로 협약을 통해 처리되는데 중요한 복지국가 기능과 복지급여의 집행은 사회적 파트너들에 위임되고 있다. 둘째, 벨기에는 아마도 서유럽에서 가장 제도화된 산업관계 시스템 중 하나에 속한다. 1944년에 이미 노사 간에 체결된 사회협약은 전후 산업관계에 관한 패키지딜의 전형적인 사례이다. 1950년대 후반까지 노사 관계가 순탄치만은 않았지만 그 사회협약은 벨기에 사회적 파트너십 시스템의 황금시대를 보여주는 상징이라 해도 과언이 아니다. 무엇보다도 단체협약이 단체협상의 피라미드상의 정상 수준에서 이루어지고 있다. 그러나 중요한 단체협상은 부문별 수준에서 이루어진다. 그리고 노사 단체협상은 기업별 수준에서 진행된다. 이렇게 볼 때 사회적 파트너들은 사실상 산업관계의 모든 사회경제적 조직에서 대표된다. 셋째, 임금의 물가연동제가 실시된다.

　　그러나 벨기에 사회적 파트너십 시스템의 성격에 관해서는 전문가들 사이에 약간의 견해 차이가 있다. 왜냐하면 이 벨기에의 노조는 서유럽에서 상대적으로 높은 조직률을 보이고 있지만 사용자 측보다는 조직화 수준과 영향력에 있어 떨어지기 때문이다. 그러나 이러한 의견 차이는 사회적 파트너십의 두 변형 간에 차이를 구분함으로써 해결될 수 있다. 이와 관련해 카첸스타인(Peter J. Katzenstein, 1985: 105, 130)은 합의주의 시스템을 두 유형으로 구분했다. 즉 노조가 지배적인 사회적 합의주의(social corporatism)와 사용자결사체가 보다 강력한 자유적 합의주의(liberal corporatism)가 그것이다. 벨기에 파트너십은 가장 전형적인 자유적 합의주의의 특징을 가지고 있다. 특히 1970년대 후반과 1980년대 초반의 경제적 하강 국면에서 임금결정에 대한 정부의 개입이 반복됨에 따라 벨기에 경제는 약성 파트너십(weak partnership) 시스템으로 작동되었다(Vandaele, 2004: 49). 그러나 벨기에 사회적 합의주의 시스템은 그 세 가지 일반적인 요소, 즉 3자 정책협의 (tripartite policy concertation), 상대적으로 소수이고 규모가 큰 이익집단, 정상조직의 대표성 등을 갖고 있다.

4. 글로벌화와 사회적 파트너십에의 국가개입 증대

1) 글로벌화

글로벌화의 위협 때문에 모든 국가는 글로벌 경제의 경기순환에 크게 영향을 받는다. 그러나 역사적 관점에서 보면 글로벌화는 시대에 따라 그 성격을 달리하지만 경제사에서 특이한 현상이 아니며 항상 발생한 과정이다. 이런 글로벌화 속에서 국내시장과 경제규모의 협소성 때문에 작은 국가들의 경제적 취약성은 구조적인 데 반해, 글로벌화에 따른 그들 국가의 경제개방성은 확대되고 있다. 유럽 소국들의 국내 소비자들은 수입에 대한 의존도가 높고 국내 생산자들은 수출에 대한 의존도가 높다. 따라서 유럽 소국들은 임금 노동자들의 소득과 고용을 위협하는 글로벌 시장의 변화에 전통적으로 민감하다(Katzenstein, 1985). 그러나 개방경제에 대한 정부의 적절한 대응전략으로 통해 글로벌 시장에의 노출로 야기될 수 있는 커다란 불평등을 줄이고 있다.

로드릭(Rodrik, 1998)에 따르면 글로벌 시장에의 노출은 불평등을 감소하는 사회보험을 통해 사회적 위험의 완화를 겨냥하는 정부지출을 가져온다. 더욱이 시장개방을 분석한 가렛트(Garrett, 1998)에 의하면 강력한 정치적 좌파와 포괄적인 노조를 갖는 국가가 우파정부의 국가보다 보상을 요구하는 정치적 목소리에 더 반응적(responsive)이다. 또한 역사비교적 시각에서 볼 때 노조조직률은 대규모 내수시장을 갖는 국가보다 수출지향적 시장에 의존한 소국이 더 높다(Ebbinghaus, 2002). 그러나 사회복지 지출에 영향을 미치는 외생적 요인인 글로벌화 신드롬에 의해 발생한 경제적 불확실성은 복지국가 확대를 설명하는 또 다른 요인인 탈산업화(deindustrialization)의 리스크에 의해 도전 받고 있다(Iverson and Cusack, 2000). 탈산업화는 글로벌화에 의해 촉진되기도 하지만 주로 기술혁신과 자동화 등과 같은 자본주의에 내재하는 구조적 변화의 결과이다.

사회복지 지출에 영향을 주는 외생적·내생적 요인에도 불구하고 정부는 글로벌화의 충격과 도전 속에서도 어느 정도 정책자율성을 유지할 수 있다(Schimdt, 1997). 이 점은 카첸스타인이 1980년대에 이미 제기했다. 그의 주장에 따르면

글로벌 시장에 의존하고 있음에도 불구하고 유럽 소국들의 정부는 특수한 '국내
보상전략(strategy of domestic compensation)'을 채택하는 정책자율성을 가질 수 있다
(Katzenstein, 1985: 47). 이런 맥락에 비추어 벨기에는 어떠할까?

2) 글로벌화의 충격: 사회적 파트너십에의 도전?

전술했듯이 벨기에 사회는 카톨릭 세력, 사회주의 세력, 자유주의 세력 등이
균열축을 형성하면서 분열되었으며 이들은 각각 수직적 통합을 이루면서 하위문
화와 지역적 거주 공간을 지니고 있었다. 이런 상황 속에서 정당들은 협의주의적
상호작용의 핵심적인 역할을 했으며 노조와 사용자단체는 사회적 파트너십 시스
템을 이루었다. 이를 통해 사회적 균열은 극복되었다. 하지만 이러한 방식은
1980년대 후반부터 글로벌화가 본격화되면서 한계를 보이기 시작했다.

1970년대에 정부 재정적자 증가, 기업이윤의 감소 등 경제위기의 징후들을
경험했던 벨기에는 1980년대 초부터 경제적·정치적 구조개혁을 단행하는 전략
을 선택했다. 그 결과는 어느 정도 성공을 이룩했다. 서유럽의 다른 모든 산업국
가들처럼 벨기에도 1970년대 중반에 오일쇼크에 따른 스태그플레이션 현상과
포드주의적 축적체제의 위기가 발생했는데 1980년대가 되어서는 더욱 경제적
위기에 대한 우려가 확산되었다. 이 때문에 1980년대와 1990년대 초반의 벨기에
는 정부, 노조, 사용자 간의 분극화가 점증했다(Hermerijck and Visser, 2000: 254~
255). 1976~86년 기간에 중앙 차원의 협약이 이루어지지 못했는데 이것은 사회
적 파트너들 간의 긴장이 있었음을 말해주고 있다. 1986년부터 노동과 자본 간의
협상이 재개되었지만 1994년까지의 중앙협약은 내용에 있어 한계를 드러냈다.
사회적 파트너들 간의 합의가 결여되었기 때문에 정부는 기술관료적 규제에 의
한 임금협상, 사회보장, 노동시장 정책에 관여했다.

그러나 세 가지 요인이 1990년대 초반 정부정책에 어두운 그림자를 던졌다
(Jones, 2002: 96~97). 우선 1991년 3월 노조 지도자들이 1980년대에 추진했던
정부의 거시경제 구조조정정책을 디자인하고 실행하는 데에 적극적인 역할을
했다는 사실이 공개되었다. 이를 계기로 1991년 11월 총선에서 노조와 연계된

전통적인 정당들의 지지가 잠식되었으며 세 균열축의 후보자들의 9% 정도가 당선에서 탈락했다. 둘째, 플란더스 지역의 자유당은 지역적·반협의주의적· 반사회적 파트너십 운동으로서 급진적 정치개혁을 시도하고자 했다. 그것은 1991년 11월 총선 직후 시작되었다. 그 시도가 여의치 않았을 때 플란더스 자유당은 플란더스 지역의 군소정당인 민족통일당과 제휴하여 협의주의를 다원주의로, 사회적 파트너십을 효율적인 시장경제로 대체하는 정치개혁을 추진하고자 했다. 셋째, 유럽경제의 하강국면이 벨기에 경제의 위축을 가져왔다. 1990년대 초의 경기침체는 정부로 하여금 임금인상 자제를 강제하는 권한을 행사토록 했다. 이러한 시도는 노조의 반발을 불러일으켰다. 그러나 노조 지도자들은 정부의 정책을 수용할 수밖에 없다는 사실을 인정했다(Jones, 1995: 160~162).

뿐만 아니라 경기침체는 국가부채를 더욱 악화시켰다. 저성장, 고실업의 상황에서 복지국가 개혁이 정치적 어젠다의 우선순위로 부상했다. 따라서 노조와 정당들 간의 관계에 긴장이 고조되었다. 1995년 총선의 결과로 들어선 중도좌파 연정은 기업의 경쟁력 및 수익성을 중시했으며 투자를 지속시키기 위해 점점 노동시장에 직접적인 개입을 시도했다. 한편, 정치적 담론이 복지국가 개혁과 정치개혁의 필요성에 맞추어졌다. 이와 함께 벨기에의 EMU에 가입 준비도 복지국가 개혁을 요구하는 동시에 능력국가(enabling state)의 입법화를 재촉하는 객관적 조건이었다.

자유당은 복지제도의 운영에서 기능적 이익집단의 대표들의 역할과 사회복지 제도에 내재하는 지역 간의 자원 이전을 반대하는 전략을 가졌다. 1999년 총선에서 그러한 전략이 실효를 보게 되었다. 자유당은 기민당-사회당의 연정의 의석을 잠식했을 뿐만 아니라 플란더스 지역에서 가장 강력한 정당인 기민당을 정부구성에서 배제했다. 이에 따라 벨기에의 운명은 변화의 추동력을 타고 있는 듯하다 (Jones, 2002: 101).

이런 상황에서 2003년 총선에서 제기된 주요 이슈는 세제개혁, 조세제도의 공정성, 조세인하의 적정성 여부, 일자리 창출, 연금 및 사회보장제의 개혁, 이민 문제, 비유럽연합 이민의 투표권, 치안, 사법제도의 개혁, 경찰개혁, 교통안전, 핵에너지 포기 등으로 표출되었다. 선거 후 연정전략에 대해서도 열띤 논쟁이 있었다. 중앙정부의 권한을 지방정부로 넘기는 추가적인 권한 이양문제도 핵심 이슈였다(Fitzmaurice, 2004: 152). 대부분의 이러한 사회경제적 · 정치적 이슈들은 정치를 정당과 정치인들의 엘리트주의로부터 분리시킴으로써 일반 시민들의 현실적이고 실제적인 관심과 밀접한 관련이 있는 사항들이었다. 이런 반엘리트주의적 기류는 사회적 파트너십에 대한 도전일 수 있다. 왜냐하면 사회적 파트너십은 기본적으로 엘리트주의에 기초하고 있기 때문이다.

그러나 2003년에 총선에서 연정에 참여하는 6개의 정당들에 대한 전반적인 지지도는 1999년 총선에 비해 약간 상승했다. 그리고 선거결과는 전통적인 정치적 가족에 대한 지지도가 다시 집중되는 현상을 보였다. 특히 사회주의 정당은 득표력에서 자유주의 정당을 앞질렀다. 이러한 선거 결과가 벨기에 사회적 파트너십에 대해 갖는 함의가 무엇인지 아직은 예단하기 어렵다.

3) 임금협상에의 정부개입 점증

벨기에는 지역적으로 언어, 종교, 정당이 다르고 서유럽의 다른 나라들보다 상대적으로 노조의 영향력이 크기 때문에 분열의 가능성이 아주 높은 사회이다. 사회적 균열은 종교세력과 정당들의 합의제 정치, 그리고 자본가와 노동자가 사회복지를 공동으로 결정하는 사회적 파트너십 시스템으로 극복되었다. 하지만 이러한 방식은 1970년대까지 비교적 잘 운영되었지만 1980년대부터 글로벌화가 현실화되면서 한계를 보이기 시작했다. 이런 상황에서 벨기에가 선택한 전략은 정부가 임금문제를 비롯한 사회복지문제에 직접 관여하는 것뿐만 아니라 사회적 분배를 둘러싼 양극화 현상을 축소하는 것이었다.

무엇보다도 정부는 임금결정에 개입함으로써 사회적 파트너들의 자율성을 제한했다(Vandaele, 2004: 52~53). 정부가 케인즈주의 패러다임을 철회함으로써 정부와 사회적 파트너들의 관계에 전환점이 발생한 것이다. 여러 결정이 이러한 패러다임의 전환을 설명해 준다. 어려운 경제상황에서 1982년 정부는 벨기에 프랑의 평가절하를 8.5% 단행했다. 또한 중도우파 정부는 1982~86년에 임금결정의 토대를 규정했고 이로써 사회적 파트너들 간의 중앙협약의 체결을 통한 자유로운 임금결정은 중단되었다. 물론 1986년 새로운 중앙협약의 체결로 사회적 파트너들은 얼마간의 자율성을 다시 획득했다. 그렇지만 정부는 1989년 '기업경쟁력 수호법(Law on Safeguarding Competitiveness of Enterprises)'을 통해 여전히 주도적인 파트너 역할을 수행했다. 이 법률은 과거 패러다임과의 명백한 단절을 통해 프랑스, 독일, 영국, 네덜란드 등 주요 무역 파트너들의 임금과 경쟁력을 벤치마킹하겠다는 벨기에 정부의 의지를 나타냈다. 동시에 그 법률은 벨기에 경제의 경쟁력 위상이 위태로울 때마다 사후 정부개입을 허용했다.

실업을 줄이고 경쟁력을 제고시킬 뿐만 아니라 사회보장제도를 개혁하기 위해 정부는 1993년에 1944년의 사회협약을 갱신하려고 했지만 사회적 파트너들, 특히 사회주의 노조의 거부 때문에 실패했다. 그러나 정부는 '글로벌화 플랜(Global Plan)'을 채택하여 1995~96년 사이에 임금동결을 강제했으며 고용촉진을 위한 여러 조치들을 이행했다. 그 후 임금결정에 대한 정부개입은 중단되지 않았다. 더욱이 정부는 유럽통화연맹을 위한 마스트리히트 기준을 준수하기 위해 '고용미래 협약(Pact for the Future of the Employment)'을 발의했다.

사회주의 노조가 새로운 일자리 창출을 보장하는 아무런 조치가 없다는 이유를 들어 임금인상 자제를 거부함에 따라 정부는 '고용미래 협약' 대신에 임금규범 원칙을 도입한 '미래를 위한 플랜(Plan for the Future)'을 일방적으로 발표했다. 그리고 1996년 7월에 제정된 '고용촉진 및 경쟁력의 예방적 수호에 관한 법률 (Law on the Promotion of Employment and the Preventive Safeguarding of Competitiveness)' 은 임금협상에 관한 새로운 틀을 만들었다. 그리고 이 법률은 이른바 '임금기준' 을 설정하여 임금결정을 준비하는 데 있어 중앙경제위원회(Central Economic Council: CEC)에 중요한 역할을 부여했다. 임금기준의 결정권을 정부 산하의 소규모 기술전문가들에게 부여함으로써 임금설정의 탈분극화에 기여하도록 했다.[5] 이로써 임금에 관한 정부개입이 법적 틀에 의해 담보됨으로써 그 절정에 도달했

---

5) 벨기에 정부는 1990년대에 탈분극화를 위해 임금결정뿐만 아니라 복지국가의 여러 문제 해결을 위해서도 이러한 기술적 기구들을 설립했다. 사회적 파트너들은 이러한 기술 전문가기구로부터 배제되고 있다.

다. 임금에 대한 정부의 사후 통제가 이제 사전 통제로 바뀌진 것이다.

그 법률은 벨기에의 임금인상이 독일, 프랑스, 네덜란드 등의 평균 임금인상 이하에 머물러 있어야 한다고 규정했다. 벨기에의 가장 중요한 무역 파트너 국가들의 시간당 임금과 비교하여 CEC는 향후 2년간 사회적 파트너들에 의해 협상된 중앙협약의 임금한계선을 설정하는 책임을 졌다. 만일 사회적 파트너들이 중앙협약을 이끌어내는 데 실패하면 그 법률은 임금규범을 일방적으로 강제할 수 있는 권한을 정부에 부여했다. 매 2년마다 이루어진 노사 간의 협상은 1998년, 2000년, 2002년, 2004년에 중앙협약을 만들어냈고 그 협약들은 모두 의무적인 사회보장 기여금을 줄이는 정부의 결정에 의해 용이하게 이루어졌다. 그러므로 중앙협약의 지속 여부는 정부개입에 달려 있는 것처럼 보인다.

그러나 정부의 이런 일련의 개입 조치는 노조의 반대에도 불구하고 취해졌다. 비록 벨기에의 노동운동의 권력자원이 1970년대 중반 이래 축소되었지만 1990년대에 노조원은 크게 감소하지 않았다. 이에 힘입어 노조는 임금인상 억제가 경쟁력 제고, 경제회복, 고용증대를 위한 필요조건이라는 정부와 사용자들의 주장을 수용하지 않았다. 그 결과 경쟁력에 관한 새로운 법률의 제정에도 불구하고 임금인상 자제를 둘러싼 사회적 파트너들 간의 분쟁은 1990년대 후반에 사라지지 않았다.

5. 맺음말: 산업관계의 미래

서유럽에서 일반적으로 경제소국은 경제대국보다 경제적 성과 면에서 우월하다. 이는 특이한 정치시스템을 통해 과거의 불행한 경험으로부터 얻은 경제소국들의 학습능력 때문이다(Katzenstein, 2003). 경제적·사회적 목표를 조정하고 자본과 노동 간의 권력자원 관계에 기초한 사회적 파트너십 시스템은 특수한 자본주의의 양식으로 인식될 수 있다. 벨기에의 국가적 협소성은 국내 정치경제 행위자들에게 글로벌 시장의 충격과 도전에 적응하고 학습할 수 있는 기회를 창출하는 정치적 공간을 만들어주었다.

사회적 파트너십 시스템이 서유럽 소국들에서 부활하고 있다. 물론 거시적 수준에서 사회적 파트너십 시스템의 부활은 지속적인 성장, 완전고용을 실현했던 1960~70년대와 같이 1990년대에도 동일하게 작동하고 있다는 사실을 의미하지는 않는다. 벨기에의 경우 지역적으로 언어, 종교, 정당이 다르고 서유럽의 다른 나라들보다 노조의 영향력이 크기 때문에 분열의 가능성이 아주 높은 사회였지만 정당들의 합의제 정치, 그리고 자본가와 노동자가 사회복지를 비롯한 사회경제적 문제를 공동으로 결정하는 사회적 파트너십 시스템으로 극복되었다. 하지만 이러한 방식은 1980년대부터 글로벌화가 현실화되면서 한계를 보이기 시작했다. 이런· 상황에서 벨기에가 선택한 전략은 정부가 사회적 파트너십에 적극 개입하는 형태로 나타났다. 사회적 파트너들의 지지를 얻지 못해 정부는 1980년대와 1990년대 전반기에 임금동결을 강제해야 했다. 사용자들은 추가적인 노동시장 유연성, 노동시간 연장, 노동비용의 완화 등을 희망했다. 이런 맥락에서 벨기에에서 1980년대 후반 1990년대 이후의 사회협약은 노동비용을 완화하여 경쟁력 향상에 초점을 맞추었다. 우리는 이를 '공급중심 사회협약정치'라 칭할 수 있다. 이를 통해 노동비용을 줄이고 경제성장과 고용창출이 발생할 수 있으리라는 믿음이 있다. 그렇지만 벨기에 정당들이 합의적 제도를 작동시키는 데 힘입어 사회적 파트너들은 기능적 이익 간의 갈등조정을 지속할 것이다. 벨기에 정부도 사회적 파트너십 시스템을 통해 경제를 관리해 나갈 것이다. 실제로 이를 통해 이미 1999년 1월 벨기에는 유럽 경제통화연맹(EMU)에 가입했으며 정부는 GDP의 약 10%에 이르는 국가채무를 변제했을 뿐만 아니라 연간 산업생산량을 5% 증가시켰다.

제 5 부 │ 라틴유럽

제 11장

프랑스의 국가주도형 경제와 신자유주의 정치경제

정책협의의 작동실패와 다원주의적 갈등규제

1. 제2차 세계대전 이전의 파트너십

1) 화해 · 조정위원회, 그리고 마티뇽 협약

자본주의적 산업혁명을 경험한 프랑스는 정치적으로 일찍이 중앙집권적 틀을 구축했다. 중앙집권적 국가는 근대화 과정에서 필요한 자본조달 및 자원배분에서 주도권을 확보하여 국가주도의 발전전략을 채택했다. 따라서 다른 서유럽 국가들과 비교해 볼 때 프랑스 정부는 정책형성 및 집행에서 주도적 지위(dirigism)를 향유했다(이재승, 2004: 168~171).

국가주도형 발전전략을 추진한 결과 19세기에 프랑스에는 여러 차례 민중봉기가 발생했는데 이는 프랑스 노동운동에 두 가지 전통을 남겼다. 그 하나는 직접적인 행동을 강조하며 정부, 의회정치 및 정당정치에 대한 강한 거부감과 불신감을 표출한 무정부 노조지상주의(anarcho-syndicalism)와 강한 연관을 갖는 혁명적 전통이다.[1] 다른 하나는 그러한 반동에 저항하는 중류계급의 급진주의와 프롤레타리

---

[1] 19세기 말에서 20세기 초에 서유럽 각국의 노동운동은 대체로 노동시장 영역의 노동조합과 정치 영역의 노동자정당이란 양대 조직체계를 확립시켰고 이 두 조직 간의 유기적 협력을 통해 노동계급의 경제적 · 정치적 · 법률적 이익을 보호해 왔다. 이와' 같은 이원적인 조직체계의 성장에 저항한 이념과 실천의 결합물로서 19세기 말과 20세기 초 프랑스, 이탈리아, 스페인 등 라틴유럽 국가들의 노동운동의 강력한 한 흐름으로 형성됐던

아의 노조에 기초한 공화제의 전통이다. 그러나 이 두 조류는 제1차 세계대전 이전 노동자총연맹(CGT)의 방향으로 모아졌는데 1884년에 창립된 CGT는 2%도 안 되는 노동자들을 대표하는 소수운동이었다.[2]

　제1차 세계대전까지 프랑스의 자본주의 발전은 상대적으로 느렸고 노동운동 세력도 그렇게 강력하지 못했다. 따라서 1914년 이전 국가는 노조가 별 위협적인 존재가 아닌 것으로 인식했다. 국가는 직접적인 폭력을 사용한 것 외에 노동관계에 대한 이렇다 할 규제 장치를 발전시키지 않았다. 노동세력의 호전성은 군대를 투입하면 금방 잠재울 수 있었다(Becker, 1985: 69). 그러나 광산과 군수공장에서 발생했던 노동파업은 생산활동에 커다란 차질을 가져왔다. 이에 따라 프랑스 정부는 1차 대전 소용돌이 속에서 1917년 군수공장에 화해 및 조정위원회와

　것이 생디칼리즘이었다(김수진, 2001: 240~252). 그 특징은 첫째, 노동계급 이외의 어떠한 사회세력과도 제휴하지 않고 노동계급의 배타적 이익을 확보하기 위해 총파업을 통해 노조가 직접 관리하는 사회·경제질서를 수립하는 것이다. 둘째, 정부, 의회정치 및 정당정치에 대한 강한 거부감과 불신감을 표출했다. 왜냐하면 이들 제도는 생디칼리즘 신봉자들에게 비록 사회주의 정당이라 하더라도 노동계급의 진정한 이익을 대표하지 못한 것으로 인식됐기 때문이다. 특히 프랑스의 혁명적 생디칼리즘은 대혁명 이후 약 100년 동안 프랑스 노동자들이 겪은 정치적 시련과 좌절의 산물로서 19세기 말과 20세기 초에 프랑스 노동운동의 이념과 노선을 대표했다. 그러나 이 같은 생디칼리즘은 노동시장과 정치 영역에서의 협상과 투쟁을 전면적으로 거부하는 극도의 비합리성을 드러냈다. 그 결과 생디칼리즘은 노동운동의 조직적 역량을 결집, 강화하는 데 실패했으며 프랑스 노동운동이 정당과 협력하는 것을 지체시켰다. 지금까지 프랑스 노동운동이 서유럽 국가들 중 가장 낮은 조직률을 보여온 것은 초기 노동운동의 비현실성에서 비롯된 것이라 볼 수 있다.
2) CGT는 프랑스 노조 중에서 가장 전통이 깊다. 이 노조는 지하활동을 해오다가 1884년 합법화된다. CGT의 형성 과정에서 중요한 토대가 되었던 것은 생디칼리즘이다. 이에 따르면 노조를 지방 경제단위이자 행정단위로 간주하여 생산자가 직접 통제하는 산업정부적 사회를 이상으로 추구했다. 또한 이 노선은 정당이나 의회활동을 불신하고 총파업이라는 직접행동을 하는 혁명적 성격을 띠었다. CGT는 세 차례의 내부 분열을 경험했는데 혁명노선과 개혁노선 사이의 갈등이었다. 1947년 이후 CGT는 프랑스 공산당과의 연계를 주장하는 세력만 남게 되고 이에 반대하고 단체협약에 의한 개혁을 주장하는 FO로 분리, 독자적 노조를 결성했다.

노동자 대표 시스템을 수립했다. 많은 사용자들도 전쟁 기간 동안 기업 수준에서 협상의 실천을 받아들였다. 그러나 이러한 실험은 제한적이었으며 제도화되지 못했다. 그럼에도 불구하고 노사 관계를 현대화하기 위한 이러한 전시 시도는 장기적으로 영향을 미쳤다. 많은 CGT 지도자들은 국가의 주요한 정책결정 과정에 참여할 수 있는 기회를 얻게 됨으로써 CGT는 국가와 새로운 관계를 추구했다. 1918년에 합의된 CGT의 '최소 프로그램(minimum programme)'은 향후 설립될 정책협의체에의 참석을 포함하여 전후 경제회복을 위한 노동의 역할을 규정했다. 이에 힘입어 CGT의 정책은 혁명적 노조지상주의의 계급투쟁적 호전성을 명백히 포기했다. 한편, 국가와 사용자들의 관계는 군사력 증강이 주요 에너지 부문, 금속, 차량 및 항공기 등의 생산업체를 국가 영역으로 끌어들이면서 중대한 변화를 겪었다. 1919년에 통상산업부는 사용자연맹과 결사체들을 초대하여 정상조직을 결성토록 했다. 국가가 대화 파트너를 필요로 함에 따라 창립된 프랑스제조업총연맹(CGPF)은 산하 구성조직들에 대해 별로 영향력을 발휘하지 못했다.[3] 그러나 CGPF는 국가를 상대로 한 로비그룹의 핵심으로 떠오르게 되었는데 이것은 1920년대 중반 들어서 좌파 정부가 사용자들에게 직접적이고 광범하게 가했던 위협에 대응했을 때부터였다.

1920년대 중반부터 들어선 중도좌파 정부들은 의사결정 과정에 보다 많은 발언권을 달라는 CGT의 일부 요구를 인정하기 시작했다. 예컨대 1925년 좌파 연립정부는 국가경제위원회(National Economic Council)라는 정책협의체를 설립했다. 그러나 좌파와 우파 사이의 이념적 대결은 프랑스의 정치지형을 양극화로 몰아갔고 노사정 공생을 어렵게 했다(Milner, 2002: 100).

'빵과 일자리'를 달라는 정치적 요구가 분출하는 가운데 1936년에 좌파정당인 인민전선(Popular Front)이 집권하게 되었다. 인민전선의 집권은 노조가 대중의 불만을 분출하는 통로로 부활했음을 의미한다. 통합좌파가 노동계급의 기대에

---

3) CGPF는 1919년 생산문제에 대한 단일 대화 파트너의 필요에 따라 구상되었고 따라서 정부에 의해 가장 대표성 있는 사용자단체로 인정되었다. 이 조직은 1940년 독일 나치에 의해 점령을 당한 후 비시 정권하에서 CGT와 함께 해산되었지만 해방 후 프랑스전국사용자평의회(CNPF)라는 명칭으로 재조직되었다.

부응하여 CGT의 조합원은 550만 명으로 급증했고 프랑스 전역에 걸쳐 파업 물결이 확산되었으며 노조는 경제정책의 결정과정에 전면으로 떠올랐다. 뿐만 아니라 인민전선의 집권하에서 이루어진 국유화 작업이 국가주도의 경제 틀을 수립하는 계기가 됐다. 그것은 철도 및 일부 금융권의 국영화로 나타났다. 이와 함께 인민전선의 경제정책은 수요중심의 경제회복에 기반했다. 세계 대공황의 여파로 노사 관계가 극도로 악화되었을 때 프랑스를 재건하기 위해 1936년 6월 레오 블룸(Léon Blum)의 중재로 사용자단체(CGPF)와 노조 대표(CGT)가 참여하는 '마티뇽 협약(L'Accord Matignon)'이 체결되었다(Milner, 2002: 101). 이 협약은 프랑스 노사정이 역사상 거의 최초로 맺은 사회협약이다. 그 내용은 임금인상, 노동시간 단축(주당 40시간 노동), 유급휴가, 그리고 선출직 노동대표제의 도입 등 기념비적인 정책을 노조에게 부여했다. 좌파 집권에 따른 이러한 조치로 인해 조성된 사회혁명적인 분위기에 놀란 사용자들은 이에 대해 아무런 대응을 하지 못했다.

인민전선 정권의 이러한 정책협의 실험은 노조, 사용자 및 국가 간의 관계에 지속적으로 영향을 미쳤다. 이 실험은 산업관계의 불안을 해소하기 위한 전국적 레벨의 정상회담의 선례가 되었다. 또한 이 실험을 통해 노조들은 자신들의 요구사항을 충족시키는 직접적인 방법이 좌파가 선거에서 승리하도록 돕는 것임을 알게 되었다. 이 실험을 계기로 사용자들은 좌파정부에 대해 본능적으로 두려움을 갖게 되었다. 그리고 그들은 자신들도 하나의 계급으로서 조직할 필요성을 갖게 되었다. 1936년에 CGPF는 국가 주도의 생산주의에서 탈피하여 내부 구조를 재조직하고 국가와의 협상에서 기업의 이익을 수호하는 데 보다 진지하게 고민하기 시작했다.

2) 권위주의적 파트너십

인민전선의 집권하에서 이루어진 국가주도의 경제 틀은 2차 대전 중 나치 점령군과 연계된 비시(Vichy) 정권(1940~44)하에서 추진된 국가의 경제관리의 의해 한층 강화되었다. 이와 더불어 노사정 관계에 있어 비시 정부는 또 다른 실험을 기도했다. 즉 권위주의적 비시 정권은 기존 사용자단체와 노조의 활동을 금지했고 강한 파시스트적 성격의 파트너십을 수립하려 했다(Milner, 2002: 101). 비시 정권의 파트너십은 프랑스 기업의 보호와 강력한 국가주의를 지향했다. 이 패러다임에 따르면 계급 간 분열은 국가이익을 위해 협력함으로써 극복될 수 있다. 1941년에 비시 정권에 의해 선언된 노동헌장(Labour Charter)은 국가의 지원을 받는 노조에 노동자들의 강제 가입을 의무화했고 노사 간에 화합을 촉진하기 위해 모든 대기업에서 작업장위원회를 설립했다. 비시 정권은 또한 노동자와 과부, 노인 등 사회 취약계층에 속하는 사람들을 위한 의료보험, 그리고 최저임금제를 도입했다.

사회화합에 대한 비시 정권의 담론은 사용자들이 추구한 온정주의와 이념적으로 밀접한 연계를 가졌다. 이는 노동자들을 작업장에 묶어둠으로써 그들의 급진적인 요구 사항을 차단하는 데 목적이 있었다. 따라서 일부 사람들은 비시 정권을 인민전선 정권에 대한 사용자들과 지배계급의 보복으로 보았다. 이념적으로 친화성을 갖고 있는 데도 불구하고 많은 카톨릭계 사용자들은 독일 점령군과 연계되어 있는 비시 정권에 대해 등을 돌렸다. 확실히 비시 정권의 국가주의 패러다임에 기초한 권위주의적 파트너십(authoritarian partnership) 담론은 인민전선을 상징했던 노동계급의 힘을 의도적으로 억압하는 데에 모아졌다. 사용자 측에서 보면 비시 정권이 생산우선주의를 강조하는 것은 많은 대기업 사용자들의 소망과 부합했으며 권위주의적 파트너십은 계급투쟁으로부터 프랑스의 사용자들을 보호해 줄 수 있었다. 그러나 사용자들은 비시 정권이 추구하는 새로운 사회질서, 특히 작업장위원회를 수용하지 않았으며 국가에 수동적으로 협력했을 뿐이다.

비시 정권이 추진했던 파트너십은 프랑스의 정치문화 측면에서 볼 때 하나의 역사적 맥락으로 볼 수 있을지 모른다. 그러한 권위주의적 파트너십은 전쟁 이후 불신의 대상으로 전락했다. 그럼에도 불구하고 비시 정권의 권위주의적 파트너십 요소들은 전후에도 계속 그 잔영이 남아 있었다.

2. 전후 국가주도의 정책협의 실험

1) 국가경제계획위원회, 경제사회위원회, 레지스탕스국가위원회

　　인민전선 집권하의 국유화 작업, 비시 정권하에서의 국가의 경제관리를 이미 경험한 프랑스의 경제정책은 2차 대전 이후 본격적인 국가주도의 경제 틀로 진행되었다. 전후 경제정책의 주된 목표는 마셜플랜에 의한 미국 원조에 힘입어 전쟁으로 파괴된 산업시설을 복구하고 사회인프라를 확충하는 한편, 프랑스 경제를 현대화시키는 데 주어졌다. 국유화, 경제계획, 국가개입주의적 산업정책 등이 전후 프랑스 경제를 특징짓는 주요 요소이다.

　　2차 대전 직후 프랑스 정부는 2차 국유화 작업을 단행했다. 1936년 시행된 국가의 기간산업에 대한 1차 국유화를 기반으로 2차 국유화는 공공서비스, 정보통신, 금융, 에너지 등의 부문에서 추가 국유화를 실시함으로써 사회주의의 길을 걸었다. 프랑스 경제계획은 1946년 총리실 산하에 국가경제계획위원회(National Economic Planning Commissions: NEPC)를 설치하는 계기가 되었다. 경제계획은 NEPC에 사용자와 노조의 대표를 참여시키는 구조에도 불구하고 기본적으로 기술관료적이고 국가 주도적이었다(Hall, 1986: 87). 1946년부터 시작되어 수차례의 경제계획을 수립했고 국가는 이의 추진을 위한 국유화된 일반 시중은행 및 중앙은행을 통해 자원배분을 주도했다. 또한 1946년에 프랑스는 경제재건을 위해 사회의 다양한 이익집단들, 특히 국가·노동·자본이 참여하는 경제사회위원회(Economic and Social Council: ESC)를 출범시켰다. ESC는 국가의 주도적인 역할에 자문을 해주고 국가의 정책결정과 방향설정에 참여하는 형식을 띠었다.

　　국가는 1960년대부터 산업 구조조정을 위해 특정 기업 및 산업부문별로 대표적 기업을 전략적 국책사업으로 중점 육성했다. 이러한 대표기업 육성전략은 공기업 및 민간기업에서 수직적·수평적 통합을 통한 기업집중과 대형화를 가져왔다. 이 같은 국가주도의 경제는 관료집단과 민간경제 부문의 광범위한 네트워크를 통해 이뤄졌다. 경제관료들의 퇴직 후 민간기업으로의 자리 이동은 거의 정형화되었으며 이들 엘리트집단 간의 연계는 국립행정학교를 비롯한 엘리트

교육기관이라는 학연으로 가능했다.

한편, 노동자들은 독일 점령군과 비시 정권에 대한 저항에서 두드러진 역할을 수행했던 저항의 경험은 전후 조합 가입자의 수를 폭발적으로 증가시켰는데 CGT의 조합원은 500만 명에 육박했고 카톨릭계의 CFTC의 조합원도 100만 명에 이르렀다. 공산당을 포함한 좌파세력이 집권하고 레지스탕스국가위원회(National Council of the Resistance)에서 사회적 파트너십이 추진되어 CGT는 정책결정 과정에서 발언권을 얻을 준비가 되어 있는 것처럼 보였다.

레지스탕스의 이념과 사회정의를 중시하는 사회분위기가 고조되는 가운데 기독교민주의도 비시 정권과 연계하여 불신을 샀던 국수주의적 우경화에서 탈피하여 좌파 쪽으로 기울어졌다. 프랑스의 역사상 처음으로 기독교민주당이 탄생했으며 전후 신공화당(MRP)과 강력한 연계를 맺었다. MRP는 국유화, 경제계획 및 복지국가를 지지했다. 그 당시 MRP는 CFTC와 긴밀한 관계를 가졌고 카톨릭 신자들이 거주하는 지역에서 상당히 많은 노동계급의 지지를 받았다. 그러나 MRP는 1950년대에 주로 공산주의에 대한 두려움 때문에 우경화의 길을 걷는다.

레지스탕스국가위원회의 프로그램은 당시 경제정책 결정의 토대를 규정했다 (Milner, 2002: 103). 그 프로그램은 실질적 · 사회경제적 민주주의의 확립, 봉건적 기득권의 청산, 개인 이익보다 사회 전체의 이익을 우선시하는 합리적 경제의 조직, 생산에 참여한 모든 주체들의 대표와 협의 후 국가에 의해 작성된 계획에 따라 생산활동의 강화, 에너지 · 광물 · 보험회사 · 주요 은행 등의 모든 주요 생산 수단의 국유화, 협동조합의 지지, 경영과 행정 기능에 대한 노동자들의 접근권, 그리고 경제적 정책결정에의 노동자들의 참여 등을 포함했다. 실제로 레지스탕스국가위원회는 그와 같은 프로그램을 추진하는 노사정 정책협의를 의미했다. 기업 내에서 노동자들의 협의권은 선출직 작업장위원회의 형태를 띠었다.[4]

---

4) 그 밖에 단위기업 내에서 노동자의 권익이 대표되는 장치는 매우 다원적이어서 이 다원성 자체가 협상의 성공 가능성을 역설적으로 저해했다(최종철, 1994: 150~152). 우선 기업위원회는 1946년 입법에 의해 창설되었는데 그 주요 권한은 기업의 사회(복지)사업을 통제하고 경제적 · 기술적 사안(직업교육, 고용, 투자)에 대해서 사용자와 협의할 수 있다. 그러나 CE의 기업에 대한 제안은 아무런 구속력을 갖지 못했다. 종업원 대표는

1958년 탄생된 드골(de Gaulle)의 제5공화국은 제4공화국의 협의기구인 국가경제계획위원회(NEPC)를 그대로 유지했다. 그러나 국가이익의 담론이 행정부 내에서 구체화되었고 정당과 이익집단은 국가통합을 저해하는 것으로 여겨졌다. 기술관료적 기획은 협의의 절차를 포함했으나 행정부, 특히 1962년 이후는 대통령이 결정을 주도했다(Milner, 2002: 106). 드골 정부의 '현대화 프로젝트'는 사용자들의 입지를 강화시키는 효과가 있었다. CGT(공산당 계열)와 프랑스민주노동자연맹(CFDT: 사회당 계열)5) 등의 두 주요 노조는 드골 우파정권이 사회개혁을 경시함에 따라 대기업의 이익을 옹호하는 국가를 상대로 직접 대립 상태에 있었다. 1960년대에 그들 노조는 NEPC의 회합을 거부했고 사회보장급여의 축소를 시도하는 국가에 대해 저항했다. 이러한 사회적 긴장은 파업으로 폭발했고 1968년 5~6월 저항운동으로 전개되었다. 이러한 사회적 저항에 당황한 드골 대통령은 어떠한 해결책도 제시하지 못하고 1969년 국민투표로 결국 하야했다. 그의 후임자인 퐁삐두(George Pompidou) 대통령은 단체교섭과 노사 양자주의를 장려함으로써 프랑스 사회관계의 현대화를 도입하고자 했다. 사용자들은 국가로부터 주도권을 찾기 위해 노사 2자주의에 기초한 새로운 사회정책을 개발하기 시작했다. 그들은 사회보험이 사회보장체제에 내재한 보편적인 분배체제로 나아가는 것을 반대했다. 사회서비스 요구가 기업이 감당키 어려운 재정부담을 가져올 것을 우려했기 때문이다. 그러나 경제계획은 사회적 파트너십 문화를 창출하지 못했는데 이는 장기간 누적된 노사 간의 불신을 해소하지 못했기 때문이다. 사용자들은 노조보다는 국가에 의존했다. 노조는 모든 이슈들이 국가와 사용자들에 의해 해결되어 왔다고 불만을 표현하면서 자신들이 준파트너로 전락한 것으로 보았다. CGT와

1936년 법에 따라 단체협약의 강제규정에 의해 창설되었다. CE가 노사공동의 이익추구를 존재 이유로 했다면 DP는 노동자들의 개인적 혹은 집단적인 권익의 요구를 경영진에게 제시하는 것이었다.

5) 민주노동총연맹(CFDT)은 기독노동총연맹(CFTC)에서 분리했다. 후자는 카톨릭 교회의 사회교리와 1891년의 교황 레오 13세의 '노동헌장(Lerum Novarum)'을 토대로 1919년 결성되었다. 그러나 CGT와의 행동 통일의 필요성이 제기되면서 '좌경화'의 길을 걷는 세력이 CFDT을 결성함에 따라 분열됐다.

FO는 사실상 1950년대부터 1981년까지 국가가 주도하는 경제계획을 거부했다.

2) 경제사회위원회의 실패와 경제의 제한적 탈계획화

노사 간의 임시 협의체인 경제사회위원회(ESC)는 법안 초안이 의회로 상정되기 전에 의회의원들이 협의하는 기구이기도 했다. 더욱이 거시경제 정책보다는 사회정책이 ESC에 맡겨지면서 ESC는 사회적 파트너들 간의 관계를 규율하는 데 관심을 가졌고 노사를 결합시켜 협력문화를 촉진하는 데 기여했다. 그러나 협의의 테마는 너무 제한적이고 국가 주도적이어서 협력이 실질적으로 진전되지 못했으며 따라서 혁명적 성향을 보인 노조들은 정부정책을 비난했다. 그 결과 프랑스에서는 1960~70년대에 정책협의 시스템이 정상적으로 작동하지 못했다.

1970년대 중반에 발생한 범세계적인 스태그플레이션 현상은 국가주도의 경제계획을 중심으로 하는 프랑스 정부의 경제정책 재편을 압박했다. 이런 상황에서 지스카르 데스탱(Giscar d'Esting) 대통령 정부(1974~81)는 탈계획화로의 정책 전환을 모색했다(이재승, 2004: 172~173). 즉 탈계획화 정책의 일환으로서 국가의 과중한 기업 지원 부담을 줄이고 이들 기업으로부터 정책자율성을 확보하고자 했다. 구체적으로 1976년 총리로 기용된 레이몽드 바르 내각의 안정화 정책은 자유시장 질서의 확립, 가격통제 철폐, 규제완화, 세금인상, 통화량 공급축소 등을 추진했으며 대외수지 균형과 프랑화 안정을 꾀했다. 기업의 자율성이 강조됐으며 노조에게는 임금인상을 억제하는 소득정책을 시행했다. 이로써 지스카르 정부하에서 계획경제 정책은 축소의 과정을 겪었다. 그러나 국가주도형 경제체제의 근본적 수정을 가져오는 수준에는 이르지 못했다. 국가는 여전히 금융부문 등 거의 모든 산업 분야에 영향력을 행사했다.

3. 정책협의 시스템의 작동 실패

1) 사회주의 정책 실험실패와 신자유주의 정책으로의 선회

1981년 대통령 선거에서 당선된 미테랑(F. Mitterrand)은 긴축정책을 종식시키 겠다는 약속과 함께 공공부문의 일자리 창출과 수요중심의 성장을 자극하겠다고 선언했다. 그 선언은 또한 1970년대 후반에 정치적 운동으로부터 작업장 중심의 전략으로 전환한 CFDT의 핵심에 부합하는 요소인 산업민주주의와 정치적 분권 화를 포함하고 있었다. 부유층의 돈을 사회로 돌리고 산업을 국유화한다는 선거 공약을 시행하려는 미테랑 좌파정부는 사용자들을 놀라게 하여 그들의 공세를 받았다. 나아가 미테랑을 중심으로 한 사회당과 공산당의 좌파연합은 그동안 우파정권하에서 형성되어 온 경제정책을 재편하고 좌파정권의 이념적 지향성을 반영한 사회주의적 정책을 구사했다. 1981년 가족보조금, 주택보조금, 장애보조 금 등을 대폭 인상했으며 실업수당, 근로시간 단축, 직업교육 강화, 부유세 신설, 경쟁력 상실한 산업의 국유화 등의 개혁 조치가 시행됐다. 재분배적 케인즈주의 에 입각한 이러한 좌파연정의 개혁 프로그램은 성장을 위한 총수요 진작에 역점 을 두고 있었다. 프랑스 좌파연정의 경제정책은 당시 영국을 비롯한 주요 국가들 의 긴축정책으로 선회하고 있는 추세와는 정반대 방향으로 길을 걸었다.

그러나 좌파연정의 개혁정책은 환율위기라는 복병을 만나 재조정의 길을 걸었 다. 환율위기는 유럽통화체제(European Monetary System: EMS)에서의 환율유지와 좌파정권의 팽창적 경제정책의 불일치에서 촉발됐다. EMS에 고정된 환율로 인해 미테랑 정부의 수차례에 걸친 프랑화의 평가절하에도 불구하고 프랑스 수출업계 는 가격경쟁력을 상실했고 대규모 경상수지 적자를 겪고 있었다. 게다가 사회주의 의 개혁정책으로 재정적자, 인플레이션이 가중됐다. 이에 따른 프랑화의 하락을 우려한 자본이탈과 투기자본의 공격은 한층 더 가시화됐다. 이런 경제 상황에서 1983년에 단행된 프랑화의 평가절하와 함께 좌파연정은 사회주의적 개혁정책을 철회하고 긴축 재정·통화정책으로 선회하기 시작했다(이재승, 2004: 176).

케인즈주의적 정책을 핵심으로 한 좌파연정의 국가주도 경제정책은 1980년대 중반부터 민영화와 개방화 정책으로 변화했다. 정부는 직접적인 경제개입을 지양하고 기업경영의 자율성을 보장하고 수익성에 기여하는 방향으로 정책목표를 수정하기 시작했다. 자본시장의 자유화, 기업통폐합이 추진됐다. 특히 좌·우 1차 동거내각(cohabitation: 1986~88)에서는 우리사주 및 일반인의 주식 보유를 확대하여 국영기업의 민영화가 이뤄졌고 2차 동거내각(1993~95)의 우파정부하에서는 민영화 정책이 1992년 마스트리히트 조약의 '경제 수렴조건(convergence criteria)'이 요구하는 재정적자 및 정부부채의 축소와 맞물려 진행됐다. '경제 수렴조건'에 부합하기 위해서는 사회보장기금의 삭감을 통한 재정적자 및 정부부채의 축소가 불가피했으나 이는 심한 반발을 불러일으켰다. 공기업의 민영화는 이러한 반발을 최소화하면서 재정적자와 정부부채 비율을 낮출 수 있는 우회적 방법이 됐다. 유럽통합하에서 산업정책의 수정은 불가피했고 개방화와 민영화의 흐름은 국가주도의 경제체제를 후퇴시켰다. 프랑스식 국가주도의 정책에서 핵심적 역할을 해온 금융부문이 자유화되었다. 왜냐하면 국가주도의 여신 및 외환관리는 국제금융시장의 팽창과 유럽경제 통합에서 제약을 받았기 때문이다. 이에 따라 1980년대 중반부터 금융시스템의 규제완화, 정부에 의한 특혜여신 폐지, 자본자유화 등이 진행됨으로써 자원배분의 효율성을 높이고자 했다. 상업은행 및 보험회사의 민영화, 주식시장의 활성화도 추진됐다.

나아가 1980년대 중반 이후 실업문제를 해소하기 위해 노동시간 단축과 파트타임 근무제를 도입했다. 1995년 출범한 쥐페(Juppé) 내각은 정부개혁, 공기업 민영화, 사회복지 지출 축소 등 일련의 신자유주의적 경제개혁을 보다 적극적으로 시도했다. EMU 가입의 선결조건인 재정적자 축소를 위해 공무원 임금동결, 세금인상, 사회복지 축소 등이 추진됐으나 쥐페 내각의 복지삭감 정책은 공공노조의 강력한 저항에 부딪혀 성공하지 못했다. 시락크(Jacques Chirac) 대통령 중심의 조스팽(Lionel Jospin) 좌파내각은 주당 35시간 근무제, 청년실업 감소 조치를 강구했다.

이와 같이 국제경제 환경하에서 프랑스는 공동정부(1986~88)에 들어서 전면적인 신자유주의로 방향을 틀었고 이런 신자유주의 정책은 1990년대에 더욱 더 촉진되었다. 과거의 통제경제(dirigisme)는 사회주의자들에 의해 재발되지 않았으며 역으로 미테랑 정부는 사회경제적 관계의 시장화를 주도했다(Schmidt, 1996: 139~140). 이로써 전통적인 국가주도주의와 신자유주의 사이에서 새로운 국가-시장 관계를 모색했다.

2) 정치적 교환 및 협약의 결여

직업훈련, 고용, 사회보장기금 관리 등과 같은 몇몇 영역에서는 전국적 수준에서의 단체협상이 일정 부분 확립되었다. 1980년대 말 이후 대부분의 협약들은 직업훈련, 연금 및 사회보장기금의 관리에 노사의 정상 조직들이 중요한 역할을 수행했다. 사회보장기금의 경우 그들은 일반적으로 수령액과 지출 수준을 조정하는 데 관심을 가졌다. 1994년 이후 직업훈련 및 고용을 촉진하는 데 목적을 둔 협약을 지향하는 경향이 나타났으며 1995년에 노사 협약은 근로시간의 단축에 관한 부처 수준의 협상의 길을 열어놓았다. 2년 후에 정리해고에 직면한 사람들, 청년, 장기 실업자들의 고용을 촉진하는 데 목적을 둔 여러 협약들이 서명되었다. 이처럼 자본과 노동의 정상 조직들은 단체협상을 통해 직업훈련, 고용, 사회보장 문제에 대해 영향력을 행사할 수 있었다.

1980년대의 이러한 사회적 파트너십은 어느 정도 신자유주의 조정정책에 대한 사민주의적 반응으로 볼 수 있을지 모른다. 그러나 사용자들은 정부의 정책결정자들과의 비공식적인 접근을 광범하게 할 수 있었던 반면, 노조는 국가주도의 다원주의적 협의과정에서 단지 일정부분의 이익만을 대표했다. 사용자들은 유연화라는 틀 속에서 단체협상과 미시경제 정책을 재편했다. 이런 상황에서 노사 2자주의는 재등장할 수 있었지만 3자 정책협의는 활성화될 가능성이 없었다.

어떤 영역에서는 국가의 개입이 사용자와 노조에 의해 요구되었다(Parsons, 2002: 112~113). 이것은 사회협약에 법적 구속력을 부여하여 협약 존속을 담보하기 위한 것이었다. 국가는 또한 법률안 통과를 위협 수단으로 하여 노조와 사용자들이 특정 쟁점들에 대한 협상을 진행하도록 압박하기도 한다. 협약이 입법화되는 것은 좁은 범위의 이슈들에 한정되고 국가와 노사 조직들의 대표 사이에 이뤄진 일반화된 정치적 교환은 별로 없었다. 실제로 임금 문제는 전국적 차원에서 협상의 대상으로 되는 일은 거의 없었고 기업 수준에서 이루어지는 주제이다. 이는 자신들에게 유리한 법률안에 대한 교환의 대가로 노조가 자본에게 어떤 것을 화답할 수 있는 능력을 감소시키는 요인이다. 전국 수준의 노조연맹이 산하 기반 조직들에 대한 통제력이 결여되어 임금 및 노동조건에 관한 협상이 분권화되거나 기업 및 사업장 단위에서 이루어지고 있다. 이를 위해 1993년에 통과된 '5년 고용법'은 기업 수준에서 연간 근무시간 산정을 허용했는데 이 법 이후 1995년 10월에 연간 노동시간 계산과 노동시간 단축을 연계시킨 업종 간 수준의 협약이 서명되었다. 그리고 1996년 7월에 통과된 로빈법(Robien Law)은 노동시간을 적어도 10% 정도 단축하여 일자리를 창출하는 기업에 대해서는 세금을 면제해 주었다.

그뿐만 아니라 정부에 의해 사회보장체제 개혁이 시도되었다. 제2차 세계대전 이후 프랑스에서 발전된 사회보장체제는 가족수당, 질병수당, 연금, 그리고 실업보험 등의 기금관리를 사용자와 노조의 정상조직에 이양했다. 1990년대 이 많은 기금들은 심각한 재정난에 직면했다. 1990년대에 서명된 많은 전국적 수준의 협약들은 이러한 기금의 균형재정에 목표를 두었지만 국가는 공공지출을 줄이기 위해 사회보장체제에 대한 통제를 증대시키려 했다. 1995년에 수상의 이름에서 유래된 '쥐페 계획(Juppé Plan)'이라고 칭해진 사회보장체제의 개혁안이 발표되었는데 이는 그해 11~12월에 1968년 이래 프랑스에서 발생했던 가장 심각한 파업 사태를 불러일으켰다. CGT와 FO는 '보장된 권리'를 방어한다는 명분으로 개혁안에 격렬히 반대했다. 이에 반해 정부는 CFDT으로부터 지지를 받았다. 결국 개혁안의 대부분은 노조의 강력한 반대에도 불구하고 1996년에 법령으로 통과되었다. 사회보장의 재정 확보에 관한 개혁 법안이 의회에서 통과됨으로써 사회보장체제에 대한 국가의 통제가 강화되었다. 이 법은 각 기금의 지출 목적을 설정했다. 기금에 대한 노조와 사용자의 통제는 약화되었고 국가통제는 보험료를 거두는 방식의 변화에 의해 강화되었다. 기금 재원 마련이 사용자와 노동자의 임금에 기초한 보험료에서 '일반적 사회보험료'를 통한 과세에 의해 충당되는 형태로 변화되었다.

정상의 사용자단체와 노조가 정부의 정책결정에 영향력 행사를 희망하는 주요

3자 정책협의체는 앞에서 언급되었듯이 ESC와 NEPC가 존재한다. 이 두 기구는 정상 사용자단체와 노조의 대표들은 물론이고 소비자단체와 같은 다른 이익집단의 대표와 정부에 의해 지명된 '자격 있는 인사'들로 구성되어 있다. ESC는 모든 법안이 의회로 이송되기 전에 자문 성격을 띤 의견을 제시한다. 전후에 설립된 NEPC는 정부의 감독을 받으면서 정부정책에 관한 합의를 끌어내는 역할을 수행한다. 지역별·부문별 위원회뿐만 아니라 특수 정책 분야(예컨대 고용) 위원회들은 NEPC의 지도를 받으며 5개년 계획을 수립한다. 그러나 이러한 정책협의체는 여전히 활성화되지는 않았으며 기본적으로 국가가 경제주체들의 정책에 대한 입장과 견해를 검증하는 정도로 제한되어 있는 상태이다(Parsons, 2002: 115). 이런 점에서 ESC와 NEPC는 진정한 정책합의를 이끌어내는 협의체라기보다는 오히려 정부가 정책을 정상 사용자단체 및 노조의 대표들에게 설명하고 통고하는 기구인 것처럼 보인다. 따라서 CGT를 비롯한 대부분의 노조는 NEPC에 의해 수립된 '경제계획'의 신자유주의적 성격을 비난하곤 했다.[6] 즉 그것은 재정권자들의 독점적 이익과 자본의 자유로운 순환을 보장하기 위해 사회적 지출, 사회적 약자의 보호, 그리고 노동자들의 권리를 희생시키고 시대에 역행하는 전략이라고 비판했다.

이러한 기구 외에도 3자 정책협의들은 임시적 형태로 진행되었는데 특히 정부가 긴급한 문제를 토의하기 위해 정부, 정상 사용자단체 및 노조의 대표들 사이에 이루어진 일시 '사회정상회담(Social Summit)'을 소집하곤 했다. 예컨대 쥐페 정부(1995~97)는 여러 차례 사회정상회담을 개최했는데 여기서 주로 청년실업, 노동시간 등의 문제를 다루었지만 어떤 구체적 합의는 이끌어내지 못했다. 조스팽 정부도 1997년 10월 사회정상회담을 활용하여 실업, 노동시간 및 임금 문제를 토의는 했지만 합의 절차 없이 법정 근로시간 주당 35시간으로 단축하는 계획안을 발표했다. 이처럼 정상 사용자단체 및 노조의 지도자들은 정부 각료들과 접촉

---

6) '10차 경제계획'이 1989년 ESC에 제출되었을 때 소수인 카톨릭계 노조연맹인 CFTC의 대표만이 지지했고 CGT와 FO는 반대했으며 CFDT는 기권했다. 그럼에도 불구하고 그 계획은 1989년 10월에 의회에서 채택되었다.

할 수 있는 특권을 가졌으며 자신들의 이해관계에 영향을 미칠지 모르는 법안이 작성될 때는 직접 대면을 통한 회합이 이루어졌으나 이는 국가가 노동이나 자본을 동원하는 수단으로 작용하는 차원이 강했다. 프랑스의 이러한 경험에 비추어 보건대 프랑스의 사회협약정치는 근본적인 한계를 드러낸다(홍태영, 2003). 다시 말하면 노사정 정책협의라고 부를 만한 정치적 교환 혹은 협약은 거의 없었다고 해도 과언이 아니다.

4. 정책협의 시스템 작동의 구조적 조건 취약

프랑스에서 정책협의 시스템 작동을 위한 구조적 조건들은 취약하다. 노조운동은 취약하고 분열되어 있으며 정상 사용자단체 또한 중앙 차원의 임금협상에 관해 탐탁하게 생각하지 않을 뿐만 아니라 정책결정의 유형으로서 정책협의를 선호하지 않는다. 대다수 정치경제 행위자들은 국가를 사회세력 간 힘의 균형 혹은 사회 전체의 이익에 따라 행동하는 조정자로 보고 있다. 이러한 틀 내에서 노조와 사용자단체들은 사회적 파트너십 개념을 선호하지 않으며 자신들의 역할은 정부를 압박하여 자신들에게 우호적으로 입법화함으로써 자신들의 특수한 이해관계를 방어하고 관철하는 것으로 보고 있다.

이러한 정향은 프랑스의 철학, 정치 및 산업역사에 깊이 뿌리박고 있다. 산업 영역에서 노조운동의 무정부 생디칼리스트적 뿌리가 존재했고 마르크스주의적 교리가 분열과 약화를 경험했으며 이는 자본주의에 대한 경제주체들의 공동관리에 반대하는 전략을 선호하는 경향으로 이어졌다. 따라서 노사정 관계를 조정하고 화해하게 하려는 시도가 정책협의의 길로 이어질 수 없었다. 노사 관계에 변화를 가져오는 촉매제는 여전히 국가로부터 나왔고 이는 종종 노사의 일방 혹은 쌍방으로부터 반대에 직면하기도 했다.

그뿐만 아니라 정치 영역에서 국가 우위의 개념은 적어도 1789년 시민혁명으로까지 거슬러 올라간다. 실제로 루소는 자신의 『사회계약론(The Social Contract)』에서 인민의 '일반의지' 개념을 통해 국가의 개념을 설명했다. 그의 사회계약론은 국가를 개인적 이해관계의 조정자 역할을 하는 존재로 본 데 반해, 국가와 시민을 매개하는 이익단체들은 특수한 부문이익의 증진을 통해 일반의지를 훼손 시키는 존재로 의심했다. 비드골주의 우파 측은 국가를 개인적 자유의 보장자로 보는 반면에, 드골주의자들은 전통적으로 국가가 인민의 '일반의지'를 구체화하 는 존재라는 점을 강조했다. 이러한 가치체계의 어느 것도 국가의 거시 사회경제 적 관리에 대해 사회적 파트너들이 개입할 수 있는 충분한 공간을 허용하지 않았다(Parsons, 2002: 121). 실제로 이러한 관점은 정부가 지향하는 기술관료적, 능력우선주의적 관행에 의해 보강된다.[7]

이런 맥락에서 프랑스에서 정책협의 시스템의 정상적 작동을 구조적으로 방해 했던 요인들을 살펴볼 수 있다(Parsons, 2002: 121~122). 우선 전후 대부분 노조운 동은 이념적으로 공산주의 성향의 노동조합총연맹(CGT), 사회주의 성향의 프랑 스민주노동자연맹(CFDT), 비정치적 노동자의 힘(FO) 등으로 분열되었다. 특히 CFDT와 CGT 사이는 연대의 시기도 있었지만 분열이 일상적이었다. 프랑스의 노조 가입률은 서유럽 국가 중에서 가장 낮은 10% 안팎에 머물러 있으며 사용자 와의 단체교섭 과정에서 CGT, CFDT, FO 등 같은 전국 조직을 갖는 노조들이 대표권을 갖고 사용자와 협상한다. 이러한 구도하에서 노동은 자본과 국가를 상대로 해 효과적인 협상력을 갖지 못한다. 노동의 분열로 인해 국가의 주도적 역할은 더욱 강화됐다. 또한 전통적으로 프랑스의 노동세력은 정치적으로 분열 되어 노동운동과 정당이 유기적으로 연계되지 못함으로써 동원력과 결집력에서 열세를 보였다. 특히 최대 노동조직인 CGT(육체노동자)와 FO(사무직 노동자)는 정치적으로 무관심하여 좌파정당들과 긴밀한 정치적 협력관계를 구축하지 않았 다. CGT가 공산당과 긴밀한 관계를 가진 경우도 없지는 않지만 실제로 프랑스의 모든 주요 노조들은 자신들의 내부 규정을 통해 지속적으로 국가와 정당들로부 터 독립을 선언했다. 요컨대 프랑스 사회협약정치의 한계는 노동운동의 조직력 이나 정치력이 결여되어 있다는 점에서 찾을 수 있다. 한편, 사용자 측도 프랑스

---

7) 이를 위해 프랑스에서 고도의 경쟁적 교육체계(예컨대 Ecole Nationale d'Administration) 는 정치 및 행정엘리트의 선발과 충원에서 중요한 역할을 한다.

사용자총협회(CNPF)이라는 정상조직을 가졌지만 역시 대기업과 중소기업 간에 분열이 두드러졌다. 중소기업들은 자신을 대표할 수 있는 중소기업사용자전국연맹(CGPME)라는 조직을 갖고 있다.

그뿐만 아니라 노사 양쪽은 자신의 산하 기반 조직에 대한 통제력이 약했다. 이런 상황에서 전국적 수준의 노사정 정책협의는 구조적으로 사실상 작동하기 힘들었다. 합의가 있었다면 그것은 예외적인 사례이고 노사 갈등과 국가중재 양상이 보편적인 현상이었다(Lane, 1994: 185~192). 물론 앞에서 언급했듯이 노조와 사용자단체는 이론적 차원에서 볼 때 일상적인 로비활동을 통해서 뿐만 아니라 단체교섭과 사회보장기금의 관리를 통해 국가 수준의 정책과정에 개입한 사례는 있다. 1990년대에 이러한 활동은 대통령과 의회 다수당이 교체되는 상황 속에서 발생했다. 그러나 프랑스 근대사 속에서 형성되기 시작한 사회의 저항적 전통은 전후 노사 관계에 투영되어 노사 간에 협상의 에토스가 뿌리내리기가 어려웠다. 사용자들과 국가도 오랫동안 기업 내 노조발전을 억제함으로써 노사분규 협상보다 파업으로 비화되는 것이 일반적이었다. 특히 만성적으로 교통, 교육 등의 부문에서 전국적인 파업과 마비상태가 빈번했다.

한 걸음 나아가 정책협의 관행에 관한 프랑스 정치경제 주체들의 태도와 인식은 기본적으로 부정적이거나 미온적이었다. 사회적 파트너십의 사고는 사회적 파트너들에 의해 거부되었다. 우선 CNPF를 비롯한 사용자단체들은 협상의 분권화·분산화 경향을 선호하면서 기업이 필요로 하는 유연화를 강조했으며 글로벌 시장에서 산업경쟁력을 위해 경제적·사회적 관리에 있어서 신자유주의적 해법을 주장했다. 그들은 또한 노동시간, 임금 및 고용을 다루는 협상에서 전국적·부문별 협상의 일반화를 권장하는 데 목적을 둔 제안에 동의하지 않았다. 왜냐하면 그러한 제안은 국제경쟁의 상황에서 기업들이 필요로 하는 경영의 자유와 양립하지 않기 때문이다. 심지어 노동과의 적대적 관계에서 기업 수준의 협상으로 방향을 전환하면 이것이 노조를 정당화하고 기업경영권을 침해하지 않을까 우려했다.

CGT와 FO 등의 노조들도 임금 노동자들의 권리를 방어하기 위해 정책협의를 진지하게 고려하지 않는 것은 사용자단체들과 맥을 같이 했다. 그들은 임금 노동자들의 권리는 노조가 사용자 단체와 국가로부터 독립을 유지할 때 달성될 수 있는 것으로 본다. 국가행위와 법률은 노사 간 역학관계를 반영하는 결과이고 따라서 노조의 역할은 노동자들의 처지를 개선하기 위해 노동자의 요구를 입법화하는 데 필요한 힘의 균형을 실현하는 노력을 경주해야 한다는 것이 그들의 사고였다. 거시적·국가적 수준에서 사회경제적 정책협의 과정은 노조가 관여할 주요 기능이 아닌 것으로 인식했다. 왜냐하면 그들이 생각하는 노조의 기능은 임금 노동자들의 이익을 방어하는 데 한정되며 자본주의에 대한 공동 책임은 포함되지 않기 때문이다. FO의 경우도 국가경영과 일반이익의 실현은 정당들의 책임이며 임금 노동자들의 이익을 방위하는 것이 노조의 유일한 역할로 인식했다. 그러므로 FO는 정책협의적 관행을 선호하지 않았다.

이러한 정책협의에 대한 인식은 프랑스에서 좌파를 비롯한 주요 정당들에 의해서도 받아들여졌다. 사회당에게 국가는 미래를 대비하고 사회 전반의 이익을 보장하는 데 책임을 지고 있다. 사회적 당사자들은 자신들의 이익을 위해 협상할 책임만이 있으며 국민의 정당한 대표에게 위임하는 보편적 참정권을 뛰어넘어서는 안 되는 것으로 인식했다. 1994년 사회당 전당대회에서 조스팽은 노조를 정부의 대화 파트너로 보았지만 노조의 역할은 임금과 노동시장 관련 이슈들을 협의하고 협상하는 것에 한정하는 것으로 인식했다. 그는 경제 영역에서 정책의 우선순위와 목표를 결정하는 것은 정치권력의 의무로 인식했다. 이와 유사한 맥락에서 공산당도 선출직 대표자들의 정책결정 과정을 돕기 위한 수단으로서 3자 협의를 요구했다.

정책협의에 대한 이러한 좌파정당들의 인식과 태도는 우파정당들에게도 좌파정당과의 이념적 차별성에도 불구하고 비슷하게 나타났다. 그들은 경제적 글로벌화와 국제적 경쟁이 증대되는 상황 속에서 국가의 개입이 축소되어야 한다고 주장하지만 국가를 사회 전체의 이익을 구현하는 존재로 보는 관점을 좌파정당들과 공유했다. 사회적·경제적 어젠다를 협의하는 데 사회적 파트너들의 역할은 인정되지만 이것이 사회 및 경제정책에 관한 국가적 수준의 정책협의를 의미하는 것은 아니다. 사회 및 경제정책 결정 및 집행은 오로지 국가에 귀속된 것으로 인식했다. 실제로 1970년대 말 이래 정책정강과 실천의 측면에서 우파정당들은 경제·재정·노동시장 등의 영역에서 탈규제와 분권화라는 신자유주의적 논리를 추구하여 기업들로 하여금 시장변화에 신속하게 대응토록 했다. 이러한 컨셉 속에서 국가는 사회안정 보장, 사회적 정의 시스템, 지역적 결속을 위한 기획, 그리고 이민정책 결정 등의 필수적 역할을 수행하는 것에만 국한되어야 한다는 것이다. 드골주의 우파에게 이익집단은 개인과 국가 사이의 매개기구를 만들어 '사회 전체의 이익'을 훼손하는 것으로 비쳤다.

1990년대 이후 상황 전개도 이상과 같은 측면의 역사의 무게를 뒤집는 것으로 보이지는 않는다(Parsons, 2002: 121). 첫째, 단체협상의 분권화가 신자유주의적인 경제 및 노동시장 정책과 나란히 진행되고 있다. 공산당 계열의 CGT와 FO는 이러한 추세를 맹렬히 비판하고 있다. 사용자들은 특히 임금과 관련된 사회적 부담으로 기업이 신규인력 충원을 줄이고 고금리가 투자를 막는 걸림돌로 되고 있다고 정부의 정책을 상당히 비판했지만 그들은 분권화된 형태의 사회적·경제적 규제완화를 선호하고 있는 것만은 의심의 여지가 없다. 둘째, 5% 미만의 근로자가 가입해 있는 CFDT는 최근 제한된 형태의 정책협의를 선호하는 주장을 했지만 아직 프랑스의 가장 강력한 노조인 CGT는 정책협의 시스템을 지향하는 어떤 움직임도 강력히 반대하고 있다. 더욱이 이러한 경향은 커다란 내부 반발을 불러일으켰는데 공공부문에서 SUD라는 경쟁 노조의 탄생으로 절정에 달했다. 반면에 1990년대에 포괄단체 아래에 다른 자율적 조직들이 등장함에 따라 프랑스 노조운동은 이전보다 더욱 분열 양상을 보이고 있다. 이는 노조가 전국적 수준의 정책결정에 개입할 수 있는 능력을 저해하는 요인이다. 그뿐만 아니라 다른 사회운동이 노조의 영역을 침해하고 있다. 특히 1998년에 실업자들이 지방 정부 청사를 점령하여 자신들이 처한 곤경을 알리고 정부로부터 양보를 끌어내고자 했다. 셋째, 앞에서 언급했듯이 사회보장의 영역에서 국가는 여러 사회보장 기금의 재정적자가 누적됨에 따라 재정지출을 통제하기 위한 개입을 증가시키고 있다. 이는 제2차 세계대전 이후 사회적 파트너들이 중요한 역할을 해왔던 영역에서 그 역할이 축소되고 있음을 의미한다. 게다가 민간 연금기금의 설치에 관한 입법화의 개연성과 같은 앞으로의 전개 양상은 노조와 사용자단체 양자의 규제 및 관리 공간을 가일층 축소할 것이다.

5. 맺음말: 다원주의적 갈등규제

프랑스의 국가주도형 경제는 단순히 경제정책 차원을 넘어 국가-사회관계를 규정하는 정치적 특성을 보였다. 말하자면 국가는 전통적으로 사회관계를 규제하는 데 지배적 역할을 수행했다. 특히 노사 관계에 대한 중재자로서 국가의 개입이 사용자와 노조의 조직력을 약화시키는 악순환이 전개되었다. 국가의 강력한 통제는 사회적 파트너십이 활성화될 여지를 허용하지 않았으며 전투적 활동이 노조가 선택할 수 있는 더 쉬운 방법으로 만들어놓았다. 물론 프랑스의 정치경제 운용에서 합의주의적 요소가 전적으로 배제된 것만은 아니다. 사회적 파트너십의 담론과 제도는 사회통합이 필요한 국가적 위기 시에 전면에 등장했다. 예컨대 전쟁을 경험하면서 정책협의 필요성과 정당성이 제기되었다. 그것은 생산주의와 국가통합의 담론 등으로 나타났다. 이것은 전쟁 경험은 정책협의에 유리한 기초적 구조와 가치를 생성할 수 있는 관성이 있다는 점을 시사해 준다. 그러나 정책협의 시스템은 정착하지 못하고 쉽게 소멸되었다. 설령 정책협의 시스템이 작동한다고 하더라도 곧장 국가 영역에 흡수되곤 했다. 노사 자율에 기초한 단체협상도 전혀 없지 않았지만 정책협의는 글로벌 시장과 유럽통합과 같은 특수한 정치경제적 상황에 대처하기 위해 그것도 다분히 국가 주도적으로 전개되었던 것이 고작이었다.

이처럼 프랑스에서 정책협의의 수준이 낮은 것은 분명하다. 이에 대한 몇 가지 이유를 확인할 수 있다. 19~20세기 내내 사회적 파트너십 문화의 형성을 방해하는 강력한 국가 중심적인 정치문화의 경향뿐만 아니라 불균형적인 산업화, 앙시앙 레짐(Ancien Régime)으로까지 거슬러 올라가는 중간 결사체에 대한 불신 등이 그 이유들이다. 프랑스가 보여준 이념적 양극화(기술관료주의, 사회카톨릭주의, 사회민주주의)도 정책협의에 유리한 정치적 흐름을 저해했다. 이러한 이념적 양극화는 결국 보다 권위주의적 형태로 경도되는 양상을 보였다. 무엇보다도 사회적 파트너들 간의 관계는 신뢰의 수준이 낮으며 노동과 경영진은 인식에 있어 단절의 강이 흘러왔다. 동시에 노조와 사용자들은 국가를 불신하고 자신들의 자율성을 수호하려고 했다. 때때로 이것은 사회적 파트너들 간에 일시적 연대를 가져오기도 했지만 노조와 사용자들 사이의 근본적인 불협화음으로 인해 그러한 연대는 장기적으로 지속하지 못했다. 노사 쌍방은 상대방의 정당성을 인정하고 협상문화를 실천하는 풍토가 대체로 결여되었고 국가개입 및 입법을 통해서 노사관계가 규제되기를 추구했다.

프랑스의 정치경제 운용 틀은 1980년대 후반 이후 글로벌 시장과 유럽경제통합에 따라 국가주도형 경제의 틀에서 신자유주의적 정책으로 일련의 재편과정을 겪었다. 향후 타협과 협상을 필요로 하는 어려운 선택에 관한 변화의 동기와발상은 사회적 파트너들의 자발적인 상호작용에서보다는 국가로부터 나올 가능성이 높다. 대부분의 노조운동은 자신들의 기존 '보장된 권리'를 보호하기 위한명분으로 어떤 정례화된 정치적 교환에 반발할 것이다. 사용자단체들 또한 생산유연성을 명분으로 여전히 전국적 수준의 어떤 정치적 교환에도 부정적이다. 따라서 국가가 인민의 의지를 구체화시키는 정통성을 갖는 존재로 그 지위를수호하는 가운데 정책협의보다는 이른바 다원주의적 갈등규제(pluralist conflict regulation)가 향후 프랑스의 공공정책 결정을 특징지을 수 있을 것으로 예상된다.

제 12장
이탈리아의 정치경제와 정책협의

갈등과 협력의 교차

1. 국가산업동원위원회, 교황칙령, 그리고 파시스트적 파트너십

19세기 후반에 통일된 근대국가를 수립했던 이탈리아는 19세기 말 10여 년 동안 산업의 급격한 팽창기에 접어들었다. 이 무렵 1906년 노동총동맹(CGL)이 창설되었는데 이는 매우 갈등적이고 반자본주의적 성향을 드러냈다. 이에 맞서 1910년에 결성된 사용자총연합(Confindustria)은 노사 갈등을 종식시키기 위해서는 노동자들의 전투성을 억압함으로써만이 가능하다는 인식을 갖고 있었다. 이런 상황에서 사회적 파트너십이 작동할 여지는 없었다.

이탈리아는 1915년 독일과 오스트리아를 상대로 하는 전쟁에 돌입했다. 전쟁 기간 동안 산업가들은 국가적 의무감을 갖고 국가와의 관계를 돈독히 하면서 계획생산과 전시 물자 공급에 참여했다. 이에 따라 노조는 산업가들과 국가에 의해 주도되는 현실 상황 속에서 협의에 관여하지 않을 수 없었다. 3자 정책협의는 로마에 본부를 두고 전국에 11개의 지역위원회를 보유한 국가산업동원위원회(National Committee for Industrial Mobilization: NCIM)를 통해 진행됐다. 정부로부터 권한을 부여받은 노조 및 사용자의 대표들로 구성된 이 위원회는 전체적인 산업 동원 체제를 운영했다. 즉 전시 물자 및 탄약 생산을 조정했고 임금, 고용, 해고, 공장 간 인사이동, 청년 및 여성 노동문제 등과 관련된 모든 결정을 내렸다. 그러나 이 시스템은 파업 금지와 공장에서의 군대식 규율 등 노동력에 대한 엄격한 통제 속에서 운영되었다.

카톨릭 운동의 역할은 파시스트 정권 이전의 이탈리아에서 미미했지만 그 몇 가지 원칙은 제2차 세계대전 이후 발전에 관계가 있기 때문에 노동운동의 카톨릭적 요소에 주목하는 것은 의미가 있다. 근대 카톨릭 사회사상의 기원은 1891년 레오 13세(Leo XIII)의 레룸 노바룸(Rerum Novarum)의 칙령이다. 이 칙령의 주요 특징은 노동계급을 옹호한 것으로 나타났는데 그것은 화합적인 사회적 틀 속에서 노동계급의 조직에 대한 개방적인 사고이다. 바꾸어 말하면 "계급이 다른 계급에 적대적이라고 상정하는 것은 크게 잘못된 것이다. …… 노동 없이 자본은 존재할 수 없고 자본 없이 노동은 존재할 수 없다. 화합은 질서와 아름다움을 낳는 반면, 갈등은 필연적으로 야만과 혼란으로 이어진다"는 것이다(Bedani, 2002: 193).

이러한 명제에 기초한 카톨릭 사회운동의 화합의 전통은 중세에 발생했던 사회적 합의주의(social corporatism)의 부활로 발전했다. 사회적 합의주의의 부활로 모든 계급은 모든 형태의 사회적 갈등을 완화할 목적으로 질서를 갖춘 제도적 틀로 조직되었다. 유연한 합의주의(flexible corporatism)를 제창했던 이탈리아카톨릭노동자연맹(CIL)의 지도부는 프롤레타리아가 조합을 통해 '질서 있는 계급(ordered class)'이 될 수 있으며 영원한 집단적 대표를 통해 산업화에서 파생되는 분열의 위험에 대응할 수 있는 계급이 될 수 있는 것으로 인식했다.

노동계급을 하나의 자율적인 사회적 범주로 보는 카톨릭 개념은 제1차 세계대전 이후 이탈리아에 등장한 전체주의적 통합을 노리는 파시스트의 시도 속에서도 연면히 이어졌다. 이탈리아 카톨릭계는 파시즘에 결코 동화되지 않았다. 예컨대 카톨릭 노조인 CIL의 지도부는 파시즘에 대해 사회주의자들보다 더 저항적인 태도를 보이면서 파시즘적 합의주의(fascist corporatism)를 맹렬히 비판했다.[1]

---

1) 이탈리아 사회주의 운동의 탄생은 북부의 산업발전에 따라 노동계급이 팽창되는 상황에서 발생했다. 이러한 사회주의 운동은 1920년대 초에 그람시(A. Gramsci)에 의해 공산당 창당으로 발전했다. 사회주의의 정치세력화에 대항하는 극우 민족주의의 대표적인 파시스트들은 국내적으로 성장하는 노동계급에 대항하고 해외시장을 확보하고자 하는 산업자본가들, 대외팽창을 추구하는 군국주의자들의 지지를 받았다. 사회주의의 정치세력화는 또한 카톨릭 세력의 성장과 분열을 촉진했다. 그중 진보세력은 국민당(PPI)으로 결집

무솔리니의 파시스트 정권은 국가개입 정책으로 이탈리아 산업구조를 대기업 중심으로 집중시켰으며 이를 위해 강력한 보호주의 정책을 지향했다. 군국주의적 대외 팽창정책에 필요한 군수물자를 생산하기 위해 중공업부문을 육성할 필요가 있었기 때문이다. 이를 효과적으로 추진하기 위해 파시스트 정권은 강제적 파트너십을 기도했다. 우선 무솔리니의 파스시트들은 1920년 자신들의 조직을 만들기 전에 혁명적 생디칼리즘(UIL: 노동조합 지상주의) 연맹을 지지했다. 이에 따라 1921년 무렵 많은 UIL 지도자들은 파시즘 대열에 합류했다. 파시스트 정권은 이들을 동원 수단으로 간주했다. 이탈리아 파시즘 체제하에서 이 같은 파트너십의 권위주의화는 우파 민족주의적 모델과 경쟁하여 대중적·혁명적 요소를 수용했다. 무솔리니의 초기 의도는 파시즘적 파트너십을 통해 국가의 소유권 없이 국가의 생산력을 국가의 통제하에 두려는 것이었다. 그러나 이탈리아 파시즘은 1933년 무렵 은행이 소유한 산업, 농업 및 부동산 회사들의 주식을 소유하기 위해 공기업인 산업재건공사(Institute for Industrial Reconstruction: IIR)의 설립을 통해 국가산업을 장악, 통제했다.

IIR의 발족 이후 산업가들과 정부의 접촉은 빈번했다. 1930년대 초 이후 정부와 사용자연합은 대기업 그룹의 발전과 산업의 여러 분야에서 컨소시엄의 설립에 관심을 돌렸다. 이로써 대규모 기업집중이 발생했다. 따라서 국가와 자본은 협력이라기보다는 유착이 형성되었는데 이 속에서 정부와 사용자들은 파트너십에 관한 사탕발림을 늘어놓으면서 외국과의 거래에서 공통의 이해관계가 있는 경우 상호 이득을 챙길 수 있었다. 경제적 정책결정의 중심은 정치권력과 정당과 밀접히 연계돼 있는 '자본주의적 과두세력'의 수중에 있었다. 결국 이탈리아 파시스트적 파트너십은 노동력을 권위주의적으로 통제하는 한편, 정권과 사용자 간의 공동 의사결정이라는 혼합물이었다(Bedani, 2002: 196).

하여 반파시스트 전선에 가담한 반면에, 교황청은 파시스트 정권과 타협했다. 바티칸은 파시스트 정권을 합법적인 권력체제로 정당화한 대신 카톨릭을 국교화하고 바티칸 시를 독립주권 영역으로 보장받았다.

2. 국가개입과 수출드라이브: 권위주의적 노사 관계

제2차 세계대전 후 이탈리아 경제는 파시스트 정권하의 보호주의 정책을 철회하고 수출주도의 개방체제를 지향했으며 특히 유럽경제로의 통합을 강화했다. 전후 시장경제에 대한 사회 전반적인 합의가 존재했다. 국가와 경제의 관계에 대한 이론적 논쟁이 국가개입주의와 자유주의의 대치로 나타났지만 파시즘에 대한 반발과 거부감으로 인해 자유주의이론이 더 우위를 보였다. 따라서 이탈리아는 다른 서유럽 국가들처럼 재정정책을 수단으로 한 케인즈주의 정책을 본격적으로 추진하지는 않았다. 그렇지만 이탈리아는 국가의 경제개입 전통이 강하고 파시즘 유산으로 서유럽에서 가장 큰 공공부문 경제를 갖고 있었다. 물론 이러한 유형의 국가개입은 국가가 경제계획을 수립해 이끌어가는 프랑스의 '국가주도'와는 구별돼야 한다(김학노, 2004b: 364). 왜냐하면 이탈리아 정부는 프랑스 정부에 비해 권한이 제한되어 있고 정책결정 과정에서 다양한 사회세력의 압력에서 자유롭지 못했기 때문이다.

국가개입과 수출주도 전략에 기초한 이탈리아 경제는 1950년대 후반부터 1960년대 중반에 사이에 연평균 6%를 상회하는 기적적인 성장률을 기록했다. 이 시기 경제성장은 주로 밀라노, 토리노, 제노바 등의 북부 산업지대의 대규모 제조업 중심으로 진행됐다. 그러나 이 시기 수출주도의 이탈리아 경제의 국제경쟁력은 기술혁신이라기보다는 저임금에 기초한 가격경쟁력에 근거한 것이다. 저임금은 시장논리에 의한 결과라기보다는 사회적·정치적 상황의 반영이었다. 저임금 정책이 가능했던 것은 남부 농촌지역에서 북부 산업지대로 이동한 값싼 노동력이 풍부했고 정부에 의한 저임금 정책이 구사됐기 때문이다. 동시에 정부는 IIR과 같은 공기업으로 통해 자본축적 활동에 개입했을 뿐만 아니라 통신, 철도, 도로, 공항 등의 사회간접자본에 재정투자를 적극적으로 실행함으로써 민간기업에 필요한 사회인프라를 구축했다. 이와 같은 저임금 정책과 공공부문이 고도 경제성장을 뒷받침했다.

저임금을 기반으로 한 고도 경제성장은 냉전 기간 동안 정부가 의도했던 권위주의적 노사 관계 모델에 기초했다. 정부의 반공이데올로기 정책으로 인해 좌파가 정치적으로 고립되고 노조의 임금협상력이 약화되는 상황이 조성되었다. 권위주의적 노사 관계는 노조의 분열로 더욱 강화되었다. 이탈리아에서는 1944년 2차 대전 종전 무렵 파시스트 정권이 붕괴된 직후 이탈리아노동조합총연맹(CGIL)이 결성되었다. 이 연맹의 가장 중요한 특징은 1947년까지 이탈리아를 지배했던 반파시스트 연정의 반영물이었다. CGIL의 창립 문건에 서명하는 인물들은 공산당(PCI), 기독교민주당(DC), 그리고 사회당(PSI)의 주요 인사들이었다. 말하자면 CGIL은 확고한 정치적 연합이었다. 그러나 1950년대 대부분 노동연맹들은 취약했고 분열되었으며 각각 선호 정당과 연합했다. 특히 반파시스트 연합이 붕괴되고 냉전으로 인해 이념적으로 카톨릭 진영과 공산주의 중심으로 양극화가 시작되자 CGIL은 분열했다. 즉 CGIL은 1950년 무렵에 공산당이 지지하는 CGIL(공산주의자와 사회주의자로 구성), 기민당이 지지하는 CISL(카톨릭주의자로 구성), 그리고 사민당과 공화당이 지지하는 UIL(공화주의자와 사민주의자로 구성) 등 3개의 연맹으로 분리된다.

CISL은 새로운 정체성을 모색하고 카톨릭 사회교리의 '사회화합' 운동에 의해 영향을 받으면서 사용자들과 협력하는 방향으로 경도되었다. 이 단계에서 CISL의 협력적인 자세는 동일하게 반공주의적 태도를 취했던 노조인 UIL과 더불어 CGIL를 배제하는 가운데 많은 공장 및 기업 수준의 협의를 이끌어냈다. 뿐만 아니라 기민당과 CISL의 압력으로 공기업이었던 IIR에 의해 통제된 모든 산업을 사용자총연맹(Confindustria)으로부터 분리하는 법률이 1956년 제정되었다. 이에 사용자들은 자신의 정당이 부재했고 특히 1950년대 말경에 사회주의자들을 포함한 중도좌파 정부의 등장이 예상됨에 따라 기민당의 우파와 중도 정당들과의 접촉을 강화하려고 노력했다. 그러나 CISL의 협조주의는 노동 측에게 '무장해제된 생산주의(disarmed productionism)'로 비춰졌으며 이에 바탕한 경제적 기적은 값싼 노동에 의존한 것이라는 비판을 받았다(Bedani, 2002: 198). 결과적으로 1950~60년대는 주요 노동연맹들이 분열된 운동의 교훈을 학습하는 것으로 막을 내렸다. 그렇지만 이것은 화해의 시작을 잉태하고 있었다.

3. 노동운동의 분출과 정책협의 정치

1) '뜨거운 가을'

1950~60년대에 정부의 권위주의적 노사 관계에 기반해 수출지향 산업화를 추구했던 이탈리아는 총체적 위기국면을 맞게 된다. 당시 고도 경제성장에도 불구하고 성장의 과실이 제대로 분배되지 않는 데 대한 노동자들의 불만은 1948년 이래 처음으로 3대 노동연맹이 연대하여 1969년 '뜨거운 가을(Hot Autumn)'로 일컬어지는 전국적인 총파업이 격렬하고 전투적으로 분출되었다. 총파업은 거시적으로는 1960년대 서유럽을 강타한 베트남전쟁에 대한 반전운동, 포드주의적 생상방식과 테일러주의적 노동강도에 대한 저항 등이 그 배경이 되었다. 그러나 '뜨거운 가을'의 보다 직접적 원인은 전후 20여 년간 급속한 경제성장을 이룩해온 이탈리아 경제가 잉태한 갈등과 구조적 모순이 폭발한 것으로 이해할 수 있다(김학노, 2004b: 368~369). 첫째, 경제력의 집중과 부문 간 격차의 심화 현상이다. 급격한 경제성장은 대기업의 경제력 집중을 야기했고 대기업과 중소기업 사이의 불균형을 심화시켰다. 그리고 중소기업 노동자들의 저임금구조가 고착화되었다. 둘째, 더욱 심각한 문제는 지역 간 차별이다. 이탈리아 정치경제의 가장 뚜렷한 특징의 하나는 지역별 차이가 매우 크다는 점이다. 밀라노를 중심으로 한 북부 지역은 번영과 부를 향유하고 있는 데 반해, 남부는 상대적으로 지금까지도 매우 낙후된 지역이다.[2] 이것은 북부동맹(Lega Nord)이 분리독립운동을 전개한 물적 배경이 되기도 한다. 셋째, 고도 경제성장을 뒷받침한 저임금과 열악한 노동환경을 강요받은 노동자들이 '인간의 얼굴을 갖지 않는 경제성장'에 대해 저항한 것이다. 노동조건을 수반하지 않는 노동강도 강화에 대해 노동자들의

[2] 지금까지도 지속된 이러한 지역격차는 이탈리아 통일운동인 리소르지멘토(Risorgimento)에 연유한다. 즉 리소르지멘토를 주도한 북부세력은 국가의 팽창을 통한 통일을 추구했고 남부 지역을 북부산업화를 위한 내부 식민지 시장으로 전락시켰다. 이 때문에 이탈리아 산업은 북서부 지역에 집중됐으며 남부의 농촌 지역은 북부산업의 내부시장으로 전락했다.

불만이 분출했다. 특히 남부에서 북부로 이주한 노동자들이 생활 및 노동환경에 강한 불만을 갖고 '뜨거운 가을'의 주도적 역할을 했다. 그들은 주택, 교육, 의료, 교통 등 공공서비스의 혜택을 누릴 수 없었다.

'뜨거운 가을' 사건을 계기로 사용자, 정부, 그리고 심지어 노동연맹 그 자체까지도 크게 동요하여 이탈리아의 노동운동과 노사 관계 지형이 완전히 변혁되었다(Bedani, 2002: 199~200). 한마디로 '뜨거운 가을'은 1970년대에 커다란 사회적 파장을 불러일으켰다. 우선 1970년에 이탈리아 정부는 '노동자헌장(Workers' Charter)'을 선언했는데 이 '노동자헌장'은 노조에게 작업장에서 폭 넓은 권리를 부여했고 이전에 있었던 사용자들의 억압적인 관행을 일소했다. 이는 후에 노동법에 의해 법제화되었는데 이 법은 공식적으로 노조를 협상 주체로 인정하여 단체협상력을 높였을 뿐만 아니라 노동자의 정리해고를 어렵게 했다. 이로써 자본에 대한 노동자들의 상대적 힘이 강화되었다.

둘째, 노조조직률이 상승했고 짧은 기간에 노동자들의 임금은 유럽의 최저 수준에서 최고 수준으로 급상승했다. 이로써 이탈리아 기업경쟁력의 주된 원천이었던 저임금의 이점은 사라지게 되었다. 1970년대 내내 사회 내부에서 강력한 평등주의적 흐름이 팽배하여 숙련 노동자들과 비숙련 노동자들, 그리고 화이트 칼라와 블루칼라 간의 임금 차등이 줄어들었다. 특히 1975년에 정부, 사용자 및 노조 사이에 자동적으로 3개월 단위로 임금이 인상되는 임금-물가연동제(index-linked wage or *scala mobile*)에 관한 합의는 산업계가 감당키 어려운 높은 임금 비용을 초래했으며 임금평준화 경향은 1970년대 이탈리아 수출 상품의 국제경쟁력 약화를 초래하는 주요 요인으로 작용했다. 이런 상황에서 1970년대 전반기까지 기민당 정부는 통합 노동운동의 개혁 요구를 철저히 무시했다. 왜냐하면 기민당 정부의 경제운용 기조는 분배보다는 성장에 우선순위를 부여한 노동배제적인 자유주의에 입각했기 때문이다(Lange and Vannicelli, 1982).

셋째, 1969년의 총파업 이후 모든 노동자를 대표할 수 있는 노동연맹의 통합을 설립하려는 시도가 있었다. 그 결과 1950~60년대 내내 노동운동의 목표와 전략을 둘러싸고 심각한 분열과 대립을 보여온 CGIL, CISL, UIL 등 3대 노동연맹은 1972년 각각 독자적인 조직과 총회를 유지하면서 정부와 사용자단체와의 정책과 협상입장에 대한 조율과 합의를 끌어낼 수 있는 공식적 메커니즘을 갖춘 3자 통합연맹을 설립했다. 이와 더불어 '뜨거운 가을'은 노조 지도부보다 작업 현장에 있는 노동자들의 목소리가 높아지는 노동운동의 분권화가 일어났다.

마지막으로 노조들의 개혁전략은 정치행위자로 취급받게 되었다. 물론 노조의 별칭인 신다카토(sindacato)는 1968년 연금개혁 문제를 둘러싸고 정부와의 협상과정에서 정치행위자로서 처음 등장했다. 그러나 '뜨거운 가을'을 계기로 이탈리아 신다카토는 더욱 정부와 협상하고 압력을 행사할 수 있는 입장에 서게 되었고 이로써 중요한 정치적 협상파트너가 되었다. 이를 계기로 1970년대 줄곧 CGIL-CISL-UIL의 통합연맹은 여러 사회문제(주택, 교통, 건강 등)를 쟁점화하여 노동자들을 동원했고 때로는 그러한 문제들을 노조의 전통적 요구와 연계시킴으로써 노동자들의 광범위한 지지를 받았다(Barkan, 1984: 73).

2) EUR 프로그램

1970년대 중반 이후 이탈리아에 밀어닥친 정치적·경제적 격변은 노사정 정책협의 시스템을 실험할 계기를 마련해 주었다. 오일쇼크에 따른 스태그플레이션이 이탈리아 경제를 강타했다. 1974~76년 사이에 국제수지 적자와 외환위기, 경제성장 저하, 인플레이션과 실업의 동반상승, 소득과 고용 감소 등 이탈리아 경제여건은 급속도로 악화되고 있었다. 그리고 이 시기에 이탈리아 정부는 재정적자에 시달리고 있었다. 이런 재정적자는 정부가 당시 분출했던 노동운동과 학생운동에 많이 양보한 데에 연유한다. 노동운동과 학생운동은 임금인상, 관대한 연금제도, 의료서비스, 대학등록금 인하 등의 양보를 정부로부터 얻어냈다. 특히 연금 수령액을 인플레이션을 고려한 생활비에 연계시켜 놓았기 때문에 재정부담이 가중됐다.

이 같은 경제위기는 이탈리아 노조로 하여금 정부와 사용자단체를 상대로 정치적·정책적 협상노력을 강화하도록 유도했다. CGIL-CISL-UIL 통합연맹은 구조조정만이 경제위기를 극복할 수 있고 안정된 경제성장과 임금 및 고용의 증대를 보장할 수 있을 것으로 인식했다. 통합연맹은 투쟁과 협상을 노동시장보다는 정치 영역으로 전환시켰다. 노동시장에서의 투쟁 강화는 경제의 혼란과 위기를 더욱 심화시키고 이에 대한 국민들의 비난은 노동운동을 더욱 고립화시킬 것으로 판단했던 것이다(Bedani, 2002: 200). 노동연맹들의 이러한 판단은 하위 수준에서 다양한 협상구조가 여전히 남아 있었지만 이보다는 전국적 차원에서 단체협상의 중앙화를 유도했다.

　노조의 이러한 노력은 이 시기에 이루어진 정치환경의 변화에 의해 더욱 고무되었다. 1976년 총선에서 이탈리아 공산당[3])은 유효투표의 34.4%를 득표하여 집권 기민당의 38.7%에 거의 육박했다. 집권 기민당은 이 같은 위협적인 득표력을 과시하여 의회의 다수의석을 획득한 공산당을 배제한 채 효율적이고 안정적인 국정운용을 수행한다는 것이 거의 불가능할 것으로 판단했다. 말하자면 위기관리를 위해서는 좌파세력의 지지와 협력을 필요로 하는 보수세력의 필요성과 위기관리에 기여함으로써 정당성을 획득하려는 공산당의 이해관계 맞아떨어진 것이다. 역사적 실험은 정권참여를 통해 정당성을 얻으려는 공산당의 의지가 반영된 것이다. 그 결과 1976~79년 사이에 기민당과 공산당 사이의 비공식적

---

3) 제2차 세계대전 이후 줄곧 이탈리아 좌파를 대표하는 최대 세력으로 남아 있던 공산당은 1970년대에 접어들어 이탈리아 사회 저변에 뿌리내리고 있었던 극우 파시스트 세력이 준동하자 이에 대처하기 위해 기민당과의 '역사적 타협' 노선을 채택했다. 이를 계기로 실제 1976부터 1979년 1월까지 '역사적 타협의 실험'이 이뤄졌다(진영재·노정호, 2004: 346). 즉 기민당은 공산당을 정식 연립 파트너로 받아들이는 대신 비공식적 국정협의의 채널을 개설했다. 역사적 타협의 시기에 공산당이 표방한 경제정책의 골간은 '사회주의적 요소'를 제거하고 자본주의경제의 기본골격을 강화하는 프로그램이었다. 말하자면 이탈리아 공산당은 사회주의적 이념성, 계급성, 혁명성을 결정적으로 철회시키고 실용주의, 개량주의 노선을 지향하면서 탈사회주의화의 길을 걸었으며 급기야는 신자유주의로 경도되었다. 그러나 공산당은 1980년대에 좌파정치의 주도권을 사회당에 빼앗기고 1980년 후반 동구 사회주의 붕괴 이후 몰락의 길을 걷다가 이념, 노선, 정책의 변화라는 차원을 넘어 1991년 2월 정당조직 자체를 해체하고 좌파민주당(PDS)이라는 새로운 정당으로 근본적인 변신을 단행했다. 좌파민주당은 1992년에 시작된 법관들이 추진한 '깨끗한 손(Mani Pulite)' 운동이라는 부패청산 작업을 계기로 사회당이 붕괴되는 새로운 정치지형에서 이탈리아 좌파를 대표하는 정당으로 부상했다. 그러나 좌파민주당의 강령, 노선, 정책 어디에도 사회주의적 흔적은 발견되지 않는다.

거래에 의해 정책결정이 이루어지는 협의제 민주주의(consociational democracy)가 실험되었다. 이와 같은 정치지형의 변화는 노사정 정책협의 시스템을 성립시키는 데 유리한 여건을 제공했던 것이다.

새로운 정치지형하에서 1975~78년 사이에 노조, 사용자 및 정부가 참여하는 공식적·비공식적 협상을 통해 포괄적인 사회협약인 'EUR 프로그램'이 작성되었다. 그리고 1978년 2월 소집된 CGIL-CISL-UIL 통합연맹의 합동 대의원대회는 자신들의 정치적 조건이 구체화된 'EUR 프로그램'을 추인했다. 이 협약은 이탈리아에서 정책협의의 첫 번째 시도였다. EUR은 세 가지 기본 요소로 구성되었다 (Bedani, 2002: 200~201). 첫째, 기업은 노조에게 매년 구조조정 계획과 함께 고용, 생산 및 투자에 관한 정보를 제공해야 한다는 합의이다. 이로써 노조는 산업구조 조정, 고용, 신규 투자과정에서 목소리를 낼 수 있는 약속을 받았다. 이에 대한 화답으로 노조는 임금자제, 심지어 인력 재배치와 노동력의 축소 등 노동시장의 유연화를 수용하기로 했다. 임금자제와 관련하여 노조는 물가상승에 임금인상을 연계시킨 '임금-물가연동제'의 축소조정에 동의했다. 둘째, 정부가 공공부문을 재조직하고 구조조정해야 한다는 노조의 요구가 반영되었다. 특별히 근대화와 저개발 지역에 대한 투자에 관심이 두어졌다. 나아가 정부의 그러한 행위는 분권화되어 지역 및 지방정부에 자율성을 더 많이 부여하기로 했다. 셋째, 정부의 공공행정을 개혁하고 보다 공평한 사회서비스를 산출하는 것이었다. 이와 함께 정부가 세제개혁, 재정지출의 합리화를 시도한다는 것이 약속되었다.

'EUR 프로그램'이 작성되는 이 시기야말로 이탈리아에서 노동·자본·국가가 국가경제 위기해소를 위해 긴밀히 정책협의 시스템을 구축한 '국민연대'의 기간이었다(Regini, 1984: 139). 그러나 EUR 협약은 오래도록 실천되지 못했고 결국 1979년 좌절되었다. EUR 프로그램에 대한 일반 노동자들의 반대가 확산되었고 사용자 측은 정책협의 과정에 노조의 개입에 대해 저항적이었다. 1976년 공산당과 노조의 묵인하에 기민당 정부가 수행한 긴축정책은 노동계급에게만 일방적으로 희생을 강요하고 정부와 고용주가 약속한 개혁은 끝내 실현되지 않았다. 노조는 공산당이 정권에 참여해서 근본적인 개혁을 수행할 것으로 기대했으나 기민당은 공산당을 정식 연립 파트너로 받아들이는 대신 비공식적 국정협의의 채널을 개설했을 뿐 공산당의 정권 참여를 끝내 거절했고 근본적 개혁을 실행하지 않았다. 한편, 노조 측에서도 임금억제 약속을 준수하는 데 한계가 있었다. 우선 다원주의적 노조조직이 구조적 한계로 작용했다. 무엇보다도 정부 역시 협상의 자기 몫을 충족시킬 의지와 능력이 결여됐다(Regini, 1984: 139~141). 고용안정, 직업훈련 등을 위한 많은 약속들은 정부 해당 부처 관료조직의 비협조로 실행되지 못했다. 1978년 말 무렵 노조 지도자들은 기층 노동자들의 공감을 얻기가 점점 어려울 것이라는 것을 우려하게 되었고 공산당은 '의회 다수'를 차지했던 자신의 위치가 기민당의 무성의를 정당화하는 데 이용되고 있다고 의심했다. 이런 상황에서 1979년 1월 총선에서 공산당이 야당으로 전락하게 되자 3년 동안 진행되었던 협의제 민주주의의 실험은 종결되었고 EUR 협약도 붕괴되었다.

3) 중앙 차원의 정책협의 와해와 중위적 · 미시적 협상시스템

1970년대 말에 갈등적 접근법으로서는 산업의 과잉인력, 고인플레이션, 과다 공공지출 등 이탈리아 경제의 주요 문제를 처리할 수 없다는 분위기가 점점 감지되고 있었지만 앞서 지적했듯이 정책협의의 첫 시도는 실패로 끝났다. 그러나 1970년대 전투성으로의 회귀는 노조에게 대안적 선택이 될 수 없었다. 'EUR 프로그램' 자체는 포괄적인 정치적 해결의 일환이었기 때문에 그것이 자신들에게 불리하다고 판단한 사용자들은 EUR 프로그램의 실패를 환영하는 분위기였다. 이런 상황에서 이탈리아의 정책협의 메커니즘이 재편되는 계기를 맞이했다.

그런데 1978년 40대 기수에 의한 개혁론을 표방하고 존폐의 위기에 처한 사회당의 리더십을 장악한 크락시(Bettino Craxi)는 사회주의 노선과 결별을 선언하고 실용적 개혁노선을 표방함으로써 사민주의적 색채를 크게 탈색시켰다. 사회당은 1980년 기민당과의 제2의 중도좌파 연정을 성사시켰다. 그러나 1980년대 초반에 경제성장의 하락, 실업과 인플레의 동반상승, 거대기업들의 국제경쟁력 하락 등 스태그플레이션 현상이 지속되었다. 이와 같은 총체적 경제난국을 돌파하기 위해 1983년 1월 사민당-기민당 연립정부는 노조 및 사용자가 참여하는 3자 협약을 체결했다. 그것은 난관에 봉착한 노사 간의 계약 갱신에 돌파구를 제공했고 인플레이션을 완화하기 위해 임금-물가연동제를 수정하는 계기가 되었으며 사용자들에게는 종업원 채용에 더 많은 재량권(노동력의 유연적 사용권)을 부여했다. 종업원과 사용자가 부담하는 연금 기여금이 하향 조정되었고 일자리 창출 및 청년고용을 위한 특별 프로그램이 수립되었으며 파트타임 및 다른 형태의 유연 노동의 보호를 강화하기 위한 입법이 준비되었다. 정부는 사회보장 분담금 보조와 가족수당 인상 등의 물질적 보상을 약속했다. 노동연맹들 간의 협상이 하위 수준에서 이루어지는 협상의 주요 규제자 역할을 한다는 것에 합의했고 임금 상한선을 고정했다.

그러나 1983년에 연정의 수상으로 취임한 사회당 크락시는 기민당보다 강경한 친자본적 통화주의 정책을 추진했다. 재정긴축, 규제완화, 민영화 등 그가 시행한 정책들은 철저한 신자유주의적 경제운용을 기조로 했다. 이 과정에서 노동운동을 통제하여 결정적으로 자본에 대한 열세의 위치로 전락시켰다. 특히 크락시 정부는 임금-물가연동제에 상한선을 설정하려는 입법을 시도했는데 이에 대해 CISL 및 UIL은 지지했으나 CGIL의 공산계열, 그리고 공산당이 반대했다. 그러나 정부는 그 입법을 관철시켰다. 이는 임금-물가연동제의 종식을 알리는 서곡이었다. 이 사건을 계기로 CGIL-CISL-UIL의 통합연맹은 붕괴됐고 노자관계도 적대적 양상으로 변했다. 이는 중앙 차원의 정책협의 시스템의 와해를 의미했다.

중앙 수준의 노사정 정책협의 시스템이 실패하는 것과는 대조적으로 기업과 지방의 미시적·중위적 수준에서는 노사 간 협조체제가 지속됐다. 구조조정을 시행함에 있어 기업은 노조와 대립하기보다는 지속적으로 대화하면서 생산조직 개편에 종업원을 참여시킴으로써 사실상의 공동경영을 실시했다. 구조조정과 기술혁신의 경영을 둘러싼 갈등은 작업장 및 기업 수준에서는 나타나지 않았다. 노동시장 유연성, 품질 향상, 생산성 증대, 신기술의 도입, 공장 가동률 증대, 성과급 마련, 심지어 경영전략 및 산업정책도 지방 수준에서의 협상 대상이 되었다. 이러한 협상의 특징 중 하나는 중부와 북동부 지방에서 지방정부의 참여가 높아진 현상이다. 지방정부는 중소기업의 구조조정을 지원하고 노동자들을 위한 재훈련·교육 프로그램을 제공하며 '제3의 이탈리아(third Italy)' 경제의 특징이 된 '협력적 경쟁(collaborative competition)' 과정에 참여한 중소기업의 활동을 조정하고 지원하는 틀을 마련했다.[4] 지방 수준의 유연한 협력적 협상이 1980년대 중반 이후 상당한 정도로 발전되었다. 지방 수준의 노사정 협상구조가 추가적으로 활용됨에 따라 이탈리아 협상시스템은 사용자들의 탈규제 요구를 상당한 정도로 노조가 통제할 수 있었고 사용자에 의한 일방적인 경영통제를 막을 수 있었다(Negrell and Santi, 1990: 179).

4. 정책협의 시스템의 부활: '경쟁적 사회협약정치'?

1) 정치경제적 위기국면

신다카토는 1990년대를 취약하고 혼란스런 상황 속에서 출발했다. 기술발전과 새로운 고용 패턴의 등장은 전통적인 노조 기반을 와해시켰다. 중소기업이 1980년대에 성과 면에서 대기업 중심의 중공업을 능가함에 따라 노조조직률은 하락했다. 주요 노조연맹은 정치적으로 분열하여 더욱 더 복잡해졌다. 공산주의 분파가 지배하는 CGIL은 친기민당적인 CISL 혹은 친사회당적인 UIL보다 더 계급 갈등의 언사를 구사했다. CGIL은 노동계급의 이익을 대표하는 것으로 자처했다면 CISL과 UIL은 조합원의 이익에 초점을 맞추는 경향이 있었다. 1980년대 동안 기민당과 사회당의 연정하에서 소득과 사회보장 자격 요건이 강화되어 그 수혜 대상이 지속적으로 감소하고 위축되는 상황에 직면해서도 정치적 분열에

---

4) 1980년대 중반 이후 이탈리아 경제가 부흥을 경험하게 된 것은 산업클러스터(industrial cluster)를 형성한 중소기업의 핵심적 역할이다(김학노, 2004b: 382). 이탈리아 중소기업들은 유연전문화(flexible specialization), 즉 '다품종·고품질·고부가가치·소량' 생산방식을 지향했다. 이는 표준화되고 규격화된 상품을 대량으로 생산한 포드주의를 대체하는 포스트포드주의 생산방식이다. 이는 변화무쌍한 글로벌 시장의 수요 변화에 탄력적으로 적응하기 위한 혁신을 도모하는 생산방식이다. 이탈리아 중소기업들은 산업클러스터를 중심으로 높은 '상호신뢰'와 '사회적 합의'에 기초한 긴밀한 네트워크를 구축하는 가운데 '협력과 경쟁(copetion)'의 균형 속에 생산품의 특화와 혁신을 주도한다. 지방정부는 SOC, 직업훈련교육, 산학연구센터 등으로 산업클러스터 내의 여러 경제행위자들을 지원한다.

직면한 노조연맹 전체가 정부를 상대로 한 연합전선을 구축한다는 것이 쉬운 일은 아니었다. 특히 CGIL은 불안해진 고용사정으로 인해 조합원들이 보다 신중해지고 온건해진 경향에 속수무책이었다. 이와 같이 1990년 무렵 이탈리아 경제의 구조적 변화는 노조의 위상을 더욱 취약하게 만들었다.

이탈리아에서 기존 지배계급의 정당성을 훼손시킨 것은 국가제도와 시민사회의 주요 기관을 식민지화한 정당이었다. 1980년대 동안 정당지배정치(partito-crazia)는 정치제도와 경제의 정상적 작동을 왜곡했던 나라의 해악이었다(Haddock, 2002: 209).5) 이런 상황에서 CGIL은 그 수적 우위를 무기 삼아 노조들로 하여금 노조 지도부와 정당 간의 정치적 연계를 경계토록 했다. 이에 따라 노조들은 기성 정당들로부터 독립하여 정치적 행위자로 행동하려 했다. 정당과 스스로 거리를 두고자 했던 것은 비단 노조만이 아니었다. 1980년대부터 사용자총연합은 스스로 기민당과 너무 긴밀한 관계를 맺지 않으려고 했다. 그러나 정치엘리트와 이탈리아 경제 과두세력 간의 밀월관계가 없지 않았다. 따라서 사용자총연합은 잘못된 정치적 후견관행의 경제적 비용을 반대하는 운동을 전개하라는 회원사들의 압력을 받았으며 이에 따라 제도개혁을 요구하는 주요 주창자가 되었다. 많은 기업인들은 효율적인 시장은 기민당이 조성했던 일종의 후견주의적 정치제도(clientelistic regime)와는 양립할 수 없는 것으로 인식했다.

이런 정당지배 정치하에서 정책협의 시스템은 정상적으로 작동될 수 없었다. 노조, 사용자 및 정부 사이의 3자 관계는 정당들의 역할에 의해서 왜곡되었다. 이것은 이탈리아 정치체제에서 내각 통제권이 취약했을 뿐만 아니라 정책 수립 및 집행 과정을 굴절시키고 비효율적인 것으로 만들었다. 전략적 기획은 당파 간의 흥정거리로 전락하기 일쑤였다. 경제운영은 주로 이탈리아 중앙은행이 조

---

5) 이탈리아 정당정치를 총체적으로 표현하는 것은 '정당지배(혹은 권력)정치'라는 개념이다. 정당지배정치란 정당 지도자들이 파벌 혹은 국가제도를 통해 정부와 사회 전반을 실질적으로 지배해 왔다는 것을 의미한다. 이에 따라 이탈리아 정치사회는 "정당의 직업 정치인들로 구성된 정치계급(political class)"에 의해 지배되었다(Sidoti, 1993: 339~352). 이들 정치계급은 1990년대 초반 이전까지 만연된 이탈리아 국가권력의 부패 및 무능에 대한 책임을 갖고 있다.

율하는 일련의 위기 대응에 불과했다. 상황은 정당 자신들에 의해서도 더 이상 지탱하기 어려운 것으로 인식되었다. 그렇지만 체제의 성격상 확고히 자리 잡은 정당지배정치에 안주하는 기득권층은 고통스런 구조적·제도적 개혁을 용이하게 봉쇄할 수 있었다.

무엇보다도 전후, 특히 1980년대의 정당지배정치는 엄청난 정치부패를 양산했다.[6] 당시 집권당이었던 크락시가 이끄는 사회당도 예외는 아니었다. 오히려 사회당은 기민당보다 국가, 공·사기업체 전 영역에서 더욱 더 부정과 비리에 연루된 탐욕스런 이권 집단으로 변질됐다. 이로 인한 이탈리아 경제는 국가부채의 급증과 공·사기업의 경쟁력 및 효율성 저하라는 심각한 위기에 봉착하게 되었다. 상황은 1992년 이탈리아를 강타한 양날의 위기로 절정에 이르렀다. 하나는 주류정치에 대한 불만이 분출하여 1992년 총선에서 기존 정당들이 크게 약화되었다. 더욱이 급기야 '깨끗한 손(Mani Pulite)'에 의한 정치부패 청산 작업이 진행되었다. 이 작업은 정당지배정치의 정당성을 붕괴시키기 시작했는데 정치부패 스캔들로 인한 경제위기를, 타락한 '정치계급'에 대한 대대적인 숙청을 통해 극복해 보자는 시도였다. 이의 표적은 사회당이었고 결국 사회당은 이탈리아 정치사회에서 와해되는 불행에 직면했다(McCarthy, 1997: 1~8). 사회당의 붕괴는 전후 이탈리아 보수지배체제를 유지해 오던 기민당 등 기존정당들의 연쇄적인 붕괴로 이어졌고 종국적으로는 이탈리아 정당정치 자체를 재편하는 사태를 몰고 왔다. 부패사건에 크게 연루되지 않았던 공산당은 1991년 중도 좌파적인 사민주의적 정체성으로의 이행을 단행하는 민사당(PDS)으로 변신했다. 이러한 정치적 위기가 1992년 최고조에 이르자 당시 많은 논자들이 제1공화국의 종언을 예언했

---

6) 이탈리아에서는 경제에 대한 국가개입도 존재했지만 이보다는 경제와 사회 전반에 정당정치가 침투했다. 다시 말하면 이탈리아의 사회와 경제를 지배하는 메커니즘은 정당정치였다. 집권세력, 특히 장기 집권했던 기민당 정치인들은 국가와 준국가기구를 '식민지화(colonization)'했고 이를 통해 일자리를 포함한 사회적·경제적 가치를 자신의 지지세력에게 나누어줄 물적 혜택의 기반을 확충했다. 이는 이탈리아 사회를 후견주의로 얼룩지게 한 주요 이유이다. 이탈리아의 공공부채가 증가하고 부패가 전 사회로 만연해진 것은 이러한 정당지배체제에 연유한다.

는데 이는 통치양식의 붕괴인 셈이다.

설상가상으로 마스트리히트 조약의 가입조건은 재정적자, 공공부채, 인플레이션, 환율안정 등의 문제 해결을 요구했는데 이는 당시 이탈리아 경제가 충족시킬 수 없는 경제목표들이었다. 이 때문에 이탈리아는 정치적 마비 상태에서 경제적 신뢰의 위기에 직면했다. 당시 상황은 정치경제적 위기가 파국으로 이어지는 레드라인을 이미 넘어선 것처럼 보였고 이에 따라 이탈리아는 정부조차도 거역하기 힘든 국제금융시장의 투기 압력에 노출되었다. 리라는 1992년 9월 사실상 환율 기제로 작동할 수 없었으며 1995년까지 대외가치의 약 3분의 1을 상실하는 일련의 평가절하로 이어졌다. 경제가 통제불능의 상태로 돌입하여 경제전문가들은 '남미 시나리오'의 도래를 우려하기 시작했다(Haddock, 2002: 210). 악화되는 이런 경제 상황은 새로운 정치적 리더십을 절실히 필요로 했다.

2) 3자 협약: 아마토 및 치암피 프로토콜

당시 정치경제적 위기국면하에서 정책협의는 정당정치가 남겨놓은 공간을 효과적으로 채웠다. 소득정책을 디자인하는 틀에 관한 광범위한 합의를 끌어내는 것이 필요했다. 임금-물가연동제가 인플레이션의 구조적 요인으로 작용하고 일자리 창출에 우선순위를 두어야 하는 협상전략의 여지를 제약하고 있다는 인식이 심지어 좌파 측에서도 널리 수용되고 있었다. 1980년대에 임금-물가연동제의 인플레이션에 미친 영향을 줄이려는 노력이 두드러졌다. 그렇지만 소득정책의 기본 틀로서 임금-물가연동제는 계속해서 특히 CGIL에 의해 '손댈 수 없는' 성역으로 간주되었다. 그러나 경제적·정치적 위기는 마스트리히트 조약의 엄격한 요구조건과 더불어 정치경제 주체들의 의식에 변화를 가져왔다. 1990년에 시작된 협상 과정에서 보이기 시작한 노조 측의 현실주의가 갑작스레 떠올랐다. 노조가 선택할 수 있는 여지는 1980년대 이후 조합원 숫자가 크게 줄어드는 조짐이 뚜렷한 상황에서 노조가 선택할 수 있는 여지는 시장적 해결의 불확실성, 아니면 협상에 의한 양보 중 어느 하나에 있었다. 결국 노조는 합의적 협약이 최선의 시장적 해결책으로 인식했다.

아마토(G. Amato) 정부는 1992년 7월에 노사와 함께 상징적인 돌파구인 '소득 정책, 반인플레이션 및 노동비용에 관한 프로토콜(Protocol on Incomes Policy, the Struggle against Inflation, and the Cost of Labour)'을 체결했다. 이 프로토콜은 엄밀한 의미에서 단체협약이라기보다는 오히려 이탈리아 정부의 경제정책을 개괄한 문건이었다(Locke, 1995: 190). 프로토콜의 화두는 임금-물가연동제를 폐지하며 1992년 잔여기간 동안 임금 및 봉급을 동결하고 기업 및 공장 수준의 임금협상을 일시적으로 중단하는 것이었다. 이러한 노사 간 협력관계는 1990년대 중앙 차원에서 3자 협의가 부활하는 밑거름이 된다. 이 협약은 노사정 3자 관계에서 중요한 전환점이 됐는데 단기적인 비상조치의 성격이 강하다는 한계가 있었다. 특히 노조는 1970년대에 얻었던 거의 모든 기반을 포기할 수밖에 없는 것처럼 보였다.[7] 그러나 이 프로토콜은 정부지출, 특히 공공부문 연금과 관련한 지출을 삭감하고 보다 공평한 조세체제를 도입하기 위한 여러 정책들을 포괄하고 있다는 맥락에서 이해되어야 한다. 노조는 특히 번창하고 다양한 자영업 부문에 비해 지금까지 임금 및 봉급생활자들에게 결정적으로 불리했던 과세를 공정하게 부담하도록 하는데 관심을 가졌다. 과거 기민당 정부는 자신들의 주요 지지층인 자영업 부문의 반감을 불러일으킬 것을 우려하여 조세개혁을 회피해 왔기 때문이다. 그러나 소위 '최소세(minimum tax)'의 도입은 만성적인 조세회피 문제를 척결하는 정부 의지의 신호탄이었다.

아마토 정부의 재무상이었던 치암피(Ciampi)는 새로운 사회협약을 합의하고자 했다. 그는 효과적인 소득정책이 반인플레이션 전략과 이탈리아의 유로가입에 중요한 관건으로 보았다. 그에 따르면 다음 조치는 '성장, 투자 및 고용에 관한 협약'이었다. 그는 사용자가 투자증대를 약속하는 대가로 시장유연성, 특히 노동

---

7) CGIL의 지도부는 1991년 경제와 작업장에 대한 민주적 통제에 초점을 맞춘 프로그램의 일환으로서 '공동결정(codetermination)'의 원칙을 공약했다. 그러나 이것은 계속 계급개념을 견지했던 좌파세력에 의해서도 받아들여지지 않았다. 임금-물가연동제의 포기에 대한 기층 노동세력의 반대가 거센 저항으로 이어졌다. 많은 노동자들에게 수용될 수 없었던 것은 비단 물가연동제의 폐지만이 아니었다. 기존 노조연맹이 조합원의 감소를 저지하는 과정에서 경험했던 어려움은 더욱 가중되었고 새로운 노사 갈등을 예고했다.

관련 유연성에 대해 노조가 약속할 것을 원했다. 그러나 치암피의 새로운 협약 제안은 수용되지 않았다. 그렇지만 이것은 정책협의의 역전으로 간주되어서는 안 된다. 논의가 이 제안에 기초하여 진행되었는데 이 사실은 사실상 정책협의 과정의 일환이다. 이런 상황에서 1993년 1월 새로 출범한 치암피 정부는 노사정 3자 협약인 '치암피 프로토콜(Ciampi Protocol)'을 체결했다(Regini and Regalia, 1997: 213~217). '치암피 프로토콜'은 물가연동제의 폐지를 재확인했지만 노사 관계의 정상화를 위한 공식적 계약구조를 다듬었다. 즉 예상되는 인플레이션 범위 내에서 임금인상을 최대한 억제하는 소득정책에 합의했다. 단체협상에서 중앙의 산별 수준과 지방이나 기업 수준의 이원적 구조를 규정하고 각 수준의 역할을 명시했다. 전국 수준의 협상은 전국적인 차원에서 임금 가이드라인을 조정하고 산업 전체에 영향을 미치는 이슈들을 다룬다. 기업과 지방 차원에서 구체적인 임금을 협상하되 인플레이션보다는 생산성 향상을 우선 고려하도록 했다. 이로써 전후 전국 수준의 협상과 기업 및 지방 수준의 단체협상을 이원적으로 제도화했다. 그리고 봉급 및 임금 협상은 노사정이 처리해야 하는 문제로서 예산편성때 정부의 거시경제 예측에 설정된 범위 내에서 추구되어야 한다는 데에 합의했다. 임금 관련 조항은 매 2년마다 갱신하고 노동조건에 관한 문제는 매 4년마다 해결하기로 했다. 뿐만 아니라 사업장 수준의 노동자 대표에도 중대한 변화가 도입되었는데 전체 노동자의 선거로 노조간부의 3분의 2를 선출토록 했다. 사업장 수준의 선거가 3대 주요 노조연맹들을 활성화시키고 그들의 위상을 공고화하게 해주는 동시에 그들의 정통성을 제고시켜 주었다.

당시에 '치암피 프로토콜'이 가져올 파장은 간단치 않았다. 무엇보다도 1992년의 3자 협약과는 달리 이 1993년의 3자 협약은 단기적 비상조치가 아니라 제도적 규칙에 합의했고 이탈리아의 노사 관계를 처음으로 제도화했다. 정부와 사용자총연합의 입장에서 보면 노동시장의 유연성도 탄력을 받기 시작했다 (Haddock, 2002: 212). 노조의 시각에서 볼 때 임금자제와 노동시장 유연성을 양보하는 대가로 얻어지는 이점은 불확실했다. 노조가 직면했던 것은 정치 및 경제 영역의 전략적 중심에서 소외되었던 것이다. 많은 우파들은 시장의 범지구적 통합이 정책결정의 사회적 파트너십 혹은 협의제적 모델을 불필요하게 만들고 있다고 주장했으며 이들 진영에서는 시장의 규제를 최소화하는 영미식 모델이 국제경쟁에 가장 효과적인 대응방식으로 인식했다. 소득정책은 어떤 형태를 띠든 통제(dirigisme)의 냄새를 풍기며 시장을 왜곡하여 최적의 성과를 가져오지 못한다는 것이다. 순수시장 모델은 사실 작동될 수 없는 것으로 인식되고 있음에도 불구하고 신자유주의적 레토릭은 분명히 노조의 영향력과 참여의 정당성을 부인하는 구실과 명분이 되었다. 그러나 이런 상황에서도 '치암피 프로토콜' 체결과정에서 노조가 자신의 위상을 새롭게 할 수 있었다는 사실은 상당한 성과라 할 수 있다.

무엇보다도 이 사회협약에 참여한 각 파트너는 다른 이해관계를 갖고 있었지만 치암피 수상은 '노동비용에 관한 합의'를 자신의 정부가 이룩한 가장 의미 있는 성과로 평가했다. 사실 프로토콜 자체는 고실업, 저성장 등의 극복을 포함했지만 그것은 임금자제를 가져오는 데 있어 1960년대 이래 어떤 다른 정책 시도보다 더 효과적이었다. 예컨대 1994년 11월에서 1995년 11월 사이에 봉급 및 임금인상률은 불과 3.9%에 불과했다. 이는 1972~76년 사이에 94% 상승한 것과 비교하여 크게 대조적이었다. 이처럼 1993년 '치암피 프로토콜'에 따른 소득정책은 1990년대 이탈리아 경제가 안정 속의 성장을 이룩하는 데 중요한 계기가 됐다. 1993~2000년 기간에 이탈리아 경제가 보여준 재정안정, 수출증가, 기업의 수익률 향상, 인플레이션 억제에 중요한 기반이 됐다.

3) 정책협의의 지속 및 외연적 확대

노조의 정치력은 1994년 5월 총선에서 베르루스코니(Silvio Berlusconi)가 주도한 정당연합인 자유연합(Freedom Alliance)의 승리로 시험대에 올랐다. 중도우파인 자유연합의 어느 정파도 노조에 동조하지 않았다. 자유연합 정부, 특히 베르루스코니 수상은 경제정책에서 이탈리아 경제를 회생시키는 관건으로서 시장개혁을 강조했다. 그의 정치적 모델은 바로 영국의 대처(Margaret Thatcher)의 신자유주의 정치였다. 그의 이런 정치적 지향성을 고려할 때 건설적 정책협의의 전망은 밝지 않았다. 물론 베르루스코니 수상은 노조에게 '치암피 프로토콜'의 절차는 향후 계속 존중될 것임을 보장했다. 그러나 처음부터 거시경제 정책의 수립에 노조의 참여는 주변적 성격에 머물렀다. 심지어 연금개혁과 같이 노동조건에 직접적인 영향을 준 사안마저도 노조의 요구는 진지하게 고려되지 않았다. 베르루스코니 수상에게 공공부문 재정의 구조개혁은 이탈리아 경제의 국제적 신인도를 회복하기 위한 핵심적 사항이었다. 그는 노조가 어떤 비토권을 행사한다면 정부의 국제 신뢰도는 훼손될 것으로 생각했다. 이런 상황에서 그는 노조와의 합의 없이 개혁 추진에 박차를 가했다.

1980년대 영국의 노조가 자신들을 정치적 주류 무대에서 소외시키는 불리한 정책과 법안에 직면했던 것처럼 이탈리아 베르루스코니의 이런 정치 스타일은 정치행위자로서의 노조의 정치력을 시험해 보는 도전이었다. 그는 1970년대 이래 이탈리아 경제의 구조적 변화로 인해 노조는 지속적인 대중 저항운동을 주도할 수 없는 것으로 판단했다. 그러나 이런 상황에서도 노조 자신들은 1970년대식의 이념적 갈등전략으로 회귀할 의도가 없었다. 그렇지만 기층노동자들의 감정은 매우 격앙되어 노동자들의 대표조직으로서 노조의 신뢰도에 대해 부정적이었다. 결국 베르루스코니가 정책결정 과정에서 사실상 노조를 배제하자 노조는 '거리정치(street politics)'에 호소하지 않을 수 없었다. 1994년 10~11월에 전개된 총파업과 대중시위는 전후 이탈리아에서 가장 조직화된 최대 규모였다. 베르루스코니는 후퇴하지 않을 수 없었고 그의 권위는 크게 실추되었다. 노조는 정부의 권위에 도전했던 것이 아니라 정책결정 과정에서 자신들을 배제한 것에 대해 저항한 것이다. 이런 점에서 1994년 가을의 시위는 '정책협의를 위한 갈등(conflict in the name of concertation)'으로 보였다(Haddock, 2002: 214). 이는 노조가 계속 '치암피 프로토코'를 지지했다는 점에서 확인된다. 정부와 노조가 치열한 대립에도 불구하고 새로운 전국적인 임금계약이 화해 분위기 속에서 합의되었다. 이는 '치암피 프로토콜'의 정신이 준수되었다면 당시 노사 갈등은 쉽사리 회피될 수 있었음을 시사한다.

정책협의 시스템이 복원될 수 있느냐 여부는 1995년 출범한 자유연합의 디니 (L. Dini) 과도 정부의 태도에 달려 있었다. 노조는 디니 정부를 공개적으로 지지했고 대결적 언사를 자제했으며 '테크노크랫 정부'와 협상할 수 있을 것으로 안도

했다. 연금개혁에 대한 정부와 노조 간의 논의는 즉각 재개되어 연금의 기술적 관리와 연금기금을 통제하는 정당들이 만들었던 너무 관대한 연금 수혜 자격요건 문제를 해결하는 광범한 방안을 산출했다. 근로자들의 기대는 대폭 조정되었다. 노조는 노동자들로 하여금 자신의 인생설계를 근본적으로 바꾸도록 하는 조치를 수용할 준비가 되었다. 사실 디니 정부가 추진한 개혁의 성과는 베르루스코니 정부의 개혁 성과보다 노조에게 다소 불리했지만 노조는 디니 정부를 신임했다. 여기에서 얻어지는 중요한 교훈은 정치적인 것이었다. 즉 노조는 자신들이 사회적 파트너로 대우받는다면 자신들에게 다소 불리한 결정을 수용할 수 있고 조합원들의 지지를 끌어낼 수 있음을 보여준 것이다. 이로써 디니 정부하에서 노정 간의 협력체제가 강화되었다. 이를 뒤집어보면 노조가 정치엘리트에 대한 신뢰를 상실한 시기는 노사정 파트너십에 기여할 수 없음을 시사한다.

협력은 경제정책의 보다 광범한 영역에서 지속되었다. 여전히 심각한 이탈리아의 실업문제를 해결하기 위한 3자 협약이 체결되었다. 예컨대 1996년 9월 '고용 협약'에서는 고용안정 및 창출을 위해 기술훈련을 강화하고 노동시간 단축을 위해 보조금을 지급하며 재정적 유인책을 사용할 것에 합의했다. 또한 1996년 예산이 노조와 광범하게 논의되었다. 소득의 철저한 통제가 경제회생의 전제조건이라는 사실에 모든 사회적 파트너들이 공감했다. 마스트리히트 조약의 가입조건을 충족시키는 노력을 지속할 필요가 있었다. 이탈리아 경제개혁이 구조적이라기보다는 외과적인 수술에 불과하다는 당시 서유럽 국가들의 의혹에 비추어보건대 공공재정 지출에 대해 어떤 양보를 하면 이는 이탈리아 정부가 재정적자를 축소하려는 정치적 의지가 없는 것으로 비춰질 수 있다는 우려가 있었다. 노조는 조합원들의 이익은 이탈리아 경제에 대한 국제적 신인도를 지탱함으로써 가장 잘 도모될 수 있는 것으로 의심하지 않았다. 이러한 의미에서 1998년 3월 25일 이탈리아가 유로(Euro)의 초기 가입국 대열에 참여하겠다는 공식적 결정은 정책협의의 효과에 힘입은 바 컸다(Haddock, 2002: 215). 이처럼 정책협의는 경제위기를 관리하는 수단으로서 그 효과를 입증했다.

더욱이 1997년에 체결된 '트로이패키지(Treu package)'는 파트타임 및 임시직 근로를 합법화하는 등 노동시장을 유연화시키는 한편, 이로부터 파생될 비정규직 근로자들의 권리를 보호하고 개선하며 그들을 위한 혁신적인 교육·훈련 프로그램을 담아냈다(Rhodes, 2003: 141). 또한 이탈리아 정부는 임금 및 수량적 유연성(numerical flexibility)보다는 기능적 유연성(functional flexibility)을 추구했고 연금 수혜에서 누려온 공공부문의 특권을 제거했다. 이런 맥락은 이탈리아의 정책파트너십이 노동시장 유연화를 통한 경제효율성과 사회적 보호를 동시에 추구했음을 의미한다. 이에 따라 이탈리아 노조들은 어떤 희생을 치러서도 노동시장의 경직성을 수호하려는 태도를 철회하고 유연한 협상전략으로 전환했다. 1998년에는 정책협의를 통해서 이른바 '크리스마스 협약(Christmas Pact)'이 체결되었다. 이 협약은 광범위한 사회경제적 이슈를 포함한 정책협의의 내용, 그리고 지방정부의 대표를 비롯한 정책협의의 참여 주체들을 동시에 확대했다.

이와 같이 1990년대 이탈리아에서 3자 협약을 통해 노사정 협력이 강화되었다. 이는 확실히 글로벌화와 단일 유럽시장의 추세에 따라 기업 간 경쟁이 심화되는 상황에 비추어 보건대 매우 주목할 사실이다. 글로벌 시대에 이탈리아에서 노사정 협력체제가 강화될 수 있었던 것은 1980년대 중반 이후 미시적·중위적 차원에서 지속돼 온 노사 관계에 힘입은 바 있다. 뿐만 아니라 노사 양 진영의 변화가 중요하게 작용했다. 먼저 노동운동의 전반적인 세력 약화이다. 이탈리아 노동운동은 1980년 피아트(Fiat) 사태를 분수령으로 약세로 돌아섰다.[8] 따라서 이런 상태에서 노조는 자본 측과의 대립보다는 협력을 추구할 유인이 높아졌다. 둘째, 사용자 측에서도 1990년대 들어 노조와 협조할 계기를 마련했다. 1990년대 초 부패정치 척결이 진행되는 상황에서 정치권의 부패와 무관할 수 없는 기업인들은 손상된 신뢰도를 복원하기 위해서 노조 측과의 협력이 불가피했다. 마지막으로 1990년대에 체결된 3자 협약은 노조 사이의 협력을 전제한 것이었다. 1984

8) 피아트의 노사대립은 1980년 9월 회사 측이 2만 4,000명을 감원하겠다는 선언에서 촉발됐다. 그러나 대규모 파업은 화이트칼라와 기술자들이 파업 노동자들의 직장복귀를 요구하는 시위를 전개하는 맞불을 전개함에 따라 무산됐다. 결국 2만 4,000명의 대량해고를 초래했고 이 패배 후 노조연맹에는 상반된 두 조류가 발생했다. CGIL 내의 공산주의 분파는 정책협의를 거부했으며 CISL과 UIL 등은 자신들의 정당이 연립정부에 참여하고 있어 CGIL의 사회주의 계열과 함께 정치적 교환의 전망을 낙관했다.

년 3대 노총의 통합연맹이 붕괴된 이후 노총들은 재통합을 계속 모색했는데 그 결실이 1990년대에 나타났다. 특히 1993년 작업장에서의 노동자대표제도 개혁에 대해 3대 노총 간에 합의가 이루어져 통합 노조대표제도를 도입했다. 이로써 현장에서 노동자대표제도가 매우 활성화되고 노동조직의 상부와 하부를 연결해 주는 중요한 의사소통 채널이 됐다. 이처럼 정치적·이념적 차이에도 불구하고 3대 노총 사이에는 긴밀한 협력체제가 구축됐다. 이러한 3대 노총 간 협조의 공조의 움직임은 2001년에 재집권한 베르루스코니 정부의 노동자법 개혁 시동에 대항하며 CGIL이 주동하면서 더욱 강화되고 있다. 베르루스코니 보수당 정부하에서도 이탈리아 정책파트너십은 지속되고 있다. 즉 2003년에도 경제발전 및 고용증대를 위해 노사정은 '국가경제체제의 발전, 고용 및 경쟁력에 관한 협약(Pact for Development, Employment and Competitiveness of the National Economic System)'을 체결했다. 이 협약은 특히 연구개발, 사회인프라 구축, 교육·훈련 등에 역점을 두는 경제사회 발전에 초점을 맞추었다(Gilman and Broughton, 2004: 658~659).

4) EMU의 수렴조건과 신자유주의적 구조개혁

이탈리아에서 1970년대 이후 심각해진 재정적자 및 공공부채를 줄이기 위한 중요한 수단으로서 민영화 프로그램이 수립되었는데 민영화는 1980년대 초 전 서유럽에 밀어닥친 신자유주의의 물결에 편승해 나타났다. 그러나 본격적인 민영화는 1990년대 시작됐다. 특히 1992년 아마토 정부는 국영기업체를 관장하는 부서를 폐지함으로써 정부의 민영화 의지를 확고히 했다. 또한 아마토 정부는 재정적자를 줄이기 위해 세금인상과 공공지출 감소를 통해 긴축예산을 도입했고 재정적자의 구조적 요인이었던 의료, 연금, 공공부문 고용, 지방정부 재정 등에 개혁을 추진했다. 이러한 개혁의 결과 600억 달러에 달하는 예산적자를 줄이는 효과를 가져왔고 이는 이탈리아 경제개혁을 성공적으로 실행할 수 있는 디딤돌이 된 것이다.

이와 같은 재정적자 및 경제개혁의 배경은 1991년 마스트리히트 조약에서 합의된 EMU 가입의 수렴조건이었다(Sala, 1997: 24~28). 1999년 출범할 예정이었

던 EMU 가입의 조건은 재정적자가 GDP의 3% 이내, 공공부채는 GDP의 60%
이내, 인플레이션율은 최저의 3개국 평균보다 1.5% 이하 등으로 유지하는 것이
었다. 이러한 수렴조건을 충족하기 위해서 이탈리아는 재정적자 및 공공부채의
축소가 필수적이었다. 따라서 이러한 조치는 아마토 정권 이후 치암피, 베르루스
코니, 디니 정권에서도 지속됐다. 특히 1996년 등장한 월계수(L'Ulivo) 연맹 정권
(1996~2001),9) 즉 프로디(R. Prodi), 달레마(M. D'Alema) 총리로 이어지는 중도좌파
정권은 EMU 가입의 수렴조건을 충족시키기 위해 전기, 가스, 철도, 텔레콤 등의
분야에서 민영화 프로그램의 실행을 통한 재정적자의 축소에 더욱 박차를 가했
다. 이러한 일련의 노력의 결과 이탈리아는 EMU 가입의 수렴조건을 충족시켜
1998년 5월 유럽 단일통화인 유로(euro) 창설 회원국으로 확정됐다.

한편, 이탈리아 복지제도의 신자유주의화는 1986년부터이다. 즉 공공서비스
지출을 줄이고 수혜자의 비용부담을 늘리고 민간 보험시장을 확대하고자 했다.
1980년대에 강화된 자본의 대항력, 그리고 투쟁력이 약화된 노조의 수세기를
배경으로 신자유주의적 긴축재정이 시도된 것이다. 그러나 사회당과 기민당의
후견주의적 정치로 인해 정치엘리트들이 유권자들에게 반대급부로서 제공하는
공적 자원을 축소한다는 것은 용이한 일이 아니었다. 따라서 이탈리아 복지제도
의 본격적인 신자유주의적 전환은 사회당과 기민당이 몰락한 1992년 말부터이
다. 재정적자 축소를 위한 우선 대상은 복지지출 중 가장 큰 비중을 차지한 연금
이었다. 1992년 아마토 정부는 연금수령의 최소 연령을 상향조정하고 공공부문
의 연금보험료 납부기간을 연장하는 등의 조치를 취했다. 1994년 중도우파의
베르루스코니 정부 및 디니 정부도 연이어 재정절약의 방향으로 연금개혁을 추

---

9) 1994년에 출범한 제2공화국하에서 이탈리아 정당들의 분포를 이데올로기 스펙트럼상
분류해 보면 중도보수 진영으로서 기민당의 후신이라 할 수 있는 국민당(PPI) · 기독교
민주센터(CDC) · 기독민주연맹(CDU), 사민당의 후신인 전진이탈리아(FI), 공화당(PRI)
등이 포진하고 있으며 좌파 진영에는 공산당의 후신인 좌파민주당(DS) · 재건공산당
(PRC) · 사회당(SI) 등이 포함된다. 그 밖에 군소정당으로서 녹색당, 네오파시스트인 민
족연맹(AN), 북부 지역정당인 우위를 점한 북부동맹(LN) 등 몇 개의 정당들이 활동하고
있다. 여기서의 월계수연맹은 좌파정당들의 연대를 의미한다.

진했다. 그러나 1996년 이탈리아 역사상 최초의 좌·우 정권교체로 구공산당이
었던 좌파민주당(DS)의 집권으로 신자유주의적 구조개혁 드라이브는 일정 부분
제동이 걸릴 것으로 기대되었다. 즉 실업, 빈부격차, 연금 등 산적한 사회정책에
희망을 갖게 했다. 그러나 EMU의 가입이라는 절박한 문제에 직면하여 중도좌파
정부의 정책은 재정적자 축소를 위해 신자유주의적 긴축정책을 지향했다. 구체
적으로 노령연금의 엄격화, 자영업자의 보험료 인상, 연금수령 최소 연령의 상향
조정을 단행했다. 보건의료부문에서도 재정적자 해소를 위해 공적 보장이 축소
되고 민간 보건의료보험이 확대되었다. 그리고 보건의료기구도 민영화되었고
2001년 베르루스코니 중도우파 정부의 재등장으로 민영화가 가속화됐다. 그러나
1990년대 이후 이탈리아가 신자유주의적 구조개혁을 저항 없이 추진할 수 있었
던 것은 정책협의 정치를 작동시켰기 때문이라는 사실을 주목해야 한다.

5. 맺음말

　이탈리아는 제2차 세계대전 이전까지만 해도 농업 위주의 빈곤한 나라였다.
더욱이 전후에는 이탈리아 정치는 매우 소모적이고 불안정했다. 극단적인 정당
다원주의, 단명의 연립정부, 비효율적인 관료제, 후견주의(clientelism)로 말미암아
정치에 대한 국민들의 불신과 불만이 높았다. 그러나 전후 이탈리아 경제는 눈부
신 경제성장을 실현했고 전 세계적인 브랜드 상품을 생산한 나라로 부상했다.
그 원동력은 저임금과 국가의 경제개입에서 찾을 수 있다. 그러나 이탈리아는
프랑스처럼 국가주도(dirigisme) 경제의 전통이 강한 나라는 아니었다. 오히려 이
탈리아는 경제와 사회에 비해 국가가 상대적으로 취약했다. 대신 경제와 사회
전반에 정당정치가 침투해 있다. 1990년대 초 개혁에 의해 기민당 중심의 정당지
배체제가 붕괴되었지만 새로 등장한 정당도 여전히 정치와 경제와 사회를 긴밀
히 연계하는 것으로 보인다.
　그러나 이탈리아는 정당정치의 이러한 약점과 한계를 정책협의 시스템으로
보완했다. 이탈리아 방식의 정책협의는 불안정한 정치체제에서 광범한 사회 및

경제 문제들에 대한 합의를 끌어내는 장치이다. 정통 정치제도가 사회적 합의를 효과적으로 지탱하지 못한 이탈리아에서는 시민사회의 이익집단들이 전술적 조정에 의해 종종 마비된 정당정치를 구출했다. 따라서 정책결정 스타일로서 정책협의의 이득에 관한 폭넓은 합의가 이루어졌다. 물론 사회 일각에서는 여전히 모든 형태의 정책협의와 사회협약을 부정적으로 평가한다. 이는 1999년 정책협의 시스템의 계획을 설계했던 정부의 고위 전문가가 암살된 사건에 의해 확인된다. 또한 이탈리아에서는 노사정 간의 협력체제는 2001년 재집권한 베르루스코니의 중도우파 정부가 정당한 사유 없이 해고된 노동자의 재취업을 허용하라는 노조의 요구에 반하는 '노동법'의 개정을 시도하려고 하자 새로운 위기 국면에 접어들기도 했다. 실제로 1998년의 '크리스마스 협약'은 2001년에 베르루스코니의 우파정부의 노동법 개정 시도에 노조가 거세게 반발하면서 그 실행이 좌절되었다. 그러나 지금까지의 1990년대 이후의 정책협의는 잠재적으로 분열을 수반하는 개혁의 맥락에서 사회적 연대를 유지하는 효과적인 수단으로 입증되었다. 이탈리아 정책협의는 정당정치 및 의회정치가 복잡하고 다루기 어려운 상황에 대처하지 못할 때 유용한 장치로 작동했다. 특히 정책협의는 특히 지방 수준에서 긍정적인 효과를 낳는다. 1999년 5월 '나폴리 정책협의'가 그 한 사례이다. '나폴리 정책협의'는 민관 공동 재정지원을 통해 향후 4년 동안 1만 명의 일자리를 창출한다는 프로그램이었다.

　이탈리아는 여전히 남북의 지역격차, 후견주의적 네트워크, 그리고 1990년대 초 정치제도의 변화에도 불구하고 계속되는 불안정하고 소모적인 정당정치가 연출되고 있다. 이것은 이탈리아 사회에 갈등을 불러일으킨 주요 요인으로 작용한다. 이탈리아에서는 '뜨거운 가을', 피아트사 파업 등 갈등의 이면에 다양한 집단들의 이해관계를 고려해 타협, 협력, 합의의 노력이 있었다. 이와 같이 이탈리아 정치경제는 갈등과 협력의 교차 속에 전개되고 있다. 향후 이탈리아의 정부와 사용자가 노동시장 유연화에 관한 경직된 법률적 통제를 완화하는데 노조의 합의를 이끌어내는 데 성공하느냐 여부는 교육·훈련 프로그램, 사회통합 정책 등 이른바 '사회적 충격 흡수장치(social shock absorbers)'를 충분히 확충할 수 있느냐에 좌우될 것이다.

제 13장
스페인 정책협의 정치

권위주의적 파트너십에서 정책파트너십의 유연안정화로

1. 권위주의적 파트너십

1) 이익결사체의 등장과 계급 갈등의 첨예화

스페인은 오랫동안 노사정 협의와 협상의 전통을 갖고 있지 않았다. 불행히도 19세기와 20세기에 걸친 스페인의 대부분 역사는 뿌리 깊고 격렬한 사회적 적대감과 반목으로 점철되어 왔다. 사회적 파트너십을 특징짓는 협력과 타협보다는 갈등과 대결이 19세기와 20세기 스페인의 노사정 관계와 정치를 얼룩지게 했다. 스페인이 안정되고 평화적인 메커니즘을 통해 갈등을 해결할 수 없었던 것은 권위주의, 취약한 민주주의 역사, 그리고 비극적인 내전을 치렀다는 사실에서 확인된다.

스페인에서 자본 및 노동 결사체의 기원은 19세기 후반으로 거슬러 올라간다. 1888년 설립된 노동조합총연맹(UGT)은 노동자들의 이익을 표출하는 데 있어 상대적으로 온건하고 실용주의적 입장을 대표한다. UGT는 스페인사회주의노동자당(PSOE)의 지원을 받는 가운데 1일 8시간 노동, 최저임금 및 남녀 동일임금 등 노동의 근로조건 개선을 위한 입법을 도입하기 위해 파업과 합법적인 정치활동을 배합하는 전략으로 정부당국을 압박했다. UGT는 사회를 변혁하기 위해 처음부터 의회주의 수단을 통해 국가권력을 쟁취하려는 사회주의노동자당의 목표와 병행하는 개혁주의적 전략을 선택했다. 스페인의 사회주의 이념은 압력정치를 노동자들의 경제적·사회적 권익을 보장하기 위한 실천 방법으로 인식했다. 이러한 사회주의자들과는 대조적으로 무정부주의적 생디칼리스트들은 정당과 부르주아민주주의 자체를 경멸했고 국가의 폐지가 자신들의 주요 목표였다. 1911년 설립되었던 전국노동총연합(CNT)은 부르주아 국가의 약화와 소멸, 그리고 종국적으로 사회주의 혁명을 달성하기 위해 폭력적인 수단에 호소하고자 했다. 반체제적인 CNT는 자본주의와 국가에 공개적으로 적대감을 드러냈고 합법적인 정치활동과 의회주의 정치를 거부했다. 이와 같은 이익결사체들의 이념적·조직적 파편화 현상은 세속-종교의 균열, 도시-농촌의 균열, 그리고 지역주의-민족주의 정서 등이 표출됨에 따라 더욱 악화되었다(Robinson, 2002: 25).

스페인에서 사용자들의 결사체적 활동의 기원은 조직노동의 출현에 대한 대응이라기보다는 고관세 정책을 통한 보호주의 무역을 촉진하려는 사용자의 이익을 표출하는 데서 비롯되었다. 1868년에 설립된 전국생산진흥회(FPN)가 바로 그것이다. 그 후 노조가 동원되고 사회 및 산업 영역에 국가개입이 증대되는 상황에서 스페인 사용자들은 1914년에 강력하고 중앙집권적인 기업조직인 스페인사용자총연합(CPE)을 결성했다. 이 사용자단체는 노동단체의 활동에 대응하고 정부로부터 경제적 특권을 획득하기 위한 것이었다.

제1차 세계대전 동안 노사분규가 폭발하고 사회적 동요가 전국을 휩쓸어 노사관계는 제도화되지 못했고 매우 불안한 양상을 보였다. 특히 1919~20년 사이에 전대미문의 노사분규에 직면하여 사회불안은 더욱 악화되었다. 이 무렵 노조에 가입하는 노조원의 폭발적인 증가 또한 전투적인 파업을 확산시키는 데에 일조했다. 사용자들은 전투적인 노동운동에 직장폐쇄로 대응했고 노조에 대한 강경한 억압조치를 취하도록 정부에 촉구했다. 불안과 공포의 문화가 확산되었고 계급투쟁 담론이 사회분위기를 지배했으며 사회 대화와 협상의 여지는 거의 없었다. 이런 상황에서 1923년 프리모 데 리베라(Primo de Rivera)의 군부쿠데타가 발발했다.

프리모 데 리베라의 독재는 사용자단체와 노조, 그리고 이들과 국가 간의 상호작용에 큰 변화를 초래했다. 그는 복수정당제와 의회민주주의를 거부하여 헌법을 중지하고 의회를 해산했다. 대신에 계급억압 이데올로기에 기초한 권위주의적 파트너십 질서로 바꿈으로써 직업과 조합의 기반 위에 노사 및 경제 관계를 재편하려 했다. 이를 위해 1926년 전국조합주의기구(OCN)가 설립되었다. 이 기구는 피라미드 체계를 가지고 있었는데 이 기구에 임금, 노동계약, 그리고 작업규정 등 노사 관계의 문제를 협상하기 위해 지역, 주 및 전국적 수준의 노사 대표들이 동등한 자격으로 참여했다. 그러나 OCN는 그 수사에도 불구하고 노사 쌍방의 동등한 참여로 경제정책을 수립하기 위한 것이라기보다는 사회적 갈등을 위계적이고 수직적으로 통제하기 위한 수단으로 활동했다. 그러나 프리모 데 리베라 독재체제는 지식인, 대학생, 군부, 노조, 사용자단체 등과 같은 다양한 불만세력의 갈등과 충돌로 인해 몰락의 운명을 맞게 된다. 사회적 긴장과 갈등은 1933년 선거에서 우파의 승리로 더욱 증폭되었다. 우파정부가 노조의 권한을 제한하고 노사 관계에서 노조의 지위를 침해하는 계획을 발표했기 때문이다.

그러나 1936년 2월 선거에서 좌파세력인 인민전선(Popular Front)이 승리했다. 불과 몇 년 사이에 정권이 정치적 우파세력에서 좌파세력으로 교체된 것이다. 이는 당시 스페인 정치사회가 얼마나 갈등적이고 대립적인 좌·우 양대 진영으로 분열되어 있는가를 설명해 준다. 사회 영역과 정치 영역의 이념적 양극화 정도는 노사 갈등, 공공 무질서, 선거 직후에 발생한 폭력적 사태에 의해 악화되었다. 이러한 사회적·정치적 혼란 속에서는 사용자단체, 노조, 정부가 정책파트너십을 가능케 하는 협상과 타협을 실현해 가는 것은 사실상 불가능했다(Robinson, 2002: 259). 당시 스페인에 팽배한 사회적·정치적 분위기는 정책형성 및 집행 과정에서 건강한 사회적 파트너십과 정책협의적 양식을 발전시키기에는 너무나 대립적이고 갈등적인 상황이었다. 이런 혼란 속에서 1936년 7월 프랑코 주도의 군부 봉기와 뒤이은 정부군과의 내전이 발발했다. 이 사태는 사회적 파트너십과 정책협의를 모색할 수 있는 여지를 거의 박탈했다.

2) 프랑코 독재정권의 권위주의적 파트너십과 노조의 민주화 운동

3년간의 내전 끝에 1939년에 출범한 프랑코 독재는 신국가 창출을 선언했고 이를 위해 민주적 자유권을 철폐하고 노조를 금지하며 그것을 대체할 국가코포라티즘(state corporatism)적 제도를 수립했다. 스페인생디칼기구(OSE)가 창설되었는데 이는 경제적·사회적 이익의 조화와 계급협력에 기반한 일종의 노사 파트너십 기구로 간주되었다. 그러나 이 기구는 정치적으로 독립적이지 못하고 자율성이 거의 인정되지 않았다. 1940년 OSE의 법적 기반을 부여하는 두 개의 법안이 만들어졌는데 이 법안에 기초하여 이 기구는 국가의 지시와 규율하에서 활동하는 수직적인 직업조합으로서 이에 사용자와 노동자 모두 의무적으로 가입해야 하는 위계적이고 일원적인 조직형태를 띠었다. 그러나 사용자 측은 수직적 직업조합에 의무적으로 편입되어야 했지만 그들은 정책에 영향을 미칠 수 있는 다양한 채널을 통해 일정 정도의 자율성을 향유하고 있었다. 이에 반해 이 기구는 노동자들에 대해서는 자의적으로 통제하려는 장치였다.

　노동을 대표하는 자율적인 조직의 부재는 프랑코 정권이 강제한 '배제의 정치(politics of exclusion)'를 들어낸 것이다. 조직노동의 시각에서 프랑코 정권과 노조 간 상호작용의 성격은 세 단계의 시기 구분이 가능하다(Robinson, 2002: 260~262). 첫 번째 단계는 프랑코 독재정권에 의해 자급자족 경제발전 모델이 추진되었던 1940~50년대로서 이 시기에는 사실상 노조 활동이 부재했다. 두 번째 단계는 1950년대 말부터 1960년대 초 경제적 자유화와 산업화의 가속화가 동시에 일어났던 시기이다. 이 시기는 여러 지역에서 맹렬한 파업 활동이 속출했던 시기이다. 파업은 점차 임금 인상, 노동조건 개선 등과 같은 순수한 경제적 요구, 그리고 민주적 자유와 진정한 노동 대표와 같은 정치적 요구가 결합되어 전개되었다. 특히 스페인 공산당과 같은 좌파정당과 연결고리를 가진 노동자 지도자들이 노동운동을 주도해 갔다. 자발적·분권적·포괄적인 노동조직을 갖춘 공산주의 성향의 노동자위원회(CC.OO), 그리고 카톨릭 경향성을 강하게 가진 노동자생디칼노조(USO)가 출현했다. 이들은 스페인 노동운동에서 UGT와 CNT가 역사적으로 누려온 지배적인 위상에 도전했다. 특히 CC.OO는 반체제 민주화 운동에서 점차 중요한 역할을 수행했다. 세 번째 단계는 1970년대 초부터 민주주의 이행과정까지이다. 이 시기에 CC.OO는 국가의 여러 영역에 걸쳐 다양한 부문, 특히 체제 민주화에 영향을 미쳤던 파업을 주도했다(Encarnción, 2005: 195~196). 따라서 CC.OO는 스페인 노동운동에서 지배적인 위치를 차지하게 되었고 공산주의자들이 CC.OO 내에서 우위를 점하고 있었다. 1971년 UGT는 조직의 집행부가 교체되는 것을 계기로 사회주의 노조로 재편되었으며 이에 따라 스페인 노동운동에서 그 역사적 지위를 복원했다. 이와 대조적으로 CNT은 CC.OO에게 세력을 상실해 흡수되었다.

2. 민주화 과정과 사회협약정치

1) '협약에 의한 민주적 이행'

1975년 프랑코의 사망 후 수아레스(Adolf Suárez)는 중도정당 연립세력의 지도자로 부상하여 '중도민주연합(UCD)'을 창당했다. 그는 수상에 취임하여 과거와의 연속성을 주장하는 강경파들의 저항을 잠재우는 한편, 본질적인 민주주의를 촉구하는 반대세력의 최대강령적 요구를 진정시켜 합법적인 개혁을 통한 민주화를 진행시켰다. 1977년 6월 수아레스 정부가 기초한 정치개혁법에 의해 실시된 선거에 따라 우파연합(UCD), 사회당(PSOE), 공산당(PCE), 극우파 AP, 까딸로니아 지역당(CiU), 바스크지역당(PNV) 등으로 구성된 의회가 헌법제정의 주체가 되었다. 스페인 헌법은 이들 정당의 입장을 반영하여 형성된 '합의적의 연합'의 산물이었다. 그 헌법 내용은 입헌군주-내각제,[1] 민주적인 권리와 자유 보장, 양원제, 자유시장 경제, 탈중앙집권적인 국가구조[2] 등의 주요 정치개혁 이슈들을 포함하

[1] 스페인의 정부형태는 입헌군주 상징적인 역할과 내각의 실질적인 권력행사를 상정하는 내각제이다. 그러나 스페인은 일반 입헌군주제의 군주와는 달리 권위와 힘을 보유한 국왕하에서 내각제의 권력구조를 채택했다. 스페인의 국왕은 국가원수로서 외교적으로 국가를 대표하고 형식적으로 의회에서 결정된 사항들과 인사들을 인준하거나 임면한다. 국왕의 특수한 영향력이 인정된다는 점에서 영국이나 독일의 경우처럼 내각 수반이 의회에서 과반수의 지지를 획득하는 경우 거의 절대적인 권력을 행사할 수 있는 수상내각제는 아니다. 스페인 하원은 내각을 구성하는 수상의 선출권과 불신임권을 가진다.

[2] 스페인은 프랑코 군사독재하에서 자행된 극심한 지역차별로 인해 1975년 독재체제의 붕괴 이후 지역문제는 헌법 제정과정에서 가장 합의하기 힘든 문제였다. 까딸로니아, 바

고 있었다. 이와 같이 프랑코의 사망에서 비롯된 스페인의 정치체제 변화는 전형
적인 '협약에 의한 민주적 이행(pacted democratic transition)'이었다(Encarnción, 2005:
187). 더욱 정확히 말하면 현재의 스페인 정치체계는 '위로부터' 엘리트들의 협상
과 합의 전략, 그리고 '아래로부터'로부터 동원된 사회운동의 압력과 요구에 의
해서 이루어진 민주화 과정의 소산물이다(Maravall, 1997: 79).

　'협약에 의한 민주적 이행'은 처음 두 번의 선거에서 온건보수연합인 UCD가
승리하여 집권했고 1982년 총선에서 사회당이 승리하여 이념적 균열구조를 극복
하는 정권교체를 평화적으로 이룩하는 형태로 나타났다. 이 정권교체는 이념적
극단주의를 걸어왔던 스페인 근대사에 비추어 진보정당이 기존의 이념적 장애를
뛰어넘어 집권했다는 점에서 의의가 크다. 이 같은 정권교체가 정치체제의 안정
을 훼손하지 않고 스페인의 민주화 과정이 순조롭게 진행될 수 있었던 것은
세 가지 요인이 작용했다. 정치적 집단들, 특히 정당지도자들의 전략적 선택(인식,
계산, 행태)이 '협약에 의한 민주적 이행'에 중요한 영향을 미쳤다(Gunther, 1992:
77). 프랑코 정권에 가장 저항적이었던 공산당은 합법화된 이후 혁명적 이념을
철회하고 보다 실용주의적 노선을 지향했다. 또한 선거제도가 '협약에 의한 민주

스크, 갈리시아, 안달루시아 등은 문화적 · 언어적 · 지역적 특성을 가지고 오랫동안 실질
적인 가치를 고수해 왔다. 따라서 헌법 제정에서 단방제(unitary system)의 특성만을 채
택하기가 어려웠으며 좌파정당들과 지역주의 정당들은 상당한 자치권을 지닌 연방국가
를 희망했다. 이에 따라 스페인은 바스크, 까딸로니아, 갈리시아, 안달루시아 등의 격화
된 지역주의적 저항운동에 밀려 지역정부 창설을 허용하는 지역자치 헌법을 채택했다.
스페인 헌법은 외교, 국방, 및 전국에 걸친 사회 · 경제 정책에 관한 사항을 중앙정부의
관할 사항으로 하고 나머지는 지방정부의 권한으로 규정하고 있다. 스페인에서 지방의
기초단위는 자치시(Municipality)이고 이들이 모여서 주(Province)를 형성하고 한 개의 주
또는 몇 개의 주가 자치공동체(Autonomous Community)를 구성한다(Clark, 1985: 68~
72). 자치공동체는 보통선거를 통해 의회를 구성하며 그 의회가 선출한 각료로 내각을
구성한다. 지방은 중앙 상원에 지역 대표를 보내고 지방의회가 중앙정부와 중앙하원에
법안을 제출할 권한을 보유함으로써 중앙과 연결된다. 자치공동체가 헌법이나 법률을
준수하지 않을 때 중앙정부는 지방정부 수반에게 이의를 제출할 수 있으며 이에 응하지
않을 경우 상원 과반수의 지지하에 필요한 조치를 취할 수 있게 함으로써 지방정부를
통제하고 있다.

적 이행'에 긍정적으로 작용했다. 즉 후보자와 정당명부에 투표하는 독일식 선거
방식이 채택되어 최대 정당인 UCD(1996년 이후는 PP로 개명)와 사회당은 높은
득표력으로 교대로 집권할 수 있고 소수파의 의회 진출도 가능하다.[3] 스페인의
'협약에 의한 민주적 이행'에 영향을 미친 또 다른 요인은 경제사회적 구조이다.
스페인의 경제사회적 변화는 기술관료들에 의해 주도된 산업화가 정치적 민주화
이전에 이미 1950년대에 구체화되었다. 어느 정도의 산업화는 민주화의 경제사
회적 여파를 최소화하여 급진적인 사회주의로의 전환을 억제했다. 정치적·경제
사회적 변화에 따라 문화적 차원에서 과거의 편협한 종교적·지역적·민족적
·계급적 정체성과 그에 따른 균열구조가 완화되었다. 이는 과거의 원심적인
분극화 현상이 구심적인 다원주의로 전이되고 있음을 시사한다. 이에 못지않게
중요한 구조적 요인은 외적 요인, 즉 유럽연합(EU)을 들 수 있다. 민주화 이후

---

3) 선거제도는 정당체제에 결정적인 영향을 미쳐 궁극적으로 민주주의의 내용과 그 성패에
   심대한 영향을 미치는 중요한 요소이며 선거제도에 따라 특정 세력이 집권하여 정책 입
   안과 집행에 중요한 영향을 미친다. 스페인의 경우 선거제도는 영국식의 다수대표제 대
   신 비례대표 원칙을 채택했다(Nohlen, 1994: 193). 이에 따라 하원은 인구비례에 따른
   선거구 주민을 대표하도록 하고 있는 반면에, 상원은 각 주를 대표한다. 보통 각 주는
   4명의 상원의원을 선출하도록 할당받는다. 하원의원 선거의 경우 선거구의 크기에 따라
   33석과 32석이 할당되는 바르셀로나, 마드리드 등 대선거구, 6~9석을 선출하는 중선거
   구, 2~5석을 할당받은 소선거구가 있다. 투표방법은 유권자가 2표를 각각 지역 후보자
   와 정당명부에 투표하는 독일식 방식을 수용했는데 선거구별로 비례원칙에 의거하여 당
   선자를 결정한다. 비례대표 원칙이 초래할지도 모를 정당의 난립을 방지하기 위해 각
   선거구에서 3% 이상 득표한 정당에게만 의석배분에 참여시키는 '배제조항'이 도입되었
   다. 스페인은 배제조항을 두는 비례대표 선거제를 선택하고 있지만 다양한 크기의 선거
   구제로 인한 대정당으로의 표 집중 효과가 커서 군소정당의 의회 진출이 쉽지 않다. 바
   꾸어 말하면 비례대표제를 채택하고 있지만 여러 크기의 선거구가 동시에 존재하여 비
   례효과가 감소되고 다수선거제의 효과가 나타나기 때문에 일당의 지배가 준고착화할 가
   능성을 안고 있다. 이러한 실정에서 스페인에서 의회에 진출하는 정당들은 12개 정도이
   나 최대 정당인 UCD와 사회당은 높은 득표력을 과시하여 거의 항상 단독으로 교대 집
   권할 수 있는 사실상의 양당제를 형성했다. 이런 상황에서도 몇몇 지역에 강력한 지지기
   반을 가지고 있는 지역당들이 의회에 대표되어 소수인종들이 체제로부터 배제되는 것을
   방지하고 있다.

최초로 집권한 UCD는 정치적 민주화 작업 때문에 경제개혁을 제대로 수행할 수가 없었다. 그러나 UCD 정권에 의해 스페인 정치개혁을 통한 민주주의가 공고화된 이후 체제에 대한 정치적 위험이 없이 사회당 정부는 구조개혁을 단행할 수 있었다. PSOE는 비록 노조의 이익에 민감한 사회주의 정당이었지만 그들의 단기적 희생과 고통을 초래하는 경제적 구조조정을 달성할 수 있었다(Bermeo, 1994: 620). 노조 또한 EU에 가입하기 위해서는 구조조정이 불가피하다는 인식을 갖고 사회당 정부의 구조개혁을 수용했다. 이처럼 대외적 요인도 스페인 정치의 민주화를 정착시키는 데 중요한 역할을 수행했다.

이와 같은 요인이 작용하여 스페인은 군부세력 또는 권위주의 정치세력을 국가권력으로부터 퇴장시키고 선거경쟁을 통해 민주정부를 수립함으로써 '민주적 이행(democratic transition)'을 경험했고 '시장주의적 경제개혁'을 시도했다. 그러나 이 과정에서 스페인은 노동쟁의와 노동자 총파업 등으로 노동-자본-국가 간의 심각한 갈등을 경험했으며 이러한 사태는 그들 신생민주주의의 심화를 위협했다. 따라서 스페인은 민주적 공고화와 시장화(marketisation)라는 이중적 과제를 추진해야 했다.

2) 민주적 공고화 과정에서의 사회협약정치

(1) 보수당 정부하의 정책협의: 몽크로아 협약과 각종 협약들

앞에서 언급했듯이 스페인은 원천적으로 계급적·계층적·이념적·인종적·지역적 갈등과 국가코포라티즘적 정치(state corporatist politics)를 경험했다. 따라서 스페인에서 사회적 파트너십을 특징짓는 정치적 교환의 관행, 즉 타협·교환·거래·양보·합의 등은 뿌리내리기가 어려웠다. 스페인 역사에 사회적 조화와 계급협력을 증진하려는 사상이 전혀 존재하지 않았던 것은 아니지만 스페인이 관용과 협상의 시스템, 즉 사회적 파트너십과 정책협의를 갖춘 것은 프랑코 독재가 종식된 이후이다. 사실 프랑코 정권의 장기간 독재에 따른 사회 전반의 경직성과 1975년 이후 민주화를 위한 전환기에 정치, 경제, 사회 전반의 불확실성이 확산되었다. 특히 1970년대 중반 이후 오일쇼크에 따른 대외적 경제환경의 악화

로 스페인 경제의 스태그플레이션 현상과 경쟁력 저하가 해결해야 할 시급한
과제였다. 이에 따라 스페인은 프랑코 정권 이후 과거 권위주의적 파트너십의
유산으로부터 벗어나려는 시도를 단행했다.

이런 배경에서 민주화의 '제3의 물결(Third Wave)'을 경험한 스페인은 사회협약
정치를 통해 가장 인상적인 민주적 공고화를 정착시키려 했다(Schmitter, 1992:
168). 국제적인 스태그플레이션과 이에 따른 국내 경제위기 속에서 1977년 기념
비적인 '몽크로아 협약(Moncloa pact)'이 체결된 것이다. 이 '몽크로아 협약'은 스
페인 신생민주주의의 공고화를 유도하려는 UCD 수아레스 정부와 정당들 간에
체결된 순수한 '정치적' 협약의 성격을 띠었으며 공산당, 사회당, 중도우파 정당
인 UCD, 기민당 등이 참여하여 체결되었다는 점에서 이념적인 스펙트럼의 다양
성을 포괄했다. 이 협약은 체결된 직후 의회로 이송되어 모든 주요 정당들의
거의 만장일치의 지지로 입법화되었다. 이것은 국가의 의사결정 과정에서 종국
적 조정자로서 의회의 역할을 상징한다.

이 '몽크로아 협약'은 몇 가지의 핵심적인 목표를 담고 있었다(Encarnación,
2005: 187). 첫째, 가능한 비대결적인 화합방식으로 일련의 경제개혁을 법제화하
고 이를 위해 예상 인플레이션에 따라 조율되는 글로벌 임금체계의 도입이 주요
이슈였다. 둘째, 스페인 민주주의 공고화를 촉진하기 위해 정치적 합의 분위기를
조성하는 것이었다. 셋째, 이 협약은 정부의 경제 프로그램을 사회민주주의적
정향을 반영하는 재분배적 특징을 갖는다. 노동자들의 임금인상 자제를 유도하
기 위한 보상을 마련하기 위해 이 협약은 정부로 하여금 실업수당의 30% 인상,
교육·주택·직업훈련 등에 대한 공공지출 증대 등을 단행토록 요구했다. 이러
한 경비를 충당하기 위해 정부는 비밀 계좌 폐지, 세금 탈루 징벌, 부유세 도입
등 포괄적인 조세개혁 프로그램을 만들었다. 이러한 조치들은 현대 유럽형 복지
국가를 구축하려는 의지를 나타낸 것이다. 이와 같이 '몽크로아 협약'은 임금노
동자, 실업자, 연금수령자, 중소기업 등을 보상함으로써 경제위기의 비용을 공정
하게 배분할 수 있을 것으로 간주되었다. 이로써 프랑코 정권 종식 후 민주주의
이행기에 직면한 경제난국을 타개하는 데 '몽크로아 협약'이 주요 역할을 했다.

'몽크로아 협약'은 민주화 이행 과정의 몇 년간에 걸쳐 작동된 사회적 파트너십

과 정책협의 시스템을 통해 체결된 일련의 협약들로 이어졌다. 정부와 정당들에 의해 체결됨으로써 '정치적' 협약의 성격이 강한 '몽크로아 협약'과는 달리 그 협약들은 자본 및 노동의 정상 이익결사체들의 참여에 의해 체결되었다는 점에서 순수한 '사회적' 협약이라 할 수 있다. 이러한 사회협약은 국가, 정당, 노조, 사용자단체 사이의 정치적 교환(political exchanges)에 의해 체결된 것이다. CC.OO가 배제된 가운데 CEOE와 UGT[4]는 1979년 협상과정과 소득과 관련된 문제를 다룬 '연합체 간 기본협약(Basic Interconfederal Agreement: ABI)'과 1980년의 '연합체 간 틀 협약(Interconfederal Framework Agreement: AMI)'이 체결되었다. 1981년 2월 쿠데타 미수 사건[5] 후 소테로(Leopoldo Calvo Sotelo) 정부는 스페인 신생민주주의 공고화와 경제위기 극복을 위해 사회적 파트너들의 협상을 시도하도록 유도했다. 그 결과 1982년 '고용에 관한 전국협약(National Agreement on Employment: ANE)'이 체결되었는데 이 협약은 정부, 사용자 및 두 주요 노조(UGT와 CC.OO)가 참여하는 진정한 의미의 노사정 협약이라 할 수 있다. ANE의 주요 특징은 공산당과 CC.OO가 중앙협약 체결에 참여했다는 사실이다. 특히 공산당은 1980년 총선 결과가 실망스러운 것이었지만 대결 전략은 결국 민주주의 공고화와 경제위기 극복에 악영향을 가져올 것으로 우려했다. 더욱이 정부가 ANE의 당사자로 참여했다는 사실 또한 언제나 정부와 직접 협상해야 한다고 주장해 온 공산당 지도부에게 좋은 명분을 제공한 것이다. 이 협약은 노동의 임금인상 자제에 대한 반대급부로

---

4) 노조 간의 경쟁관계에 변화가 발생했는데 예컨대 CC.OO가 주변화의 길을 걸었던 반에, UGT는 제도적으로나 정치적으로 확고한 위상을 구축하게 되었다. 이는 일정 부분 UGT를 선호하는 사용자단체(CEOE)의 정책을 반영한 것이다.

5) 민주화 이후 군부에 대한 즉각적인 문민통제는 유보되고 민간정부는 군부의 후견을 계속 용인했다. 그러나 1977년 총선 이후 문민정부는 점진적으로 군부에 대한 통제권을 확보하기 위해 노력했다. 의회는 1977년 군부의 정치개입을 금지하는 법을 통과시켰다. 또한 수하레 정부는 1977년 공산당을 합법화했다. 이는 과거 프랑코 총통을 추종했던 우익세력을 자극했다. 이와 더불어 집권당인 UCD의 실정과 그에 따른 분열로 다음 총선에서 사회당의 승리가 확실시되어 가고 있었다. 이 같은 사태 발전에 불만을 품은 군부세력이 1981년 2월 의사당에 난립하여 새로운 체제를 도모하려고 했으나 실패했다. 쿠데타의 실패는 결국 군부에 대한 문민정부의 통제를 확고히 하는 계기가 되었다.

사용자와 정부에 의한 고용창출과 여타의 사회적 문제 해결 약속을 담고 있었다 (Royo, 2005: 73).

(2) 사회당 정부하의 정치적 교환: 신자유주의적 구조개혁과 사회적 임금

1981년 군사쿠데타 사건을 계기로 스페인 국민들은 우익세력에 대한 반감이 되살아났으며 보수 우익정당인 민주중도연합(UCD)도 내부 분열로 국민들의 지지를 잃게 되었다. 이에 따라 당시 거대 정당인 UCD는 선거에 참패했던 데 반해, 좌파를 대표하던 사회당은 공산당 등 좌파 성향의 정당과 지역당들을 규합하여 1982년 10월에 단독으로 정권 장악에 성공할 수 있었다.6) 이로써 스페인 역사상 최초의 좌익 성향의 사회당이 단독으로 내각을 구성한 것이다. 사회당의 집권은 그동안 보여온 사회당과 UGT의 온건 전략의 정당성을 더 한층 강화했고 스페인 국민들이 새로운 시대 요구에 부응하는 새로운 리더십을 갈망했음을 의미했다.

중도좌파인 사회당의 집권은 노동자들에게 유리한 정부의 경제 및 사회정책을 이끌어낼 수 있을 것이라는 기대감을 고조시켰다. 그러나 1982년 사회당 정부가 출범한 무렵 스페인 경제는 앞선 보수당 정부의 사회협약정치에도 불구하고 1970년대 전반에 발생한 스태그플레이션 현상의 후유증으로 경제성장은 1.2%, 인플레이션은 15%, 재정적자는 6%, 외환보유고는 30억 달러 등 경제적 난국이었다. 이런 경제적 위기 속에서 사회당 정부의 곤잘레스(Felipe Gonzalez) 총리는 '변화(El Cambio)'의 정부를 표방하고 국가현대화, 민주적 공고화, 유럽화를 주요 정책목표로 추진하고자 했다. 그는 1970년대 초반 스페인 민주화 과정에서는 공산당 등 극좌세력들과 연합했으나 점차 이들과 결별하고 온건한 사회주의 노선을 지향했다. 더욱이 곤잘레스 사회당 정부는 취임하자마자 위에서 제시한 국가 정책목표를 달성한다는 명분을 내걸고 사회주의 이념과는 상충된 가장 강력한 신자유주의적 구조개혁을 시도했다. 사회당 정부의 이러한 시도는 분명히

---

6) 당시 총선에서 급진적 우파정당인 국민당이 전체 의석 1/4 이상을 확보해 제2당으로 부상했다. 이후 스페인 정국은 좌파를 대변하는 사회당과 우파연합인 AP로 이끌어져 갔다.

하나의 역설이었다. 인플레이션, 공공적자, 대외적자를 줄이기 위한 조치에 착수하고 산업부문을 재조직하고 자본시장을 자유화했으며 노동시장을 유연하게 변화시키고 공공지출 증가의 억제와 세수증대로 재정적자를 줄여나갔다.

　사회당 정부는 협상과 사회협약을 통해 신자유주의적 구조개혁을 추진하고 경제위기를 타파할 수 있다고 노조 및 사용자단체를 설득했다. 그 결과 CEOE · UGT · CC.OO는 1983년 2월 '연합체 간의 협약(Interconfederal Agreement: AI)'을 체결했다. 그러나 1984년 노사분규가 증가했으며 이것은 1983년에 시작된 산업구조조정, 주당 노동시간의 단축(40시간) 법안과 임금인상을 둘러싼 노사 간의 의견 불일치 등의 요인에 기인했다. 더욱이 신자유주의적 구조개혁의 여파로 실업이 증가하고 인플레이션이 심화되는 등 경제상황이 악화되었다. 이에 따라 사회당 정부는 또 다시 사회협약을 추진하려 했다. 이 과정에서 당시 CC.OO는 실업수당 확대, 노동시간 단축(38시간), 공공투자 확대, 노동법 개정 등을 요구했다. 사용자단체인 CEOE는 사회보장제 개혁, 노동시장 유연화, 금융시장 자유화 등을 요구했다. UGT는 일자리 창출, 경제 문제에 대한 노조의 참여 확대 등을 요구했다. 이와 같은 경제주체들의 이해관계와는 아랑곳없이 사회당 정부는 인플레이션 억제, 재정적자 축소, 투자 증대, 재정지출 축소 등을 단행했다. 이러한 정부의 긴축정책에 대해 CC.OO는 협약 체결에 참여하는 것은 정부의 긴축 및 반사회정책을 지지하는 꼴이 된다고 주장하고 대결전략으로 선회했다. 이에 따라 CC.OO가 불참하는 가운데 정부, UGT, CEOE는 1984년 9월 새로운 노사정 3자 협약, 즉 경제사회협약(Economic and Social Agreement: AES)을 체결했다(Royo, 2005: 66). 이 사회협약(1985~86)은 사회당 정부의 마지막 정책협의의 결과물이었다.[7]

　사회협약에 따라 사회당 정부는 EC 가입 조건의 충족을 위한 개혁정책, 긴축재정, 세금인상 등 신자유주의적 구조개혁을 지속적으로 추진했다(Maravall, 1993).

---

[7] 1986년에 사회협약이 종결되었는데 이것은 사회지출을 억제하려는 사회당 정부의 정책변화에 기인했다. 1988년 총파업이 발생한 직전에 경제관료들은 사회협약이 경제회복에 비효율적인 것으로 불평했다(Encarnación, 1997: 414). 경제관료들의 이러한 태도에 실망한 노조 지도부는 정부의 반협약적인 자세를 책망하고 정부와의 대화와 협상을 포기했다.

예컨대 1982~85년간 약 200여 개의 공기업을 민영화했고 400여 개의 부실기업을 청산했다. 왜냐하면 과거 프랑코 정권하에서 과도한 보호를 받은 공기업들은 효율성이 낮았을 뿐만 아니라 경쟁력이 약화되어 고비용·저서비스, 재정악화를 야기했기 때문이다. 이러한 공기업의 민영화는 많은 근로자들의 해고를 유발했다. 따라서 노조와 노동단체들은 이 같은 시장경제의 원칙에 따른 구조개혁을 친기업적으로 규정하고 거센 반발을 했다. 1985년과 1988년에 각각 일어난 노조의 총파업은 스페인 사회를 거의 마비 상태로 몰아갔다. 이런 사회불안 속에서도 스페인 사회당 정부는 금융부문의 자유화와 개방화를 진행시켰다. 더욱이 1987~91년에 은행이 인수·합병됨으로써 자본시장의 자유화에 따른 금융기관의 경쟁력을 강화시켰으며 1988년에는 증권시장을 개방함으로써 외국자본 유입에 크게 기여했다. 더욱이 스페인은 프랑코 정권 시절부터 가입을 희망했으나 민주화와 시장경제 체제를 갖추지 못했다는 이유로 좌절되었던 EC(당시 유럽연합의 명칭)에 사회당 정부하의 1986년에 그 회원국이 되었다. 스페인의 EC 가입은 과거 보호주의 경제를 청산하고 시장개방과 자유화를 통해 글로벌 경제에 편입되었음을 의미한다.

사실 곤잘레스 사회당 정부는 노조(UGT, CC.OO)의 절대적 지지를 받고 집권했다. 그러나 집권 후 신자유주의적 구조개혁과 EC 가입조건 충족 등 현실적 필요로 노동계의 반대에도 불구하고 비정규직 고용의 부분적 허용 등 노동시장 유연화 조치를 취했다. 이처럼 노동계의 이익에 손상이 되는 개혁을 추진할 수 있었던 것은 당시 정부 조치에 우호적인 일반 여론과 의회 내의 절대다수 의석을 유지하여 가능했다. 그러나 곤잘레스 정부의 이러한 신자유주의적 구조개혁은 심각한 '전환의 비용(transitional costs)'을 지불하게 했다. 스페인 경우 1975년에 3.9%에 불과했던 실업률이 1986년에는 21.9%로 치솟았다. 그러나 높은 실업률이 곤잘레스 정부에 대한 지지도 하락으로 이어지지 않았다. 왜냐하면 실업보험, 연금, 의료서비스, 교육비, 일자리 창출, 직업훈련 등에 사회지출의 확대가 저소득층에 대한 신자유주의적 경제개혁의 피해를 줄여주었기 때문이다. 특히 16세까지 무상교육을 실시했고 수차에 걸친 교육법 개정을 통해 대학 진학의 기회를 확대했다. 1975년에 사회지출이 GDP 대비 불과 9.2%에 불과했지만 1991년에는 15.3%

를 기록함으로써 스페인은 빈곤층에게 유리한 소득재분배를 경험한 국가가 되었다(de la Dehesa, 1994: 179). 스페인에서 주택, 교육, 실업 및 다른 복지수당 등 사회적 임금(social wage) 증가는 노조가 협약의 임금 규정을 준수하는 데 대한 반대급부로서 협약에 의해 이루어졌다. 따라서 스페인 국민들은 사회적 시민권을 확대할 수 있는 민주정부의 능력을 신뢰할 수 있었다.

사회당 정부는 사회협약정치에 힘입어 1985년까지는 불황을 지속하던 경제가 1986년부터 성장세를 회복하여 1990년에는 일인당 국민소득 만 달러를 초과하는 기록을 보였다. 물가도 민주화를 전후하여 1983년까지 두 자리 숫자를 유지하다가 꾸준히 하락세를 보여 1995년에는 5%를 밑돌게 되었다. EC로부터 경제개발을 위한 막대한 보조금(구조기금)의 형태로 경제적 지원을 받아 경제 선진화를 이루는 데 EC 가입은 큰 역할을 했다. EU가 회원국에 제시한 수렴조건(convergency plan)을 성실히 집행함으로써 스페인 경제구조를 견실화하는 데 성공했다. EU 가입 이전 평균 6%이었던 인플레이션이 가입 후 3%로 안정되었고 정부재정의 균형이 달성되었다. 그리고 노동과 자본시장의 개방을 통해 외국인 투자 유치를 위한 환경개선에도 크게 기여했다. 스페인에서 진행된 일련의 사회협약은 계급 갈등을 완화하는 데 기여했고 구조개혁에 대한 저항을 줄였으며 산업관계를 제도화하여 경제 주체들을 새로운 민주적 틀에 통합시키는 데 도움이 되었다. 이것은 사회적 파트너십과 정책협의의 맥락 속에서 정치경제 주체들 간의 합의, 화해 및 타협의 역동성에 힘입어 스페인의 신생민주주의 공고화 과정이 성공했음을 의미한다. 바꾸어 말하면 사회당 정부하의 사회협약정치는 시장경제와 민주주의, 신자유주의적 구조개혁과 민주주의 공고화, 경제적 효율성과 사회적 형평성을 상호 긴장시키지 않고 공존시킬 수 있었다. 이로써 "피레네 산맥을 넘으면 아프리카"로 지칭되었던 스페인에 대한 과거 서유럽세계의 조소가 사라지게 되었다.

3. 정책파트너십 정치의 성공적 작동요인

경제 및 사회 정책의 형성과 실행과정에 조직화된 이익집단, 보통 노조와 사용자결사체들의 참여로 정의되는 정책협의는 앞서 지적했듯이 프랑코 정권 붕괴 이후 등장했다. 스페인에서 국가 수준에서 전개되는 노사정 정책협의의 경험은 비교적 짧은 역사를 가진 정책결정 스타일이다. 그럼에도 불구하고 앞에서 분석했듯이 민주적 이행과 민주적 공고화 과정에서 사회적 파트너십과 정책협의의 성공적 작동에 영향을 미치는 몇 가지 조건이 작용했다.

첫째, '민주적 이행'에 따라 스페인 노동 및 자본의 정상조직들은 대표성을 갖고 정부와 3자 협상을 시도함으로써 정책파트너십 정치를 활성화시켰다 (Schmitter, 1995: 313~314). 특히 스페인 노조는 낮은 조직률, 낮은 조직적 통일성, 제한된 재정력 등 조직적·실천적 취약성을 보였지만 '민주적 이행' 과정에서 가장 강력한 시민사회 세력으로 부상했다(Encarnación, 2001a: 347~349). 이 과정에서 스페인 노조의 이데올로기, 전략, 전술 및 가치에 중대한 변화가 발생했다. 민주주의하에서 노동운동은 민주적 제도와 과정을 지지했으며 온건하고 절제하는 모습을 보였다. 스페인에서 최근 들어 정책파트너십이 발전할 수 있었던 것은 그러한 정책협의가 성공하는 데 필요한 민주적 제도와 정치문화가 확립되어 왔기 때문이다. 마찬가지로 사용자도 정책협의 관행을 촉진하는 포괄적인 정상조직을 구축할 수 있었으며 사용자 측이 정책협의를 통해 경제 및 사회정책을 입안하고 집행하려는 의지를 가졌다.

둘째, 다른 신생민주주의 국가들의 협약정치와 비교할 때 '몽크로아 협약' 체결 이후 스페인 정책파트너십 정치는 제도적 차원에서 다양한 이념적인 스펙트럼을 포용했다. 우파정당(UCD)까지도 정책강령에 "경제정책이 시장실패(market failure)를 수정해야 하며 보다 균등한 부와 소득과 사회적 권리를 마련해야 한다" 라고 명문화함으로써 정책협의 과정에 좌파세력의 참여를 허용했다(Bermeo and Garcia-Duran, 1991: 105). 이것은 UCD가 사회민주주의 정당은 아니었지만 1977~82년 사이 집권하는 동안 사회민주주의 정책을 지향함으로써 정책파트너십 정치를 작동시키는 데 공헌했음을 시사한다. 특히 협상테이블에서 노동자들의 이익을 보장할 수 있도록 노조의 대표와 노동친화적인 좌파정당들의 참여를 허용했다. 이는 스페인 신생민주주의 공고화 과정에서 계급·계층 갈등을 예방하는 수단으로서 정책파트너십 정치를 정상적으로 작동시키는 데 중요한 요인으로 작용한 것이다.

셋째, 스페인에서 정당과 노조의 연대는 특히 노조의 전략적 행동에 영향을 주었다(Royo, 2005: 66~70). 스페인 노조는 프랑코의 권위주의 정권에 대한 투쟁과정에서 정치세력화했다. 1970~80년대에 스페인 주요 노조들은 좌파정당들과 제도적 연계를 유지했다. 사회당은 사회주의 노조인 UGT와 공산당은 공산주의 노조인 CC.OO와 각각 정치적 연계를 맺었다. 이러한 제도적 연계는 민주화 과정에서 정치행위자들의 전략적 행동에 영향을 미쳤다.[8] 우선 프랑코 정권이 붕괴되고 민주주의 이행기에 공산당과 CC.OO의 지도부는 연대를 구축하고 투쟁전략이 민주화 과정을 혼란의 늪으로 전락시킬 수 있다고 판단하고 '온건과 절제'의 전략을 택했다(Royo, 2005: 70). 이러한 전략은 1977년에 체결된 '몽크로아 협약'에 대한 지지로 구체화되었다. 공산당과 CC.OO('몽크로아 협약'의 체결 당사자는 아님)의 지도부는 이 협약을, 스페인 민주제도를 공고화시키고 경제위기를 극복할 수 있는 필요조건으로 선언함으로써 협약 체결 과정에 적극적으로 참여했다. 이 협약을 지지했던 CC.OO는 공산당 정치의 강화를 희망했으며 이를 통해 정부의 정책결정 과정에 영향력을 행사할 수 있는 기회로 삼고자 했다. 동시에 공산당과 CC.OO는 자신들이 '책임 있는' 정치행위자로 비춰지기를 희망했으며 따라서 스페인 민주화 과정을 지지하고 급진노선을 철회하고 있다는 자신들의 전략이 추호도 의심받지 않기 위해 정치적 유연성과 강력한 협상 의지를 일반 국민들에게 입증할 필요가 있었다. 예컨대 CC.OO는 '몽크로아 협약'에 포함된 임금조항을 준수했을 뿐만 아니라 1982년의 ANE와 1983년의 AI 등 사회협약 체결에

---

8) 공산당과 CC.OO의 집행위원회는 각각 서로 독립적이었다. 사회당 당규는 당원이 UGT의 조합원이기를 요구하고 있는 데 반해, 공산당 당규는 당원이 CC.OO에의 가입을 의무화하지 않고 단지 권장하고 있을 뿐이었다. 그러나 노조의 지지는 이 두 정당들에게 선거경쟁에서 소중한 자산이었던 반해, 이 두 노조들에게는 정당들과 이러한 제도적 연계가 정치적으로 자신들의 이익을 보호해 주는 의미 있는 버팀목이었다.

적극적으로 참여했다.

다음으로 프랑코 독재정권 시절에 정치적으로 제한된 역할에 그쳤던 UGT는
노동자들의 불만에 편승하여 노조원들에 대한 자신의 위상을 강화하는 데만 관
심을 갖는 나머지, 스페인의 최초 협약인 '몽크로아 협약'에 대한 분명한 지지를
표명하지 않았다. UGT 지도부는 자신들이 협약을 체결하는 협상 과정에서 소외
되었을 뿐만 아니라 노조의 역할을 강화하고 산업관계 환경을 개혁하려는 규정
이 결여되었다고 불만을 터뜨렸다. 따라서 UGT는 협약 협상과정에 참여하지
않겠다고 선언하고 '몽크로아 협약'을 공식적으로 거부했다. UGT의 이러한 태
도는 사회당의 전략과 일치했는데 사회당 지도부는 협약에서 얻은 게 없고 투표
를 통해서 자신들의 요구 사항을 실현할 수 있다고 인식했다. 그러나 UGT('몽크
로아 협약'의 체결 당사자는 아님)와 사회당의 이러한 전략은 얼마 가지 않아 '몽크
로아 협약'에 대한 지지 쪽으로 선회했다. 이것은 공산당과 CC.OO의 민주주의
공고화 전략에 자신들의 전략적·제도적 이익이 묻혀버리는 것이 아니냐 하는
UGT와 사회당의 위기감에서 비롯된 것이다. 뿐만 아니라 1979년 총선에서 공산
당이 참패하고 사회당이 압승을 거두는 것도 '몽크로아 협약' 이후의 각종 사회
협약 체결에 대한 UGT와 사회당의 전략 변화에 영향을 미쳤다(Royo, 2005:
71~72). 나아가 UGT 지도부는 대결전략이 정치적·경제적 불확실성만을 야기
할 것으로 우려하는 한편, 사회적 파트너십과 정책협의는 자신들에게 경제정책
과정에서 일정한 역할을 하는 기회를 부여할 것으로 인식했다. 이에 따라 그들은
사회협약에서 파생되는 긍정적 성과를 활용함으로써 노동운동 내부에서 자신들
의 역할을 공고히 다지고 신뢰할 만한 사회적 파트너로서 자신들의 위상을 강화
할 것으로 판단했다. 따라서 UGT 지도부는 '몽크로아 협약' 이후 연이은 다섯
개의 중앙협약 체결에 중요한 역할을 수행했다.

이와 같이 공산당과 사회당이 노동결사체들에 침투하는 광범위한 노력을 경주
함에 따라 좌파정당과 노조의 제도적 연계는 견고했으며 이를 통해 노동의 권익
은 여러 사회협약 체결을 위한 협상 테이블에서 좌파정당들에 의해 대표되었다
(Encarnación, 2001a: 343).9) 이러한 연대는 사회적 자본(social capital)의 조성과 스페
인 신생민주주의의 공고화에 중요한 역할을 했을 뿐만 아니라 공산당과 사회당

이 사회협약을 시행하는 과정에서 발생한 어려운 고비마다 과도한 노동동원을 자제시키는 등 노조의 절제와 타협적 태도를 이끌어내는 데 공헌했다(Encarnacion, 2001b: 76~77). 좌·우 균열에 토대를 둔 스페인 정당정치는 온건한 이념적 차원에서 정치 갈등의 해결을 추구했다(Morlino, 1995: 345). 다시 말하면 스페인 정당정치는 계급·계층 균열을 정당체제로 전환하여 '온건한 계급정치(moderate class politics)'를 통해 계급·계층 갈등을 제도화시키는 데 기여했다.

마지막으로 1982~96에 집권한 곤자레즈 사회당 정부는 자신의 정치적 파트너인 UGT와의 관계를 냉각시키는 원인이 된 신자유주의적 경제정책을 시행하면서도 복지제도의 확충에 박차를 가했다(Lucio, 1998: 453). 그런데 스페인이 유럽연합에 편입하기 위한 필수 요건인 신자유주의적 구조개혁은 전술했듯이 국영기업의 민영화, 금융부문의 자유화 및 노동시장의 유연화 등을 포함하고 있었으며 이는 노동자들에게 심각한 '눈물의 계곡(valley of tears)'을 야기했다. 예컨대 실업률은 1986년 21.9%로 급상승했다. 이에 따라 사회당 정부는 자신의 개혁 프로그램을 수용하는 반대급부로서 노동자들에게 강요되는 경제적 구조개혁의 비용을 완화하기 위해 연금, 실업수당, 보건 및 교육 등에 대한 사회적 지출을 GDP 대비 1975년 9.9%에서 1980년대 말 최고 19.5%로 증가시켰다(Maravall, 1997: 179). 사회당 정부는 민주주의가 정치적 권리만으로 실현될 수 없으며 경제적 구조개혁과 사회적 지출은 제로섬적인 관계가 아니라는 관점을 견지하면서 사회적 지출을 대폭 인상시킨 것이다.[10] 이러한 복지지출을 위한 재원을 확보하기 위해 사회당 정부는 사회협약의 규정에 따라 은행 비밀계좌 차단, 탈세에 대한

---

9) 민주화 이행 전후 좌파정당들은 시민사회를 활성화시키는 데 적극적인 노력을 경주했다. 이러한 활동은 프랑코 정권 붕괴 이후에 노조 부문의 재건에 두드러지게 나타났다. 예컨대 1982년 정권을 장악한 사회당은 UGT가 스페인에서 가장 강력한 노조로 등장하도록 추진했고 공산당은 CC.OO와 다른 민중조직들과 협력하여 작업장 내부에서 민주주의를 추진했다. CC.OO와 공산당 그리고 UGT와 사회당은 정치적 리더십이 본질적으로 동일했다. 시민사회에서 좌파정당들의 이러한 노력으로 말미암아 좌파정당들 혹은 노조들은 우파정당들에 의해 경시될 수 없는 존재로 부상했다(Encarnación, 2001b: 76).

10) 민주주의 이행 이후 스페인을 포함한 남부 유럽 국가들은 공공지출을 증가시켰고 사회정책을 확대했는데 이는 남미의 신생민주주의 국가들과 두드러진 차이점이다.

벌칙금 증액, 자산세 중과, 부유세 신설 등 포괄적인 세제개혁을 단행했다. 이러한 개혁은 단순히 재정 적자를 충당하기 위한 조치가 아니라 현대 복지국가 구축이라는 계급 간 합의의 일환이었다(Bermeo and Garcia-Duran, 1991: 93). 이러한 정치적 교환(political exchange)은 스페인의 정치경제에 분명한 사회민주주의적 정향을 각인시킨 것이었다(Encarnación, 1997: 408; 2001a: 346). 요컨대 스페인 사회당 정부하의 정책파트너십 정치는 신자유주의적 구조개혁을 통해 국내 자본가들의 투자의욕을 촉진시키는 한편, 노동자들에게 제공된 보상패키지로서 노동운동을 온건화시켜 노동자들로 하여금 신생민주주의 공고화에 협력하도록 했다.

4. 정책파트너십 시스템의 부활: 경제사회위원회의 협약 체결

스페인의 정책파트너십 정치는 1980년대 후반에 접어들어 시련에 봉착하기도 했다. UGT와 사회당 정부의 관계에 균열이 발생했고 이는 1988년 12월 총파업으로 이어졌다. 이러한 새로운 국면으로 정당에 대한 노조의 자율성은 증대되었지만 1988년 이후 스페인 사회적 파트너십과 정책협의 시스템은 일시적으로 와해되었다. 노조 지지로 집권한 사회당 정부가 사용자 측에 상대적으로 유리한 정책을 추진한다고 판단한 노조는 1988년 12월 총파업을 단행했으며 이로 인해 사회당의 권위가 크게 손상되었다. 그렇지만 당시 많은 스페인 국민들은 총파업에 반발했고 1989년 10월 총선에서 사회당에게 다시 절대다수 의석을 안겨주었다. 그러나 사회당 정부는 그동안 신자유주의적 구조개혁을 추진하면서 노동문제를 해결하는 데 사회당의 정체성을 흐려온 것이 사실이다. 이에 따라 사회당의 지지기반이었던 노조와 노동단체 등이 점차 사회당에 등을 돌리게 되었다. 사회당은 1993년 총선에서 의회의석 과반수를 차지하지 못하여 카딸로니아지역당(CiU)과 바스크지역당(PNV)의 지지를 받아 내각을 구성했으나 사회당에 대한 국민들의 지지가 점차 하락했다. 더욱이 1995년 카딸로니아지역당마저 사회당에 대한 지지를 철회하는 사태가 발생하여 사회당 정부는 정치적으로 불안정했다. 또한 역설적으로 1996년 올림픽과 세계박람회를 개최했던 스페인 경제는 침체되었고 사회당의 지지기반인 노동자와 봉급생활자들의 보수는 그들의 노동생산성의 향상에도 불구하고 그에 상응하여 인상되지 못했다. 설상가상으로 1990년대 들어 사회당 간부들이 기업인들과 불법 정치자금을 수수하는 등 부정부패가 만연했고 이에 따라 국민들의 사회당 정권에 대한 신뢰가 크게 추락했다. 이런 상황에서 1996년 조기 총선에서 사회당은 집권에 실패했고 대신 보수우익 성향의 국민당(PP)에게 정권을 내주었다. 국민당은 민주화 직후에 집권했던 UCD보다는 이념적으로 더 우파로 경도되었다. 국민당의 집권은 스페인에서 두 번째로 안정적인 좌·우 정권교체의 전통을 확실하게 했다.

이러한 정치경제적 배경 속에서 1988년 총파업에서 1996년 보수당 집권 때까지 노조와 사회당 정부 간의 대화는 빈번하지 못했다. 물론 1994년에 정부가 노동법 개정 협상을 추진하고자 했을 때 사용자단체와 두 주요 노조인 UGT와 CC.OO는 그 협상과정에 참여했다. 이 협상은 '노동법령 및 노동규제에 관한 연합체 간 협약(Inter-Confederal Agreement on the Labour Ordinances and Work Regulation)'을 이끌어냈다. 그러나 이 협약은 정부가 만들어낸 법 개정 시안과는 대립되는 것이었다. 또한 1990년대 중반 사회당 정부의 쇠퇴와 정치적 불확실성에 직면함에 따라 스페인에서는 새로운 대화로 통해 총체적 정치협약이 이루어져야 한다는 분위기가 고조되었다. 이에 따라 주요 정당들 간에 '톨레도 협약(Toledo Agreement)'이 맺어졌다. 이 협약은 연금 문제에 관한 국가의 사회적 역할에 충분한 합의를 강조했다. 부연하면 그것은 주로 스페인에서 가장 민감한 이슈인 연금 문제의 기초를 마련하고 사회적 차원의 문제를 국가의 책임으로 귀속시키려는 틀을 구축하는 정치적 협약이었다. 이 협약은 파트타임 근로와 근로시간 단축과 같은 노동시장 유연화에 관한 후속 합의의 타결을 촉진시켰다. 그러나 이러한 유형의 협약과 아랑곳없이 1988년 총파업부터 사회당 정권 붕괴 때까지 정부와 UGT 지도부의 의견 차이와 갈등으로 인해 정책협의는 사실 순조롭지 못했다 (Lucio, 2002: 268).

1996년 총선에서 승리한 국민당(PP) 정부가 출범함에 따라 보수당 집권하에서 새로운 국면의 국가-노조 관계가 도래하는 역설적 상황이 발생했다. 경쟁력 강화를 위한 민영화, 노동시장의 탈규제화 등 곤잘레스 사회당 정부가 추진했던 신자유주의적 구조조정은 국민당 정부 출범 이후도 계속되었다. 그럼에도 스페인의 두 주요 노조들은 단체교섭에 관련된 제반 문제에 대해 협력하겠다는 노조강령을 통해 새로운 정치적 상황 전개에 적절히 대응했으며 공식적으로 국가의 사회적 역할을 유지하는 데 몰두하겠다고 공언한 신정부와 대화의 장을 열었다.

이에 따라 국민당 정부하에서 사회적 파트너십과 정책협의가 재등장했다. 정당으로부터 노조들의 정치적 자율성과 독립성 증대, 그리고 제도적 학습(institutional learning) 과정은 사회적 파트너들의 전략적 변화를 초래했다. 글로벌 시장에 따른 경제위기와 구조적 변화가 노동시장에서 노조의 약화를 가져왔는데 역설적으로 이러한 사태 발전이 사회적 파트너십과 정책협의를 다시금 작동시킨 것이다. 노조는 거시적 정책협의를 재작동시켜 이를 통해 의사결정 과정에 일정한 역할을 수행하고자 했다. 정부와 사용자 측도 임금과 인플레이션 관리를 위해 기꺼이 이러한 정책협의에 참여했다. 이처럼 스페인의 정치경제 행위자들이 대결구도로부터 사회적 파트너십과 정책협의로 전략적 변화를 시도한 것은 실업, 노동시장의 구조적 변화(예컨대 임시 계약직을 비롯한 비정규 근로자들의 급증), 경제자유화, 민영화, 유럽통합 등에 영향을 받아 1990년대 후반에 촉진되었다(Royo, 2005: 79). 특히 유럽통합은 스페인 사회적 파트너들을 압박하여 스페인의 노동시장과 단체협상에 관한 규정들을 다른 유럽연합 회원국들에서 보편적으로 나타난 규정에 근접하도록 했다. 이러한 구조적 압박에 대응하기 위해 스페인 정치경제 행위자들은 거시적 수준에서 정치교환의 기회를 활용코자 했으며 이를 위해 1996년 사회적 파트들 간에 합의를 촉진하는 경제사회위원회(Economic and Social Council: ESC)가 설치되었다.

ESC를 통해 구체적인 사회적인 문제와 노사 관계 문제에 관한 일련의 3자 협약과 2자 협약들이 체결되었다(<표 13-1> 참조). 이 협약들은 정부와 노조, 그리고 사용자단체 등이 참여하는 새로운 정책협의의 장을 통해 이루어져 입법화되었다. 이 사회협약들은 잉여인력 및 해고와 관련한 노동시장 유연성에 대한 사용자들의 요구, 그리고 임시직 계약 축소, 노동시장의 주요 부분을 이루는 비정규직, 여성 및 청년근로자에 대한 사회적 보호 등에 대한 노조의 요구를 적절히 배합한 것이었다(Rhodes, 2001: 192~193; Lucio, 2002: 269~272). 특히 1996

<표 13-1> 1990년대 주요 사회협약

협정	내용
노동법령 및 노동규제에 관한 연합체간 협정(1994)	산업관계, 생산성, 단체 협상
사회보장 체계의 합리화에 관한 협정(1996)	사회 보장 및 연금
고용안정에 관한 연합체간 협정(1997)	고용계약 및 노동시장 유연성
단체교섭에 관한 연합체간 협정(1997)	단체교섭 및 적용범위
고용규제(Vacios)적용 범위에 관한 연합체 간 협정(1997)	산업관계, 생산성 및 단체교섭
파트타임 고용계약에 관한 협정(1998)	파트타임 근로자의 고용조건 개선 및 사회보장 지원

년 10월에 정부의 대표와 두 노조총연맹이 참여하는 ESC는 '사회보장체제의 합리화에 관한 협정(Agreement on the Rationalization of the System of Social Security)'을 체결했다. 이 협정은 사회보장 혜택의 형평성을 높이고 고용창출을 장려하기 위한 사용자의 기여금을 낮추는 것을 주요 골자로 하고 있다. 또한 정부는 ESC를 통해 1997년에 '고용안정에 관한 연합체 간 협정(AIEE)'이 체결되었는데 이를 뒷받침하기 위해 고용 및 훈련 프로그램을 개발했다. AIEE은 1998년에 또 다른 협약, 즉 '파트타임 고용계약에 관한 협약(ACETP)'으로 발전했다. 정부와 두 주요 노조 간에 맺어진 이 협약은 파트타임 근로자들에게 사회보장의 혜택을 지원하고 이들의 근로조건을 개선하려는 데에 목적이 있었는데 이는 노동시장의 아웃사이더(비정규직)에 대한 스페인 노조의 첫 양보 조치였다. 이에 앞서 1997년에 체결된 '단체교섭에 관한 연합체 간 협약(AINO)'은 전국 차원의 부문 수준 교섭이 갖는 이익표출 역할을 확립하기 위해 단체교섭의 범위를 확장하는 것을 목표로 하고 있었다. 이것은 하위 수준의 교섭에 대한 최소 기준을 제공하고 서로 다른 수준의 교섭 간에 연결고리를 분명히 했다. 산업의 각 부문 수준의 임금체계가 전국적 차원에서 확립되었다. 그러나 구체적인 임금 수준은 지역적으로 결정되었다. 더욱이 정부 내에서 새로운 유형의 참여가 발전되고 있었는데 사용자들과 함께 노조는 국가개입 영역, 예컨대 정부기관들이 행하는 공공부문 관련 고용계약에 대해 감독하는 역할을 수행했다.

5. 맺음말: 정책파트너십의 유연안정화

민주화 이전 스페인은 국가주도적 산업화, 노동세력을 포함한 시민사회에 대한 권위주의적 억압, 중앙집중적·비효율적인 관료제 등을 경험했다. 따라서 오랫동안 사회적 파트너십과 정책협의보다는 갈등과 대결이 스페인의 노사정 관계와 정치를 지배했다. 민주화 이행 후 스페인은 하나의 기적을 기록했다. 불과 15년 만에 스페인은 민주적 제도의 공고화, 순조로운 정권교체, 경제의 현대화, 국제경쟁력 강화, 군부에 대한 민간 통제, 시민권의 확대, 유럽연합에의 가입 등에 성공했다(Przeworski, 1991: 7~8). 무엇보다도 프랑코 독재 붕괴에 따른 민주화 이행 이후 스페인은 정책파트너십 정치를 작동시켜 이익중재와 갈등조정을 통해 신자유주의적 구조개혁과 민주주의 간의 긴장을 불식하는 데 성공했다. 이런 점에서 스페인 정책파트너십 정치의 경험이 시사하는 바는 첫째, 결정적 시기마다 민주주의 공고화 과정을 구축하고 안정시키는 데 기여했다. 둘째, 정책파트너십 정치는 사회주의 노조인 UGT와 공산주의 노조인 CC.OO를 온건화시키는 데 일조했다. 이로써 노조가 스페인 민주적 공고화 과정에 중요한 역할을 했다. 셋째, 노조의 전략은 단지 노동의 조직 또는 구조적 압력뿐만 아니라 정부, 정당, 사용자집단 등 정치행위자들의 전략 등에 의해서도 영향을 받는다. 넷째, 정책파트너십 정치는 노동시장 및 고용개혁 등과 같은 민감한 영역에 관한 정치적 협상과 타협의 정도에 영향 받을 수 있다는 사실을 확인시켰다.

1990년대 이후 전반적으로 사회적 파트너십과 정책협의에 기초한 사회협약들은 주로 노동시장 및 고용 관련 이슈를 그 주요 내용으로 한 새로운 유형의 '정치적 교환'이다. 보수당인 국민당 정권하에서 사회경제적 이슈들에 관한 일련의 협약들이 사회적 대화와 노사정 3자 정책협상을 통해서 타결되었다. 보건 및 사회안전망의 조정, 그리고 교육·훈련과 직업개발 프로그램을 지원하는 데 있어 국가의 역할을 감독하고 조정하는 노사정 제도가 확립되었다. 노조는 국가의 의사결정 과정에 참여하고 있을 뿐만 아니라 지역적 수준에서도 이를 적극적으로 조직하고 관리하고 있다. 이러한 변화들은 사회당 정부의 말기에서 비롯되었다. 정치적 변화의 전망으로 인해 정책결정자들은 지역적 수준에서 사회적 파트너들의 역할을 강조하는 동기를 갖게 된 것이다. 사용자와 노조를 비롯한 사회적 파트너들은 고용협정이 맺어지는 전국적 차원은 물론이고 특히 지역 자치정부 차원에서 노동규제 영역에 관한 보다 관리적·행정적 역할을 강화하고 있다. 더욱이 스페인은 1990년대 중반 이후 기업 수준의 협약이 증가하는 등 협약의 분권화가 진행되는 추세에 있으며 2003년의 협약은 단체협상에서의 사회적 파트너들의 주도적 역할을 정부에 촉구했다(Gilman and Broughton, 2004: 661~662). 이는 스페인 사회적 파트너십과 정책협의가 보다 유연화되고 있음을 시사한다. 이 새로운 경향의 이익대표체계는 1980년대 중반 이후 경제에 대한 국가의 역할이 공급 중시 정책으로 변화하고 있는 맥락 속에서 나타나고 있다 (Lucio, 2002: 273). 한편, 스페인 정책협의는 최근에 들어 과거 프랑코 정권에서 유래된 노동시장의 인사이더(정규직 근로자) 중심의 사회협약에서 아일랜드의 최근 경험에서 보이는 아웃사이더를 보호하는 사회협약으로 변화하고 있는 현상도 나타나고 있다(Rhodes, 2001: 192). 이런 맥락에서 스페인 사회협약정치가 향후 유연안정성을 지향할 것으로 예상된다.

　최근의 일부 논의들은 노사정 파트너십의 불안정성을 유발하는 이유, 예컨대 글로벌 경제의 구조적 변화, 국민국가의 쇠퇴, 시장효율성을 제고하려는 경제정책, 조직노동의 취약성과 분열 등을 설명하는 데에 초점을 맞추는 경향이 있다. 그러나 스페인 사회적 파트너십과 정책협의 시스템은 결코 후퇴하고 있지 않다. 오히려 많은 새로운 연구는 스페인과 같은 서유럽 국가들에서 작동하는 정책파트너십 시스템의 부활과 연속성을 지적한다. 스페인 경우 이러한 현상은 사회적 파트너십과 정책협의 시스템의 유연화로 나타나고 있다. 정부와 사용자들이 그러한 추세에 핵심적인 역할을 하고 있지만 그렇다고 이것이 정책파트너십 시스템의 실패를 의미하는 것은 아니다.

제6부 | 스칸디나비아유럽

제 14장
스웨덴 계급타협 정치경제의 역동성

정책파트너십 시스템의 부침

1. 정책파트너십의 발단

1) 계급 갈등의 첨예화

스웨덴 노동운동의 조직적 기틀은 19세기 말에 정치시장 및 노동시장 양 영역에서 확립되었고 20세기 초의 급속한 산업화와 더불어 비약적인 성장을 이루었다. 우선 정치적 영역에서 사민당(SAP)이 1889년에 결성되었다. 사민당의 공식적 목표는 "의회주의적 절차를 통해 정치권력을 장악하여 자본주의를 사회주의 사회로 변혁시킨다"는 것이었다. 그 후 사민당의 조직력과 득표력은 증대되어 1914년에는 원내 제1당의 위치로 부상했다. 노동시장에서도 1898년 전국적인 정상조직인 스웨덴노동조합총연맹(LO)이 결성되었다. 이에 따라 LO는 결성 당시부터 사민당과 이념적·조직적·인적·재정적으로 긴밀한 조직적 연대를 맺었다. 예컨대 LO의 조합원들은 대부분 사민당원이 되는 경향을 보였다. 사민당과 강력한 연계를 구축한 LO는 1902년 선거법 개정과 의회주의를 요구하는 총파업을 단행했다. 초기의 이러한 LO의 전략은 경제투쟁보다는 정치투쟁에 맞추어 모든 노동자들의 참정권(보통선거권 등)을 요구하며 전국적인 파업을 시도하는 데 역점을 두었다. 이 같은 노동계급의 도전에 효과적으로 대응하기 위해 자본가들은 1902년에 스웨덴사용자총연맹(SAF)을 결성했다.[1] SAF는 노조들에 대해 직장폐쇄를 무기로 공세를 했으며 LO로 하여금 산하 회원 노조들에 대한 통제력을 증대하도록 했다(Fulcher, 1991: 76~79).

산업화 이전의 스웨덴 사회에서는 계급 갈등이 상대적으로 심하지 않아 강력하고 포용적인 국가가 탄생할 수 있었다. 그러나 이익그룹들이 중앙집중적이고 포괄적인 조직을 만들었던 것은 산업화 이후 발생한 격렬한 계급 갈등이었다. 다시 말하면 사회적 파트너십의 주요 주체들인 중앙집중적이고 포괄적인 조직들이 성장한 이면에 숨어 있었던 것은 바로 이러한 갈등이었다. 동시에 역설적으로 그러한 격렬한 계급 갈등을 야기한 것은 아마도 국민의 동질성 때문이었을 것이다. 스웨덴에서는 인종적·종교적·언어적 균열이 존재하지 않았기 때문에 계급 균열이 다른 갈등대치선보다 두드러지게 표출되었다. 산업화 이전의 국민적 동질성이 사회적 파트너십에 대해 가진 의미는 그것이 계급적 연대와 계급 갈등을 통해 통합적 합의주의(integrative corporatism)를 발전시키는 계급조직을 조성할 수 있는 조건을 마련해 주었다는 사실에 있다(Fulcher, 2002: 282).

스웨덴 노동시장의 양대 조직은 1906년 최초의 중앙협정인 1906년의 '12월 타협(December Compromise)'을 이끌어냈는데 그 주요 내용은 SAF가 노조의 단체협상권을 인정해 주는 대가로 LO는 고용과 경영에 대한 자본의 배타적 권한을 인정한다는 것이었다. 그러나 이러한 협약에도 불구하고 이 시기의 산업화는 격렬한 계급 갈등을 불러일으켰다. 스웨덴의 노사 관계는 타협보다는 파업과 직장폐쇄라는 힘의 대결이 주조를 이루었다. 특히 1909년의 총파업은 20세기로 접어들어 급속하게 진행된 산업화와 함께 그 세력이 강화된 자본과 노동의 대규모의 충돌이었다.

이 같은 계급 갈등은 제1차 세계대전의 종식 이후 보다 격렬하게 전개되었다. 서유럽의 다른 국가들에서처럼 1920년대 스웨덴의 정치권에서도 사회경제질서를 둘러싼 자유주의 대 사회주의의 비타협적인 갈등이 분출했다. 이러한 상황 속에서 이 시기 경제운용의 주도권은 부르주아 정당들이 장악하여 시장의 논리

---

1) 스웨덴의 SAF는 1902년 보통선거권을 요구하는 노동자들의 과격한 총파업에 자극을 받은 고용주들에 의해 자신들의 결속과 연대를 강화시키기 위해 설립됐다. 스웨덴 계급타협의 한 축을 형성하는 SAF는 회원 기업에 제재를 가할 수 있는 권한을 가지고 있어서 매우 높은 조직적 통제력과 동원력을 가지고 있었다.

에 충실한 정통 자유주의 정책을 강화해 갔다. 그 결과 1920년대 스웨덴의 노동자들은 만성적인 고실업과 고용주들의 임금삭감 공세에 시달렸다. 노동자들의 이 같은 고통은 대공황의 파고가 밀려오던 1930년대 초에 그 절정에 달했으며 계급 갈등 또한 첨예화되었다.

2) 산업평화의 제도화: 살트세바덴 협약

사민당은 1929년에 발생한 경제 대공황을 계기로 정권장악에 성공한다. 국제시장의 의존도가 높은 스웨덴 경제는 대공황 이전 시장 원리에 기초한 자유주의 경제정책(사기업 활동에 대한 제약 해소)에 의해 활발한 자본축적을 가져왔지만 그 후유증으로 인플레이션과 대량실업이란 경제위기가 대공황이란 최악의 상태로 이어져 노동운동의 폭발적인 고양을 불러일으켰다. 이런 와중에서 사민당이 1932년 선거에서 사민주의적 개혁정책을 표방함으로써 42% 지지를 얻어 집권하는 데 성공한 것이다. 이 같은 사민당의 정치적 승리는 결국 막강한 중앙집권적인 LO의 튼튼한 지렛대 역할에 의존한 것이었으며 역으로 LO의 세력은 사민당의 집권에 힘입어 더욱 강화되었다(Esping-Andersen, 1985: 64). 사민당 정권은 정통 사회주의를 포기하고 케인주의에 입각한 국가개입주의를 경제운용의 기본원리로 채택했다.

사민당의 집권은 1920년대에 전개된 격렬한 계급 갈등에 일대 전환을 가져온 계기가 되었다. 노사 간의 세력균형상 자본에게 불리하게 전환된 상황이 자본으로 하여금 노동과의 협상전략을 채택하도록 유도해 낸 것이다. 정치권에서 우위를 확보한 조직노동도 노동시장에서 불필요한 소모전을 전개할 필요 없이 계급 갈등의 전선을 정치 영역으로 이동시키고자 했다. 자본과 노동의 이러한 전략변화는 1938년 중앙집권적인 노조체제의 정상노조인 LO와 SAF의 역사적 대타협인 '살트세바덴 협약(Saltsjöbaden Accord)'의 체결로 이어졌다. 이 협약은 노동과 자본 간의 정치적 교환(political exchange)의 성격을 띠고 있었다. 즉 LO는 경제성장을 전제로 실업을 유발시킬 수 있는 생산합리화라는 자본의 요구를 받아들였고 자본은 사민당 정권을 용인했으며 정치적 중립을 지키기 위해 정당정치에 개입하지 않기로 했다(Korpi, 1983: 46~50). 이 협약을 통해서 임금협상체계를 두 조직 (LO와 SAF)으로 단일화 및 중앙집중화하는 데 합의했으며(Kjellberg, 1998: 79) 노사가 국가의 개입 없이 산업 문제를 함께 관리할 수 있음을 분명히 했다. 이로써 스웨덴에서 정책파트너십을 발전시키기 위한 길을 닦았다. 향후 30여 년간 스웨덴 노사 관계의 기본원칙이 된 살트세바덴 협약은 파업과 공장폐쇄의 상호 자제를 규정하고 분쟁을 해결하기 위해 각각 3인의 대표로 구성되는 노동시장위원회 (Labor Market Council)를 설치했고 이를 계기로 계급 갈등은 크게 감소하여 전반적인 산업평화를 정착시킬 수 있었다.

그렇다면 이와 같은 살트세바덴 협약이 타결된 구조적 요인은 무엇인가? 앞에서 살폈듯이 스웨덴 역사에서 사회적 파트너십의 기원은 제1차 세계대전 이전으로 거슬러가지만 스웨덴의 현대 사회적 파트너십이 확립된 것은 보통 사민당의 집권 시기와 결부되어 있다. 사민당은 노동자조직과 농민조직, 그리고 사용자조직과의 관계에서 정책협의 시스템을 탐색했다. 우선 1932년 이후 사민당 정부는 정책결정 과정에 LO의 참여를 더욱 확대시키고 스웨덴 사회에서 노조의 위상을 강화했다. 노조는 또한 사민당 정부에 의해 수립된 새로운 실업보험 프로그램인 '겐트 시스템(Gent System)'의 행정적 책임을 맡게 되었다(Fulcher, 2002: 282). 즉 1934년에 도입한 실업보험제도를 노조의 관리하에 둠으로써 보험혜택의 수혜에 있어서 비노조원의 실질적인 불이익을 초래했다. 이는 무임승차의 이익을 노동시장에서 제거함으로써 조직률의 상승에 크게 기여했다. 왜냐하면 겐트 시스템은 비조합원들이 노조 조합비를 내지 않고도 노조 협상에 의한 임금인상의 혜택을 조합원과 똑같이 받으려는 무임승차의 유혹을 극복케 하고 노동자들로 하여금 노조에 가입하려는 강한 유인을 갖게 해주었기 때문이다. 이 시스템은 노조의 조직률을 높이는 데 도움을 주기 위해 사민당 정부가 아주 심사숙고해 도입한 정책이었다. 한편, 노조는 보다 큰 통제를 받았다. 사민당 정부는 경제정책에 대한 노동파업이 가져올 충격을 우려하여 규제 법률을 제안했다. 이로 인해 단체협정이 존속되는 동안에 발생하는 파업을 불법화하는 1928년의 법을 폐기하지 않는 중요한 조치가 취해지기도 했다. 이처럼 노조의 영향력을 증대시키는 만큼 노조에 대한 통제가 강화되는 상응 조치가 내려진 것이다. 이로써 사민당 정부는

LO로 하여금 보다 책임 있는 행동을 유도함으로써 SAF와 살트세바덴 협약을 통한 공동 해결책을 모색하도록 했던 것이다.

둘째, 사민당 정부는 노동운동의 힘에만 의존하지 않고 농민의 지지도 필요했다. 사민당은 1932년 총선에서 승리하여 의석을 크게 증가시키기는 했지만 의회에서 다수당이 되지는 못했다. 따라서 사민당은 농민당과 정치적 연합을 꾀했다.[2] 농민당은 소규모 자영농들로 구성된 자율적인 농민조직과 연계되어 있었다. 사민당은 농민당과 그 후신인 중도당(Center Party)과의 정치적 연합을 지속했고 이는 사민당의 장기 집권에 결정적 역할을 했다. 농민당과의 협력을 통해 안정적인 의석을 확보하는 사민당 정부는 사용자들을 압박하여 사회적 파트너십 전략을 취하도록 했다.

셋째, 사민당 정부는 생산자의 조직뿐만 아니라 자본 소유자들과의 긴밀한 관계를 맺으려고 했다. 이에 따라 사용자들은 정부에 요구하여 때때로 노조들의 활동을 규제할 입법을 시도했다. 그러나 1930년대 후반 SAF는 사민당 정권하에서 국가통제의 증대가 노동과 자본에 대한 규제로 이어질지도 모른다는 점을 우려하고 산업 갈등에 대한 국가규제를 대체할 노사 공동규율을 위해 노조와의 연대를 강화하기 시작했다. 그 결과가 1938년의 살트세바덴 협약인데 이는 노사 관계에 대한 핵심적인 노사 공동규율을 위한 제도적 틀을 확립했다.

넷째, 국가의 특성 및 정치문화 영역에서 찾을 수 있다. 스웨덴 정책파트너십의 기원은 산업화에 따라 야기된 문제를 해결하기 위한 사회정책의 초기 발전과정에서 찾을 수 있는데 이는 산업사회에서 발생하는 문제들에 대한 정책파트너십을 모색하려는 스웨덴 국가의 성격이 있었음을 시사한다. 국가관리들은 어떤 정책결정 및 집행에 의해서 영향을 받는 당사자들을 참여시켜 이들의 지식과 전문성을 활용하고 정책의 정당성을 확보하고자 했다(Fulcher, 2002: 280). 다시

---

2) 스웨덴의 정당정치 발전에서 나타난 특징은 자영농민층의 정치세력화이다. 이들은 부르주아와 연합해 왕권을 견제함으로써 자유주의가 발전할 수 있는 정치지형을 제공했다. 또한 자영농민층의 정치세력화로 스웨덴의 우파정당은 보수당, 자유당, 농민당으로 분열됐으며 1930년대 이후 사민당은 우파정당이 분열돼 있었기 때문에 정당정치에서 헤게모니를 장악할 수 있었다.

말하면 행정적 차원에서 조기에 '포용적 합의주의(inclusive corporatism)'가 발전되었다. 이것은 스웨덴 노동으로 하여금 살트세바덴 협약의 체결을 위한 분위기 조성에 기여했다.

다섯째, 스웨덴 정책파트너십의 조기 발생은 국가가 역사적으로 특이한 이중구조를 가졌다는 점에서 비롯된다. 정부 부처는 정책의 개발과 형성에만 관심을 갖는 상대적으로 작은 조직으로서 정책 집행에는 책임을 지지 않았다. 왜냐하면 정책집행은 자체의 감독자와 통제이사회를 갖는 준자율적인 기관들의 책임이었기 때문이다. 이 기관들은 정책집행에 있어 국가기구의 밖에 있는 이익단체들의 참여를 보장했다. 뿐만 아니라 스웨덴 국가는 이익집단 간의 갈등에 휘말려 들어가지 않았으며 특정 계급이익에 우호적이지도 않았다. 그 결과 스웨덴 국가는 배타성이 없고 상대적으로 비강제적인 대중적 정당성을 가졌다. 서유럽 국민국가들이 고도로 이질적이고 대립적인 이익세력의 갈등을 중재하는 실체로 등장한 것과는 대조적으로 스웨덴 국가는 사회적 응집력의 표현으로 볼 수 있음을 시사한다(Rojas, 1991: 68). 사회적 응집력은 스웨덴 모델의 전형으로 간주되는 타협, 협력 그리고 정책협의의 정신을 가능케 한 요인이었으며 국민의 인종적·언어적·종교적 동질성의 산물이기도 하다. 이러한 고도의 사회적 통합성은 스웨덴 사회에 집단주의를 낳았으며 개인주의를 약화시켰다.

마지막으로 스웨덴 사민당이 사회의 주요 이익단체들과 실용주의적 관계를 형성할 수 있었는데 이는 이데올로기적 변화에서 비롯됐다. 사민당은 1928년 총선에서 급진적인 선거강령을 발표하는 바람에 의석을 상실했다. 그 후 사민당은 1932년 선거강령에서 사회주의적 수사를 대폭 삭제했고 특히 산업과 자원의 공유화 계획을 철회했다. 그들은 일찍이 복지국가의 달성은 산업의 수익성과 스웨덴 경제의 국제경쟁력에 달려 있다는 사실을 인식했다. 이러한 이데올로기적 변화는 '인민의 가정(people's home)'으로서의 사회라는 개념 속에 집약된다(Tilton, 1991: 127). 스웨덴 사민당의 옛 사상이었던 이 개념은 1932~46년 사이 수상을 지낸 한손(Per Albin Hansson)에 의해 새로운 내용으로 다듬어졌는데 그것은 평등, 배려, 협력, 그리고 도움이 충만한 가정이라는 은유를 사용하여 인민이 모두 서로를 가족처럼 대우하는 사회를 요구한 것이다. 이에 따라 사민당은 보다 큰 평등을 위한 급진적 요구를 유지하는 가운데서도 비단 노동계급뿐만이 아닌 전체 인민의 당으로서 자처했다. 계급 갈등보다 계급협력에 새로이 무게가 실렸다. '인민의 가정'은 스웨덴 사회가 보여주었던 협력과 끈끈한 연대의 정서를 부활시킴으로써 살트세바덴 협약의 체결에 기여했다.

2. 정책파트너십의 제도화: 계급타협 정책

1) 다차원적 정책파트너십의 활성화

제2차 세계대전에서 스웨덴은 참전국이 아니었음에도 불구하고 교전국 혹은 피점령국들로 둘러싸여 있었다. 이런 상황에서 연립정부가 수립되었고 경제는 광범위한 국가 규제하에 들어갔다. 그 결과 많은 기업인들이 전시 경제를 규제할 기구에 참여하는 '전시 파트너십(war partnership)'이 형성된 것이다. 그러나 스웨덴 사회의 수면 아래에서는 사회주의와 자본주의 사이의 갈등이 계속되었다. 이 투쟁은 경제계획을 둘러싼 전후의 갈등으로 표출되었다. 사민당의 1944년 프로그램은 국가의 경제계획안을 포함하고 있었는데 이것은 SAF로 하여금 사민당 정권과의 협력정책을 철회하고 1948년 총선에서 부르주아 정당들을 지지하여 계획 반대 선거운동을 펼치도록 했다. 그 결과 1948년 사민당은 총선에서 의석을 잃었다. 그 후 사민당은 사회적 파트너십을 복원시키기 위해 급진적인 정책을 완화했다. 1948~49년에 사민당 정부는 물가 및 임금인상을 억제하기 위해 사용자들과 안정화 협정을 협상했고 1949년에는 임금동결에 대한 LO의 동의를 이끌어냈다. 또한 1949~55년의 기간에 경영계 지도자들은 농민단체와 노조의 대표들과 함께 경제정책을 토의하기 위한 소위 '목요 클럽(Thursday Club)'에서 각료들 및 관료들과의 주례회동을 가짐으로써 정책협의체를 마련했다. 정책협의체에서 정부는 경영계의 협력과 신뢰를 모색했던 반면에, 경영계는 반대급부로 경제정책에 대한 얼마간의 영향력을 행사할 수 있는 기회를 얻었다.

1950년대 후반 총선에서 크게 승리한 사민당은 정부의 위상을 강화시킨 가운데 '예비차원의 정책협의(Preparation-policy concertation)'가 도입되었다(Hermansson, 2004: 11~12). 이는 이익집단들이 정부의 각종 특별위원회에 참여하여 정부의 입법안에 대한 코멘트, 경제정책에 대한 합의를 이끌어내는 것을 의미한다. 이 같은 특별위원회 시스템은 스웨덴 정치 모델의 가장 핵심적 제도였다. 특히 수상 관저인 하프순트(Harpsund)에서 연례회의(하프순트 민주주의)를 통해서 이루어졌다. 1955~64년 동안 지속된 이 회의에는 경영계, 농민, 노조, 협동조합 운동의 주요 조직들의 지도자들이 참석했다. 이 같은 예비차원의 정책협의체인 특별위원회는 1970년대 초에 '하가 타협(Haga compromises)', 1984년의 '로젠바트 합의(Rosenbad agreement)', 1990년대에는 '렌베르크 합의(Rehnberg agreement)' 등을 이끌어내기도 했다.

또한 전후 스웨덴 정책협의는 입법 및 행정과정에서도 구축되었다(Fulcher, 2002: 286; Hermansson, 2004: 22). 입법화는 통상적으로 합의된 정책을 달성하기 위해 이해관계자들(정당 및 이익단체의 대표, 관련 전문가)과의 협의를 포함했다. 이는 이익단체들이 의회 영역에서 공식적인 의사결정에 직접 참여하는 '입법차원의 정책협의(legislative-policy concertation)'를 의미한다. 사민당과 중도당 등과 같은 정당들은 관련 이익집단의 대표에게 정당 간부직을 할당하는 것을 관례화했다. 따라서 노조운동은 언제나 의회 의석뿐만 아니라 사민당의 지도부에 자신의 대표들을 파견했다. 노조와 정당 간의 협력은 '입법차원의 정책협의' 시스템의 주요 요소였다. 다음으로 '행정차원의 정책협의(administrative-policy concertation)'도 이루어졌는데 이는 주요 이익단체들의 대표들이 정부부처의 집행이사회(Executive Board)에 참여하는 것을 의미한다.

나아가 어떤 영역의 정책은 이익단체들에게 직접 위임되기도 했다. 노조와 사용자의 중앙 조직은 정부정책의 문제에 귀속되는 광범위한 경제 및 노사 관계 이슈들을 다루는 데에 책임을 졌다. 이들 조직에 대한 정책위임은 스스로 타협점을 모색하기 위한 것이었다. 따라서 LO는 1938년의 '기본협정(살트세바덴 협약)' 모델에 입각하여 주요한 노사 관계 문제를 해결하기 위해 SAF와 일련의 중앙 차원의 협정을 협상했다. 1950~60년대에 소득정책은 대부분 LO와 SAF의 수중에 맡겨졌는데 이들 조직은 중앙 차원의 임금협정을 통해 임금억제를 강제했다.

노동시장정책도 LO에 의해 개발되고 관리되었다. LO의 경제학자들은 후술하는 바와 같이 국제적으로 유명한 스웨덴의 노동시장정책에 관한 혁신적인 아이디어를 탐색했고 노사의 대표들이 참석한 노동시장이사회(Labour Market Board)를 결성했다.

그러나 이와 같은 스웨덴 정책파트너십은 의회정치를 무시하고 정당정치 영역을 침해하는 등 비민주적이라는 비판을 받았다(Fulcher, 2002: 288). 예컨대 '하프순트 민주주의'는 1960년대 초에 좌·우 양측으로부터 공세를 받았다. 또한 스웨덴 이익단체들은 중앙집중적이고 그 내부가 대규모 단위로 조직화됨으로써 비민주적이라는 주장이 제기되었다. 그러나 국가의 정책결정 과정에 이익단체들을 적극적으로 참여시켜야 한다는 것을 뒷받침할 만한 근거는 충분했다. 즉 그러한 참여를 통해 국가는 이익단체들의 전문성과 자원을 끌어들일 수 있고 정책에 대한 그들의 지지를 확보할 수 있으며 정책에 정당성을 부여할 수 있었다. 정부는 또한 독립적인 행정기구들과 이익단체들의 수중으로 넘어간 정책집행에 대해 책임에서 벗어날 수 있는 편의를 갖게 되었다. 여러 측면에서 행정기관들의 자율성은 내각 각료들을 만족시켰다. 왜냐하면 각료들은 행정기구의 인사 및 예산의 통제를 통해 이들에게 여전히 영향력을 행사할 수 있었지만 그들 스스로 직접 정책집행에 대한 책임을 지지 않아도 됐기 때문이다.

뿐만 아니라 스웨덴 정책협의 시스템은 협력과 타협의 가치에 의존했다. 이익단체들은 정책제안을 할 때 사회 전체의 이익을 고려해야 했다. 특정 집단의 이익이 정당성을 가지려면 그 근저에 사회 공통의 이익을 담보할 수 있어야 한다는 것이다. 또한 이익단체들은 선동과 압력이 아니라 정보 제공과 설득의 방법을 활용해야 하고 합리적인 주장과 과학적 조사에서 얻어진 증거를 통해 자신들이 제안하는 바가 사회 전체적으로 이득이 된다는 사실을 입증해야 했다. 이익단체들에서 종사하는 전문가들은 국가정책의 개발에 핵심적인 역할을 수행했는데 따라서 국가정책은 정당들보다 오히려 주로 이익집단들에 의해서 산출되었다. 직업적 전문 지식에 따라 공통의 회합이 마련되었고 전문가들이 참여하는 정책협의는 스웨덴 정책협의의 중요한 특징 중의 하나였다.

2) 연대임금정책과 적극적 노동시장정책

스웨덴은 유럽에서 비교적 뒤늦게 산업 자본주의의 궤도에 진입했다. 그렇지만 제한된 구매력을 갖는 내수시장을 통한 경제발전이라는 한계를 벗어나기 위해 스웨덴은 초기에 철광, 목재 등의 원자재에 주로 의존하는 수출산업화를 추구했고 특히 제2차 세계대전 이후에는 제조업 중심으로 현격한 산업구조의 변화가 일어났다. 이에 따라 노동계급은 양적인 팽창을 보였다. 노조조직률은 1940년대 이후 급성장을 보이면서 1980년대에는 90% 안팎을 기록했다.[3] 노조조직률의 상승 추세는 노동계급 역량의 강화를 의미한다. 또한 노조 조직 구조는 포괄적이고 중앙집중적 체제로 구성되어 있어 LO는 단위사업장 개별 노조들의 단체교섭(collective bargaining)을 통제할 수 있는 강제력을 가졌다. 이로써 분산적·경쟁적 노조체제하의 단체교섭에서 발생하는 전투적인 계급 갈등을 조정할 수 있었고 노동운동의 전국적인 조직통일성(organizational unity)을 기하여 자본의 특권을 효과적으로 통제할 수 있었다. 실제로 스웨덴 노조운동은 높은 조직률과 조직적 통일성을 바탕으로 단체교섭의 중앙화(centralization of collective bargaining)를 통한 계급 갈등의 제도화를 가능케 했다.

한편, 스웨덴 사민주의 정치의 이념적 담지자인 사민당과 LO의 협력관계가 전후 다양한 방식으로 제도화되었다. 노조 조합원은 자동적·집단적으로 당원이 되었고 당지도층은 LO의 간부들에 의해 충원되는 방식을 통해 조직적 연계가 이뤄져 왔다. 또한 사민당 정권은 LO로부터 정규적으로 내각 성원을 기용했고 사민당의 선거자금을 비롯한 정치자금은 LO의 재정적 지원에 의존했다(Esping-Andersen, 1985: 68~70). 이 같은 사민당과 LO 간의 조직적·인적·재정적 연대에 의해 사민주의적 정치문화가 확산되어 1960~70년대에 저·중소득 화이트칼라와 함께 블루칼라층의 사민당에 대한 지지를 나타내는 계급·계층 지향적 투표(class voting)는 확고했다. 이와 더불어 비사회주의 우파정당이 보수당, 자유당,

---

3) 스웨덴 노조조직률은 1920년대에 21%, 1940년대에 51%, 1960년대에 67%, 1970년대에 81%, 1980년대에 91%를 기록했다(Esping-Andersen, 1985: 64).

농민당 등 세 개로 분할되어 사민당은 대외적 정체성과 대내적 독자성을 갖고 선거정치 및 의회정치라는 공간 속에서 장기집권의 길을 걷게 된다.

이와 같이 확고한 계급적 지반과 정치지형, 사민주의 정치세력의 견고한 연대를 배경으로 사민당-LO의 헤게모니가 정착되었고 이것은 정책파트너십 시스템이 작동할 수 있는 구조적 조건을 의미했다. 그 결과 전후 사민주의적 계급타협 정책인 '렌 모델(Rehn model)'이 등장한다. 렌 모델은 사회적 형평성을 실현하고 자본의 특권을 민주적으로 통제하는 가운데 시장경제의 역동성을 촉진할 수 있다는 사민당 정부의 정책 기조가 가장 뚜렷하게 투영되었다. 그런데 전후 스웨덴의 급격한 산업화는 산업·기업·지역 간의 불균등 발전을 가져왔고 이는 노동시장의 임금격차로 인한 노동계급 내부의 계층적 분화를 심화시켰다. LO는 이러한 사태가 노조의 연대의식과 조직력을 약화시켜 장기적으로 노동운동에 치명적 결과를 초래할 것임을 우려하고 살트세바덴 협약의 틀 안에서 1951년 새로운 정책 대안인 렌 모델을 제안한 것이다. LO의 렌 모델은 정책파트너십에 의해 채택되었다. 전쟁 직후 인플레이션과 실업률 증대에 직면하여 사민주의 정치의 이념적 담지자인 사민당 정부는 자본주의 체제하에서의 그러한 구조적 악순환의 단절, 즉 필립 스커브(Phillips curve) 현상을 국가정책에 의해 하방이동 또는 제거하자는 목적에서 렌 모델을 공식적으로 국가정책화했다. 그 내용은 '연대임금정책(Solidaristic Wage Policy: SWP)'과 '적극적 노동시장정책(Active Labour Market Policy: ALMP)'을 포괄하고 있는 매우 혁신적 대안이었다.

우선 SWP는 기업의 '이윤창출 능력(profitability)'에 관계없이 유사한 능력과 노력(난이도, 직업훈련, 사고 위험 등)을 요구하는 직무에 대해서는 동일한 임금을 지불하는 정책이다(Rehn, 1991: 116). 이러한 임금평준화 정책은 결국 기업의 채산성과 지불능력에 상응한 임금 지급이라는 시장의 원리에 제약을 가하고 산업 간, 기업 간, 지역 간의 임금 격차를 해소함으로써 노조운동의 기초가 되는 노동자들의 결속력과 연대 의식을 고양시키는 데 그 목적이 있다. 이러한 SWP의 순조로운 입법화와 시행은 강력한 조직력을 갖는 LO와 사민당 간의 긴밀한 정치적 유대, 그리고 중앙화한된 단체교섭 등을 통해 가능했음은 물론이다.

그러나 이 SWP의 실시로 연대임금을 지불할 수 없을 정도의 저생산성 기업의 도산으로 발생한 실업노동력 문제가 예고되어 있었다. 이를 해결하기 위해 렌 모델은 국가의 노동시장 개입을 허용하는 ALMP를 제시했다. ALMP는 '노동자들에게 직장을(jobs to the workers)' 그리고 '직장에 노동자를(workers to the jobs)', 즉 노동시장의 수요와 공급 조치들과 관련된다. 다시 말하면 ALMP는 노동 수요가 낮아 완전고용이 불가능한 경우 고용창출을 촉진하고 노동자들에게 노동시장 정보와 효과적인 고용서비스(재교육, 훈련), 그리고 교육비를 포함한 생활보조금 등을 제공하며 노동력 수급상의 균형을 위해 산업 간, 지역 간 노동력 재편성을 시도함으로써 완전고용을 실현하려는 프로그램이다(Rehn, 1991: 111, 117). 국가가 시장실패(market failure)로 발생할지도 모를 실업문제를 사전에 예방하려는 데 역점을 둔 이 ALMP는 LO와 SAF의 대표로 구성되고 중앙과 지방에 설치된 국가노동시장위원회(State Labour Market Board)를 통해 시행되었다. 이에 소요되는 재원은 SWP의 실시로 실제 생산성보다 낮은 임금을 주는 기업들의 초과이윤을 국가의 재정정책에 의한 세금으로 흡수, 이를 적립하는 기금에 의해 충당되었다.4)

렌 모델은 정부의 완전고용정책과 노조의 연대임금정책을 축으로 하는 것으로서 노동계급, 대기업 그리고 정부 사이의 포지티브섬(positive-sum) 게임을 가능케 할 수 있었다. 물론 성장산업 부문에서는 임금억제에 의한 과다한 이윤축적이, 저임금 중심의 노동집약적 산업부문에서는 임금상승에 의한 경영 압박으로 인해 생산합리화의 촉진 또는 도산으로 인한 대규모의 실업이 예상되었다. 따라서 생산성이 낮은 중소 기업체들로부터 적극적인 반대가 제기되었다. 그럼에도 불구하고 렌 모델이 실시될 수 있었던 것은 노조 내부의 갈등을 조정할 수 있었던 노조의 통합력, 그리고 중소기업인들의 반대가 있었지만 대기업들에게 직접적인 혜택을 제공할 수 있었기 때문이었다.

SWP와 ALMP를 핵심으로 한 렌 모델의 성과와 파급효과는 대단했다. 그것은 우선 'low or high packages(저인플레이션, 저노사분규, 저실업, 고성장, 고경쟁력, 고고용, 고분배정의)'를 기록했다.5) SWP는 연대임금을 지불할 수 없을 정도로 저생산

---

4) SLMB에 의해 관리되는 노동시장 활동비용은 1950년 상반기에 GNP의 0.5% 이하였으나 1970~80년대에는 2~3% 상승했다(Rehn, 1991: 120).

성을 보이는 기업들에게 도산되거나 아니면 생존하기 위해 생산성 재고에 노력할 것을 압박하는 효과를 가져왔다. 따라서 SWP의 실시 결과 산업 구조조정을 통한 산업의 국제경쟁력과 경제성장이 촉진되었으며 LO의 산하 노조 간의 과도한 경쟁적 임금인상 요구를 자제케 하여 인플레이션이 억제되었다. 또한 지역 간, 산업 간 임금격차가 크게 감소하여 고른 소득분배를 가져왔으며 노사분규를 크게 낮추었다. 뿐만 아니라 ALMP의 실시는 SWP의 보완책으로서 실업률을 낮추어 거의 완전고용에 근접토록 했다. 자본가들의 경우 생산성이 낮은 중소기업인들은 피해를 보았지만 생산성이 높은 대부분의 대기업들은 시장임금보다 낮은 임금을 제공함으로써 추가적인 이윤이 확보될 수 있었다. 즉 자본가계급 가운데 가장 영향력이 큰 분파인 대자본과 노조가 연합한 것이다. 이와 같은 거시 사회경제적 성과와 파급효과는 스웨덴 사민당의 장기집권을 가능케 하는 토대가 되었다.

렌 모델에 의한 국가의 노동시장 개입은 노동계급의 시장의존성(market dependence)을 크게 완화하는 데 기여했다. 전술했듯이 스웨덴에서 국가는 일찍이 노동자들에게 국가와의 교섭을 통한 소득보장을 유도하는 '정치적 교환(political exchange)'을 인정했다. 즉 노동자를 포함한 모든 시민들에게 '사회적 시민권(social citizenship)'을 부여하는 보편주의적 사회보장·복지의 제도화(질병, 노후, 주택, 교육, 의료 등)를 정착시켰다(신광영, 1991).[6] 그 연장선상에서 전후 실시된 사민당 정부의 렌 모델은 노동력의 상품화를 조장하는 시장 모델에 제약을 가하기 위해 노동자들을 보호 대상으로 삼는 정치적 논리에 기초했다. 그 결과 노동시장의 조건에 의해서 생활과 고용이 좌우되는 노동자들의 시장의존성을 크게 완화시킴

---

5) 스웨덴의 1960~70년대에 걸친 거시사회경제적 구체적 성과는 Cameron, 1984: 144~163을 참조.

6) 스웨덴 사민당의 개혁주의는 1920년대 후반부터 '인민의 가정'을 담론화함으로써 복지사회를 지향했다. 사민당 정부는 '인민의 가정'의 담론에 기초하여 보편적 사회복지정책을 추진했다. '인민의 가정'의 담론화는 사회평등의 신장을 위한 사회복지제도의 확충을 의미하는 것이며 동시에 사회의 갈등세력들, 즉 노동과 자본이 사회라는 거대한 공동체 아래에서 공존, 협력할 수 있음을 시사하는 것이다.

으로써 노동력의 탈상품화(decommodification)를 확산시키는 데 크게 공헌한 것이다.

뿐만 아니라 사민당 정부의 렌 모델은 그 같은 사회경제적 성과를 토대로 LO의 권력자원을 강화시켰다. SWP와 ALMP가 노동자들을 노조로 대거 유인함으로써 1980년 현재 노조조직률은 91%에 이르렀다. 나아가 임금 평준화 정책에 의한 사회적 평등(분배정의)의 실현, 그리고 국가의 노동시장 개입에 의한 실업위험 감소 등은 결국 노동의 집단적 연대감과 결속력을 조성하여 자본계급의 권력자원을 상대적으로 축소시키고 노동계급의 권력자원을 확대시키는 효과를 가져왔다(Gustatsson, 1990: 38~43). 이는 결과적으로 사민당-LO의 헤게모니를 강화시킴으로써 계급타협을 제도화하는 데 기여한 것이다.

그러나 렌 모델의 시행은 1970년대 이후에 심각한 부작용을 드러내기 시작했다. 특히 엄청난 자본집중과 그에 따른 부의 불평등 문제가 심각했다. 그것은 고수익성을 보인 성장기업에서는 SWP에 의해 노동자들이 협상력을 발휘할 수 없기 때문이었다. 이러한 배경에서 아래에서 논의할 임노동기금제가 등장했다.

3) 공동결정제

LO-사민당 헤게모니를 구축한 스웨덴 사민당 정부는 케인즈 + 비버리지(Keynes plus Beveridge)를 공식으로 한 복지국가 모델, 그리고 렌 모델만을 통해서는 사민주의 정치의 이념적 지향성을 정책화하는 데 있어 본질적 한계가 존재하고 있는 것으로 인식했다. 따라서 스웨덴 사민당 정부는 그 대안으로서 민주적 시민권을 경제 영역으로 더욱 심화, 확대시킬 필요성을 인식했다. 따라서 1970년대에 이르러 LO와 사민당은 경제의 민주화에 공동 노력을 기울였다. 스웨덴 사민주의 정치의 이념적 정향의 중심축이기도 한 경제적 민주화로 가는 과정에서 가장 튼튼한 기초 작업은 무엇보다도 산업민주주의(industrial democracy)였다. 산업민주주의란 기업 차원에서 노동자참여를 보장하는 '공동결정제(co-determination)'이다. 어떤 구조적 제약 변수들이 작용하여 사민당 정부는 공동결정제라는 정책 대안을 선택했는가?

과중한 군사비 지출, 경제의 군사화로 세계자본주의체제의 주역인 미국의 경제는 1970년대 초부터 무역수지 악화로 경기침체와 인플레이션이 중첩되는 스태그플레이션 현상이 나타났고 이런 경향은 제1차 오일쇼크로 서유럽 등 세계경제로 확산되었다. 이러한 사태에 중심부 국가들은 보호관세에 의한 신보호무역주의로 대응했다. 수출산업화에 의존하는 스웨덴 경제는 이러한 세계경제의 위기에 연유한 신보호무역주의라는 외적 장애에 봉착하여 축적상의 위기국면을 맞았다. 즉 당시 일시적인 축적위기의 징후들은 현상적으로는 국제수지의 악화, 인플레이션, 그리고 경기침체로 인한 실업증대 등으로 집약될 수 있다. 또한 경공업 제품 및 중화학 제품 부문에서 저임금 경쟁력에 기반을 둔 신흥공업국(한국, 브라질 등)의 공업 생산품들은 상대적으로 고임금에 기초한 스웨덴 상품의 국제 경쟁력과 수출시장을 잠식해 갔다. 이것 또한 당시 스웨덴 경제의 축적위기를 가중시킨 요인으로 작용했다. 1970년대 전반기에 표출된 이 같은 축적위기에 의해 사민당 정권의 물적·정치적 기반은 크게 동요되었다.

한편, 사민당의 정치전략에 중대한 변화가 발생했다. 사민당은 여러 차례의 총선에서 지지를 상실했고 중도당과의 정치적 연합을 부활시킬 것인가 아니면 화이트칼라 노동자들과 연대하여 보다 광범위한 운동을 구축할 것인가의 여부를 결정해야 했다. 사민당은 후자를 선택했고 그 결과로 선거에서 의미 있는 성과를 거두었다. 이러한 결정은 중도당을 포함한 부르주아 연합의 재구축으로 이어지는 전단계였다. 스웨덴 정치는 이제 타협과 정책협의를 더욱 어렵게 하는 양극화의 형국으로 되어갔다. 이러한 양극화는 1960년 후반 대중 불만이 증대되어 더욱 가속화되었다. 스웨덴 모델은 당시 세계의 부러움을 샀지만 스웨덴 사회의 불만을 일으키는 불씨를 안고 있었다. 당시 노동운동 내부에는 사민당의 집권이 한층 높은 평등을 달성하는 데 실패했으며 기대를 충족시키지 못했다는 분위기가 고조되었다. 경제성장으로 완전고용, 생활수준 및 복지가 증대되었지만 이는 노동 강도가 높아지고 노동환경이 악화되는 등 노동에 대한 압박이 증가되는 희생의 대가였다. 물가 및 세금의 인상으로 1960년대의 말에는 실질가처분소득의 성장은 동결된 상태였다. 이에 따라 노동운동 내부에 무력감이 팽배했고 급기야 1960년대 말에는 파업이 분출하여 그 유명한 스웨덴 산업평화는 종언을 맞는 듯했다.

이런 상황에서 LO와 사민당은 정책파트너십을 가동하여 좌파케인즈주의적

전략으로 위기국면을 탈출하고자 했다. 우선 ALMP의 보안책으로서 사민당 정부
는 LO의 요구에 따라 노동 입법화, 즉 모든 노동자들의 종신 고용계약을 규정하
고 있는 1974년 '고용안정법(Security of Employment Act)'과 불리한 집단의 고용을
자극하는 1974년 '고용촉진법(Employment Promotion Act)' 등을 제정했다(Rehn,
1991: 123~124). 이는 당시 일시적인 경기침체에 따르는 실업의 발생 가능성에
대응함으로써 완전고용을 실현하는 데 그 목적이 있었다.

나아가 당시 축적위기에 대한 처방으로서 무엇보다도 중요한 사민당 정부의
계급타협정책은 LO의 요구에 의한 산업(직장) 민주화에 초점이 맞추어졌다. LO
전략은 SAF와의 교섭을 통해 임금을 인상하려는 시장교환(market exchange)보다는
정치적 교섭을 할 수 있는 국가의 파트너로서 국가정책에 자신의 입장을 반영하
고 자본주의적 시장에 제약을 가하기 위해 국가를 통한 노동자들의 경제적 시민
권 증대를 꾀하는 것이었다. 또한 LO는 시장경제하에서 임금과 고용, 임금과
투자, 임금과 인플레이션 등에는 부정적 대상관계(negative trade-off)가 존재하고
있다는 사실을 인식했다. 이러한 인식은 LO로 하여금 임금자제를 통한 고투자
·고고용, 저실업·저인플레이션 등의 유지가 장기적으로 노동계급 전체의 이익
에 부합된다는 '집단적 최적 전략'을 선택토록 했다. 따라서 전략 변화를 시도한
LO은 당시 축적위기 국면에서 양적인 임금인상보다는 국가를 통해 작업장에서
작업과 고용조건, 그리고 기업경영 등을 개선시키는 질적인 산업민주화의 제도
화에 조직력을 동원했다. LO의 프로그램에서 산업민주화는 전체 사회의 민주화
의 일환으로 간주되어야 하고 경제적·사회적 제약으로부터 해방하려는 노력과
근본적인 연계를 가진 것으로 인식되고 있었다.

그러나 LO의 이러한 사민주의적 개혁요구는 SAF에 의해 스웨덴 노사 관계의
자율적 협조 관계의 쇠퇴를 가져오는 징조로 평가되었다. 특히 인사관리 항목을
쟁점화하면서 반대의 입장을 분명히 했다(Forsebäck, 1976: 42~44). 이에 반해 LO
의 강력한 지원을 받고 있는 사민당 정부는 LO가 인플레이션의 가속화를 유발한
임금인상을 자제하며 산업민주화로 관심을 전환하는 것은 경제안정화에 기여할
것으로 보고 입법화를 시도했다.

그런데 산업 민주화의 진수는 바로 공동결정제인데 그것은 대체로 두 유형을

갖는다. 하나는 노동자들이 자신들이 수행하는 일상 업무, 작업 조건에 관련된 사항에 영향력을 미치는 '숍 플로우어(shop floor)'이고 다른 하나는 노조가 대표 메커니즘을 통해 참여 또는 영향력을 행사하는 기업경영의 차원이다(Hancock and Logue, 1986: 111~112). 이에 따라 사민당 정부는 1973년 '피고용인 대표의 이사회 참여에 관한 법(Act on Employee Representative in Board of Directors)'을 제정했다. 이를 확대, 발전시킨 노동법 개혁 중 가장 대표적인 법안은 1976년에 입법화된 '작업생활의 공동 규제법(Act on Joint Regulation of Working Life)'이라는 '공동결정 법(Co-determination Act)'이다. 공동결정법은 기업의 모든 문제에 관한 의사결정에 의 노조 대표 참여권, 공동결정권, 그리고 노조의 회사 정보 공유권 등을 규정하고 있다(Rehn, 1991: 124). LO의 집요한 노동법 개혁 요구에 따르는 공동결정의 항목은 인사 재배치, 인력충원, 조직개편, 투자, 신제품 생산, 판매, 기술 등을 포함하는 광범위한 것이다. 만일 고용주가 이 같은 공동결정을 위한 협상에 불응할 경우에는 노동법원의 심판 대상이 된다.

이와 같이 축적위기라는 구조적 제약 속에서 공동결정제라는 형태로 산업민주화에 대한 법률적 틀이 마련되었다. 복지국가 모델이 스웨덴 사민주의 정치의 이념이 지향하는 '진보적인 평등'을 실현하는 데 한계가 있다는 점에 비추어볼 때 사민당 정부의 경제정책의 외연이 노동자들의 경영참여와 의사결정권으로까지 확대되었음은 매우 전향적이고 혁신적인 사민주의적 정책 대안으로 평가할수 있다. 다시 말하면 스웨덴 사민주의 정치의 역점이 정치적 민주화, 사회적 민주화 차원을 넘어 경제적 민주화 차원으로 발전했음을 의미한다(Esping-Andersen, 1985: 22). 이로써 자본과 노동의 권력자원의 균등화를 통한 계급타협의 제도화 가능성이 열리게 된 것이다. 그 결과 노동자들을 생산과정에 적극적으로 통합시키고 노동 현장의 인간화, 노동과 자본 관계의 민주화를 통해 노동자들의 불만을 해소시킴으로써 노사 분규를 진정시키는 한편, 경제성장을 지속시키는데 노동-자본-국가 3각 정립의 공조체제를 유도하는 효과를 낳았다(Hancock and Logue, 1986: 111).

3. 마이드너플랜과 정책파트너십의 쇠퇴

1) 임노동자기금제와 보혁 갈등

　스웨덴 사민주의 정치에서 생산수단의 국유화는 이념적·정책적 차원에서 중요한 이슈가 되지 못하고 오히려 경제적 민주화의 입법화 문제가 새로운 지평으로 떠올랐다. 그것은 앞에서 논의한 노동자들의 참여를 보장하는 공동결정제와 함께 특히 1970년대 중반기에 거시 경제적 영역에서 소유와 통제의 집단화 문제로 초점이 맞추어졌다.

　그런데 SWP는 1950~60년대를 통해 사민당과 LO의 정책 기조였으나 1970년대에 접어들어 심각한 부작용을 드러냈다. SWP의 시행 과정에서 고생산성의 성장 기업들은 임금인상 억제효과를 갖게 됨으로써 초과이윤(excess profits)을 축적할 수 있었다. 다시 말하면 SWP는 생산성이 높은 기업들의 경쟁력을 제고시켜 경제성장을 가속화시킬 수 있었다. 그러나 그것은 성장 기업들이 거둔 초과이윤이 노동자들에게 실질임금 인상 형태로 재분배되는 것을 불가능하게 했다. 그 결과 성장 기업을 중심으로 자본집중·집적에 의한 독점자본의 비대화와 경제적 부의 불평등이 초래되는 현상을 보였다. 따라서 자본의 경제권력 강화는 기업경영의 공동결정권의 신장에도 불구하고 통제하기 힘든 추세로 나타났다(Helco and Madsen, 1987: 266). 또한 앞에서 살폈듯이 1970년대 전반기에 스웨덴 경제는 축적 위기의 징후, 즉 수출경쟁력 약화, 경기침체, 실업률 증가, 임금인상 압력 등의 현상을 노정했다. 이에 노동자들과 노동단체들의 불만이 분출하는 노동파업이 산발적으로 전개되는 양상을 보였다. 이런 경제적·사회적 상황 속에서 사민당의 정치적 영향은 크게 약화되었다.

　더욱이 1970년대에 접어들어 블루칼라를 주요 정치고객으로 삼아왔던 사민당이 직면한 본질적 문제는 전통적 노동계급과 새로운 화이트칼라층의 이익을 조화시키는 정책을 어떻게 산출하느냐 하는 것이었다. 왜냐하면 블루칼라층은 그 수가 감소하고 화이트칼라층은 증가하고 있어 화이트칼라라는 신중간층이 향후 사민주의 정치의 집권 여부를 좌우하는 핵심 위치에 있었기 때문이다. 따라서 사민당은 이들 양 계층을 새로운 정치적 동맹으로 결속시키는 정책을 수립할 필요성을 갖게 되었다.

이 같은 정치적·경제적인 구조적 조건 변화 속에서 LO와 사민당은 유일한 대안으로서 공동결정제보다 더욱 과감한 혁신적인 경제적 민주화의 제도화를 추구하고자 했다. 특히 SWP에 의해 야기된 자본의 집중·집적에 대한 저지가 주요 정책과제로 등장하자 LO는 초과이윤의 일부를 '임노동자기금'으로 전환시키는 방안을 검토하기에 이른 것이다.

이에 따라 1975년 노동경제학자 마이드너(Rudolf Meidner)는 스웨덴 노조운동이 임금, 복지 차원을 넘어 소유권 문제에 접근해야 한다고 주장하고 생산수단의 집단적 통제안을 제시했다. 1976년 LO 회의에서는 이른바 '마이드너 모델(Meidner Model)'에 기초하여 '집합적 소유의 피고용원 투자기금(Collectively-owned Employee Investment Funds)' 혹은 약칭 '임노동자기금(Wage-earner's Funds)'을 조성하자는 제안이 채택되었다. LO의 WEF가 의도하는 바는 평등주의적 SWP의 기본 틀에서 임금정책의 보완, 민간자본의 집중화 억제, 자본형성 과정에 대한 통제력 증대 등을 골자로 하는 경제적 민주화의 보강이었다. 이런 목표를 관철하기 위한 WEF의 핵심 내용은 100인 이상 노동자를 고용하는 모든 사기업은 매년 총 이윤의 20%를 기금화하고 이 기금은 주식 매입을 통해 '집단(노조) 소유' 형태로 단일 중앙기금화하여 관리되며 기금수익금은 노동자 복지시설 등 노동 관련 업무에 이용한다는 것이었다(Martin, 1984: 282~286). 이같이 WEF는 기업의 자본형성, 투자, 임금결정 등 자본의 특권으로 간주되어 온 생산 영역에 대한 노동자의 통제를 확보함으로써 기존 노동과 자본의 권력관계를 구조적으로 재편하고 부의 재분배를 강화하려는 혁신적인 성격을 담고 있었다. LO와 이념적 정향을 공유한 사민당 정부는 당시 증폭된 국제경제의 스태그플레이션에 대한 여타 서유럽 국가들의 신통화주의적 대응 방식과는 대조적으로 LO에 의해 발의된 WEF의 입법화를 추진했다.

그러나 이 정책은 사민주의 세력의 진영과 우파 보수진영과의 격렬한 정치적 갈등의 상징이 되었으며 따라서 정책파트너십에 기초하여 입법화가 어려웠다. WEF는 사적 자본을 통제하기 위한 집합자본의 형성을 겨냥한 것이기 때문에 신자유주의(재시장화 전략)적 경제정책을 추구한 비사회주의 우파정당들과 SAF 측의 거센 저항이 제기된 것이다(Helco and Madsen, 1987: 269~271). 즉 그들은 비록 시장의 틀 내에서 작동한다 하더라도 WEF에 의한 집합자본의 형성은 분명히 사적 자본의 권력에 대한 중대한 도전으로 인식했다. 동시에 그들은 WEF가 기업의 기술혁신 유인을 하락시키고 시장의 효율성 대신에 관료적 경직성을 확산시킴으로써 결국 스웨덴 경제는 국제경쟁력을 상실할 것이라고 경고했다. 더욱이 WEF는 본질적으로 살트세바덴 협약에서 이루어진 자본가들의 배타적인 권리인 소유권에 대한 노조 차원의 거부를 의미하는 것으로 받아들여졌다. 이러한 갈등은 보수정당들의 정치력을 강화시켜 주어 급기야 1976년 총선에서 사민당이 44년 만에 보수연정에 정권을 빼앗기는 요인으로 작용했다.

그러나 1982년 사민당은 정권 재창출에 성공하여 결국 LO와의 연대에 의해 1983년 WEF를 법제화시켰다. 하지만 이 정책은 좌·우 진영 간의 쟁점화되는 과정에서 비판을 수용하는 수차례의 수정과정을 거치는 우여곡절 끝에 당초의 WEF보다 크게 희석화된 것이었다(Esping-Andersen, 1985: 300~301). 그 핵심 내용은 다음과 같다. ① 기금에 의해 조성된 집단 저축을 통해 자본형성(투자)을 촉진한다. ② 기금은 고용원 500인 이상 규모의 대기업의 총 이윤 중 20%와 고용원 임금의 0.2%에 상당한 세입 자금으로 구성된다. ③ 재정관리는 다원적인 지방분권적인 체제, 즉 주식 형태로 전환된 다섯 개의 지역기금제로 분산화되어 노조 대표로 구성된 이사회에 의해 이루어진다. 이처럼 WEF가 당초의 '마이드너플랜(Meidner Plan)'보다 온건화되고 특히 집단저축을 통해 자본형성 및 투자를 촉진한다는 내용으로 법제화된 것은 당시 막강한 조직력(75% 조직률)을 갖춘 화이트칼라 노조연맹(TCO)과의 정치적 연대, 그리고 TCO의 입장이 투영된 결과라 할 수 있다(Hamilton, 1989: 206).

이상과 같이 살펴볼 때 WEF는 렌 모델과 복지국가 모델을 정통성의 원천으로 삼기에 한계를 느낀 사민당 정부가 정치적·경제적 제약 속에서 LO의 발의에 의해 자본소유권의 집단적 통제를 핵심으로 한 경제적 민주화를 실현하려는 정책대안이었다. 따라서 이 WEF에 의해 사민당 정부는 LO 조합원들과 TCO 조합원들 간의 소득격차 축소를 요구하지 않으면서 양측의 객관적 이해를 수렴시킬 수 있었으며 기업경영의 노동자 참여제와 더불어 스웨덴 사민주의 정치가 지향하는 사회주의 목표의 최종단계에 접근하기 위한 정책을 실행할 수 있었다. 물론 WEF에 의한 집합자본의 형성은 분명히 사적 자본의 권력에 대한 도전임에 틀림없다. 그러나 그것은 노동계급의 권력자원에 바탕하여 스웨덴 사민주의 정치의 상대적 진보성을 유감없이 발휘한 계급타협 모델이다. 다시 말하면 WEF는 임금과 이윤 간의 계급 갈등을 제로섬게임에서 포지티브섬 게임으로 전환하기 위한 처방으로 볼 수 있다(Esping-Andersen, 1985, 207). 나아가 이 제도는 노동과 자본, 국가와 시장, 평등과 자유를 상호 절충시키기 위한 타협 모델이라 할 수 있다.[7]

2) 정책파트너십의 쇠퇴와 분권화

사적 자본은 1976년 LO에 의해 채택된 마이드너플랜에 대해 공세를 가했다. 왜냐하면 마이드너플랜은 산업 이윤의 일부를 노조통제기금(union-controlled funds)으로 이전하여 관리토록 하자는 제도였기 때문이다. 이러한 노동운동의 급진화는 사용자들의 과격한 대응을 촉발시켰다. 1970년대에 SAF는 노동자들을 공장 수준에 묶어두려고 했으며 사용자의 이데올로기적 지배를 구축하기 위해 교육과 정보 제공 캠페인을 전개했다. SAF는 또한 가장 우파적인 부르주아 정당인 온건당(Moderate Party)을 지원하여 정권교체를 시도했다. 재정지출 삭감, 감세, 그리고 시장력의 부활 등을 요구하는 부르주아 세력으로 인해 복지자본주의에 대한 합의가 무너졌을 뿐만 아니라 정책결정에 대한 합의 분위기가 사라졌다.

정책파트너십의 쇠퇴는 마이드너플랜을 입법화하려는 시도에서 확연히 드러났다. 이 문제에 대한 의견은 다른 어떤 이슈에서 찾아볼 수 없을 정도로 양극화되었다. 사용자들과 그들의 정치적 동맹세력은 완강히 거부했다. 정책협의 기구

---

7) 그러나 법제화 과정에서 보수진영의 맹렬한 저항에 봉착하여 당초의 마이드너플랜이 크게 희석화되었다는 사실은 스웨덴 노동계급의 권력자원이 아직은 경제적 민주화를 실현시킬 만큼 충분히 성숙되지 못했음을 시사하고 있다. 더욱이 1991년에 집권한 보수당에 의해 WEF는 연구지원기금으로 전환되었다. 이는 곧 스웨덴 사회적 시장경제의 본질적 한계라 지적할 수 있겠다.

는 어떤 합의점을 끌어내는 데 실패했다. '피고용인 투자기금(Employee Investment Funds)'을 조정하려는 입법화는 결국 1983년 시도되었다. 그러나 전술한 바와 같이 그것은 마이드너플랜을 크게 희석시켰으며 산업소유권에 별다른 영향을 미치지 못했다(Helco an Madsen, 1987: 268~278).

사용자들은 1970년대 임금협상에 대한 공동의 중앙규제 기구가 붕괴됨으로써 더욱 소외되었다. 1960년대에 나타났던 중앙 차원의 임금합의는 완전고용 경제를 정착시키기 위해 어떻게 임금인상을 억제하느냐 하는 어려운 문제에 대한 독특한 스웨덴식 해법이었다. 그러나 단체협상의 중앙화는 노조를 저임금 노동자들의 입지를 개선하는 수단으로 활용되었다. 한편, 화이트칼라 노조들은 자신들을 위한 중앙집중적인 단체협상 조직을 만들기 시작했다. 화이트칼라 노조들의 서로간 경쟁, 그리고 화이트칼라 노조들과 LO 산하 블루칼라 노조들과의 경쟁으로 임금협상은 점차로 분열 양상을 보였다. 1970년대까지 중앙 차원의 협상기구는 임금억제와 산업평화를 이룩하지 못하고 파업, 직장폐쇄, 부문 간의 경쟁, 그리고 급격한 임금인상을 초래했다(Fulcher, 1991: 204~221).

국가는 1970년대 정책파트너십의 쇠퇴에 어떻게 대응했는가? 그 대응 방법은 보다 느슨하고 분권화된 정책협의 구조를 구축하는 것이었다. 그 결과 1980년대 동안 지방당국에 광범위한 의사결정의 분권화가 단행되었다. 입법화 과정에서 행정기관들과 지방당국에 많은 재량권이 부여되었다. 행정기관들과 지방당국에서 불만집단들의 대표권을 확대하여 사회통합을 도모했다. 그러나 이익집단들의 참여가 높아지자 합의에 도달하기가 더욱 어려워졌고 정부는 정책결정의 통제력을 상실하기 시작했다.

정책파트너십 시스템은 1970년대 중반 이후 크게 퇴조했다. 그러나 노동운동의 급진화가 사회주의적 변혁을 가져왔던 것은 아니다. 왜냐하면 사민당이 사용자의 권력을 과도하게 약화시키거나 스웨덴 경제의 자본주의적 기반에 도전할지 모르는 조치들에 대해서 지지하지 않았기 때문이다. 우파적인 정책대안이 제시되고 1976~82년 기간에 부르주아 정당이 집권하기도 했지만 우파는 정치적으로 분열되었고 효과적으로 과거와 단절하지 못했다. 사민당이 1982년에 다시 집권했을 때 그들은 1980년대 기간 동안 스웨덴 경제를 보호해 준 양호한 경제상

황의 혜택을 누렸다. 그럼에도 불구하고 그들은 스웨덴 기업들의 경쟁력 하락과
공공지출의 증가에 대해 점점 더 관심을 가졌다. 사민당 지도부는 우경화되었고
LO와의 갈등관계에 빠졌다. 환경적·종교적 관심 사항을 중심으로 한 신사회운
동과 새로운 정당들이 그 틈새를 채우기 시작했다. 사민당은 계속 집권했지만
1980년대는 사민당 헤게모니의 약화를 가져오는 시기였다(Micheletti, 1995: 117).
옛 집단주의적 충성심은 새로운 집단체와 새로운 개인주의에 자리를 내주었다.
복지는 점차로 국가 대신에 개인 그리고 자발적이고 자조적인 기구의 문제로
간주되었다. 1980년대에 스웨덴 시민사회의 재다원화와 부활이 일어났다
(Micheletti, 1995: 116).

4. 정책파트너십 시스템의 붕괴

1) 사민주의적 계급타협 정책의 시련과 도전

전후 스웨덴 사민주의 정치는 경제적 원심력과 정치적 구심력의 균형적 결합
으로 앞에서 살펴본 좌파케인즈주의적 계급타협 정책들의 정치적 유용성에 의존
하여 정권 재창출을 시도해 왔다. 스웨덴 사민당 정부의 이런 계급타협 정책을
지탱하는 중심축은 임금생활자-LO-사민당으로 이어지는 정치적 연대에 기초한
정책파트너십이었다. 그러나 1980년대 이후 사회적·경제적·정치적인 구조적
변화, 즉 계급구조의 변화, 경제성장의 침체, 자본의 축적전략의 변화, 녹색당의
출현 등에 의해 과거 정치적 연대에 바탕한 스웨덴 계급타협 정책은 새로운
시련과 도전에 직면했다.

먼저 스웨덴 사민당 정부의 계급타협 정책을 퇴색시키는 데 영향을 미치고
있는 요인은 사회적 계급구조의 변화이다. 1980년대 이후 스웨덴 산업구조가
고부가가치의 기술산업 및 서비스 부문으로 확대, 심화되어 감에 따라 계급구조
의 변화에 따른 노조구조의 변화, 즉 블루칼라 노조인 LO의 상대적 힘이 약화되
고 화이트칼라 노조인 TCO와 전문직 종사자 및 국가공무원노조인 SACO/SR의

비중은 급성장하는 추세를 보였다(Lash and Urry, 1987: 238). 특히 완전고용을 목표로 했던 '적극적 노동시장 정책'의 결과로 공공서비스 부문의 급팽창이 이루어졌다. 이러한 역학관계의 변화는 LO와 TCO와 SACO/SR 사이의 이해관계의 차이를 크게 부각시켰다. 더욱이 전후 노동계급의 정치적 동원을 극대화하고 집권당의 지위를 유지하기 위해 복지정책을 추진했던 사민당의 전략은 초계급적 효력을 발생하면서 전통적 지지계급의 연대력과 결속력을 분산시키는 상황을 야기한 것이다. 동시에 임금생활자의 급속한 직업분화와 정치성향의 변화가 과거 임금생활자-노조-사민당으로 이어지는 정치적 연대를 약화시키고 있다. 그 결과 사민당의 지지시장은 점차 무정형화 경향으로서 투표성향의 유동성 증대를 보여왔다. 다시 말하면 유권자들의 정치적 성향과 투표행위와 정당선호도는 계급적 구분선을 경계로 정형화되어 왔으나 1980년대 이후에는 스웨덴 사민당의 주요 정치고객인 LO 조합원들의 정당일체감이 수렴화되기보다는 분산화되는 현상을 보여왔다(Sainsbury, 1991: 400). 이러한 계급투표(class voting)의 쇠퇴는 곧 사민적 계급타협 정책의 견인차였던 LO 조합원들의 계급연대감과 응집력의 약화, 그리고 LO와 사민당 간의 협력관계의 동요를 의미하는 징표이기도 하다.[8] 이러한 변화 속에서 스웨덴 사민당은 선거시장에서 정권 재창출을 위해 과거 LO의 계급이익에 충실한 정책개발에 앞장선 계급정당에서 점차로 화이트칼라층을 포함한 광범위한 계층의 지지를 의식한 대중정당(catch-all party)의 성격으로 전환되어 가고 있다. 말하자면 사민당은 이념적 순수성의 탈색과 선거승리를 위한 초계급적 정책 수행에 충실해 가고 있는 것이다.

둘째, 1980년대 이후 사민당 정부는 LO의 반발에도 불구하고 공공지출 축소, 성장촉진, 기업이윤 증가 등 경제적 효율성을 증진하기 위한 신자유주의적 정책 처방을 채택했다. 사민당 정부의 이 같은 경제 전략은 거시경제 운영에 대한 LO와 사민당의 전통적 접근방식, 즉 임금평준화, 기업이윤 억제, 완전고용을

---

8) 이러한 현상은 '성공의 위기(perils of success)'로 칭할 수 있다. 즉 스웨덴 사민당 정권의 포괄적이고 보편주의적인 복지정책은 노동을 포함한 시민들의 탈상품화를 가능케 했고 계급적 · 계층적 갈등을 해소시켜 주는 데 기여했지만 종국적으로 투표성향의 유동성 증대와 노동계급의 사민당일체감 약화를 가져왔다.

위한 국가의 노동시장에의 적극적 개입 등에 의존하는 렌-마이드너 모델로부터
의 결별을 상정한 것이다(Pontusson, 1992b: 303). 특히 렌 모델의 SWP를 수용하지
않았던 TCO의 성장은 블루칼라 노동자들과 화이트칼라 노동자들 간의 임금격차
를 확대시켰고 이로 인해 1983년 무렵부터 SWP의 의미는 퇴색되었다. 이에
따라 1991년 LO는 SWP의 수정을 통한 새로운 '연대노동정책(solidaristic work
policy)'을 제기했다. 이를 통해 지역노조들에게 더 많은 임금협상 조정 권한을
제공했다.

셋째, 보수연정 기간(1976~82) 대(對)노조 공세조건을 조성한 SAF는 LO의 강
력한 조직력과 정치력이 자본축적 활동에 부정적 영향을 미치고 있다는 논리를
펴고 1980년대 이후 LO의 권력자원을 축소하기 위해 중앙집권적 LO 체제 폐기,
경제의 자유화, 노동시장에의 국가개입 감소, 단체교섭의 분산화(decentralization
of collective bargaining)를 제기했다(Kjellberg, 1998: 81). 이에 따라 LO-SAF 간의 전통
적인 중앙협상 체제가 쇠퇴하고 단체교섭의 분산화 경향이 나타났다. 특히 1983
년에 LO 산하의 산별노조인 금속노조연맹은 중앙임금협상에서 탈퇴하여 SAF의
산하 단체인 VF(엔지니어링 고용자협회)와 독자적 단체교섭을 체결했다.[9] 이러한
추세에 동조하여 TCO와 SACO/SR도 1980년대 이후 중앙레벨의 임금협상체계로
부터 이탈하여 별도의 다양한 임금협상 카르텔을 조직했다. 단체협상의 이러한
탈중앙화는 TCO와 SACO/SR에게 조합원들의 이익을 추구하는 데 좀더 많은
자율성을 보장하는 반면, LO에게는 과거에 누려왔던 산하 노조들에 대한 통제력
과 결속력 약화를 강요했다.[10] 결국 분산된 단체협상체계는 노노 간—블루칼라

---

9) 1990년대 초 이후 수출지향적 기업인 Volvo와 ABB도 적극적으로 독립적인 단체교섭을
주도했다. 이 기업들은 국제경쟁을 고려하여 임금유연성(wage flexibility)을 중시하고 연
대임금으로 인한 임금경직성을 탈피하고자 했다(Thelen, 1993: 29).

10) 스웨덴에서는 1980년대 이후 단체협상의 분권화가 심화된 반면에, 덴마크에서는 1980
년대에 분권화 경향이 나타났지만 1990년대 들어 제조업 부문에서 다시 집중화된 단체
협상 시스템이 등장했다(김인춘, 2001: 160~164). 이에 따라 덴마크에서는 1990년대
에 임금, 노동시간, 휴일 등 노동조건과 관련한 협상이 전국적인 중앙 차원 협약의 기
본 틀 내에서 산업·지역·부문 차원의 협상과 결정으로 이전되는 분권화 경향으로 나
타났다. 덴마크의 이러한 분권화 과정을 '집권화된 분권화(centralized decentralization)'

노조와 화이트칼라 노조, 사기업 노조와 공공부문 노조—의 갈등을 유발시키고 있다.

넷째, 1980년대 이후 자본의 축적전략의 변화, 즉 경제의 글로벌화 추세는 스웨덴 사민주의적 계급타협 정책을 제약하는 구조적 변수로 나타나고 있다. 실제로 살트세바덴 협약에 강한 회의를 제기한 SAF는 1980년대 중반부터 해외직접투자를 통한 글로벌화, 임금협상의 분산화 등을 위한 정치세력화 전략을 선택하면서 LO의 정치력을 무력화시켜야 한다고 주장하고 있다. 이런 상황에서 1990년대 이후 스웨덴 기업들은 투자기지와 활동거점을 대거 해외로 이전하고 있다. 예컨대 1965년 스웨덴의 다국적 기업 간부의 3분의 2가 스웨덴에서 근무했지만 1997년에는 5분의 3이 해외에서 고용되었다. 또한 1997년 스톡홀름 주식시장에서 25개의 대기업 중 12개의 회사는 90% 이상의 매출이 해외에서 이루어지고 있고 그들 중 8개 기업은 종업원의 4분의 3 이상을 해외에서 채용하고 있다 (Pestoff, 2002: 305). 글로벌화의 확대는 스웨덴 다국적 기업들의 국내 의존성은 감소하고 주재국에 대한 의존성은 증가하고 있음을 의미한다. 이와 같은 스웨덴 경제의 글로벌화 추세는 스웨덴 사용자들의 사고의 급격한 변화를 불러일으켰으며 1990년대에 SAF는 공개적으로 스웨덴 계급타협 모델의 해체를 요구했다.

스웨덴 기업들의 다국적화와 수출지향성은 노동에 대한 자본의 위상을 강화시켰다. 또한 국제시장경쟁의 동학은 스웨덴 기업인들로 하여금 생산의 유연성과 제품 품질을 향상시키기 위해 포드주의적 생산방식을 탈피케 하고 임금유연성에 우선순위를 두게 하며 분산된 협상으로 임금이 결정되도록 했다. 이러한 추세는 사민주의 정치가 성공하는 데 필수조건을 구성했던 노동세력의 연대성과 계급성을 약화시키고 있을 뿐만 아니라 렌-마이드너 모델과도 상충되었다(Pontusson, 1992b: 317~326). 특히 자유무역 및 자유투자 기조에 근거한 마스트리히트 조약에 입각한 유럽연합은 생산·노동·상품시장을 보호하는 제도적 기제들의 제거를 목표로 하고 있는데 그것은 국내시장에서 자본과 노동이 연합하고 타협해야 할 명분을 잠식했다. 자본계급은 저임금 노동자를 찾아 국가간 경계를 넘어 자유 이동을 할 수 있기 때문에 노조의 거센 도전에 굴복하여 정치적·경제적 권리의

혹은 '조정된 탈중앙화(coordinated decentralization)' 현상이라 할 수 있다.

양보를 할 필요가 없게 되었다. 이러한 점에서 유럽연합은 향후 스웨덴 사민주의 정치의 핵심적 요인, 즉 노동계급 내부의 응집력과 LO와 사민당 간의 연대력과 그것을 뒷받침하는 제도적 장치들의 실효성을 상실케 할 개연성이 매우 높다. 따라서 유럽연합은 시장순응 정책(market-supporting policy)을 추구하는 보수정당들에게 정책적 융통성을 부여할 수 있지만 시장교정 정책(market-correcting policy)을 지향하는 사민당에게는 구조적 제약으로 작용하고 있다. 그 결과 사회비용, 곧 계급·계층·지역 간의 분배 왜곡을 심화시킬 가능성이 높아지고 있다.

다섯째, 사민주의적 계급타협 정책의 발목을 잡는 족쇄는 1980년대 후반 이후 발생한 축적위기에 따른 사회복지 정책의 변화이다.[11] 사민당 정부가 추구한 복지정책의 전제조건은 자본축적 활동의 안정화이기 때문이다. 사민당은 1932년 집권 이후 정치적 프로젝트의 하나로 복지개혁을 지속적으로 추진했고 특히 전후 포드주의적 대량생산체제는 노동 측에 복지정책의 확대를 위한 물적 토대가 됨으로써 사민주의적 계급타협의 제도화에 공헌했다. 따라서 복지제도가 창출하는 정책효과가 경제적·정치적 비용[12]을 최소화시켜 줌으로써 양자간에 긍정적 대상관계(positive trade-off)가 성립되었다. 그러나 노동계급을 위한 복지비용 중 ALMP에 의한 인적 자본 투자비용의 증가는 1980년대 후반기부터 저성장, 실업률 증가, 인플레이션을 초래했고 정치비용, 특히 중간계급의 정치적 불만을 고조시켜 1991년 총선에서 사민당은 정권 재창출에 실패하기도 했다(Rehn, 1991: 148

---

11) 현재 서유럽에서 제기되고 있는 복지국가의 위기를 발생시키는 원인에 대해서는 외인론과 내인론이 있다. 외인론은 서유럽 복지국가의 위기를 초래하는 요인을 글로벌화, 특히 유럽통합의 영향으로 보고 있다(Sharf, 1999). 이에 반해 내인론은 복지국가의 팽창에 따른 국가재정의 악화, 생산성 정체, 노령인구의 증가 등을 복지국가의 재편의 원인으로 인식하고 있다(Pierson, 1998). 스웨덴 복지국가의 재편은 단순히 글로벌화된 경제에 의해서만 비롯되는 것이 아니라 오히려 노령인구 증가, 가족구조의 변화(편부모, 여성 노동시장에의 진출 증가), 가치관의 변화 등 국내의 사회·경제적 변화가 복지국가에 가하는 압력이나 영향을 그 주요 요인이라 할 수 있다.

12) 경제적 비용이란 재정투자가 경제성장으로 이어지지 않아 경제적 손실이 발생할 수 있는 위험부담을 말하고 정치적 비용은 재정투자의 혜택이 불균등하게 배분되는 상황에 따른 불만표출 또는 정치적 지지도 하락을 의미한다.

~149). 이는 복지정책 효과와 경제적·정치적 비용 간에 부정적 대상관계(negative trade-off)가 발생하여 스웨덴 사민주의 정치가 위협받고 있음을 시사한다.

본격적인 스웨덴 복지국가의 개혁은 우파 연립정부와 사민당이 1992년 시장의 역할을 강화하는 것을 골자로 하는 정책 프로그램에 합의함으로써 구체화됐다. 이 정책 프로그램은 사회복지에 대한 국가개입을 축소하는 내용을 포함했는데 그 주요 내용은 연금지급액 인하, 공공부문의 고용 축소, 고용주의 사회보장 부담금 인하, 실업보험의 임금대체율 인하 등이다. 1994년 재집권에 성공한 사민당도 유럽연합 가입에 따른 재정건전화 기준을 준수하기 위해 재정지출 축소와 세입증가에 초점을 맞추었다. 사회복지제도의 개혁과 함께 조세제도에서 개혁이 이루어졌다. 개인소득세와 법인소득세의 세율이 대폭 하향 조정되고 다양한 세금감면 제도가 폐지되었다.

더욱이 무역, 자본 및 금융의 국제화, 제조업의 쇠퇴와 서비스부문의 팽창 등으로 나타난 세계경제의 구조적 변화는 탈상품화(decommodification) 및 사회임금(social wage)을 강조한 스웨덴의 보편적이고 포괄적인 복지 모델에 심각한 충격을 가하고 있다. 국제경쟁은 재정수입을 압박하고 있으며 투자유치를 위해 기업우대 세제를 실시함에 따른 재정압박으로 인해 스웨덴 정부는 사회비 지출을 점진적으로 축소하고 있다(Scharf, 1999: 24). 예컨대 1993년 GDP 대비 사회지출 비중은 37.4%였는데 1995년 33.4%, 2002년 31%로 감소되었다. 1976~82년까지 집권했던 보수당 정부는 국제경쟁력 제고를 위해 파트타임 노동자의 연금지급을 소득의 65%에서 50%로 삭감했고 의료 및 주택 서비스에 대한 수혜자 부담 원칙을 도입했다. 보수당 정부의 이러한 복지축소 정책에 저항했던 유권자들의 지지에 힘입어 1982년 재집권한 사민당 정부까지도 세계경제의 환경에 대처하기 위해 1983년 의료혜택에 대한 중앙정부의 지원금을 삭감했고 1994년에는 질병보험과 실업연금 등에서 급여율 및 국가보조금의 수준을 하향 조정했다(Kuhnle, 2000: 221). 인플레에 연동하여 지급된 자녀수당 및 실업수당이 인플레율보다 더 낮게 증가하도록 책정되었다. 또한 사보험 회사를 통한 개인연금이 강조되어오고 있다. 예컨대 민간 연금보험제도나 민간 의료보험제도가 확산되고 있는데 이로 인해 국가복지제도의 후퇴와 더불어 부과방식(pay-as-you-go)보다는 적립연금(prefunded pensions)의 확대를 바탕으로 하는 복지의 민영화13)가 야기될 것이라는 우려가 제기되고 있다.

마지막으로 스웨덴 사민당 정부의 계급타협 정책에 대한 도전은 녹색당의 약진과 장래의 역할에서 제기된다. 1980년대에 접어들어 환경, 생태, 평화, 반핵 등 '녹색정향(green orientation)'의 새로운 쟁점들이 제기되면서 종래 좌·우의 축으로 더 이상 수렴되기 힘든 새로운 균열의 축이 스웨덴 정치에 도입되었다. 이 정치적 균열은 물질주의 대 후기물질주의 가치 차원(materialist/post-materialist value dimension) 구도로 부각되는 가운데 스웨덴 사회의 신중간층, 고학력자 및 전후세대들은 가치지향에 있어 후기물질주의적 특성을 강하게 표출하면서 녹색정향의 녹색당(Green Party)을 선호하는 정치성향을 보이기 시작했다(Knutsen, 1990: 359). 이러한 분위기에 힘입어 녹색당은 1988년 선거에서 총 투표의 5.5%를 득표하여 의회에 진출하는 데 성공했다. 이 같은 변화된 정치환경에 적응하기 위해 1990년에 채택된 사민당강령은 당의 이데올로기적 유산(생산 영역에서의 민주적 의사결정권, 복지제도 등)을 반영하면서도 환경적·생태학적 정향을 도입함으로써 당의 '녹색화'를 시도했다. 그러나 이런 당강령의 혁신적 재정식화에도 불구하고 실제로는 스웨덴 사민당은 새롭게 부상하는 정치사회적 균열에 적절히 대응하는 정책을 제시하지 못했다. 사민당 정권이 핵발전을 지지하는 등 우경화의 길을 걷게 됨에 따라 삶의 질을 보다 중시하는 진보적인 녹색정치 세력이 사민당에 등을 돌렸다. 이런 현상은 특히 1998년 9월 총선 이후 스웨덴 사민당은 1930년대 이래 지지율과 의석수에 있어 최하위 수준을 기록하는 데서 뚜렷해졌다. 이런 상황에서 사민당은 계속 집권하려면 항구적인 연대세력을 모색해야 하는데 그 동맹세력은 녹색당일 것이다. 이러한 맥락에서 환경주의(environmentalism)라는 포스트모더니즘 정치이데올로기의 담지자인 녹색당의 향후 사회주의 블록 또는 비사회주의 블록 정당들과의 제휴관계 여부가 사민당의 정치적 입지, 사민주의적 계급타협 정책개발에 중대한 영향을 미치게 될 것이다.

---

13) 부과방식은 국가의 재정지원을 바탕으로 하는 제도인 데 반해, 적립방식은 국가의 지원을 없앤 제도이기 때문에 급여액의 감소를 가져온다.

이상과 같이 1980년대 이후 사회적·경제적·정치적인 구조적 변화가 야기한 스웨덴 사민주의적 계급타협 정책상의 부정적 효과가 곧 사민주의 정치의 궁극적 종언을 예측하는 근거는 될 수 없다고 하더라도 향후 그것이 사민주의적 계급타협 정책의 적극적인 전개를 위협하는 구조적 딜레마로 작용할 개연성은 높다.

2) 정책파트너십의 다원주의 정치화?

스웨덴 사민주의적 계급타협 정책의 시련은 정책협의에 대한 부정적 인식을 촉발시켰다. 이런 정책협의 시스템에 대한 부정적 인식은 1980년대에 SAF와 비사회주의 정당들에 의해 발단되었다(Pestoff, 2002: 296). 그들에게는 정책협의가 역사적으로 파시즘과 연관성이 있는 개념이었다. 그들의 이런 사고는 공공행정 이사회의 집행기구인 '평이사회(lay board)'가 그 주요 표적이었다. 원래 스웨덴의 '평이사회'는 공무원, 국회의원 및 이해당사자들의 대표들로 구성됨으로써 공공행정의 민주화를 촉진시키기 위한 집행기구였다.[14] SAF는 정책협의 시스템을 청산할 의도로 이 공공행정이사회의 집행기구에 평대표를 지명하는 것을 거부했다. 그들에 의해 정책협의는 의회민주주의와 양립할 수 없는 것으로 묘사되었고 노조들과 협동조합들이 획득한 비민주적인 영향력의 사례로 자주 인용되었다. 정책협의에 대한 신자유주의의 공세는 1991년에 절정에 달했는데(Pestoff, 2002: 299~303) 그해 12월 SAF는 '사회적 합의주의이여 안녕(Farewell to Corporatism)'이라는 제목의 세미나를 개최하기도 했다. 이런 과정에서 정책협의에 대한 각 이익단체 및 정당의 견해가 다르게 표출되었다. SAF와 비사회주의 정당들은 평이사회를 비민주적이고 비효율적인 정책협의체로 규정하고 그 대표들은 사회의 일반적인 이익이 아니라 자기 소속 회원들의 이익을 촉진할 뿐이라고 주장했다. 이에 반해 LO와 TCO는 평이사회가 여론 대표성을 촉진하여 민주주의를 강화하는

---

14) 1960년에 318명의 평대표를 가진 34개의 공공행정이사회가 있었고 1997년에는 74개의 공공행정이사회에 633명의 평대표가 파견되었다.

데 기여하고 공공관료제를 보다 적절히 통제할 수 있다는 견해를 갖고 있었다. 또한 그들은 평이사회의 대표들이 자신들이 속해 있는 단체 회원들의 협소한 특수 이익보다는 사회의 일반적인 이익을 촉진한다고 주장했다. 이에 동조한 사민당도 행정기관이 보다 민주적인 결정을 내리려면 이익단체들의 대표들로 구성된 평이사회가 설치되어야 한다고 주장하면서 정책결정 과정에 관련 이해당사자들이 참여함으로써 효과성이 성취될 수 있다고 생각했다. 그러나 SAF가 이 논쟁 과정을 주도하면서 1992년에 이르러서는 탈합의주의화를 이끌어냈다. 그 결과 스웨덴 공공행정에서 정책협의의 핵심적인 제도였던 평대표제(lay representation)가 1992년 우파 정권에 의해 폐지되었고 모든 조직 대표들은 공식적으로 공공행정이사회의 집행기구들부터 철수되었다.

뿐만 아니라 산업관계에서도 타협의 정신이 붕괴된 사건이 사민당 정부가 SAF의 지지를 얻지 못한 1990년에 발생했다. SAF가 중앙 차원의 단체교섭을 부활시키려는 정부의 시도를 거부한 것이다. 중앙 차원에서 합의에 도달하려는 데에 대한 사용자들과 노조들의 의지와 능력이 사라지자 정부는 1990년에 국가경제라는 이름으로 경제개입을 확대하고 단체교섭을 조율해 나갔다(Kjellberg, 1998). 신자유주의자들은 1990년대 초에 정책협의 제도를 공격함으로써 사회적 협상을 위한 포럼의 흔적을 불식하고 시장주의적 해법 모색을 촉진시키고자 했다. SAF는 이를 주도했다. 정책파트너십 기구에 SAF의 불참으로 중앙 차원의 단체교섭은 거의 불가능했다. 1990년대 초 신자유주의적 맹공 속에서 정책협의를 위한 포럼은 거의 존속하지 않았다. 1992년 정책협의의 공식적 참여를 위한 남아 있는 제도는 노동정책의 영역에서 노동법원, 연금보험기금 및 노동시장이사회에서 찾을 수 있을 뿐이었다.

이와 같이 1990년대 초에 스웨덴 정책협의는 사실상 붕괴되는 조짐을 보였다. 강력한 노조 및 사용자단체, 평화로운 산업관계, 그리고 타협의 정치 등을 특징으로 하는 스웨덴 모델에서 어떻게 이러한 일이 발생할 수 있었을까? 1990년대 초에 우파 정권이 들어섬에 따라 스웨덴은 짧은 기간 신자유주의의 득세를 경험했다. 우파 정권은 전에는 사회적 파트너들 간의 협상에 맡겨졌던 주요 사회 및 정치 문제 해결을 위해 시장주의적 접근에 크게 의존하는 탈집중화 및 탈규제

정책을 적극적으로 추구했다. 사민당은 1994년 재집권하여 경제 문제에 몰두했다. 우파 정권이 경제위기와 엄청난 예산적자를 남겨놓았기 때문이다. 따라서 그들은 엄격한 긴축정책을 추구하지 않을 수 없었고 특히 사회복지서비스에 관련된 예산을 대폭 삭감했다. 정책협의와 사회적 파트너십과 같은 이슈들은 경제 및 사회서비스 문제에 비해 부차적인 것이었다.

오늘날 스웨덴 정치는 정책파트너십 정치로부터 다원주의 정치로 변하고 있다. 스웨덴 정치체제의 다원주의로의 변화는 두 가지의 권한관계 변화를 낳고 있다(Hermansson, 2004: 35~38). 첫째, 노조의 희생 대가로 SAF의 영향력이 증가하고 있다. SAF는 정책협의 네트워크에 참여하기보다는 세련된 미디어의 홍보 전략과 전문적 로비를 통해 여론을 자신들에게 전환시키고 이를 통해 의회에 압력을 강화시키고 있다. 사용자단체는 중앙 차원의 협상기구에서 효율적인 로비단체로 탈바꿈하고 있다. 둘째, 조직화된 시민보다는 비조직화된 시민의 영향력이 커지고 있다. 로비의 중요성과 비공식적인 네트워크에 대한 의존이 커짐에 따라 경제적 자원을 갖는 개별 행위자의 영향력이 커지고 있으며 따라서 개별적인 권력자원의 중요성이 더해가고 있다. 이에 따라 스웨덴 정치는 집단주의적 양식으로부터 개별주의적 양식으로 변하려 하고 있다. 이러한 변화의 핵심은 노동운동과 다른 대중운동의 역할이 감소되는 데에 있다. 이제 스웨덴 시민들은 성명을 발표하거나 접촉과 같은 보다 개별주의적 참여 양식을 선호하는 경향이 있다.

과거 스웨덴 정치체제는 의회주의와 정책협의 정치의 혼합으로 인식되었다. 내각은 의회의 정당들에 의해 조정되었으며 노동자, 사용자, 농민의 이익단체들은 각자의 이해관계 영역에서 정책방향을 결정하는 데에 결정적인 영향력을 발휘했다. 그러나 오늘날은 과거 스웨덴 모델의 주요 요소인 정책파트너십 시스템이 소멸되고 있다는 언급이 종종 제기되고 있다. 정책파트너십 개념이 이제 더 이상 스웨덴 정치체제의 핵심적인 역동성을 포착하지 못하고 있다는 것이다 (Hermansson, 2004: 4). 이는 스웨덴식 사민주의는 정당역할의 강화와 다원주의 정치가 결합된 새로운 체제로 전화되고 있음을 시사한다.

5. 맺음말: 정책파트너십 시스템의 구조조정

스웨덴에서 정책협의는 고도로 발전되었다. 중앙집중적이고 포괄적인 이익단체들이 정부정책의 형성과 집행에 광범위하게 참여했다. 정책협의는 정부와 이익단체들이 중앙 레벨의 협상 형태를 띠었을 뿐만 아니라 이익단체들이 정부를 통제하는 위원회에 대표로 참여하는 형태를 띠기도 했다. 어떤 영역에서는 때때로 정책개발과 집행이 이익단체에게 위임되는 경우도 있었다. 이러한 패턴의 정책협의는 사회적 합의제(social corporatism)이라고 지칭되었고 스웨덴 정치경제는 유럽에서 가장 계급타협을 성공시킨 국가들 중의 하나로 여겨져 왔다.

그러나 1980년대 이후 계급구조의 변화, 사민당의 정체성 변화, 단체협상의 탈중앙화, 자본의 축적전략의 변화, 녹색당의 출현 등에 의해 과거 스웨덴 계급타협 정책은 새로운 시련과 도전에 직면했으며 이는 결국 정책협의 시스템마저 붕괴시키는 징후를 초래했다. 예컨대 행정부 내부의 정책파트너십은 1992년 의회결정을 통해 공식적으로 폐지되었다. 어떤 부처들은 이익집단의 대표들이 특수 자문이사회(advisory board)에 그대로 남아 있기를 허용했지만 최근에는 집행이사회를 가진 정부기관의 수가 점점 줄어들고 있다. 노동시장 부문은 언제나 정책파트너십 정치의 핵심을 이루었지만 최근에는 이 부문에서도 정책파트너십 정치의 수준이 감소되고 있다. 특히 정책협의에 참여하는 이익집단들의 대표는 상당히 감소했다. 이는 노동시장 조직들이 공적 의사결정 과정으로부터 후퇴하고 있다는 것을 의미한다. 대신 정치인들이 의사결정의 예비, 집행을 지배하고 있다는 사실인데 위원회와 정부기관 집행이사회에 그들의 참여 폭이 커졌으며 위원회와 집행이사회에서 정치인과 이익집단 대표 간의 역학관계가 전자에게 유리하게 되어가는 추세다. 이것은 정책파트너십 시스템이 약화되고 있음을 상징한다. 이처럼 사회적 합의제 축소에 따라 공적 의사결정은 점차로 정당정치와 의회정치에 의해 지배되고 있으며 스웨덴 정치체제는 로비와 이익단체 다원주의(interest group pluralism) 방향으로 변화하고 있다.

따라서 많은 사회과학자들이 스웨덴의 정책협의 및 사회적 파트너십 시스템이 붕괴되고 정치체제는 다원주의적 성격을 띠게 되었다고 주장한다. 이러한 주장은 적어도 부분적으로 사실이다. 특히 과거에 사회적 파트너십 및 정책협의를 통해 결정 및 집행되었던 경제정책 분야는 쇠퇴하고 있다. 그러나 그렇다고 해서 정책파트너십 시스템이 완전히 해체된 것은 아니다(Hermansson, 2004: 11, 32). '입법차원의 정책협의'는 최근에 들어 그 위상이 크게 하락했지만 조직의 위상이 강력한 노동시장 영역에는 정책협의 시스템이 대체로 정상적인 작동을 하고 있다. 농업과 노동시장 관련 의회 위원회를 구성하고 있는 의원들은 해당 분야의 전문성을 소지한 직업적 배경을 갖추고 있다. 이는 '입법차원의 정책협의'의 표현으로 해석될 수 있다. 한편, '예비차원의 정책협의' 시스템의 경우 정당 대표들이 수적으로 이익집단의 대표와 공무원들보다 앞서고 있으며 따라서 정당들은 1980년대 중반부터 '예비차원의 정책협의'에서의 의사결정 시스템을 지배했다 (Hermansson, 2004: 15~16). 그러나 최근 들어서 '예비차원의 정책협의' 시스템의 경우도 노동시장은 물론이고 주택 및 연금 등을 포함하는 사회정책 분야에서는 강력하게 작동한다. 따라서 사회적 합의제는 노동시장의 정치에서는 여전히 불변이며 노동시장 조직들이 정치인들과 상호작용을 통한 정치적 영향력을 행사하는 것은 여전하다. 스웨덴의 노조조직률은 현재 약 83%로 여전히 놀라운 수준이다. 공식적인 사회적 합의제에 대한 노조의 영향력이 축소되었지만 이것이 조직률의 감소를 야기하지는 않았다.

무엇보다도 1990년대에 노사 관계에 대한 국가개입이 확대되었음에도 불구하고 '살트세바덴 기본협약'의 정신은 여전히 사회의 저변에 흐르고 있다. 잃어버린 황금의 시대의 맥락 속에서 그 개념은 부활했다(Pestoff, 2002: 303~305). 다시 말하면 1990년대 갈등이 분출하는 사태가 전개되는 상황 속에서 사회적 파트너십과 정책조율에 대한 관심이 복원되었다. 즉 1998년 9월 총선 직후 노동시장 내부의 변화와 글로벌화라는 외적 충격에 대응하기 위한 전략으로서 1998년 10월에는 LO, TCO, SACO 등은 SAF와 함께 '성장을 위한 동맹(Alliance for Growth)'이라는 새로운 협력방안을 이끌어냈다. '성장을 위한 동맹'은 고용증대 및 직업안정을 위한 기업의 경쟁력을 향상시키자는 합의를 담았으며 성장과 고용을 위한 장기적인 조건을 촉진시키고 이를 노동시장의 파트너들과 정부 사이의 합의를 통해서 도달될 수 있는 방법을 탐색하는 데 목표로 두었다. 사회적 파트너십과 정책협의의 사고에 적대적이었던 10여 년의 신자유주의 시기가 흐른 후 부활한 '성장을 위한 동맹'은 중앙 차원의 노사 간에 새로운 대화와 타협의 시대를 일깨웠다. 이런 점에서 1980년대 동안 단체협상의 중앙화에 대한 사용자들의 집중적인 반대 운동을 겪은 후 1990년대에 접어들어 스웨덴의 단체협상은 분산화와 재집중화가 서로 병존하는 길을 경험하고 있는 것으로 추정된다.

뿐만 아니라 사회적 합의제는 지역·지방 수준에서 여전히 강력하다. 노동시장 이익조직들이 지역·지방 수준의 공적 제도에서 여전히 대표되고 있다. 이것은 정치체제에서 더 많은 권한과 책임이 지역적·지방적 수준에서 선출된 정치인들의 수중으로 이동하고 있는 추세와 함께 진행되고 있다(Hermansson, 2004: 36). 이러한 발전은 지역 및 지방 수준이 국제화 프로젝트의 중요한 행위자가 되는 추세에 따라 지방정부와 중앙정부 간의 상대적 권한관계에 커다란 변화를 초래했다. 이익단체들은 중앙정부의 재정이 아니라 지역 및 지방 수준의 재정에 의존하는 현상도 나타나고 있다.

한 걸음 나아가 정책파트너십 시스템을 작동시키는 핵심 변수인 스웨덴 복지레짐도 크게 변하지 않고 있음도 주목할 만한 사실이다. 글로벌화가 복지재정 축소의 필요성을 촉발시킨다 할지라도 실제로 축소하는 데는 막대한 정치적 비용이 따른다는 점에서 복지 축소를 실행하기가 쉽지 않다. 1990년대 많은 복지개혁이 이루어졌지만 스웨덴 복지국가는 여전히 견고하다. 복지개혁에도 불구하고 연금·의료 영역에서는 민영화로 대표되는 시장중심적 개혁이 등장하지 않았을 뿐만 아니라 공공의료 및 사회서비스는 부분적으로 강화되기도 하여 스웨덴 복지국가는 여전히 평등주의를 실천하고 있다. 스웨덴 국민은 아직도 실업수당, 주택비 보조금, 부모수당, 질병수당, 노령연금, 의료비 지원 등의 혜택을 받고 있다. 이에 더하여 모든 공교육이 무상으로 제공된다. 이처럼 스웨덴 사회복지의 기본 틀은 그대로 유지되고 있다. 다만 1990년대 이후 스웨덴 복지제도에서 나타난 중요한 변화는 중앙화된 복지에서 분산화된 복지로의 이행이다.[15] 다시 말하

---

15) 1990년대 이후 대다수 서유럽 국가들은 사회보장, 사회서비스 등에 있어 분권화와 민영화를 도입하고 있다.

면 중앙정부 중심의 복지제도를 지방정부로 이전시키는 분권화 경향이 두드러지게 나타나고 있다. 예컨대 지방자치단체가 노인 및 장애인의 치료 및 간호를 담당할 수 있는 특수시설을 갖추도록 하고 있고 육아를 지자체가 관장하는 학교의 책임으로 돌리고 있다. 이런 현상은 대내외적으로 복지국가의 축소를 강제하는 요인과 복지국가의 유지 및 확대를 요구하는 요인이 동시에 작용된 복지국가의 구조조정으로 해석할 수 있다.

이런 맥락에 비추어 볼 때 스웨덴식 사민주의 정치는 완전히 영미식 다원주의 정치로 전화하고 있지는 않고 그 본질적 요인인 정책협의 시스템이 구조조정 중에 있다고 평가할 수 있다. 왜냐하면 아직도 노동조합은 노동시장정책과 같은 특정 분야에 참여하고 있으며 다양한 이익단체들 또한 정부정책에 참여하고 있기 때문이다. 이를 뒷받침하는 복지레짐도 그 구조조정을 치르고 있지만 대체로 존속되고 있다. 더욱이 지역단위의 사회적 파트너십 및 정책협의 시스템이 건재하고 있으며 노동조합 조직률도 감소하고 있지 않다. 오히려 스웨덴 경제의 글로벌화가 더욱 진전됨에 따라 스웨덴 노사는 사태 악화를 예방하기 위해서 사회적 타협을 모색하고 다시금 정책협의를 수용하는 데 더 많은 관심을 갖게 될 것이다.

제 15장
덴마크 정책협의 시스템의 작동

탄력성과 혁신성

1. 갈등에 기초한 합의: '9월 협약'

덴마크는 스칸디나비아 국가들 중에서 지리적으로 유럽대륙의 무역 거점에 가장 근접해 있다. 따라서 덴마크는 부르주아 상업자본주의를 서유럽 국가들 중 가장 먼저 발전시켜 전통적으로 개방경제를 추구했으며 이런 까닭에 일찍이 사회협약정치를 작동시켰다.

덴마크 사회적 파트너십의 기원은 1899년에 체결된 '9월 협약(September Accord)'이다. 말하자면 1899년에 발생했던 노동 총파업에 따른 사용자와 노조 간 4개월에 걸친 갈등과 대립 끝에 협약에 도달한 것이다. '9월 협약'은 그 후 덴마크에서 노동시장 협력의 틀로 자리 잡았으며 노동시장 문제뿐만 아니라 공공정책 전반을 포괄한 사례이다. 이로써 '9월 협약'은 향후 사회적 파트너들이 '갈등에 기초한 합의(conflict-based consensus)' 시스템을 구축하는 단초를 제공했다 (Jensen, 2002: 77). 이에 따라 사회적 파트너들 간의 관계는 노동자들의 노조에 대한 지지, 강력한 중앙집권적인 노사협상 체제, 국가와 단체협상 주체들 간의 밀접한 관계, 법률이 아닌 노사합의에 기초한 일련의 노동시장 규제 등의 특징을 보였다.

'9월 협약'에서 사용자들은 작업의 지도 및 배치권을 얻은 대가로 자신의 종업원들에게 노동조합 결성권과 단체협상권을 인정했다. 이를 계기로 노조는 많은 조합원을 확보해 갈 수 있었다. 전통적으로 덴마크 노조들은 구성원의 교육 배경에 따라 정상조직 중심으로 결성되었다. 즉 덴마크노동조합총연맹(LO), 덴마크봉급노동자 및 공무원노동조합연맹(FIF), 덴마크전문직노동조합총연합회(AC) 등이 그것이다. LO는 지배적인 정상조직이었으며 대부분 숙련 및 비숙련 육체노동자로 조직된 노조들로 구성되었다. FIF는 교사, 간호원, 교육 관련 직원 등과 같이 중간 정도의 교육 수준과 기술을 가진 구성원들로 조직되었다. AC는 최상의 전문적 교육을 받은 구성원들을 중심으로 조직되었는데 여기에는 변호사, 의사 등이 조합원으로 가입해 있다. 사민당과 LO는 전통적으로 구성원이 서로 중복되었으며 이들 간에는 공식 · 비공식 유대관계를 맺었다. FIF와 AC는 LO-사민당의 연계의 대응으로서 결성되었는데 그 목적이 정치적으로 독자적인 조직을 수립하는 것이었다. 덴마크의 사민주의의 토대인 노동운동은 서유럽에서 가장 중앙집권적이다. 한편, 노조에 대한 대응으로 결성된 덴마크 기업의 대부분은 전형적으로 중소기업들이다. 덴마크의 정상 사용자단체는 덴마크사용자연합(DA), 덴마크재정부문사용자연합(FA), 덴마크농업부문사용자연합(ALA) 등 세 개로 구성되었다. 이 중 DA는 덴마크 사용자의 이익을 가장 광범위하게 대표하며 덴마크 주정부와 의회 시스템과의 관계에서 볼 때 지배적이고 가장 중요한 사용자단체로 간주된다.

덴마크의 '갈등에 기초한 합의' 시스템은 노동시장에서 기본적으로 위와 같은 노조와 사용자조직이 상충하는 이해관계를 가지고 있다는 사실을 전제했다. 사용자들이 수용한 노동자들의 단체결성권과 단체교섭권은 덴마크 기업들로 하여금 노조와의 타협을 하도록 이끌어내는 계기를 마련했다. 노동시장 당사자들은 20세기 초부터 강력한 조직적 기반을 갖추게 됨에 따라 국가(정부)는 다양한 정책 분야의 의사결정 과정에 ─주로 임시위원회를 통해─ 사회적 파트너들을 참여시켰다. 말하자면 노동시장 당사자들은 정책협의 과정에 직 · 간접적으로 참여했던 것이다. 이러한 전통은 제1차 세계대전 전후는 물론이고 독일 점령군에 대해 덴마크 정부가 협조를 했던 제2차 세계대전 동안에도 이어졌다.

2. 정치경제의 전통

우선 국가와 이익집단의 관계이다. 20세기에 줄곧 국가는 노동시장 당사자들을 입법 전 단계의 협의과정에 참여시켰다. 덴마크에서 이익집단들은 기본적으로 어떤 결정이 조직구성원들에게 중대한 영향을 미친다고 판단이 되는 경우 정책을 입안하고 집행과정에 참여하는 것이 하나의 전통으로 정착되었다. 20세기 전반기부터 확립되어 온 그러한 참여의 규범은 지속적으로 조직, 정치, 행정기관 혹은 공공위원회 등의 협력적인 토대를 형성했다(Jensen, 2002: 78~80).[1] 말하자면 관련 이해당사자들은 자신들이 어떤 결정에 의해 영향을 받는 정도만큼 의사결정 과정에 참여한 것이다.

그러나 이러한 형태의 정책결정 과정에의 참여는 덴마크에서 발견되는 많은 정책협의 양식 중 하나의 예시에 불과하다. 덴마크에서 단체협상 시스템은 정치권과 긴밀한 관계를 갖는데 덴마크의 의회도 법률의 입안과 시행과정에서 LO와 DA를 공동으로 참여시킨다. 이를 반영하여 덴마크 의회는 중도우파와 중도좌파 간의 협력을 통해서 작동된다. 또한 덴마크에서는 이념적 지향성이 유사한 이익집단과 정당 간에 긴밀히 접촉하는 경향을 보인다. 주요 정당들은 특히 전통적으로 노동시장에서 활동하는 사용자 및 노조와의 강력한 유대관계를 맺고 있다. 예컨대 노조와 좌파정당인 사민당 간에, 사용자단체와 우파정당인 보수당 간에 협력하는 전통이 자리 잡았다. 특히 사민당의 정치적 중추인 노조는 사민당의 주요 정치적 발의에 관련된 논의 과정에 활발히 참여해 왔으며 심지어 사민당의 정책 어젠다를 결정하는 데까지 관여해 왔다. 덴마크가 복지국가로 발전한 것은 노조와 사민당의 이 같은 긴밀한 연계와 무관하지 않다.

다음으로 노조와 노조, 노조와 사용자단체의 관계이다. 덴마크에서는 노조 간의 경쟁이 제한되는 전통이 있는데 노조 간에 불협화음과 분쟁은 대부분 노조의 조직 내부에서 자체적으로 처리된다. 이러한 전통은 사용자들을 상대로 협상

---

[1] 1946년에는 413개의 이익집단들이 200개 이상의 공공위원회에 참여했고 1980년에는 정책결정 과정에 참여하는 이익집단의 수는 732개로 그 절정에 도달했다.

할 때 노조의 응집력을 강화시켜 주는 데 도움이 된다. 덴마크의 LO는 1950년대부터 노동운동의 대표로서 중앙 정책협의에 참여하여 임금협상에 큰 역할을 했는데 이러한 덴마크 단체협상은 1936년 LO와 DA 간에 합의된 규칙에 기반해 이루어졌다. 임금협상의 경우 산업별 노사 간 협상이 먼저 시작되고 이어 중앙연맹인 LO와 DA 간 협상이 진행되었다. 노사, 중앙연맹 간의 협상이 타결되지 못하면 공공조정자가 개입하게 되고 이를 통해서도 타협이 실패하면 공공조정자의 협상안에 대해 노조원들의 찬반투표가 실시되었다. 만일 노조원들의 투표가 부결로 나오면 의회가 개입하여 임금협상을 타결지었다. 그러나 노동시장의 당사자들은 기본적으로 노동시장에 정부의 불개입을 우선시하며 자신들의 갈등을 스스로 해결하는 것이 정치적으로 적절하다는 사실을 인식하려는 전통이 있다. 따라서 노동시장 문제에 대한 국가개입은 소극적이고 제한적 수준이다. 왜냐하면 산업의 양축인 사용자와 노동자는 상당히 협력 지향적 경향을 보였기 때문이다.

　노동시장 규제에 대한 정치의 일방적 간섭을 최소화하려는 중요한 배경은 덴마크 의회제도에서도 찾아볼 수 있다. 다른 유럽 국가들과 비교해 볼 때 덴마크의 전후 의회 운영에서는 갈등정치를 드러내지 않았다. 사회주의 정부도 보수주의 정부도 오랜 기간 동안 의회에서 다수당 지위를 확보하지 못했다. 대신 그들은 중도 정당들과 연정을 해야 했으며 이는 합의 지향적인 정치문화의 발전에 공헌했다. 그러므로 의회에서 중요한 정치적·사회적 이해관계가 균형적으로 조율될 수 있는 전통이 뿌리내렸다. 이러한 의회정치의 전통은 노동시장 당사자들로 하여금 입법화 과정에서 상대방보다 유리한 고지를 확보하려는 기도를 어렵게 만들었다. 따라서 노동시장 단체들, 특히 LO는 노동자들의 이해관계가 걸린 문제가 정책의제에 상정되었을 때 그 입법안에 대한 사민당의 지지를 확보해낼 수 있는 여부에 대해 결코 확신하지 못한다. 1930~80년대 초까지 거의 계속 사민당이 정권을 장악해 왔지만 의회에서 일방적인 다수당의 지위를 누리지 못했기 때문이다. 실제로 사민당은 입법과정에서 노조의 요구를 충분히 충족시켜 줄 수 없었다. 이것은 덴마크 정책협의와 사회적 파트너십이 '조금씩 양보하고 조금씩 얻는' 식의 상생과 협력의 노사 관계를 정착시켰음을 의미한다.

　최저임금 및 노동시간 등과 같은 노동시장 기준들에 관한 문제가 제기될 때 사용자와 노동자 및 정당들은 정책협의를 통해서 갈등을 해결하곤 했다. 그러나 회사 밖의 규제와 권리를 제정하는 것은 정부의 임무이다. 실업, 의료, 육아, 재활 및 노인복지 등과 같은 이슈는 정부의 임무에 속하는 정책의제들이다. 이런 점에서 사회정책은 법률을 통해서 집행되며 따라서 후술한 바와 같이(4절 참조) 이 분야는 노사 간 협상의 영역이 아니고 국가와 시 당국의 활동 영역에 속한다. 노동시장의 이익단체들은 단체협상을 통해 회사 내부의 권리(임금 문제, 해고통고의 조건, 최대 노동시간 등)를 결정하는 책임을 졌다. 그러나 비록 노동시장 당사자들이 복지정책 분야에 직접적인 책임은 지고 있지 않는다 하더라도 전통적으로 그들은 이런 정책문제에 영향을 미쳤다. 입법 전 단계에 열리는 위원회에 참여함으로써 노동시장의 당사자들은 1930년대부터 정부를 상대로 자신들의 목소리를 낼 수 있는 기회를 가졌다. 노조와 사민당 간의 복지국가에 관한 논의는 그 후 줄곧 진행되었다.

그 결과 덴마크의 경제정책은 전형적인 복지-성장의 케인즈주의에 입각했다. 1960년대와 1970년대 중반까지 덴마크의 공공지출 규모는 크게 확대되었으며 주로 소득보장과 복지서비스 제도의 확립에 충당되었다. 1970년대 초반 이후 세계적인 스태그플레이션 현상으로 국제경제의 위기가 발생했지만 덴마크는 스웨덴 및 노르웨이와 같이 전통적인 수요관리정책을 유지했다. 그러나 1970년대에 실업은 높아지고 경상수지 불균형은 심화되었으며 공공부채는 급격히 증가했다. 따라서 자본가, 비사회주의 정당 및 신자유주의 세력은 사민당에 대한 대대적인 정치적 공세를 가했다. 그럼에도 사회복지제도의 핵심적 요소들은 유지되었다. 이것은 사민당의 정치력 상실에도 불구하고 당시 사민당은 여전히 제1당의 위치를 견지하고 있었으며 사민당 정권의 연정 파트너인 소수정당들이 복지정책의 축소를 반대했기 때문이다. 사민당 정부는 1970년대까지 중앙 차원에서 임금을 관리·조정하려 했으며 이는 소득정책, 공공부문 확대 등을 포함하는 케인즈주의적 프로그램이었다(Christiansen, 1994: 93).

3. 사회적 파트너십의 탄력화

1) 임금협상 정치의 분권화와 중앙화

사민당 정권하에서의 전후 복지국가 전통은 1970년대 초에 발단된 오일쇼크로 인해 서유럽 경제 전체를 강타한 스태그플레이션 현상이 확산되어 높은 실업, 인플레이션, 재정적자, 공공부채, 국제수지 등의 악화로 점점 위기에 봉착했다. 이러한 악화된 경제적 상황에서 사민당은 1973년 총선을 계기로 정치적 위기에 직면했다. 당시 덴마크 정당지형은 사민당(SD), 자유당(V), 보수당(KF), 사회주의인민당(SF) 등이 포진했고 이런 주요 정당 외에도 선거에서 4석 이상의 의석을 갖는 정당이 무려 10여 개의 이르는 다당제를 가졌으나 이 중 스웨덴이나 노르웨이처럼 사민당이 가장 우월한 위치를 차지했다. 그러나 이런 덴마크 사민당이 1973년 및 1980년대의 선거정치에서 정치력을 크게 상실하게 된 것이다. 전후의회 의석수 비율에 있어 줄곧 40% 안팎을 획득해 왔던 덴마크 사민당은 특히 1973년 총선에서 불과 26%에 그쳐 최악의 정치적 위기를 맞았다. 덴마크 사민당의 위기는 그간의 산업화에 따른 계급구조의 변화에 기인했지만 보다 근본적으로는 국제경제의 위기에서 비롯된 실업 및 인플레이션에 시달린 민심의 결과였다. 대조적으로 세금감소, 공공부문 및 사회복지 축소 등을 주창했던 우파정당들이 크게 약진했다. 급기야 사민당은 1982년 9월의 총선 결과 비사회주의 네 개의 정당으로 구성된 자유당-보수당 연정에게 정권을 상실했다.

1982~93년 자유당-보수당 연립정부가 집권한 11년 동안 신자유주의 정책이 시행되었다. 임금동결, 실업급여 삭감, 디플레 정책, 긴축재정, 탈규제, 민영화, 공공부문 축소, 자본시장 자유화 등 1980년대의 전형적인 신자유주의적 경제사회 정책이 실시되었다. 자유당-보수당 연립정부의 이러한 신자유주의 정책에 저항하여 공공부문 노조의 주도로 총파업이 일어나기도 했다. 그러나 자유당-보수당 연립정부의 단호한 대응으로 총파업이 실패로 끝나면서 실업은 더욱 증가하고 노조 간의 갈등으로 노동운동은 약화되기 시작했다. 자본을 비롯한 신자유주의 세력의 상대적인 우위로 신자유주의 정책은 더욱 더 탄력을 받았다.

자유당-보수당 연정하에서 신자유주의적 개혁이 추진되는 과정에서 덴마크에서는 스웨덴에서와 마찬가지로 산업별 협약이 증대되었고 이에 따라 1970년대까지 지배적이었던 중앙 차원의 단체협상이 줄어들었다. 특히 1980년대의 정치적·정치경제적 변화는 덴마크의 노사 파트너십에도 영향을 미쳐 임금협상의 분권화를 촉진했다(Elvander, 2002: 123).[2] 1980년대에 접어들어 경쟁력 있는 산업의 노조와 기업은 개별적인 임금계약을 원했던 반해, 미숙련 근로자들은 중앙 차원의 임금협상을 희망했다. 이런 분위기 속에서 1981년에 금속산업부문의 주도로 분권적인 임금협상이 시도되었다. 이를 계기로 LO와 DA 중심의 중앙 임금협상의 전통은 무너지고 기업 및 사업장 수준의 임금협상이 시작되었다. 말하자면 노사파트너십의 탈중앙화가 진행된 것이다. 이에 더하여 1980년대 보수연정하에서 정부의 소득정책이 후퇴했는데 이것 또한 덴마크의 중앙임금협상 시스템의 와해를 촉진했다. 이는 1980년대에 LO와 DA에 의한 중앙협상 방식이 남아 있었지만 노사는 산업별 및 기업별 협상이 확산되기 시작했음을 의미한다.

무엇보다도 1980년대에 조직과 단체협상에서 이루어진 변화는 대규모의 새로운 부문별 조직과 카르텔, 특히 사용자 측의 덴마크제조업과 노동자 측의 제조업 노동자중앙기구의 위상을 격상시켰다(Mailand, 2002: 84). 이런 구조적 조건의 변화는 협상의 분권화를 촉진하는 부문별 협약을 확산시켰다. 이러한 양상의 전개로 전통적인 정상조직인 DA와 LO의 힘과 영향력은 부문별 조직과 카르텔의 지위 격상에 상응하여 하락했고 중요한 협상파트너로서의 역할을 수행할 수 있는 그들의 능력이 이전보다 저하되었다. 따라서 이러한 변화로 덴마크의 사회적

---

2) 사실 1980년대 초부터 북유럽의 사회협약정치는 심각한 도전을 받았다. 1980년대 신자유주의의 등장과 함께 보수세력의 공세, 사회계급 갈등 등이 발생하여 노사정 정책협의 시스템이 위기를 맞게 된 것이다. 더욱이 1980년대 이후 자본의 글로벌화는 탈산업화, 계급구조의 변화, 생산의 유연화 등과 함께 북유럽에 정착되었던 중앙 차원의 사회적 파트너십을 변화시키는 강력한 힘으로 작용했다. 글로벌화는 케인즈주의적 거시경제관리의 능력을 크게 제약했으며 그 결과 노조의 임금자제 동기를 약화시켰을 뿐만 아니라 자본과 노동 간 이해관계의 공통성을 축소시켰다. 1980년대의 신자유주의 추세는 특히 임금협상의 분권화 현상을 야기했다. 이러한 임금협상의 분권화는 북유럽에서 가장 먼저 덴마크에서 1981년 시행되었다.

파트너십 시스템의 원활한 작동에 문제가 발생하는 듯했다. 왜냐하면 전통적으로 덴마크의 사회적 파트너십은 상호 타협을 끌어낼 수 있는 통일된 단일의 사용자단체와 노조가 존재하여 그 원활한 작동이 가능했기 때문이다.[3]

그러나 스웨덴에서는 1983년 사용자 측의 중앙협상 탈퇴로 임금협상의 분권화가 상당히 급격하게 진행된 데 반해, 덴마크의 경우 분권화가 서서히 이루어졌다. 그리고 1980년대에 나타났던 임금협상의 분권화가 스웨덴에서는 지속적으로 심화된 반면에, 덴마크에서는 1990년대 들어 제조업부문에서 다시 집중화된 시스템으로 변화되었다. 사용자 및 노동조직이 1980년대 중반 이후 조직의 합병과 카르텔로 인해 상당히 집중화된 LO[4]와 DA가 여전히 단체협상 과정에서 매우 중요한 정치적 역할을 수행함으로써 1990년대 들어 덴마크의 사회적 파트너십은 분권화와 집중화라는 상반된 경향이 동시에 나타났다. LO는 다른 노조연맹과의 협력과 공동의 이익을 위해 1997년 LO-AC 협약을 체결했다. 이 협약은 두 연맹 간에 조직 차원의 협의와 회원 확대 경쟁을 최소화하자는 합의를 담고 있었다. 또한 중앙 차원의 협약이 산업, 지역 및 부문 차원의 협약에 반영되도록 했다. 다시 말하면 산업, 지역 및 부문 차원의 협약이 최저임금, 노동시간, 휴일 등을 포함한 중앙 차원의 협약 범위 내에서 체결되도록 했다. 노동조건과 관련한 협상이 중앙 차원의 협약의 기본 틀 내에서 지역 및 부문 차원의 협상과 결정으로 이전되는 분권화 경향이 나타난 것이다(김인춘, 2001: 163).

이런 점에서 덴마크 임금협상제도의 탈중앙화는 스웨덴과는 달리 1990년대 중반 이후 LO와 DA의 정치적 역할이 커져감에 따라 산하 대부분의 협상 내용이

---

3) 그러나 부문별 조직이 정상 조직들의 역할을 물려받지는 않았다. 부문별 수준의 조직구조가 너무 분파적이었기 때문이다. 문제는 조직구조가 풀기 어려운 대표성 문제를 제기했다. 이 문제를 해결하기 위해 적어도 정상조직과 부문별 조직 간의 권한배분 문제가 명확해져야 하고 부문별 조직이 필요한 응집력과 자신들의 영역을 확보해야 했다. 기술 및 경제발전의 결과로 부문 간에 이루어지는 통합은 이런 상황을 더욱 복잡하게 만들었다(Due, Madsen and Jensen, 1998: 26~27).

4) 덴마크의 노조조직률은 80% 수준에 이르렀으며 특히 LO는 지속적으로 노조합병을 시도했다. 그것은 1985년 정부가 5,000명 이상의 노조만이 실업보험을 운영할 수 있도록 했기 때문에 군소 노조들의 합병이 이루어진 데서 연유한다.

중앙연맹 차원에서 조정되고 있으며 이러한 조정에 따라 초산업적 협상 카르텔의 협약과 산업별 협약이 동시에 이루어지고 있다. 요컨대 1990년대 이후 덴마크의 사회적 파트너십은 분권화와 집중화라는 상반된 경향이 동시에 발생하고 있다.

2) 사회협약의 유연성과 안정성

1990년대 후반 이후 덴마크의 사회적 파트너십은 분권화와 집중화와 함께 유연성과 안정성이 교차하는 탄력성을 보이고 있다(Elvander, 2002: 125). 말하자면 덴마크의 사회협약은 노동시장 및 노사 관계의 유연성과 안정성을 동시에 담아냈다. 노동시장 및 노사 관계의 유연성은 산업 및 기업 차원에서 단체협상(파트너십)이 이루어지며 노동보다 기업에 유리하게 발전되는 경향을 보인다. 그것은 우선 1998년 단체협상의 주요 의제였던 법정 휴가에서 반영되었다. 노동은 법정 휴가를 5주에서 6주로 확대를 요구한 데 반해, 사용자단체와 정부는 노동 측의 노동시간 단축 요구를 국가경제의 경쟁력을 낮추는 요인이라고 맞섰다. 이 갈등은 1999년 협약에서 농업부문과 공공부문에만 휴가를 늘리는 것으로 해결되었다. 또 노동시장 유연성의 다른 사례는 노동시간의 유연한 사용이다. 즉 1999년 LO와 DA 간의 노사협상에서 이루어진 주당 평균 37시간 내에서 노동시간을 탄력적으로 사용한다는 이른바 변형근로제이다. 다음으로 안정성을 보인 사례는 단체협약 기간의 확대이다. 2000년 LO와 DA 협상라운드에서 대부분의 민간부문의 협약 효력기간을 4년으로 확대했다. 이것은 덴마크 사회적 파트너십의 안정에 크게 기여했다. 그리고 덴마크의 노사 간 협력 및 신뢰 관계를 안정적으로 유지하게 된 것은 정부의 복지제도에 의해 가능한 것이다. 다른 북유럽 복지국가와 같이 덴마크 정부의 복지제도도 강한 재분배적 기능의 성격을 갖고 있다. 특히 덴마크의 복지제도는 과거 소득에 덜 의존적인 정액급여의 사회보장 서비스를 제공하고 있으며 사용자의 사회보장비 기여가 적고 대부분 일반세금으로 충당되고 있다. 이 같은 복지시스템이 덴마크 노사 간의 협력의지와 타협정치를 강화시킴으로써 사회적 파트너십 시스템의 정상적 작동을 촉진시킨 요인으로 작용한 것이다. 이와 같이 덴마크 단체협상은 유연성과 안정성을 동시에 추구했

다. 즉 노동시장이 경제의 효율성과 근로자의 고용 및 소득 안정에 기여하도록
했다.

4. 정책협의 시스템 작동의 부침

1) 정책 어젠다

1980년대 이후 추진된 덴마크 정부의 신자유주의 정책이 초래한 사회적 비용
은 적지 않았다. 실업이 12%를 육박했고 빈곤층이 확산되었으며 이로 인한 사회
적 갈등도 증폭되었다. 이런 사회적 위기 속에서 1990년 총선에서 사민당은 37%
의 지지율을 획득했고 마침내 1994년 사민당 당수인 라스무센(Poul Nyrup
Rasmussen)이 이끄는 연립정부가 출범했다. 그러나 사민당의 집권은 사회적 파트
너들의 정치적 영향력을 저하시키는 역설적인 상황을 초래했다. 의사결정 과정
에의 사회적 파트너들의 참여 정도가 예전 수준에 이르지 못했던 것이다. 심지어
사민당 정부는 노동시장 파트너들을 참여시키지 않은 채 광범위한 노동시장정책
의 개혁을 단행했다. 사실 사민당에 의해 주도되었던 정부와 의회는 전통적으로
노동시장에 직접·간접으로 영향을 미친 입법화를 둘러싼 의사결정 과정에 언제
나 사회적 파트너들에게 참여할 수 있는 권한을 부여함으로써 이른바 '덴마크
노사정 모델(Danish model of labour-capital-state)'을 정착시키는 역할을 주도해 왔다.
이러했던 사민당 정부가 1990년대 중반 무렵에 들어서는 사회적 파트너들로부터
독자성을 갖고 정책자율성을 행사할 필요성을 느꼈다.

1998년 단체협상을 앞두고 1997년 12월 사민당 정부는 사회적 파트너들에게
일자리 창출을 위한 임금자제를 요청했다. DA는 기업의 경쟁력을 높이기 위해
연 4%의 임금인상률을 절반으로 줄여야 한다고 주장했다. 이에 반해 LO는 연
4% 인상이 불가피하다고 맞섰다. 이처럼 단체임금협상에서 노사 간 대립이 계속
되는 가운데 1998년 봄 파업이 발생했다. 이 산업분규는 덴마크 단체협상을 심각
한 위기로 몰고 가는 듯했다.

그렇지만 1998년 봄에 심각한 산업분규로 덴마크의 3자 정책협의는 새로운 전기를 맞았다. 이러한 3자 정책협의의 새로운 전기는 1998년 총선 이후 사민당의 라스무센이 좌파인 사회자유당과의 순수 중도좌파 연립정부를 구성하는 것을 계기로 더욱 탄력을 받게 되었다. 1998년 총선에서 사민당은 비록 3%의 의석점유율을 상실했으나 36%의 의석점유율을 획득하여 여전히 제1당의 위상을 잃지 않았다. 이에 힘입어 덴마크 사민당은 신자유주의적 세계화의 흐름에 적응하면서도 사민주의적 가치를 쉽게 포기하지 않았으며 이것은 덴마크 정책협의의 재시동으로 나타났다(Elvander, 2002: 11). 즉 사민당 정부는 1998년 8월 공식적인 3자 정책협의체를 구성했다. 이 정책협의체의 목적은 글로벌 시장에 따른 장기적인 구조개혁, 국가경쟁력 제고, 일자리 창출 등의 필요성에 대해 노사정 공통의 이해를 증진시키고 덴마크 복지제도의 현안들을 해결하기 위한 포럼의 역할을 하는 데 있었다. 특히 사민당 정부는 글로벌 시장화에 대응하기 위해 덴마크 경제의 경쟁력 증진에 대한 노사정 공동의 이해와 노력을 강조했다. 이를 위해 사민당의 라스무센 총리는 2000년 노사정 3자 정책협의를 개최함으로써 그 문제의 해법을 모색하고자 했으며 노동시장 정책, 직업훈련, 기업의 사회적 책임 등을 합의했다(김인춘, 2001: 171).

덴마크에서 정책협의는 여러 정책 영역에서 이루어지고 있다. 이에는 경제정책(재정정책, 통화정책, 소득정책), 노동시장정책(고용서비스, 일자리 창출, 훈련, 사회보험), 노동환경입법, 사회정책 등이 있다(Mailand, 2002: 85~89). 첫째, 1987년 노사의 정상 조직들과 정부는 소위 '의도선언(declaration of intent)'을 서명했는데 이 선언은 덴마크의 임금인상은 덴마크 경제의 주요 경쟁자들로 여겨진 국가들과 비교하여 다소 낮은 수준으로 묶어두어야 한다고 규정했다. 1987~96년 사이에 비록 소득정책과 관련하여 공식적 정책협의는 없었지만 이 시기에 임금인상 자제는 노동시장 주체들의 공유된 목표였다. 1997년에는 경제정책에 관한 노사정 3자회담이 10년 만에 처음으로 개최되었다. 그러나 정부와 노사 주체들은 이 회담에서 어떤 합의에도 이르지 못했다. 게다가 1998년에 LO는 정부의 개입에 대한 불만을 갖고 1987년의 '의도선언'으로부터 탈퇴한 동시에, '의도선언' 이후 많은 정책 영역에서 새로운 해결 과제들이 발생했다고 주장하면서 그 노사

정 공동성명을 보다 폭 넓은 '사회계약'으로 대체할 것을 제안했다. 그리고 협의
를 위한 새로운 포럼을 설립하여 경제정책은 물론이고 사회정책, 노동시장정책
및 산업정책 등을 포함하는 사회계약을 요구했다. 비록 사회계약에 대한 노사정
회담이 실현되지는 않았지만 1998년 가을 새로운 노동시장 개혁에 관한 회담이
개최되었다.

둘째, 노동시장정책은 노동시장 당사자들이 참여하여 토의와 협상이 이루어지
는 정책 영역이다. 이러한 토의와 협상은 정책에 관한 정부의 약속을 이끌어낸다
는 점에서 정책협의이다. 이러한 협의는 사전입법위원회와 상설 3자위원회에서
전국적 수준으로 이루어진다. 또한 노동시장정책은 지역적 정책집행이사회에서
이루어진다. 상설 전국적·지역적 3자기구들이 1960년대 이래 점진적으로 설립
되었으나 실질적인 기능을 인정받게 된 것은 1990년대에 들어서이다. 정책협의
의 가장 주요한 사례는 1994년, 1996년에 발효된 노동시장 개혁이다. 그 개혁은
권한을 14개의 지역노동시장위원회(Regional Labour Market Council)로 분산했다.
이러한 분권화는 지역노동시장위원회에의 참여를 통해 노동시장 당사자들, 카운
티 및 시에 대한 정책 영향력이 증대되었다는 것을 의미한다. 사민당 정부는
국내외 경제상황의 변화에 적응하기 위해 노동시장 개혁을 또 다시 추진했다.
1994년과 1996년의 1, 2차 노동시장 개혁에 이어 1998년에 정부, LO, DA는
3차 노동시장개혁에 합의했다. 그 주요 내용은 실업자를 위한 고용촉진 프로그램
시행, 장기실업자 및 소수 민족에 대한 정책적 노력 심화, 실업급여 수급기간
단축, 고용 창출을 위한 정부 및 기업의 노력 등을 포함했다. 이러한 3차 노동시장
개혁은 노동시장을 유연화·안정화하고 보다 많은 사람을 노동시장에 참여하게
함으로써 예상되는 노동력 부족의 대처에 노사정 모두가 적극적으로 참여하도록
하는 데 그 목적이 있었다(김인춘, 2001: 173).

그러나 야심찬 노동시장 개혁이 도입된 직후 정부와 노동부는 그 개혁안에
여러 수정을 추가함으로써 기능을 재집권화했다. 노동시장 당사자들의 영향력을
감소시키려는 이러한 경향은 그들이 2005년까지 20만 개의 새로운 일자리 창출
을 주요 목표로 하는 새로운 노동시장 개혁에 관한 논의를 시도했던 사전입법활
동위원회로부터 배제된 1999년까지 지속되었다. 그러나 비록 정부의 의도가 노

동시장 당사자들의 영향력을 최소한 수준으로 유지하는 것이었지만 그들은 1998
년 가을 개혁에 관한 노사정 3자 정책협의에 초대되었다. 정부의 예상과는 달리
노동시장 당사자들은 가장 중요한 이슈들에 관한 합의에 도달했는데 이는 「공동
결정보고서(Joint Conclusion Paper)」의 기반이 되었다. 이 보고서는 정부와 의회가
노동시장에 개입할 수 있는 여지를 제한했다. 이것은 '덴마크 모델'의 주요 특징
인 합의의 원칙을 구체화한 주요 사례로 평가될 수 있다.

덴마크의 새로운 노사정 3자 정책협의의 성공 사례는 또 있다. 임금협상이
분권화되고 있음에도 LO와 DA는 중앙 차원에서 여전히 중요한 정치적 행위자로
서의 정체성을 재정립했다. 정부와 사회적 파트너들 간의 협력은 또 다시 1999년
'고용을 위한 국가행동계획(National Action Plan for Employment)'으로 구체화되었
다. NAPE는 사회적 파트너들로 하여금 지역 및 중앙 차원에서 NAPE의 활동을
추진토록 했으며 지역민과 함께 참여하는 지역조정위원회에서 지역의 고용서비
스를 활성화하는 역할을 수행토록 했다. NAPE에 대한 사회적 파트너의 참여는
3자 정책협의 시스템을 강화하려는 정부의 의지를 반영하는 것이었다.

이 같은 LO, DA, 사민당 정부 간의 합의는 노동시장정책은 물론이고 임금
및 노동조건에 관한 협상에서 몇 년간 주도권을 잡지 못한 LO가 자신의 역할에
활력을 불어넣을 계기를 마련했다. LO는 실업급여 지급기간의 단축, 연령 50~54
세 사람들을 위한 실업급여에 관한 특별규정의 폐지 등과 같은 논쟁적인 제안들
을 수용하기도 했지만 1999~2000년의 정책협의에서 노동 측은 원하는 모든
것을 챙길 수 있었다(김인춘, 2002: 188). 즉 직업연금개혁은 LO가 요구한 임금의
9% 기여안이 타결되었고 4%의 임금인상을 가져왔으며 5일의 연차휴가, 4년의
협약 기간 등이 이루어졌다. 이로써 LO는 정치적 영향력을 과시하는 기회를
포착하게 된 것이다.

셋째, 여러 측면에서 사회정책은 적극적 노동시장 정책과 다르다. 노동시장
당사자인 LO와 DA는 법의 내용 혹은 그 집행에 있어서 노동시장정책에 영향력
을 미친 정도로, 사회정책에 대해서는 결코 영향력을 행사한 일이 없다. 사회정책
의 집행은 여전히 카운티와 시 당국이 관장하고 있기 때문이다. 그러나 이제
노동시장정책과 사회정책은 서로 접근하고 있으며 전자는 이제 과거보다 후자에

더 영향을 미치고 있다. 왜냐하면 조기 퇴직에 따라 인력을 배치·재배치하려는 시도가 점차로 사회정책의 중요한 요소가 되기 때문이다. 이는 노동시장정책에서 그러한 계획과 유사한 '근로복지(workfare)'의 한 유형으로 보일 수 있으며 따라서 노동시장 당사자들의 참여를 필요로 한다(Mailand, 2002: 88).

이러한 참여는 여러 형태를 갖는다. 그중 하나는 사회정책과 노사 관계 시스템 사이의 경계에 관한 것인데 이는 1995년부터 단체협약에서 소위 사회헌장(social chapters)의 도입에 관련된 것이다. 사회헌장은 사회적 파트너들로 하여금 특별 장애인 고용을 위한 일자리를 보존하고 창출하는 데 관심을 갖도록 하게 하는 정부의 시도였다. 그것은 사회적 배제를 피하고 조기 퇴직자들의 수를 제한하기 위한 것이었다. 1998년 무렵 대부분의 사회협약은 사회헌장을 포함했다. 사회헌장의 도입 후 노사정 3자협의체에 의한 평가와 권고가 이루어졌다. 또 하나의 노동시장 당사자들의 참여는 장애인의 재고용을 촉진하기 위해 시 수준에서 설립된 지방 3자위원회를 통해서 이루어졌다. 이 위원회는 1998년에 의무적으로 설립되었으며 그 후에 두 개의 국가적 3자위원회가 추가로 설립되었다.

그러나 이러한 사례와는 달리 1998년에 20년이 된 사회정책법(Social Policy Law)을 개혁하는 과정에 노동시장 당사자들의 참여는 늘어나지 않았다. 1990년대에 다른 사회정책 입법도 3자위원회가 수립되지 않은 가운데 의회에서 통과되었다. 사회정책 결정과정에서 노동시장 당사자들의 공식적 참여는 공청회의 형식을 통해 이루어질 뿐이었다. 사회정책 결정 과정에서 노동시장 당사자들의 참여는 1990년대 동안 늘어났으나 그것은 자문의 형태를 띤 것이며 정책협의는 아니었다.

마지막으로 노동시장 당사자들은 근무환경의 규제와 관련된 문제들에 영향을 미칠 수 있는 여러 채널을 가지고 있다. 그 하나는 새로운 작업규칙을 형성하는 데 참여하고 작업환경에 관한 문제를 제기할 수 있는 근무환경위원회(Working Environment Council)에 참여하는 것이다. 두 번째 채널은 12개의 2자위원회인 근무환경부문위원회를 통해서이다. 이 위원회들은 자문서비스를 제공하며 특정 부처/부문을 위한 자문서비스 센터를 설립할 수 있다. 더욱이 5명 이상의 종업원을 갖는 기업은 안전 대표를 선출해야 하고 종업원이 20명 이상 되는 기업은 안전위원회를 설립해야 한다.

1990년대 초반에 근무환경 규제에 관한 노동시장 당사자들의 영향력은 증가했다. 노동시장 당사자들은 예방활동을 수행하는 데 전력하도록 지도를 받았다. 상설 3자위원회와 사전입법 활동에의 참여를 통해 노동시장 당사자들은 전반적인 근무환경정책에 상당한 영향력을 행사해 왔다. 협의는 1994년부터 '근무환경개선 2005(Improved Work Environment 2005)'에 관한 활동계획이다. 그러나 1990년대의 말경에 이 영역에서의 협의도 노동시장정책에서처럼 서서히 감소 추세를 보였다. 특히 1997년 정부가 건강과 안전에 대한 작업환경법(Work Environment Act) 개정안을 발효시킬 때 LO와 DA는 그 법안의 개정 과정에서 영향력을 행사하지 못하고 정치적으로 소외되었다. 노사는 정부를 비판하고 특히 노동은 사민당 정부의 정책결정 과정에서 자신들이 소외된 데 대해 격렬히 반발했다. 이에 따라 새로운 작업환경법의 실행이 어려움에 직면하기도 했다.

이처럼 정부는 1990년대 중반에는 노동시장 당사자들이 갖는 영향력의 일부를 철회시키기도 했다. 이러한 양상의 전개는 노동시장정책과 근무환경정책에서 매우 가시적으로 나타났다. 사회정책 영역에서는 사전입법활동에서 노동시장 당사자들이 참여하는 정책협의가 존재하지 않았으며 1990년대 후반에 설립된 3자위원회는 협의를 위한 포럼이 아니라 자문을 위한 포럼이었다. 재정 및 통화정책에서는 1990년대에 어떤 정책협의도 발생하지 않았다. 사전입법위원회와 다른 임시 포럼에의 이익단체들의 참여가 낮아지는 경향은 모든 정책 영역에서 드러난다. 이것은 정부와 의회가 전통적으로 정책현안의 논의 과정에 LO와 DA의 참여를 인정해 온 덴마크 모델이 부침을 보이는 징후가 나타나고 있음을 의미한다.

2) 정책협의 변화의 정치경제적 요인과 재활성화

정책협의는 덴마크의 정책결정 과정에서 여전히 중요한 시스템이다. 말하자면 '갈등에 기반한 합의'의 개념과 규범에 의해 뒷받침된 정책협의가 정책결정에서 중요한 역할을 수행한다. 그러나 1990년대에 다른 채널을 통한 참여의 형태가 증가되면서 정부정책에 대한 사회적 파트너의 영향력이 1990년대 중반

들어 약화되는 조짐도 감지된다. 이런 양상이 모든 정책 영역에서 동일하게 나타난 것은 아니지만 정책협의의 변화에 관한 몇 가지 설명이 가능하다(Mailand, 2002: 94).

우선 포스트포드주의('다품종·고품질·소량' 생산방식)를 지향하는 변화가 노동시장 당사자들의 역할을 축소시키고 있다. 글로벌 시장에 적응하려는 포스트포드주의적 생산방식은 노동시장의 유연화·분절화를 유발함으로써 노동자들의 집단적 정체성(collective identity)을 약화시킨다. 이는 정책협의 과정에서 노동 측의 영향력을 후퇴시키는 요인으로 작용했다.

둘째, 조직의 발전과 관련이 있다. 부문별 조직과 카르텔이 1980~90년대에 대규모로 새로이 등장했으며 이러한 현상이 전통적인 정상조직인 DA와 LO의 힘과 영향력을 과거에 비해 상대적으로 감소시켰다. 이에 따라 정치 시스템은 DA와 LO가 이전보다 중요한 협상파트너로서 역할을 수행할 수 있는 능력을 상실하고 있는 것으로 보인다.

셋째, 정치적 사이클의 속도가 빨라졌다는 것이다. 하나의 문제가 정치적 문제로 인식되어 해결책의 형성과 집행되는 데 소요되는 시간이 줄어들었으며 따라서 사전입법 과정을 통한 정책협의는 너무 많은 시간이 소요되는 것으로 여겨졌다.

넷째, 정책협의의 경제적 맥락이 1990년대에 크게 변화했다. 실업률은 1993년에 전 인구의 12.3%로 그 절정에 이르렀으나 1998년에는 4월 7.2%로 떨어졌다. 실업률이 떨어진 하나의 이유는 민간부문에서 새로운 일자리가 창출되었으며 많은 사람이 일시적으로 적극적 노동시장 대책에 참여하여 노동력 규모가 축소되었기 때문이다. 1990년대 중반 무렵 전개된 경제호황에는 경기과열이나 기술 부족 혹은 임금상승을 수반되지 않았다. 이러한 경제국면이 역설적으로 정책협의를 일시적으로 주춤하게 한 요인으로 작용했다.

마지막으로 정치적 맥락 역시 1990년대에 변화했다. 몇몇 소규모 중도우파 정당의 도움으로 11년 동안 자유당-보수당 연립정부에 대한 반대하는 야당이었던 사민당은 1993년에 집권했다. 이러한 정치적 변화는 정책협의에 영향을 미쳤는데 그 이유는 신정부가 초기에 과거 정부보다 정책협의에 더욱 관심을 보였기 때문이다. 그러나 상황 전개는 단선적이지 않았고 정책협의의 주요 네 영역에서는 다른 경로를 따를 수밖에 없었다. 사민당 정부는 소수파 정부이었기 때문에 야당과의 협력에 의존할 수밖에 없었다. 정치적 맥락에서 또 다른 변화는 이익조 직과 정당의 관계, 보다 정확히는 사민당과 LO의 관계 변화이다. 그들의 공식적 연계는 1990년대 중반에 단절되었고 비공식적 연계 또한 약화되었으며 이는 LO를 크게 실망시켰다. 이에 따라 얼마나 지속될지 판단하기는 쉽지 않으나 LO는 최근 주요 보수야당인 자유당(Liberal Party)과 긴밀한 접촉을 시도했다.

그러나 덴마크 정책협의의 정도에서 나타나는 변화의 일부는 장기적인 구조적 변화라기보다는 단기적인 것이고 행위자들의 일시적인 전략적 변화로 볼 수 있 다. 어떤 경우에도 덴마크에서 1990년대 중반에 나타난 변화 조짐이 정책결정에 노동시장 당사자들의 참여를 종식시키지는 않을 것이라는 사실을 인식할 필요가 있다. 실제로 노동시장 당사자들이 정부각료 및 의회와 접촉하는 빈도는 늘어나 고 있다. 이는 노동시장 당사자들의 참여가 감소하는 것이 아니라 참여의 양상이 사전입법 단계에서 이루어졌던 협의 및 자문의 형태로부터 정치적 사이클의 다 른 단계에서 보다 비공식적인 관계로 변화하고 있음을 시사한다. 더욱이 사회적 파트너들은 여전히 정부와 함께 새로운 3자 정책포럼에서 전반적인 사회경제적 인 틀을 만들어내고 있다(Madsen, 1999). 2003년 2월 금융부문, 특히 보험과 은행 부문에서 노사 간 사회협약들이 체결되었으며 지방 차원의 사회협약이 강화되는 현상도 나타났다(Gilman and Broughton, 2004: 653~654). 이처럼 덴마크의 노사정 3자 정책협의는 1998년 이후 활성화되고 있다. 이는 노동과 자본의 정상조직인 LO와 DA의 위상과 역할이 다시 커지는 것과 맥을 같이 한다. 3자 정책포럼은 노동시장 개혁, 고용창출 등 모든 노사 관련 현안을 논의하는 자리가 되고 있다. 협상시스템에서 사회적 파트너들의 영향력이 줄어드는 스웨덴과는 달리 덴마크 의 협상시스템, 조직구조, 갈등해결의 제도적 장치는 그 현상적인 변화에도 불구 하고 여전히 본질적으로 변화하지 않고 있는 것이다(Elvander, 2002: 133).

'덴마크 모델'의 세 중심축인 LO, DA, 정부는 1990년대 이후 협상시스템의 분권화 · 집중화와 더불어 유연화와 안정성이 교차하는 새로운 패턴을 한층 강화 시키고 있다(Elvander, 2002: 125). 덴마크는 고용창출과 직업훈련의 활성화를 위한 이중 시스템을 가지고 있으며 실업자들을 위한 사회적 복지제도가 운영되고 있다. 노동인력의 대다수(85%)가 실업보험기금에 가입되어 있으며 실업보험 가입자가 실업 상태에 들어가면 그들은 노동시장정책을 통해 재취업의 기회를 찾는다. 실업급여를 받을 수 있는 자격이 없는 실업자들은 시 당국의 책임하에 보호를 받으며 그들의 자녀의 수를 포함한 가족 수에 따라 최대 실업급여의 80%에 해당하는 수준의 사회보장을 받는다. 덴마크도 1980년대 이후 노동시장 유연화에 따른 비정규직 배출로 인한 고용불안이라는 사회적 문제가 제기되고 있는데 이 문제 해결을 위해 덴마크의 노사정은 2003년 비정규직 근로자들이 정규직과의 동등한 계약조건하에서 근무하도록 하는 규정에 합의했다(Gilman and Broughton, 2004: 666).

요컨대 덴마크 노사정 3자 정책협의 시스템은 1990년대 이후 분권화와 집중화, 그리고 유연화와 안정성을 연출하며 성공적으로 작동하고 있다. 이에 힘입어 1990년대에 덴마크의 3자 정책협의 시스템은 경제적·사회적 성과를 이룩하는데 기여했다. 즉 1990년대 후반에 경제성장률이 꾸준히 상승했고 이에 힘입어 실업률이 1999년에는 6.2%로 낮아졌을 뿐만 아니라 2002년에는 1990년대 이후 가장 계급 갈등이 없는 산업평화를 향유하고 있다.

5. 맺음말

덴마크에서 과거에 뿌리내린 절충과 타협의 문화는 오늘날 노동시장 당사자들이 활동하는 영역을 규율하는 제도적 틀의 원천이 되고 있다. 덴마크에서는 '갈등에 기반한 합의'로 특징지어지는 정책협의와 사회적 파트너십이 상설기구로 제도화되는 전통은 없다. 대신에 임시위원회가 필요에 따라 구성되어 왔고 이를 통해 정책협의와 사회적 파트너십의 정신은 주요 정당들과 노동시장 당사자들 간에 접촉을 통해 꾸준히 가꾸어지고 있다. 정부와 의회는 노동시장의 주요 당사자들을 항상 정책형성과 집행 과정에 참여시키는 것을 필수적인 요소로 간주해 왔으며 이러한 참여는 수많은 위원회를 통해서 이루어졌다. 1990년대 중반 무렵 정책 영역에서는 노동시장 당사자들이 가졌던 영향력의 일부가 축소되는 경향이 나타난 것처럼 보이기도 했다. 그러나 이것은 구조적 변화라기보다는 단기적인 것이고 행위자들의 일시적인 전략적 변화에 기인한 것이다.

덴마크의 임금협상 시스템은 외형적으로 스웨덴과 유사해 보인다. 두 나라 모두 1950년대에 중앙 차원의 노사 간 임금협상이 시작되어 1980년대 초까지 지속되었다. 그러나 두 나라 사이에는 차이가 발견된다. 스웨덴에서는 1980년대 이후 단체협상의 분권화가 심화된 반면에, 덴마크에서는 1980년대에 분권화 경향이 나타났지만 1990년대 들어 제조업 부문에서 다시 집중화된 단체협상 시스템이 등장했다. 이에 따라 덴마크에서는 1990년대에 임금, 노동시간, 휴일 등 노동조건과 관련한 협상이 전국적인 중앙 차원 협약의 기본 틀 내에서 산업·지역·부문 차원의 협상과 결정으로 이전되는 분권화 경향으로 나타났다. 덴마크의 이러한 분권화 과정은 '집권화된 분권화(centralized decentralization)' 혹은 '조정된 탈중앙화(coordinated decentralization)' 현상이라 할 수 있다. 즉 전통적 노사협상 모델을 전체적으로 약화시키지 않으면서 단지 협상과 협상기술의 전환을 가져왔다는 것이다. 이렇게 해서 중앙 차원 협상 및 협약과 산업·부문·지역 차원에서의 합의 간의 균형을 유지시켰다.

뿐만 아니라 덴마크에서는 임금형성에 대한 정부의 중재 또는 의회의 직접적인 개입이 적어도 1980년대 초까지 지속되었다. 그리고 덴마크의 사회적 파트너십 시스템은 분권화하면서도 중앙화하고 유연화되면서도 안정성을 보여왔다. 이러한 이중 전략이 덴마크 사회협약정치의 성공적 작동을 가능케 했다. 특히 1998년 이후 덴마크의 노사정 3자 정책협의는 새롭게 발전했다. 덴마크의 사회협약은 임금자제와 노동시장 유연성을 통한 생산성 및 국제경쟁력 제고를 꾀했던 동시에, 사회적 약자에 대한 보호 및 적극적 노동시장정책, 공정한 분배 등을 그 내용으로 담았다. 이것은 덴마크 사회협약정치가 유연성과 사회적 임금(안정성)을 서로 주고받는 '정치교환'이 이루어지는 혁신성을 띠었음을 의미한다. 그 결과 덴마크 정책협의와 사회적 파트너십 시스템은 신자유주의적 구조조정이 초래하는 실업, 고용불안, 소득격차 등의 사회적 충격을 완화하면서 사회의 이익 갈등과 긴장을 줄이고 갈등의 교착상태를 해결함으로써 경제 및 정치발전에 기여했다. 이런 점에서 볼 때 덴마크의 사회협약정치는 글로벌 시장화에 의해 결코 쇠퇴하거나 실패하지 않았으며 이는 네덜란드와 아일랜드의 '경쟁적 사회협약정치'와 유사한 혁신성을 보인 사례로 평가할 수 있다. 덴마크 사례에 의하면 글로벌 시장 시대에 국가의 정책자율성이 약화되고 자본은 노조와 정부에 대해 협상력을 높일 수 있기 때문에 사회협약정치는 작동하기 어렵다는 가설을 무력화시키고 있다. 덴마크 사회협약정치는 구조적·경제적 요인에 의해 제약을 받았지만 노조, 사용자집단, 그리고 정부의 전략적 선택에 의해 여전히 작동되고 있는 것이다.

제 7 부 | 서유럽 사회협약정치의 경험과 한국적 함의

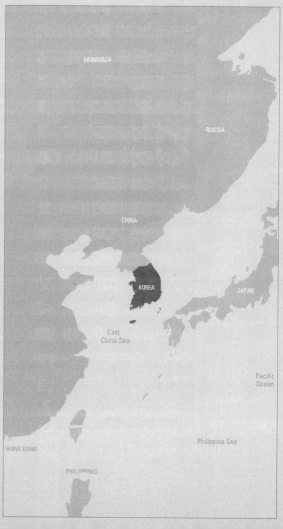

제 16장
서유럽 사회협약정치의 평가

1. 성격과 유형의 계기적(繼起的) 변환

사회협약정치는 이해관계자들(stakeholders)의 정책협의와 사회적 파트너십에 기초한 사회협약을 통해 공공정책의 결정 및 집행이 이루어지는 사회경제적 거버넌스 시스템이다. 이러한 사회협약정치는 다원주의적 정책결정 방법의 대안이 되고 있다. 다원주의적 정책결정 시스템은 사회의 이해관계자들이 로비와 시위, 선거 그리고 자문위원회에의 참여와 같은 메커니즘을 통해 정책결정 과정에 영향을 미치지만 궁극적으로는 의회와 정부가 각각 입법과 법적인 집행권을 통해 공공정책을 결정·집행한다. 그러나 사회협약정치에서는 이익 및 시민 결사체, 정당, 의회, 국가관료 사이의 수평적·개방적 정책네트워크의 제도화를 통해 이해관계자들의 유기체적 협력을 가능케 하는 정치교환이 이루어진다. 서유럽 국가들은 계급·계층 갈등의 해결을 위해 정책협의와 사회적 파트너십에 기초한 사회협약정치를 작동시켜 오고 있다.

그러나 서유럽 국가들의 사회협약정치는 시간적·공간적 차원에서 그 성격과 유형을 달리하면서 역동적 변화를 보여왔다. 제2차 세계대전 이전 독일, 오스트리아, 이탈리아 및 스페인 등에서 등장한 파시스트 정권은 자본과 노동의 이익을 국가에 종속시키려는 권위주의 파트너십을 시도했다. 권위주의 파트너십하에서 노동자들의 이익을 독자적으로 대표하는 것은 허용되지 않았지만 산업가들은 경제정책 결정에 영향력을 행사할 수 있었다. 그러나 권위주의 파트너십의 붕괴를 뛰어넘는 강한 제도적 계속성이 존재했던 독일, 오스트리아에서는 제2차 세계 대전 종식과 함께 권위주의 파트너십의 실천, 가치 및 메커니즘이 민주주의에 근거한 노사정 파트너십으로 발전할 수 있었다.

냉전의 상황 속에서 대부분의 서유럽 국가들, 즉 영국, 게르만유럽과 스칸디나 비아유럽에서 사민주의 정당 그리고 기독교민주당 등과 같은 보수당은 자본주의 경제의 틀 내에서 정책협의 및 사회적 파트너십 시스템을 작동시켜 정당한 부의 분배와 사회적 형평성을 달성하려는 케인즈주의적 복지국가에 기초한 '수요중심 사회협약정치'를 제도화했다. 이러한 '수요중심 사회협약정치'는 다양한 양태를 보였는데 정책협의의 제도화 수준, 즉 정책내용·빈도·지속성을 기준으로 그 등급을 부여한다면 오스트리아, 스웨덴, 네덜란드는 '수요중심 강성 사회협약정 치', 독일, 벨기에, 덴마크, 스위스는 '수요중심 중성 사회협약정치', 영국과 프랑 스는 '수요중심 약성 사회협약정치'가 작동되었다. 이들 국가에서 제도화된 '수 요중심 사회협약정치'는 사민주의 정당이 아닌 보수당이 집권하는 상황에서도 작동되는 양상을 보였다.

1980년대에 접어들어 글로벌 시장화가 진행됨에 따라 서유럽 국가들의 사회 협약정치는 공격을 받았다. 말하자면 글로벌 시장의 충격 속에서 신자유주의의 파고는 노동에 대해 적대적이고 케인즈주의에 근거한 '수요중심 사회협약정치' 를 위협했다. 스웨덴의 '수요중심 강성 사회협약정치'는 사용자집단의 비협조, 노조의 분열, 사민당의 이념적 정체성의 퇴색 등에 따른 노사 간 역관계 변화라는 구조적 요인의 영향을 받아 큰 위기에 직면하여 이익집단 다원주의 정치의 조짐 마저 나타나고 있다. 그러나 스칸디나비아유럽 국가들, 게르만유럽 소국들의 뿌 리 깊은 사회협약정치의 제도화 역사는 그들 국가들이 앵글로-색슨식 신자유주 의·다원주의 정치의 추구를 어렵게 했다. 심지어 사회협약정치의 위기를 맞고 있는 스웨덴에서조차도 노동시장정책과 연금정책 등의 영역에서는 정책협의와 사회적 파트너십 시스템이 여전히 작동되고 있다. 특히 게르만유럽 소국들, 스칸 디나비아유럽 국가들, 프랑스를 제외한 라틴유럽 국가들은 글로벌 시장에 대응 하기 위해 사회협약정치를 유연화시키고 있는 것이다. 이러한 경향의 효시는 1982년에 체결된 네덜란드의 '바세나르 협약(Wassenaar Accord)'이었다. 나라에 따라 다소 편차는 관찰되지만 이를 분수령으로 그들 국가 모두에서 체결된 사회협약은 거의 공통적으로 중앙 차원의 '거시적 사회협약(macro-social pact)'에서 부문별 및 지역별 수준의 '중위적 사회협약(meso-social pact)', 또는 사업장별 및 기업별 수준의 '미시적 사회협약(micro-social pact)'으로 변화하고 있다. 이러한 추세는 1970년대까지의 케인즈주의 경제학에 기초한 '수요중심 사회협약정치'에서 1980년대 이후 자본의 논리가 상대적으로 크게 작용하는 '공급중심 사회협약정치'로의 전환을 의미하다. 이런 경향은 신자유주의적 글로벌 시장에 대응하고자 하는 전략에서 비롯된다.

그러나 글로벌 시장에 대한 서유럽 대국들의 대응전략은 서유럽 소국들과는 달랐다. 특히 영국, 독일 및 프랑스의 세 중도좌파 정부들은 1990년대 후반 이래 케인즈주의적 사회민주주의와 신자유주의를 극복한다는 시대적 배경에서 '제3의 길(Third Way)'을 추구했다. 그러나 그 '제3의 길'은 탈규제, 민영화, 조세인하, 재정적자 해소 등을 추진함으로써 신자유주의 정치의 변형이라는 공통점을 드러냈으며 '근로연계 복지(workfare)'를 강조하고 국가경쟁력을 확보한다는 원칙으로 전환되었다. 영국 노동당 및 프랑스 사회당 정부는 사실상 사회협약정치를 철회하고 다원주의 정치로 선회했다. 독일 적·녹연정은 사회협약정치를 시도했으나 그것은 경제위기 상황에서 정부정책에 대한 노조의 지지를 끌어내는 정책적 동원기제로서 구상되었으며 따라서 독일은 '공급중심 약성 사회협약정치'의 수준에 머물러 있다고 평가할 수 있다. 특히 1998년 이후 시도된 적·녹연정의 사회협약정치는 전국 단위의 정책적 의사결정 수준이나 제도화된 기제가 아니라 비정치적 사안에 대해 산별 이하 차원에서 교환이 이루어지고 있을 뿐이다.

이에 반해 '공급중심 강성 사회협약정치'는 1980년대 이후 정책협의와 사회적 파트너십의 패턴, 정책내용 및 빈도에 있어 차별성을 보이고 있지만 서유럽 대부분의 국가들의 확실한 규범으로 제도화됐다. 그러나 서유럽 국가들의 '공급중심 사회협약정치'는 형평성보다는 효율성, 분배보다는 성장, 사회적 연대보다는 경쟁력을 우선시하는 한계와 약점을 드러냈다. 따라서 1990년대 이후 네덜란드, 아일랜드, 덴마크, 스페인에서는 글로벌 시대에 대응하기 위해 '수요중심 사회협약정치'와 '공급중심 사회협약정치'에 대한 대안적인 성격을 띤 '경쟁적 사회협약정치(competitive social pact politics)'가 등장했다. 그들 나라의 경쟁적 사회협약의
내용은 분배연합(distributional coalitions)의 정책패키지와 생산성연합(productivity
coalitions)의 정책패키지 등을 정치적으로 조화시키는 유연안정성(flexicurity)을 추
구한다. '경쟁적 사회협약정치'는 집권화와 분권화의 형태로 나타나는데 전국적
· 부문적 · 지역적 · 기업 수준에서 연계된다. 이를 통해 네덜란드, 아일랜드, 덴
마크, 스페인의 '경쟁적 사회협약정치'는 구체적으로 화이트칼라와 블루칼라,
서비스부문과 제조업부문, 정규직과 비정규직, 노동시장의 인사이더와 아웃사이
더 간의 긴장과 갈등을 조정하고 사회통합을 지향한다. 이런 점에서 네덜란드와
아일랜드, 덴마크, 스페인의 '경쟁적 사회협약정치'는 글로벌 시대에 대응하는
사회통합적 구조개혁을 위한 해법을 제공하고 있다고 평가할 수 있다.

2. 정치경제적 함의

우리는 제3부에서부터 제6부까지 서유럽 국가들의 사회협약정치의 역동성을
분석했다. 이런 분석을 통해 우리는 서유럽 국가들의 사회협약정치의 작동과정
에 내재하는 정치경제적 함의를 다음과 같이 제시할 수 있겠다. 첫째, 외부의
압력과 위협, 그리고 대내적인 경제적 · 사회적 위기국면에 직면하여 노사정은
모든 기업과 노동자들에게 구속력을 갖는 입법화를 통해서 정책협의에 기초한
사회협약정치를 작동시킬 수 있다. 이런 명제는 제1차 세계대전, 1930년대 경제
공황, 제2차 세계대전, 1970년대에 스태그플레이션의 확산 등이 서유럽 국가들
모두에서 거의 공통적으로 정책협의와 사회적 파트너십이 발생한 계기가 되었다
는 데서 검증된다. 예컨대 제2차 세계대전의 발발은 사회협약정치의 전통이 취약
한 영국에서조차 정책협의 시스템이 작동되는 계기를 마련해 주었으며 1970년대
스태그플레이션 현상은 영국정부와 노조 사이에 사회계약(Social Contract)을 체결
토록 해주는 촉매제가 되었다. 영국과 마찬가지로 사회협약정치의 전통이 결여
된 프랑스와 이탈리아에서도 사회적 불안이 고조되어 정책협의 시스템을 작동시
켰다. 특히 프랑스 정부는 1968년 5월 학생 및 노동자 소요에 대응하여 정책협의

로서 '그레넬 협약(Grenelle Accord)'을 체결했다. 또한 이탈리아에서 1970년대 전
반기에 사회적·경제적 위기 국면에 대응하기 위해 노사정은 1970년대 후반에
이른바 'EUR 프로그램'이라는 사회협약을 체결했다. 1975년 프랑코의 사망 후
민주주의로 이행한 스페인에서도 정책협의에 기초한 사회협약이 이루어졌다.
이것은 위기 국면에서 국가의 공동목표를 달성하기 위한 정치경제 행위자들의
전략적 선택이었으며 이 경우 협약의 실행능력, 즉 노동의 조직력과 정치력은
그렇게 심각한 변수가 아니었다. 네덜란드도 1980년대 초까지 생산성을 앞지르
는 임금상승, 인플레이션, 투자감소, 실업증가, 복지비용 증가, 재정적자, 경쟁력
하락, 성장둔화로 이어지는 이른바 '네덜란드 병(Dutch Disease)'에 시달리는 상황
에서 사회협약정치를 부활시켰다. 아일랜드도 1980년대 전반기의 저성장, 고실
업, 재정적자의 경제위기를 타개하기 위해 1987년에 사회협약정치를 작동시켰
다. 이처럼 네덜란드와 아일랜드 노사정은 각자의 핵심적 이익을 유보하고 생산
성 및 경쟁력 강화와 사회적 형평성을 교환하는 상생의 대타협을 시도했고 그
타협의 배경에는 공멸할 수 있다는 위기의식의 공유가 있었다. 이 위기의식의
공유가 사회협약의 체결로 이어지는 것은 고도의 정치적 과정이었다.

　둘째, 시민사회에서 노동의 조직적 자원이 사회협약정치의 차이를 가져오는
요인이다. 이익결사체들이 포괄적이고 중앙집중적으로 조직되어 있다면 이런
조직체제는 조직원들이 결사체 간 협약으로부터 이탈하는 것을 어렵게 할 뿐만
아니라 '개별적 최적 전략(individually optimal strategy)' 대신 '집단적 최적 전략
(collectively optimal strategy)'을 선택하는 경향을 보인다.[1] 따라서 이 경우 분배
갈등의 부정적 영향은 외부화(externalization)되지 않는다. 게르만유럽 소국들과
스칸디나비아유럽 국가들에서 사회협약정치의 성공은 '개별적 최적 전략' 대신
'집단적 최적 전략'을 유도해 내는 포괄적이고 중앙집중적인 노동조직체계에
힘입은 바가 크다. <표 16-1>이 보여주는 바와 같이 상대적으로 노조조직률
및 통합성이 높을수록 사회협약정치가 작동하며(아일랜드, 독일과 스위스를 제외한
게르만유럽 소국들, 스칸디나비아유럽 국가들) 그것이 낮을수록 다원주의 정치가

---

1) '집단적 최적 전략'과 '개별적 최적 전략'에 관해서는 제3장 각주 13)을 참조할 것.

<표 16-1> 서유럽 국가들의 노조조직률 및 통합성

	국가	노조조직률(%)	노조의 통합성*
I	영국	30	0.4
	아일랜드	39	0.7
II	독일	22	0.5
	오스트리아	35	0.9
	스위스	20	0.5
	네덜란드	30	0.7
	벨기에	62	0.6
III	프랑스	9	0.2
	이탈리아	31	0.4
	스페인	13	0.7
IV	스웨덴	82	0.8
	덴마크	82	0.8

* 노조 통합성은 전국적 차원에서 독자적 연맹의 수와 분절정도를 의미한다. 1에 근접할수록 통합
성 정도가 높으며 0에 근접할수록 통합성은 낮다.
출처: Ebbinghaus, 2004: 580.

작동하는 경향을 보인다(영국, 프랑스). 스페인 경우 노조조직률은 낮지만 그 통합
성 정도는 높아 사회협약정치가 작동되고 있는 사례이다. 1990년대 이후 스웨덴
의 사회협약정치가 위기 국면을 맞이한 것은 노조의 분열과 무관하지 않다. 게르
만유럽 소국들의 경우 사용자단체도 포괄적이고 중앙집중적인 조직체계 조건을
갖추었으며 따라서 중앙조직은 소속 개별 기업의 의사를 제약할 수 있는 통제력
을 갖고 있다. 왜냐하면 노동만 조직력을 갖추었다고 해서 사용자 측과의 타협이
이루어진 것이 아니며 사용자 역시 소속 기업의 요구를 조율해서 협상에 임할
수 있는 조직을 갖추어야 하기 때문이다(Swenson, 2002).

라틴유럽 국가들 중 스페인의 노조는 낮은 조직률을 보이지만 비교적 높은
중앙집중적·자율적인 노조 대표체계에 입각한 중앙레벨에서의 협력패턴을 추
구했다. 이로써 스페인 노조들은 사회협약을 통해 정부정책결정 및 실행에서
참여할 수 있는 상당한 권한을 부여받았다. 이에 반해 프랑스의 노조운동은 전후
이념적으로 분열되었고 노조 가입률은 서유럽 국가 중에서 가장 낮은 수준이었
으며 자신의 산하 기반 조직에 대한 통제력이 약했다. 이런 상황에서 전국적

수준의 노사정 정책협의는 구조적으로 사실상 작동하기 힘들었다.

영국의 경우 노동운동의 조직적 취약성이 노동당 정부가 자본의 논리와 신자유주의 정치에 쉽게 타협할 수 있는 구조적 토양을 마련해 준 것이다. 과거 18년간의 보수당 집권하에서 노동의 권력자원이 크게 약화되었을 뿐만 아니라 중앙노조연합이 산하 노조에 대해 통제력을 갖고 있지 않다. 이것은 영국에서 사회협약정치를 사실상 어렵게 하는 요인으로 작용한다. 독일의 사회협약정치가 신자유주의적 성격으로 경도되는 것도 대량실업으로 인한 노조조직률 감소, 노동시장 유연화에 따른 비정규직 근로자들의 증가 등 노조 위기에 연유하고 있다. 더욱이 모든 권한은 산별노조에 집중되어 있고 산별노조도 정치적 사안에 대한 협상권을 갖지 못한 상황이다. 따라서 1998년 이후 적·녹연정이 사회협약정치를 시도했지만 그것은 전국 단위의 정책적 의사결정 수준이나 제도화된 기제가 아니라 비정치적 사안에 대해 산별 이하 차원에서 교환이 이루어지는 '공급중심약성 사회협약정치'의 형태를 띠고 있을 뿐이다. 이러한 맥락은 계급·계층 갈등의 제도화 수단인 사회협약정치의 작동 여부가 시민사회에서의 노조의 조직력과 전략에 의해 영향을 받을 수 있음을 시사해 주고 있다.

셋째, 정치사회에서 '온건한 계급정치(moderate class politics)'가 제도화되어 있느냐의 여부가 사회협약정치의 성패에 영향을 미친다. 영국과 프랑스를 제외한 서유럽 대부분의 국가들에서 사회협약정치가 성공적으로 작동한 것은 사회민주주의 진영과 보수 진영으로 편성되어 있는 정당구도에 기초한 '온건한 계급정치'에 연유한다. 특히 사회협약정치의 성공적 작동은 친노동자 정당의 정치적 진출 정도와 연관이 있으며 강력한 친노동자 정당은 노조가 계급타협 전략을 채택했을 경우 발생하는 비용(예컨대 임금인상 자제)을 국가에 의한 간접소득 이전으로 보상받게 해준다. 서유럽 소국들의 경우 좌·우 균열에 기초한 정당정치는 전국적 차원에서 정치 갈등의 온건한 이념화를 실현하고 정당정치의 양극화를 방지했다. 신생민주주의 공고화에 성공한 스페인의 정당정치는 '온건한 계급정치'를 통해 계급·계층 갈등의 제도화에 기여함으로써 사회협약정치의 작동을 성공시켰다.

더욱이 게르만유럽 소국들과 스칸디나비아유럽 국가들을 포함한 서유럽 소국들 및 스페인에서 좌파정당과 노조 간의 제도적 연계는 노동의 이익이 사회협약 체결을 시도하는 협상테이블에서 정당에 의해 대표될 수 있도록 해주었으며 심각한 계급·계층 갈등을 예방하는 수단으로서의 사회협약정치의 성공적 제도화에 중요한 요인으로 작용했다. 그들 국가의 제도화된 사회협약정치는 사민주의 정당 대신 보수정당이 집권하는 상황에서도 사회협약정치는 일정하게 작동된다. 대조적으로 프랑스의 경우 노동운동과 정당이 유기적으로 연계되지 못함으로써 동원력과 결집력에서 열세를 보였다. 이는 프랑스의 노사정 정책협의의 작동을 어렵게 하는 요인으로 작용했다.

독일의 사민당과 영국의 노동당이 점차 우경화 혹은 슘페터주의적 기업가정당의 길을 추구하고 있는데 이것은 이들 국가의 사회협약정치가 한계를 드러내거나 혹은 실패한 요인 중 하나로 지적할 수 있다. 독일의 사민당의 경우 중도좌파적 국민정당으로부터 슘페터주의적 '경제(기업가적)정당'으로 변신함으로써 '친근로자성'을 점차 상실해 가는 정체성 위기는 신자유주의적·공급중심 약성 사회협약정치를 가속화시키는 요인으로 작용했다. 영국의 노동당 또한 축적위기로 간주된 상황에서 독일의 사민당보다 한층 더 '기업신뢰'와 '투자촉진'이라는 자본의 이해와 논리에 충실한 슘페터주의적 기업가정당화되고 있다. 영국 노동당의 이러한 성격은 노동당과 노조의 관계를 분열시켰고 결국 사회협약정치 대신 '제3의 길'로 포장된 신자유주의 혹은 다원주의 정치로 발전하고 있는 것이다. 이런 맥락에서 볼 때 계급·계층 균열을 정당체제로 전환하여 정당들의 대표성을 제고하고 이를 통해 사회협약정치를 작동시키기 위해서는 '온건한 계급정치'의 제도화가 절실히 요구되고 있다.

넷째, 이익결사체 간의 협의에 기초하는 사회협약정치는 정당들 간의 협의에 기초한 합의제 정치(consensual politics)와 병행하여 발전된다.[2] 따라서 사회협약정

---

[2] 이런 정치경제 관점은 Lijphart and Crepaz(1991: 236); Lijphart(1999: 182~183)를 참조할 것. 서유럽 소국들이 경제적응과 갈등해결 메커니즘으로서 보편적으로 확립한 정치 시스템은 사회협약정치와 합의제 정치이다. 서유럽 소국들에서 전자는 경제운용과 사회적 조정방식, 즉 경제정책과 사회정책 결정 및 집행과정을 자본과 노동이 타협과 협의를 통해 이룩하고 계급·계층 갈등을 평화적으로 해결하는 것을 목표로 하는 반면에, 후자

치는 다수제 정치 모델보다는 합의제 정치 모델과 제도적 친화성을 갖는다.[3)] 이런 점에서 볼 때 서유럽에서 다원주의 노사정 관계를 지향하는 영국은 양당제 도와 '최소승리 1당내각'을 특징으로 하는 다수제 정치를 선택하고 있는 것과는 달리 사회협약정치를 지향하는 서유럽 소국들은 정당명부식 비례대표제, 다당 간 연립정부, 연방제적 분권화 등의 제도적 장치들을 내장하는 합의제 정치를

는 정치적 갈등해소와 정치적 통합을 목표로 한다. 사회협약정치와 합의제 정치의 공통 점은 사회적 약자를 사회 내로 통합시키고 정치세력들 간의 타협과 협의와 합의를 강조 하는 민주적 체제 모델이라는 점이다. 따라서 사회협약정치와 합의제 정치는 구조적으 로 유질동상(isomorphism)이며 이론적·경험적 친화성을 갖는다(Scholten, 1987: 25~28; van Waarden, 2002: 50~51). 첫째, 양자는 규범적·분석적 개념으로서의 다원주의 정 치와 상반되고 있다. 둘째, 의회 중심적 혹은 다수결주의적 의사결정을 핵심으로 하는 자유민주주의적 모델의 수정에 관심을 갖는다. 셋째, 정책결정은 투표 결과에 관계없이 그리고 강자와 약자, 다수파와 소수파의 이해관계가 잘 조율된 결과로 인식한다. 넷째, 양자는 이익집단들이 고도의 응집력과 포용성을 갖고 이익집약 및 이익표출을 제도화하 고 있다는 점을 강조한다. 이런 점에서 사회협약정치와 합의제 정치는 공히 사회경제적 영역 혹은 정부 영역에서 파편화된 균열(fragmented cleavages)로 발생하는 갈등을 조정 하고 민주체제를 안정화시키는 데 공헌한다.

3) 서유럽 소국들의 합의제 정치는 영국의 다수제 정치(majoritarian politics)와 여러 차원에 서 상이하다(Lijphart, 1993; Crepaz, 1996b; 선학태, 2005). 합의제 정치는 국가정책이 정당간의 공생과 협력에 기초한 의사결정 과정을 경유하기 때문에 안정적이고 예측 가 능하다. 이에 반해 다수제 정치는 정책이 중단, 수정, 역전되는 경향을 보인다. 다시 말 하면 정권이 경제적·정치적 문제에 대한 상이한 해법을 갖는 두 개의 거대 정당 간에 교체되는 현상을 보임에 따라 정부정책의 안정성, 일관성 및 예측 가능성 등이 결여되어 있다. 합의제 정치의 비례대표 선거제도는 최다득표자당선제와는 달리 득표수를 의석배 분으로 전환할 수 있는 장치이다. 따라서 정당들 간에 집행권을 분담하는 서유럽 소국들 의 연립정부는 단일 정당의 '근소한 과반수 혹은 소수(bare-majority or minority)' 정부보 다 더 많은 유권자들을 대표할 수 있다. 서유럽 소국들의 연립정부는 다양한 정당 출신 의 내각각료들의 전문성과 책임성을 분장시킴으로써 다차원적 정책 공간에서 균형과 안 정을 끌어낼 수 있다. 서유럽 소국들에서 합의제 정치는 사회협약정치의 작동을 뒷받침 한다. 이러한 점에서 사회협약정치와 합의제 정치는 협상과 협력(log-rolling)이 선거경쟁 과 다원주의적 산업관계를 지향하는 다수제 정치에 의해서 조정될 수 없는 노동-자본-정 당-국가 사이에 대립하는 이해관계를 조정한다(Lehmbruch, 1979: 59).

선택하는 경향이 있다(선학태, 2005: 제3~4장). 합의제 정치 모델은 네덜란드, 벨기에, 오스트리아, 스위스 등의 게르만유럽 소국들에서처럼 사회적 균열이 존재하는 나라에서 소수세력을 배제시키는 것이 아니라 의회와 정부로 합류시키는 정치체제에서 제도화된다. 이런 제도에서 정치행위자들은 수에 의한 지배가 아니라 협상에 의한 타협을 지향한다. 합의제 정치의 제도적 장치들은 특히 노조와 사민주의 정당으로 하여금 정부의 정책결정 과정에 협력적으로 참여할 수 있게 해 주는 기회를 제공함으로써 계급·계층 갈등을 제도화시키는 사회협약정치를 성공적으로 작동시키는 데 기여한다. 스위스의 경우 시민사회에서 자본이 노동에 비해 압도적으로 우세한 조직력을 갖고 있음에도 불구하고 강력한 합의제 정치가 자유적 사회협약정치의 작동을 보조함으로써 계급·계층 갈등을 제도화하는 데 성공하고 있다(Lijphart and Crepaz, 1991: 243). 말하자면 정당 간의 협력이 이익집단 간의 협력의 가능성을 촉진시킨다.

다섯째, 사회협약정치의 성패는 경제사회에서 국가의 보상 능력의 차이에 달려 있다. 영국의 블레어 노동당 정부는 복지수혜자들이 '앉아서 복지급부를 받을 수 없게' 하는 이른바 '일을 통한 자립 복지(workfare)'를 내세웠다. 독일 사민당의 경우도 개인에게 고용능력(employability)의 제공을 강조하고 국가는 경제적 약자를 위해 최소한의 기본적인 사회보장만을 책임지며 시장이 성장과 일자리 창출을 통해 분배정의를 실현하도록 했다. 영국 노동당과 독일 사민당의 이 같은 복지관이 이들 국가의 사회협약정치의 실패 혹은 한계를 설명해 주고 있다.

이에 반해 게르만유럽 소국들과 스칸디나비아유럽 국가들에서는 소득이전을 통한 다양한 사회적 임금(social wage) 제도가 사회협약정치의 작동에 공헌했다. 그들 국가의 복지제도는 재분배적 기능의 성격을 갖고 있다.[4] 다시 말하면 신자유주의적 글로벌화 속에서 나라에 따라 복지 프로그램의 구조조정이 없었던 것은 아니지만 사회보장체제의 골격이 크게 훼손되지 않고 있는 것도 그들 국가의

---

4) 특히 덴마크의 복지제도는 과거 소득에 덜 의존적인 정액급여의 사회보장 서비스를 제공하고 있으며 사용자의 사회보장비 기여가 적고 대부분 일반세금으로 충당되고 있다. 이 같은 복지시스템이 덴마크 노사 간의 협력의지와 타협정치를 강화시킴으로써 정책협의 시스템의 정상적 작동을 촉진시킨 요인으로 작용한 것이다.

사회협약정치를 지속적으로 작동시키는 근거가 되고 있다(Ebbinghaus and Hassel, 2000: 47~48). 1990년대에 네덜란드와 덴마크에서 사회협약정치를 활성화시킨 사민주의 정당들의 집권5)은 1980년대에서 1990년대 초반까지 신자유주의 정책을 표방한 정당들의 집권으로 야기된 복지비 삭감이나 높은 실업률에 대한 유권자들의 반발로 해석될 수 있다. 말하자면 유권자들은 사민주의 정당에게 사민주의적 가치의 실현을 요구했던 것이다. 스페인 정부도 노동자들이 경제적 구조개혁 프로그램을 수용하는 반대급부로서 그들에게 부과된 구조개혁의 비용을 완화하기 위해 연금, 실업수당, 보건, 교육 분야에 대한 많은 사회적 지출을 단행했다. 스페인 정부는 특히 이러한 복지비용을 충당하기 위해 포괄적인 세제개혁 프로그램을 추진하기도 했다. 이러한 정치교환은 스페인의 사회협약정치를 지속적으로 작동시키는 요인으로 작용했다.

무엇보다도 네덜란드, 아일랜드, 덴마크에서 1990년대 이후 사회협약의 타결과정에서 양보와 보상의 메커니즘을 통해 노사 간 상호 협력하는 전략적 행동을 이끌어내는 데 정부정책이 중요한 변수로 작용했다(Ebbinghaus and Hassel, 2000: 58~59; Elvander, 2002: 134~135). 다시 말하면 네덜란드, 아일랜드, 덴마크 정부는 사회협약 체결 및 집행과정에서 정부정책을 통해 사회적 파트너들에 대한 보상을 제공함으로써 양보를 유도하고 상호 협력하는 전략적 행동을 이끌어낸 것이다. 이로써 사회적 파트너들은 사회협약의 필요성을 확신하는 정책학습(policy learning)의 기회를 갖게 되었으며 사회협약의 토대를 더욱 강화한 것이다. 특히 아일랜드 정부는 경쟁력을 강화하기 위해 사회적 형평성을 강화했다. 외국인 직접투자에 의존하여 경제발전을 추진해 온 아일랜드에서 정부의 사회보장제 확충은 "글로벌화는 사회복지를 축소한다"는 견해를 무력화시킨 사례이다. 이는 글로벌 시대에 기업의 경쟁력을 강화시키고 외국인 직접투자를 유치하기 위해 평화적 산업관계를 유지할 수 있는 정부의 사회적 형평성 추구 노력이 강화되어야 함을 시사한다. 글로벌 시장에서 생산성·경쟁력은 핵심적 관심 사항이지만

---

5) 특히 1980년대 말에서 1990년대 초반 복지비 삭감 논쟁에서 네덜란드의 기민당이 보인 긴축정책에 대한 태도는 1998년 총선에서 기민당을 제3당의 위치로 전락시킨 요인이었다.

그것이 유일한 목표는 아니며 사회협약정치는 효율성과 형평성 간의 조화를 요구한다. 이것은 경쟁력연합과 분배연합을 균형 있게 조화시키려는 네덜란드, 아일랜드, 덴마크의 사회협약정치의 본질이다. 이러한 맥락에서 계급·계층 갈등을 제도화하기 위한 사회협약정치의 정상적 작동은 경제사회에서 국가의 보상능력 정도에 달려 있음을 확인할 수 있다.

여섯째, 글로벌 시장화 및 유럽의 시장통합은 사회협약정치의 작동을 제약하는 요인이 될 수도 있지만 오히려 그 필요성과 능력을 제고시키는 핵심적 요인으로 작용할 수 있다. 다시 말하면 글로벌화의 도전과 충격은 정책파트너십 장치들을 약화시키지 않고 오히려 글로벌 시장의 압박에 따른 경제적 난국과 경기침체는 정책파트너십을 유도하는 요인으로 작용한다(Katzenstein, 2003: 25). 물론 국제경제에의 노출증대가 국가를 공동화(hollowing out)시키고 정책파트너십 시스템과 같은 특유의 국가-사회 관계를 파괴하고 심의민주주의(deliberative democracy)가 시련에 봉착할 것이라는 경고가 있다(Schmidt, 1995: 77). 만일 이러한 사고가 옳다면 우리는 정책, 국가적 조절양식, 노사정 관계 등이 글로벌 시장 시대에 국제경제 세력의 요구조건을 충족시킨 방향으로 국가들 간 '신자유주의적 수렴화' 현상을 예상할 수 있다. 사실 보조금 지원정책 축소, 자본시장의 탈규제, 그리고 범유럽 차원에서 정책결정을 합리화하고 조율시키기 위해 재정정책·환율정책에 대한 유럽연합 차원의 제한 등이 서유럽 국가들에서 정책파트너십을 지향하는 정책결정자들의 운신의 폭을 제약한 것은 의심의 여지가 없다. 그러나 국제경제의 도전과 충격을 흡수·조정해 가는 서유럽 국가들의 전략에 관한 본 연구를 통해서 알 수 있듯이, 1990년대 이후 특히 스페인, 이탈리아 및 서유럽 소국들에서는 사회협약정치가 부활하고 있다(Ebbinghaus and Hassel, 2000: 45). 서유럽 소국들에서 국제경제의 경기순환 부침으로부터 국내 정치경제를 완충시켜 주는 유일한 특유의 전략은 임금정책이다. 정책파트너십 정치를 작동시킨 서유럽 소국들은 갈등적 산업관계로 시련을 겪으면서 예측 불허의 정치 및 경기 환경을 야기하는 나라들과는 달리 임금정책을 비교우위 수단으로 활용한다. 임금정책이 언제나 파트너십에 기초한 정책결정의 핵심 관심 사항이기 때문에 정책파트너십 시스템을 채택한 서유럽 소국들은 임금 중심의 사회협약을 보다 용이하게 디자인하고 집행하려고 노력한다. 글로벌 시장화 및 유럽의 시장통합의 구조적 제약에 대해 게르만유럽 소국, 스칸디나비아유럽 국가, 프랑스를 제외한 라틴유럽 국가들의 정책협의 및 사회적 파트너십은 분권화, 집중화(중앙화), 유연성과 안정성의 이중 전략으로 대응했다. 이런 맥락은 글로벌 시장화 및 유럽의 시장통합에 대한 서유럽 대부분 국가들의 대응 전략은 '신자유주의적 수렴화'가 아니라 '정책파트너십으로의 수렴화'이며 글로벌 시장의 압력과 도전에 민감하고 취약한 소규모 개방경제를 갖는 국가일수록 노사정 3자 정책협의와 갈증조정 시스템의 필요성과 능력을 제고시킬 수 있다는 점을 시사한다.

마지막으로 글로벌 시장화의 충격과 도전에 대한 대응 전략은 국가에 따라 상이하게 나타날 수 있다. 아일랜드의 노사 관계와 복지시스템을 포함한 자유주의적 정치경제는 전통적으로 영국의 그것과 공통점을 가졌다. 양국 공히 분산화 · 분권화된 임금협상과 높은 실업이 1970년대에 조직노동을 약화시켰다. 그러나 1980년대에 진행된 글로벌 시장화에 대응하는 아일랜드와 영국의 전략은 대조적인 정치경제 모델을 채택했다.[6] 1980년대에 영국은 시장주도의 신자유주의 경제 관리 시스템을 실험했던 반면에, 아일랜드는 노동시장에서 시장조정 모델(market coordination model)을 채택했다. 말하자면 양국의 정치경제 제도는 공통적인 역사적 기원을 갖고 있었지만 새로운 글로벌 시장에 대한 국내 적응전략은 대조적인 정치적 선택이었다. 뿐만 아니라 서유럽 소국들 중 네덜란드, 아일랜드, 덴마크는 유럽통화연맹(EMU) 체제하에서 전통적 소득정책을 사회보장과 노동시장개혁을 비롯한 포괄적인 혁신안을 조합시키는 '경쟁적 사회협약정치'를 작동시켰다. 특히 네덜란드와 아일랜드의 '경쟁적 사회협약정치'는 글로벌 시장화와 EMU 체제

---

6) 아일랜드 노사 관계는 전통적으로 영국의 자유주의적 노사 관계 그룹에 속한 나라였다. 따라서 아일랜드는 전통적으로 대립적 노사대립을 겪었다. 그러나 1980년대 전반기 저성장, 고실업, 재정적자의 경제위기를 타개하기 위해 노사정은 일련의 중앙집중적 타협 방식을 통해 사회경제정책, 임금 및 고용, 사회보장 등 경제의 중장기 주요 목표들에 대해 합의했다. 중앙교섭에서는 임금억제의 가이드라인을 제시하고 구체적인 임금결정은 단위 사업장에서 이루어지도록 함으로써 중앙집중적 타협과 기업단위의 자율성을 동시에 추구했다는 특징을 갖는다.

의 도전과 충격을 최소화하기 위한 정책협의의 내용 및 참여 주체에서 기존 '수요중심 및 공급중심 사회협약정치'와는 차별성을 보였다. 즉 사회협약 체결 및 집행과정에 전통적 당사자인 노조 및 사용자단체의 대표에 국한하지 않고 비정규직, 실업자, 여성, 농민 등 다양한 이해관계 단체들이 참여하는 특징을 보였다. 사회협약의 내용에 있어서도 '경쟁적 사회협약정치'는 임금결정뿐만 아니라 거시경제정책, 교육·훈련, 노동시장 및 사회보장정책 등에 이르기까지 폭넓은 이슈를 포괄하는 경향을 보인다. 아일랜드 사회협약정치는 정책협의의 참여 주체 및 협의 어젠다라는 측면에서 네덜란드 사회협약정치보다 포용적(inclusive)이었다(House and McGrath, 2004: 53). 이처럼 사회적 파트너십 및 정책협의의 참여 주체와 내용이 외연적으로 확대되고 내포적으로 심화된 것은 사회적 결속과 통합을 다지려는 시도이다. 이런 맥락은 동일한 글로벌 시대의 충격과 도전에 대응하는 사회협약정치의 참여 주체 및 협의 어젠다는 국가에 따라 상이해질 수 있다는 이른바 '이산화 가정(diverging hypothesis)'이다.

3. 거시 사회경제적 실적

서유럽에서 사회협약정치에 대한 비판이 제기되어 왔다. 즉 사회협약정치가 의회정치의 책임성을 약화시키고 협소한 특수 조직이익만을 증진시킬 뿐만 아니라 정책협의의 참여자들은 대표적 정당성을 결여하고 정부의 정책 재량권(자율성)을 제약한다는 점에서 비민주적이란 것이다.[7] 무엇보다도 사회협약정치가 변화와 혁신에 저항적이고 결정의 속도가 느려 비효율적이며 노동시장의 경직성을 가중시켜 경제의 효율성과 경쟁력을 떨어뜨린다는 비판이 제기되었다. 그러나 이런 주장은 설득력이 취약하다. 오히려 사회협약정치의 기초가 되는 정책협의와 사회적 파트너십이 사회 갈등을 최소화하고 사회평화를 촉진하는 데 기여한다는 인식은 서유럽에서 널리 공유되고 있다. 서유럽 소국들이 추구하는 정책협

---

7) 사회협약정치에 대한 비판과 이에 대한 반론은 이 책의 제2장을 참조할 것.

<표 16-2> 글로벌화 이전 서유럽 국가들의 거시 사회경제지표

	국가	파업횟수 1965~80	GDP(%) 1973~82	실업률(%) 1965~86	인플레(%) 1965~86	탈상품화 지수* 1987
I	영국	375	1.0	6.5	8.9	23.4
	아일랜드	-	-	17.5	12.2	23.3
II	독일	28	2.0	3.7	3.7	27.7
	오스트리아	10	2.5	2.3	4.7	31.1
	스위스	2	0.3	0.3	4.0	29.8
	네덜란드	8	1.6	4.3	5.1	32.4
	벨기에	12	1.7	6.9	5.6	32.4
III	프랑스	278	2.3	5.3	7.4	24.5
	이탈리아	310	2.1	7.4	10.2	24.1
	스페인	-	-	-	-	-
IV	스웨덴	75	1.2	2.2	7.5	39.1
	덴마크	35	1.4	5.5	7.9	38.1

* 임금생활자의 공공혜택 수준. 100에 근접할수록 복지제도가 확충되어 있으며 1에 근접할수록 복지제도가 빈약하다.
출처: 파업횟수(Cameron, 1984: 153); GDP·실업률·인플레(OECD, 1992); 탈상품화 지수(Esping-Anderson, 1990: 52).

의와 사회적 파트너십은 협상과 협력 메커니즘을 통해 노동-자본-국가 사이에 대립하는 이해관계를 조정함으로써 영국과 프랑스의 분산적(dispersed)·경쟁적인 다원주의 정치보다도 더 안정적이고 평화적인 산업관계를 구축하고 있다(<표 16-2> 참조). 더욱이 사회협약정치를 정당화하는 근거는 그것이 노조의 임금억제, 실업 및 인플레이션의 해소, 지속 가능한 경제성장, 노동시장 유연성, 고용증대 및 고용안정, 경쟁력 제고 등을 가져올 수 있을 뿐만 아니라 빈곤퇴치, 분배정책, 사회정의 증진 등을 통해 사회연대감을 형성할 수 있다는 데서 찾을 수 있다. 그런 까닭에 영국과 프랑스 등을 제외한 대부분의 서유럽 국가들, 특히 서유럽 소국들은 글로벌 시장의 압력과 충격을 적절히 흡수, 관리하기 위해 사회협약정치를 여전히 작동시키고 있는 것이다(Minnich, 2003: 48).

거시 사회경제 관리 실적에 있어 서유럽 소국들의 사회협약정치는 영국, 프랑스 등의 다원주의 정치보다 우월하다.[8] 전자는 경제성장에 크게 기여하지 못했지만 실업, 인플레, 노사분규(파업) 등을 줄이는 데 있어 후자보다 더 유리하게 작용했다(Crepaz, 1996b: 6; Lijphart, 1994: 2~12; 1999: 264~270). <표 16-2>에서 보는 바와 같이 글로벌 시장화가 본격적으로 진행되기 이전에 오스트리아, 네덜란드, 벨기에, 스위스, 스웨덴, 덴마크 등 사회협약정치가 작동했던 서유럽 국가들이 사회협약정치가 취약했거나 실패했던 영국, 프랑스, 이탈리아에 비해 평화적인 노사 관계 속에서 상대적으로 안정 성장·저실업(벨기에와 덴마크는 제외)·저인 플레이션(덴마크와 스웨덴은 제외)·고복지 등 사회경제적 실적패키지를 이룩했다. 이에 반해 영국, 프랑스, 이탈리아는 계급 갈등이 격렬한 가운데 상대적으로 고실업·고인플레·저복지 등 악순환을 벗어나지 못했다. 아일랜드의 경우 사회 협약정치가 작동하지 않았던 1987년 이전에 고실업 및 고인플레 현상을 보인다. 이런 점에서 게르만유럽 국가들과 스칸디나비아유럽 국가들이 이룩한 거시 사회 경제 관리 성과는 '효율성 속의 형평성'을 실체화시킬 수 있는 사회협약정치의 가능성으로 평가할 수 있다.

　게르만유럽 국가들과 스칸디나비아유럽 국가들의 이러한 저실업·저인플레 ·고복지 패키지 현상은 <표 16-3>에 나타나듯이 글로벌 시장화가 본격적으로 진행된 1980년대 중반 이후도 거의 유사하게 지속되고 있다. 다만 이 시기에 영국 및 프랑스의 다원주의 정치는 잠재 경제성장률 제고에 긍정적으로 기여했 지만 그것은 독일과 스위스를 제외한 게르만유럽 국가들과 스칸디나비아유럽 국가들의 잠재 경제성장률에 비교하여 통계상 의미를 부여할 수 없을 정도로 미미하다. 아일랜드의 경우 사회협약정치가 작동되기 전인 1986년에 17%대에 이르던 실업률이 사회협약정치의 결과로 2003~04년에 약 6.2%의 잠재적 성장 률과 더불어 구조적 실업률이 5%대로 크게 낮아졌다. 인플레이션율에 있어서 영국과 프랑스는 비교적 안정적이나 이탈리아는 서유럽 국가들 중 가장 높게 나타나고 있으며 네덜란드를 제외하고는 게르만유럽 국가들과 스칸디나비아유 럽 국가들은 모두 2.0% 이하를 기록하여 안정적이다. 고용, 소득평등, 빈곤감소, 사회보장 지출, 실업보상, 공공의료서비스 등 분야에서는 게르만유럽 국가들과 스칸디나비아유럽 국가들이 영국, 프랑스, 이탈리아 등을 크게 압도한다

---

8) 이 부분은 선학태(2005: 402~408)를 약간 수정·보완한 것임.

<표 16-3> 글로벌화 시대 서유럽 국가들의 거시 사회경제지표

	국가	잠재적 GDP(%) 1993~2004	구조적 실업률(%) 1993~2004	인플레율(%) 1993~2004	소득불평등* 1984~2000	GDP 대비 총사회지출 2001
I	영국	2.4	5.4	1.8	32.4	21.4
	아일랜드	6.6	7.9	-	-	15.3
II	독일	1.4	7.2	1.3	30.5	28.0
	오스트리아	2.4	4.9	1.7	-	29.6
	스위스	1.3	2.3	-	28.8	26.4
	네덜란드	2.2	4.1	2.2	25.5	27.3
	벨기에	2.0	7.2	1.6	24.6	28.0
III	프랑스	2.0	9.5	1.8	30.1	24.0
	이탈리아	1.2	9.2	3.2	32.5	25.0
	스페인	3.0	11.6	-	31.2	21.7
IV	스웨덴	2.4	4.6	1.9	21.9	35.1
	덴마크	2.0	5.4	1.8	24.5	34.2

* 소득불평등 정도는 지니계수(Gini coefficient). 지니계수는 소득분배가 완전히 평준화되었을 때 0 이고 완전히 불평등할 때 100으로 나타난다.
출처: 잠재적 GDP · 구조적 실업률(OECDa); 인플레율(EU); 소득불평등(Minnich, 2003: 35); GDP 대비 총사회지출(OECDb).

(Katzenstein, 2003: 16, 18). <표 16-3>에서 확인되듯이 게르만유럽 국가들과 스칸 디나비아유럽 국가들의 사회협약정치는 글로벌 시장화의 압력과 충격을 흡수하 기 위한 사회적 보호장치를 확충하고 있는 것으로 나타난다. 영국, 프랑스, 이탈 리아 등은 지니계수가 30을 초과하여 소득불평등 정도가 높을 뿐만 아니라 사회 보장 지출도 상대적으로 낮게 나타나고 있는 데 반해, 특히 게르만유럽 소국들의 대부분은 지니계수가 스위스를 제외하고는 25 안팎에 머물러 소득불평등이 낮고 사회보장 지출도 높다. 다만 1987년 이후 모범적으로 사회협약정치를 작동시켜 온 아일랜드의 경우 사회보장 지출이 서유럽의 다른 국가에 비해 낮은 수준에 머물러 있다. 그러나 아일랜드 정부는 사회협약정치를 작동시킨 이후 지속적으 로 사회보장 지출을 증대시켜 2001년 현재 GDP 대비 15.3%를 기록하고 있다. 스위스도 자유적 사회협약정치를 지향하고 있지만 합의제 정치에 힘입어 다원주 의 정치를 지향하는 영국, 프랑스, 이탈리아 등보다는 상대적으로 소득불평등이

낮게 나타나고 있다. 이는 스위스 합의제 정치의 다른 제도적 장치들이 소득불평등을 낮추는 데 기여하고 있음을 시사한다.

이러한 비교 분석은 효율성과 형평성 사이의 대체관계(trade-off between efficiency and equity)라는 자본주의 고질적 병폐를 치유하는 거시 사회경제의 관리에 있어 서유럽 소국들의 사회협약정치가 영국, 프랑스 등의 다원주의 정치보다 우월한 성과를 기록하고 있음을 확인시키고 있다. 게르만유럽 소국들, 스칸디나비아유럽 국가들이 보다 양호한 사회경제적 성과를 가져온 요인은 그들 국가의 사회협약정치의 작동에서 나타나는 정치경제 주체들의 전략적 행위에서 찾을 수 있다. 첫째, 상대적으로 강력한 이들 나라의 노조들은 임금과 투자·고용·인플레이션 간의 상충관계를 인식하고 스스로 임금인상 자제를 통해 투자·고용·물가 등에서 자본가들의 양보를 끌어내고 있다. 그러나 영국, 프랑스 등의 다원주의 정치에서는 이것이 가능하지 않다. 왜냐하면 자발적인 임금인상 자제를 통한 낮은 실업, 낮은 인플레이션이 중장기적으로 노동계급 전체의 이익과 사회적 파이를 증대시키는 데 도움이 된다 하더라도 다원주의 노조체제하의 영국, 프랑스 등의 개별노조들은 무임승차의 유혹을 뿌리치지 못하고 개별적인 임금 인상 극대화 전략을 선호하기 때문이다. 둘째, 자본가들은 노동자들의 자발적 임금인상 자제 조치에 대해 이윤 재투자를 통한 일자리 창출과 고용안정으로 화답한다. 셋째, 정부는 자본가들에게 이윤 재투자를 유인할 강력한 인센티브를 제공하여 그들의 적극적 투자 및 경쟁력 제고를 유도하는 한편, 임금인상 자제로 인한 경제적 손실을 보전하기 위해 다양한 사회보장 프로그램을 통해 노동자들의 물질적 생활을 안정시킨다. 넷째, 정당들이 정도의 차이는 있지만 중도 좌·우파정당에 관계없이 노동친화적 성격의 전통을 과시한다.9) 따라서 노동자들은 자본가들을 상대로 임금인상을 요구하는 '시장교환(market exchange)' 전략보다는 정치권(정부 및 정당)을 상대로 협상하는 '정치교환(political exchange)' 전략을 선호한다. 이를 통해 노동은 정부 및 정당으로 하여금 조세 및 복지제도 개혁 등 중장기적 이익의 법제화

---

9) 정부에서 좌파정당의 영향력이 강력할수록 소득불평등은 낮으며 역으로 정부에서 우파 혹은 보수정당의 영향력이 클수록 소득불평등은 높아진다(Minnich, 2003: 50).

에 관심을 갖게 하고 사회협약(social pacts) 이행을 정치경제 주체들에게 강제하도록 유도한다.

　이와 같이 사회협약정치를 통한 서유럽 소국들의 안정된 조정정치(politics of adjustment)가 글로벌 시장에서 양호한 사회경제적 실적과 성과를 담보해 주는 토대가 되고 있다. 이것이 갖는 제도적 함의는 사회협약정치가 자본주의 시장경제와 민주주의를 조화시키는 효율적인 수단을 제공하며(Garrett, 1998: 6) 글로벌 시장화는 반드시 사회협약정치의 효과성을 저해하는 것만은 아니고 오히려 국제경제와 자본시장의 압력에 대응할 수 있는 정치적 선택 가능성을 제고시켜 준다는 점이다.

제17장
한국 사회협약정치에 주는 시사점

1. 신자유주의적 구조개혁과 한국형 '경쟁적 사회협약정치'

1) 사회양극화와 정치적 갈등

　　IMF 관리체제 이후 한국 경제는 글로벌 시장에 더욱 깊숙이 진입했다. 이에 따른 상시 신자유주의적 구조개혁은 시장경제의 낙오자와 실패자를 양산하여 사회양극화를 야기하고 있다. 우선 실업과 고용불안 현상이 심화되어 고용구조의 양극화와 사회통합이 저해되고 있다. 기업들이 기능적 유연성(functional flexibility)보다는 수량적 유연성(numerical flexibility)을 선호하기 때문에 노동시장은 불안정 현상을 보여왔다. 수량적 유연성은 정리해고, 변형근로시간, 대체근로고용, 파트타임 근로, 임시 및 일용 근로, 수시근로, 하청근로 등 여러 형태를 포함하며 이러한 노동시장 유연성은 실업 및 비정규직 근로자를 대량으로 배출하고 있다. 고용불안과 실업은 기업들의 신경영 전략에도 기인한다. 특히 기업들은 생산비 감소, 글로벌 시장에서의 경쟁력 확보를 위해서 생산기지를 외국으로 이전시키고 있을 뿐만 아니라 생산자동화, 신기술도입, 아웃소싱(outsourcing) 등 신경영 전략을 채택하여 인력축소를 추구한다.

　　다음으로 중산층의 붕괴·소득불평등의 악화·빈곤층의 확산으로 사회양극화가 심화되고 있다. 글로벌 시장화에 따른 신자유주의적 구조개혁은 노동자들과 중산층의 소득 수준을 하락시켰다. 이는 한국에서 사회통합과 정치적 민주화에 공헌해 온 중산층이 붕괴되고 있음을 시사한다. 중산층 붕괴 가능성은 시민사회의 파편화와 분열을 초래하고 사회 갈등을 조정할 수 있는 완충지대를 파괴하여 사회통합을 약화시키고 있다. 또한 구조개혁이 진행되는 동안 중산층 내의 계층분화로 이들 간의 소득불평등이 발생하고 있다. 서비스부문(예컨대 경영컨설턴트, 소프트웨어)의 고도 숙련근로자, 프로그래밍 시스템 디자이너, 법률전문가, 회계사, 정보기술을 가진 골드칼라(gold-collar)층은 고임금을 받는 반면, 사무직들은 과잉 공급으로 상대적인 저임금을 받는 추세이다. 중산층 내부의 이러한 양극화 현상은 IMF 위기 이후 금융기관, 건설산업, 공공부문, 서비스산업뿐만 아니라 대기업 등의 구조개혁 과정에서 가속화되고 있다. 그 결과 상위 중산층과 하위 중산층 간의 소득불평등이 확대되어 가고 있다. 소득불평등은 임금소득 불평등에 의해서도 발생되고 있다. IMF 위기 이후 기업들은 실적 보상 및 연봉제 도입 등의 형태로 임금유연화를 가일층 강화하는 경향을 보였다. 임금유연화는 고용유형, 학력, 성별, 기업규모 등에 따라 임금소득 불평등을 심화시키는 요인이다. 또한 중소 및 영세기업의 근로자, 여성근로자들의 임금 수준은 소득불평등을 확대시키고 있는 요인이다. 무엇보다도 소득불평등은 노동시장의 유연화로 인한 저소득층의 양산 때문이라 볼 수 있다. 비정규직 근로자는 동일한 작업에서 근무해도 정규직 근로자 임금의 50% 안팎 수준이다. 이는 노동시장의 유연성이 증가되어 고용증대 현상이 나타나더라도 저임금 노동자가 양산되고 이에 따라 소득격차가 확대될 수밖에 없는 구조를 의미한다. 신자유주의적 구조개혁에서 야기된 소득분배의 불평등이 20 : 80 사회와 같은 '2개의 국민'을 만들어내는 것이 아닌가 하는 우려가 없지 않다. 신자유주의적 구조개혁의 비용이 중산층과 저소득층에 집중되어 한국 사회는 '인간의 얼굴을 상실한 냉혈 시장경제'로 초대되어 가고 있는 듯하다.

　나아가 중소기업과 대기업, 그리고 수출기업과 내수기업의 양극화가 존재한다. 산업화시기에 대기업 중심의 수출드라이브 정책으로 인한 후유증이 심화되고 있는 것이다. 작년에 경기불황에도 불구하고 대기업 및 수출기업은 지속되는 높은 경상수지 흑자와 사상 유례없는 호황을 누렸다. 이에 반해 중소기업 중심의 내수기업들은 내수 부진으로 기업활동의 어려움이 가중되고 있다. 이들 기업이

고용의 70%를 차지하고 있다는 점을 고려할 때 중소기업과 대기업, 그리고 수출기업과 내수기업의 양극화는 실업 · 고용불안 · 소득불평등의 주범이 되고 있는 셈이다.

글로벌 시장이 압박하는 브레이크 없는 상시 신자유주의적 구조개혁과 이에 따른 한국 사회양극화 현상은 갈등과 대립을 심화시키고 있다. 경쟁을 매개로 하는 '적자생존'의 법칙과 '만인에 의한 만인의 경쟁'이 연출되어 계급 · 계층 · 부문 간에 시장경제의 승자와 패자 간의 긴장과 갈등이 일상화되고 있으며 그 정치적 파장도 심각하게 표출되고 있다. 공격성향 내지 갈등을 설명하는 유력한 도식으로서 '좌절-공격이론(frustration-aggression theory)'에 따르면 사회구성원들의 상대적 박탈감(relative deprivation)은 당위와 현실 간의 괴리를 현격하게 만들고 여기서 발생하는 좌절감은 공격적인 갈등분출의 가능성을 상승시킨다(선학태, 2003: 223~224). 사회경제적 낙오자 · 열패자들이 경험하는 절대적 · 상대적 박탈감은 그들을 정치 갈등의 장으로 유도하여 한국민주주의는 중대한 시련에 봉착하고 있다. 우리는 글로벌 시장화와 신자유주의적 구조개혁에 따른 국내 계급 · 계층 · 부문 간의 균열에 의해 엄청난 정치적 갈등과 위험(노동파업, 농민봉기, 여당 대통령 후보 피살 등)을 맞은 1990년대 중반 멕시코 사태를 상기할 필요가 있다. 즉 사회경제적 약자와 패자를 위한 사회적 형평성을 고려치 않고 효율성과 시장논리에만 맞추는 멕시코 정부의 신자유주의적 정책이 사회적 · 정치적 갈등을 첨예화시킨 것이다.

글로벌 시장화에 따른 신자유주의적 구조개혁은 거역할 수 없는 도도한 세계사의 파고이다. 이 거센 파고는 사회경제적 시민권의 신장이라는 장밋빛 미래를 담보하기보다는 사회양극화로 인한 분열과 갈등으로 점철되는 낙망(dysphoria)의 서곡을 알리는 '시한폭탄'이 되고 있다. 그럼에도 한국 사회에서 글로벌 시장화에 관한 담론은 경제효율성의 논리에서 국제경쟁력 강화 중심으로 진행되어 온 것이 사실이다. 때문에 글로벌 시장화의 정치적 함의, 즉 정치혁신의 제도화 필요성에 관한 연구나 논의는 매우 불충분하다. 정치권은 물론이고 학계에서조차도 고작 국제경쟁력 강화를 위해서 시장기능의 활성화를 위한 경제의 '탈정치화'가 글로벌 시대에 적응하는 정치혁신의 방향으로 제시되고 있을 뿐이다. 그러나 이 같은 관점과 논리는 정치역할을 경시한 매우 편협한 발상이다. 앞서 언급한 멕시코 사태는 글로벌 시장 시대에 정치혁신 없는 신자유주의적 구조개혁이 필경 국제경쟁력과 민주화를 위기로 몰고 갈 수밖에 없음을 경고하고 있다. 이 같은 글로벌 시장화의 정치적 위험을 고려할 때 한국 정치의 혁신이야말로 글로벌화의 핵심일 뿐만 아니라 글로벌화 전략을 추진하기 위한 수단이다.

멕시코 사태의 전철을 밟지 않기 위해 한국의 경우 글로벌 시장화와 신자유주의적 구조개혁에 따른 사회경제적 낙오자·열패자들에 의해 발생하는 정치적 갈등을 조정·해소할 수 있는 사회적 형평성을 위한 제도적 보상장치가 요구되고 있다. 다시 말하자면 사회양극화로 인한 계급·계층·부문 간의 균열과 이에 따른 사회적·정치적 갈등 해소를 통한 사회통합을 이룩할 수 있는 새로운 정치 시스템의 탐구가 요구된다. 따라서 사회양극화를 극복하고 사회통합을 달성할 수 있는 한국의 사회경제적 거버넌스 시스템(socio-economic governance system)이 탐색되어야 한다.

2) 사회통합적 구조개혁

1997년 말 등장한 IMF 관리체제는 노동-자본-국가 간의 갈등을 첨예화시키면서 한국 경제의 경쟁력을 저하시켰을 뿐만 아니라 그간 축적해 온 한국민주화의 지속적 작동과 견고성(durability)을 위협했다. 이런 상황에서 1997년 말 수평적 정권교체에 의해 탄생된 김대중 정부는 IMF 위기관리정치(politics of crisis management)의 핵심적 기제로서 사회협약정치를 실험했다. 즉 정부는 한국노총, 민주노총, 전경련, 경총 등 핵심 정치경제 행위자들이 참여하는 '노사정위원회'를 구성하고 1998년 2월 사회협약을 도출했다. 사회협약의 내용은 노동문제에서 사회정책과 재벌개혁에 이르기까지 포괄적 이슈를 담아냈다. 그러나 김대중 정부 IMF 관리체제하에서 '노사정위원회'는 민주노총의 탈퇴로 파행적인 운영이 지속되었고 진정한 사회협약정치기구로서의 역할을 수행하지 못했다. 더욱이 현 노무현 정부하의 '노사정위원회'도 한국노총의 탈퇴 등 거의 유명무실한 기구로 전락되었으며 노사정의 '장기화된 갈등(long-standing conflict)'을 제도화시키지 못하고 있다. 그 결과 노동자와 중산층은 '거리정치(street politics)'를 통해 자신들의 요구와 주장을 관철하려 한다. '거리정치'는 계급·계층 갈등의 제도화 실패를 의미하며 한국민주주의를 위협하고 있다.

IMF 관리체제 이후 한국 경제는 글로벌 시장에 더욱 깊숙이 진입했고 이에 따른 상시 신자유주의적 구조개혁은 앞서 논의했듯이 시장경제의 낙오자와 실패자를 양산하여 사회양극화를 야기하고 있다. 사회양극화의 구조화 현상은 계급·계층·부문 간의 균열에 의해 정치적 갈등과 대립을 심화시키고 있다. 이것은 한국의 노사정 관계를 지배해 온 앵글로-색슨식 다원주의 정치 틀(Sun, 2001: 64~66; 94~108)에 의해 IMF 관리체제 이후 깊어지고 있는 '눈물의 계곡(valley of tears)'이 제대로 관리되지 못하고 있음을 웅변해 주고 있다. 사회양극화를 극복하고 사회통합을 달성하기 위해서는 한국의 사회경제적 거버넌스 시스템(socio-economic governance system)이 개혁되어야 한다. 여기에서 우리는 서유럽 국가들, 특히 글로벌 시장화에 대응하는 경제효율성·경쟁력과 사회적 형평성을 정치적으로 조화시키는 네덜란드, 아일랜드, 덴마크의 사회협약정치 사례에서 벤치마킹 해법을 찾을 수 있다.

네덜란드, 아일랜드, 덴마크가 추구한 '경쟁적 사회협약정치' 시스템은 한국 경제의 신자유주의적 구조개혁과 노동시장 유연화가 야기하는 사회적 충격과 희생(양극화)을 완화하는 데에 시사하는 바가 크다. 사회양극화 문제야말로 현재 한국 정치가 해결해야 할 가장 절실한 과제이기 때문이다. 이를 극복하기 위해서는 무엇보다도 정부와 사회경제집단들과의 상설 정책협의체(예컨대 노사정위원회의 발전적 해체를 통한 국민대통합 연석회의 구성)를 운영하는 것이다. 정책협의체(또는 사회적 협의체)의 참여주체는 전통적인 노조와 사용자집단을 뛰어넘어 노동자, 농민, 중소기업, 대기업, 여성·실업자·빈곤층을 대표하는 시민단체, 정당, 정부 등 주요 사회·정치 세력들의 대표 등을 포괄해야 한다. 이러한 정책협의체의 성공적 작동을 위해서는 정부의 중재적 역할이 막중하다. 특히 그것은 사회적 대타협을 유도할 대통령, 정부 및 집권여당의 정치적 열정, 역량, 의지에 달려 있다. 따라서 대통령이 노동계와 경제계, 정당, 관련 장관, 시민단체 대표들과 수시로 만나는 것은 물론이고 사회적 협의회를 주재함으로써 한국 경제의 불확

실성과 동반 성장동력, 사회양극화의 심각성과 극복에 대한 공감대를 확대해야
한다. 아울러 대통령을 포함한 정부와 집권여당은 노동과 기업의 양보를 유도하
기 위해 사회경제 문제에 대한 다양한 정책수단을 통한 보상으로 사회협약이
순조롭게 체결되고 집행될 수 있도록 해야 한다. 이로써 정부가 정책협의체의
권위를 부여하고 정책협의체의 합의사항을 충실히 이행하는 노력이 요청되고
있다.

정책협의체에 상정되는 정책 어젠다를 노사 갈등의 현안에만 국한할 것이
아니라 경제운용의 기본원칙과 전략적 목표 등 노사정 관계의 포괄적 어젠다를
논의해야 한다. 경제운용의 기본원칙과 전략적 목표에 대한 합의 없이 노사 갈등
의 현안에만 논의를 집중하는 것은 정책협의체의 활동에 장애가 될 수 있기
때문이다. 이런 점에서 정책협의체의 정책 어젠다는 네덜란드, 아일랜드, 덴마크
식 '경쟁적 사회협약정치'에 기초한 '유연안정성(flexicurity)'을 반영하는 포괄성을
갖는 것이 바람직하다.[1] 바꿔 말하면 정책협의체는 분배연합과 생산성연합의
조화와 균형을 지향해야 한다. 먼저 분배연합이 구축되기 위해서는 노동시장에
서 배제되어 있는 아웃사이더는 물론이고 노동시장 내의 취약집단을 보호하기
위한 정책패키지를 담고 있어야 한다(Rhodes, 2001: 180). 즉 ① 생산성이 떨어진
미숙련 근로자들이 노동시장에서 배제되지 않을 뿐만 아니라 임금을 보장받을

---

1) 특히 네덜란드는 1996년 유연안정성 협약(Flexicurity Accord)을 체결하여 1999년에는
'유연성 및 안정성에 관한 법률'을 제정했는데 이것은 정규직 근로자의 보호완화와 비정
규직 노동의 보호 및 사회안전망 강화를 담았다(제9장을 참조할 것). 이를 통해 정규직
과 비정규직의 간극을 좁혔다. 유연안정법은 한편으로는 노사의 타협이었고 다른 한편
으로는 노노 간 타협이었다. 이 제도의 핵심은 기업에게 정규직에 대한 해고 규정의 완
화를 허용하는 대신 비정규직 보호를 강화한 것이었다. 이는 네덜란드 사회협약의 혁신
성을 시사한다. 아일랜드와 덴마크도 네덜란드와 같이 구조개혁으로 비정규직을 양산시
켰기 때문에 이들에 대한 차별을 철폐하는 것이 절실했다. 예컨대 비정규직 보호, 장기
실업 및 빈곤층 대책, 불공정 해고의 제한 등 노동권익의 보호에도 합의하여 임금억제와
시장기능의 강화를 고용안정정책으로 보완했다. 한국 사회에서 비정규직 차별 문제가
심각하다는 점에서 한국이 네덜란드, 아일랜드, 덴마크 모델에서 얻어야 할 것은 바로
비정규직 보호 강화와 정규직 혜택을 축소하는 것이다.

수 있도록 하기 위한 유연한 소득정책, ② 임시직 및 시간제 근로자 등과 같은 비정규직 근로자의 보호 수준을 높이기 위해 핵심 정규직 근로자의 보호 수준(임금·근로조건·사내복지·해고조건 등)을 완화하는 정책, ③ 여성근로자(남성 중심의 사회보장제로 인해 차별을 받는) 및 비정규직 근로자(자격기준에서 차별을 받는)에 대한 명시적·묵시적 차별을 막기 위한 사회보장제의 재설계(사회보험 가입자격 완화 가입률 제고를 위한 유인책 등), ④ 평생 동안 기능습득 접근과 사회적 서비스를 보장하는 수요자 중심(비정규직·청년·여성 등)의 교육 및 훈련 시스템의 설계(대기업과 중소기업 훈련 컨소시엄 강화 등), ⑤ 임금절제와 노동시간 단축의 교환을 통한 '일자리 나누기'와 고용창출, ⑥ 공공부문 및 사회적 일자리 확대와 사회적 취약계층(장애인·고령자)의 노동력 활용, ⑦ 저소득층과 근로자들의 교육, 주택, 의료 대책, ⑧ 비정규직·중소 영세 사업장 근로자의 조직화와 보호 촉진을 위해 초기업 단위 노조(산업별·지역별 등) 및 초기업 단위 단체교섭 지원제도를 위한 법제도 정비, ⑨ 노조 대표의 경영참가(근로자들의 직장에 주인의식·책임의식을 갖고 생산성·경쟁력 향상, 기업경영의 투명성을 담보) 등이다.

한편, 사회협약 체결과정에서 국가경쟁력 제고를 지향하는 생산성연합을 구축하기 위해서는 적어도 다음과 같은 정책패키지가 필요하다(Rhodes, 2001: 181). 즉 ① 법률에 근거한 노동시장 규율에서 협상에 의한 노동시장 규율로 전환, ② 생산성과 연계된 임금협상이 진행되도록 중앙 차원 임금협상 시스템 틀 내에서 분권화된 협상시스템의 개발과 임금자제, ③ 시장, 정보 및 기술 요구에 신속히 부응하는 기업(대기업과 중소기업·수출기업과 내수기업 간) 및 사업장 간의 협력과 조정을 위한 협의, ④ 노동시장의 기능적 유연화, ⑤ 업종별로 근로자의 교육 및 훈련 시스템의 운영, ⑥ 기업에 대해 법인세 인하, R&D 재정지원, ⑦ 수송, 통신 등의 사회간접자본 확충, ⑧ 생산성의 시너지 효과의 극대화를 위한 산업 혁신클러스터 구축, ⑨ 노조의 책임의식과 경쟁력 향상노력을 유도하기 위해 분산적·경쟁적 기업별 노조주의를 부문·업종·산별 노조체제로의 전환 지원 등이다.

정책협의체에서 분배연합과 생산성(경쟁력)연합과 연관된 이상과 같은 다양한 정책 어젠다에 대해 이해관계자들은 패키지딜(package-deal) 방식으로 해결하는 것이 바람직하다. 예컨대 노동은 노동시장 유연화와 임금자제를 수용하고 기업은 노동시간 축소로 '일자리 나누기'로 양보하며 정부는 복지 프로그램의 확대로 노동을 보상한다. 이처럼 주요 항목을 연동하여 교환하는 패키지딜 방식이 각 항목을 개별적으로 분리하여 협상하는 경우보다 타협의 가능성이 높고 효과적이다. 이런 방식의 사회적 대타협을 통해서 노동은 분배 정책패키지를, 기업은 생산성 및 경쟁력 정책패키지를, 정부는 산업평화와 정치안정을 통한 통치력과 정책정당성 효과성을 얻을 수 있다.

글로벌 시장에 능동적으로 적응하는 지방화가 진전되어 전국 및 산별 수준의 거시적 차원에서 이루어지는 사회협약의 획일적 구속력은 효율성이 떨어질 수 있다. 따라서 특히 네덜란드와 덴마크에서는 아직 거시적 수준의 사회협약이 건재하지만 이익갈등 조정이 '중위적(meso)', '미시적(micro)' 레벨의 사회협약으로 차츰 그 중심축이 이동하는 경향을 보인다. 중위적 및 미시적 사회협약은 지방정부 그리고 지역 이익결사체(지역 경제 및 사회단체, 지역 노조 등) 및 기업별 노조와의 공동결정, 공동보조를 통한 파트너십을 구축하는 이익교환 메커니즘이다. 물론 중위적·미시적 협약은 거시적 협약이 설정한 가이드라인 틀 내에서 체결된다. 이 같은 사회협약정치의 유연화는 향후 한국 경제의 국제경쟁력 강화와 사회 갈등 해결에 기여할 수 있다. 즉 지역주민 특히 경쟁력이 약한 지역사회 취약계층을 위한 삶의 질(복지, 주택, 교통, 보건, 기술훈련 및 교육, 친환경적 산업육성 등)을 제고시켜 지역 사회세력 간의 갈등조정, 타협체제를 정착시키는 한편, 수출시장 개척, 해외자본유치, 다른 나라의 지방정부와의 협력과 제휴를 시도하고 비교우위의 지역산업·중소기업·문화를 육성(자금제공, 기업 컨소시엄 결성 중재, 첨단기술 도입 등)하여 국제경쟁력에 기여할 수 있는 지역경쟁력을 강화하는 정책 개발과 집행을 주도할 수 있을 것이다.

2. 사회협약정치의 정상적 작동 요건

서유럽 국가들이 경험했던 사회협약정치의 성공과 한계 그리고 실패 사례들은 한국 사회협약정치의 정상적 작동을 가능케 하는 요건을 천착하는 데 유용한 단서를 제공한다. 특히 서유럽 소국들의 사회협약정치의 경험은 매우 유익한 교훈이 될 수 있다. 그들 나라의 사회협약정치는 시민사회, 정치사회, 국가, 경제사회 사이의 관계를 매개하는 영역이다.2) 시민사회의 기능적 이익을 표출할 수 있는 노조체제, 그리고 '온건한 계급정치'를 통해 표출된 이익을 집약하고 조정할 수 있는 정치시장은 체제의 대표성 수준을 높인다. 동시에 사회협약정치는 국가와 경제사회 사이의 관계를 매개하는 영역으로서 그 제도화는 체제의 통치능력을 보장하는 토대를 제공한다. 사회협약정치는 대표성, 책임성, 형평성, 참여 등의 가치에 의해 측정될 수 있는 민주주의의 질을 한 단계 업그레이드할 수 있다.3) 사회협약정치는 민주주의를 공고화시키고 고통분담을 통한 경제위기의

2) 민주주의는 시민사회, 정치사회, 국가, 경제사회 등 '부분체제들의 복합체(a composite of partial regimes)이다(Schneider, 1995: 221; Encarnación, 1997: 387~419). 이런 관점에서 린츠와 스테판(Linz and Stepan)은 민주주의 공고화를 각 부분체제의 제도화로 규정했다(1996: 17~26). 우선 이익표출 및 집약 채널의 역할을 수행하는 시민사회의 결사체들이 보다 포괄적으로 조직되어 상호이익을 위한 조정, 협력하는 네트워크, 규범, 사회적 신뢰를 가질 때 민주주의는 공고화된다. 둘째, 선거, 정당, 의회 등으로 구성하는 정치사회가 사회적·경제적 균열로 인한 갈등을 정상적으로 해결할 수 있는 규범과 절차를 갖고 있을 때 민주주의는 공고화될 수 있다. 셋째, 국가가 시민사회의 이익결사체들과 공동으로 이루어지는 정책결정 및 집행을 통해 갈등조정을 시도하는 국가능력, 그리고 경제적 지배세력의 압력이나 이익으로부터의 국가자율성은 민주주의 공고화에 중요한 관건이다. 마지막으로 국가와 시장을 매개하는 경제사회가 신자유주의적 구조조정의 자기파괴성과 변덕을 상쇄할 수 있는 복지제도를 통해 시장실패자들이 겪는 사회경제적 불평등을 보상할 수 있을 때 민주주의는 공고화될 수 있다.

3) 오늘의 사회는 다원화되고 있고 이는 이익갈등의 다원화를 야기한다. 선거를 통한 민주적 결정구조는 다양한 이슈와 이익갈등을 해결하는 데 한계를 지닌다. 따라서 하버마스의 개념인 '공론의 장'을 중심으로 하는 '심의민주주의(deliberative democracy)'의 필요성이 대두되고 있다. 사회전체 이익과 특수이익이 충돌하여 갈등을 해결코자 할 때 그 이해당사자들이 자신들의 이해관계에 영향을 미치는 정책결정 과정에 참여하여 충분한 '논의의 장'을 조성하고 합의를 끌어내는 것이다. 이러한 메커니즘의 가장 대표적인 사례가 사회협약정치이다. 사회협약정치는 정책결정 과정에 이해당사자들의 참여를 통해 민주주의의 중요한 규범적인 원리인 참여, 대표성, 책임성을 제고시켜 계급·계층 갈등

극복을 위해서도 매우 매력적인 대안임에 틀림없다. 그렇지만 한국 사회협약정
치는 한국민주주의 공고화 전망을 흐리게 하는 많은 장애물, 취약점, 제약, 도전
에 직면하고 있다. 이런 점에서 한국 사회협약정치의 정상적 작동은 시민사회,
정치사회, 국가 및 경제사회의 개혁을 요구한다.[4] 그렇다면 우리는 서유럽 사회
협약정치의 성공, 한계, 실패 사례들과의 비교시각에서 한국 사회협약정치의 작
동에 필요한 실천적 개혁 함의를 이끌어낼 수 있다.

1) 시민사회: 탈(脫)기업별 노조체제

기업별 중심의 한국 노조운동은 조직적으로 근본적인 한계를 갖는다. 재벌
대기업 정규직에 조직 기반을 갖는 민주노총 중심의 노동운동은 중소기업과 비
정규직 노동자의 이익을 옹호하기보다는 자신들의 이익을 우선적으로 옹호하는
경향을 보인다. 기업별 노조체제하에서 이런 경향은 더욱 뚜렷해지고 있다.[5]

해결에 기여할 수 있다.

4) 경제개혁정치의 연구자들은 사회협약정치를, 고통스러운 경제적 구조개혁이 신생 민주
   적 제도들의 공고화와 공존할 수 있도록 해주는 사회민주주의적 접근으로 보고 있다
   (Pereira, Carlos, Maravall and Przeworski, 1993).

5) 기업별 노조의 특징은 다음과 같다. 첫째, 노조 조직은 기업의 틀을 넘어 조직되는 것이
   아니라 기업 내부의 정규 종업원만을 대상으로 조직된다. 따라서 임시직, 일용직, 시간
   제 근무자 등은 조직대상에서 제외되는 경향이 있다. 둘째, 기업별 노조는 산별 노조와
   달리 기업단위의 독자적인 규약을 갖고 독자적인 재정을 운영한다. 단체교섭 또한 기업
   수준에서 행해진다. 물론 기업별 노조들이 수평적으로 결합해서 지역별·산업별 협의체
   또는 전국적 중앙조직 등을 구성하는 경우도 있지만 이들은 하부에 있는 기업별 조합에
   대해 실질적인 통제권을 행사하고 있지 못하며 노동조합운동은 최종적으로 기업별 조합
   의 집행기관에 의해서 움직여진다. 이에 따라 기업별 노조의 조직적 약점은 다음과 같
   다. 첫째, 기업별 노조는 우선 종업원만이 조합원이 될 수 있기 때문에 종업원 신분이
   우선시되며 따라서 조합원들은 종업원의식을 극복하기가 어렵다. 둘째, 기업별 노조는
   하청노동자, 용역노동자들은 규약상 조합원자격을 갖지 못하므로, 동일한 노동을 하고
   있으면서도 노동조건이 더욱 열악한 용역직, 하청노동자들을 조직할 수 없다. 셋째, 기
   업별 노조는 조직대상이 특정기업에 한정되고 노조의 규모가 작기 때문에 교섭력, 재정

기업별 노동조합이 지배적인 한국에서 노동조합은 정규직 위주로 조직되었으며 조합의 일차적 목표는 정규직 조합원을 보호하는 것이다.[6] 결국 기업별 노조체제에서 정규직 대 비정규직은 대립으로 갈 수밖에 없다. 이런 노노 갈등은 사회협약정치를 저해하는 요인으로 작용한다. 뿐만 아니라 분산적 경쟁이라는 시장원리에 따라 조직되는 한국의 기업별 노조는 다른 노조 또는 노동계급 전체에 미치는 영향을 고려하지 않고 국가와 자본을 상대로 전투적 대결을 구사하며 자신의 이익만을 배타적으로 취하려는 '개별적 최적 전략'에 주력함으로써 무임승차의 길을 택하려 하며[7] 사회적 자본(social capital)이 결여되어 있어 특수 이익만을 추구하는 이익조직들 간의 '죄수 딜레마 게임'적인 갈등구조가 상존한다. 이는 사회협약정치를 방해하는 요인이다.

력, 투쟁력이 취약하다. 넷째, 노조가 기업 내부에서 조직되고 종업원 신분이 조합원 자격의 전제가 되므로 기업으로부터 독립성을 유지하기가 힘들게 된다. 즉 자본과 유착 가능성이 높고 자본이 노조에 대해 개입할 가능성이 커진다. 이런 상황에서는 노조가 쉽게 어용화될 가능성을 많이 안고 있다. 다섯째, 종업원으로서의 활동과 노조원으로서의 활동이 구분되지 않기 때문에 전체 노동자의 이익보다는 특정기업의 종업원으로서 누릴 수 있는 눈앞의 이익이 중요하게 부각됨으로써 기업의식이 발전할 소지가 크다.

6) 이는 기업별 노조체제에 기인한다. 한국의 기업별 노조체제는 과거 재벌중심의 경제정책을 계속해 온 정부와 권위주의적 관리에 익숙한 사용자들이 노동운동의 정치화를 우려해 노조를 기업별로 묶어두려는 통제정책에서 유래한다. 그 결과 사회문제에 대한 노동자의 파업은 노동법상 불법이다. 이는 산업별 수준의 노조 및 사용자단체가 단체협상을 통해 노동조건에 대한 가이드라인을 정해 그 산업 전체의 노동자에게 적용되고 노동이 사회복지, 교육 등 사회적인 문제제기를 할 수 있는 서유럽 국가들과는 대조를 이룬다. 더욱이 한국 노조들은 경영이나 정책 참여 통로가 막혀 있는 상태이다. 따라서 기업 경영 관한 정보를 갖고 있지 않는 노조들은 해마다 높은 임금인상을 얻어내려고 전투적인 노동운동을 전개하며 지도부는 구속과 해고의 표적이 되곤 한다. 대규모 사업장의 힘 있는 노조들이 전투력을 발휘하여 임금을 인상하면 사용자는 올라간 비용만큼 노조가 없는 비정규직, 하청 노동자에게서 보충하며 이 때문에 대기업 노동자의 이익이 중소·영세 노동자들의 희생을 가져온다.

7) 멕시코, 아르헨티나, 페루, 브라질 등의 남미국가들의 사회협약정치가 실패했거나 부재했던 것은 노조들이 파편화, 분열되어 있어 '집단적 최적 전략'보다는 '개별적 최적 전략'을 선호하는 경향이 있었기 때문이다(Buchanan, 1995: 177~180).

따라서 서유럽 소국들의 노조체제처럼 시민사회에서 노조의 지위가 단순한 '귀속자(affiliation)'에서 '동반자(association)'로 업그레이드되어야 한다. 즉 단위노조가 산별 노조 및 정상노조와의 법제도적인 유대를 가져야 할 뿐만 아니라 노동자들의 계급적 연대의 실현을 막는 분산적 기업별 노조체제를 개혁해야 한다. 다시 말하면 노동자들을 지역·부문·산업별 노조체제에 기초한 전국적·중앙집중적으로 조직하는 것이 요청된다.[8] 산업별·전국적으로 조직되는 중앙집중적인 노조체제는 단위 노조들로 하여금 산업시민으로서 자본주의 시장경제체제를 유지하려는 책임감을 갖게 해줄 뿐만 아니라 개별 노동자 또는 개별 노조의 분파적 행동을 자체적으로 통제함으로써 노동계급 및 사회 전체의 집합재(collective goods: 예컨대 국가경쟁력 향상)의 생산을 증대시키는 사회협약정치의 작동을 가능케 할 수 있다(Ebbinghaus, 2004: 579).[9]

한국에서는 산하 노조들과 일반 노동자들에 대한 통제력을 행사할 수 있는 포괄적인 노동결사체가 존재하지 않기 때문에 전국 차원의 협약이 개별기업 수준의 협상에 별다른 구속력을 갖지 못하고 있다(선학태, 2003: 282). 이것은 중앙수준의 사회협약의 실효성을 떨어뜨리는 요인으로 작용한다. 이 사실 또한 분산적이고 파편화된 기업노조주의를 지역·부문·업종·산업별에 기초한 포괄적·중앙집중적 노조체제로 전환하여야 하는 당위성을 뒷받침한다. 포괄적인 결사체들은 집단행동의 외부효과(externalties)를 흡수하는 능력, 즉 거의 모든 사회구성원들의 이익을 증진하는 정책을 산출하는 능력을 갖고 있다. 오스트리아, 덴마크,

---

8) 사용자 역시 소속 기업의 요구를 조율해서 협상에 임할 수 있는 조직을 갖추어야 하는데 한국의 사용자단체는 이런 조건을 갖추지 못했다. 전경련이나 경총이 소속 개별 기업의 의사를 구속할 수 있는 통제력을 갖지 못하고 있다.

9) 포괄적·중앙집중적 노조가 정부로부터 공적 혹은 준공적 지위를 부여받은 '사적 이익 정부(private interest government)'로서 자율적 규제 기관(self-regulating agency)이 된다면 이는 조직 구성원들의 요구와 관심에 많은 정보를 갖는 결사체의 리더십에 의해 집행되기 때문에 집행의 효율성과 정당성이 높아진다. 또한 노동조합의 사적 이익정부(결사체적 자율규제)화는 조직원들의 행동을 통제하여 편협한 자기 이익의 관점에 함몰되지 않고 공공선을 창출하기 위한 공동체의 노력에 동참하는 결사체 민주주의(associative democracy)를 실현할 수 있다(Mansbridge, 2003: 176).

아일랜드 등의 서유럽 소국들의 노조체제에서 볼 수 있는 바와 같이 산별적
·전국적 노조체제를 통한 노동운동의 강화는 사회협약정치에 입각한 계급타협
을 촉진시킨다. 왜냐하면 사회협약정치의 정상적 작동 여부에 중대한 영향을
미치는 주요 변수인 국가정책의 성격과 본질은 시민사회의 역관계(power con-
figuration)를 반영하기 때문이다. 사회협약정치의 정상적 작동에 필수적인 노동의
협력을 견인할 수 있는 국가의 중립적 역할과 복지정책은 노동과 자본 간의
보다 균형된 권력자원을 요구한다. 노동과 자본 간의 권력자원 균형이 노동자들
로 하여금 과격한 임금인상을 위해 전투적 파업을 증대시킴으로써 계급 갈등을
증폭시킬 것이라는 예상은 현실화되지 않았다. 오히려 포괄적·중앙집중적 노조
체제를 채택하고 있는 오스트리아, 덴마크, 아일랜드 등의 서유럽 소국들은 산업
시민으로서 노조의 사회적 책임의식을 획기적으로 증진하여 사회협약정치를 작
동시킴으로써 노사 간 타협에 의한 산업평화를 정착시켰으며 기업별 노조주의를
채택하고 있는 영국과 프랑스보다 갈등, 고용, 분배, 인플레이션 등의 거시경제적
실적에서 앞섰다(<표 16-2> 참조).

　한국에서 사회협약정치의 작동은 정치와 경제에 대한 재벌의 과도한 영향력을
완화하기 위해 그들에 대한 견제와 통제를 요구한다. 바꾸어 말하면 시장승자들
(market winners) 및 기득권층의 지대추구(rent-seeking) 행위를 견제하고 경제적 구
조개혁 과정에서 발생한 시장실패자들의 사회경제적 비용과 손실을 보상하기
위해 시민사회의 권력화(empowering)가 긴요하다. 동시에 지방정부, 지방의회 및
지방기업들의 범법행위나 도덕적 해이(moral hazard) 등을 방지하기 위해 지역
시민단체들의 감시가 요구되고 있다. 이는 서유럽 소국들에서 확산되고 있는
중위적·미시적 사회협약정치의 작동을 위한 요건이다. 시민사회의 노조나 시민
단체들은 사회경제적 갈등의 제도화, 즉 사회협약정치의 작동에 부정적 요인으
로 작용한 지역주의 정치를 청산하기 위한 강력한 운동을 전개해야 한다. 나아가
지역 시민단체들은 국가권력의 지방분권화 운동을 시작해야 한다. 지방분권화는
한국 선거정치, 정당정치 및 의회정치가 당면하고 있는 지역분할 정치의 부정적
인 파장을 감소하는 길이기는 하지만 이보다는 글로벌 시장화에 따른 사회협약
정치의 유연화, 즉 중위적 사회협약정치의 작동을 위한 매우 긴요한 요소이기

때문이다.

한 걸음 나아가 한국 시민사회는 노조와 시민단체 간의 협력네트워크를 강화하여 공동이슈들을 탐색해야 한다.10) 이는 글로벌 시대에 대응할 수 있는 '신사회노조주의(new social unionism)'를 지칭한다. 다시 말하면 노조는 여타 시민단체들과 함께 환경, 인권, 평화, 소비자보호, 통일운동을 추진하는 신사회운동(new social movement)을 전개할 필요가 있다(Waterman, 1998: 219; 1999: 260~261). 한국의 신사회노조주의는 단순히 임금인상이나 근로조건을 개선하는 활동에 치우쳐서는 안 된다. 국제경쟁력 제고가 국가경제의 최대 현안으로 떠오르는 마당에 노조가 과거처럼 임금투쟁 일변도로 나간다면 이는 투자위축으로 이어져 일자리 유지 및 창출에 도움이 되지 못할 뿐만 아니라 노동자들의 복지 확충도 가져올 수 없다. 이런 상황에서는 결국 사회협약정치의 작동이 불가능할 것이다. 따라서 한국의 신사회노조주의는 임금억제를 통한 고용창출, 투자, 신기술, 직무 재배치, 훈련 · 교육, 친환경적인 상품, 노동시간 단축을 통한 일자리 나누기, 사업장 민주주의 등에 관심을 갖고 집중적으로 제기해야 한다.11) 그러한 전략은 사회협약정치의 작동을 촉진하기 위해 노동운동이 환경 · 인권 · 평화 · 소비자 운동과 제휴하고 가치지향성이 유사한 정당들과도 함께 전개되는 것을 요구한다. 그 밖에도

---

10) 서유럽에서 신자유주의에 대한 진보적 대안은 비판적인 지식인들과 좌파적 정당들에 의해 제기되어 왔다. 그러나 그것은 시민사회의 동력화 없이는 실효를 거둘 수 없다. 지향성이 없고 탈동원화된 시민사회는 어떤 유형의 진보적 대안을 창출해 낼 수 없다. 시민사회의 활성화는 '위로부터의 정치'에 대항하는 '아래로부터의 정치'를 가능케 할 수 있다(Munck, 2002: 10).

11) 사회협약정치는 참여자들 모두의 양보와 타협의지에 그 성패가 달려 있으며 모두에게 이익이 되는 결정을 할 수 있을 때만 유지된다. 오스트리아, 네덜란드, 아일랜드, 덴마크를 비롯한 서유럽 소국들에서 노조가 사회협약정치에 적극적이었던 이면에는 국제경쟁 압력, 재정적자 압력, 인플레이션 압력 등으로 정부가 고용에 대한 어떠한 보장도 하지 못함에 따라 임금억제와 근로시간 단축이라는 양대 수단을 통해서만 고용창출이 원활할 수밖에 없다는 상황인식이 작용한 것이다. 이러한 인식이 노조 측의 전략변경을 유도하는 요인으로 작용했으며 자본 측은 근로시간을 단축해서 더 많은 근로자들에게 일자리를 제공할 필요가 있었다. 이 같은 상황인식이 서유럽 소국들에서 협력지향적인 노사 동반자관계 혹은 사회협약정치를 정착시키는 계기를 마련한 것이다.

그 전략은 모든 사회관계 및 구조(경제, 정치, 사회, 성, 문화, 교육, 미디어 등)를 지속적으로 바꾸는 데 민주적이고 협력적인 활동을 전개해야 하며 글로벌 시민사회를 조성하기 위해 국제적인 연대를 구축할 필요가 있다.

2) 정치사회: 보수 · 진보 정당블록 구도와 '비례성' 선거제도

계급 · 계층 균열을 정당체제로 전환하지 못한 한국 정치사회는 사회협약정치를 촉진할 수 있는 '온건한 계급정치'를 제도화하지 못하고 있다. 계급 · 계층에 기초하고 이념적으로 채색된 정당정치가 사회협약정치를 정착시키는 데에 중요한 역할을 수행하는 서유럽 소국들에서 관찰되는 정치사회의 어떤 조건도 한국 정치사회에서는 충족되지 못하고 있다. 한국 정치사회에서는 노동친화적인 정당이 육성되거나 정당과 노동이 제도적으로 연계되는 것이 어려운 상태다. 따라서 선거정치 · 의회정치 · 의회정치가 보수 정치인들의 독점 무대가 되고 있을 뿐이다.

서유럽 소국들의 사회협약정치를 성공적으로 작동케 한 가장 중요한 요인은 사회민주주의 정당과 보수정당으로 편성되어 있는 정치지형이다. 이런 정당지형은 결사체 및 국가기구와 동시에 연계되어 있다. 정부와 이익결사체 간의 정책협의에 기초하는 사회협약정치는 정당들 간의 정책협의에 기초한 합의제 정치와 병행하여 발전되고 있다. 특히 네덜란드, 아일랜드의 합의제 정치에서 보수 · 진보 정당블록구도가 계급 · 계층 균열을 효과적으로 정치 영역에 투영하여 '경쟁적 사회협약정치' 시스템의 안정적 작동에 필요한 제도적 토대가 되고 있다. 네덜란드의 노동당과 기민당, 아일랜드의 Fianna Fáil(공화당), 덴마크의 사민당[12]은 노조를 비롯한 이익결사체와 긴밀한 연계를 구축하고 신자유주의적 구조개혁 과정에서 필연적으로 발생하는 사회의 소외세력이나 노동세력의 상대적 박탈을 완화할 수 있는 복지정책 프로그램을 통해 그들을 제도권 정치로 견인함으로써

---

12) 덴마크 사민당의 정치적 중추인 노조의 경우 사민당의 주요 정치적 발의에 관련된 논의 과정에 활발히 참여해 왔으며 심지어 사민당의 정책 어젠다를 결정하는 데까지 관여해 왔다.

정치적 안정에 기여했다. 이런 점에서 글로벌 시대에 국가경영의 효율성·경쟁력과 형평성을 제고시키기 위해 상정된 한국형 '경쟁적 사회협약정치'인 사회통합적 구조개혁정치의 작동에 기여할 수 있는 정당제도가 사회양극화에 따른 부문·계급·계급 균열을 정치 영역에 투영하는 방향으로 개혁되는 것이 중요한 과제로 떠오르고 있다.

그럼에도 불구하고 한국의 정당지형에서 사회양극화에 따른 부문·계급·계급 균열은 정치적 영역에 정상적으로 투영되지 못하고 있다. 오늘날 한국 사회의 중심적인 갈등요인은 탈냉전과 신자유주의적 글로벌화의 충격이라 할 수 있다(최장집, 2002: 214~215). 냉전-탈냉전의 갈등이 햇볕정책(혹은 한미관계)을 둘러싸고 좁은 범위에서나마 표출되고 있는 데 반해, 신자유주의적 글로벌화가 가져온 갈등구조는 한국 정치에서 진지하고 심각한 담론이 되고 있지 않다. 주요 정당들이 시장경제로의 전환, 경제에서 정치논리(국가의 역할)의 배제 등을 열창하고 있다. 글로벌 시장과 신자유주의적 구조개혁이 몰고 온 사회양극화에 대응하는 데 있어 국가와 시장의 역할 및 기능을 어떻게 배분할 것인가가 정치적으로 대단히 중요한 문제로 제기되고 있음에도 불구하고 국가-시장의 균열축에서 구분되는 주요 정당 간의 차이는 크지 않다. 사회양극화의 해소와 사회통합을 실현하기 위해 소득불평등, 실업증가, 비정규직 근로자의 차별, 빈곤층의 확산, 고용불안 등 글로벌 시장과 신자유주의적 구조개혁의 충격과 고통에 대응할 수 있는 정당, 의회, 정부와 같은 민주적 제도 안에서 진지하고 심도 있는 토론이 결여되고 있는 것이다. 지역주의적 정치동원에 익숙해 있는 정당들은 겨우 냉전-탈냉전의 균열축에서 대북정책에 국한된 매우 협소한 범위에서 차별성을 보이고 있을 뿐이다. 이는 한국의 정당정치가 사회통합적 구조개혁을 위한 '경쟁적 사회협약정치'의 작동에 필요한 정당체제를 갖추고 있지 않음을 의미한다.

이런 점에서 한국 정당정치는 계급적·계층적·탈물질주의적 이익과 가치를 차별화할 수 있는 정책정당으로서의 성격을 크게 부각시켜 나아가야 한다. 만약 정당이 지역성에만 토대를 두고 이념적·정책적 차별성이 결여되어 있다면 유권자의 선택 폭은 제약되어 지역주의적 투표를 할 수밖에 없다. 그러나 차별화된 이념과 정책을 표방한다면 특정 지역 내의 유권자들은 타 지역의 주도적 '지역정당'을 이념과 정책 프로그램에 기초하여 선택할 수 있다. 이러한 과정을 통해 전국적 차원에서 유권자의 선택 폭이 넓어지게 되고 궁극에는 '지역정당'으로서의 한계를 실질적으로 점차 벗어나는 계기가 된다. 궁극적으로는 지역주의적 정치행태가 희석되는 가운데 계급·계층 균열 및 탈물질주의적 균열구조를 반영하는 '다당제를 하부형태로 한 보수·진보 정당블록구도'의 제도화가 정착될 수 있을 것이다.

국가정책은 본질적으로 사회 내의 사회세력들 간의 힘의 역관계를 반영한 객관적 산물이다. 이 점을 고려할 때 정치적 시민권을 보유한 노동세력과 유기적 연계를 갖는 진보적 개혁정당[13]을 통해 전개되는 보수·진보 정당블록 간의 정치경쟁은 분배연합과 생산성연합의 조화와 균형을 추구하는 사회통합적 구조개혁정치의 작동을 위한 실용주의적 노선과 정책대결을 유도할 수 있다. 특히 진보적 개혁정당은 사회양극화의 극복을 위한 사회안전망 및 복지 프로그램과 국민들의 '삶의 질(환경, 교육, 주택, 의료, 고용, 교통, 문화 부문 등에서)' 개선을 위한 구체적인 정책아이디어를 경쟁적으로 개발하고 국제경쟁력 및 생산성 제고에만 주된 관심을 갖는 보수정치세력을 견제할 수 있을 것이다. 이러한 전망은 서유럽에서 사회협약에 기초한 시민의 삶의 질 개선과 복지국가의 실현이 노동세력의 지지에 기반한 진보적 개혁정당의 적극적 정책개발을 전제하고 있다는 점에서 설득력을 갖는다. 요약컨대 한국 정치지형의 보수·진보 정당블록 간의 정치경쟁은 진정한 사회통합을 가능케 하는 '경쟁적 사회협약정치' 시스템의 작동에 순기능으로 작용할 것이다. 뒤집어 말하면 '경쟁적 사회협약정치'는 시장 실패자 및 사회경제적 열악자들을 보호하기 위해 '온건한 계급정치(moderate class politics)'를 연출해 낼 수 있는 '다당제를 하부형태로 한 보수·진보 정당블록구도'의 제도화를 가능케 하는 정당체제 개혁을 요구하고 있다.[14] 다양한 이념적 스펙트

---

13) 진보적 개혁정당의 이념적 스펙트럼에 대한 상세한 설명으로서는 선학태(2004: 32~33; 2005: 41~49)를 참조할 것. 다만 여기서 필자가 말하는 진보적 개혁정당의 콘텐츠는 단순히 '무상교육, 무상의료' 등을 요구하는 근본적인 유토피아가 아니라 주택·교육·의료·고용 등의 일상생활 영역에서 양질의 서비스를 정책화하는 것이 될 것이다.

14) 우리의 정당체제는 이를 규정하는 가장 중요한 균열라인인 지역주의적 투표로 인해 계

럼에 바탕한 보수·진보 정치지형이 존재할 때 노동은 '시장' 영역에서 '정치' 영역으로, 즉 시장교환(market exchange)의 장에서 정치교환(political exchange)의 장으로 갈등의 장을 이동할 수 있다. 이는 한국 사회협약정치를 정상적으로 작동시킬 수 있는 관건이다.

정당체제를 보수·진보의 블록구도로 전환하기 위해서는 선거제도의 효과를 적절히 활용해야 한다. 영국과 프랑스를 제외한 서유럽 국가들의 보수·진보 다당제도는 정당명부식 비례대표제를 통해 이루어졌다.[15] 선거제도는 사회균열구조와 정당체제의 형성과 의회정치를 상호 매개하는 장치이기 때문이다. 이런

급·계층의 이익과 갈등, 요구들을 정상적으로 투영하지 못하고 있다. 따라서 정당체제 개혁은 경쟁하는 정당들이 국민의 이익을, 즉 사회의 다양한 이익과 요구들을 폭넓게 제대로 대표하는 방향으로 시도되어야 한다. 한국 정치에서 협애한 정치적 대표체제의 극복이야말로 정치개혁의 제1의 개혁 어젠다가 되어야 한다. 물론 당내민주화, 정치자금의 투명화, 개방형 경선제, 지구당 폐지, 정치부패 청산, 선거공영제 등의 정치개혁도 중요한 의미를 가지고 있다. 그러나 중요한 것은 사태의 인과관계를 이해하는 문제인데 한국 정치의 결정구조의 폐쇄성은 정치적 대표체제의 협애성과 보수엘리트의 카르텔에 연유하고 있다.

15) 지역구 개념이 없는 네덜란드의 비례대표제는 유권자들과 의원 간의 연계성을 단절시키는 요인으로 작용하는 약점이 있다(선학태, 2005: 235). 아일랜드의 단기이양식 투표 (single transferable vote: STV)도 각 당의 전국 득표율과 의석점유율을 거의 정비례시킨다. 이는 정당명부의 서열의 결정권을 유권자들에게 과감히 이양하는 제도다. 유권자들은 지역구 후보자들에 대한 선호도에 따라 순서대로 후보자들의 이름을 명기하게 된다. 첫 번째로 기명된 후보자들의 득표수를 합산하여 이들 중 일정 득표수를 초과한 후보자는 당선되고 여기서 초과한 득표수는 유권자들이 두 번째로 지명한 후보자들에게 이전된다. 두 번째의 지명자가 일정 득표수를 확보하면 당선된다. 이러한 절차를 지속하여 해당 지역에 따라 3석에서 5석의 당선자를 확정한다(선학태, 2005: 60~61). 덴마크의 경우 17개 선거구에서 평균 8명의 대표를 선출하는 정당명부식 비례대표제이다 (Lijphart, 2004: 101). 선거구는 적정 규모로 설정되어 총 유효투표의 일정 표 이상을 획득한 소수파 정당이 의회의석을 차지할 수 있는 충분한 가능성이 있게 된다. 이들 선거구에서 선출된 135명의 대표자 외에도 전국적인 비례성을 극대화할 목적으로 최소 전국적인 총 유효투표의 2%를 획득한 군소정당에게 할당되는 40명의 전국적 보상의석이 있다.

관점에서 사회협약정치의의 주요 파트너인 노동대중과 사회경제적 소외계층을 정치고객으로 하는 진보적 개혁 정치세력이 제도권정치에의 진출을 가능케 하는 선거제도가 필요하다. 그런데 우리의 현행 선거법은 '1인 1구 소선거구제'에 의해 의원을 선출한다. 이러한 선거제도는 특정 '지역정당'이 타 지역에서 의석을 확보할 수 없을 뿐만 아니라 진보적 개혁세력의 제도권 진출을 통해 정당구도를 보수·진보의 정치스펙트럼으로 재편할 수도 없다. 현행 소선거구제하에서는 선거시장에서 특정 정당이 특정 지역에서 의석을 거의 '싹쓸이'하여 지역균열만을 반영한 지역정당 체제를 조장했고 따라서 한국 정치는 계급·계층 균열을 해소하는 데 기여하지 못했다. 더욱이 현행 한국 선거제도는 비록 정당명부식 비례대표제를 채택하고 있으나 총 의석 중 비례대표 의석 비중은 불과 56석에 그치고 있으며 전국을 단위로 하여 정당명부가 작성되기 때문에 현행 비례대표제는 지역정당의 성격을 벗어나게 하는 데 별로 도움이 되지 않는다.

따라서 글로벌 시장화에 따른 신자유주의적 구조개혁이 초래하는 사회양극화와 사회적·정치적 갈등을 제도적으로 관리, 해소할 수 있는 보수·진보 정당블록간의 정치경쟁 정착은 제로섬적이고 승자독식의 논리가 지배하는 현행 선거제도에 대한 발본적인 개혁을 요구한다. 다시 말하면 기능적 이해를 대표하는 정당의 육성을 돕는 선거제도, 특히 사회협약정치의 주체인 노동의 정치참여가 더욱 제도화될 수 있는 선거제도가 도입될 필요가 있다. 그것은 합의제 정치 모델이 상정하고 있는 권역별 정당명부식 비례대표제와 중·대선거구제가 바람직하다.[16] 우선 현행 비례대표제는 권역별 정당명부식 비례대표제로 전환될 필요가 있다. 이 경우 권역별, 즉 특별시·광역시·도 단위로 정당명부를 작성하고 정당의 권역별 득표수가 전국 득표수에서 차지하는 비율에 따라 각 권역별 단위의 명부에 의해 의석수가 배정되고 당선인이 결정된다. 이러한 '권역별 정당명부식 비례대표제'는 개별정당의 득표율과 의석점유율을 일치시켜 특정 정당 출신 정

---

16) 물론 학계와 시민단체에서 공감대가 형성되어 있는 소선거제 + 권역별 정당명부제의 '유기적' 결합이라는 독일식 혼합 선거제도를 검토해 볼 수 있다(Schmidt, 2004: 131~134). 그러나 소선거제 + 권역별 정당명부제의 '병립적' 결합이라는 일본식 혼합 선거제도는 한국 선거제도로서 적절치 않다(선학태, 2005: 제3장 참조).

치세력이 특정 지역에서 과잉대표 혹은 과소대표되는 사태를 방지하여 특정 '지역정당'이 다른 지역에서도 의석을 확보할 가능성이 높아진다.[17] 이로써 지역 갈등 완화에 기여할 수 있음은 물론이고 개혁지향적인 진보적 전문지식인, 노동단체 및 시민단체의 지도자를 정치권에 참여시킴으로써 정치력이 취약한 소외계층, 계급의 탈지역주의적 이익을 보다 효과적으로 보호할 수 있는 진보적 개혁정치세력의 성장과 의회진출에 크게 기여할 것이다.

그러나 모든 의석이 정당명부식 비례대표제에만 의존할 경우 의원의 지역대표성이 크게 희석되는 문제점이 있다. 그러므로 현행 소선거구를 확대 재조정, 즉 특별시, 광역시, 도 등을 각각 인구분포에 대한 몇 개의 선거구로 재획정하여 한 선거구에서 2~5명의 의원을 선출하는 '단일정당, 단일후보형태의 중·대선거구제'를 병행, 보완하는 것이 바람직하다. 이러한 중·대선거구제로의 개혁은 지역 갈등 해결에 기여할 수 있지만 무엇보다도 그것은 지역 중심의 보수정당들이 득표율을 훨씬 넘는 보너스 의석을 점유하여 인위적으로 '제조된 다수'의 위상을 차지하는 '1인 1구 소선거구'의 단점을 극복하는 데 있다. 이런 점에서 이 제도는 준비례대표제라고도 칭한다. 이런 제도적 강점은 정치적 자원이 열세한 노동대중을 대표하는 참신한 진보적 개혁 정치세력에게 사회경제적 소외세력의 정치적 선호를 정책화할 수 있는 의정에 참여할 수 있는 채널을 마련해 줌으로써 사회통합적 구조개혁정치의 정상적 작동을 가능케 할 것이다. 이런 맥락에서 정당명부식 비례대표제와 중·대선거구제도에 의해 선출된 정치엘리트들은 정치를 사활적인 게임보다 '거래와 협상(business or bargaining)'으로 인식하며 실용주의적 이념과 정책산출을 통해 상생정치를 정착시킬 것으로 예상된다.

---

17) 정당명부식 비례대표제는 패권정당을 허용하지 않는 다당체제를 만들어놓기 때문에 특히 네덜란드, 아일랜드, 덴마크의 정치사회는 여러 정당들 간에 협조가 아니면 파국이라는 인식이 확산되며 정당 간에 의사결정 과정에서 상호 관용하고 화합한다.

3) 국가: 연립정부와 준(準)연방제적 분권화

사회협약정치 시스템의 작동을 촉진하는 정치제도적 조건은 국가구조의 재조
직화이다. 여기서는 이를 집행권을 분담하는 연립정부, 그리고 국가하위체계에
의 권력 이양, 즉 준연방제적 분권화를 중심으로 논의하고자 한다.

우선 한국 사회의 양극화에 따른 계급·계층 균열을 정당정치에 매개하는 보
수·진보 정당블록구도가 제 기능을 발휘하려면 연립정부가 수립될 수 있는 가
능성과 기회가 열려 있어야 한다. 네덜란드, 아일랜드, 덴마크의 '경쟁적 사회협
약정치'는 정당 간의 협력체제에 기반한 연립정부의 수립에 의해 가능했다(선학
태, 2004: 138; 2005: 72~77).[18] 이런 점에서 글로벌 시대에 사회통합적 구조개혁을

---

[18] 네덜란드에서는 예컨대 1980년대 초에는 기민당-자유당 연정, 1989년에는 기민당-노
동당 대연정, 1994년에는 노동당-자유당-D'66로 구성된 이른바 '자줏빛 연정(purple
coalition)', 2002년에는 기민당-자유당-LPT(List Pim Fortuyn)에 의한 중도우파 연정내
각이 구성되었다(선학태, 2005: 236~237). 1987년 이후 아일랜드 정당정치도 연립정
부의 형태로 변모했는데 각 사회협약은 연립정부에 의해 주도적으로 체결되었다. 예컨
대 PNR은 Fianna Fáil의 소수 정부에 의해 이루어졌지만, 나머지 PESP은 Fianna Fáil-
진보민주당(Progressive Democrat)의 연정, PCW은 Fianna Fáil-노동당의 연정, '파트너
십 2000'은 Fine Gael-노동당-민주좌파당(Democratic Left Party)의 연정, PPS은 Fianna
Fáil-진보민주당의 연정 등에 의해 사회협약이 체결되었다(Hardiman, 2002: 22). 덴마
크의 경우 1980년대에 보수당-자유당이 연정의 형태로 집권한 일이 있지만 전후 줄곧
사민당은 재집권에 성공했다. 덴마크의 사민당은 의회 과반수 지지를 얻지 못하여 단독
으로 소수내각을 구성한다. 덴마크에서 소수정부가 빈번하게 발생한 이유는 우선 의원
이 정책결정에 영향을 주고 싶을 경우 정부 구성에 참여하기보다 야당에 머무르면서
정부정책에 더 많은 영향을 행사할 수 있기 때문이다. 이를 가능케 한 중요한 제도적
장치는 의회 위원회의 힘이다. 법안 제출뿐만 아니라 정부 정책에 대해 많은 영향력을
행사하는 강력한 의회 위원회가 존재하기 때문에 야당들이 사민당의 내각구성에 참여
하려는 인센티브를 갖지 못한다(Strom, 1990: 70~72). 덴마크에서 소수정부가 빈번하
게 출현하는 또 다른 이유는 정부가 이익정치의 구조와 밀접히 연관되어 있다는 데 있
다. 이익단체는 정책형성 및 결정을 둘러싸고 정부와 직접 협상하기 때문에 이익집단의
정치적 지원을 받는 야당은 굳이 정부 구성에 참여할 필요가 없다. 덴마크에서 단일
정당 소수내각은 정책이슈에 따라 내각구성에 참여하지 않는 1개 이상의 다른 정당들

위한 한국형 '경쟁적 사회협약정치'의 성공적 작동을 위해서는 다양한 형태의 연정을 구성할 수 있어야 한다.[19]

그러므로 집권당에 의해 행정권이 독점되는 '일당내각' 구성이라는 현행 제도는 개혁되는 것이 바람직하다. 진보적 개혁세력이 내각구성으로부터 배제되지 않고 중앙정부의 차원에서 자신의 정치고객인 노동대중과 사회경제적 소외계층의 이익과 연관된 국가정책 결정 및 집행과정에 실질적인 주체로 참여하는 것이 제도적으로 보장되어야 한다는 것이다. 왜냐하면 진보적 개혁세력이 국가정책 과정에 참여하는 것이 배제된다면 이는 계급·계층·지역 갈등을 증폭하는 큰 원인으로 작용할 개연성이 높기 때문이다. 그런 까닭에 진보적 개혁세력에게 내각구성 과정에서 권력지분을 보장하는 것이야말로 사회적 형평성 실현을 통해 갈등조정과 사회통합을 실현하고자 하는 한국형 '경쟁적 사회협약정치'의 작동에 핵심변수이다.[20] 다시 말하면 진보적 개혁세력이 권력분점의 형태로 내각구성에 참여하는 길이 제도화되었을 때 국가는 한국 사회의 계급·계층·부문 간에 정치적·경쟁적 자원을 보다 합리적으로 배분하여 사회양극화 해소와 사회통합을 토대로 국제경쟁력을 제고하는 역할을 수행할 수 있을 것이다.[21] 이 같은

과 줄곧 협상을 시도해야 하고 입법안을 통과시키기 위해 그들의 지지를 이끌어내야 한다. 여러 정당들과의 이러한 다면적 협상과정으로 인해 덴마크의 소수내각의 작동 방식은 과대규모 연정내각과 유사한 측면이 있다.

19) 현재 학계 및 정치권에서 거론되고 있는 단순히 4년 중임 정부통령제 혹은 결선투표제를 채택하자는 것은 사회양극화로 인한 부문·계급·계층 균열 해소와 정치적 갈등을 조정하는 데 별로 도움이 되지 않을 뿐만 아니라 오히려 증폭시킬 개연성이 높다는 것이 저자의 확신이다. 왜냐하면 대통령 선거의 승자독식의 논리와 제로섬 게임적인 성격은 전국적인 경쟁력을 가진 후보자를 낼 수 있는 지역정당만이 살아남고 궁극적으로 정치경쟁 양상을 양극화로 귀착시킬 것이 분명하기 때문이다.

20) 진보적 개혁인물이 예컨대 노동 및 복지 분야의 장관을 담당하는 것은 사회통합적 구조개혁에 도움이 될 것이다. 이들은 전투적이고 무리한 요구를 하는 노동운동을 설득시키는 데 유리하다. 이와 관련해 지적하고 싶은 것은 고용정책이 복지정책과 연계될 수 있도록 노동부-복지부-여성부를 통합하여 노동복지부로 개편하고 이 장관을 부총리급으로 격상하여 사회부처의 조정을 물론이고 경제부처와 대등한 수준에서 협력과 균형을 이루어야 한다는 점이다.

연정은 중앙정부의 차원이 국한된 것은 아니다. '중위'적 사회협약정치의 작동을 위해서 지방정부의 차원에서도 연정이 구성될 수 있다.

한편, 글로벌 시장은 중앙국가 중심의 정치적 과정을 지방적 차원으로 분산, 이양하는 국가 하위체계에의 권력이양을 촉진한다.[22] 그럼에도 글로벌 시대의 한국 정치경제 모델로서 부상할 중위적·미시적 사회협약정치의 작동에 있어 핵심적 주체인 지방정부는 글로벌 시장화 추세에 적응하기 위한 지방주도의 특색 있는 종합적 지역발전을 추진하는 데에 필요한 자치권을 갖고 있지 않다.[23]

---

21) 작년에 노무현 대통령이 제기했던 한나라당과의 연정 제안은 정치적 타이밍상 실현 가능성이 없었을 뿐만 아니라 바람직하지도 않았다. 그것은 일종의 지역통합 전략의 일환으로서 사회양극화 해소에는 별로 도움이 되지 않았을 것이기 때문이다. 오히려 그것보다는 일종의 정치적 블루오션 전략의 한 해법으로서 민주노동당을 연정파트너로 선택하는 것이 더 바람직했을 것이다. 열린우리당과 민주노동당 간에는 연정의 조건, 즉 일정부분 정책지향의 공유성 및 지지기반의 중복성이 존재하기 때문에 열린우리당-민주노동당 연정은 사회양극화 해소에 기여할 수 있었을 것이다. 무엇보다도 그것은 지역을 초월해 노동층과 신빈곤층을 참여정부의 지지층으로 견인시키는 정치적 환경을 조성함으로써 지역주의정치를 완화하는 데 기여했을 것이며 한국노총과 민주노총을 노사정위원회에 다시 복귀시킴으로서 사회적 대타협을 유도할 계기를 만들어낼 수 있었을 것이라는 게 필자의 판단이다.

22) 네덜란드는 지역 차원의 연방제 대신에 기능적 연방제(functional federalism)가 실시되고 있다. 즉 결사체들은 자율적 관할권을 국가로부터 인정받으며 이를 통해 사회보장, 보건, 교육, 공공주택, 방송, 환경 등의 정책 분야를 규율한다(선학태, 2005: 259).

23) 한국은 지방자치의 실시에도 불구하고 실질적으로는 중앙집권국가의 특징을 보이고 있다. 중앙정부는 국고보조금 및 인·허가권을 통해 지방을 통제하고 있다(박재욱, 2003: 200~202). 지방재정에 있어 1995년 이후 용도가 정해진 재원(국고보조금, 지방양여금 등)이 재원의 용도가 정해져 있지 않는 지방교부세를 앞지르고 있다. 특히 국고보조금의 비중이 증대하고 있는데 이를 통해 중앙정부의 지자체에 대한 행정적·재정적인 간섭·통제의 여지가 커지고 있다. 지방분권의 요구가 높아지고 있는 추세인데도 지방정부의 중앙정부 의존도는 오히려 강화되고 있는 아이러니가 나타나고 있는 것이다. 국고보조금을 더 따내기 위해 지자체의 단체장과 직원들은 중앙정부의 관료, 청와대 인사를 상대로 로비를 전개하며 국회의원들의 의정활동의 주요 테마는 얼마나 많은 공공사업과 국고보조금을 지역에 배당받게 했느냐에 매달려 있다. 또한 중앙정부의 인·허가권은 보조금과 더불어 지자체를 통제하는 관료권력의 원천이다. 따라서 인원삭감, 예산감

이런 조건하의 지방정부는 중앙정부의 획일적 통제로부터 벗어나지 못해 지방정
치엘리트의 민선에도 불구하고 유연성과 혁신성을 신장할 수 없기 때문에 중위
적·미시적 사회협약의 체결을 통한 세계화 역량을 강화시키기 힘들다. 이런
점에서 중위적·미시적 사회협약정치의 정상적 작동을 통한 지역경제의 효율성
과 지역주민의 사회적 형평성을 동시에 증진시켜 글로벌 시장에 유연하게 대응
하기 위해서는 지방정부의 정치력 신장이 필요하다. 이는 현행 중앙집권적 지방
자치제를 준연방제적 지방자치제로 전환해야 함을 뜻한다. 합의제 정치 모델의
준연방제적 지방분권화는 지방정부에 충분한 자율성과 자치권을 부여한다(선학
태, 2005: 108~111; Lijphart, 1999: 186~191). 이 경우 연방정부(중앙정부)는 상위
권위, 예컨대 외교, 국방, 통화관리, 거시 경제·사회정책 수립 및 집행, 전국
규모의 국토개발, 지역개발의 불균형 시정 등에 대한 권한과 기능을 갖는다.
이런 맥락에서 볼 때 현행 중앙집권적 지방자치제는 준연방제적 지방자치제로
전환되어야 한다.

　현행 중앙집권적 국가구조를 이 같은 준연방제적 지방자치제로 개혁하기 위해
서 특별시, 광역시, 도 등 광역자치단체에게 정치적 자율성과 자치권의 부여가
제도화되는 것이 바람직하다. 즉 지방정부가 글로벌화 추세에 대응하기 위한
특색 있는 지역발전을 추진할 수 있도록 법률에 상응한 조례제정권, 지방행정
사무를 자율적으로 추진하는 데 필요한 인·허가권 중심의 자치행정권, 지역특
성에 맞는 독자적 행정기구(사업소, 출장소 등)를 설치할 수 있는 자치조직권 등을
가져야 한다. 지방화의 성패는 지방재정의 확보여부에 있다는 점에서 특히 지방
정부는 지방세의 특정 세목과 세율에 대한 과세권을 가짐으로써 지역특성에 맞
는 지역발전계획의 집행이 재원부족으로 유명무실해지는 사태를 방지해야 한다.

축을 가져올 수 있는 규제완화에 중앙관료들의 저항이 강렬하다. 나아가 중앙정부는 국
가사무를 '기관위임사무'라는 제도를 통해 지자체의 행정 주도권을 장악하고 있다. 광
역단체장의 업무 중 기관위임사무가 약 80%를 차지함으로써 단체장은 직선제에도 불
구하고 주민의 대표라기보다는 국가사무를 집행하는 도구기관으로서의 의미가 더욱 커
지고 있는 실정이다. 지방의회에서도 국가의 행정사무라는 의미에서 심의·의결이 불
가능하게 되어 있어 의회는 기관위임사무에 관한 한 완전히 무력한 존재이다.

그리고 국세와 지방세의 비율을 재조정하여 중앙정부의 재정권을 축소하고 지방정부의 재정권을 확대하는 장치가 필요하다.

현 참여정부는 지방분권 로드맵을 제시했다. 즉 중앙-지방정부 간 권한 재분배(교육자치 및 경찰자치 등), 획기적인 재정분권의 추진, 지방정부의 자치역량 강화, 지방의정의 활성화, 지방정부의 책임성 강화, 시민사회의 활성화(다양한 주민참여 제도 도입), 협력적 정부 간 관계(중앙-지방정부 간 협력, 지방정부 간 협력체제) 정립 등이다(이기우, 2003). 이 같은 참여정부의 지방분권화는 행정의 분권에 초점이 맞추어져 있는 한계가 있지만24) 그것이 차질 없이 실천된다면 지역발전의 책임을 중앙정부가 아니라 지자체 스스로에게 전가시킬 수 있도록 함으로써 중앙권력을 둘러싼 경직된 지역 갈등의 완화에 기여할 수 있음은 물론이고 중위적·미시적 사회협약정치의 활성화를 촉진할 것이다.

---

24) 현 노무현 정부의 지방분권화 전략은 행정자치화(행정의 분권)에 국한되고 분권화의 핵심인 정치권력의 분권에 대한 구체적인 로드맵이 마련되지 않고 있다. 진정한 지방분권화란 글로벌화 시대에 국가경쟁력의 기초가 되는 지방의 자치역량을 강화하는 방향으로 국가구조를 개혁하고, '국가의 권력'에서 '시민의 권력'으로 권력의 형태와 성격을 변화시키는 것을 의미한다. 따라서 정치적 분권(devolution)이 실천되어야 한다. 우선 지방정당의 활성화를 위해 정치권력의 매개체인 정당조직의 분권화가 이루어져야 한다. 정당조직의 분권화는 지역주의적 대결 정치의 완화에 기여할 수 있다. 둘째, 주민대표기구로서 의회의 올바른 역할과 위상설립이 필요하다. 예컨대 관료입법을 대체할 조례입법에서의 의원입법이 강화되어야 한다. 그리고 단체장에 대한 의회의 불신임권 도입, 정책집행에 대한 의회 의결권 확대, 의회활동에 대한 주민참여 등이 제도화되어야 한다. 그 밖에 의원 전문성 제고, 의원 보좌기능의 강화, 의정활동의 객관적인 평가, 시민단체 및 NGO와의 연계를 통한 거버넌스(governance: 협치) 체제가 정착되어야 한다. 셋째, 현행 지방자치법에 따라 국가적 사무에 대해서 중앙행정기관의 장만 청구할 수 있는 주민투표를 지방의회, 주민들도 청구할 수 있도록 해야 한다. 넷째, 지방분권은 중앙행정의 일부를 지방정부에 이양하는 것만이 아니라 지방정부가 중앙권력에 영향을 미칠 수 있을 때 가능하다. 현재 중앙정부는 지방정부를 공식적으로 통제할 수 있지만 지방정부는 중앙정부의 운영에 공식적으로 참여할 제도적 장치가 없다. 따라서 지자체가 중앙 차원의 정치적 의사형성에 참여할 수 있는 제도적 장치를 만들어야 한다. 이를 위해서는 양원제의 도입, 지자체의 이해관계가 있는 입법 및 정책 결정과정의 사전청취 절차에의 참여 등이 이루어져야 한다.

4) 경제사회: 복지제도의 확충과 재벌에 대한 민주적 통제

한국에서 사회협약정치가 정상적으로 작동하지 못한 것은 정부의 보상 능력의 결여와 무관하지 않다. 다시 말하면 IMF 관리체제 이후 상시 구조개혁 과정에서 발생한 시장 실패자 혹은 낙오자들에 대해 보상을 하기 위한 사회정책 프로그램이 마련되지 못한 것이 사회협약정치의 작동을 어렵게 하는 요인으로 작용했다. 한국의 복지정치는 그동안의 사회복지 스킴의 제도적 확대에도 불구하고 근본적인 복지 패러다임의 전환을 경험하지 못했다.

이런 점에서 사회협약정치의 정상적 작동은 경제사회(economic society)의 제도화를 요구한다.[25] 경제사회에서 노동자들의 사회경제적 권리가 사회협약정치의 정상적 작동에 필수적인 요소이다. 이것은 서유럽 국가들의 사회협약정치가 경제사회에서 복지민주주의의 의해 뒷받침되고 있다는 사실에서 검증되고 있다. 물론 경제사회에서 공정한 경쟁의 룰에 기초한 건전한 시장경제를 통한 경제효율성 제고는 복지민주주의의 실현에 필수적이다. 따라서 한국 정부는 시장경제의 활성화를 위한 법과 제도를 수립해야 하고 그것들을 집행하는 데 있어 중립적인 조정자·감시자 역할을 수행해야 하며 재정적 차원에서 국제경제력 향상을 위한 기술혁신을 지원해야 한다. 그러나 고도 경제성장은 사회협약정치의 정상적 작동에 필요조건이긴 하지만 시민들의 삶의 질을 향상시킬 수 있는 사회협약정치의 충분조건은 될 수 없다. 네덜란드, 아일랜드, 덴마크의 '경쟁적 사회협약정치'가 정상적으로 작동한 것은 신자유주의적 구조개혁 과정에서 발생한 사회경제적 취약집단을 위한 사회보장제를 구축했기 때문이다.[26] 경제사회가 사회적

---

25) 한국 경제사회를 제도화하는 데 세 가지 원칙이 있다. 첫째, 재분배 정책은 사회적 안정을 조성하여 지속 가능한 경제발전을 기대할 수 있다. 둘째, 사회적 형평성은 경쟁적 시장만으로는 달성될 수 없다. 셋째, 공정한 재분배는 사회적 통합에 기여할 수 있다.

26) 특히 덴마크의 복지제도는 과거 소득에 덜 의존적인 정액급여의 사회보장 서비스를 제공하고 있으며 사용자의 사회보장비 기여가 적고 대부분 일반세금으로 충당되고 있다. 이 같은 복지시스템이 덴마크 노사 간의 협력의지와 타협정치를 강화시킴으로써 사회적 파트너십 시스템의 정상적 작동을 촉진시킨 것이다.

형평성을 수반하지 못한다면 빈곤층과 저소득층과 중산층은 사회경제적 시민권으로부터 배제될 것이다. 사회협약정치는 괄목할 만한 사회적 성과(social performances) 없이 공고화될 수 없다. 경제사회에서 복지민주주의(welfare democracy)는 체제정당성을 강화할 수 있고 경제적 구조개혁을 촉진할 수 있게 하며 정치안정에 공헌할 수 있다. 그것은 또한 생산성연합을 강화하여 글로벌 시장에서 국가경쟁력을 증진할 수 있다. 이런 관점에서 볼 때 한국형 '경쟁적 사회협약정치'의 작동을 통한 사회통합적 구조개혁을 지속할 수 있느냐 여부는 경제사회에서 경제적 효율성과 사회적 형평성이 적절히 조화와 균형을 이루면서 증대될 수 있느냐에 달려 있다(Maravall, 1993: 78).

IMF 관리체제 이후 시민사회부터의 복지욕구가 분출되고 있는 상황을 고려할 때 경제사회에서 효율성과 형평성 간의 상호보완적인 관계를 조성할 수 있는 제도적 디자인이 필요하다. 서유럽에서 시도되는 복지국가의 재조정은 결코 복지민주주의의 실패 혹은 후퇴를 의미하지 않는다.27) 더욱이 서유럽의 신자유주의는 복지국가를 경험한 후에 찾아온 것이고 한국의 신자유주의는 한 번도 복지국가를 경험하지 않는 상태에서 갑작스럽게 도래한 것이다. 따라서 한국 경제사회에서의 복지민주주의는 확대되어야 한다. 즉 한국 경제사회에서 경제적 효율성과 사회적 형평성이 조화와 균형을 이루려면 정부는 보건, 환경욕구, 주택, 교육, 고용, 사회안전망 등과 같은 시민들의 기본 욕구를 충족하는 데 적절한 역할을 수행해야 한다. 한국 경제는 시장지향적이어야 하지만 공공재 공급, 인적자본 개발, 사회적 인프라 구축 등에 국가의 시민친화적(citizen-friendly) 개입이 필수 불가결하다. 시장경제는 그 같은 문제를 해결하는 데 한계를 갖고 있기 때문이다. 사회보장체제는 시장실패자들에게 지불되는 일종의 '사회적 임금 (social wage)'이기 때문에 한국 경제사회에서 복지민주주의는 신자유주의적 시장의 변덕과 횡포로부터 노동자들을 포함한 시장실패자, 사회경제적 열악자들을

---

27) 서유럽에서 글로벌 시장화가 복지정치에 미치는 영향은 대체로 세 유형으로 요약할 수 있다. 즉 복지제도의 확장(expansion), 현상유지 및 부분 수정(modification), 전면 축소 (retrenchment) 등이다.

보호하고 그들을 사회협약정치로의 참여를 유도해 낼 수 있는 유일한 처방이다.

　여기서 무엇보다도 강조해야 할 것은 한국형 '경쟁적 사회협약정치'의 정상적 작동을 위한 사회 이해관계자들의 이익갈등을 조정하는 결정적 매개변수는 국가의 제도적 보상장치이다(Katzenstein, 2003: 16, 18). 따라서 현 참여정부는 사회적 임금(social wages)의 형태로 저소득층·노동·중산층의 탈상품화(decommodification) 정책을 통해 글로벌 시장화에 따른 신자유주의적 구조개혁의 횡포와 변덕으로부터 그들을 보호하는 장치를 적극적으로 디자인해야 한다. 이를 위한 국가의 제도적 보상체계로서 기본적으로 두 개의 전략이 상정될 수 있다(선학태, 2003: 234; 2004, 114~122)[28]. 첫째, 사회 내의 최소지분을 극대화시키는 MAXIMIN 전략으로서 저소득층의 몫을 극대화시키는 일인데, 이의 효과적 방법은 빈곤층·저소득층에 대한 공적 부조에 의한 소득보장정책, 저임금 노동자에 대한 임금상승 기회 제공, 상대적 박탈감 해소를 위한 획기적인 소득이전 정책, 저소득층 자녀에 대한 교육부조·의료서비스·직업훈련·직업상담 등 복지서비스를 제공하는 것이다. 둘째, 사회 내의 최대지분을 극소화하는 MINIMAX 전략으로서 고소득층의 몫을 감소시키는 일인데 이에는 세제의 누진적 개혁, 부유세 도입, 지하경제·음성소득·고소득 자영업자들의 세원 발굴, 재벌지배구조 개선, 부동산 등의 불로소득 차단, 정경유착에 의한 비자금과 부정부패 등에 대한 통제기제를 강화하는 방법이 있다. 이와 같은 두 전략은 중산층과 노동자의 저항을 받지 않고 신자유주의적 구조개혁과 노동시장 유연화를 원활하게 추진할 수 있음은 물론이고 계급·계층 갈등의 완화와 사회통합을 가져오며 기업의 생산, 기술 투자 의욕을 촉진시켜 생산성, 경쟁력 강화에 기여할 수 있는 제도적 보상장치라 할 수 있다. 이런 점에서 복지체계와 효율적인 성장과 경쟁력은 제로섬적 관계에 있다는 논리적 근거는 희박하며 오히려 그것은 포지티브섬적 관계에 있는 것이다.

　한편, 사회협약정치의 작동 요건인 경제민주주의는 시장의 탈독점화를 의미한다는 점에서 볼 때 한국의 경제사회를 제도화하기 위한 관건은 비대칭적으로

---

28) 특히 구제적인 복지제도의 확충과 분배정의 실현에 관해선 선학태(2004: 114~122)를 참조할 것.

공룡화된 재벌에 대한 민주적 통제에 달려 있다. 재벌의 경제력 집중은 경제사회의 민주화를 가로막는 가장 큰 장애물이기 때문이다. 재벌은 막대한 부를 소유하고 정치적 영향력을 행사하기 때문에 한국 사회의 어떤 세력도 그 영향력으로부터 자유로울 수 없다. 이런 현상은 시장지배자들의 경제권력 남용을 견제할 수 있는 노동을 포함한 시민들의 경제적 권리가 강화되어야 하는 이유를 설명해 주고 있다.[29] 이런 점에서 사회협약정치를 정상적으로 작동시키기 위한 경제사회의 제도화는 재벌의 경제적 탈집중화, 재벌경영 의사결정 과정에의 노동 대표 참여, 소유와 경영의 분리 개념에 기초한 전문경영체제 등을 확립하기 위해 재벌에 대한 정부와 시민사회의 민주적 통제 등을 요구한다.

뿐만 아니라 지속 가능하고 공정한 발전을 통해 한국 사회협약정치를 작동시키기 위해서는 재벌의 지배구조(governance structure)를 개혁해야 한다. 순환출자(circular shareholding)는 이를 통해 경영권을 견고히 하려는 유혹을 가질 수 없도록 규제될 필요가 있다. 증여세 및 상속세에 관한 법률은 재벌 총수들이 회사 자산을 자기 자신 또는 가족들에게 전용하지 못하도록 개정되어야 한다. 기업 내부 거래는 다양한 경제적 지원을 제공하는 우량기업들의 주주들 및 근로자들의 이익을 희생시켜 시장에서 퇴출되어야 할 운명에 처해 있는 부실기업들을 생존시키지 못하도록 하기 때문에 이를 보다 철저히 규제해야 한다. 동시에 소액주주들이 부실 경영으로 인한 손실이 발생할 경우 경영진들의 책임을 물을 수 있도록 소송을 제기할 수 있는 증권집단소송법을 제정해야 한다. 이사회가 경영진으로부터 독립성을 확보해야 하는데 이를 위해 경영진과는 특수한 관계를 갖지 않는 중립적이고 자율적인 사외이사제를 강화할 수 있는 장치를 만들어야 한다. 이를 위해 소액주주들이 사외이사를 선출하는 집중투표제(cumulative voting system)가 경영진의 자의적인 경영을 견제할 수 있도록 도입되는 것이 바람직하다. 소유와 경영이 분리되어 있지 않고 경영진이 계열사 간의 순환출자를 통해 자의적인 통제권을 행사하기 때문이다.

---

29) 노동자들의 경제적 권리는 소비자로서의 권리, 투자자로서의 권리, 예금자로서의 권리, 납세자로서의 권리 등이 있다.

이상과 같이 시민사회, 정치사회, 국가, 경제사회 등 각 부분체제(partial regime)에서 개혁이 실천되었을 때 사회협약정치가 포지티브섬적 게임 속에서 작동할 수 있을 것이다. 사회협약정치는 모든 정치경제 주체들 간에 이익과 손실을 공정하게 배분함으로써 대표성(representativeness)과 통치능력(governability), 국제경쟁력과 복지능력, 경제효율성과 사회적 형평성을 동시에 충족시킴으로써 계급·계층 갈등의 제도화(institutionalization of conflict), 즉 한국민주주의 공고화에 대안적 모델이 될 수 있다는 정책적 함의(policy implication)를 갖는다. 이로써 사회협약정치는 신자유주의적 글로벌화와 민주적 공고화를 상호 긴장, 충돌시키지 않고 상호 강화, 조화시킬 수 있다.

참고문헌

고세훈. 1999. 『영국노동당사: 노동운동의 정치화 이야기』. 서울: 나남출판.

김면희. 2001. 「경제 세계화 조건하의 독일노동조합총연맹(DGB)과 독일사회민주당(SPD)의 관계: 경제정책을 중심으로」. ≪국제정치논총≫, 제41집 1호. 국제정치학회. 270~ 286쪽.

김수진. 1992. 「민주적 코포라티즘에 관한 비판적 고찰」. ≪사회비평≫, 제8호. 사회과학원. 106~139쪽.

_____. 1997. 「서유럽 의회민주정치 발달과정: 비교사적 조망」. 최장집 엮음. 『유럽민주주의와 노동정치』. 서울: 법문사. 27~74쪽.

_____. 2001. 『민주주의와 계급정치: 서유럽 정치와 정치경제의 역사적 전개』. 서울: 백산서당.

김수행. 2003. 「블레어 '제3의 길'」. 김수행 외 엮음. 『제3의 길과 신자유주의』. 서울: 서울대학교출판부. 65~103쪽.

김영순. 1995. 「복지국가는 역전될 수 없는가?」. ≪한국과 국제정치≫, 제11권 1호. 경남대 극동문제연구소.

김인춘. 2001. 「세계화와 사회조합주의: 덴마크 단체협상제도 변화의 정치경제학」. 송호근 엮음. 『세계화와 복지국가: 사회정책의 대전환』. 서울: 나남출판. 141~176쪽.

_____. 2002. 「세계화 시대 북유럽 조합주의의 변화와 혁신: 스웨덴, 덴마크, 노르웨이 비교분석」. ≪경제와 사회≫, 제53호. 175~200쪽.

김종건·정희정. 2003. 「네덜란드의 복지개혁과 노동시장정책」. ≪상황과 복지≫, 제14호. 177~211쪽.

김학노. 2004a. 「네덜란드 모델의 성과와 한계」. 한국정치학회. ≪한국정치학회보≫, 제38집 3호. 411~434쪽.

_____. 2004b. 「이탈리아 정치경제의 역사적 흐름과 구조」. 유럽정치연구회. 『유럽정치』. 서울: 백산서당. 357~386쪽.

박근갑. 2001. 「독일 사민당과 '신중도'」. 송호근 엮음. 『세계화와 복지국가: 사회정책의 변혁』. 서울: 나남출판. 79~103쪽.

박재욱. 2003. 「지방분권과 지방의회의 개혁」. ≪한국정치, 안보, 지방정치≫, 12월호. 한국정치학회. 198~219쪽

선학태. 2003. 『한국정치경제론: 현상분석과 새로운 패러다임』. 서울: 심산.

_____. 2004. 『갈등과 통합의 정치: 지역·계급·계층·남북 갈등의 해결 메커니즘』. 서울: 심산.

_____. 2005. 『민주주의와 상생정치: 서유럽 다수제 모델과 합의제 모델』. 서울: 다산출판사.

신광영. 1991. 「스웨덴의 사회복지제도의 형성과 특징」. 한림대 사회복지연구소 엮음. 『비교사

회복지 연구』. 137~180쪽.

안두순. 1999. 「사회적 시장경제와 합의주의식 조정」. 안두순·안석교·Peter Mayer 편저. 『사회적 시장경제: 독일의 경험과 한국에 주는 교훈』. Friedrich Ebert Stiftung, 서울. 세계문화사 1~19쪽.

안삼환. 2003. 「독일 '제3의 길'」. 김수행 외 엮음.『제3의 길과 신자유주의』. 서울: 서울대학교 출판부. 111~153쪽.

유현석. 2004. 「영국 정치경제의 구조와 흐름」. 유럽정치연구회. 『유럽정치』. 서울: 백산서당. 269~297쪽.

이기우. 2003. 「지방분권 추진 로드맵 개요」. ≪자치발전≫, 9월호.

이용갑. 2000. 「노동, 직업훈련 및 경쟁력을 위한 연대」. 노사정위원회.『독일의 사회합의제도』. 서울.

이재승. 2004. 「프랑스 정치경제의 구조와 흐름」. 유럽정치연구회. 『유럽정치』. 서울: 백산서당. 167~186쪽.

이진모. 2001. 『개혁을 위한 연대: 독일 사회민주당과 노동조합』. 서울: 한울.

이헌근. 2001. 「세계화와 스웨덴 사회정책의 전환」. 송호근 엮음.『세계화와 복지국가: 사회정책의 대전환』. 서울: 나남출판. 105~139쪽.

이호근. 2004. 「독일 정치경제의 구조와 흐름」. 유럽정치연구회. 『유럽정치』. 서울: 백산서당. 67~94쪽.

임상훈. 2002. 「한국의 사회협약: 노사정의 세계화와 구조조정 압력에 대한 삼자 교섭 전략」. 한국정치학회 세미나 발표논문. 1~17쪽.

임혁백. 2000. 『세계화시대의 민주주의』. 서울: 나남출판.

조명래. 2003. 「참여정부 균형발전 및 분권시책의 비판적 검토: 권력의 공간적 민주화를 위하여」. ≪한국정치, 안보, 지방정치≫, 12월. 한국정치학회. 223~236쪽.

진영재·노정호. 2004. 「이탈리아의 정치제도와 정치과정」. 유럽정치연구회.『유럽정치』. 서울: 백산서당. 329~355쪽.

최장집. 2002. 『민주화 이후의 민주주의: 한국 민주주의의 보수적 기원과 위기』. 서울: 후마니타스.

최종철. 1994. 「프랑스에서의 사회적 조절: 그 허와 실」. ≪계간 사상≫, 봄호. 사회과학원. 137~165쪽.

홍태영. 2003. 「프랑스적 '제3의 길'」. 김수행 외 엮음.『제3의 길과 신자유주의』. 서울: 서울대학교출판부. 345~367쪽.

Alford, Robert R. 1985. "Paradigm of Relations Between State and Society." in Lindberg Leon, Robert Alford, Colin Crouch and Claus Offe(eds.). *Stress and Contradiction in Modern Capitalism*. London: Lexington Books. pp.145~158.

Alt, James E. and Kenneth A. Shepsle(eds.). 1990. *Perspectives on Positive Political Economy*. Cambridge: Cambridge University Press.

Anderson, Lisa. 1997. "Introduction." *Comparative Politics*, Vol.29, No.3(April). pp.253~261.

Andeweg, R. B. 2000. "Consociational Democracy." *Annual Review Political Science*. Vol.3. pp.509~536.

Armingeon, Klaus, Fabio Bertozzi and Giuliano Bonoli. 2004. "Swiss Worlds of Welfare." *West European Politics*. Vol.27, No.1(January). pp.20~44.

Armingeon, Klaus. 1997. "Swiss Corporatism in Comparative Perspective." *West European Politics*. Vol.20, No.4. pp.164~179.

_____. 2001. "Institutionalization the Swiss Welfare State." *West European Politics*. Vol.24, No.2. pp.145~168.

_____. 2002. "Consociationalism and Economic Performance in Switzerland, 1968-1998: The Conditions of Muddling Through Successfully." *Acta Politica*. Vol.37, No.2. pp.121~138.

Auer, Peter. 2000. *Employment Revival in Europe: Labour Market Success in Austria, Denmark, Ireland and the Netherlands*. 장흥근 외 옮김. 『노동정책의 유럽적 대안』. 서울: 한국노동연구원.

Aust, A. 1999. "The Celtic Tiger and its Beneficiaries: 'Competitive Corporatism' in Ireland." ECPR Joint Sessions, Mannheim, March. pp.56~78.

Barkan, J. 1984. *Visions of Emancipation: The Italian Workers' Movement since 1945*. New York: Oxford University Press.

Becker, J. J. 1985. *The Great War and the French People*. Leamington Spa.

Bedani, Gino. 2002. "Italy in Historical Perspective: The Legacies of Fascism and Anti-Fascism." in Stefan Berger and Hugh Compston(eds.). *Policy Concertation and Social Partnership in Western Europe: Lessons for the 21st Century*. Oxford: Berghahn Books. pp.191~206.

Berger, Stefan. 2002a. "Social Partnership 1880-1989: The Deep Historical Roots of Diverse Strategies." in Stefan Berger and Hugh Compston(eds.). *Policy Concertation and Social Partnership in Western Europe: Lessons for the 21st Century*. Oxford: Berghahn Books. pp.335~352.

_____. 2002b. "Germany in Historial Perspective: The Gap between Theory and Practice." in Stefan Berger and Hugh Compston(eds.). *Policy Concertation and Social Partnership in Western Europe*. New York: Berghan Books. pp.125~138.

Bermeo, Nancy and Jose Garcia-Duran. 1991. "Spain: Dual Transition Implemented by

Two Parties." in Stephan Haggard and Steven Webb(eds.). *Voting for Reform: Democracy, Political Liberalisation and Economic Adjustment*. New York: Oxford University Press. pp.92~114.

Bermeo, Nancy. 1994. "Sacrifices, Sequence, and Strength in Successful Dual Transition: Lessons from Spain." *The Journal of Politics*. Vol.8. pp.618~629.

Blair, Tony und Gerhard Schröder. 1999. "Der Weg nach vorne für Europas Sozial-demokraten." *Frnakfurter Rundschau* vom 10.6. Dokumentation.

Blair, Tony. 1996. *New Britain: My Vision of Young Country*. London: Longman.

Blake, Charles H. 1994. "Social Pacts and Inflation Control in New Democracies: The Impact of Wildcat Cooperation in Argentina and Uruguay." *Comparative Political Studies*. Vol.27, No.3(October). pp.381~401.

Boyer, Robert. 1988. "Technical Change and Theory of Regulation." in Giovanni Dosi(eds.). *Technical Change and Economic Theory*. London and New York: Printer. pp.67~94.

Brande, Van den. 1973. "Voluntary Associations in the Belgian Political System, 1954~68." *Res Publica*. Vol.15, No.2. pp.329~356.

_____. 1987. "Neo-Corporatism and Functional-Integral Power in Belgium." in Ilja Scholten(ed.). *Political Stability and Neo-Corporatism: Corporatist Integration and Societal Cleavages in Western Europe*. London: Sage. pp.95~119.

Brodsky, M. 1994. "Labour Market Flexibility: A Changing International Perspective." *Monthly Labour Review*. Vol.5(November). pp.54~65.

Buchanan, Paul G. 1995. *State, Labour, Capital: Democratising Class Relations in the Southern Cone*. Pittsburgh: University of Pittsburgh Press.

Buraway, Michael. 1985. *The Politics of Production*. London: Verso.

Calmfors, L. and J. Driffill. 1988. "Bargaining Structure, Corporatism and Macroeconomic Performance." *Economic Policy*. Vol.6. pp.14~61.

Calmfors, Lars. 1993. "Centralization of Wage Bargaining and Unemployment: A Survey." *OECD Economic Studies*. Vol.21. pp.161~191.

Cameron, David. 1984. "Social Democracy, Corporatism, Labour Quiescence and the Representation of Economic Interest in Advanced Capitalist Society." in John H. Goldthorpe(ed.). *Order and Conflict in Contemporary Capitalism*. Oxford: Clarendon Press. pp.143~178.

Cawson, Alan(ed.). 1985. *Organised Interests and the State: Studies in Meso-Corporatism*. Beverly Hills: Sage.

Cawson, Alan. 1978. "Pluralism, Corporatism and the Role of the State." *Government and Opposition*. Vol.13, No.2(Spring). pp.179~198.

Charlwood, Andy. 2004. "The New Generation of Trade Union Leaders and Prospects for Union Revitalization." *British Journal of Industrial Relations*. Vol.42, No.2. pp.379~397.

Christiansen, Niels F. 1994. "Denmark: End of an Idyll?" in Perry Anderson and Patrick Camiller(eds.). *Mapping the West European Left: Social Democrats, Socialists, Post Communists*. London: Verso Press. pp.77~101.

Christiansen, Peter Munk and Hilmar Rommetvedt. 1999. "From Corporatism to Lobby-ism?: Parliaments, Executives and Organised Interests in Denmark and Norway." *Scandinavian Political Studies*. Vol.22, No.3. pp.195~218.

Clark, Robert P. 1985. "Madrid and the Ethnic Homelands: Is Consociational Democracy Possible in Post-Franco Spain?" in Thomas D. Lancaster and Gary Prevost(eds.). *Politics and Change in Spain*. New york: Praeger. pp.64~83.

Coates, David. 1985. *Labour in Power? A Study of the Labour Government 1974-1979*. London: Longman.

_____. 1994. *The Question of UK Decline*. London: Hemel Hempstead.

Cohen, Joshua and Joel Rogers. 1992. "Secondary Associations in Democratic Governance." *Politics and Society*. Vol.20, No.4. pp.393~472.

Compston, Hugh. 1998. "The End of National Policy Concertation?: Western Europe since the Single European Act." *Journal of European Public Policy*. Vol.5, No.3. pp.493~515.

_____. 2002a. "The Strange Perspective of Policy Concertation." in Stefan Berger and Hugh Compston(eds.). *Policy Concertation and Social Partnership in Western Europe*. Oxford: Berghahn Books. pp.1~16.

_____. 2002b. "The Politics of Policy Concertation in the 1990s: The Role of Ideas." in Stefan Berger and Hugh Compston(eds.). *Policy Concertation and Social Partnership in Western Europe: Lessons for the 21st Century*. Oxford: Berghahn Books. pp.311~334.

Cox, Andrew. 1988. "The Failure of Corporatist State Forms and Policies in Post-War Britain." in Andrew Cox and Noel O'Sullivan(eds.). *The Corporate State*. London: Aldershot. pp.201~220.

Crepaz, Markus M. L. 1994. "From Semi-Sovereignty to Sovereignty: The Decline of Corporatism and Rise of Parliament in Austria." *Comparative Politics*. Vol.29. pp.45~66.

_____. 1995. "An Institutional Dinosaur: Austrian Corporatism in the Post-Industrial age." *West European Politics*. Vol.18. pp.64~88.

_____. 1996a. "Of Principals, Agents and the Decline of Austrian Corporatism: Anatomy of Legitimacy Crises in A Highly Corporatist System." *Current Politics and Economics of Europe*. Vol.5. pp.187~202.

_____. 1996b. "Consensus versus Majoritarian Democracy: Political Institutions and Their Impact on Macroeconomic Performance." *Comparative Political Studies*. Vol.29, No.1(February). pp.4~26.

_____. 2002. "Domestic and External Constraints on Austrian Corporatism: Challenge and Opportunities." *Acta Politica*. Vol.37, No.2. pp.157~174.

Cressey, Peter. 1999. "New Labour and Employment, Training and Employee Relations." in Martin Powell(ed.). *New Labour, New Welfare State?: The Third Way in British Social Policy*. Bristol: The Policy Press. pp.58~76.

Crouch, Colin. 1986. "Sharing Public Space: States and Organized Interest in Western Europe." in J. A. Hall(ed.). *States in History*. Oxford: Basil Blackwell. pp.180~202.

_____. 1993. *Industrial Relations and European State Transitions*. Oxford: Oxford University Press.

Dahl, Robert A. 1971. *Polyarchy*. New Haven: Yale Press.

Davis, Gerald. 1997. "Rethinking Policy Making: A New Role for Consultation." *Administration*. Vol.45, No.3. pp.347~633.

De Jong, Philip R. 1997. "Rehabilitation and Incentives." in P. R. de Jong and Theodore R. Marmor(eds.). *Social Policy and Labour Market*. Ashgate. pp.185~201.

Dearlove, John. 1994. "The Control of Change and the Regulation of Community Action." in J. Dearlove and M. Mayo(eds.). *Community Work One*. London: Routedge and Kegan Paul. pp.22~43.

Deschouwer, Kris. 2002. "Falling Apart Together, the Changing Nature of Belgian Consociationalism, 1961-2001." *Acta Politica*. Vol.37, No.2. pp.68~85.

Diamond, Larry. 1994. "Rethinking Civil Society: Toward Democratic Consolidation." *Journal of Democracy*. Vol.5, No.3. pp.4~15.

Dorey, Peter. 1995. *The Conservative Party and Trade Union*. Oxford: Berghahn Books.

_____. 2002. "Britain in the 1990s: The Absence of Policy Concertation." in Stefan Berger and Hugh Compston(eds.). *Policy Concertation and Social Partnership in Western Europe: Lessons for the 21st Century*. Oxford: Berghahn Books. pp.63~76.

Due J., J. S. Madsen and C. S. Jensen(eds.). 1998. *Towards Multi-Level Regulation of Employment Relations: 5 Years Research Programme 1998-2003*. Industrial Relations Research Group, Department of Sociology, University of Copenhagen.

Durkan, Joseph. 1992. "Social Consensus and Incomes Policy." *Economic and Social Review*. Vol.23, No.3. pp.347~363.

Ebbinghaus, Bernhard and Ankel Hassel. 2000. "Striking Deals: Concertation in the Reform of Continental European Welfare States." *Journal of European Public Policy*. Vol.7, No.1. pp.44~62.

Ebbinghaus, Bernhard. 2002. "Globalization and Trade Unions: A Comparative-Historical Examination of the Convergence Thesis." *Economie Appliqué*. Vol.40, No,2. pp.121~139.

_____. 2004. "The Changing Union and Bargaining Landscape: Union Concentration and Collective Bargaining Tends." *Industrial Relations Journal*. Vol.35, No.6. pp.574~587.

Egle, Christoph und Christian Henkes. 2002. "Spater Sieg der Modernisierer über die Traditionalisten? Die Programmdebatte un der SPD." http: //dritte-wege.uni-hd.de/texte/programmdebatte-spd.pdf. pp.1~31.

Elvander, Nils. 2002. "The Labour Market Regimes in the Nordic Countries: A Comparative Analysis." *Scandinavian Political Studies*. Vol.25, No.2. pp.117~137.

Encarnación, Omar G. 1997. "Social Concertation in Democratic and Market Transitions: Comparative Lessons from Spain." *Comparative Political Studies*. Vol.30, No.4. pp.387~419.

Encarnación, Omar G. 2001a. "Labour and Pacted Democracy: Post-Franco Spain in Comparative Perspective." *Comparative Politics*. Vol.33, No.3(April). pp.337~355.

_____. 2001b. "Civil Society and the Consolidation of Democracy in Spain." *Political Science Quarterly*. Vol.116, No.1(Spring). pp.53~81.

_____. 2005. "Do Political Pacts Freeze Democracy? Spanish and South American Lessons." *West European Politics*. Vol.28. pp.182~203.

Esping-Anderson, Gosta. 1985. *Politics against Market: the Social Democratic Road to Power*. Princeton: Princeton University Press.

_____. 1990. *Three Worlds of Welfare Capitalism*. Cambridge: Polity Press.

_____. 1999. *The Social Foundations of Post-Industrial Economies*. Oxford: Oxford University Press.

EU: http://epp.eurostat.cec.eu.int/portal/page?-pageid(검색일: 2006년 4월 28일).

Evans, Peter B., Dietrich Rueschemeyer and Theda Skocpol(eds.). 1985. *Bringing the State Back In*. New York: Cambridge University Press.

Falk, Richard. 2000. "Resisting Globalisation-from-Above through Globalisation-from-Below." in Barry K. Gills(ed.). *Globalisation and the Politics of Resistance*. London: Macmillan. pp.46~56.

Fitzmaurice, John. 2004. "Belgium Stays 'Purple': The 2003 Federal Election." *West European Politics*. Vol.27, No.1(January). pp.146~156.

Flinders, Matthew. 2005. "Majoritarian Democracy in Britain: New Labour and The

Constitution." *West European Politics*. Vol.28, No.1(January). pp.61~93.

Flockton, Chris. 1998. "Germany's Long-Running Fiscal Strains: Unifications Costs or Unsustainability of Welfare State Arrangements." *Debate*. Vol.1. pp.75~101.

Forsebäck, Lennart. 1976. *Industrial Relations and Employment in Sweden*. Stockholm: the Swedish Institute.

Fulcher, James. 1991. *Labour Movements, Employers, and the State: Conflict and Co-operation in Britain and Sweden*. Oxford: Berghahn Books.

_____. 2002. "Sweden in Historical Perspective: The Rise and Fall of the Swedish Model." in Stefan Berger and Hugh Compston(eds.). *Policy Concertation and Social Partnership in Western Europe: Lessons for the 21st Century*. Oxford: Berghahn Books. pp.279~293.

Gallagher, Michael, Michael Laver and Peter Mair. 1995. *Representative Government in Modern Europe*. New York: McGraw-Hill.

Gamble, Andrew. 1988. *The Free Economy and the Strong State: The Politics of Thatcherism*. Basingstoke: Macmillan.

Garrett, G. 1998. *Partisan Politics in the Global Economy*. Cambridge: Cambridge University Press.

Garrett, Geoffrey and Peter Lange. 1984. "Performance in Hostile World: Economic Growth in Capitalist Democracies, 1974-1982." *World Politics*. Vol.38. pp.517~545.

Giddens, Antony. 2000. *The Third Way: The Renewal of Social Democracy*. Cambridge: Polity Press.

Giersch H., H. Paqué and H. Schmieding. 1992. *The Fading Miracle: Four Decades of Market Economy in Germany*. Cambridge: Cambridge University Press.

Gills, Barry K. 1994. "The International Origin of South Koreas Export Orientation." in Ronen P. Palan and Barry Gills(eds.). *Transcending the State-Global Divide: A Neostructuralist Agenda in International Relations*. Boulder and London: Lynne Rienner Publisher. pp.203~222.

Gills, Barry K. and Dongsook S. Gills. 1999. "Globalisation, Crisis and Labour in South Korea." Unpublished Paper. pp.1~37.

Gills, Barry K. and Joel Rocamora. 1992. "Low Intensity Democracy, Third World." *Quarterly*. Vol.13, No.3. pp.501~523.

Gills, Barry K. and Ronen P. Palan. 1994. "Introduction: The Neostructuralist Agenda in International Relations." in Ronen P. Palan and Barry Gills(eds.). *Transcending the State-Global Divide: A Neostructuralist Agenda in International Relations*. Boulder and London: Lynne Rienner Publisher. pp.1~14.

Gilman, Mark and Andrea Broughton. 2004. "European Industrial Relations in 2003:

A Chronical of Events." *Industrial Relations Journal*. Vol.35, No.6. pp.647~674.

Gunther, Richard. 1992. "Spain: the Very Model of the Model Elite Settlement." in John Higley and Richard Gunther(eds.). *Elite and Democratic Consolidation in Latin America and Southern Europe*. Cambridge: Cambridge University Press. pp.73~89.

Gustasson, Agne. 1990. "Rise and Decline of Nations: Sweden." *Scandinavian Political Studies*. Vol.9, No.1. pp.31~49.

Haddock, Bruce. 2002. "Italy in the 1990s: Policy Concertation Resurgent." in Stefan Berger and Hugh Compston(eds.). *Policy Concertation and Social Partnership in Western Europe: Lessons for the 21st Century*. Oxford: Berghahn Books. pp.207~219.

Haggard, Stephan and Robert R. Kaufman. 1992. *The Politics of Economic Adjustment: International Constraints, Distributive Conflicts, and the State*. Princeton: Princeton University Press.

_____. 1997. "The Political Economy of Democratic Transitions." *Comparative Politics*. Vol.29, No.3(April). pp.263~283.

Hall, Peter A. 1986. *Governing the Economy: The Politics of State Intervention in Britain and France*. New York: Oxford University Press.

Hall, Peter(ed.). 1989. *Political Power of Economic Ideas: Keynesianism across Nations*. Princeton: Princeton University Press.

Hall, Peter. A. 1994. "Central Bank Independence and Coordinated Wage Bargaining: Their Interaction in Germany and Europe." *German Politics and Society*. Vol.31. pp.1~23.

Hamilton, M. B. 1989. *Democratic Socialism in Britain and Sweden*. New York: St. Martin's.

Hamilton, Nora. 1982. *The Limits of State Autonomy: Post-Revolutionary Mexico*. Princeton: Princeton University Press.

Hancock, M. D. and J. Logue. 1986. "The Quest for Economic Democracy." in R. C. Macridis(eds.). *Comparative Politics*. Chicago: Dorsey Press. pp.109~121.

Hancock, M. Donald. 1989. *West Germany: The Politics of Democratic Corporatism*. New York: Chatham.

Hardiman, N. 2000. "Social Partnership, Wage Bargaining and Growth." in B. Nolan, P. J. O'Connell and C. T. Whelan(eds.). *Growth, Inequality and Social Integration*. Dublin: IPA. pp.1~21.

Hardiman, Niamh. 2002. "From Conflict to Co-ordination: Economic Governance and Political Innovation in Ireland." *West European Politics*. Vol.25, No.4(October). pp.1~24.

Harrison, Reginald J. 1980. *Pluralism and Corporatism: The Political Evolution of Modern*

Democracies. London: George Allen & Unwin.

Hassel, Anke. 2003. "The Politics of Social Pacts." *British Journal of Industrial Relations*. Vol.41, No.4(December). pp.707~726.

Haverland, M. 1998. *Convergence of Packaging Waste Policies in the EU? Germany, the United Kingdom and the Netherlands Compared*. Amsterdam: Thelathesis.

Helco, Hugh and Henrik Madsen. 1987. *Policy and Politics in Sweden*. Philadelphia: Temple University Press.

Hemerijck, Anton and Jelle Visser. 2000. "Change and Immobility: Three Decades of Policy Adjustment in the Netherlands and Belgium." *West European Politics*. Vol.23, No.2. pp.229~256.

Hemerijck, Anton. 1995. "Corporatist Immobility in the Netherlands." in Colin. J. Crouch and Franz. Traxler(eds.). *Organised Industrial Relations in Europe: What Future?*. Aldershot: Avebury. pp.183~224.

_____. 2002. "The Netherlands in Historical Perspective: The Rise and Fall of Dutch Policy Concertation." in Stefan Berger and Hugh Compston(eds.). *Policy Concertation and Social Partnership in Western Europe: Lessons for the 21st Century*. Oxford: Berghahn Books. pp.221~233.

Hermansson. Jörgen. 2004. "Power and Democracy in Sweden at the Turn of the Century." Paper prepared for the Conference on 'Small States in World Markets'. Seoul, Korea, October 14-15. pp.3~43.

Hirsch, Joachim. 1991. "From the Fordist to the Post-Fordist State." in Bob Jessop, Hans Kastendiek, Klaus Nielsen and Ove K. Pedersen(eds.). *The Politics of Flexibility: Restructuring State and Industry in Britain, Germany, and Scandinavia*. Brookfield, Vermont: Edward Elgar. pp.67~81.

Hirst, Paul. 1994. *Associative Democracy: New Forms of Economic and Social Governance*, Amherst: University of Massachusets Press.

Hooghe, Liesbet. 1993. "Belgium: From Regionalism to Federalism." *Regional Politics and Policies*. Vol.3, No.1. pp.44~68.

House, J. D. and Kyla McGrath. 2004. "Innovative Governance and Development in the New Ireland: Social Partnership and the Integrative Approach." *An International Journal of Policy, Administrative, and Institutions*. Vol.17. No.1(January). pp.29~58.

Huber, Evelyne, Dietrich Rueschemeyer and John D. Stephens. 1997. "The Paradoxes of Contemporary Democracy: Formal, Participatory, and Social Democracy." *Comparative Politics*, Vol.29, No.3(April). pp.323~342.

Huyse, Luc. 1981. "Political Conflict in Bicultural Belgium." in Arend Lijphart(ed.). *Conflict and Coexistence in Belgium*. Berkely: Institute of International Studies. pp.107~125.

Im, Hyug-Baeg. 1996. "Korean Democratic Consolidation in Comparative Perspective." Paper presented at the International Conference on Consolidating Democracy in South Korea, co-sponsored by Ilmin International Relations Institute, Korea University and International Forum for Democratic Studies. 19-20 June, Seoul, Korea. pp.1~38.

Immergut, Ellen M. 1998. "The Theoretical Core of the New Institutionalism." *Politics and Society*. Vol.26, No.1(March). pp.5~34.

Iversen, T. 1998. "Wage Bargaining, Hard Money, and Economic Performance: Theory and Evidence for Organized Market Economies." *British Journal of Political Science*. Vol.28. pp.31~61.

Iversen, Torben and T. R. Cusack. 2000. "The Causes of Welfare State Expansion. Deindustrialization or Globalization?" *A Quarterly Journal of International Relations*. Vol.52, No.3. pp.313~349.

Jeitziner, B. and T. Hohl. 1997. "Measuring Political Preferences: Ratings for Members of the Swiss National Council." *Revue Suisse de Science Politique*. Vol.3. pp.1~27.

Jensen, Carsten Stroby. 2002. "Denmark in Historical Perspective: Towards Conflict-Based Consensus." in Stefan Berger and Hugh Compston(eds.). *Policy Concertation and Social Partnership in Western Europe: Lessons for the 21st Century*. Oxford: Berghahn Books. pp.77~82.

Jessop, Bob. 1979. "Corporatism, Parliamentarism, and Social Democracy." Philippe C. Schmitter and Gerhard Lehmbruch(eds.). *Trends towards Corporatist Intermediation*. London: Sage. pp.185~212.

_____. 1989. "Putting States in Their Place: State System and State Theory." Paper prepared for the Conference on Marxism and the New Global Society, sponsored by the Institute for Far Eastern Studies, Kyungnam University, Korea(October). pp.141~172.

_____. 1990. "Regulation Theories in Retrospect and Prospect." *Economy and Society*. Vol.19, No.2. pp.153~216.

_____. 1993. "The Schumpeterian Workfare State: Preliminary Remarks on Post-Fordist Political Economy." *Studies in Political Economy*. Vol.40(Spring). pp.7~39.

_____. 1994. "The Transition to Post-Fordism and the Schumpeterian Workfare State." in Roger Burrows and Brian Coader(eds.). *Towards a Post-Fordist Welfare State*. London: Routledge. pp.13~37.

_____. 1995. "Towards Post-Fordist Social Reproduction Regimes: Workfare-Welfare

Mixes and Forms of Governance." *Mimeo*. pp.1~18.

Jones, Erik. 1995. "The Transformation of the Belgian State." in P. McCarthy and E. Jones(eds.). *Disintegration or Transformation? The Crisis of the State in Advanced Industrial Societies*. New York: St. Martin's Press. pp.158~175.

_____. 2002. "Consociationalism, Corporatism, and the Fate of Belgium." *Acta Politica*. Vol.37, No.2. pp.86~103.

Jordan, Grant. 1984. "Pluralistic Corporatisms and Corporate Pluralism." *Scandinavian Political Studies*. Vol.7, No.3. pp.137~153.

Katzenstein, Peter. J. 1984. *Corporatism and Change: Austria, Switzerland, and the Politics of Industry*. Ithaca: Cornell University Press.

_____. 1985. *Small States in World Markets: Industrial Policy in Europe*. Ithaca: Cornell University Press.

_____. 2003. "Small States and Small States Revisited." *New Political Economy*. Vol.8, No.1. pp.9~29.

Kavanagh, Dennis and Peter Morris. 1989. *Consensus Politics: From Attlee to Thatcher*. Oxford: Basil Blackwell.

Kittel, Bernhard. 2000. "Deaustrification? The Policy-Area-Specific Evolution of Austrian Social Partnership." *West European Politics*. Vol.23, No.1. pp.108~129.

Kjellberg, Anders. 1998. "Sweden: Restoring the Model?" in Anthony Ferner and Richard Hyman(eds.). *Changing Industrial Relations in Europe*. Oxford: Blackwell. pp.74~117.

Knutsen, Oddbjöm. 1990. "The Materialist/Post-Materialist Value Dimension as a Party Cleavage in the Nordic Countries." *Western European Politics*. Vol.13, No.2. pp.355~369.

Korpi, Walter. 1983. *The Democratic Class Struggle*. London: Routledge and Kegan Paul.

Kuhnle, Stein. 2000. "The Scandinavian Welfare State in the 1990s: Challenged but Viable." *West European Politics*. Vol.23, No.2. pp.209~228.

Lane, C. 1994. "Industrial Order and the Transformation of Industrial Relations: Britain, Germany and France Compared." in R. Hyman and A. Ferner(eds.). *New Frontiers in European Industrial Relations*. Oxford: Oxford University Press. pp.167~195.

Lange, P. and M. Vannicelli. 1982. "Strategy under Stress: The Italian Union Movement and the Italian Crisis in Developmental Perspective." in P. Lange, G. Ross and M. Vannicelli(eds.). *Unions, Change and Crisis: French and Italian Union Strategy and the Political Economy 1945-80*. London: Sage Publications. pp.166~179.

Lange, Peter and Geoffrey Garret. 1985. "The Politics of Growth: Strategic Interaction and Economic Performance in the Advanced Industrial Democracies, 1974-1980."

Journal of Politics. Vol.47, No.3. pp.792~827.

Lange, Peter. 1984. "Union, Workers, and Wage Regulation: The Rational Base of Consent." in John H. Goldthorpe(ed.). *Order and Conflict in Contemporary Capitalism*. Oxford: Clarendon Press. pp.99~114.

Lash, Scott and John Urry. 1987. *The End of Organized Capitalism*. University of Wisconsin Press.

Lazonick, W. 1991. *Business Organization and the Myth of the Market Economy*. Cambridge: Cambridge University Press.

Leaman, Jeremy. 2002. "Germany in the 1990s: The Impact of Reunification." in Stefan Berger and Hugh Compston(eds.). *Policy Concertation and Social Partnership in Western Europe: Lessons for the 21st Century*. Oxford: Berghahn Books. pp.139~153.

Lehmbruch, Gerhard. 1979. "Consociational Democracy, Class Conflict, and the New Corporatism." in Philippe C. Schmitter and Gerhard Lehmbruch(eds.). *Trends Toward Corporatist Intermediation*. Beverly Hills, California: Sage. pp.58~75.

_____. 1984. "Concertation and the Structure of Corporatist Networks." in John H. Goldthrope(ed.). *Order and Conflict in Contemporary Capitalism*. Oxford: Clarendon Press. pp.61~80.

_____. 2002. "Quasi-Consociationalism in German Politics: Negotiated Democracy and the Legacy of the Westphalian Peace." *Acta Politica*. Vol.37, No.2. pp.175~194.

Levy, René. 2004. "Social and Economic Structure." in Ulrich Klöti, Poter Knoephel, Hanspeter Kriesi, Wolf Linder and Yannis Papadoulos(eds.). *Handbook of Swiss Politics*. Zürich: Neue Zürcker Zeitung Publishing. Handbook of Swiss Politics. pp.50~68.

Lewis, Jill. 2002. "Austria in Historical Perspective: From Civil War to Social Partnership." in Stefan Berger and Hugh Compston(eds.). *Policy Concertation and Social Partnership in Western Europe: Lessons for the 21st Century*. Oxford: Berghahn Books. pp.19~33.

Lijphart, A. 1993. "Constitutional Choices for New Democracies." in L. Diamond and M. F. Plattner(eds.). *The Global Resurgence of Democracy*. Baltimore: Johns Hopkins University Press. pp.146~158.

Lijphart, A. and M. M. L. Crepaz. 1991. "Corporatism and Consensus Democracy in Eighteen Countries: Conceptual and Empirical Linkages." *British Journal of Political Science*. Vol.21. pp.235~256.

Lijphart, Arend. 1975. *The Politics of Accommodation: Pluralism and Democracy in Netherlands*. Berkeley: University of California Press.

_____. 1977. *Democracy in Plural Societies*. New Haven: Yale University Press.

_____. 1994. "Democracies: Form, Performance, and Consociational Engineering." *European*

Journal of Political Research. Vol.25, No.1. pp.1~17.

_____. 1999. *Patterns of Democracy: Government Forms and Performance in Thirty-Six Countries*. New Haven: Yale University Press.

_____. 2003. "Definitions, Evidence, and Policy: A Response to Matthijs Bogaards' Critique." *Journal of Theoretical Politics*. Vol.12, No.4. pp.425~431.

_____. 2004. "Constitutional Design for Divided Societies." *Journal of Democracy*. Vol.15, No.2(April). pp.96~109.

Linz, Juan and Alfred Stepan. 1996. "Toward Consolidated Democracies." *Journal of Democracy*. Vol.7, No.2. pp.15~33.

Lipietz, Alain. 1997. "The Post-Fordist World: Labour Relations, International Hierarchy and Global Ecology." *Review of International Political Economy*. Vol.4, No.1(Spring). pp.1~41.

Listhaug, O. and M. Wiberg. 1995. "Confidence in Political and Private Institutions." in H. D. Klingemann and D. Fuchs(eds.). *Citizens and the State: Beliefs in Government*. Oxford: Oxford University Press. pp.55~78.

Locke, Richard. 1995. "The Abolition of the Scala Mobile." in Carol Mershon and Gianfranco Pasquino(eds.). *Italian Politics: Ending the First Republic*. Boulder: Lynne Rienner Publication. pp.185~195.

Lucio, Miguel Martinez. 1998. "Spain: Regulating Employment and Social Fragmentation." in Anthony Ferner and Richard Hyman(eds.). *Changing Industrial Relations in Europe*. Oxford: Blackwell. pp.426~458.

_____. 2002. "Spain in the 1990s: Strategic Concertation." in Stefan Berger and Hugh Compston(eds.). *Policy Concertation and Social Partnership in Western Europe: Lessons for the 21st Century*. Oxford: Berghahn Books. pp.265~277.

Luther, Kurt Richard and Wolfgang C. Müller. 1992. "Consociationalism and the Austrian Political System." *West European Politics*. Vol.15, No.1(January). pp.1~13.

Müller, Wolfgang. 1993. "After the 'Golden Age': Research into Austrian Political Parties since the 1980s." *European Journal of Political Research*. Vol.23. pp.439~463.

MacDonald, Martha. 1991. "Post-Fordism and the Flexibility Debate." *Studies in Political Economy*. Vol.36(Fall). pp.175~189.

Madsen, J. S. 1999. "New Framework Agreement Can Re-Establish the Influence of LO and DA." *Eironline*. October.

Mailand, Mikkel. 2002. "Denmark in the 1990s: Status Quo or a More Self-Confident State?." in Stefan Berger and Hugh Compston(eds.), *Policy Concertation and Social Partnership in Western Europe: Lessons for the 21st Century*. Oxford: Berghahn Books.

pp.83~95.

Mair, Peter. 1994. "The Correlates of Consensus Democracy and the Puzzle of Dutch Politics." *West European Politics*. Vol.17, No.4(October). pp.97~123.

Manow, Philip. 2001. *Social Protection, Capitalist Production: The Bismarckian Welfare State and The German Political Economy from the 1880s to the 1990s.* Habilitationsschrift, University of Konstanz.

_____. 2002. "Consociational Roots of German Corporatism: The Bismarckian Welfare State and German Political Economy." *Acta Politica*. Vol.37, No.2. pp.195~212.

Maravall, Jose Maria. 1993. "Politics and Policy: Economic Reforms in Southern Europe." in Bresser Pereira, Luiz Carlos, Jose Maria Maravall and Adam Przeworski(eds.). *Economic Reforms in New Democracies: A Social Democratic Approach.* Cambridge: Cambridge University Press. pp.77~131.

_____. 1997. *Regimes, Politics and Markets.* New York: Oxford University Press.

Marin, Bernd. 1987. "From Consociationalism to Technocorporatism: the Austrian Case as A Model-Generator?." in Ilja Scholten(ed.). *Political Stability and Neo-Corporatism: Corporatist Integration and Societal Cleavages in Western Europe.* London: Sage. pp.39~69.

Markovits, A. 1986. *The Politics of West German Trade Unions.* Cambridge: Cambridge University Press.

Markovits, Andrei S. 1996. "Austrian Corporatism in Comparative Perspective." in Günter Bischof and Anton Pelinka(eds.). *Austro-Corporatism: Past, Present, Future.* New Brunswick, Nj. Transaction Publishers. pp.1~19.

Marquand. David. 1988. *The Unprincipled Society.* London: Longman.

Martin, Andrew. 1984. "Trade Unions in Sweden: Strategic Responses to Change and Crisis." in P. Gourevitch(eds.). *Unions and Economic Crisis: West Germany and Sweden.* London: George Allen & Unwin. pp.278~294.

Martin, Ross. 1983. "Pluralism and the New Corporatism." *Political Studies.* Vol.31, No.1(March). pp.98~117.

McCarthy, Patrick. 1997. *The Crisis of the Italian State: From the Origins of the Cold War to the Fall of Berlusconi.* New York: Oxford University Press.

McCormick, Barret. 1990. *Political Reform in Marxist States.* New York: St. Matin's Press.

McRae, K. 1979. "Comment: Federation, Consociation, Corporatism: An Addendum to Arend Lijphart." *Canadian Journal of Political Science.* Vol.12. pp.517~522.

Micheletti, Michele. 1995. *Civil Society and State Relations in Sweden.* Aldershot.

Milner, Susan. 2002. "France in Historical Perspective: The Impossibility of Partnership." in Stefan Berger and Hugh Compston(eds.). *Policy Concertation and Social Partnership in Western Europe: Lessons for the 21st Century.* Oxford: Berghahn Books. pp.97~110.

Minnich, Daniel. 2003. "Corporatism and Income Inequality in the Global Economy: A Panel Study of 17 OECD Countries." *European Journal of Political Research.* Vol.42, No.1. pp.23~53.

Morlino, Leonardo. 1995. "Political Parties and Democratic Consolidation in Southern Europe." in Richard Gunther, P. Nikiforos and Hans-Jurgen Puhle(eds.). *The Politics of Democratic Consolidation: Southern Europe in Comparative Perspective.* Baltimore: John Hopkins University Press. pp.315~388.

Munck, Ronaldo. 1999. "Labour Dilemmas and Labour Futures." in Ronaldo Munck and Peter Waterman(eds.). *Labour Worldwide in the Era of Globalisation: Alternative Union Models in the New World Order.* London: Macmillan. pp.3~23.

_____. 2002. "TINA in Latin America: Neoliberalism, Necessitarianism and Alternatives." Paper published at the State and Civil Society Session, Ceisal Cruzando Fronteras en America Latina. pp.1~19.

Negrelli, S. and E. Santi. 1990. "Industrial Relations in Italy." in G. Baglioni and C. Crouch(eds.). *European Industrial Relations.* London: Sage Publications. pp.154~198.

Nohlen, Deter. 1994. *Electoral Institutions and Party System.* 박병석 옮김. 『선거제도와 정당체제』. 서울: 도서출판 다다.

O'Connor, Emmet. 1992. *A Labour History of Ireland, 1824-1960.* Dublin: Dublin University Press.

_____. 2002. "Ireland in Historical Perspective: The Legacies of Colonialism: Edging Towards Policy Concertation." in Stefan Berger and Hugh Compston(eds.). *Policy Concertation and Social Partnership in Western Europe: Lessons for the 21st Century.* Oxford: Berghahn Books. pp.155~166.

_____. 2004. "Social Partnership in Ireland." Paper prepared for the Conference on 'the Small State in World Market', Seoul, Korea. pp.84~101.

O'Donnell, G., and P. C. Schmitter. 1986. *Transitions from Authoritarian Rule: Tentative Conclusions about Uncertain Democracies.* Baltimore: Johns Hopkins University Press.

O'Donnell, Rory and Damian Thomas. 2002. "Ireland in the 1990s: Policy Concertation Triumphant." in Stefan Berger and Hugh Compston(eds.). *Policy Concertation and Social Partnership in Western Europe: Lessons for the 21st Century.* Oxford: Berghahn Books. pp.167~189.

OECDa. http://www.oecd.org/eco/sources-and-methods(검색일, 2005년 8월 20일).

OECDb. http://www.oecd.org/els/workingpapers(검색일, 2006년 4월 28일).

Olson, Mancur. 1982. *The Rise and Decline of Nations.* New Haven: Yale University Press.

Opie, Roger. 1983. "Economic Planning and Growth." in Charles Feinstein(ed.). *The Managed Economy*. Oxford: Oxford University Press. pp.147~168.

Panitch, Leo. 1979. "The Development of Corporatism in Liberal Democracies." in Philippe Schmitter and Gerhard Lehmbruch(eds.). *Trends toward Corporatist Intermediation*. London: Sage Publications. pp.119~146.

Parri, Leonardo. 1987. "Neo-Corporatist Arrangements, 'Konkordanz' and Direct Democracy: The Swiss Experience." in Ilja Scholten(ed.). *Political Stability and Neo-Corporatism: Corporatist Integration and Societal Cleavages in Western Europe*, London: Sage. pp.70~94.

Parsons, Nick. 2002. "France in the 1990s: Struggling with the Weight of History." in Stefan Berger and Hugh Compston(eds.). *Policy Concertation and Social Partnership in Western Europe: Lessons for the 21st Century*. Oxford: Berghahn Books. pp.111~124.

Pelinka, Anton. 1998. *Austria, Out of the Shadow of the Past*. Boulder, Colorado: Westview Press.

_____. 2002. "Consociational Democracy in Austria: Political Change, 1968-1998." *Acta Politica*. Vol.37, No.2. pp.139~156.

Pereira, Bresse, Luiz Carlos, Jose Maria Maravall and Adam Przeworski(eds.). 1993. *Economic Reforms in New Democracies: A Social Democratic Approach*. Cambridge: Cambridge University Press.

Pestoff, Victor A. 2002. "Sweden in the 1990s: The Demise of Policy Concertation and Social Partnership and Its Sudden Reappearance in 1998." in Stefan Berger and Hugh Compston(eds.). *Policy Concertation and Social Partnership in Western Europe: Lessons for the 21st Century*. Oxford: Berghahn Books. pp.295~308.

Pierson, P. 1998. "Irresistible Forces, Immovable Objects: Post-industrial Welfare State Confront Permanent Austerity." *Journal of European Public Policy*. Vol.5, No.4. pp.539~560.

Pizzorno, Alessandro. 1978. "Political Exchange and Collective Identity in Industrial Conflict." in Colin Crouch and A. Pizzorno(eds.). *The Resurgence of Class Conflict in Western Europe since 1968*. New York: Holmes and Meister. pp.278~298.

Pontusson, Jonas. 1992a. "Introduction: Organisational and Political-Economic Perspective on Union Politics." in Miriam Golden and Jonas Pontusson(eds.). *Bargaining for Change: Union Politics in North America and Europe*. Ithaca: Cornell University Press. pp.1~41.

Pontusson, Richard B. 1992b. *The Limits of Social Democracy: Investment Politics in Sweden*. Ithaca: Cornell University Press.

Powell, G. B. 1970. *Social Fragmentation and Political Stability: An Austrian Case Study*. Stanford: Stanford University Press.

Prondzynski, F. 1998. "Ireland: Corporatism Revisited." in Anthony Ferner and Richard Hyman(eds.). *Changing Industrial Relations in Europe*. London: Blackwell. pp.55~73.

Prowe, Diethelm. 1985. "Economic Democracy in Post-World War II Germany: Corporatist Crisis Response, 1945-1948." *Journal of Modern History*. Vol.57. pp.451~482.

Przeworski, Adam and Michael Wallerstein. 1988. "Structural Dependence of the State on Capital." *American Political Science Review*. Vol.82, No.1(March). pp.11~29.

Przeworski, Adam. 1991. *Democracy and the Market: Political and Economic Reforms in Eastern Europe and Latin America*. Cambridge: Cambridge University Press.

Regini, Marino. 1984. "The Conditions for Political Exchange: How Concertation Emerged and Collapsed in Italy and Great Britain." in John H. Goldthorpe(ed.). *Order and Conflict in Contemporary Capitalism*. Oxford: Clarendon Press. pp.124~145.

_____. 1995. *Uncertain Boundaries: The Social and Political Construction of European Economics*. Cambridge: Cambridge University Press.

Regini, Marino and Ida Regalia. 1997. "Employers, Unions and the State: The Resurgence of Concertation in Italy?" in Martin Bull and Martin Rhodes(eds.). *Crisis and Transition in Italian Politics*. London: Frank Cass. pp.210~230.

Rehn, Gösta. 1991. "Sweden's Active Labour Market Policy." 고려대학교 노동문제 연구소 엮음. 『한국자본주의와 산업민주주의』. 101~153쪽.

Rhodes, Martin. 2001. "The Political Economy of Social Pacts: 'Competitive Corporatism' and European Welfare Reform." in P. Pierson(ed.). *The New Politics of the Welfare State*. Oxford: Oxford University Press. pp.165~194.

_____. 2003. "National Pacts and EU Governance in Social Policy and the Labour Market." in J. Zeitlin and David M. Trub(eds.). *Governing and Work and Welfare in a New Economy*. Oxford: Oxford University Press. pp.129~157.

Robinson, Robert A. 2002. "Spain in Historical Perspective: Fascist Corporatism and Social Pacts." in Stefan Berger and Hugh Compston(eds.). *Policy Concertation and Social Partnership in Western Europe: Lessons for the 21st Century*. Oxford: Berghahn Books. pp.249~263.

Roche, Willan. 1998. "Between Regime Fragmentation and Realignment: Irish Industrial Relations in the 1990s." *Industrial Relations Journal*. Vol.29, No.2. pp.110~125.

Rodrik, Dani. 1998. "Why Do More Open Economies Have Bigger Governments?" *Journal of Political Economy*. Vol.106, No.5. pp.997~1032.

Rojas, M. 1991. "The 'Swedish Model' in Historical Perspective." *Scandinavian Economic*

History Review. Vol.39. 67~85.

Rose, Richard. 2000. "The End of Consensus in Austria and Switzerland." *Journal of Democracy*. Vol.11. No.2(April). pp.26~40.

Rothstein, Bo. 1987. "Corporatism and Reformism: The Social Democratic Institutionalisation of Class Conflict." *Acta Sociologica*. Vol.30(March-April). pp.295~311.

_____. 1992. "Labour-market Institutions and Working-class Strength." in Sven Steinmo, Kathleen Thelen and Frank Longstretch(eds.). *Structuring Politics: Historical Institutionalism in Comparative Analysis*. Cambridge: Cambridge University Press. pp.33~55.

Royo, Sebastian. 2005. "From Contention to Social Bargaining: Labour Unions and Democratic Consolidation in Spain." *Democratization*. Vol.12, No.1(February). pp.60~84.

Rueschemeyer, Dietrich, Evelyne Huber Stephens and John D. Stephens. 1992. *Capitalist Development and Democracy*. Chicago: University of Chicago Press.

Rupert, M. 1995. *Producing Hegemony: The Politics of Mass production and American Global Power*. Cambridge: Cambridge University Press.

Rustow, Dankwart. 1970. "Transitions to Democracy." *Comparative Politics*. Vol.2, No.3. pp.337~363.

Ruyssevelt Joris Van and Jelle Visser. 1996. "Weak Corporatism Going Different Ways?: Industry Relation in the Netherlands and Belgium." in Joris Van Ruyssevelt and Jelle Visser(eds.). *Industrial Relations in Europe: Traditions and Transitions*. London: Sage Publications. pp.205~264.

Sainsbury, Diane. 1991. "Swedish Social Democracy in Transition: The Party's Record in the 1980's and the Challenge of 1990's." *West European Politics*. Vol.14-13. 이병천 엮음. 1993. 『사회민주주의의 새로운 모색』. 서울: 백산서당. 381~414쪽.

Sala, Vincent Della. 1997. "Hollowing Out and Hardening the State: European Integration and the Italian Economy." in Martin Bull and Martin Rhodes(eds.). *Crisis and Transition in Italian Politics*. London: Frank Cass. pp.14~33.

Sargent, Lyman Tower. 1993. *Contemporary Political Ideologies: A Comparative Analysis*. New York: Wadsworth Publishing Company.

Scharf, Frenz. 1999. "Viability of the Welfare State in Advanced Welfare States in the International Economy: Vulnerabilities and Options." MPIFG Working Paper 99/09. pp.1~27.

Schmidt, G. Reissert. 2002. *Unemployment Insurance and Active Labour Market Policy: An International Comparison of Financing System*. Detroit: Wayne State University Press.

Schmidt, Manfred G. 1997. "Determinants of Social Expenditure in Liberal Democracies: The Post World War II Experience." *Acta Politica*. Vol.32, No.2. pp.153~173.

_____. 2004. *Political Institutions in the Federal Republic of Germany*. Oxford: Oxford University Press.

_____. 2005. "Still on the Middle Way: The Federal Republic of Germany in the Pre - and Post - 1990 Period." Unpublished Paper. pp.1~34.

Schmidt, V. A. 1996. "An End to French Exceptionalism?: The Transformation of Business under Mitterrand." in A. Daley(ed.). *The Mitterrand Era*. New York and Basingstoke. pp.117~140.

_____. 1995. "The New World Order, Incorporated: The Rise of Business and the Decline of Nation State." *Daedalus*. Vol.124. pp.75~106.

Schmitter, Philippe C. 1981. "Interest Intermediation and Regime Govern-ability, in Contemporary Western Europe and North America." in Susanne D. Berger(ed.). *Organising Interests in Western Europe*. New York: Cambridge: University Press. pp.285~330.

_____. 1989. "Corporatism Is Dead! Long Live Corporatism." *Government and Opposition*. Vol.24. pp.54~73.

_____. 1992. "Interest Systems and the Consolidation of Democracies." *Comparative Perspectives on Democracy*. Vol.35(March-June). pp.157~181.

_____. 1994. "Dangers and Dilemmas of Democracy." *Journal of Democracy*. Vol.5, No.2(April). pp.60~71.

_____. 1995. "Organized Interests and Democratic Consolidation in Southern Europe." in Richard Gunther, P. Nikiforos and Hans-Jurgen Puhle(eds.). *The Politics of Democratic Consolidation: Southern Europe in Comparative Perspective*. Baltimore: John Hopkins University Press. pp.284~314.

Schneider, Ben Ross. 1995. "Democratic Consolidations: Some Broad Comparisons and Sweeping Arguments." *Latin American Research Review*. Vol.30. pp.215~233.

Scholten, Ilja. 1987. "Introduction: Corporatist and Consociational Arrangements." in Ilja Scholten(ed.). *Political Stability and Neo-Corporatism: Corporatist Integration and Societal Cleavages in Western Europe*. London: Sage. pp.1~38.

Sheehan, James. 1988. *German Liberalism in the Nineteenth Century*. Chicago: Chicago University Press.

Sidoti, Francesco. 1993. "The Italian Political Class." *Government and Opposition*. Vol.28. pp.339~352.

Skocpol, Theda. 1979. *States and Social Revolution: A Comparative Analysis of France, Russia and China*. New York: Cambridge University Press.

Slomp, Hans. 2004. "The Netherlands: Changing Politics or Leaving Politics for the Market." Paper prepared for the Conference on 'Small States in World Markets', Seoul, Korea, October 14-15. pp.65~83.

_____. 2002. "The Netherlands in the 1990s: Towards 'Flexible Corporatism' in the Polder Model." in Stefan Berger and Hugh Compston(eds.). *Policy Concertation and Social Partnership in Western Europe: Lessons for the 21st Century*. Oxford: Berghahn Books. pp.235~247.

Soskice, D. and P. A. Hall. 1999. "An Introduction to Varieties of Capitalism." in P. A. Hall and D. Soskice(eds.). *Varieties of Capitalism: The Institutional Foundations of Comparative Advantage*. Oxford: Oxford University Press. pp.38~57.

Steiner, Miriam. 1977. "The Elusive Essence of Decision: A Critical Comparison of Allisons and Snyders Decision-making Approaches." *International Studies Quarterly*. Vol.21, No.2(June). pp.385~409.

Steinmo, Sven(eds). 1992. *Structuring Politics: Historical Institutionalism in Comparative Analysis*. Cambridge: Cambridge University Press.

Steinmo, Sven. 1989. "Political Institutions and Tax Policy in the United States, Sweden and Britain." *World Politics*. Vol.41, No.4. pp.500~535.

Stevis, Dimitris and Terry Boswell. 2000. "From National Resistance to International Labour Politics." in Barry K. Gills(ed.). *Globalisation and the Politics of Resistance*. London: Macmillan. pp.150~170.

Streeck, Wolfgang and Philippe Schmitter. 1985. "Community, Market, State, Associations?" in W. Streeck and P. Schmitter(eds.). *Private Interest Government: Beyond Market and the State*. London: Sage. pp.1~29.

Streeck, Wolfgang. 1992. "From National Corporatism to Transnational Pluralism: European Interest Politics and the Single Market." in Tiziano Treu(ed.). *Participation in Public Policy-Making: The Role of Trade Unions and Employers' Associations*. Berlin and New York: Walter de Gruyter. pp.99~121.

_____. 1994. "Pay-Restraint without Incomes Policy: Institutionalized Monetarism and Industrial Unionism in Germany." in R. Dore, R. Boyer and Z. Marn(eds.). *The Return of Incomes Policy*. London: Pinter. pp.113~135.

Strom, Kaare. 1990. *Minority Government and Majority Rule*. Cambridge: Cambridge University Press.

Sully, Melanie A. 1982. *Continuity and Change in Austrian Socialism: The Eternal Quest for Third Way*. New York: Columbia University Press.

Sun, Hak-Tae. 2001. *Democratic Consolidation and Labour Politics: Theoretical Model*. Kwangju: Chunnam National University Press.

Swenson, Peter. 2001. "Bringing Capital Back In, or Social Democracy Reconsidered." *World Politics*. Vol.43. pp.513~544.

_____. 2002. *Capitalists against Market. The Making of Labor Markets and Welfare States in the United States and Sweden*. Oxford: Oxford University Press.

Tálos, Emmerich and Bernhard Kittel. 1996. "Roots of Austro-Corporatism: Institutional Preconditions and Cooperation before and after 1945." *Comtemporary Austrian Studies*. Vol.4. pp.30~47.

_____. 2002. "Austria in the 1990s: The Routine of Social Partnership in Question?" in Stefan Berger and Hugh Compston(eds.). *Policy Concertation and Social Partnership in Western Europe: Lessons for the 21st Century*. Oxford: Berghahn Books. pp.35~50.

Taylor, George. 1996. "Labour Market Rigidities, Institutional Impediments and Managerial Constraints: Some Reflections on the Recent Experience of Macro Political Bargaining in Ireland." *Economic and Social Review*. Vol.23, No.3. pp.253~277.

Thelen, Kathleen and Sven Steinmo. 1992. "Historical Institutionalism in Comparative Politics." in Sven Steinmo, Kathleen Thelen and Frank Longstreth(eds.). *Structuring Politics: Historical Institutionalism in Comparative Analysis*. Cambridge: Cambridge University Press. pp.1~32.

Thelen, Kathleen. 1992. "The Politics of Flexibility in the German Metal-working Industries." in Golden, Miriam and J. Pontusson(eds.). *Bargaining for Change: Union Politics in North America and Europe*. Ithaca: Cornell University Press. pp.215~246.

_____. 1993. "West European Labor in Transition." *World Politics*. Vol.51, No.1.

Therborn, Goran. 1977. "The Rule of Capital and the Rise of Democracy." *New Left Review*. Vol.103(May-June). pp.3~41.

_____. 1992. "Lessons from Corporatist Theorisation." in Jukka Pekkarinen(ed.). *Social Corporatism: A Superior Economic System?*. Oxford: Clarendon Press. pp.24~43.

Tilton, Tim A. 1991. *The Political Theory of Swedish Social Democracy: Through the Welfare State to Socialism*. Oxford: Clarendon Press.

Traxler, Franz. 1994. "Collective Bargaining: Levels and Coverage." in OECD(eds.). *Employment Outlook. July 1994*. Paris: OECD. pp.169~183.

_____. 1995. "From Demand-Side to Supply-Side Corporatism? Austrian Labour Relations and Public Policy." in Colin Crouch and Franz Traxler(eds.). *Organised Industrial Relations in Europe: What Future?*. England: Avebury. pp.271~286.

_____. 1998. "Austria: Still the Country of Corporatism." in Anthony Ferner and Richard

Hyman(eds.). *Changing Industrial Relations in Europe*. Oxford: Blackwell. pp.239~261.

Tsebelis, G. 1990. *Nested Games: Rational Choice in Comparative Politics*. Berkeley: University of California Press.

Valenzuela, Samuel. J. 1989. "Labour Movements in Transitions to Democracy." *Comparative Politics*. Vol.21, No.4. pp.445~472.

_____. 1992. "Democratic Consolidation in Post-transitional Settings: Notion, Process and Facilitating Conditions." in G. O'Donnell, Samuel Valenzuela(eds.). *Issues in Democratic Consolidation: the New South American Democracies in Comparative Perspective*. Notre Dame: University of Notre Dame Press. pp.57~104.

Van Waarden, F. 2002. "Dutch Consociationalism and Corporatism: A Case of Institutional Persistence." *Acta Politica*. Vol.37, No.2. pp.44~67.

Vandaele, Kurt. 2004. "In Search of Wage Moderation: Belgian Industrial Relations in a World of Change." Paper prepared for the Conference on 'Small States in World Markets'. Seoul, Korea, October 14-15. pp.45~61.

Vilrokx, Jacques and J. Van Leemput. 1998. "Belgium: The Great Transformation." in A. Ferner and R. Hyman(eds.). *Changing Industrial Relations in Europe*. Oxford: Blackwell Publishers. pp.315~347.

Visser, Jelle and Anton Hemerijck. 1997. *A 'Dutch 'Miracle', Job Growth, Welfare Reform and Corporatism in the Netherlands*. Amsterdam: Amsterdam UP.

Visser, Jelle. 1995. "The Netherlands: the Return of Responsive Corporatism." in Anthony Ferner and Richard Hyman(eds.). *Changing Industrial Relations in Europe*. Oxford: Blackwell. pp.283~314.

_____. 1997. "The Netherlands: The End of An Era and the End of A System." in Richard Hyman and Anthony Ferner(eds.). *Industrial Relations in Europe*. Oxford: Blackwell. pp.323~356.

_____. 1998. "Two Cheers for Corporatism, One for the Market: Industrial Relations, Wage Moderation and Job Growth in the Netherlands." *British Journal of Industrial Relations*. Vol.36, No.2. pp.269~292.

Waddington, Jeremy. 2003. "Heightening Tension in Relations between Trade Unions and the Labour Government in 2002." *British Journal of Industrial Relations*. Vol.41, No.2. pp.335~358.

Walder, Andrew G.(ed.). 1995. *The Waning of the Communist State: Economic Origins of Political Decline in China and Hungary*. Berkeley: University of California Press.

Waterman, Peter. 1998. *Globalisation, Social Movements and the New Internationalism*. London: Wellington House.

_____. 1999. "The New Social Unionism: A New Union Model for a New World Order." in Ronaldo Munck and Peter Waterman(eds.). *Labour Worldwide in the Era of Globalisation: Alternative Union Models in the New World Order*. London: Macmillan. pp.247~264.

Wiarda, Haward J. 1997. *Corporatism and Comparative Politics: The Other Great 'Ism'*. New York: M. E. Sharpe.

Williams, Chris. 2002. "Britain in Historical Perspective: From War Concertation to the Destruction of the Social Contract." in Stefan Berger and Hugh Compston(eds.). *Policy Concertation and Social Partnership in Western Europe: Lessons for the 21st Century*. Oxford: Berghahn Books. pp.51~62.

Wilson, Frank L. 1990. "Neo-Corporatism and the Rise of New Social Movements." in Russell J. Dalton and Manfred Kuechler(eds.). *Challenging the Political Order: New Social and Political Movements in Western Democracies*. Oxford University Press. pp.65~89.

Windolf, Paul. 1989. "Productivity Coalitions and the Future of European Corporatism." *Industrial Relations*. Vol.28, No.1(Winter). pp.1~20.

Winkler, Jack T. 1986. "Corporatism." *European Journal of Sociology*. No.17. pp.100~136.

Wolf, Charles Jr. 1988. *Markets or Governments: Choosing between Imperfect Alternatives*. London: The MIT Press.

Wolinetz, Steven B. 1989. "Socio-Economic Bargaining in the Netherlands: Redefining the Post-War Policy Coalition." *West European Politics*. Vol.12, No.1. pp.85~101.

찾아보기

■ 지은이

선학태

서울 사대 졸업
서울대 대학원 교육학 석사 · 박사
영국 University of Newcastle upon Tyne 대학원 정치학 석사(MPhil) · 박사
전남대 및 서울대 강사
스위스 Bern 대학교 초빙연구원
독일 Heidelberg 대학교 초빙연구원
현재 전남대 윤리교육과 교수

논문: 「정치교육의 전략」, 「세계화와 한국정치개혁의 제도화」, 「마르쿠제 '일차원
　　 적 인간론'의 급진성」, "National Identities and Resolution of Military
　　 Standoff" 등 30여 편
저서: 『민주주의와 상생정치: 서유럽 다수제 모델 vs 합의제 모델』
　　 『갈등과 통합의 정치: 지역 · 계급 · 계층 · 남북 갈등 해결 메커니즘』
　　 『한국정치경제론: 현상분석과 새로운 패러다임』
　　 『분단과 통합: 외국의 사례와 남북한』(공저)
　　 『Democratic Consolidation and Labour Politics: Theoretical Framework』
　　 『The Political Economy of Democratic Consolidation: Civil Society,
　　 Political Society, State, and Economic Society in South Korea』

한울아카데미 859

사회협약정치의 역동성

서유럽 정책협의와 갈등조정 시스템

ⓒ 선학태, 2006

지은이 | 선학태
펴낸이 | 김종수
펴낸곳 | 도서출판 한울

편집책임 | 안광은
편집 | 김현대

초판 1쇄 인쇄 | 2006년 6월 15일
초판 1쇄 발행 | 2006년 6월 25일

주소 | 413-832 파주시 교하읍 문발리 507-2(본사)
　　　 121-801 서울시 마포구 공덕동 105-90 서울빌딩 3층(서울 사무소)
전화 | 영업 02-326-0095, 편집 02-336-6183
팩스 | 02-333-7543
홈페이지 | www.hanulbooks.co.kr
등록 | 1980년 3월 13일, 제406-2003-051호

Printed in Korea.
ISBN 89-460-3544-7 93340

* 가격은 겉표지에 있습니다.